NURIA ROURA

Volver a ti

CONECTA CON TU ESPIRITUALIDAD

NURIA ROURA

Volver a ti

CONECTA CON TU ESPIRITUALIDAD

Grijalbo

Papel certificado por el Forest Stewardship Council®

Primera edición: septiembre de 2020

© 2020, Nuria Roura, por los textos
© 2020, Ramón Lanza, por las ilustraciones
© 2020, Penguin Random House Grupo Editorial, S.A.U.
Travessera de Gràcia, 47-49. 08021 Barcelona

Printed in Spain – Impreso en España

Maquetación: Fotocomposición Gama, S.L.

ISBN: 978-84-18007-01-9
Depósito legal: B-8132-2020

Impreso en Limpergraf
Barberà del Vallès (Barcelona)

DO 07019

Penguin
Random House
Grupo Editorial

A Zoe, que es el mejor regalo
que me ha dado la vida

Índice

Para empezar...

Mi intención con este libro es compartir mi perspectiva sobre los temas que más me resuenan con el único propósito de ayudarte a despertar todo lo que ya está dentro de ti.

Deseo que encuentres inspiración, acompañamiento y una guía para andar el camino de vuelta, y que al regresar a ti puedas amarte profundamente y te permitas ser quien realmente eres.

Las propuestas que encontrarás en el libro tienen la finalidad de que practiques la autoescucha, la autoindagación, la autoobservación y la autoconciencia, así que permítete ser flexible al ponerlas en práctica y mantén una actitud abierta y curiosa. Y es que el despertar espiritual, el autoconocimiento, el autocuidado, la sabiduría femenina y el viaje de reconexión con una misma es hacia dentro y personal, y solo se puede experimentar y vivir a través de todos los sentidos y dimensiones de nuestro ser de manera individual.

1.

¿Quién soy?

S aber quiénes somos, entender lo que nos sucede, conocer las leyes que rigen el universo y comprender cómo funciona lo que nos rodea son cuestiones que, en mayor o menor medida, nos han ocupado a todas en algún momento de nuestra vida.

A menudo, y cada vez más debido a lo compleja que se ha vuelto la vida, nos podemos ver implicados en conversaciones sobre temas como el autoconocimiento, el desarrollo personal, el propósito y el sentido de la vida, la ley de la atracción, el libre albedrío, la luz y la sombra, el ego, la sincronicidad, la espiritualidad o la sabiduría femenina, por ejemplo.

Y cada una de nosotras llegamos a nuestras conclusiones sobre cuál es la mejor herramienta de autoconocimiento, si existen o no el destino y el libre albedrío, la casualidad o la causalidad; si realmente somos capaces de atraer aquello que deseamos y manifestamos con la ley de la atracción; si las personas con las que nos cruzamos en nuestra vida nos hacen de espejo de aspectos de nosotros que tenemos en la sombra, etc. Puede que en algunas cuestiones estés de acuerdo conmigo y en otras no, o que algunas te remuevan o hagan que te plantees cosas; está bien, cuestiónatelo todo, obsérvalo, digiérelo y quédate con tus propias conclusiones.

Este es el capítulo más difícil de escribir, porque plasmar en palabras temas filosóficos como «¿quién soy?», la inmensidad del universo, la magia de la vida y el misterio que nos rodea no es tarea nada fácil. Pero tengo la suerte de contar con una carta natal beneficiosa para hacerlo, así que al menos voy a intentarlo. Si sabes algo de astrología, me entenderás si te digo que tengo el sol en Virgo en la casa 12 cuadrado a Neptuno en Sagitario en la casa 3 y Mercurio cerca del ascendente, en el signo de Libra, que está regido por el planeta Venus, que al mismo tiempo está ubicado en el signo de Virgo, que es de elemento Tierra. Todo esto, que si no sabes astrología te sonará a chino, se traduce en que soy una persona que, entre otras cosas, tiene el propósito de poner en palabras prácticas y entendibles temas espirituales.

Por cierto, es inevitable para mí explicarte muchas cuestiones situándolas en un contexto astrológico, como acabo de hacer ahora. Y es que ya no concibo la mirada hacia el mundo exterior ni interior sin las gafas astrológicas. La astrología es mi lenguaje, al igual que lo son los otros idiomas que hablo, y me comunico, interpreto y aprendo sobre la vida a diario a través de él. Además, la lógica astrológica, como veremos más adelante, explica el funcionamiento del universo y, por lo tanto, también el de las personas, porque las mismas leyes que rigen el universo lo hacen en nosotros, ya que somos fractales de este.

Tu verdadera naturaleza

Las palabras separan, clasifican y, a pesar de que las usamos para expresarnos y entendernos en sociedad, en realidad nos hacen sentir disociados; a veces nos confunden más y son constructos mentales que nada tienen que ver con nuestra verdadera naturaleza.

Con la mente y las palabras logramos explicar quiénes somos desde la visión del ego, es decir, desde la forma que ha tomado el SER para nosotros. Así pues, gracias a las palabras podemos decir: «Me llamo Nuria y en el ámbito profesional me dedico a...». No obstante, esto es hablar de una misma solo desde la perspectiva egoica, pero ¿quién soy más allá de este nombre, esta profesión o este cuerpo físico que he recibido? Así pues, aparte de las etiquetas, los roles y la apariencia que vamos adquiriendo a lo largo de los años para vivir en sociedad, ¿soy algo más?

Es evidente que sí, ya que todas hemos experimentado alguna vez situaciones que nos demuestran que detrás de lo aparente hay un mundo sutil, energético y espiritual. De no ser así, ¿cómo se explicaría cuando nos encontramos con alguien y sentimos que ya nos conocíamos de antes? O ¿por qué ocurre que estoy pensando en un tema y de repente surge en una conversación con otras personas una palabra clave sobre ello?

Intentamos dar respuesta a todo para entenderlo desde un lugar racional y nos cuesta a veces aceptar la idea de que el universo lo rigen muchas leyes que quizá desconocemos, pero que nos enseñan a diario que todas nosotras estamos unidas, que todo es energía, que somos seres espirituales, vehículos de una misma conciencia que lo permea todo y que todo está entrelazado de manera mágica y misteriosa.

Tu verdadera naturaleza es que tú misma eres la creadora porque eres la conciencia misma que habita en todo, que no hay dos, que TODAS somos UNA y que, aunque vivas en la ilusión de separación, nunca has sido una ola desgajada del océano.

Para mí, con una carta natal tan neptuniana, es fácil sentir esto de lo que te estoy hablando, pero es posible que tú tengas otra configuración astrológica muy distinta a la mía, que haga que te sea más difícil vivir conscientemente esta unidad. Resulta más sencillo poder sentir y registrar esto tan sutil cuando conseguimos entrar en otros estados de conciencia, ya sea a través de rituales y plantas sagradas, respiraciones o meditaciones, por ejemplo. Nos resulta difícil introducirnos en el mundo de Neptuno y de la conciencia sin muletas, porque vivimos muy apegados a lo que consideramos nuestra realidad, los pensamientos que nos llegan y los roles que desempeñamos. Pero cuando experimentamos la no-mente y no aparecen pensamientos, podemos entrar en un estado de unión, de no separación, en el que momentáneamente nos sentimos como una conciencia que lo permea todo y como una fuente creadora. En ese estado no existe la dualidad y, por lo tanto, no nos creemos personas separadas. Esta es nuestra verdadera naturaleza.

Cuando conectamos con nuestra verdadera naturaleza, nos sentimos parte del TODO, abundantes, creadoras, expansivas, serenas, y no cabe en nosotras ni un mínimo espacio para el malestar, el sufrimiento o el dolor de la sensación de separación que percibimos cuando no nos encontramos en ese estado de conciencia. En ese momento, el ego se diluye porque conectamos con el SER más allá de la forma que ha tomado, y no necesitamos ni queremos poner palabras a quienes somos porque solo hay una respuesta que es igual para todas: soy conciencia.

Es cierto que no es posible vivir todo el día en el estado alterado de conciencia o lo que se conoce como la «iluminación», pero encontrar espacios para ingresar en él o sentirlo lo más cerca posible a través de diferentes recursos nos ayuda a no olvidarnos de ello y poder sobrellevar mejor los retos y dificultades que podamos experimentar en el plano terrenal. Porque, por ejemplo, si sucede algún evento en tu vida que despierta en ti un sentimiento de tristeza, tener la certeza de que en el fondo tu verdadera naturaleza es amor y conciencia te ayuda a relativizar el dolor e incluso darle un sentido más profundo a la situación que estás viviendo.

Y es que la mayor fuente de sufrimiento de las personas es que han olvidado su verdadera naturaleza y se identifican con sus pensamientos, los sucesos que ocurren, lo que los otros les dicen que son o lo que ellos han llegado a creer que los representa, cuando en realidad todas somos infinitamente más grandes y poderosos de lo que creemos.

Conectar con tu verdadera naturaleza es saber que no eres nada de lo que hasta ahora has creído que eras: no eres tu profesión, ni tus logros, ni tus «fracasos», ni tus pensamientos, ni tus actos. Eres la conciencia que, habitándose en una forma de SER con un cuerpo físico, ha querido vivir ciertas experiencias para reconocerse a sí misma, jugar y experimentar. Saber esto a mí personalmente me libera y me da paz, porque significa que nunca me he desviado del camino, que siempre estoy en el único lugar en el que puedo estar; que, aunque yo responda a las responsabilidades de «mis» actos, no soy culpable de ellos y que, en última instancia, lo mejor que puedo hacer para no sufrir es rendirme a la vida, ponerme en un lugar de observadora y aceptar lo que viene porque todo responde a un plan muy bien trazado por el universo para que yo siga el camino de la evolución y del desarrollo personal y espiritual diseñado para mí.

A mi modo de ver, está claro que no escogemos nacer bajo el paraguas de una carta natal determinada, ni los pensamientos que nos atraviesan, ni las experiencias por las que pasamos a lo largo de la vida, ni lo que nos gusta o nos desagrada... Entonces, por lógica, es evidente para mí que el libre albedrío no existe. De nuevo, vivimos en una ilusión creyendo que escogemos comer una manzana en lugar de otra cosa menos sana, pero ¿en qué momento hemos elegido que nos guste más el sabor de dicha manzana? O, por ejemplo, si me ofrecen un viaje parece que puedo escoger entre aceptarlo o no, pero ¿a caso yo he elegido que me guste viajar? ¿O que esa persona me quiera regalar un viaje?

¿Qué es el ego?

Hay corrientes dentro del desarrollo personal y espiritual que tienen un mensaje de destrucción, eliminación y demonización del ego porque creen que es un impedimento para el crecimiento espiritual y que hay que liberarse de él. Sin embargo, para mí, lo único que hace este mensaje es confundir más a las personas y frenar su bienestar. Lo ven como si el ego fuera nuestra parte mala y hubiera otra a la que ir, y, por lo tanto, según estas corrientes, hay que luchar contra él, superarlo, destruirlo o no hacerle caso.

Sin embargo, creo lo contrario: no hay que rechazar el ego, sino amarlo completa e incondicionalmente. Al hacerlo e integrarlo de manera consciente a través de su conocimiento en profundidad mediante el estudio de tu carta natal, deja de ser un problema y se convierte, simplemente, en la forma que tienes de expresarte en esta vida, en el sentido más amplio de la palabra. Así que el ego no es para nada un impedimento para tu crecimiento espiritual, sino al revés: es y seguirá siendo siempre parte de tu naturaleza como vehículo de conciencia encarnada en este mundo y solo te liberarás de él después de la muerte. Ir contra el ego o creer que tienes que liberarte de él en vida te provocará neurosis y malestar. Además, si no abrazas el hecho de que tienes un ego, una manera de ser, vivirás en constante lucha con los demás y no serás capaz de hacerlo desde la aceptación de los otros y de ti misma, ya que todas las personas tenemos un ego a través del cual nos relacionamos con los demás.

Por lo tanto, el ego no es algo que debamos «destruir», sino la manera de ser y hacer que nos ha tocado para poder funcionar de modo saludable en sociedad. Es nuestra carta natal, es decir, la forma que ha tomado el ser en nosotros, y hemos recibido una en concreto por alguna razón. Así pues, lo que tienes que hacer es conocerla, ya que un ego saludable es un gran aliado para tener la mente en paz y sentir bienestar. El desarrollo del ego toma tiempo y nunca termina; aunque nos desarrollemos mucho a nivel espiritual, siempre necesitamos conocer el ego y vivir en paz con él, ya que precisamos relacionarnos con nuestro entorno y con las demás personas, que es precisamente lo que hacemos a través del ego y gracias a él. Además, recuerda que las relaciones son el lugar donde todo aquello que aprendemos se pone a prueba, son nuestras mayores maestras, así que las lecciones estarán allí toda la vida. En definitiva, el ego es un constructo mental creado para poder operar en el mundo, comunicarnos, entendernos y relacionarnos.

Los seres humanos somos fractales del universo y, por tanto, de la conciencia, que se ha cristalizado de una manera singular y diferente para cada uno de nosotros, como lo refleja nuestra carta natal. Pero si comparamos diferentes cartas natales, nos damos cuenta de que todas tienen algo en común: en el centro de la carta hay un círculo en blanco, que no tiene nada dibujado ni ningún planeta, signo, casa o aspecto en él. Este centro representa la conciencia que lo emana, permea y habita en todo, nuestra verdadera naturaleza: el centro de la carta, es decir, la conciencia. Somos una única conciencia que opera a través de diferentes cartas natales, y, sin embargo, nos creemos separados, independientes y con una voluntad propia. Pero nada más lejos de la realidad: no somos una ola en el océano; somos el océano en una ola, que es como decir que no somos personas separadas entre nosotras ni de la conciencia, sino la misma conciencia encarnada en diferentes personas. La carta natal es la forma que ha tomado la conciencia, el ser, en nosotros. La conciencia es nuestra verdadera esencia y naturaleza, y todo lo demás es el ego, esto es, la forma de ser que ha tomado la conciencia.

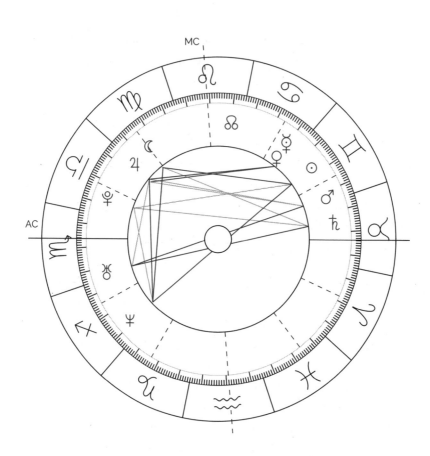

Los motivos por los cuales la conciencia nos da diferentes formas de ser a cada una de nosotras es, sinceramente, un misterio. Algunos dicen que quería experimentar y fragmentarse para olvidarse de sí misma y luego reconocerse de nuevo; otros que deseaba compartirse y expandirse. Sea como fuera, lo que está claro es que con su acto nos hace creer separados de ella y también unidos los unos con los otros. Pero como nuestra verdadera naturaleza es sentirnos fusionados y parte del todo, de una forma u otra sufrimos el dolor de la sensación de separación y buscamos, consciente o inconscientemente, maneras de sentirnos con la paz y la serenidad

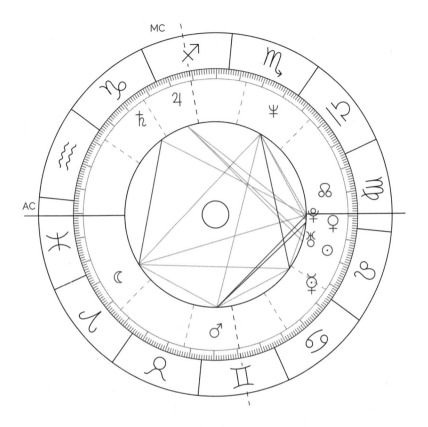

de la unión y la no separación. Y creo que este es el juego de la vida. En el vientre materno estamos inmersos en la sensación de unión, pero al nacer tomamos una forma de ser, reflejada en una carta natal, y empezamos a experimentar el juego de la vida de considerarnos separados y en búsqueda de volver a sentir algún día, o por momentos, el estado de no dualidad. Así que no es un error que nos sintamos separados ni que tengamos un ego; es parte de la vida misma tener una experiencia humana en la que nos sentimos fragmentados, separados y con una forma de ser individualizada.

De hecho, cuando empezamos a querer saber quiénes somos, nos zambullimos en una búsqueda destinada a conocer profundamente nuestro ego y entender bien la forma que ha tomado el ser en nosotros. Queremos comprender por qué repetimos patrones, cuál es la causa de que en nuestra infancia ocurrieran ciertas cosas, cuáles son nuestros talentos, qué propósito del alma hemos venido a desarrollar, etc. Solo cuando ya hemos profundizado y entendido nuestro ego, la carta natal que se nos ha dado como muestra de nuestra forma de ser, algunos nos empezamos a cuestionar qué hay más allá de él. Y ni esto depende de nosotros; unas personas experimentamos este deseo de búsqueda y otras no. Entonces, a mi modo de ver, en una primera etapa de la vida se trata de poner foco y energía en construir un ego fuerte y sano mientras vamos aprendiendo que somos conciencia más allá de eso.

El crecimiento y desarrollo de un ego sano incluye la sanación de heridas emocionales, el desarrollo de relaciones personales e íntimas, la reconexión con la autoestima y la autovaloración personal, la inteligencia emocional y la empatía, por ejemplo. El ego se trabaja a través de herramientas psicológicas, como la astrología, y psicoterapéuticas.

Un ego dañado, que no se ha trabajado, es el principal obstáculo para experimentar la expresión plena del alma en este mundo. Es importante no ignorar el ego y darse cuenta de que lo funcional es conocerlo y aceptarlo si queremos vivir con bienestar interior. Las terapias psicológicas son igual de importantes que las prácticas de expresión del alma o la espiritualidad, porque todo está conectado y es justo en ese desarrollo integral de nuestro ser donde podemos sentirnos plenos.

Creo que una de las causas por las cuales se ha considerado que hay que destruir el ego es porque se lo relaciona con la mente boicoteadora; es decir, como si el ego solo fueran esos pensamientos que nos dicen que no somos suficientes o merecedores, que nos limitan de alguna manera y, por lo tanto, los consideramos nuestra fuente de sufrimiento. Y esto no es así. Pienso que si no hemos desarrollado un ego sano, no sabremos discernir los pensamientos y no entendemos su origen, y, por otro lado, nos identificamos con ellos como si los hubiésemos elegido o definieran quiénes somos. Todas tenemos un tipo de pensamientos u otros que, a pesar de que no los elegimos a conciencia ni voluntariamente, sí vienen sincronizados con las características del momento que estamos viviendo. Es decir, si estamos experimentando ansiedad, los pensamientos que tenemos van acordes con este estado emocional, que será muy diferente a los pensamientos que nos aparecerán en un estado de alegría y felicidad. Entonces, los pensamientos tienen la finalidad de ayudarnos a ver el estado emocional, mental, espiritual y psicológico en el que nos encontramos. Lo interesante es poder desapegarnos de ellos, observarlos y no identificarnos con ellos. De hecho, esto es lo que se practica con la meditación. Pero aparte de esta práctica, lo que podemos hacer para que los pensamientos que aparezcan estén teñidos de un color agradable en lugar de sentirlos como una fuente de sufrimiento es desarrollar un ego fuerte y sano. Y creo que aquí es donde a veces muchas personas se confunden, porque en lugar de ello, lo que hacen es ver los pensamientos y el ego como sus enemigos, luchar contra ellos y creer que hay algo malo en lo que les sucede. Y ahí empiezan una batalla sinsentido que provoca aún más confusión y sufrimiento.

Mi propuesta es que te dediques a conocer tu ego a la vez que recuerdas que tienes una forma de ser porque la conciencia así lo quiso, seguramente con la finalidad de divertirse, jugar y experimentarse y (re)conocerse a sí misma a través de ti. Verás como, si haces esto, entenderás cada vez mejor los pensamientos que te atraviesan, los interpretarás desde un papel de observadora y de calma, lo que te ayudará a tomar decisiones sin el piloto automático, y serán una herramienta o recurso más para tu desarrollo personal y espiritual.

Algunas personas se consideran víctimas de una vida de infortunios, mientras que otras se creen cocreadoras. Yo te digo que no eres ni una cosa ni la otra. Tú eres creadora en el sentido de que eres conciencia. Porque, si no hay dualidad, si todas somos una, ¿cómo puedes ser cocreadora? Esto implicaría que hay dos personas separadas. Tú eres conciencia creadora que ha tomado una forma de ser. Cuando esto sucede, se crea la sensación de separación y de dualidad, porque parece que estás fuera de esa conciencia, pero no es así. En ti sigue habitando la conciencia. Así que *cocrear* no sería la palabra para definir tu experiencia terrenal, sino *alinear* o *darse cuenta* de qué es lo que la conciencia está queriendo experimentar a través de ti y no resistirte, enfadarte o luchar contra ello. Y, por supuesto, que no siempre lo que necesite o quiera experimentarse va a ser fácil, amable o divertido. Habrá momentos tensos, duros, difíciles y retadores, eso siempre sucederá, pero cuanto más te des cuenta de ello, más rápido lo podrás resignificar y comprender. Es así como poco a poco irás abrazando, aceptando y perdonando los sucesos que ocurren en tu vida y a ti misma.

Hay personas que te dicen que tú no eres la vocecita que se maltrata, la que es impaciente, la que se enfada o la que no se cree merecedora, por ejemplo, lo que viene a significar que tú no eres esa parte menos «amable» o brillante de ti misma. Yo digo que sí, que lo eres también, pero no solo eso. Tú eres luz y eres sombra, eres la que siente un anhelo espiritual, pero también la que disfruta cuando se compra una pieza de ropa nueva o goza de una comida en un restaurante; eres todo eso y nada a la vez. No estás separada aunque lo vivas así. Cuando alguien dice «tú no eres eso», para mí es como recordarte que no te apegues y que lo mires con ojos de espectadora, que no te identifiques con nada porque eres observadora de todo.

Y a pesar de que no debes controlar tu ego, sí debes conocerlo bien, pues, aunque no gobiernas tus pensamientos, sí que, a medida que te vas conociendo más y mejor, aparecen otro tipo de pensamientos. Porque, si no, siempre estamos cayendo en la misma trampa de pensar que por un lado está la vida y por otro nosotros «luchando» contra ella o intentando «controlarla». Y para mí no se trata de eso, sino de comprender la magia y el misterio que hay tras la vida, detrás de nuestra forma de ser y de lo que conocemos. Mirar al cielo es ser consciente de la inmensidad del todo, de que somos vehículos de conciencia que nunca alcanzaremos a comprender todas las leyes que rigen el universo y que a lo máximo que nos podemos acercar es a descifrar algo a través de lo simbólico. La astrología es una herramienta que nos intenta acercar a ello, pero es probable que no sea suficiente, porque la aprendemos desde lo que conocemos, lo que somos a nivel terrenal y nuestra visión limitada.

Cuando lees libros de personas que han tenido experiencias cercanas a la muerte, como el de Anita Moorjani *Morir para ser yo*,[1] te das cuenta de que vivimos una ilusión, de que la vida es un juego de la conciencia experimentándose a sí misma. Y parece que lo entendemos, pero nos cuesta. Nos dicen que el tiempo no existe, que es un mural que se puede leer en dos direcciones, que todas somos una, que somos conciencia, que todo es energía, que estamos conectadas... Sin embargo, lo percibimos, interpretamos y conocemos desde un estado de dualidad. En el fondo, tenemos el anhelo de volver a sentir la unión, la no dualidad, de antes de nacer, en el

---

1. Anita Moorjano, *Morir para ser yo*, Editorial Gaia, Madrid, 2013.

vientre de nuestra madre. En un mundo cada vez más individualista, ha crecido el interés por encontrar estados alterados de conciencia a través de diferentes maneras, como la meditación, y en ellos logramos alcanzar la unión, la paz y el amor que no podemos experimentar en el día a día, que nos empuja a hacer y creernos separados.

El *mindfulness* y la meditación nos ayudan a estar presentes, a darnos cuenta de los pensamientos, calmar la mente y reconectar con la conciencia. Es decir, la práctica de la meditación no es lo que nos facilita el crecimiento sano del ego, sino aquella herramienta que nos ayuda a silenciar la mente y abrir espacio para poder escuchar las necesidades de nuestro cuerpo físico, conectarnos con los deseos de nuestra alma y sentir la conciencia habitando en nosotros.

Gracias a la astrología, el *mindfulness* y la meditación, observamos como nuestra vida se va haciendo más consciente, las emociones y los pensamientos que nos suceden son desde otro lugar y cada vez hay menos lucha y sufrimiento. Por esto, gran parte del libro se basa en estos tres pilares.

También me he dado cuenta últimamente de hasta qué punto las palabras separan y crean aún más esa sensación de dualidad. Así que para reconectar con tu verdadera naturaleza y sentir la unidad, tienes que hacerlo desde un lugar que no sea mental, como, por ejemplo, la meditación, el *mindfulness*, el movimiento del cuerpo, el silencio, el contacto con la naturaleza u otras prácticas que ayuden a llegar a estados alterados de conciencia.

Eres un ser multidimensional

Somos seres multidimensionales, no solo lo que reconocemos de nosotros en el plano terrenal y nuestra dimensión física. Y uno de los aprendizajes que hacemos a lo largo de la vida es darnos cuenta precisamente de las diferentes dimensiones de nuestro ser e integrarlas de manera holística. Tenemos un cuerpo físico, una mente pensante, un alma y un espíritu. Y no podemos ignorar ninguna de estas dimensiones, ya que todas cumplen un propósito.

Las prácticas, herramientas, estrategias y recursos que vamos adquiriendo a lo largo de la vida normalmente están enfocados a desarrollar una dimensión del ser. Por ejemplo, con la nutrición consciente y el deporte buscamos desarrollar un cuerpo físico saludable y una relación sana con él. Con la astrología vamos en la dirección de desarrollar un ego fuerte y consciente. A través de las prácticas de sanación del niño interior, buscamos tener nuestra alma en paz. Y con los retiros, la meditación y estados alterados de conciencia, por ejemplo, intentamos reconectar con nuestra dimensión espiritual. Con algunas filosofías de vida, herramientas o prácticas, como el yoga, pretendemos desarrollar las diferentes dimensiones, ya que realizadas desde su esencia tienen en cuenta tanto el cuerpo físico como la mente, el alma y el espíritu.

De hecho, si me fijo en mi camino de transformación y crecimiento personal, me doy cuenta de que primero empecé desarrollando una relación sana con mi cuerpo y con la comida, lo que me llevó a conocerme mejor a mí misma y desarrollar un ego sano, a lo que le siguió la sanación de mis heridas y descubrir aquello que realmente enciende mi alma, y se sumó también la reconexión con mi dimensión espiritual. Por etapas y por momentos presté más atención a lo que más necesitaba desarrollar en cada instante, pero, en definitiva, se trató de un proceso de suma. Cuanto más evolucionaba y desarrollaba una dimensión de mi ser, más aparecía el crecimiento de las otras dimensiones en paralelo y de manera progresiva. Y esto mismo lo he visto en mis clientes y en personas cercanas.

Dimensión física

El cuerpo es nuestro puente entre la tierra y el espíritu, nuestro hogar más inmediato, con el que rápidamente podemos enraizarnos y sintonizarnos. Somos seres espirituales encarnados en un cuerpo físico que nos hace sentir más o menos presentes en función de cómo lo alimentemos, escuchemos y atendamos. Sentir la profunda conexión con nuestro cuerpo sano es vital para nuestro desarrollo espiritual.

Un cuerpo sano lo atraviesan pensamientos más saludables y se convierte en un agente del alma, que te lleva a la dimensión espiritual, y el espíritu te conecta con el todo, con la conciencia que habita en cada persona, cosa y sucesos. Así que presta atención a lo que comes y con qué alimentas y cuidas tu cuerpo para asegurarte un crecimiento espiritual sano.

El tipo de alimentación que más te ayuda a hacer de tu dimensión física un portal energético limpio para acceder a las otras dimensiones de tu ser es aquel que respete tanto tu salud como la naturaleza y todos los seres que habitamos en ella, como, por ejemplo:
- comer alimentos de origen local y orgánico
- tener una relación sana, flexible y de amor hacia la comida
- dejar de comer productos procesados fabricados industrialmente
- alterar lo menos posible la naturaleza de los alimentos al cocinarlos

- respetar la vida de los animales, eliminando o reduciendo su consumo
- aprovechar los recursos de alimentos y no malgastar o tirar comida a la basura
- dejar de comer aquellos alimentos que no te sientan bien o no son saludables para ti
- priorizar las verduras, las frutas, las semillas, los frutos secos, los fermentados, los cereales integrales y las legumbres

Dimensión mental

La mente es aquella dimensión de nuestro ser que nos ayuda a comprender, discernir, organizar, planificar, crear y visualizar lo que sucede en nuestro mundo terrenal, y muchas veces intentamos que también nos ayude a entender lo espiritual, pero su lógica es limitada a la hora de comprender lo sutil y simbólico. Lo importante es tener herramientas como la astrología psicológica o las psicoterapias, que nos ayuden a desarrollar un ego sano y, por lo tanto, a disfrutar de una dimensión mental saludable, que se manifestará a través de pensamientos sanos, creencias que no nos limitan, la sanación de las heridas y la caída de nuestros mecanismos de defensa.

La salud mental y la espiritualidad van totalmente de la mano. De hecho, durante mi proceso de sanación de la anorexia nerviosa restrictiva, la ansiedad, los ataques de pánico y la depresión, consideradas todas ellas enfermedades o patologías de origen mental, me di cuenta de que mejoraba a medida que iba incorporando a mi tratamiento psicológico el desarrollo de la dimensión espiritual. Y ahora no concibo la buena salud mental sin el trabajo de reconexión espiritual, ya que considero que enfermamos en el ámbito mental por el hecho de estar desconectados de la dimensión más sutil que hay en nosotros y por abusar tanto de la mente.

La mayoría de las personas que sufren desajustes en su dimensión mental están desnutridas a nivel espiritual. Y no me extraña, porque vivimos en una sociedad que nos lleva a desconectarnos de nuestra verdadera naturaleza. Cada vez hay más gente con depresión, estrés y ansiedad, por ejemplo, y es porque existe en nuestras sociedades muchísima hambre y sed espiritual. Y es que detrás de patologías, enfermedades, síntomas y malestares aparentemente de origen mental, lo que en realidad se produce a menudo es una desconexión de la dimensión espiritual y, por lo tanto, el impedimento de vivir en armonía, equilibrio y salud.

Si a la desnutrición física, que existe en gran parte de la población por el abuso de productos procesados en sustitución de alimentos reales, le sumamos la desnutrición espiritual y la falta de gestión emocional, el resultado es una dimensión mental con una vibración muy baja. Por lo tanto, la manera de subir esta vibración no es solo cultivar la mente y fortalecer el ego mediante autoconocimiento gracias a la astrología psicológica, sino también potenciar el autocuidado físico, mental, emocional, espiritual.

Algunos de los síntomas de desnutrición espiritual escondidos tras síntomas aparentemente de origen mental son:

- miedo al cambio
- herida de abandono
- necesidad de control
- falta de confianza en la vida
- trastornos de la conducta alimentaria
- rechazo a mostrar o reconocer la vulnerabilidad
- ansiedad, depresión, obsesiones, ataques de pánico y trastornos compulsivos

Dimensión del alma

El alma es esa parte que sentimos más auténtica y personal de cada una de nosotras. Todas tenemos algo que enciende nuestra alma, que es individual. Se trata de la manera en la que la energía del espíritu se expresa a través de nosotras para comunicarnos qué es aquello que le permitirá ser el portal hacia la dimensión espiritual. Y es que el alma trabaja como un agente para el espíritu, es decir, es un vehículo de este para poder reconectarse. Tenemos un alma concreta para cada una porque es lo que nos da pertenencia a este mundo y lo que nos indica con qué aprendizajes y heridas hemos encarnado.

A través de esta dimensión de nuestro ser podemos observar que todas somos internamente diferentes. El cuerpo físico nos lo enseña por la apariencia y el alma nos muestra que a pesar de que todas somos vehículos de la misma conciencia, hemos venido a experimentarnos, desarrollarnos y reconectarnos con ella desde lugares diferentes. De hecho, la dimensión espiritual es la única que nos muestra que todas somos una misma; y como estamos tan desconectados de esta dimensión, nos sentimos así de separados. ¿Acaso hay un error en ello? No, ninguno. La vida así lo ha querido; está bien vivir la sensación de separación y encontrar lo que nos hace diferentes, nuestros aprendizajes de vida y nuestro propósito terrenal, pero sin caer en quedarnos simplemente aquí, ya que estaríamos descuidando la dimensión espiritual.

Así pues, el alma es diferente para cada una y, por lo tanto, las lecciones que tenemos de esta dimensión también son distintas en todas nosotras. Algunas se parecerán o no con respecto a las otras personas que conocemos. De hecho, la magia de la vida radica en que te pone a personas cerca de ti que te ayudan a reconocer tus lecciones y aprenderlas, es decir, a través de los vínculos se nos brinda una maravillosa oportunidad para entrar en contacto íntimo con nuestra alma. Y cuando esto se produce, es algo único, como descubrir el gran tesoro que albergamos cuando sentimos la llamada de entregar, servir y compartir este regalo que se nos ha dado con el mundo. Es cuando decimos que hemos encontrado nuestro propósito, nuestra misión y el significado de nuestra existencia. En realidad, se trata del propósito de nuestra alma; pero tampoco termina aquí, porque, al final, este propósito del alma es un agente para reconectar con el propósito del espíritu, que es sentirse de nuevo en la no dualidad.

Durante el desarrollo de esta dimensión de nuestro ser y el reconocimiento de nuestra alma, es normal que nos sintamos en crisis, que nos adentremos en un camino desconocido que a veces nos asusta: ir a las raíces más profundas de nuestras emociones; tener que abrazar nuestra oscuridad, que hasta el momento no hemos querido ver; sanar viejas heridas que duelen y darnos cuenta finalmente de que la única manera de tener nuestra alma en paz es la aceptación completa de quienes somos, con nuestras luces y nuestras sombras.

Hay muchos recursos, herramientas y prácticas para trabajar con la energía de tu alma que puedes probar dejándote sentir en cada momento cuál te resuena, porque todas tenemos caminos de reconexión con nuestra alma y lo que a una le sirve no te tiene por qué ayudar a otra de la misma manera:

- escucha atenta y contemplativa de las historias de los demás
- uso de plantas sagradas en ceremonias de reconexión
- observación y conexión con las señales de la naturaleza
- festivales, rituales y ceremonias ancestrales
- analizar el comportamiento de los animales
- entendimiento del significado de los cuentos tradicionales
- pranayamas y trabajo con la respiración
- uso de símbolos y objetos sagrados

- trabajo con arquetipos y sueños
- cantos sagrados y mantras
- ayunos espirituales
- imaginación activa
- rituales sagrados
- baile extático
- meditación
- silencio
- escritura
- yoga

Dimensión espiritual

El espíritu, a diferencia de las otras dimensiones del ser, es trans-personal, está en todo y es igual en cada una de nosotras. Puedes darte cuenta de él desarrollando la presencia plena, soltando la identificación con tus dimensiones individuales y trascendiendo tanto el ego como el propósito único de tu alma. Porque solo así saldrás de la ilusión de separación y conectarás con la no dualidad, que es propia del espíritu. El propósito y el aprendizaje o las lecciones del espíritu son iguales para todas: la aceptación, la compasión, la unión y el amor incondicional por todos los seres vivos.

La clave está en desarrollar el proceso y el propósito del alma sin olvidarse del espíritu, porque aunque son diferentes, son parte del todo por igual. Esto se hace profundizando en nuestra parte individual y la expresión del alma que se nos ha dado mientras que a la vez somos observadores de ello y no nos identificamos con esta individualidad. Llegamos así a sentirnos realizadas y plenas por haber descubierto lo que enciende nuestra alma y servimos al mundo a través de su propósito, pero, a la vez, no nos identificamos con este rol, no lo hacemos propio; lo entregamos al espíritu y entendemos y actuamos sabiendo que es un regalo que se nos ha dado.

Existen diferentes prácticas que nos ayudan a reconectar con nuestra dimensión espiritual, como por ejemplo:

- meditación
- rezo y oración
- presencia plena
- contemplación
- prácticas de devoción
- algunas ceremonias sagradas
- canalización y viaje chamánico
- contacto con la naturaleza y baños de bosque

Es necesario unir las prácticas del desarrollo del cuerpo físico, la mente, el alma y el espíritu para llegar a sentirnos en equilibrio, realizadas, plenas, con propósito y en paz. Para ello, es igual de importante cultivar la mirada más hacia el mundo superior (el espíritu) que al llamado «submundo», es decir, nuestro cuerpo físico, el ego, la mente, el alma, las relaciones, la sociedad y, en definitiva, la expresión de nuestra forma de ser sobre el mundo terrenal. Todo está conectado y todo es complementario, porque todo es parte de lo mismo: es la verdadera naturaleza, que se manifiesta de diferentes maneras y en distintas dimensiones.

Recuerda que no es mejor el yo o mundo superior que el submundo. Cuando hablamos del yo o mundo superior, nos referimos al lugar en el que se nota más la presencia de la dimensión espiritual y de la conciencia. Pero como es arriba es abajo, como es fuera es dentro. Por eso, aunque nos miremos a nosotros y nos sea más fácil atestiguar nuestra dimensión física, mental y quizá el alma, no debemos olvidar que también somos seres espirituales.

Tienes luz y sombra

Astrológicamente, cuando hablo de sombra, me refiero a todos aquellos planetas de nuestra carta que no estamos expresando. Son esas partes internas de cada una que no se expresan o manifiestan de manera consciente porque no las reconocemos como propias. Pero como nuestra carta siempre se está viviendo, aparecerán las energías de esos planetas en sombra a través de circunstancias, eventos u otras personas.

Hay planetas y aspectos de nuestra carta natal que nos cuesta integrar porque se contradicen mucho con otras partes de nuestra psique y parecen incompatibles entre ellos, así que lo que hacemos inconscientemente es no darles voz, no reconocerlos, no aceptarlos y rechazarlos. Sin embargo, esto tarde o temprano nos causa dolor, resentimiento, malestar y sufrimiento. Porque negar nuestra sombra y no abrazar todo nuestro ser es como rechazarnos a nosotros mismos por completo, ya que no somos seres fragmentados.

Esas partes de nosotras que se quedan en la sombra y que no asumimos como propias las terminamos proyectando en otras personas de nuestro entorno desde el rechazo o la fascinación. Es lo que llamamos la «ley del espejo», que habla de que las personas de tu entorno reflejan partes de ti misma. Con el conocimiento de la astrología, tienes la posibilidad de ir al detalle, de saber qué es exactamente lo que estás proyectando en el otro y cuál sería el aprendizaje para integrar a través de ese vínculo. Conocer eso también te ayudará a que, cuando tengas un desencuentro con alguien o recibas una crítica, puedas ponerte en el lugar del observador y entender que lo que te está criticando dice más de él/ella que de ti. Y lo mismo ocurre al revés, es decir, cuando eres tú quien señala el error o algo que te disgusta mucho de otra persona, estás hablando de ti en realidad. Así pues, lo interesante es observar qué te está molestando del otro para poder determinar si eso está diciendo algo de lo que tú tienes en la sombra, lo estás proyectando y el otro simplemente lo está reflejando. Y muchas veces es difícil verlo o reconocerlo, porque precisamente lo tienes muy negado en ti.

Es normal que tengamos partes de nosotras en la sombra, porque somos seres contradictorios y complejos, como se puede ver perfectamente a través de una carta natal, ya que si te fijas en la tuya propia o en las de personas que conozcas o de famosos, podrás ver que hay unas líneas rojas (aspectos) que indican partes de ti que están en tensión. Por ejemplo, si una persona tiene Marte y Venus separados 180° con una línea roja, no los podrá encarnar simultáneamente, ya que sus energías son opuestas, pues mientas que Marte es un planeta de energía yang y activo, Venus es de energía yin y pasivo/receptivo. Entonces, lo que ocurre es que, al no poderse manifestar en el mismo momento, según el resto de los planetas de la carta la persona se va a identificar con uno de los polos y dejará en sombra al otro. Dependerá entonces de si la configuración astrológica restante es más femenina o masculina para saber si se va a identificar con Venus o Marte, y negará el otro arquetipo. A lo largo de los años de aceptar solo una de las funciones internas —la femenina/Venus o la masculina/Marte—, si escuchamos el discurso de la persona y lo que nos cuenta de su vida, podremos observar que explicará que ha conocido individuos con características marciales o ha pasado por situaciones de violencia o agresividad —si se ha identificado con Venus— o, por el contrario, se ha encontrado con personas o situaciones venusianas —si se ha identificado con Marte—. Por esto explico que la carta natal siempre se está manifestando, ya sea por activa o por pasiva.

Además, también tenemos motivos sociales y colectivos que nos hacen rechazar partes de nosotros que sabemos o intuimos que propiciarán un juicio si las mostramos. Y tenemos miedo de dejar de ser amados, respetados o vistos con buenos ojos, porque quien más o quien menos quiere agradar y recibir amor de su entorno. O también porque la sociedad parece que no premia esas características o que incluso pudieran traer problemas. Por ejemplo, una persona con mucha carga de Neptuno en su carta natal, que siente mucho, es muy sensible y tiene dificultad para distinguirse de los demás puede recibir por parte de su entorno frases y actitudes que lo empujen a «ser más fuerte»: «no puedes ser tan sensible porque te harán daño» o «no te fíes de todo el mundo porque hay gente mala ahí fuera». Y puede ir poco a poco identificándose en otras partes de su carta natal que tengan una energía menos sensible y más «guerrera», por ejemplo, y dejará en la sombra toda su sensibilidad por encajar en la sociedad y por miedo a sufrir. Así pues, vivirá por pasiva situaciones neptunianas a las que se resistirá o que rechazará, como puede ser encontrarse con personas necesitadas, problemas en casa con todo lo que tenga que ver con el agua (goteras, por ejemplo), etc.

Un individuo con una energía muy fuerte de Plutón, como un Marte conjunto a Plutón, es posible que sienta internamente que puede llegar a ser muy agresivo cuando explota y, por lo tanto, se reprimirá mucho de sacar esa parte suya por miedo a su propia intensidad y a cómo reaccionarán las otras personas. Pero como lo tiene que vivir de alguna manera, se puede encontrar circunstancias en las que haya agresividad o dedicarse a deportes de competición, ser muy guerrero en el trabajo o fijarse metas u objetivos que perseguirá con toda su energía hasta el final. Se trata de una energía muy potente que se puede canalizar desde un lugar autodestructivo, pero que si se acepta, se abraza y se le da luz, también puede dar lugar a grandes transformaciones y logros.

Un mantra para integrar poco a poco aquello que hemos dejado en la sombra es repetirse «yo también soy eso», aunque no sea fácil de aceptar por la sociedad o por uno mismo. Esto te conectará con la autenticidad y podrás vivir en paz, ya que solo es posible tener una vida extraordinaria cuando te aceptas plenamente con tus luces y tus sombras.

Eres creadora de la realidad, no cocreadora

Desde la filosofía advaita no dual, que tanto resuena en mí, no hay dos sujetos separados y, por lo tanto, no hay dos ni puede haber cocreación. El mensaje advaita dice que la realidad no está fragmentada, que no existe la dualidad. Así pues, no puede existir algo que implique «cocrear». Se trata de una filosofía que está detrás de muchas tradiciones espirituales que han reflexionado y buscado el despertar y la iluminación, como el taoísmo, el sufismo, el budismo, el zen, el vedanta o el tantra, por ejemplo.

La filosofía advaita dice que para que hubiera una cocreación, como la propia palabra indica, tendría que haber dos sujetos separados, dos entes, y no los hay. Y es que a pesar de vivir en la ilusión de que estamos separados porque tenemos cuerpos distintos y nos distinguimos entre nosotros con un nombre, por ejemplo, profundamente todas somos la misma conciencia; todas somos una. Por otra parte, dentro de esta teoría se afirman cosas como que si tú deseas algo, lo visualizas como si ya fuera tuyo y pones energía e intención, eso te será dado, porque lo estás cocreando. Y esto es como decirte que hay dos entidades o fuerzas diferentes separadas; una es la del universo / ser superior / divinidad que crea y la otra es la de las personas que si ponen conciencia pueden ayudar a esa creación. De nuevo, se está dando un mensaje de dualidad, de separación, que nos confunde aún más sobre lo que es nuestra verdadera naturaleza.

No creo en este tipo de mensajes: «tú eres el cocreador de tu vida», «tú creas tus pensamientos y con ello tu realidad», «tú puedes elegir libremente el camino que quieres seguir» o «tú escoges la actitud con la que te tomas los sucesos». Y no estoy de acuerdo porque la vida me ha demostrado que no es así. Desde que sé astrología, practico la meditación y el *mindfulness*, y profundizo en mi práctica espiritual, me doy más cuenta de que no escogemos nada. A lo máximo que podemos aspirar es a vivir con más conciencia los sucesos que nos ocurren, pero en ningún caso los elegimos ni los cocreamos. Tampoco creo que seas tú como individuo el que elige su plan de vida antes de encarnar en un cuerpo, porque de nuevo sería creernos separados y que hay dos voluntades distintas: la de la conciencia y la tuya. Para mí, es la conciencia la que en todo momento está activa, creando nuevas vidas con unos propósitos determinados... y nosotros estamos aquí para vivirlo y atestiguarlo, pero va a suceder una cosa u otra sin una voluntad nuestra propia, sino que es la de la conciencia misma. Entonces, creo que sería más acertado decir que somos creadores, porque somos conciencia encarnada en un vehículo físico/corporal. Lo que ocurre es que cuando en nuestra ilusión de separación vamos conectando con la unidad y nos sentimos más alineados con la voluntad de la conciencia, sentimos más paz, abundancia, se caen las resistencias, todo fluye más fácilmente, aparecen señales, percibimos las sincronicidades y, en definitiva, nos percibimos más conectados con nosotros mismos, es decir, con la conciencia.

Me cuesta poner en palabras todo esto porque el hecho mismo de escribir ya nos crea la sensación de separación, y porque es muy difícil no caer en la trampa de usar términos que nuevamente confundan la verdadera naturaleza, porque nos hemos acostumbrado a expresarnos a través del yo y de considerarnos personas independientes y separadas. Es todo un constructo mental, social y colectivo del que es casi imposible desapegarse desde la convivencia en sociedad. Ya al nacer nos ponen un nombre al que aprendemos a responder y con el que nos identificamos. Después, en el colegio nos enseñan, por ejemplo, a relacionar un color, planta, animal o vehículo con un nombre determinado. Y a lo largo de los años y durante toda la vida, explicamos las cosas usando palabras y frases como «no he sido capaz de hacer este ejercicio que me ha pedido el profesor», «he suspendido el examen de conducir», «he luchado mucho para alcanzar esta posición en mi empresa y al fin lo he conseguido» o «me he quedado embarazada», por ejemplo, que apuntan a que hemos sido nosotros los que hemos creado una realidad o los culpables, responsables o héroes de que hayan ocurrido ciertas cosas. Pero hay momentos en la vida en los que esto se pone en evidencia. Por ejemplo, hay muchas mujeres que desean un embarazo, lo visualizan y lo manifiestan con todas sus fuerzas y algunas «lo consiguen» y otras no; o lo mismo ocurre en personas que sufren una enfermedad como el cáncer y aunque luchen por superarlo no todas «lo consiguen». Y no es que esa persona ya viniera a este mundo habiendo diseñado personal e individualmente su plan de no lograr ser madre o fallecer debido a un cáncer, sino que es obra de la conciencia creadora, el universo, la vida. Porque para que se den ciertas circunstancias, hay todo un complejo entramado que está claro que no depende de ti.

Hubo épocas pasadas, incluso en la actualidad en algunas tribus, en las que no se usaba el *yo* o el singular para explicar algo. Se expresaban con términos en plural sin apropiarse individualmente de las cosas, los sucesos, los pensamientos o los deseos. No decían «tengo hambre» sino «tenemos hambre».

La vida es un juego, una ilusión y un teatrillo que vivimos como real, ya que nuestros sentidos nos engañan, las palabras nos enredan y a la misma conciencia le gusta que así sea, y por eso no hay más personas despiertas o que lleguen a la iluminación. Así pues, tampoco se trata de luchar contra esta ilusión de separación, sino de buscar momentos para reconectar con la unidad, porque ese es nuestro verdadero hogar esencial.

Si no somos cocreadoras de la realidad y no controlamos nada, entonces abracémonos a lo que nos pide la vida: aprender a rendirnos. *Rendirse* no significa «tirar la toalla» o «darse por vencida» frente a algo, sino darse cuenta de que hay unas leyes y fuerzas que rigen el universo que son más grandes que tú y que son las que precisamente mantienen el equilibrio perfecto del mundo. Y nosotras formamos parte de la madre naturaleza porque nosotras mismas somos la creación, la conciencia pura y única que habita en todo: personas, animales, árboles... Entre todas mantenemos un equilibrio sin saberlo, sin controlarlo.

Saber esto me lleva a sentir confianza, paz y plenitud. Porque, aunque en el día a día tengamos momentos en los que nos olvidamos de ello, cuando ha calado en ti este mensaje, la vida se vuelve de otro color, la miras y la experimentas desde otro lugar de no sufrimiento. Y es que cuando te rindes a la vida, quitas importancia a tus pensamientos, los relativizas y no te apegas a ellos; tampoco intentas tener el control de lo que sucede (o si lo haces en algún momento, eres consciente de ello a pesar de saber que no controlas nada), te percibes conectada a una energía muy elevada que te hace sentir sostenida y segura. En ese momento, te entregas a que ocurra lo que tenga que ocurrir, ya que eres plenamente consciente de que va a obedecer a un orden mágico y misterioso que, a pesar de que lo desconoces, es el que mantiene el equilibrio. La rendición es constante, ya que la vida es cambio permanente, incertidumbre e imprevisibilidad.

Y esto no significa que no podamos quejarnos en un momento dado o tener una «pataleta», a mí me ocurre en algún momento, pero enseguida me río de mí misma, hablo con la vida para decirle «vale, aquí estoy, me rindo, ya me enseñarás el camino y quizá incluso llegue a encontrarle un sentido profundo a esto que ha sucedido»; después, le doy las gracias y finalmente lo suelto, lo entrego. Porque me doy cuenta de que no podría haber sido de otra manera ni yo podría haber modificado el curso de los acontecimientos ni nada dependía de mí. Y claro que soy la que vive la responsabilidad de lo que ocurre en mi ámbito de vida, pero esto no significa que yo lo haya provocado a nivel consciente, personal y unilateral. No sabemos nada de lo que va a ocurrir. Un claro ejemplo es que cada día, al levantarnos, lo hacemos con una energía, humor, sensibilidad o actitud diferente, sin haberlo escogido y sin saber nada de lo que va a suceder. Luego nos justificamos o intentamos buscarle explicaciones mentales: «hoy me siento así porque ayer vi una película que me conmovió» o «me siento muy bien porque ayer vi a una persona especial para mí», etc. Pero te habrás dado cuenta de que muchas veces, aunque quieras encontrar una explicación o motivo a algo que ha sucedido o a un estado de ánimo determinado, no la hallas o parece ser fruto de muchas circunstancias que no planificaste. Y es que la vida nos sorprende constantemente con conversaciones espontáneas, noticias inesperadas, retos imprevistos, etc., frente a los cuales lo único que nos pide es que confiemos, soltemos el control y nos rindamos. Porque, lo hagamos o no, hayamos entendido la finalidad subyacente o no, la vida seguirá su curso, su juego y su orden.

De hecho, escribo estas palabras embarazada y me sorprende que hayamos abrazado tan bien la idea de que un ser, un bebé, crece dentro de una mujer sin tener que hacer nada, dar ninguna indicación ni intervenir en el proceso de creación de una vida nueva, y, sin embargo, a la vez creemos que nuestro camino de vida o la vida en general es algo que podemos moldear, que depende de nosotras o que somos cocreadoras. Yo soy creadora, la vida es creadora, tú eres creadora, la niña que está naciendo dentro de mí es creadora... Todos los seres de conciencia que habitamos este mundo somos creadores, porque todos somos la conciencia disfrazada con distintos trajes. Lo que hacemos cuando queremos conocernos a nosotras mismas es precisamente descubrir primero qué traje/máscara se nos ha puesto, pero lo que estoy proponiendo en este libro es que apuntemos también a lo que hay más allá de esto.

El libre albedrío es una bonita ilusión

Partiendo de la filosofía advaita que afirma que no hay dos sujetos diferentes ni dos voluntades ni dos conciencias, que todo es uno, que es la misma conciencia, sería imposible decir que existe el libre albedrío. Es curioso para mí observar que algo que me deja tan en paz a otras personas les genera malestar. Y creo que es por lo que decía antes, que a la vida misma a través de nosotras le gusta creerse libre, independiente, fragmentada y como si fuera una identidad separada.

No obstante, si observamos la vida y lo que va sucediendo a través de ella y nos quitamos las gafas condicionadas que llevamos desde pequeños, podemos darnos cuenta de que nunca hemos actuado libremente, es decir, en el fondo nada de lo que hemos hecho, dicho o pensado ha surgido de nosotros por propia voluntad. Lo que hemos vivido en realidad es la ilusión de haberlo decidido libremente: vivimos las circunstancias, las decisiones y nuestros actos sintiendo que los hemos escogido porque juzgamos las cosas en función de si hemos elegido estudiar una carrera universitaria o no, si queremos o no ser madres, etc. Sin embargo, si somos sinceras con nosotras mismas y nos atrevemos a pensar más allá de lo que hacemos habitualmente, ¿cómo contestaríamos a las siguientes preguntas?: «¿en qué momento escogiste que te gustara leer, por ejemplo?», «¿decidiste tener una infancia difícil y que eso marcara tu vida tan profundamente que ahora hayas cerrado las puertas a ser madre?», «¿recuerdas el instante en que preferiste que te gustaran los hombres o las mujeres, o lo que recuerdas es el momento en el que te diste cuenta de tu preferencia?», por ejemplo. No elegimos nada; lo único que hacemos es responder a aquello que se despierta a través de nosotras y nos apropiamos de ello, y vivimos haciéndonos responsables de ello porque creemos que ha surgido por nuestra propia voluntad.

Yo desde bien pequeña sentí que estaba todo escrito y creía en el destino. Sigo pensando y sintiendo lo mismo, y esto me hace también reafirmarme en que no puede existir el libre albedrío y a la vez estar todo predeterminado por la vida, por la conciencia misma. Ahora bien, también he creído siempre que es imposible saber qué es lo que la vida ha diseñado para cada uno de nosotros, así que la actitud es dejarse sorprender, fluir con ella y no resistirse a lo que vaya sucediendo. Cuando sentimos que actuamos desde la confianza y la rendición frente a la vida, hay menos sufrimiento en nosotras porque estamos conectadas con nuestra verdadera naturaleza, pero es cierto también que no siempre adoptamos esta actitud, porque ya hemos dicho que el juego es olvidarnos de esto y volverlo a recordar continuamente.

No sé si lo que acabo de explicar sobre que no existe el libre albedrío te dejará en paz como a mí y sentirás que estoy poniendo en palabras algo que siempre has sentido y creído, o bien percibirás malestar, incredulidad o incluso rechazo. Cualquier cosa estará perfecta, porque ni tan siquiera has escogido que te resuenen mis palabras o no ni para qué la vida ha querido que lo experimentes así.

Con esto no estoy diciendo que tú no elijas si quieres hacer una cosa o no, por ejemplo, sino que no lo estás escogiendo libremente y, por lo tanto, no existe el libre albedrío o una voluntad propia. Solo la voluntad de la conciencia, que es una sola. Por poner un ejemplo de que la vida discurre con total independencia, solo tenemos que observar un embarazo. El bebé se forma dentro de ti sin que hagas absolutamente nada para que le crezcan los órganos o los huesos ni intervengas en nada para su desarrollo. ¿Quién está creando entonces esa vida? ¿Quién decide el día que va a nacer? Si el embarazo se interrumpe sin tu voluntad, ¿quién lo ha escogido así?

Así pues, siempre está sucediendo lo que tiene que suceder; por mucho que luche por conseguir algo o me resista a ciertas cosas, si la vida quiere que las viva, seguro que las voy a experimentar y a pasar por ellas. Porque nada depende de nosotras. Solo somos observadoras de la manifestación que la conciencia quiere vivir a través de nosotras.

No obstante, como vivimos en sociedad y somos seres vinculantes, lo que sucede a través de nosotras tiene implicaciones en nuestra vida y en la de las otras personas, así que tendremos que asumir la responsabilidad de lo que la conciencia ha decidido, creado y manifestado a través de nosotras. Sin embargo, esto ya nos exime del sentimiento de culpa tan arraigado debido a la religión cristiana. Nunca somos culpables de nada, solo debemos responder a la responsabilidad que hay detrás de asumir la experiencia humana que nos ha tocado vivir, pero que, insisto, no hemos escogido libremente.

Cuando caló profundamente en mí la filosofía advaita, experimenté algo que quiero compartir contigo: dejé de tomarme lo que me sucedía como algo personal. Esto tuvo ciertas implicaciones o manifestaciones: las opiniones de los demás ya no eran algo personal, dejé de sentirme culpable pero también la abanderada de mis «logros» o «éxitos» profesionales. Pasé como una especie de duelo, porque durante un tiempo sentí como si viviera con menos intensidad, euforia o celebración. Todo se volvió más tranquilo, sin sobresaltos y con menos ilusión egoica. Antes creía que dependiendo de si decía, hacía o pensaba ciertas cosas, la vida me iba a traer más o menos éxitos, reconocimiento, retos, situaciones dolorosas, alegrías, etc. Sin embargo, sucedieron eventos en mi vida con los que me di cuenta de que era la vida la que me estaba llevando con mucha fuerza, que yo no escogía nada y que sentía ansiedad porque me estaba resistiendo a aceptar lo que ya estaba sucediendo. Y el sufrimiento desapareció cuando solté el control, me entregué, me rendí y confié en la vida. Ahí empecé a vivir desde otro lugar; el de saber y sentir profundamente que la vida es un juego y yo parte de él, con un destino predeterminado; que lo que estoy haciendo es observar la conciencia que habita en mí y que me puedo relajar porque voy a vivir lo que tenga que ser para mí. Muchas veces la vida quiere que me olvide de ello y me desvío, pero en esos momentos no lucho porque sé que en algún momento aparecerá el recordatorio advaita y con él, de nuevo, la calma y la paz interior. Y algo que me ayuda a que vuelva la no dualidad, la unión, el amor y la despersonificación es saber sobre astrología, observar mis tránsitos y los de la otra persona, por ejemplo. Y entonces me doy cuenta de nuevo de que todo está siguiendo un orden y de que nunca nos apartamos de lo que la vida quería que sucediera a través de nosotras. Luego nos toca tomar la responsabilidad de lo que ha sucedido, pero ¡qué ligereza dejar de señalar, juzgar o culpar a los demás o a nosotras mismas creyendo que se podría haber hecho algo de otra manera! Esto no significa que no carguemos con el peso del dolor de los actos que han acontecido a través de nosotras o de otras personas, pero seguramente deja de haber sufrimiento, culpa, resentimiento o rabia, por ejemplo. Y si seguimos sintiendo esto, tampoco nos estamos apartando del camino, ya que significa que nos tocaba pasar por ello para la evolución de nuestra alma, porque así la vida lo ha querido. Y es que todo lo que sucede es lo que tiene que suceder y lo que la vida ha considerado oportuno y que responde a un plan mayor muy complejo y misterioso que nosotras desconocemos. Así que no existen las casualidades, como tampoco las causalidades. Una de las leyes de este plan mayor que sí conocemos es la de la sincronicidad, que dice que «como es arriba es abajo, como es fuera es dentro». Así pues, observando el cielo y mediante la astrología, sabemos que todo lo que sucede está en sincronía con los movimientos de los planetas, y que lo que sucede a nuestro alrededor es lo que nos conviene vivir porque es un reflejo de lo que ocurre en nuestro interior.

Muchas veces he recibido mensajes de personas que me preguntan cómo pueden hacer para perdonar a alguien o a sí mismas. Pues bien, en cuanto te pones las gafas advaitas, el perdón se aplica de antemano porque sabes que todas lo hacemos siempre lo mejor que podemos y de la única manera que podía ser. No está en nuestras manos causar o no dolor a otras personas ni recibirlo, ya que ni tan siquiera podemos controlar la forma en la que alguien se va a tomar una decisión, palabra o acción nuestras o viceversa. Así que, si sentimos que no existe el libre albedrío, estamos exculpadas y perdonadas. Por ejemplo, si vivimos en un vínculo en el que percibimos que la otra persona actúa de una manera que no nos hace sentir bien, no la culpamos por ello ni creemos que podría hacerlo de otra forma, sino que agradecemos ese vínculo porque, si ha sucedido, es por algo y la vida así lo ha querido. De este modo, cuando sea el momento sincrónico en el cielo para irnos de esa relación, podremos abandonarla en paz.

> **La vida no va de «asumir la responsabilidad de lo que elegí libremente», sino de hacerte responsable de tu carta natal y tus circunstancias (responder a ellas), que, por supuesto, no has elegido desde el libre albedrío.**

2.

¿Cuáles son mi propósito y el sentido de mi vida?

Preguntarnos sobre cuál es nuestro propósito es cuestionarnos para qué hemos nacido, cuál es la dirección de vida que tenemos y cuál sería nuestra manera ideal de permanecer en el mundo. Normalmente nos hacemos esa pregunta con más intensidad cuando pasamos por una crisis, es decir, por un momento clave de nuestra vida en el que sentimos que algo va mal o que una transformación personal está a punto de suceder. Pero en general todas buscamos encontrarle un sentido a nuestra vida y entender por qué y para qué hemos encarnado en este mundo terrenal. Y al querer encontrar respuestas a esta pregunta, de nuevo nos embarcamos en una búsqueda, la de nuestro propósito. Y nos apuntamos a cursos, talleres, conferencias o incluso contratamos a un coach para que nos ayude a encontrarlo.

Así que veamos qué es y qué no es el propósito. Para explicarlo y ayudarte a descubrir el tuyo, quiero compartir contigo este diagrama que publicó Andrés Zuzunaga en 2012 en la primera edición del libro *¿Qué harías si no tuvieras miedo?*, de Borja Vilaseca.

Como puedes ver, el propósito es aquello que une lo que amas hacer, lo que el mundo necesita, eso por lo que te pagarán y lo que haces bien. Es decir, es lo que se da al unir tu misión, tu profesión, tu vocación y tu pasión.

> Aquello que amas hacer y que además el mundo necesita es tu misión.
> Lo que el mundo necesita y por lo que te pagarán es tu profesión.
> Lo que haces bien y por lo que te pagarán es tu vocación.
> Lo que amas hacer y encima se te da bien es tu pasión.

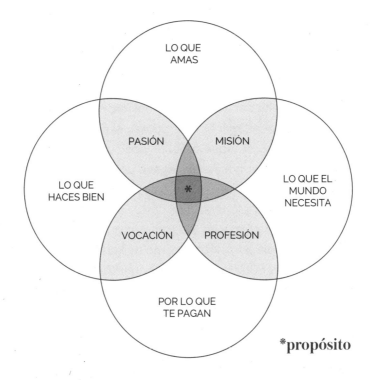

LO QUE
AMAS

PASIÓN   MISIÓN

LO QUE
HACES BIEN

LO QUE EL
MUNDO
NECESITA

*

VOCACIÓN   PROFESIÓN

POR LO QUE
TE PAGAN

*propósito

Así, descubrir tu propósito no es fácil y tampoco es probable que lo encuentres siendo muy joven, cuando aún no sabes ni qué se le da bien hacer, ni qué te apasiona, y ni siquiera has tenido la oportunidad de observar qué cosas valora la gente de ti, por las que te pagaría. Se necesita de mucho desarrollo personal, autoobservación y presencia para darse cuenta de cuál es nuestro propósito y permanecer en él. Por ello, por su dificultad, buscamos herramientas y recursos para descubrirlo, pero la trampa radica en que muchas personas se pierden en esta búsqueda, la fuerzan, intentan controlarla e incluso tienen ideas preconcebidas sobre cuál debe ser su propósito, y se comparan con otras personas que se dedican profesionalmente a algo parecido o que tienen pasiones similares, por ejemplo. Pero tiene que quedar muy claro que el propósito es algo totalmente individual y único para cada una de nosotras, aunque tengamos similitudes de carácter, pasiones, profesión, misión o vocación. Y, por lo tanto, el camino hasta descubrirlo también es diferente para cada una.

Toda persona nace con un conjunto único de dones, talentos, habilidades, limitaciones, maneras de pensar, experiencias de vida, pasiones, preferencias, etc., que se le han dado para que desarrolle un propósito. A todas se nos ha entregado una semilla que, al regarla y mimarla con los cuidados únicos y personalizados que necesita para crecer y desplegarse, nos ofrece el regalo de la manifestación de nuestro propósito. Así pues, lo que te propongo es que uses la astrología psicológica como herramienta para regar bien tu semilla, hacer que crezca y descubrir así tu propósito. Es cierto que hay personas que no necesitan estudiar astrología para descubrirlo, ya que han tenido más facilidad para desarrollar su carta y vivir alineadas con ella, pero en caso de que no hayas tenido esta facilidad, conocerte a ti misma a través de la astrología y empezar a vivir tu carta natal con conciencia te ayudará a descubrir tu propósito.

Quizá te sorprenda que te diga que no debes buscar tu propósito, sino simplemente dejar que él te encuentre a ti. Y esto sucederá cuando te conozcas bien, estés enraizada en lo que amas hacer, en lo que te hace feliz y te inspira. De hecho, habrás leído varias veces el *claim* «conócete y descubre tu propósito». Si te fijas bien, en ningún momento te está diciendo «busca tu propósito», sino que a lo que te invita es a que te ocupes de conocerte, que vivas alineada con tu ego. Tras ello, descubrirás tu propósito, porque este se empezará a manifestar en tu vida y lo (re)conocerás. Ahora se trata de que confíes en que lo que viene a ti es exactamente lo que debe ser y en que las experiencias que estás viviendo ya te están guiando hacia tu propósito.

Descubrir tu propósito es una experiencia en la que de repente te reconoces en algo que siempre ha estado dentro de ti y que te hace sentir amor, gratitud, pasión, alegría, paz, tranquilidad y una sensación de haber vuelto a casa. Puede venir disfrazado a veces de un nuevo trabajo o un viaje o lo que sea, pero el propósito no es ese trabajo o viaje, sino el sentimiento que experimentas con ello. Por ejemplo, si mi propósito es comunicar, puedo sentirme en él trabajando como periodista radiofónica, escritora de novelas o redactora de un periódico. Entonces, mi propósito no es ser periodista, sino comunicar. Y es que no se trata de descubrir simplemente tu profesión, vocación, misión o pasión, sino de darte cuenta de cuál es ese centro que permanece igual, inmutable, a lo largo de tu vida, aunque vaya tomando diferentes formas.

Vivimos en una sociedad que se ha vuelto muy compleja, con muchas posibilidades, y nuestra esperanza de vida también se ha visto incrementada, así que hoy en día antes de morir es muy probable que desarrollemos más de cinco profesiones distintas, que encontremos muchas cosas que nos apasionan, que dependiendo de la etapa de nuestra vida sintamos una vocación u otra o que lo que el mundo necesita cambie tanto y tan rápido que también lo haga tu misión. Así que para descubrir tu propósito debes ver qué tienen en común todas esas cosas que has hecho hasta ahora, qué hacías ya desde pequeña en tus ratos de ocio, hacer un repaso de qué tienen en común los diferentes trabajos que has desempeñado y qué tipo de cosas o temas atraen tu atención y has querido estudiar a lo largo de tu vida. Fíjate en esto, anótalo y encontrarás muchas respuestas e *insights*, ya que todo lo que has hecho, vivido, estudiado, aprendido o te ha llamado la atención hasta ahora habla de ti.

¿Te das cuenta de que si el propósito incluye tantas variables diferentes es imposible que lo encuentres comparándote, imitando o tomando como referencia a otra persona? Vivimos muy a menudo en piloto automático, sin cuestionarnos nada y terminamos teniendo estilos de vida encorsetados, convencionales, generalizados y parecidos a los del resto de nuestra familia, entorno o sociedad. Y si esto ocurre puede ser un síntoma de que no estás en tu propósito. Es curioso y extraño que teniendo una carta natal tan única y diferente de aquellos que nos rodean tengamos vidas tan parecidas unos y otros.

No es de extrañar que haya tantas enfermedades hoy en día, porque a los malos hábitos y a los productos procesados se les suma esta manera de vivir, alineada con una sociedad enferma en lugar de hacerlo con la carta natal. Si no aprendemos a respetar nuestra carta natal y por el contrario regamos nuestra semilla con cualquier tipo de agua y un abono tóxico, enfermamos. Y es que cuando no estamos alineados con quienes somos, nos comportamos como lo hace nuestro entorno sin respetar la singularidad de nuestra forma de ser, llevamos a cabo actividades sin que en realidad nos apasionen y tomamos decisiones haciendo caso de lo que dicen los demás en lugar de a nuestra intuición. Pensar una cosa, hacer otra y sentir una distinta agota nuestra energía, nos desvitaliza y apaga nuestra llama.

El camino para descubrirlo es el autoconocimiento, la autoobservación y la autoindagación. La astrología es la herramienta que nos permite enfocar y seguir este camino, pero incluso aunque un astrólogo te indique y apunte hacia él desplegando y explicando lo que se ve reflejado en la carta, vivimos en un mundo tan complejo y de tantas posibilidades que vas a tener que encargarte de ir afinándolo. Deberás conocer tu carta en profundidad, aceptarla, respetarla y después ocuparte de desarrollarla, cultivarla, potenciarla y encontrar tu propia manera creativa de vivirla en el momento histórico y el lugar en el que te encuentres. No tengas prisa por descubrir tu propósito, ya que este se te irá revelando a medida que estés más alineada con tu carta natal. Por lo tanto, de lo único que debes encargarte es de profundizar en tu carta natal para descubrir quién eres, y esto te llevará a saber para qué eres así, es decir, cuál es el propósito de tu forma de ser, qué has venido a hacer y cuál es el sentido de tu vida.

Déjate sorprender por la vida y ábrete a que pueda aparecer tu propósito en cualquier momento y circunstancia. No tengas prisa, porque por más que te empeñes en ello no aparecerá cuando tú lo quieras. Si te dedicas a profundizar en tu carta natal, estarás ocupada en algo maravilloso como es tu autoconocimiento, y ahora sabes que va a ser el camino para que tu propósito se manifieste. Así que respira y si te notas muy ansiosa por descubrir tu propósito, pregúntate: «¿para qué quiero encontrarlo ahora, de manera inmediata?», «¿qué hay detrás de mi búsqueda?», «¿qué ocurre si tardo dos años en descubrirlo?», «¿qué creo que sucedería si mañana lo tuviera claro?». Reflexiona sobre qué hay detrás de tu búsqueda y después enfoca tu energía en conocer a fondo tu carta natal. En este mismo capítulo te daré las bases para que puedas empezar a estudiarla, pero si deseas profundizar más y que sea algo totalmente personalizado, puedes encargar la lectura de tu carta natal a un astrólogo profesional o incluso, si te animas a invertir en tu autoconocimiento —y, por lo tanto, en tu bienestar—, yo te recomiendo que te apuntes a alguna formación.

La astrología psicológica como herramienta de autoconocimiento

Todas deseamos tener una vida llena de alegrías, ser felices y no sufrir. Pero muchas veces no nos damos cuenta de que experimentar más o menos felicidad no viene determinado por factores externos, sino por nuestro mundo interno, que se ve reflejado también en las circunstancias que nos rodean, ya que como es fuera es dentro.

Un día, hablando con una clienta durante una sesión individual, me comentó que ya había entendido que la vida nos trae retos, golpes duros y momentos muy difíciles, así que lo que le pedía ahora es que no llegaran con tanto ímpetu y sufrimiento, sino en modo de caricia. Le contesté lo que ahora voy a compartir contigo.

La vida te acaricia cuando no te resistes a ser golpeada por ella. El sufrimiento sucede cuando no aceptamos que la vida es transitoria, impermanente, incierta y mutable. Nos apegamos a las personas, las cosas, las formas y vivimos tensos deseando que no nos arrebate aquello que más queremos, no nos haga cambiar nada y sea dulce con nosotras. Y esto es lo que hace que suframos, porque le estamos pidiendo a la vida que sea lo que no es: fija, permanente y estable. Querer que la vida tenga otra naturaleza diferente de la que le es propia solo puede traernos malestar. Y esto mismo que vemos en nuestra relación con la vida nos lo hacemos a nosotras. Vivimos la mayor parte del tiempo queriendo cambiar, intentando ser alguien que no somos y pidiendo peras al olmo. Esto, lejos de acercarnos a la alegría, la felicidad y el bienestar que tanto anhelamos, cada vez nos lleva más al sufrimiento.

La mejor inversión que podemos hacer en nuestra vida es la de conocernos profundamente. Y en dos direcciones: desde dentro hacia fuera y desde fuera hacia dentro. Me refiero a que por un lado una etapa de la vida la podemos dedicar a conocer nuestra forma de ser, es decir, nuestra carta natal, pero por otro, en una segunda parte, en la que hayamos entendido bien nuestro ego, es posible que deseemos hacer también el camino de vuelta a casa y conocer nuestra verdadera naturaleza, que es el centro de la carta. Y es que más allá de la forma que ha tomado nuestro ser como vehículo de conciencia que habita en este mundo terrenal para desarrollar una evolución y un propósito, en el fondo no debemos olvidar que somos conciencia y que esta es nuestra verdadera naturaleza.

La astrología psicológica desde la visión no-dual (advaita) que propongo es la herramienta que nos ayuda a comprender las diferentes dimensiones de nuestro ser porque, por un lado, aunque pudiera parecer que no tiene nada que ver con nuestra dimensión física, sí que nos permite saber qué tipo de deporte, dieta, estilo de vida y hábitos son los que más se ajustan a nuestra manera de ser. Por ejemplo, no tiene sentido que una persona con Júpiter o Venus en Tauro intente dejar de disfrutar de la comida porque se le ha dado una carta para ello, o una persona con ascendente en Cáncer va a disfrutar de hornear pasteles o alguien con una carta con mucha energía de VIrgo va a ser más propenso a somatizar y sufrir malas digestiones y, por lo tanto, a lo largo de su vida verá como mejora su salud si presta atención a aquello que come y cómo gestiona sus emociones. O en cuanto al deporte, alguien con energía de fuego predominante en su carta va a necesitar maneras de canalizarla a través del ejercicio físico para sentirse mejor a todos los niveles más que una persona con más energía de tierra, que quizá se encontrará más a gusto practicando yoga en la naturaleza. En cuanto a la dimensión mental, la astrología, por ejemplo, te explica cómo es tu manera de relacionar conceptos, aprender o comunicar.

Invertir tiempo y dinero en el autoconocimiento nos permite vivir más en paz y cumplir de manera consciente con aquello que la conciencia ha querido vivir a través de la forma de ser que nos ha tocado experimentar. Para mí, la vida es un viaje que se disfruta más y se sufre menos si tienes una brújula que te indique por dónde ir si te sientes perdido o confundido.

En la actualidad, podemos encontrar diferentes disciplinas y técnicas que potencian el autoconocimiento, pero después de probar varias y encontrarme con la astrología, lo vi claro: había llegado a mi vida la herramienta en mayúsculas. Muchos de los recursos que podemos encontrar hoy en día son una primera aproximación a mirarnos hacia dentro y resultan limitados por el hecho de que los ha creado el ser humano. En cambio, el origen de la astrología se remonta milenios atrás y en diferentes culturas, y no se atribuye su creación a ninguna persona en concreto. Sabemos de ella que la usaron las civilizaciones egipcia, maya, sumeria, persa, griega, china e india. Desde esos momentos históricos tan lejanos ya se conocía, gracias a la observación, que como es arriba es abajo y como es fuera es dentro. Miraban al cielo y lo usaban entonces con un carácter predictivo, es decir, para vaticinar el futuro. Fue a lo largo del siglo xx cuando empezó el interés por la visión psicológica de la astrología y, por lo tanto, por una mirada centrada en comprender el mundo interior del ser humano, gracias al cambio radical que hubo en el ámbito de la psicología con el trabajo de personalidades como Freud y Jung. De hecho, predecir para esas civilizaciones tenía más sentido porque el mundo era menos complejo y porque estaban más a merced de su entorno, por ejemplo, los sucesos meteorológicos; en cambio, ahora, contamos con otras herramientas para predecir el tiempo. En definitiva, el mundo se ha vuelto tan complejo y estresante que lo que queremos es encontrar una disciplina que nos ayude a mantener nuestro centro en medio de tanto caos, incertidumbre y malestar generalizado.

La clave para vivir una vida plena es permitirte ser quien realmente ERES.

¿Qué es una carta natal y para qué sirve?

Por «carta natal» entendemos el dibujo del cielo en el momento de tu nacimiento, es decir, cuál era la posición del Sol, los planetas y las estrellas en el momento justo en el que naciste. Esto se explica así por el *principio hermético de correspondencia*, que se plasmó en el *Kybalión* de 1908.[2] Este documento dice «como es arriba es abajo; como es abajo es arriba», que significa que la cualidad de la energía que había en el cielo justo en ese instante se corresponde con la de la persona que acaba de nacer. Por ello, para dibujar tu carta natal necesitas saber el lugar, la fecha y la hora de tu nacimiento.

El uso práctico de la astrología psicológica y el conocimiento de tu carta natal son ilimitados. A través de esta herramienta puedes profundizar en cada uno de los aspectos de tu vida, ya sean tus relaciones, el trabajo, tu comportamiento con la comida, tus creencias en torno al dinero, las contradicciones internas que nunca habías sido capaz de entender de ti misma, el vínculo con tus padres y tu familia de origen, la relación con tus hijos, tu proyección social y laboral, cómo fue tu infancia, cómo es tu refugio interno, qué te da seguridad emocional, qué heridas tiene tu niña interna y cómo cicatrizarlas, cómo te gusta que sean tus relaciones de pareja y qué atraes a tu vida en este aspecto, etc.

Estoy convencida de que los prejuicios que alguien puede tener acerca de la astrología psicológica se deben al daño que han hecho los horóscopos. Eso no es astrología. Somos muchísimo más complejas a nivel psicológico que las simples características del

---

2. VV. AA., *El Kybalión: tres iniciados. Un estudio sobre la filosofía hermética del antiguo Egipto y Grecia* (traducido por Manuel Algora Corbi), Barcelona, Luis Cárcamo Editor, 2003.

signo de nuestro Sol, que es lo que te explica un horóscopo. Yo misma, por ejemplo, podría presentarme diciendo que soy Virgo (este es mi Sol, porque nací cuando el astro rey estaba en la constelación de Virgo), pero decir esto sería reducirme a solo una parte de mí y, por lo tanto, estaría dando una información muy pobre sobre quién soy. Diferentes personas con el Sol en el signo de Virgo lo pueden tener ubicado en distintas casas, es decir, pueden tener el Sol en Virgo en la casa 1, en la 2, en la 3... y así hasta la casa 12. Las casas de una carta natal son las áreas de la vida en donde vas a desarrollar las cualidades de tu Sol. Pero es que, además, puede haber otros planetas que estén tiñendo esa energía, ya sea porque se encuentran conectados en aspecto tenso (difícil) o blando (fácil) con el Sol. Es lo que en una carta ves dibujado con líneas rojas (tenso; difícil) o azules o amarillas (blando; fácil). Y esto mismo ocurre con todos los cuerpos celestes de la carta. Ya te puedes imaginar entonces lo rica en matices que es una carta natal. De hecho, aunque no sepas astrología, si te fijas en tu mundo interior y las circunstancias que te han rodeado a lo largo de tu vida, te puedes dar cuenta de que eres un ser humano muy complejo, con contradicciones, con diferentes y múltiples intereses, con distintas maneras de expresarte en función de con quién o donde estés, etc.

Otro tema que es importante que quede claro es que en la carta natal se explica quién eres tú y cuáles son tus circunstancias, es decir, cómo te sientes a nivel interno y qué cosas ocurren en tu vida. Por ejemplo, se explica el hecho de que seas una persona empática, pero también que se acerquen a ti individuos con problemas emocionales que buscan a alguien que los salve de su situación. Otro ejemplo sería que en tu carta se vea claramente tu afición por los deportes y que a la vez seas una persona que, si no sigues una buena rutina de entrenamiento, tengas tendencia a lesionarte y dificultades para presentarte a las competiciones que te propones.

Y por último me gustaría también resaltar que todo lo que refleja tu carta natal siempre se está viviendo, ya sea por activa o por pasiva, a través de circunstancias o relaciones en las que proyectas tus partes en la sombra. Con esto quiero decir que si en tu carta natal se ve reflejado que, por un lado, eres una persona muy cariñosa, pero, por otro, tienes mucha agresividad contenida, es muy probable que no te sientas identificado con lo segundo y vivas experiencias en las que la violencia te viene por pasiva, es decir, de otras personas hacia ti. Sin embargo, esto no significa que no forme parte de ti; lo único que quiere decir es que no te estás identificando con este aspecto de tu personalidad y, por lo tanto, como se tiene que dar en tu vida de alguna manera, sucede de forma pasiva y sin que te des cuenta de que eso va contigo.

¿Qué puedes esperar de una carta natal?

Como ya hemos dicho, una carta natal es un dibujo en dos dimensiones de la configuración astrológica del cielo que había en el día, hora y lugar de tu nacimiento.

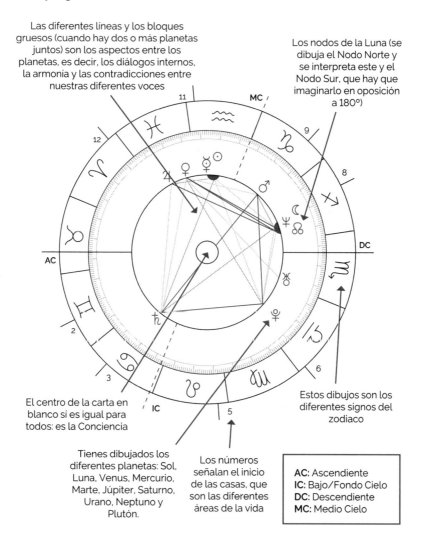

Las diferentes líneas y los bloques gruesos (cuando hay dos o más planetas juntos) son los aspectos entre los planetas, es decir, los diálogos internos, la armonía y las contradicciones entre nuestras diferentes voces

Los nodos de la Luna (se dibuja el Nodo Norte y se interpreta este y el Nodo Sur, que hay que imaginarlo en oposición a 180°)

El centro de la carta en blanco sí es igual para todos: es la Conciencia

Estos dibujos son los diferentes signos del zodiaco

Tienes dibujados los diferentes planetas: Sol, Luna, Venus, Mercurio, Marte, Júpiter, Saturno, Urano, Neptuno y Plutón.

Los números señalan el inicio de las casas, que son las diferentes áreas de la vida

AC: Ascendiente
IC: Bajo/Fondo Cielo
DC: Descendiente
MC: Medio Cielo

Sol	☉	Saturno	♄	Aries	♈	Libra	♎
Luna	☽	Júpiter	♃	Tauro	♉	Escorpio	♏
Mercurio	☿	Urano	♅	Géminis	♊	Sagitario	♐
Venus	♀	Neptuno	♆	Cáncer	♋	Capricornio	♑
Marte	♂	Plutón	♇	Leo	♌	Acuario	♒
		Nodo Norte	☊	Virgo	♍	Piscis	♓

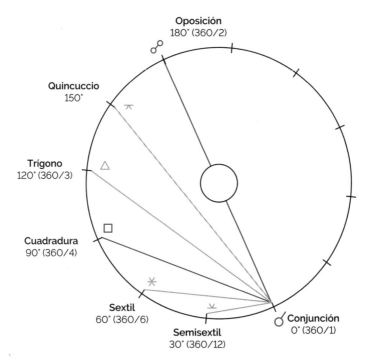

Como se puede ver en el ejemplo de la carta natal, cuando introduces tus datos de nacimiento te aparece muchísima información a través del lenguaje simbólico de la astrología; una vez que lo conoces, puedes interpretarlo tú misma o, en caso contrario, pedirle a un astrólogo que ponga en palabras que puedas entender lo que está plasmado.

Una carta natal tiene información estructurada en cinco niveles:

1. Centro: nuestra verdadera naturaleza, la conciencia

En el centro de la carta hay un círculo que simboliza la conciencia de la que todo emana. Indica el lugar del que vienes y al que volverás. Es la capacidad de observarte. Es donde estás cuando no te identificas con tu ego y te pones en el lugar de observador.

2. Aspectos: nuestro diálogo interno

Es la estructura de conexiones de la conciencia que indican el tipo de relación —tensa o armónica— que hay entre los diferentes planetas en cada carta natal, que representan tus distintas facetas psicológicas.

3. Planetas: nuestras subpersonalidades o partes internas

Son las diferentes funciones psicológicas que habitan en nosotros y nos hablan de las capacidades y herramientas internas de las que disponemos.

Aunque no son planetas, en este nivel de la carta encontramos también los nodos de la Luna, Nodo Norte y Nodo Sur, que indican un camino de evolución. El Nodo Sur es aquello que traemos aprendido y si nos quedamos en él estaremos involucionando, y el Nodo Norte es un aprendizaje al que ir, una energía por integrar, para poder desarrollar nuestro camino de vida y seguir creciendo. Se interpretan según el signo en el que se encuentran, las casas y los aspectos que tienen con otros planetas.

4. Signos: nuestro carácter

Nos hablan de cómo se expresan las subpersonalidades planetarias.

5. Casas: nuestro condicionamiento

Señalan el área de nuestra vida en la que desplegaremos o mostraremos las diferentes subpersonalidades/partes internas que tenemos y, como cada casa posee un signo diferente, este mostrará también la cualidad que tendrá esa área de la vida para nosotros.

Del **centro de la carta (nivel 1)** ya hemos hablado en el primer capítulo, así que a continuación nos dedicaremos a los otros cuatro niveles.

Los **aspectos (nivel 2)** son el tipo de relaciones y conexión que se establecen entre los distintos planetas, que quedan dibujadas en la carta a través de líneas. En función de su color indican si es una relación tensa o armónica. Puede pasar que un planeta no tenga ningún aspecto, es decir, que de él no salga ninguna línea que lo conecte con otro. Cuando la línea, el aspecto, es de color rojo, significa que esos dos planetas están en tensión y, por lo tanto, sentiremos contradicciones en nuestro diálogo interno entre esas dos subpersonalidades, lo que nos obligará a poner más conciencia y trabajarlo. Por ejemplo, una oposición de Sol en Acuario y Luna en Leo. Si es de cualquier otro color, significa que el diálogo entre esas partes internas es fácil y fluye de manera natural, sin que tengas que ponerle conciencia ni esfuerzo para que así sea.

- Los **aspectos tensos** más relevantes son la conjunción, es decir, cuando dos planetas están muy cerca (aproximadamente hasta unos 5° de distancia); cuadratura, que se da cuando están a 90°; o bien oposición, cuando hay 180° de separación entre los planetas.

- Los **aspectos armónicos** más relevantes son el trígono, 130°; el sextil, 60°; y el semisextil, 30°.

Los **planetas (nivel 3)** son como los representantes de una obra de teatro, es decir, los actores de la vida, que son arquetipales y los mismos para todos. Además de los planetas, en una carta natal se ven dibujados, como ya hemos dicho, los nodos de la Luna y, dependiendo de la configuración que le des al programa que calcula tu carta, también puedes ver dibujados otros elementos como asteroides, puntos arábicos, estrellas fijas, etc. Todas las cartas natales tienen los mismos planetas y elementos, pero la diferencia es que para cada una están ubicados en un signo y casa diferentes, con o sin aspectos —armónicos o tensos— respecto a otros planetas.

Los planetas se clasifican en:

- **Los luminares: Luna y Sol.** Son los primeros planetas que debemos integrar de nuestra personalidad, ya que para nuestro desarrollo personal y para encarnar la totalidad de nuestra forma de ser debemos encontrar un equilibrio entre nuestro mundo emocional (la Luna) y la dirección individual (el Sol), y desarrollar una relación sana con la figura de la madre (Luna) y la del padre (Sol), es decir, entre nuestra energía más yin o femenina (la Luna) y otra más yang y masculina (el Sol).
  - **> La Luna:** El refugio emocional, la relación con las emociones, la infancia, la niña interior, cómo percibo a mi madre, lo que necesito para sentirme segura y fluir, dónde me puedo sentir más vulnerable, susceptible e inestable.

> **El Sol:** El centro de mi personalidad, el director de la carta, la figura del padre, lo que me conecta con la energía, la auto-conciencia, el poder y la vitalidad, el lugar en el que si estoy me siento autorrealizada, orgullosa, viva, expansiva y además me dará prestigio.

- **Los planetas personales/interiores: Mercurio, Venus y Marte.** Se llaman así porque son los tres cuerpos celestes que se encuentran más cercanos al Sol, antes del cinturón de asteroides que separa a los planetas sociales y transpersonales/transaturninos. Estos planetas son las *herramientas* que tenemos más visibles y disponibles en nuestra vida cotidiana. Representan el pensamiento (Mercurio), el placer (Venus) y la acción (Marte) para concretar los quehaceres mundanos y acompañar a los luminares.

  > **Mercurio:** La manera que tengo de pensar, aprender, comunicar, percibir, intercambiar información, analizar, reflexionar, conectar ideas, escribir, transmitir un mensaje, sintonizar con el mundo, la agilidad mental, la capacidad de concentración, la habilidad lingüística, la destreza mercantil y de negociación de la que disponemos y el grado de necesidad que tenemos de socializar. Además, el simbolismo de Mercurio en una carta natal está relacionado con los hermanos, los hijos, la familia, la adolescencia, los padres y los vecinos.

  > **Venus:** Lo que me gusta, valoro, cómo disfruto, qué me da placer, qué es bello y estético para mí, la capacidad que tengo de generar armonía y belleza, mi parte femenina, mi forma de entender el refinamiento, la sofisticación, la manera que tengo de sentir, el vínculo con la naturaleza, cómo amo y de qué manera me siento amada, cómo me vinculo y qué aporto a las relaciones, lo que me atrae y atraigo, mi

ideal de amante, mi forma de expresar el amor y de entender el romanticismo, el aspecto erótico, sensual y sexual de la personalidad, el tipo de libido femenina, cómo veo las figuras femeninas, la autoestima, la autovaloración, la capacidad sensorial que tengo para conectar con el cuerpo y el presente, la procrastinación, la diplomacia, los protocolos, la cortesía, la cordialidad y la educación, la necesidad de adquirir, dar y poseer, la habilidad interpersonal, los talentos, los recursos y la actitud ante la abundancia y también la economía y el modo de gestionarla.

> **Marte:** La manera de pasar a la acción, el motor interno, mi parte masculina y las figuras masculinas, la energía vital, el guerrero interno, la autoafirmación, la iniciativa, el coraje y la valentía, la autosuperación, la capacidad para conquistar metas y objetivos, cómo me defiendo, la manera que tengo de seducir, mi capacidad para hacer valorar mi deseo e ir a por él, la autogestión, la supervivencia personal, la libido masculina, la agresividad y la motricidad e inteligencia espacial, las habilidades deportivas, la resistencia, la fuerza física, la competitividad, la ambición, la iniciativa, el estilo de emprendimiento, la capacidad de liderazgo, las habilidades laborales, la capacidad de dar órdenes o acatarlas, la necesidad de separación e independencia, el comportamiento en las relaciones personales y de pareja, y el tipo de conflictos que vivo en ellas.

Los **planetas exteriores**, que son los que están más allá del cinturón de asteroides:

- **Los planetas sociales: Júpiter y Saturno.** Son los que tienen una función de mediadores y conectores entre el individuo y la sociedad. Cuentan con energías opuestas, ya que, por ejemplo, Júpiter simboliza la expansión, la abundancia, la fe, la creación de leyes, el creer que todo es posible y la confianza en la suerte; mientras que Saturno representa los límites, el pragmatismo, el cumplimiento de leyes o el saber que no todo es posible y la creencia de que las cosas se consiguen con esfuerzo y sin atajos. Es importante que la persona desarrolle ambas energías, ya que alguien jupiteriano que no tenga a Saturno integrado puede caer en el exceso de confianza en la vida sin hacerse responsable de ella y esperar que todo se le dé hecho, e incluso puede ver este planeta como algo que lo frena, limita y aburre. Si la energía de Júpiter está en desequilibrio, también nos puede convertir en fanáticos, dogmáticos, viciosos e intolerantes con los límites. Mientras que una persona muy saturnina sin energía de Júpiter puede sentir desconfianza e incredulidad exagerada, falta de entusiasmo, vivir sin encontrarle un sentido profundo a la vida e incluso tener mucho miedo y resistirse a los cambios. Al igual que ocurre con los luminares, Júpiter y Saturno también se personifican inicialmente en figuras externas y los vamos integrando a medida que maduramos.

> **Júpiter:** El lugar de la carta donde siento o busco más expansión y crecimiento, el «sí» del zodiaco, la confianza, el optimismo, la abundancia, el significado y el sentido de la vida, la búsqueda de la verdad, la sabiduría innata, la filosofía, la fe, los principios existenciales, la buena suerte, las oportunidades, los nuevos horizontes, el intelecto, las creencias, la libertad, la visión holística y global, la intuición, el idealismo, la jovialidad, la exuberancia, el misticismo, la síntesis de ideas y la abstracción, la pedagogía, el maestro espiritual, la ética, la moral, la justicia, la necesidad de progresar,

de explorar y aventurarse, los dones y las facilidades, los recursos inagotables, la permisividad, los excesos y la autocomplacencia, el dogmatismo, los valores, la generosidad y la gratitud.

> **Saturno:** La estructura, el rigor, la habilidad que tenemos para dar forma, el orden, la capacidad de manifestar, concretar y ser realistas, el desarrollo lento y sostenido, la seguridad, el silencio, la soledad, la madurez, la vejez, el «no» del zodiaco, los límites, la figura del padre o masculina o personas de autoridad que marcan límites e indican reglas o normas, la falta de energía y vitalidad, la seriedad, la rigidez, la exigencia, el perfeccionismo, la disciplina, las obligaciones, la responsabilidad, el trabajo, los aprendizajes mundanos, las metas de superación, la crítica, la censura, los obstáculos, los bloqueos, el miedo, la frustración, la represión, el control, las defensas, la cautela, la falta de autovaloración, las inseguridades, los finales, el realismo, el esfuerzo, el compromiso y la superación, el lugar potencial de la carta en el que nos podemos convertir en una autoridad y tener éxito, y el lugar por el que tienes que pasar antes de poder llegar a los planetas transpersonales.

- **Los planetas generacionales o transpersonales: Urano, Neptuno y Plutón.** Los cambios que nos ofrecen estas fuerzas planetarias son difíciles de asimilar, ya que hacen tambalear nuestra estabilidad, la seguridad y la zona de confort. Por ello, es importante haber integrado previamente la energía de los luminares, los personales y los sociales antes de desplegar el desarrollo de los transpersonales o, de lo contrario, corremos el riesgo de no sentirnos enraizados, no ser capaces de permanecer en sociedad, no poder construir una psique sana y estable ni un ego fuerte y consciente.

> **Urano:** La originalidad, la innovación, la invención, lo precursor, lo vanguardista, la genialidad, la creatividad extrema, lo excéntrico, lo diferente, lo especial, lo elitista, la rebeldía, la impermanencia, lo intermitente, la inconstancia, lo inestable, los *insights* repentinos, las ráfagas creativas, la lucidez, los cambios inesperados y espontáneos, la independencia, la revolución, el despertar mental y social, la caída de viejos paradigmas obsoletos, la ruptura de las reglas establecidas, el futuro, la dificultad para el compromiso, la necesidad de diferenciación, la caída de los convencionalismos, la liberación de la conciencia humana, la transgresión, la impulsividad, la búsqueda de perfección, la necesidad individual de autorrealización, la renovación de las tradiciones restrictivas, los cambios personales profundos, la cooperación, el altruismo y la responsabilidad individual a través de acciones colectivas y cooperantes.

> **Neptuno:** La disolución de los límites y del ego, la unión, la trascendencia, la rendición, el idealismo, la espiritualidad, el misticismo, la compasión, la empatía, la resonancia, el amor, la conciencia universal, la conexión con el todo, la pérdida del individualismo, la intuición, la solidaridad, el arte, la sensibilidad, la entrega, el sacrificio, el sometimiento, el victimismo, la utopía, la evasión, el escapismo, las drogas, la confusión, la falta de claridad, la indefinición, la ilusión, el engaño, la mentira, el caos, los estados alterados de conciencia, los sueños, los anhelos, la fantasía, las visiones, la imaginación y la inspiración.

> **Plutón:** El ave fénix, la transformación, la transmutación, la alquimia interior, la renovación sanadora, la salida a la luz de lo que hasta el momento estaba escondido, la capacidad de arrancar lo obsoleto para renacer, el instinto de su-

pervivencia y la superación de situaciones hostiles, la muerte, la destrucción, el desgarro, la purga, la purificación, el misterio, lo oculto, los secretos, los tabús, la vergüenza, la sexualidad, la fusión, el poder, el miedo, las fobias, la sombra, el control, la represión, el dominio, los celos, la posesión, la obsesión, las compulsiones, la agitación interior, lo tóxico, lo penetrante, lo instintivo, lo primitivo, la entrega máxima, lo extremo, lo intenso, la potencia, el verdugo o la víctima y el camino de la impotencia al empoderamiento.

Los signos (nivel 4). Como cada uno de nosotros representamos una obra de teatro diferente, habría que ver que estos actores (planetas) se visten con distintos trajes y máscaras, dependiendo del signo en el que estén ubicados, y actuarán en diferentes escenarios, es decir, en un ámbito de la vida distinto (en función de la casa donde se encuentre). De manera que, por ejemplo, para saber la forma que tiene una persona de gestionar sus emociones buscaremos dónde tiene ubicada la Luna en su carta natal; el signo nos indicará de qué manera vive su mundo emocional y su infancia, los aspectos lo matizarán y la casa indicará en qué área de su vida mostrará más su mundo emocional e infantil.

En total hay doce signos de cuatro elementos diferentes (fuego, tierra, aire y agua), tres para cada uno de ellos; se pueden clasificar también según si cuentan con una energía cardinal, fija o mutable, tienen a uno o dos planetas que los rigen y cada uno de ellos es análogo a una de las doce casas (hablaré en términos de energía, ya que no hay personas «Aries» o cualquier otro signo, sino personas con más o menos energía de un signo u otro):

SIGNOS DE FUEGO

- **Aries (regido por Marte, cardinal y análogo a la casa 1):** Es una energía de acción, orientada a objetivos, que primero actúa y después piensa, directa, franca e impulsiva, con capacidad de mando, liderazgo y ser pionera, con espíritu ganador, competitiva, agresiva, valiente, impaciente, con una fuerte voluntad y también enfocada a la autoafirmación.

- **Leo (regido por el Sol, fijo y análogo a la casa 5):** Es una energía que vibra en la generosidad, se valora y estima en positivo, egocéntrica, tiene carisma y capacidad de liderazgo y de inspirar a seguidores, le gusta tener público y puede buscar el reconocimiento del otro, emite resonancia, desprende brillo y luz, está preparada para ser vista y reconocida, tiene voluntad de servicio, disfruta de su propia individualidad, tiene orgullo y autorrespeto, es creativa, manifiesta su autoexpresión, le gusta ser ella misma y ha venido a construir un ego fuerte.

- **Sagitario (regido por Júpiter, mutable y análogo a la casa 9):** Es una energía que busca el sentido de la vida, la verdad, las filosofías lejanas, la espiritualidad, le gusta lo extranjero y viajar, aventurera, exagerada, optimista, tiene capacidad para ver la visión global y sintetizarla, tiene una mente abstracta, le gusta hacer suposiciones, tiene principios y fundamenta sus ideas.

SIGNOS DE TIERRA

- **Tauro (regido por Venus, fijo y análogo a la casa 2):** Es una energía con potencia, aunque le cuesta arrancar; busca la seguridad material, se apega a sus posesiones y es posesiva, es perseverante, tiene capacidad de concreción, necesita sentir asegurada su estabilidad y supervivencia en todos los sentidos, es perceptiva, está relacionada con la fertilidad, la tierra y la prosperidad, es hedonista y sensual, está conectada con su cuerpo y es amante de disfrutar de lo natural y lo que nos brinda la naturaleza.

- **Virgo (regido por Mercurio, mutable y análogo a la casa 6):** Es una energía que valora lo práctico; es eficiente, mutable, adaptable, perfeccionista, a veces se infravalora, mental, analítica, ordenada, servicial, con gran capacidad para discriminar la información, minimalista, le gusta lo puro y simple, detallista, mejora los procesos y sistemas para el buen funcionamiento de las cosas o grupos, como las empresas o la sociedad; es amante de la optimización de secuencias, ordena el caos y tiene voluntad de servicio especializado.

- **Capricornio (regido por Saturno, cardinal y análogo a la casa 10):** Es una energía rigurosa, exigente, racional, responsable, concentra sus esfuerzos para alcanzar sus objetivos, tiene capacidad y necesidad de autocontrol, es austera, amante y buscadora de la excelencia, quiere reconocimiento, poder y ascender a una elevada posición social y profesional a la cual accederá con esfuerzo, constancia y mucha dedicación.

SIGNOS DE AIRE

- **Géminis (regido por Mercurio, mutable y análogo a la casa 3):** Es una energía muy inteligente para interrelacionar la información y con mente ágil, adaptativa y cambiante, dispersa, lógica y curiosa, valora la diversidad de opiniones, le interesa la información y aprender constantemente, pero sin profundizar en ello; le gusta el intercambio de ideas y tiene capacidad lingüística y comunicativa.

- **Libra (regido por Venus, cardinal y análogo a la casa 7):** Es una energía que busca el equilibrio y la armonía, se le da bien intermediar, le gusta dialogar, es diplomática, tiene sentido de la justicia y la compensación, le gusta compartir, es sociable, tiende a dudar, disfruta de la belleza y tiene gusto para la estética y las artes.

- **Acuario (regido por Saturno y Urano, fijo y análogo a la casa 11):** Es una energía revolucionaria, idealista, altruista, original, progresista, radical; tiene visión de futuro, se siente incomprendida porque va avanzada a sus tiempos —como los genios—, mira por el bien y la mejora del colectivo, no es convencional, es amante de la libertad, no le gustan las reglas, tiene conciencia social y sed de conocimiento.

SIGNOS DE AGUA

- **Cáncer (regido por la Luna, cardinal y análogo a la casa 4):** Es una energía que valora el clan y la pertenencia porque necesita sentirse conectada a sus raíces y a la familia. Valora la unión, la estabilidad y el resguardo. Es emotiva, susceptible, puede sentirse vulnerable, tiene tendencia a ser dependiente, es sensible, capta las necesidades emocionales básicas de los demás y le gusta cuidar y nutrir a las personas que ama.

- **Escorpio (regido por Marte y Plutón, fijo y análogo a la casa 8):** Es una energía intensa, oculta, misteriosa, contenida, reprime

sus instintos, tiene capacidad de transformación y transmutación, y está asociada a la muerte y la sexualidad.

- **Piscis (regido por Júpiter y Neptuno, mutable y análogo a la casa 12):** Es una energía espiritual y mística, muy sensible, empática, receptiva y simbiótica; no entiende de bordes, le cues-
ta diferenciarse del otro porque siente que todas somos una,
puede sentir confusión, tiene una gran capacidad de perdón y
le cuesta poner límites.

Las casas (nivel 5). Son las diferentes áreas de la vida, las encontramos dibujadas en el nivel más exterior de la carta. Al punto concreto
donde empieza una casa lo llamamos «cúspide». Las diferentes
casas vienen marcadas por la rotación axial de la Tierra y se calcu-
lan a partir de dos ángulos fundamentales, que también vemos
plasmados en la carta:

> **Ascendente (AC):** Punto de intersección de la eclíptica con el
horizonte oriental del lugar considerado.
> **Medio cielo (MC):** Punto de intersección de la eclíptica con el
meridiano superior del lugar considerado.

Al igual que cada signo tiene uno o dos planetas regentes, las
casas cuentan con un signo asociado a ellas y, por lo tanto, también
uno o dos planetas regentes. En astrología, como puedes ver, la
información va sumando y la interpretación de la carta natal se va
enriqueciendo a medida que vas profundizando en sus detalles. Es
un lenguaje simbólico tan rico y complejo como la misma naturaleza humana.

- **Casa 1:** Aries >> signo regido por Marte y Plutón
Es el área de la vida que simboliza la personalidad, cómo nos
mostramos al mundo, la apariencia externa (imagen), la constitu-

ción, la disposición básica, la opinión sobre uno mismo, el deseo y los objetivos.

- **Casa 2**: Tauro >> signo regido por Venus
Es el área de la vida que simboliza tus recursos y posesiones, la avaricia, el patrimonio material e intelectual, las provisiones, cómo actuamos frente a nuestras propiedades, la autovaloración, los talentos, la cantidad de energía que tenemos, la avaricia, los medios propios y la sustancia vital de la que disponemos.

- **Casa 3**: Géminis >> signo regido por Mercurio
Es el área de la vida que simboliza las relaciones con el entorno, los hermanos, los vecinos, los desplazamientos o viajes cortos, la comunicación y los estudios básicos.

- **Casa 4**: Cáncer >> signo regido por la Luna
Es el área de la vida que simboliza el hogar y la familia, las raíces y el origen, la pertenencia al colectivo, el territorio íntimo y el padre o la madre.

- **Casa 5**: Leo >> signo regido por el Sol
Es el área de la vida que simboliza la creatividad, los proyectos propios, la entrada en escena, el pavoneo, la actitud activa en la toma de contacto, la forma de hacer las cosas, los hijos, los niños, los amantes o aventuras amorosas, el erotismo y los juegos.

- **Casa 6**: Virgo >> signo regido por Mercurio
Es el área de la vida que simboliza la forma de trabajar, la salud, los procesos psicosomáticos, las terapias, las obligaciones cotidianas, la capacidad de rendimiento, la estructuración del tiempo y la manera de imponer el punto de vista propio.

- **Casa 7**: Libra >> signo regido por Venus

  Es el área de la vida que simboliza la pareja, los socios, las relaciones contractuales, las uniones legales y las colaboraciones, el matrimonio, el compromiso, el anhelo de unión, las relaciones de intimidad y la pérdida del yo.

- **Casa 8**: Escorpio >> signo regido por Marte y Plutón

  Es el área de la vida que simboliza la sexualidad, la muerte, los procesos internos de transformación y renacimiento, los tabúes, lo oculto, los recursos compartidos y las obligaciones ante el tú.

- **Casa 9**: Sagitario >> signo regido por Júpiter

  Es el área de la vida que simboliza la filosofía, la espiritualidad, los estudios superiores, los viajes largos y al extranjero, la forma de pensar, la concepción de la vida, el sentido de justicia, la conciencia del propio valor, el concepto del mundo y la presunción intelectual.

- **Casa 10**: Capricornio >> signo regido por Saturno

  Es el área de la vida que simboliza la profesión vocacional, la carrera, la posición social, la imagen pública, la autoridad, la madre o el padre y la arrogancia.

- **Casa 11**: Acuario >> signo regido por Urano y Saturno

  Es el área de la vida que simboliza las amistades, los proyectos, los grupos afines y los ideales sociales y humanitarios, las relaciones elegidas y la moral.

- **Casa 12**: Piscis >> signo regido por Júpiter y Neptuno

  Es el área de la vida que simboliza el mundo inconsciente, el aislamiento, la interiorización, la espiritualidad, el retiro, la unión, la disolución de los límites, la pérdida del tú, la persona no mundana y lo invisible.

Las casas las agrupamos también entre ellas, formando lo que llamamos «cuadrantes».

- Primer cuadrante: abarca las casas 1, 2 y 3.
  Cuando el peso de los planetas se acumula en este cuadrante, la persona está enfocada en su propio desarrollo personal, en encontrar su deseo y en conocer sus dones y talentos. Una vez que haya conectado con todo ello, lo compartirá con el resto del mundo.

- Segundo cuadrante: abarca las casas 4, 5 y 6.
  Cuando el peso planetario está ubicado en este cuadrante, la persona está enfocada en estar a gusto en su entorno más cercano, tener armonía en el núcleo familiar y encontrar un lugar de trabajo en el que se sienta cómoda y a la vez útil. Necesita llevar unos hábitos de vida saludables que le aporten bienestar al resto de las áreas de su vida, ya que a través de ellos se desarrolla a nivel personal.

- Tercer cuadrante: abarca las casas 7, 8 y 9.
  Cuando la mayoría de los planetas están ubicados en este cuadrante, la persona pone su energía en la relación con los otros, ya que a través de su mirada consigue verse mejor a sí misma y así hacer su trabajo de desarrollo personal. Las proyecciones, las interacciones con los demás y el verse reflejada en las actitudes de los otros cobra para esta persona más importancia que para otra que no tenga tanta energía planetaria en este cuadrante. Las relaciones, el amor y el contacto con el otro es su manera de aprender, evolucionar, tomar conciencia y descubrirse a sí misma.

- Cuarto cuadrante: abarca las casas 10, 11 y 12.

  Cuando el peso de los planetas de la carta se encuentra en este cuadrante, la energía de la persona está enfocada en su carrera profesional, en hacer algo significativo para la humanidad y cierta proyección social. Tiene un fuerte anhelo de dejar su huella, un legado importante para la humanidad y de impactar en positivo en la sociedad.

Además de la posición en casas de los planetas, estos contarán aún con más fuerza en tu personalidad dependiendo de qué aspectos tengan con otros planetas, es decir, de las relaciones angulares entre los diferentes planetas tomando como vértice la Tierra. Estos aspectos explican el tipo de relación, vínculo y comunicación, más o menos armónicos, que existe entre los diferentes planetas. Es decir, por ejemplo, si nuestro femenino (Venus) y nuestro masculino (Marte) están en conflicto o no, o si nuestro mundo emocional (Luna) está tensado o no por algún otro planeta, etc.

Y en el centro de la carta, exactamente igual para todas ellas, recordemos que se encuentra la conciencia que observa el desarrollo de su obra. Cuando proyectamos un ego fuerte y sano, es porque conocemos los actores que están en el escenario mientras que a la vez somos capaces de sabernos observadores de él; es decir, asumimos la responsabilidad de los diferentes actores que habitan en nosotros, los vivimos con más conciencia y exploramos y desplegamos así también más partes de nuestra carta que quizá teníamos en sombra. Al tiempo, apuntamos y nos ubicamos en el centro de la carta viendo y sabiendo que ese es el lugar del que ha nacido todo y al que regresamos cuando nos sentimos uno.

Guía básica para interpretar una carta y descubrir tu propósito

En la interpretación de una carta natal lo más básico y por donde se empieza una interpretación es observando lo siguiente:

- El **signo** y la **casa solar**, es decir, dónde está ubicado el Sol. Los horóscopos son limitadísimos porque reducen toda tu personalidad a este elemento de la carta.
- La **Luna,** que es nuestro mundo emocional, la infancia que hemos tenido, lo que nos da seguridad y nuestro hogar interno.
- El **ascendente**, que es aquella energía y cualidades que hemos venido a aprender a desarrollar y también lo que mostramos al mundo sin darnos cuenta de ello.
- El **regente solar**. Para cada signo hay un planeta (o dos) asignados como correspondientes. Se dice que un planeta está «en domicilio» cuando se encuentra en «su» signo, pero también puede estar en exaltación, que es algo «positivo», o bien en caída o exilio, es decir, que el planeta está ubicado en un signo con una energía que le es ajena o contradictoria. Esta asignación responde al «sistema de regencias», que es el siguiente:

	Domicilio ++	Exaltación +	Caída -	Exilio - -
Sol	Leo	Aries	Libra	Acuario
Luna	Cáncer	Piscis/Tauro	Virgo/Escorpio	Capricornio
Mercurio	Géminis/Virgo	Escorpio	Tauro	Sagitario/Piscis

Venus	Tauro/Libra	Cáncer/Piscis	Capricornio/Virgo	Escorpio/Aries
Marte	Aries/Escorpio	Capricornio	Cáncer	Libra/Tauro
Júpiter	Sagitario/Piscis	Tauro/Cáncer	Escorpio/Capricornio	Géminis/Virgo
Saturno	Capricornio/Acuario	Libra	Aries	Cáncer/Leo
Urano	Acuario/Capricornio	Virgo/Escorpio	Piscis/Tauro	Leo/Cáncer
Neptuno	Piscis/Sagitario	Acuario	Leo	Virgo/Géminis
Plutón	Escorpio/Aries	Géminis	Sagitario	Tauro/Libra

- La **fortaleza de los planetas**, según este criterio:
  1. Cercanía respecto al AC/MC de 5° por cada lado.
  2. Conjunción, cuadratura u oposición al Sol.
  3. Planetas que están en signos afines (domicilio o exaltación).
  4. Cercanía respecto al IC/DC (bajo cielo/descendente) de 5° por cada lado.
  5. En el caso de Plutón, Urano y Neptuno, que estén en la casa 12.

- El **regente del AC**. Se trata de buscar en la carta dónde está ubicado, por signo y casa, el regente del signo que tenemos situado en el ascendente (AC).

- El **regente del MC**. Se trata de buscar en la carta dónde está ubicado, por signo y casa, el regente del signo que tenemos situado en el Medio Cielo (MC).

Si lo que deseas es afinar en tu propósito, fíjate sobre todo en lo siguiente:

1. Los cuadrantes dominantes y vacíos que hay en tu carta natal, para ver primero un propósito general.
2. La posición del Sol por signo, casa y aspectos, para ver el centro de tu personalidad.
3. El ascendente como camino que desarrollar.
4. La posición de la Luna por signo, casa y aspectos, para ver tu parte emocional.
5. El resto de los planetas que sean fuertes en tu casa, fijándote en el signo, la casa y los aspectos que tienen.

3.

¿Cómo puedo sentirme bien conmigo misma?

Para llegarte a sentir bien contigo misma y disfrutar de una vida extraordinaria, es importante que tengas en cuenta tu autocuidado holístico, que es aquel que engloba las diferentes dimensiones del ser de las que hemos hablado: el cuerpo físico, la mente, las emociones y la conexión espiritual. Practicar el autocuidado holístico a diario es nuestro deber si queremos sentirnos a gusto con nosotras mismas, vivir alineadas con quienes somos, desarrollar nuestra autoestima y autovalor, hacer evolucionar nuestra experiencia humana y vivir de manera consciente en las diferentes áreas de nuestra vida. Sin autocuidado no hay salud, bienestar, calma ni conexión con una misma.

Hay dos prácticas, que veremos a lo largo de este capítulo, que son ideales para sentirse bien de manera holística, multidimensional, ya que al incorporarlas a tu vida estás cuidando a la vez de tu cuerpo físico, mental, emocional y espiritual. Me refiero al *mindfulness*, o presencia plena, y a la meditación.

Además, para mí el autocuidado va de la mano de los rituales. Por ello, en los siguientes capítulos encontrarás algunas ideas muy sencillas para poner en práctica en tu día a día que te devol-

---

Un ritual es la creación de un espacio y momento sagrados, íntimos y personales en donde parar y conectar.

---

verán a tu centro, a conectar con tu esencia y al momento presente. Y es que un ritual es en sí un acto de *mindfulness* e incluso alguno es meditativo.

Podríamos clasificar los rituales en dos tipos diferentes:

Los que convierten lo ordinario en algo extraordinario:
Se dan cuando conseguimos que algo que de normal hacemos sin presencia, de forma automática o como si fuera una rutina cualquiera se vuelve un momento de conexión profunda con una misma y un acto sagrado de amor, respeto y presencia plena. Se trata de una manera de cultivar nuestra dimensión espiritual, reconectar con el arquetipo de la sabia y la chamana, desarrollar nuestra sabiduría femenina e intuición, y abrir nuestro canal energético receptivo, por ejemplo.

Método fácil para crear tu propio ritual de este tipo:
1. Elige algo concreto de tu día a día.
2. Piensa en una manera de transformarlo en un ritual.
3. Dedica tiempo a los detalles que rodean y recrean el ritual.
4. Ponle una intención.
5. Entrégate a lo sutil y simbólico.
6. Mantén la presencia, el aquí y el ahora.
7. Hazlo a un ritmo lento, pausado, calmado.
8. Habita el cuerpo plena y conscientemente.
9. Conéctate con lo sagrado, quizá a través de elementos que te ayuden a ello: aceites esenciales, naturaleza, aromas, música...
10. Utiliza cuantos más sentidos mejor: tacto, olfato, vista, oído...

Los que hacemos en un momento significativo y de cambio: Podría ser el nacimiento de un bebé, la muerte de un ser querido, el inicio de una vida en una nueva casa, una separación o una unión, por ejemplo. En estos casos, el ritual nos puede ayudar a tomar conciencia y vivir con mayor claridad, sabiduría y agradecimiento aquello que dejamos atrás y lo que se está transformando, a la vez que nos permite recibir con amor, confianza e intuición la nueva etapa que se está iniciando. Y es que, a mi modo de sentirlo, cuando creamos un ritual con presencia plena y con una intención clara de lo que estamos marcando se abre un espacio de transformación y sanación profunda.

Cualquier ritual que hagamos, individual o colectivo, diario o puntual, nos ayuda a entrar en contacto con lo sagrado, sutil y simbólico de la vida, que es una dimensión importantísima que debemos atender si queremos sentir que alimentamos nuestra esencia, que conectamos con nuestra verdadera naturaleza y que estamos cumpliendo el propósito tanto de nuestra alma como, sobre todo en este caso, de nuestro espíritu.

Con todo, no hay que caer en la trampa de creer que debemos hacer rituales para ser más espirituales, ni hacer listas de ritos pendientes e ir tachándolos a medida que los llevamos a cabo. No se trata de que nos obliguemos a meditar cada día de una manera determinada, consultar las cartas de los oráculos, ir a un retiro de silencio, quemar salvia o escribir en un diario si no lo sentimos o lo hacemos desde un lugar de obligación o incluso sin presencia, calma ni intención. No seremos más espirituales por sentir que ya hemos «cumplido» con esa tarea. Y tampoco nos sentiremos bien si nos obligamos a hacerlo y no lo cumplimos; de hecho, probablemente esto hará que nos sintamos frustradas y decepcionadas con nosotras mismas.

¿Cuál es mi propuesta, entonces? El minimalismo espiritual. No te infoxiques; no acumules un sinfín de rituales para hacer. Hoy en día hay muchísima información en internet al respecto que te invita a llevar a cabo rituales para la luna llena, cambios de estación, según los arquetipos femeninos, para los diferentes momentos de la menstruación, etc. Y entiendo que si te sientes desconectada de todo esto y de tu cuerpo físico, emocional y espiritual, creas que necesitas que alguien te dé ideas, por eso compartiré algunas. Sin embargo, lo importante es que te des espacio para parar y sentir por ti misma qué necesitas realmente. Porque lo otro, lo que encuentras fuera, son recomendaciones generales y tú eres un ser único que vive un momento personal e individual. Por ejemplo, algo tan simple como pasear descalza por la naturaleza sintiéndola, oliéndola, abrazando los árboles y prestando atención al contacto de tus pies con la tierra es mucho más potente que leer sobre ello en una cuenta de Instagram. La espiritualidad se practica y se desarrolla en el día a día, y la única manera de hacerlo es dándote espacios de silencio, de meditación, de contacto con la naturaleza, practicando a diario la gratitud y permitiéndote momentos para no hacer nada más que contemplar y observar las cosas (pensamientos, sentimientos, emociones, entorno, relaciones...) sin apegarte a ellas.

No tengas prisa, solo ganas por reconectar con tu dimensión espiritual. Disfruta de este camino tan precioso de reconexión. Todas tenemos la capacidad de hacerlo porque todas somos seres espirituales, así que no compitas con nadie ni contigo misma para llegar rápido a una meta espiritual, porque no hay meta en sí, la espiritualidad está y estará cada día de tu vida. Además, por propia experiencia, puedo decir que, en el proceso de reconexión espiritual, dejas de buscar rituales, ya que son ellos los que te encuentran; te sorprendes a ti misma convirtiendo rutinas o acciones del día a día en un ritual, ya que los empiezas a practicar con calma, presencia plena, con la intención de cuidarte y reconectar contigo, y poniéndole todos los sentidos.

El *mindfulness* o la atención plena

El *mindfulness* es la capacidad de traer la atención al momento presente de manera consciente con interés, curiosidad y aceptación. Normalmente solemos prestar atención a las actividades del momento solo con una pequeña parte de nosotras, mientras la mente y los pensamientos están ocupados en otra cosa, casi seguro en algo del pasado, en preocupaciones del futuro o simplemente con distracciones que están sucediendo al mismo tiempo, en paralelo a la actividad que llevamos a cabo.

Practicar el *mindfulness* es enfocarse en el aquí y en el ahora para sentir todo lo que ocurre a tu alrededor en este preciso instante. Se trata de que te pongas unas gafas en las que no haya crítica ni juicio para que puedas observar de manera neutra y con distancia qué sientes, piensas o quieres. Como no hay juicio ni crítica, tampoco aparece la mirada que busca el error, lo que falta o lo que está «mal»; desde este lugar de observación neutra, todo está perfecto y está sucediendo como tenía que ser.

El ritmo de vida actual y la sociedad en la que vivimos no promueve la atención plena, sino todo lo contrario; por ello, cada vez las personas se encuentran peor a nivel físico, mental, emocional y espiritual. Frente a este ritmo frenético y enfermizo cobra aún más importancia practicarla a diario, porque es el mejor recurso que tenemos para volver a nuestro centro, sentir paz interior y recuperar la energía vital. Además, cultivar día a día la atención plena nos aporta una mayor capacidad para la autoobservación, el autoconocimiento, descubrir nuestro propósito y vivir alineados tanto con nuestra forma de ser como en conexión con nuestra verdadera naturaleza.

La práctica del *mindfulness* es muy simple, lo único que tiene de complicado es convencerse primero a una misma de su importancia y de que es la clave para el bienestar multidimensional. Todas podemos tomarnos unos minutos al día para dejar de hacer, parar y simplemente dedicarnos a observar qué está ocurriendo en nuestro cuerpo. La mayoría de las personas que no lo hacen es porque no lo han contemplado en su orden de prioridades, no porque no tengan tiempo ni porque sea difícil de hacer. Es, simplemente, falta de práctica, no se tiene integrado como algo tan común como ducharse, vestirse, comer o lavarse los dientes y, encima, no le damos la misma importancia —y, por lo tanto, dedicación y horas— que se le da al trabajo o el cuidado de los hijos. Además, se le añade que muchas personas experimentan resistencias porque saben que si se paran a observar se darán cuenta de que hay cosas en su vida que no están funcionando y que deberían ser transformadas. Y esto es lo que realmente les cuesta, es decir, no es que lo difícil sea parar y observarse, sino aplicar los cambios para volver a sentirse bien ellas mismas y tener una vida extraordinaria, así que la persona que no quiere ver o darse cuenta de lo que no está bien en su vida es aquella que más excusas encuentra para no practicar la atención plena. De hecho, fíjate en que quien más lo practica es quien más a gusto, en paz y alineada está con su vida; y quien más resistencias pone es quien se encuentra en un momento más descentrado respecto a su propósito y siente un gran malestar interno.

Los beneficios de practicar el *mindfulness* son muchísimos, y seguramente ya los conocerás, pero de nada sirve saberse la teoría y no llevarla a la práctica, así que después de recordarte algunas de las cosas que te aporta la atención plena, te propondré un solo ejercicio muy fácil de practicar para que empieces cuanto antes. Enfocarse en una sola cosa favorece la atención plena:

- Te ayuda a estar presente y enfocarte en el ahora, sin pensar en el pasado ni en el futuro; no hay preocupaciones.
- Calma tus pensamientos, así que te relaja y sientes más paz mental.
- Te facilita el acceso a la creatividad, la intuición y la receptividad.
- Entrenas una mirada sin juicios ni crítica hacia ti o los demás o, al menos, tomas mayor conciencia de ellos.
- Sientes una mayor conexión contigo misma, con los demás, la naturaleza, el cosmos y en general con el mundo que te rodea.
- Reaccionas menos frente a situaciones o acontecimientos desagradables, ya que los relativizas, no los llevas al terreno personal y les encuentras un sentido.
- Te identificas menos con tus pensamientos y te das cuenta de que son transitorios.
- Eres capaz de saber qué necesitas en cada momento a nivel físico, mental, emocional y espiritual; sin confusiones.
- Reconoces en ti las diferentes voces que te habitan y no pretendes ser coherente con nadie excepto precisamente con tu propia incoherencia y contradicciones.
- Aprendes a relacionarte de forma directa con aquello que está ocurriendo en tu vida en el momento presente, sin querer cambiarlo ni evitarlo.
- Tomas conciencia de tu realidad y esto te brinda la posibilidad de trabajar de manera consciente en los cambios o procesos que se estén produciendo en tu vida.

El ejercicio simple que te propongo es el que a mí me abrió las puertas a la práctica posterior del *mindfulness* en las otras áreas de mi vida. Me refiero a comer con atención plena o *mindful eating.*

El *mindful eating* para mí es un estilo de vida, porque no solo implica ser conscientes de lo que comemos y estar presentes justo en el momento en el que lo hacemos, sino que se extiende incluso a antes y después del acto de comer. Lo cierto es que las personas que practicamos el *mindful eating* tenemos unos hábitos en torno a la alimentación enfocados también en prestar mucha atención a los alimentos que compramos, cómo los elaboramos, cómo nos sentimos física y emocionalmente antes y después de comer, a saber qué le sienta mejor a nuestro cuerpo para poder darle en cada momento aquello que necesita, a conectarnos con la sensación de saciedad y de hambre para saber parar o pedir alimento, y a aprender a escoger aquello que realmente nutre el cuerpo físico y que a la vez satisface nuestro cuerpo emocional para que cuerpo-mente-espíritu estén alineados. Y tener esta práctica diaria engloba tantas cosas que de manera natural te ayuda a vivir más presente durante todo el día y se termina extendiendo a otras áreas de la vida.

¿Cómo puedes empezar a practicar la atención plena en la comida?

1. Cuando vayas a comprar, lee las etiquetas para evitar consumir ingredientes que no te nutran y que no estén alineados con un estilo de vida consciente y respetuoso para tu salud y el medioambiente.

2. Cocina para disfrutar de ello, sin pensar en el resultado o sin juzgarte por ser mejor o peor cocinera. Intenta no seguir ninguna receta y simplemente escucha qué te apetece realmente: más o menos crudos, qué tipo de texturas, sabores salados, dulces o picantes, etc.

3. Come en un espacio agradable, sentada en un lugar cómodo y si comes de táper, asegúrate de que este es bonito o traspasa la comida a un plato que lo sea. Evita comer junto con personas o en lugares que te generen malestar y tensión.

4. Mastica bien los alimentos, no tengas prisa por tragarlos y observa la textura y el sabor que tienen, cómo se transforman en líquido en tu boca y cómo se mezclan los sabores.

5. Entre bocado y bocado, respira tranquilamente de forma natural, y si te aceleras o empiezas a comer demasiado deprisa o con ansiedad, regresa la atención a la masticación y las respiraciones.

6. Deja de comer cuando percibas que ya estás nutrida y observa cómo te sientes a nivel físico, emocional y de energía después de comer.

7. No te juzgues por cómo has vivido la experiencia de comer con atención plena; y si aparecen la culpa, el reproche o el juicio, cambia esta mirada por la de observarte con curiosidad, amabilidad y compasión. Todo es perfecto tal como haya sido.

La meditación

La meditación es una herramienta para calmar la mente, estar en el presente y no apegarse a los pensamientos, emociones o sensaciones que experimentamos. Al igual que el *mindfulness*, se trata de una manera de permanecer en el aquí y el ahora, y en completa observación del momento sin juicios. La práctica de la meditación nos ayuda a estar y mantenernos en una conexión profunda, a ingresar en estados de conciencia superiores y a encontrar un espacio sagrado de silencio interior en el que hay mucha paz. Así pues, meditar es simplemente permitirte observar los pensamientos, sensaciones y sentimientos sin juzgarlos, con aceptación plena, soltándolos y dejándolos marchar. Es una herramienta para llegar a observar tu verdadera naturaleza y cómo se despliega la vida naturalmente, sin que intervengas.

Nuestra meta es vivir desde ese estado de conciencia pura sintiendo la serenidad del momento presente y eso solo se logra cuando la mente está en calma y observando todo lo que ocurre alrededor con presencia total. Aquí radica la importancia de la meditación, pues a través de ella podrás sentir la infinidad de la mente y del espíritu sin que dominen los pensamientos; es una forma de ser en la cual te permites estar donde te encuentres sin resistencia y observando plenamente el momento presente, consciente de tu experiencia como ser humano. Cuando meditas te conectas con el infinito, con la fuente de creación y con tu ser superior, con el cosmos, el todo, el universo o la conciencia que lo permea todo. La meditación es un recorrido y una experiencia que nunca termina, una forma de vivir, y el camino es el destino final. El gran regalo de esta vida es descubrir quién eres, tener la oportunidad de traer más amor y compasión a este mundo, y de regresar a ese centro de conexión con la conciencia, de vuelta a tu hogar.

Son muchas las formas de meditar y para mí lo importante es que cada persona vaya experimentando la manera de hacerlo que más le resuene en cada momento. Hay personas que prefieren centrar toda la meditación en repetir un mantra, escuchar una canción para equilibrar los chakras, respirar con música de cuencos tibetanos de fondo, seguir una meditación guiada con o sin música o hacerlo totalmente en silencio, por ejemplo. Las posibilidades son infinitas.

Por lo general, se distinguen tres tipos de meditación en función de cómo se enfoque la atención: la meditación a través de la atención enfocada, el monitoreo abierto y la conciencia sin esfuerzo.

Meditación a través de la atención enfocada

Consiste en enfocar la atención en un objeto durante toda la meditación, ya sea la respiración (pranayamas), una vela, un mantra, una parte del cuerpo, un objeto, una flor, la voz de una meditación guiada o con sonidos e incluso con visualizaciones.

Meditación a través del monitoreo abierto

Consiste en mantener la atención abierta y la percepción de todo lo que está ocurriendo alrededor sin analizarlo, juzgarlo, apegarse, reaccionar o querer cambiarlo. Un ejemplo claro de este tipo de meditación es la que propone precisamente el *mindfulness*.

Meditación a través de la conciencia sin esfuerzo

Consiste en practicar un tipo de meditación que no pretende esforzarse en mantener la atención en nada en concreto ni concentrarse, sino entrar en un «estado puro» o «trascendental» en el que se siente el espacio vacío y una profunda introversión, por ejemplo, la meditación trascendental (TM) o la meditación de autoindagación (yo soy).

Algunas prácticas meditativas son más «estrictas» en la manera de practicarse, como la zen, que se hace en posición de loto y con los ojos entreabiertos, por ejemplo. Pero en general lo que favorece el estado de meditación es mantener una postura cómoda, con la espalda erguida, ya sea sentada en una silla, en el suelo, encima de un cojín de meditación o incluso bien estirada en una superficie plana que te permita sentir el contacto de la espalda. La idea es que estés cómoda y relajada, pero que no te duermas. Y la respiración se hace normalmente a través de la nariz, aunque a veces se pueda indicar lo contrario.

Meditar es una práctica que favorece y aporta beneficios a todas las dimensiones de nuestro ser. Por ejemplo, para nombrar algunos:

A nivel físico:
- da energía y vitalidad
- mejora las digestiones
- regula la presión arterial
- refuerza el sistema inmune
- aumenta la capacidad pulmonar

A nivel mental:
- construye nuevas conexiones neuronales
- mejora la concentración, la claridad y la memoria
- aumenta la productividad y la capacidad de aprendizaje
- calma la mente, reduce el estrés y esto favorece un buen descanso
- ayuda a detectar los pensamientos que aparecen y no identificarte con ellos

A nivel emocional:
- mejora la autoestima
- te ayuda a aceptarte a ti misma y a los demás

- ayuda a tomar conciencia de las emociones y saber gestionarlas
- reduce el mal humor y experimentas más momentos de felicidad
- desbloquea puntos del cuerpo en los que se estancan las emociones

A nivel espiritual:
- eleva la conciencia y la conexión con el universo
- te ayuda a ingresar en estados de conciencia no duales
- aporta presencia y capacidad de estar en el aqui y el ahora
- aumenta el desarrollo de la intuición, la autoindagación y la autoobservación
- favorece la conexión con tu verdadera naturaleza y ayuda a aceptar y amar lo que eres

Para ayudarte en la práctica de la meditación, puedes recurrir a los aceites esenciales, ya que promueven la relajación y fomentan la apertura espiritual. Los que más me gustan son el *frankinscense* (incienso), el sándalo, la salvia, la lavanda, el vetiver, la madera de cedro, la mirra y el neroli. Puedes añadir unas gotas de alguno de estos aceites o una combinación de ellos (no más de siete juntos) en el difusor, o bien inhalarlos o también aplicártelos en la piel. En otro capítulo profundizaremos más en el uso de aceites esenciales.

También puede ayudarte para meditar tener un espacio sagrado, espiritual y en el que tengas un altar de meditación. Así, cuando estés en él, lo asociarás con un momento de calma, silencio y meditación. En este rinconcito puedes poner piedras/minerales, algún mala, los aceites esenciales, oráculos y todo lo que te evoque espiritualidad. Yo, por ejemplo, tengo plumas u otras cosas que he recogido de la naturaleza.

Cuida de tu cuerpo físico

Se trata de atender nuestra dimensión física a través de la nutrición consciente y los hábitos saludables para aportar a nuestro cuerpo todo aquello que sabemos que le conviene, que le hace sentir bien y que le permite desarrollarse de una manera sana.

Hay muchas maneras de practicar el autocuidado físico. Soy una gran defensora de la nutrición consciente, lo que llamo «alimentación saludable, energética y nutritiva» (SEN); es decir, comer de manera presente, dar a tu cuerpo aquello que necesita en cada momento sin hacerlo desde un lugar rígido; sin etiquetas, sin culpa, disfrutándolo y que a la vez sea intuitivo. En definitiva, se trata de aprender qué es lo que te sienta bien y lo que te gusta, y tener una relación sana con la comida.

Aparte de la alimentación, también encontramos otros hábitos saludables, como el ejercicio físico. Algunas personas prefieren hacer deporte al aire libre; otras ir al gimnasio o pasear cada día por la naturaleza, bailar... Cada una debe encontrar su manera. La cuestión es mover el cuerpo y hacerlo sin exigencias y sin pretender tener una talla o peso para encajar en los cánones de la sociedad. Se trata de practicar deporte desde el placer, la suavidad con una misma, las ganas de cuidarse con sinceridad y desde un lugar amoroso, compasivo y siempre pensando en el bien del cuerpo físico y no en seguir una moda de una manera que no es natural.

Está bien ejercitar cada día nuestro cuerpo físico, pero es importante aprender a escuchar qué necesita en cada momento. Por ejemplo, si estamos en la fase menstrual y no nos apetece tener la misma actividad física que en otro momento del ciclo, se trata de respetarlo y quizá durante ese día solo hagamos movimientos de yoga, estiramientos suaves o paseemos por la naturaleza.

El autocuidado físico es tener esa flexibilidad de no hacer nada o cambiar el plan también si un día el cuerpo está exhausto o menstruando. Así que cuando me cuido físicamente, me adapto a lo que necesita esta dimensión de mi ser y no lo fuerzo a hacer aquello que precisa la mente; por ejemplo, en un afán de control y rigidez te puede estar diciendo que debes seguir entrenando si quieres conseguir un cuerpo más tonificado.

Así pues, el autocuidado físico es una combinación entre comer de manera saludable, dormir o descansar las horas que necesites, dejar expresar el cuerpo a través del movimiento (baile, deporte, natación, paseos por la naturaleza, etc.) y hacerlo desde un lugar de flexibilidad, disfrute, amor y respeto absoluto a lo que necesites cada día.

---

10 propuestas para cultivar el autocuidado físico:

1. Ayuna cada día 12 horas desde la cena hasta el desayuno
   Se trata de que entre la hora a la que terminas de cenar y la hora a la que empiezas a desayunar haya un espacio de tiempo de 12 horas.

2. Cena temprano y liviano, que no es lo mismo que poco
   No solo es importante el ayuno, sino también que no cenes tarde y que comas platos fáciles de digerir.

3. Empieza el día con un desayuno SEN
   Un desayuno saludable, energético y nutritivo es aquel que está elaborado con ingredientes naturales, integrales y sin procesar.

4. Añade más verduras a tus platos
   Presta atención a que en todas las comidas y cenas que hagas haya verduras, ya sean crudas o cocidas.

5. Come alimentos integrales

   Este tipo de alimentos son los que tu cuerpo reconoce como completos y, por lo tanto, te nutren muchísimo más.

6. Evita los alimentos procesados

   En realidad, no son alimentos, sino productos que preparan grandes empresas para hacerte adicta. Recházalos.

7. Mueve el cuerpo

   Baila, estírate, pasea, nada, sube escaleras, haz deporte, juega con tu hijo o tu mascota. Somos conciencia encarnada que se experimenta a sí misma en un cuerpo físico, así que al mover el cuerpo favoreces su expresión y tu conexión con ella.

8. Mantén limpia y bien hidratada tu piel del rostro y del cuerpo a diario

   Usa productos ecológicos y respetuosos con el medio ambiente, ya que «como es fuera es dentro».

9. Descansa o duerme las horas que necesites

   Permitirse parar para descansar a lo largo del día y respetar las horas de sueño que necesites es una gran forma de autocuidado físico.

10. Bebe agua, infusiones o caldos en lugar de bebidas azucaradas o estimulantes

    Beber agua no solo es beneficioso para tu salud; también te ayuda a desarrollar tu intuición y estar más en contacto con tu mundo emocional.

Calma tu mente

Nuestra dimensión mental, así como su cuidado, son muy importantes, ya que la mente es el portal a nuestra alma. Las actividades de autocuidado mental buscan en general calmar la mente y tomar conciencia de los pensamientos que aparecen, y a través de ellas podemos desarrollar un ego fuerte y sano en lugar de intoxicarnos.

10 propuestas para cultivar el autocuidado mental:

1. Medita cada día

   Es una práctica que nos ayuda a mantener la mente en calma, tomar conciencia de los pensamientos y dejar el ruido mental a un lado.

2. Aprende algo nuevo

   Lo que se te ocurra: astrología psicológica, tocar un instrumento u otra actividad como la pintura o la cerámica. Cultivar el intelecto es una manera de cuidarte a nivel mental, ya que se activan nuevas conexiones neurológicas y, además, la mente se ocupa en aprender algo en lugar de estar preocupándose por cosas que ya han pasado o que cree que sucederán.

3. Relativiza lo que dice tu mente

   Cuestiona tus creencias, libérate de prejuicios y no te apegues a los pensamientos. Cuanto más medites, más ejercitarás tu mente para que sea capaz de discernir entre los pensamientos, más distancia tomarás de ellos, los relativizarás y te lo cuestionarás todo.

4. Desintoxícate de tanta información

   No necesitas saber tanto ni todo. Hoy en día estamos expuestos a un exceso de información y caemos en la trampa de querer enterarnos de todo cuando en realidad no necesitamos nada de eso para nuestro bienestar e, incluso, nos es perjudicial porque nos infoxica. Invierte el tiempo de esta búsqueda en la meditación y verás qué gran diferencia.

5. **Limita el uso del móvil y de las redes sociales**

   Las redes sociales han aumentado el malestar de las personas, pues favorecen la comparación, la envidia y la baja autoestima. Si lo necesitas, quítate las aplicaciones de las redes sociales del móvil y experimenta tu vida sin ellas.

6. **Vacía tu mente anotando las tareas en agendas físicas o digitales**

   Muchas veces nos agobiamos y estresamos porque tenemos la mente llena de pensamientos sobre las cosas que debemos hacer. Anotarlas, agendarlas y planificar cuándo las llevaremos a término es un gran descanso para la mente.

7. **Desacelera, organiza, prioriza**

   Sé realista con tu tiempo, capacidades y límites. Quizá puedas hacer todo lo que quieres, pero seguro que no al mismo tiempo, así que no intentes abarcar demasiado y planifica lo que deseas hacer por orden de prioridad y urgencia. Delega o pide ayuda si es necesario.

8. **Comparte tus preocupaciones con quien te sientas escuchada**

   Habla con alguna persona cercana o incluso con un terapeuta o profesional de la salud mental sobre aquello que te preocupa.

9. **Practica el minimalismo**

   Deja solo en tu vida aquello que te aporta valor. Menos es más para casi todo. Céntrate en vaciar tu existencia de todo aquello que la ensordece, que genera ruido y no suma. Quédate con lo básico, lo importante y lo imprescindible.

10. **No te compares con nadie**

    Ni siquiera contigo misma. La comparación es una gran enemiga de la mente, ya que genera otros tipos de pensamientos añadidos que te hacen daño. Recuérdate que eres única en todos los niveles de tu forma de ser.

El autocuidado emocional

Recurrir a herramientas de autocuidado emocional nos brinda la posibilidad de estar más en contacto con nuestras emociones, aprender a distinguirlas, abrazarlas, rechazarlas, reprimirlas o evitarlas, y tratarlas desde un lugar de curiosidad en lugar de juzgarlas o sentirnos culpables o avergonzadas por ellas. De esta manera, luego podemos expresar lo que nos ocurre incluso aunque nos sintamos vulnerables.

Ahora te daré ideas para cultivar y mimar esta dimensión de tu ser, pero te adelanto que soy muy partidaria de la escritura terapéutica, del *journaling*, es decir, escribir en un diario aquello que sientes y piensas de manera automática, sin filtros, sin pensarlo ni elaborar el discurso, sino dejando que la escritura fluya sin ponerle mente, juicios, miedo a la opinión de los demás. Además, se trata de una práctica que no solo es de autocuidado emocional, sino también mental, porque te desahogas, y espiritual, ya que durante el rato que estás escribiendo conectas contigo misma sin atender el mundo externo.

Por otro lado, cada vez más, me resuena que para el autocuidado emocional hay que ir al placer, al disfrute, al goce. Cada persona encontrará esto en algo diferente, ya sea en el baile, la pintura, las manualidades, los mandalas, cantar, quedar con amigos, etc. Se trata de hallar actividades que nos hagan sentir vivas, alegres, joviales y conectadas al sí a la vida igual que lo está el niño.

10 propuestas para cultivar el autocuidado emocional:

1. **Gestiona tus emociones abrazándolas**

   Acéptalas y no rechaces lo que sientes en cada momento. El malestar se magnifica cuando en lugar de aceptar y abrazar lo que sentimos sin juzgarlo lo queremos cambiar, evitar e, incluso, lo rechazamos.

2. **Date permiso para tener un día triste**

   Y no pretendas cambiarlo. No pasa nada por tener un día en el que emocionalmente no te sientas plena o tranquila; los días tristes o con menos energía emocional forman parte de la vida.

3. **Di no cuando quieras decir no y pon límites**

   Cuidarte a nivel emocional pasa por aprender a poner límites, ser coherente con tu voluntad y, por tanto, decir que no si así lo sientes.

4. **Deja de sentirte culpable**

   No te fustigues ni te castigues; perdónate. Seguramente sea por la cultura cristiana en la que hemos crecido, pero la tendencia al sentimiento de culpabilidad y castigarse por no haber «hecho el bien o lo mejor» está muy extendida. Lo que ha sucedido era lo único que podía suceder; así que perdónate.

5. **No eres la salvadora de nadie**

   Así que no asumas responsabilidades que no son tuyas por creerte su salvadora, pues eso va en contra de tu bienestar emocional. Libérate de ello porque este rol que has asumido no te conviene ni favorece a ti ni a la otra persona.

6. **Prioriza tu bienestar en todo momento**

   Te comparto mi mantra relacionado con esto para que lo recuerdes en todo momento: «Mi salud y mi felicidad son innegociables». Si tienes una carta natal servicial o enfocada a ayudar a los demás, recuerda que no lo puedes hacer sin estar bien contigo misma. No puedes entregar amor ni bienestar si primero no te lo has dado a ti.

7. Dedícate tiempo para ti cada día

   Aunque sean pocos minutos, será suficiente. Descubre qué es aquello que te aporta placer, alegría, paz, calma y vitalidad, sea lo que sea, y dedícale cada día un rato.

8. Expresa lo que sientes

   Es posible que al principio te cueste hacerlo, pues el miedo al rechazo o al abandono puede estar limitando tu autoexpresión. Eres tu peor jueza y crítica. Di lo que sientes a pesar del miedo y podrás ver que realmente no ocurre nada malo al hacerlo, sino todo lo contrario.

9. Encuentra tu tribu

   Rodéate de personas con quienes puedas mostrarte auténtica. Busca un círculo de mujeres en el que te puedas quitar las máscaras y las corazas para mostrar tu vulnerabilidad y autenticidad.

10. Pide ayuda profesional cuando lo necesites

    Se trata de un acto enorme de amor hacia ti misma, así que permítete pedir ayuda siempre que sientas que necesitas salir de un momento complicado. No tienes por qué saber hacerlo sola y existen grandes profesionales que te pueden echar una mano.

Volver a ti

Dedica tiempo a tu dimensión espiritual

Puedes recurrir a muchas herramientas, recursos y prácticas para cuidar tu dimensión espiritual, desde meditar, estar en silencio y concentrarte en la respiración hasta pasear por la naturaleza, desarrollar tu intuición, hacer viajes chamánicos para conectar con tus guías, entrar en estados alterados de conciencia (ya sea a través del movimiento del cuerpo o de plantas), ir a un retiro, hacer sesiones de sonido con cuencos tibetanos, practicar la autoobservación y autoindagación o no hacer nada y mantenerte en observación y contemplación.

En definitiva, dedicar tiempo a tu dimensión espiritual significa promover la conexión con tu ser superior y tu verdadera naturaleza. Personalmente, vivir con las gafas de la astrología psicológica, que me ayuda a observarme a mí y mis circunstancias desde la despersonalización y el simbolismo, me ayuda a desarrollar y conectar con mi dimensión espiritual durante todo el día.

Si te fijas en las diferentes propuestas de autocuidado, te darás cuenta de que, aunque las haya clasificado en autocuidado físico, mental, emocional o espiritual, todas están relacionadas y practicar ejercicio también te aporta bienestar mental, emocional y espiritual. Esto muestra que somos seres holísticos, multidimensionales, y que todo está conectado y relacionado. Así pues, está claro que para encontrar un bienestar general debemos prestar atención a todas nuestras dimensiones, porque están íntimamente relacionadas entre ellas. Si quieres cuidar tus emociones, debes prestar atención a lo que comes, a tus pensamientos y aprender a SER en lugar de hacer, por ejemplo. Y si deseas tener una mente que no te sabotee y que dejen de aparecer pensamientos negativos o destructivos, tendrás que revisar no solo tus creencias, sino aprender a meditar, a comer alimentos que no te intoxiquen y a aprender a gestionar tus emociones.

10 propuestas para cultivar el autocuidado espiritual:

1. **Medita a diario**

   Saca algunos minutos al día para meditar de la manera que más te resuene o menos te cueste. Recuerda que es una práctica que cuanto más la experimentas más fácil es acceder a ella.

2. **Respira conscientemente**

   Traer la atención a tu respiración te lleva al momento presente y, por lo tanto, a la conexión contigo misma.

3. **Agradece**

   A la vida, las personas, de lo que disfrutas y lo que está sucediendo. El poder sanador que tiene para nuestro espíritu y nuestra alma la práctica diaria de la gratitud es increíble. La práctica de la gratitud es una superherramienta para florecer y brillar más. Y siempre está a nuestro alcance.

4. **Pasea descalza por la naturaleza**

   La ciudad, las prisas, el ruido, el cemento y todo lo que hemos construido los humanos, que tanto nos está enfermando y alejando de nuestra verdadera naturaleza, no ayuda a cultivar tu autocuidado espiritual. Busca momentos para pasear sin zapatos ni calcetines por la naturaleza. Para conectar con la dimensión espiritual hay que hacerlo desde un fuerte arraigo y conexión con la tierra.

5. **Escribe**

   Ya sea un diario de gratitud, de intenciones o simplemente tus emociones y pensamientos. Es una de mis herramientas o recursos de autocuidado espiritual preferidas y, por ello, más adelante te hablo de cómo hacerlo con detalle.

6. **Encuentra una tribu**

   Conecta con una comunidad de apoyo con la que compartas valores, crecimiento personal y desarrollo espiritual. Asiste a encuentros de círculos de mujeres para trabajar la espiritualidad desde un lugar femenino. Si puedes hallar uno que no sea puntual, sino un viaje de meses, a mi modo de ver es mucho más interesante y enriquecedor.

7. Practica yoga

O simplemente la conciencia corporal. La conexión con el cuerpo desde una presencia plena es un gran vehículo y portal que te abre y te ayuda a cultivar la dimensión espiritual.

8. Dedica algunos minutos al día al silencio

Debes cultivar la introspección y la autoindagación. Estar permanentemente expuesta a ruido, interacciones con otros y opiniones de los demás te bloquea la conexión espiritual. Encuentra cada día algún momento para estar a solas, en silencio, observando tus pensamientos, sentimientos y sensaciones, y hazte preguntas importantes sobre el sentido de tu vida, tu propósito o hacia dónde te estás dirigiendo.

9. Limpia la energía que te rodea a ti y tus espacios

Puedes usar salvia, palo santo o aceites esenciales como incienso o cedro. En el siguiente capítulo te explicaré maneras de llevar a cabo limpiezas energéticas, ya que se trata de un recurso muy interesante para mantener tu campo vibracional limpio y poder acceder así más fácilmente a tu yo superior y tu verdadera naturaleza.

10. Aprende astrología

Establece una profunda conexión con el cosmos del que formas parte. Si eres una persona mental o te cuesta meditar, por ejemplo, puedes empezar a cultivar tu dimensión espiritual estudiando astrología psicológica, ya que es una herramienta muy potente para entender la conexión con el universo/cosmos. Observa tu vida desde este lugar y experiméntalo.

Recuerda que si pones en práctica cualquiera de las propuestas de autocuidado físico, mental, emocional y espiritual poniéndole intención, haciéndolo con presencia plena, manteniendo un ritmo pausado, habitando tu cuerpo plena y conscientemente, utilizando todos los sentidos y conectándote con lo sagrado, estarás convirtiéndolas en un maravilloso ritual sagrado que te ayudará a sentirte aún mejor contigo misma.

La escritura terapéutica o *journaling*

Como te he adelantado, se trata de una actividad terapéutica a través de la escritura que resulta muy útil como herramienta para soltar pensamientos, sentimientos, tensiones y estrés, ya que ayuda a expresar sin temor aquello que no compartimos o decimos en voz alta por miedo a ser juzgadas o a mostrar nuestra vulnerabilidad, por ejemplo. Es un encuentro contigo misma, con tu verdadero sentir y pensar, sin filtros, sin máscaras, sin juicios ni valoraciones. Además, si prestas atención a los patrones en tu escritura, te enseña mucho sobre quién eres, tus anhelos, tu propósito, tus creencias, tus patrones, tus aprendizajes, etc.

Para hacerlo solo necesitas un diario (*journal*) o bloc de notas y un bolígrafo. Mi recomendación es que prepares un ritual simple que te ayude a entrar en este ejercicio de una manera relajada, conectada y espiritual. A mí me va genial hacerlo en un lugar y momento en los que sepa que nadie me va a molestar, que estaré sola todo el rato y sin distracciones ni interrupciones. Antes de escribir hago algunas respiraciones profundas y acompaño el momento, a veces (no siempre), de música que me emocione, aceites esenciales en el difusor, incienso o alguna vela.

A lo largo de los últimos años he usado el *journaling* para escribir de maneras diferentes, y he pasado por distintas etapas e incluso las he combinado. A veces lo he usado como diario de gratitud (por la mañana o por la noche escribo tres cosas por las que me siento agradecida), otras veces como diario de intenciones, otras simplemente como un diario de desahogo para expresar mis sentimientos y pensamientos. Y cuando me siento en «crisis» o momentos de cambio, lo empleo también para escribir mis sueños, mi vida ideal y mis recordatorios de cómo quiero vivir cada día de mi vida para volver a mi centro, no desviarme y no caer en un piloto automático alejado de mi verdadera naturaleza (anoto aquello que me gusta hacer, lo que ya no quiero en mi vida, lo que quiero integrar, cosas nuevas que quiero llevar a cabo o experimentar, etc.).

En cualquiera de los usos o enfoques que le doy, lo que siempre coincide —y lo que te recomiendo— es que te muestres tal como eres, dejes que la escritura salga de ti sin pensar ni emitir ningún juicio y que sea un acto de sinceridad y humildad. Puedes escribir en él recordatorios de *insights* que tengas, pegar imágenes que te evocan e inspiren, redactar cómo te sientes después de una meditación —yo incluso escribo mientras canalizo—, responder a menudo las mismas preguntas para observar si sigues pensando, sintiendo o queriendo lo mismo, etc. El diario es un registro personal, solo para ti, de tu mundo interno a nivel emocional, mental y espiritual. Así lo puedes releer desde una mirada de observadora sin juicios, tomar conciencia de todo lo que escribes y favorecer tu desarrollo personal y espiritual.

Cómo implementar el autocuidado holístico

Acabo de compartir contigo muchas propuestas que puedes aplicar en tu día a día para sentirte bien contigo misma y tener una vida extraordinaria. Existen muchas ideas sobre ello, pero no pretendo abrumarte. Mi propuesta es que hagas lo siguiente para implementar el autocuidado holístico:

1. Coge dos papeles y en uno pon: «Cosas que practicar» y en el otro «Cosas que no practicar».

2. En la hoja de «Cosas que practicar», dibuja la siguiente tabla:

Autocuidado físico	Autocuidado mental
Autocuidado emocional	Autocuidado espiritual

3. Y en la hoja de «Cosas que no practicar», dibuja la siguiente tabla y escribe todas las propuestas clasificadas:

Autocuidado físico
1. Ayunar cada día 12 horas.
2. Cenar temprano y liviano.
3. Empezar el día con un desayuno SEN.
4. Añadir más verduras a los platos.
5. Comer alimentos integrales.
6. Evitar los alimentos procesados.
7. Mover el cuerpo.
8. Mantener limpia e hidratada la piel del rostro y del cuerpo a diario.
9. Descansar y dormir suficiente.
10. Beber agua en lugar de bebidas azucaradas o estimulantes.

Autocuidado mental
1. Meditar cada día.
2. Aprender algo nuevo.
3. Relativizar y cuestionar creencias.
4. Detox de información.
5. Limitar el uso de redes sociales.
6. Anotar las tareas en una agenda.
7. Desacelerar, organizar, priorizar y ser realista con el tiempo, las capacidades y los límites.
8. Compartir las preocupaciones.
9. Practicar el minimalismo.
10. No compararse.

Autocuidado emocional

1. Abrazar y aceptar las emociones.
2. Permitir que haya días tristes.
3. Decir que no a los demás y poner límites.
4. Dejar la culpa y el autocastigo.
5. Soltar el rol de salvadora o asumir responsabilidades ajenas.
6. Priorizar el propio bienestar.
7. Dedicar tiempo para una misma cada día.
8. Expresar los sentimientos con o sin miedo.
9. Mostrar la autenticidad.
10. Pedir ayuda profesional.

Autocuidado espiritual

1. Meditar a diario.
2. Respirar conscientemente.
3. Agradecer.
4. Pasear descalza por la naturaleza.
5. Escribir en un diario.
6. Tener un círculo de mujeres.
7. Practicar yoga o conciencia corporal.
8. Dedicar minutos al día para el silencio, la introspección y la autoindagación.
9. Hacer limpiezas energéticas.
10. Aprender astrología y establecer la conexión con el cosmos.

4. De la hoja de «Cosas que no practicar» selecciona una de cada apartado (autocuidado físico, mental, emocional y espiritual) y anótalo en tu hoja de «Cosas que practicar» en su dimensión o área de autocuidado correspondiente. Táchala de la hoja de «Cosas que no practicar».

5. Céntrate en practicar lo que has escrito en la hoja de «Cosas que practicar» y mantenlo en un lugar visible o que veas cada día. Esconde la hoja de «Cosas que no practicar» y olvídate de momento de ella.

6. Cuando hayas tachado cualquiera de las cosas que practicar porque sientas que ya lo tienes integrado en tu vida, sea de la dimensión que sea, saca la hoja de «Cosas que no practicar», selecciona la que más te resuene que sustituya la que ya tienes integrada —por lo tanto, tiene que ser de la misma dimensión de tu ser—, táchala de esta hoja y anótala en la hoja de «Cosas que practicar».

Como puedes ver, mi recomendación está enfocada a que vayas incorporando propuestas de autocuidado poco a poco. Es posible que algunas no te resuenen nada; si es así, simplemente cámbialas por aquellas que creas que son más convenientes para ti. En mi propuesta, para que sea lo más holística posible, tomamos una practica de autocuidado por cada dimensión del ser, pero si sientes que ya tienes muy cultivada una dimensión y prefieres centrarte en otras e incorporar, por ejemplo, tanto la meditación como la astrología desde ya mismo, también es perfecto. Todo es perfecto, porque es tu camino, único, incomparable e irrepetible. Lo que sí te aconsejo es que no intentes abarcar demasiado ni dejar alguna a medias. Si tratas de incorporar una propuesta y ves que no hay manera de integrarla, quizá es que simplemente la tienes que soltar. Devuélvela a la hoja de «Cosas que no practicar» o incluso anótalo en una lista de «Cosas que no quiero practicar» para recordarte a ti misma que de momento queda excluido de tu vida.

Por ejemplo, imagina la situación en la que tu planteamiento es:

1. Ayunar cada día 12 horas (una propuesta de autocuidado físico).
2. Apuntarte a una formación de astrología psicológica que empieza en una semana (una propuesta de autocuidado mental).
3. Levantarte cada día 5 minutos antes para empezar el día con más calma (una propuesta de autocuidado emocional).
4. Comprar salvia para limpiar tu energía al salir del trabajo (una propuesta de autocuidado espiritual).

Cuando ha pasado un mes, te das cuenta de que ya estás ayunando cada día 12 horas, la formación para aprender astrología te está gustando mucho y te quedan meses por delante, levantarte cada día 5 minutos te está encantando y lo de comprar la salvia para limpiarte energéticamente aún no lo has hecho porque no sabes cómo encajarlo en tu día a día. Entonces, puedes añadir una nueva propuesta de autocuidado físico y emocional, porque ya has integrado las anteriores; para el autocuidado mental decides seguir simplemente con la formación de astrología y te planteas qué quieres hacer con el tema de la limpieza energética. Tienes varias opciones, o bien cambiar el uso de la salvia y limpiarte energéticamente al llegar a casa en lugar de al salir del trabajo o, por ejemplo, descartar esta idea y proponerte pasear por la naturaleza los domingos por la mañana. No hay nada rígido ni establecido como «lo correcto», ni un camino igual para nadie; así que experimenta, no te juzgues, no te compares, no te castigues, sé compasiva, flexible y amorosa con tus procesos, aprendizajes y momento personal.

Imagina que te das cuenta de que, para ti, incorporar cuatro propuestas a la vez es demasiado porque te encuentras en un momento de mucho estrés y te sientes muy saturada. Quizá lo único que necesites ahora es pedir ayuda, ya sea a un terapeuta porque sientes que psicológica o emocionalmente estás lidiando con un proceso muy importante o quizá tan solo precises ayuda de alguien que te pueda descargar de trabajo, por ejemplo.

Las propuestas y mis palabras están aquí plasmadas para que te ayuden a darte cuenta de qué necesitas tú, para que te fijes en qué es lo que más te resuena de lo que lees, para que aparezcan en ti *insights*... No para que sigas nada de lo que yo digo al pie de la letra sin escucharte primero a ti misma. Dentro de ti está tu mejor maestra, guía, intuición y sabiduría. ¿Cómo voy a saber yo más de ti o lo que necesitas en este momento si ni tan siquiera he escrito este libro ahora, en este presente, teniéndote a ti, junto con tu historia personal, enfrente?

Este libro no pretende ser prescriptivo; de hecho, creo que un libro en esencia no lo puede ser, porque todas somos diferentes. Este texto solo es descriptivo y fruto de mis aprendizajes, momento

Volver a ti

personal y lo que canalizo yo hoy ahora, aquí, en este instante presente. Estoy siendo ahora mismo un vehículo de conciencia que escribe unas palabras que aparecen en mí, pero no soy tu terapeuta, ni tu coach, mentora, guía o gurú.

4.

¿Cómo subo y mantengo mi vibración energética elevada?

odo es energía y funciona dentro de un campo vibracional con un modelo de patrón de campo toroidal en el que, a partir de un vórtice de energía en forma de manzana o dónut, está constantemente empujándose hacia dentro y proyectándose hacia fuera en un movimiento sin fin. Y a pesar de que se trata de un patrón energético del universo a un nivel sutil e invisible, sabemos que se da en la formación de galaxias, planetas, sistemas solares, a nivel subatómico y también en cada cuerpo humano, que, como puedes ver en el dibujo siguiente, es lo que conocemos como los «siete chakras principales» o «vórtices energéticos». Estos se ubican en vertical, distribuidos por nuestro eje de la columna, desde la zona del sexo hasta la coronilla.

Así que es parte de nuestro autocuidado holístico mantener el campo toroidal sin bloqueos para que la energía fluya y, por lo tanto, nuestra vibración energética se mantenga elevada y el aura limpia. Esto significa que nos resulta beneficioso alejarnos de personas, pensamientos, creencias, ambientes o acontecimientos que afecten a este estado, siempre que esté en nuestras manos. Para ello, necesitaremos vivir con presencia plena y dejar de funcionar con el piloto automático, porque de ser así no podremos tomar conciencia de qué está ocurriendo en nuestro campo energético o vibracional.

Es importante, entonces, que aprendas a sostener tu espacio de protección energética, porque es inevitable cruzarte con personas que lo alteren o vivir circunstancias que afecten a tu centro. En este momento es cuando entran en juego los recursos que hayas apren-

dido a usar para devolverte a tu estado de presencia, de centro y de alta vibración energética.

Siempre puedes acudir a alguien de tu confianza que se dedique, por ejemplo, a hacer limpiezas energéticas o de aura, pero para mí lo interesante es que aprendas por ti misma a mantener tu espacio de vibración energética elevada protegido. Estamos continuamente expuestos a alteraciones del campo vibracional y realizando intercambios energéticos —ya hemos quedado en que todo es energía, desde los pensamientos, miradas, abrazos, emociones, personas, objetos, plantas, etc.—, así que lo mejor que puedes hacer es saber mantenerlo elevado por ti misma y, en caso de notar que algo le afecta, implementar rápidamente recursos para protegerlo y volverlo a subir. Practicar el *mindfulness* y la meditación es de gran ayuda, ya que son las mejores herramientas para volver al centro de la carta, a la conexión con la verdadera naturaleza, para estar en una alta vibración energética y para cultivar y desarrollar la capacidad de atención hacia aquello que altera tu bienestar.

El aura es nuestra piel invisible y tiene la función de protegernos e impedir la entrada de todo lo negativo. Consta de siete capas con información específica de algún aspecto de nuestras vidas, y están relacionadas directamente con el mismo orden de los siete chakras:

> Primera capa: cuerpo físico, supervivencia y necesidades básicas
> Segunda capa: cuerpo emocional, sexualidad y creatividad
> Tercera capa: poder, acción y fuerza de voluntad
> Cuarta capa: pasión y amor
> Quinta capa: comunicación, expresión, telepatía y canalización
> Sexta capa: cuerpo mental y clarividencia
> Séptima capa: conexión espiritual y sabiduría

Las emociones que sentimos tienen una vibración u otra, así que puedes observar a diario cómo está tu dimensión emocional guiándote por la siguiente clasificación de la escala de vibración de las emociones que propuso el doctor David R. Hawkins:[3]

3.   David R. Hawkins, *Dejar ir: el camino de la liberación,* Barcelona, El Grano de Mostaza, 2018.

¿En qué emoción estás vibrando ahora? ¿En qué escala de vibración te sientes? ¿Qué actividad puedes hacer ahora mismo para elevarla? Y cuando sientas que vibras bajo, busca actividades que te conecten con las emociones que eleven esa vibración y te ayuden a subir en esta escala.

Ideas para elevar tu vibración

Música	Mantras	Cuencos tibetanos	Ondas theta
Baile	Yoga	Ejercicio físico	Paseo
Baño de sol	Ducha relajante	Contacto naturaleza	Descanso
Risas	Cristales	Aceites esenciales	Comida consciente
Silencio	Meditación	Visualizaciones	Pranayamas
Velas	Rituales	Limpieza energética	Plantas/ hierbas/flores
Agradecimiento	Aceptación	Confianza	Perdón

---

4. *Morir para ser yo, op. cit.*

Cuando decimos que hay gente que tiene vibraciones más altas, probablemente queremos decir que están dejando pasar a través de sí más cantidad de su auténtica magnificencia, de forma que las lecturas que marca su «barómetro» son más elevadas. En consecuencia, su energía positiva y su presencia física son poderosas.[4]

Acepta, agradece, confía, suelta, perdóna(te) y ríndete

Por mi experiencia personal y profesional, he podido observar como muchas veces empezamos un proceso de autoconocimiento y desarrollo arrastrando la culpa, creemos que deberíamos ser diferentes y por lo tanto buscamos la manera de mejorar o de cambiar. De esta forma, podemos caer en la trampa de tomarnos las terapias, los recursos y las herramientas que nos vamos encontrando en el camino como algo prescriptivo que nos dice cómo tendríamos que ser, pensar o actuar. Y esto, como es uno de los sentimientos con una escala de vibración energética más baja, nos aleja del bienestar y la reconexión espiritual. En cambio, aceptar, agradecer, confiar, soltar, perdonar(se) y rendirse son maneras de estar en el mundo que nos ayudan a vivir en paz y sentirnos muy bien con nosotras mismas.

De modo que no se trata de intentar cambiarnos ni a nosotras ni nuestras circunstancias, o de sentirnos culpables por aquello que sucede, sino que debemos dejar de resistirnos a lo que viene, no intentar interferir en el devenir de la vida, abandonar la culpa por no ser o pensar de otra manera y prestar atención a quiénes somos en forma y fondo (autoconocernos), para así acompañar con actitud más amorosa, dulce, compasiva y flexible el despliegue de nuestra manera de ser, ya que es el camino de crecimiento personal que ha sido perfectamente diseñado para nosotros. Deja de intentar forzar cambios o ser quien realmente no eres si es lo que estás haciendo ahora. Dedícate a conocerte de verdad sin buscar en ti el error o «lo que está mal» y ponte unas gafas que te ayuden a verte a ti y tus circunstancias desde la aceptación, la confianza y la gratitud. Ríndete a la vida con la certeza de que te entrega lo que debes experimentar.

Observa desde qué lugar estás buscando crecer a nivel personal y espiritual; si desde la intención de querer cambiarte o mejorarte, lo que provoca que aún te sientas más separada del amor que habita en ti y te genera malestar y sufrimiento, o si, por el contrario, sientes que en realidad estás en el camino de no querer ser diferente a quien eres y estás lista para reconocer tus luces y tus sombras, abrazarlas, aceptarlas y amarte con todo ello. Si te encuentras en este punto de dejar de luchar internamente con lo que eres y se te ha dado, verás que experimentarás la aceptación y un profundo agradecimiento, y, con ello, la paz interior.

Es fácil mirar con buenos ojos nuestras partes más amables y que lucen frente a los demás y la sociedad; el reto que tenemos todas es ser capaces de mirar nuestras partes oscuras con los mismos ojos de benevolencia, amor, compasión, tolerancia y amabilidad. Yo misma durante años creí que había «buenas» y «malas» personas, y quería ser del primer grupo, así que rechazaba, escondía y negaba aquellas partes de mí que había creído que eran menos dignas de ser amadas por los demás y por mí misma. Eso me fragmentó, sufría por ello y dejaba de ser yo misma frente a mí y a los demás. Era incoherente, porque la verdadera coherencia es aceptar y mostrar sin miedo nuestras contradicciones y todas nuestras partes por igual. Si intentamos anular, rechazar o negar cualquiera de nuestras partes, nos desempoderamos, no vivimos desde la autenticidad y tarde o temprano enfermamos o sufrimos por ello. Y no vale la pena en absoluto, ya que es ir en contra de nuestra verdadera naturaleza. La vida, la conciencia, crea el yin y el yang, la luz y la oscuridad, la noche y el día, el Sol y la Luna, Júpiter y Plutón, etc. Todo forma parte del mismo entramado y todo es necesario para su funcionamiento; no podemos escapar de él, así que lo más inteligente que podemos hacer es aceptar y rendirnos a ello. Al hacerlo nos estamos aceptando a nosotras mismas.

Me acuerdo de que en la primera o segunda sesión, el coach que había contratado cuando quise dar un giro a mi vida, saber quién era y reenfocarme a nivel profesional desde un mayor autoconocimiento me dijo algo muy interesante: «Vamos a ver cuáles son tus fortalezas y tus puntos débiles, no para que dejes de poner la energía en tus fortalezas, sino para ver si en alguno de los que has considerado como tus puntos débiles realmente podemos encontrar potencialidades que desarrollar que realmente se encuentran en ti, pero han estado dormidos». Y así es como lo veo yo: no se trata de forzarnos a intentar entrenar unos músculos que no son nuestro fuerte, sino de conocer nuestra carta natal y ver qué partes de ella hemos tenido en la sombra y dormidas, pero son potenciales que podemos desplegar para ampliar nuestra experiencia humana y seguir evolucionando.

Cuando explico que hace unos años transformé mi vida y todo cambió, no significa que empezara a ser otra Nuria distinta, sino que resignifiqué partes de mi carta, empecé a vivirla desde otras energías planetarias que forman parte de mi configuración astrológica y sané heridas que me hacían actuar desde otros lugares y tener en la sombra ciertos potenciales. Sigo siendo Sol cuadrado a Neptuno, por ejemplo, pero ya no lo vivo a través de las adicciones, sino de la práctica espiritual diaria; también sigo teniendo a Marte y a Júpiter en el signo de Escorpio, pero ahora, en lugar de estar obsesionada con autodestruirme, busco un sentido profundo a la vida y es la misma fuerza que me hace resiliente. También sigo teniendo una cuadratura entre Venus y Urano, pero ya no huyo de las relaciones, sino que he encontrado la manera de permanecer en un vínculo que se renueva constantemente, donde haya espacio, autenticidad y desapego. ¿De qué serviría que intentara actuar y pensar desde otra configuración astrológica? No conseguiría sostenerlo en el tiempo; como máximo, me podría confundir a mí misma si eso encajara en un momento transitorio de mi vida, pero tarde o temprano se volvería a manifestar mi carta natal más allá del tránsito puntual.

Podemos tener negada una parte de nosotras durante muchos años y no ser conscientes de estar viviéndola, porque sucede por pasiva, por destino. Pero en ciertos momentos astrológicos puede ocurrir que se despierten esas partes que estaban en la sombra y que sea el momento de integrarlas, abrazarlas, amarlas y reconocerlas como propias en lugar de rechazarlas. En mi caso, por ejemplo, desconocía que tenía Venus en casa 11 cuadrado a Urano (es decir, me gustan las relaciones poco «convencionales» y me siento más cómoda cuando el vínculo con el otro es desapegado, libre y se renueva constantemente), me juzgué durante muchos años por cómo me relacionaba con mis vínculos de pareja, hasta que en un tránsito de Urano por mi casa 7 (la de las relaciones con otro) despertó fuerte en mí la conciencia de que lo que busco en una pareja no es algo convencional. Gracias a ese tránsito salí de una relación que no estaba siendo coherente con mi manera de vivir el amor y me atreví a soltarla y empezar a vivir una nueva relación con otra persona que sí estaba alineada con mi forma de entender las relaciones de pareja. Me daba miedo, ¡y mucho! De hecho, me pasé una semana con ansiedad y llorando, pero precisamente sabía que atreverme a empezar esa relación era comenzar una gran transformación.

Como ves, no hice nada para que ocurriera ese tránsito uraniano; era lo que me tocaba vivir. Ni tampoco decidí ni planifiqué conocer a mi actual pareja. Y es que si hay algo que cambiar en nosotros o mejorar, la vida es la que se encarga de que lo experimentemos a su debido tiempo, y todo encajará y se materializará cuando tenga que ser, por más que nos hayamos o no esforzado antes, lo hayamos manifestado, visualizado o creído que lo estábamos cocreando.

Así pues, la propuesta que describo que ha sucedido en mí y quizá también pase a través de ti es vivir agradeciendo lo que hay y lo que sucede, y despertarnos cada día entregándonos y rindiéndonos a ello, con el mantra de fondo de solo desear vivir lo que la vida haya decidido ese día para nosotras, con ganas, apertura, sin pelearnos con ella y dejándonos sorprender por su magia y misterio. Con todo, la vida misma a veces quiere que nos despertemos con ese *mood* y otros no. Es el juego, y no depende tampoco de nosotras que un día nos sea más fácil sonreír y otros estemos de mal humor. Y nunca es porque hayamos cometido un error ni nos estemos saliendo del plan. ¿Y sabes cómo lo sé? Porque luego miras tus tránsitos del momento y te das cuenta de que incluso tu estado de ánimo está reflejado en el cielo. Ya hemos dicho que «como es arriba es abajo; como es fuera es dentro». Por lo tanto, si en el cielo Plutón está haciendo una oposición a mi Luna, me despierto sintiendo miedo, que se manifestará a través de una situación, por ejemplo, externa (que no independiente o ajena) a mí.

Dejar de pelearnos con la carta que se nos ha dado y dejar de esforzarnos en cambiar o conseguir algo cuando el momento no es el favorable es aceptación. Si nos fijamos bien en los acontecimientos que ocurren en nuestra vida y de las personas que tenemos a nuestro alrededor o, en mi caso, también de mis clientas, nos podemos dar cuenta, incluso sin saber astrología, de que hay veces que las cosas fluyen y otras no; que por más que intentemos dejar de fumar, llevar un estilo de vida más saludable o tener una relación de pareja o quedarnos embarazadas, sucede y llega cuando toca, no cuando nosotras lo hemos pensado, deseado o manifestado. Y si coincide que justo ocurre cuando lo hemos querido, no es por nuestra voluntad propia, sino porque ha habido una sincronía consciente entre lo que deseábamos y lo que era conveniente para nosotras. Lo que te aporta el camino de reconexión espiritual no es más capacidad de modificar o manifestar la realidad a tus deseos, sino de saberte y sentirte alineada y, por lo tanto, sincrónica con el movimiento de la vida. Lo digo para que no te confundas o te frustres pensando que hay algo mal en ti si no consigues manifestar en tu vida aquello que deseas a pesar de ponerle muchas visualizaciones o pensamientos positivos. Dedícate mejor a conocerte a ti en profundidad y tus circunstancias, a escuchar también tu verdadera naturaleza, y dejarás de intentar manifestar lo que no es para ti. En su lugar, estarás conectada con querer aquello que la vida ha considerado conveniente para ti. En ese momento es cuando sucede lo que se conoce como la «ley de la atracción»; es decir, conseguiremos atraer aquello que queremos si lo que hemos deseado está en nuestro ámbito de posibilidades y es lo que la vida ha querido para nosotros en ese instante. Es normal que experimenten la ley de la atracción aquellos que se sienten más realizados y conectados a nivel espiritual, porque están danzando por la vida al son de la música que está sonando para ellos, no porque hayan aprendido una mejor técnica de visualización de aquello que quieren atraer o porque lo hayan querido con más fuerza que tú. Es simplemente que, gracias a estar alineados con su carta natal y su momento, y conectados con su verdadera naturaleza, han sintonizado con la información sobre lo que la vida pretende para ellos en ese momento y se han dado cuenta del deseo de la vida, que luego manifiestan como algo propio. Así pues, hay que matizar lo de la ley de atracción y dejar claro que querer algo sí que es poder conseguirlo, pero solo si aquello que deseamos tiene que ver con nosotras; y se manifestará y materializará cuando sea el momento idóneo.

Algo que ha sucedido en mi vida para que esta se volviera extraordinaria es que me acepté porque cambié la manera de verme a mí misma sin intentar cambiarme. Profundicé en la astrología psicológica y la uso para entender mejor mi forma de ser, y no pretendo cambiarla ni pensar que debería tener otra o que es mejor la del vecino, sino que procuro ser creativa con ella y explorar nuevos modos de vivirla y desplegarla. Porque somos seres en constante evolución y cambio dentro de nuestra misma carta y desde ella podemos modificarnos o moldearnos. Con los años vamos reconociendo partes en la sombra, otras se duermen o se viven de manera diferente, etc., pero siempre dentro del marco de nuestra natal; la clave es aceptarnos y dejarnos en paz con la que se nos ha dado.

Equilibra tus chakras

La palabra sánscrita *chakra* se traduce literalmente como «rueda» o «disco». En ayurveda, algunas doctrinas hindúes, yoga y meditación, se usa el término *chakra* para referirse a las ruedas energéticas a través de las cuales la energía invisible —el prana— circula para mantenernos saludables, vivos y vibrantes. Como ya he adelantado, en cada uno de los puntos en los que se encuentran la materia y la conciencia, hallamos en nuestro cuerpo un chakra, siete en total, que se distribuyen desde la base de la columna hasta la coronilla. Cada uno de los chakras representa un punto de unión en el que habitan tanto órganos y centros nerviosos como nuestros estados emocionales, psicológicos y espirituales.

Lo importante para mantener la salud y el equilibrio de las diferentes dimensiones de nuestro ser es que estos siete chakras principales permanezcan abiertos, alineados y fluidos. Si por alguna razón se bloquea alguno de ellos, aunque no lo veamos, la energía deja de circular adecuadamente y, en consecuencia, enfermamos a nivel físico, mental, emocional y espiritual. Además, los chakras tienen relación con la astrología, ya que hay una analogía entre ellos y los siete planetas clásicos que son visibles a simple vista: el Sol, la Luna, Venus, Mercurio, Marte, Júpiter y Saturno. Y no vinculamos los chakras con los planetas transpersonales —Plutón, Urano y Neptuno— ni con otros elementos astrológicos, porque al ser invisibles para nosotros tampoco los podemos localizar anatómicamente. De hecho, en astrología se produce una analogía entre los doce signos y la anatomía del cuerpo humano, ya que los diferentes planetas rigen distintos órganos. Así pues, como los chakras están ubicados a lo largo de nuestro cuerpo y también tienen que ver con la energía vital, no es de extrañar que esto se produzca. En definitiva, podemos asegurar y corroborar que cada esencia planetaria vibra con un chakra.

También se produce una analogía entre cada chakra y siete colores (sincrónicamente con los del arcoíris), con cristales —que se usan para equilibrar la energía del chakra al que se asocian— y con un metal, que, a su vez, está relacionado con un planeta.

Se pueden clasificar los siete chakras, además, de la siguiente manera:

> Los tres primeros son los de la materia, de naturaleza más física, y comienzan en la base de la columna vertebral.
> El cuarto chakra, de conexión entre la materia y el espíritu.
> Los tres últimos chakras, los espirituales.

Primer chakra: Raíz o Muladhara

Significado en sánscrito: *Mula* significa «raíz» y *adhara*, «apoyo» o «base»

Ubicación: en la base de la columna vertebral, el suelo pélvico, la vejiga, el colon y las tres primeras vértebras

Cualidad: seguridad, estabilidad, aplomo, arraigo, necesidades instintivas y básicas (sexo y supervivencia)

Fisiología: sistema óseo e inmunológico

Anatomía: glándulas endocrinas (ovarios y testículos)

Planeta: Saturno

Elemento: tierra

Facultad: olfato

Color: rojo

Cristales: granate, jaspe rojo, rubí y piedra de sangre

Metal: plomo

Síntomas de desequilibrio: miedo por falta de enraizamiento, ansiedad o pesadillas, falta de memoria, neurosis, paranoias, parálisis, soledad, apatía, pesadez, lentitud, miedo escénico, estreñimiento frecuente, contracturas, atrofias, esclerosis, embotamiento, problemas con el colon, la vejiga, la próstata, las piernas o los pies

Propuestas para devolver el equilibrio a este chakra:

- Meditar, ya que nos conecta con la tierra y da seguridad, arraigo y raices.
- Comer remolacha, manzanas, granadas, legumbres y cereales integrales.
- Practicar ejercicios de Kegel.
- Cantar o tonificar la voz, ya que la mandíbula está relacionada con la pelvis. Por ejemplo, durante un embarazo se practican cantos carnáticos para relajar estas partes del cuerpo.
- Cantar el mantra LAM.
- Colocar las piedras preciosas comentadas encima del chakra en posición tumbada.
- Usar aceites esenciales de incienso, clavo, cardamomo, vetiver, jengibre, mirra, pachulí, sándalo, pimienta negra, laurel y semilla de zanahoria.
- Repetir la afirmación: «Estoy completamente apoyada en la tierra y me siento sostenida por ella. Yo soy. Camino sobre la tierra con seguridad».
- Algunas asanas de yoga que te ayudan a abrir y alinear este chakra son Pavanamuktasana, Janu Sirsasana, Padmasana y Malasana.

Segundo chakra: Sacro, sexual o Svadhisthana

Significado en sánscrito: *Svadhisthana* se puede traducir como «la morada del yo»

Ubicación: por encima del hueso púbico, debajo del ombligo, y abarca la región genital y el plexo hipogástrico

Cualidad: centro sexual, reproducción, gestación de vida, energía creativa, gestión de las emociones, placer, plenitud, expansión y visión de futuro

Fisiología: sistema endocrino y reproductor

Anatomía: glándulas suprarrenales

Planeta: Júpiter

Elemento: agua

Facultad: gusto

Color: naranja

Cristales: cornalina, ámbar y calcita naranja

Metal: estaño

Síntomas de desequilibrio: astenia o agotamiento energético por despilfarro energético, excesos, mucha extroversión, exacerbación de pasiones, falta de sentido y objetivos, sensación de vacío, indiferencia respecto al placer o desregulación por no tener nunca suficiente, ansiedad por el futuro, disfunciones sexuales, inestabilidad emocional, miedo al cambio, depresión o adicciones

Propuestas para devolver el equilibrio a este chakra:

- Conocer tu Luna y atenderla con lo que necesita.
- Cocinar u hornear.
- Cultivar un huerto.
- Potenciar la creatividad diariamente, construyendo algo o encontrando una solución a un problema.

- Crear algo nuevo, ya sea algo físico o encontrando una nueva solución a un problema o dificultad.
- Comer semillas, frutos secos, naranjas, zanahorias, boniato y calabaza.
- Jugar como si fueras una niña.
- Pintar, hacer un dibujo, escribir un libro.
- Mantener una vida sexual saludable.
- Aceptar, honrar y respetar tu cuerpo.
- Aprender a gestionar tus emociones.
- Cantar el mantra VAM.
- Usar las piedras preciosas comentadas ubicándolas encima del chakra en posición tumbada.
- Usar aceites esenciales de pachulí, vetiver, ylang ylang, sándalo, canela, cilantro, salvia esclarea, geranio, ciprés, jazmín, mirra, niaouli, pino, rosa y mandarina.
- Repetir la afirmación: «Yo Siento. Recibo con manos abiertas el placer y la abundancia de la vida. Yo soy suficiente. La creatividad fluye libremente dentro de mí. Acepto mi capacidad de crear».
- Algunas asanas de yoga que te ayudan a abrir y alinear este chakra son Baddha konasana y Bhujangasana.

Tercer chakra: Plexo solar o Manipura

Significado en sánscrito: *Manipura* se puede traducir como «gema brillante»

Ubicación: en el área que va desde el ombligo, en la zona del plexo solar, hasta el esternón. También controla el metabolismo y la digestión

Cualidad: poder personal, voluntad, autoafirmación, autoexpresión, acción, dirección, fuerza personal, toma de dirección, realización y gestión material y profesional, autoestima, energía guerrera y poder de transformación

Fisiología: sistema digestivo y locomotor

Anatomía: páncreas

Planeta: Marte

Elemento: fuego

Facultad: vista

Color: amarillo

Cristales: ojo de tigre, oro, citrino, topacio amarillo y labradorita amarilla dorada

Metal: hierro

Síntomas de desequilibrio: trastornos inflamatorios, exceso o deficiencia de calor, anemia debilidad, rabia, ira, irritabilidad, dogmatismo, intolerancia, rudeza, baja autoestima y dificultad para tomar decisiones

Propuestas para devolver el equilibrio a este chakra:

- Comer alimentos que fortalezcan el fuego digestivo, evitar los que dificultan la digestión y potenciar los que sean de color amarillo, como los plátanos, algunas calabazas o pimientos, y también la avena.
- Evitar las bebidas frías y tomarlas a temperatura ambiente o ligeramente calientes.
- No beber mientras comes, ya que diluye los jugos gástricos y, por lo tanto, apaga el fuego digestivo.
- No tomar alcohol, refrescos o zumos de frutas.
- Ayunar las 12 horas de la noche y no picotear durante el día para conseguir un buen descanso digestivo.
- Hacer deporte, ya que aumentará el metabolismo.

- Hacer el ejercicio de respiración Bhastrika Breath con el estómago vacío:
  > Siéntate cómodamente con la columna alta y los hombros relajados.
  > Comienza respirando profundamente por la nariz con los labios cerrados.
  > Luego, inhala con fuerza por la nariz mientras inflas la parte inferior del abdomen y exhala con fuerza por la nariz mientras presionas la parte inferior del abdomen hacia la columna vertebral.
  > Usa la mitad del conteo en la inhalación y la mitad en la exhalación a un ritmo rápido. Sentirás que estás haciendo un entrenamiento abdominal.
  > Intenta 10 repeticiones y luego trabaja hasta 15 o 20.
- Cantar el mantra RAM.
- Colocar las piedras preciosas comentadas encima del chakra en posición tumbada.
- Usar aceites esenciales de ylang ylang, limón, hierba limón, cálamo, canela, cardamomo, semilla de zanahoria, hinojo, jengibre, enebro, menta, melisa, pimienta negra, romero, nardo, tomillo, valeriana y vetiver.
- Repetir la afirmación: «Soy auténtica. Soy un ser responsable. Me abro a sentir el poder de mi ser. Me amo y respeto en todo momento».
- Algunas asanas de yoga que te ayudan a abrir y alinear este chakra son Navasana, Virabhhadrasana y Matsyandrasana.

Cuarto chakra: Corazón o Anahata

Significado en sánscrito: *Anahata* se puede traducir como «no sacudido» o «ileso», que significaría que, a pesar de las heridas que podamos sentir, todas tenemos un lugar que se mantiene puro y espiritual.

Ubicación: en el centro del corazón, e incluye el plexo cardíaco, la glándula timo, los pulmones y los senos. Aunque también es un chakra espiritual, sirve como un puente entre cuerpo, mente, emociones y espíritu. El chakra del corazón es nuestra fuente de amor y conexión. Es el chakra de la conexión entre la materia (los tres primeros chakras) y el espíritu (los tres últimos).

Cualidad: amor, ritmo, equilibrio entre los chakras superiores e inferiores, coherencia, verdad, salud, tacto, belleza, dulzura, suavidad, sensibilidad, esencia divina, centro vital del cuerpo, compasión, empatía, capacidad de soltar y dejar ir, perdón y aceptación.

Fisiología: sistema respiratorio y linfático/circulatorio

Anatomía: corazón

Planeta: Venus

Elemento: aire

Facultad: tacto

Color: verde esmeralda o rosa

Cristales: esmeralda, aventurina, malaquita, jade, cuarzo rosa y cuarzo verde

Metal: cobre

Síntomas de desequilibrio: ansiedad, conmoción, sustos, trastornos espasmódicos, indecisión, huida, codependencia, resentimiento, dolor, ira, miedo a la traición, celos y odio hacia

una misma o los demás y desregulación del ritmo cardiorres-
piratorio

Propuestas para devolver el equilibrio a este chakra:

- Sonreír a diario, incluso aunque creas que tienes motivos para no hacerlo.
- Perdonar.
- Soltar, dejar ir y seguir el camino de la vida.
- Decir cosas bonitas a los demás y a ti misma.
- No juzgar ni criticar.
- Fomentar el amor.
- Comer kale, brócoli y hojas verdes en general.
- Cantar el mantra YAM u OM MANI PADME HUM.
- Colocar las piedras preciosas comentadas encima del chakra en posición tumbada.
- Usar aceites esenciales de laurel, lavanda, salvia, sándalo, bergamota, canela, incienso, siempreviva, hisopo, mejorana, melisa, nardo, neroli, orégano, pimienta negra, rosa, semilla de zanahoria y tanaceto.
- Repetir la afirmación «Me abro al amor. Extiendo amor y compasión por el sufrimiento de todos los seres vivos. Doy y recibo amor incondicional. Me amo incondicionalmente».
- Algunas asanas de yoga que te ayudan a abrir y alinear este chakra son Ustrasana, Matsysana y Urdhva Dhanurasana.

Quinto chakra: Garganta o Vishuddha

Significado en sánscrito: *Vishuddha* se puede traducir como «pureza»

Ubicación: en el área de la garganta, incluyendo el cuello, la tiroides y las glándulas paratiroides, la mandíbula, la boca, la lengua y la laringe. Es el primero de los tres chakras espirituales

Cualidad: comunicación, expresión verbal, capacidad de hablar nuestra verdad más elevada, sonido, verbo, palabra, alimento sagrado y escucha

Fisiología: sistema nervioso periférico

Anatomía: glándula tiroides

Planeta: Mercurio

Elemento: éter/aire

Facultad: oído

Color: azul

Cristales: zafiro, topacio azul, lapislázuli, aguamarina y turquesa

Metal: mercurio

Síntomas de desequilibrio: estrés, prisa, dispersión, inquietud, comportamiento errático, vanidad, frivolidad, envidia, reproches, poca flexibilidad frente a los cambios, mala gestión del tiempo, fraude, miedo a la locura y a no ser aceptada o juzgada por los demás, multiplicación de pensamientos, llagas, flemas, trastornos de garganta, bronquitis y problemas pulmonares

Propuestas para devolver el equilibrio a este chakra:

- Trabajar en los chakras inferiores para sentir más seguridad a la hora de comunicarse auténticamente y superar el miedo.

- Escribir lo que quieres expresar a los demás y no te atreves para practicar la comunicación de lo que realmente piensas y sientes.
- Expresar tu verdad con amabilidad.
- Escuchar con compasión y presencia plena.
- Leer, tararear o cantar en voz alta.
- Comer higos, arándanos y alga kelp.
- Hacer alguno de estos dos ejercicios de pranayama: la respiración Ujjayi o la respiración del león.
- Cantar el mantra HAM.
- Colocar las piedras preciosas comentadas encima del chakra en posición tumbada.
- Usar aceites esenciales de lavanda, sándalo, incienso, nardo, tanaceto, rosa, semilla de zanahoria, manzanilla romana y alemana, ciprés y geranio.
- Repetir la afirmación: «Me comunico con libertad y seguridad. Expreso mi gratitud por la vida. Tomo responsabilidad por mis necesidades».
- Algunas asanas de yoga que te ayudan a abrir y alinear el este chakra son Setu Bandha Sarvangasana, Salamba Sarvangasana y Halasana.

Sexto chakra: Tercer ojo o Ajna

Significado en sánscrito: *Ajna* se puede traducir como «más allá de la sabiduría»

Ubicación: entre las cejas

Cualidad: intuición, clarividencia, telepatía, sexto sentido, sueños lúcidos, mundo onírico, imaginación expandida, visualización, visión, sabiduría, percepción y creación

Fisiología: sistema nervioso parasimpático

Anatomía: glándula pituitaria

Planeta: Luna

Elemento: manas

Facultad: mente

Color: índigo

Cristales: amatista, sodalita, lapislázuli y azurita

Metal: plata

Síntomas de desequilibrio: confusión, nebulosa mental, fantasías, ilusiones, mundo imaginario, temores irracionales, errores de percepción, ansiedad, bloqueos con memorias del pasado, excesiva actividad mental o mente inquieta, insomnio, falta de intuición y de concentración, rechazo hacia una misma, dolores de cabeza, vértigos o problemas de la vista

Propuestas para devolver el equilibrio a este chakra:

- Meditar.
- Comer uvas de las oscuras, ciruelas y moras.
- Practicar la técnica de respiración de pranayama Bhramari o respiración de la abeja:
  > Lleva ambas manos a la cara.
  > Coloca los dos dedos medios sobre los ojos.

- > Permite que los dedos índices descansen sobre la línea de la ceja y los meñiques debajo de los pómulos.
- > Cierra las orejas con los pulgares.
- > Inhala profundamente y exhala la palabra AUM con énfasis en el sonido M mientras creas un zumbido como una abeja.
- > Hazlo durante 2 minutos o más.
- Cantar el mantra SHAM.
- Colocar las piedras preciosas comentadas encima del chakra en posición tumbada.
- Usar aceites esenciales de incienso, palo santo, madera de cedro, menta, romero, salvia esclarea, siempreviva, enebro, pino, rosa, picea y tomillo.
- Repetir la afirmación: «Mi mente está abierta a una nueva visión del mundo. Confío en mi intuición como guía. Veo todas las cosas a mi alrededor con claridad».
- Algunas asanas de yoga que te ayudan a abrir y alinear el este chakra son Balasana, Garudasana y Pincha Mayurasana.

Séptimo chakra: Coronilla o Sahaswara

Significado en sánscrito: Se lo conoce también como el chakra del «loto de los mil pétalos»

Ubicación: en la coronilla

Cualidad: iluminación, conexión espiritual con nuestro ser superior, autoconciencia, espiritualidad y conciencia universal

Fisiología: sistema nervioso simpático

Anatomía: glándula pineal

Planeta: Sol

Elemento: buddhi

Facultad: conciencia

Color: violeta/morado, dorado, cristalino o blanco

Cristales: amatista, selenita, sugilita, diamante y cuarzo cristal de roca

Metal: oro

Síntomas de desequilibrio: depresión, pensamientos o intenciones de suicidio, desconexión espiritual o con la fuente, dolor del alma, desesperanza, falta de sentido en la vida y de dirección vital, sensación de abandono, soledad, desvalorización, falta de autoestima, culpa, fracaso y trastornos cardíacos

Propuestas para devolver el equilibrio a este chakra:

- Meditar a diario.
- Estar en silencio.
- Estar en contacto con el sol, el aire libre lo más puro posible y la naturaleza.
- Hacer alguna de estas dos técnicas de respiración de pranayama antes de la meditación: Nadi Shodhana (respiración alternativa de la nariz) o Kapalabhati (respiración del cráneo brillante o de fuego).
- Cantar el mantra OM.
- Colocar las piedras preciosas comentadas encima del chakra en posición tumbada.
- Usar aceites esenciales de albahaca, angélica, incienso, jara, lavanda, mirra, nardo, palo de rosa, romero, sándalo y tanaceto.

- Repetir la afirmación: «Soy una con el espíritu. Yo soy luz. Estoy conectada con la fuente universal de amor. Estoy conectada y soy parte del todo».
- Algunas asanas de yoga que te ayudan a abrir y alinear este chakra son las invertidas, como Salamba Sirsasana y Adho Mukha Svanasana, o las que apoyen la coronilla en el suelo, como Matsyasana.

Usa los aceites esenciales para mejorar tu bienestar emocional

Hay una gran cantidad de aceites esenciales que tienen propiedades calmantes, relajantes, sedantes e incluso antidepresivas, que te ayudarán a mejorar tu bienestar emocional, como el de bergamota, cedro, el incienso, la lavanda, el espliego, la manzanilla, el sándalo, el vetiver y el ylang ylang. Déjate llevar por tu intuición a la hora de escoger qué aceite esencial usar para que te apoye en cada momento, no solo por la descripción o beneficios que nombraré a continuación, ya que trabajan a nivel energético y, por lo tanto, te tiene que vibrar a ti.

Para usarlos, puedes hacerlo de diferentes maneras:

Inhalación-olfato

Al inhalar los aceites esenciales, el bulbo olfativo recibe y detecta la información de cada molécula aromática. Esta estimulación comunica un mensaje al sistema límbico y se desvía al sistema nervioso central y a las diferentes zonas del cerebro. Al oler aceites esenciales de grado terapéutico, las moléculas volátiles de estos llegan hasta el centro del cerebro e influyen directamente en el área límbica, conformada por el hipotálamo, el tálamo, la glándula pineal, la pituitaria y la amígdala, las glándulas maestras en la formación de percepciones, emociones y manejo hormonal. Por lo tanto, el aroma llega directo a este centro de «control» y trabaja alineando el estado de ánimo, desbloqueando sensaciones o trayendo calma a la manera de responder emocionalmente.

> Inhalación simple: Abrir el tapón del aceite esencial e inhalar.
> Vapor: Añadir aceite esencial en un cuenco con agua hirviendo e inhalar cubriéndote la cabeza con una tela.

> Difusor y humidificadores: Agregar unas gotas de aceite esencial al difusor o humificador.

> Pañuelo o gasa: Añadir el aceite esencial en un pañuelo, en la almohada o en una gasa.

> Brisas o espráis: Agregar agua, alcohol (parte portadora) y el aceite esencial en un espray para pulverizar.

> Sauna: Se suelen usar aceites esenciales de eucalipto, árbol de té y pino, que se inhalan y se excretan por transpiración. Son excelentes limpiadores y ayudan a eliminar toxinas del organismo.

Aplicación en la piel

Al aplicarlo sobre la piel, absorbemos el aceite esencial y después, gracias a los capilares sanguíneos y a los receptores nerviosos, podemos notar rápidamente su efecto.

> Roll-on: Diluir el aceite esencial con un aceite vegetal portador (de almendras, coco, aguacate, sésamo, cacahuete, jojoba, ricino, pepita de uva, rosa mosqueta, avellana, avena, oliva, germen de trigo) y aplicarlo sobre la piel.

> Cosmética natural: Usar los aceites esenciales en cremas, ungüentos, aceites, bálsamos y jabones, por ejemplo.

Vía oral

Hay que tener más en cuenta la dosificación y la calidad del aceite, así que asegúrate muy bien de que lo puedes usar de esta forma antes de hacerlo.

> Bebidas aromáticas: Añadir una gota de aceite esencial al agua, bebida vegetal o infusión.

En cualquiera de los formatos de aplicación que uses, no te recomiendo mezclar más de siete aceites esenciales en un mismo momento, ya que la amígdala no entiende tanta información a la vez.

Aceites esenciales según lo que buscas:

Abeto: Motivación y combatir la frustración, el sufrimiento, el sentimiento de derrota o el agotamiento.

Albahaca exótica: Seguridad, confianza a la hora de expresarte, disminuir la necesidad de autocontrol, perseverar en tus metas y objetivos, y descubrir tu propio potencial.

Angélica: Seguridad para sostener y defender convicciones.

Árbol del té: Tolerancia hacia ti misma y los demás.

Azahar (Flor de naranjo) o neroli: Tomar decisiones o superar una crisis, un shock psicológico o un duelo.

Benjuí: Identificar, interpretar los cambios y no resistirte a ellos.

Bergamota: Alegría para superar el miedo, la rabia o el dolor.

Canela de China: Aflorar la sensualidad y superar la desconfianza y las decepciones.

Cedro del Atlas: Valor para superar cualquier dificultad, coraje, dignidad, fijación de objetivos y ser convincente frente a los demás.

Ciprés: Acompañamiento durante un cambio importante e inevitable, certeza, relativizar y desdramatizar. (No usar en embarazadas, lactantes o mujeres que hayan padecido cáncer de mama u ovarios.)

Clavo: Serenidad, disciplina, orden e integrar el arquetipo planetario Saturno.

Enebro: Transformar viejos esquemas mentales, miedos recurrentes y creencias autolimitantes, tener más alegría interna, superar la melancolía, ganar confianza, no tener miedo al fracaso y contar con una actitud más activa y positiva.

Eucaliptus blanco o radiado: Orden, organización y estructura.

Geranio de Egipto: Armonía, reconducir del extremismo y regresar al equilibrio yin/yang.

Incienso: Meditar, conectar con el yo superior, tener flexibilidad mental y sentir protección.

Hierba limón: Promover la expansión emocional, superar limitaciones y tener energía para cambiar patrones.

Hierbaluisa: Superar la pasividad, el desinterés, la pereza e incluso un luto.

Hinojo: Proteger el campo vibracional de energías negativas, facilitar la objetividad y superar la insatisfacción por no haber terminado una tarea.

Hysopo: Favorecer el instinto de supervivencia, mantener la integridad emocional, meditar, liberarse de falsos peligros y aportar pureza, claridad, intuición y capacidad de percepción.

Jara: Superar situaciones traumáticas, remontar una conmoción que cueste cicatrizar, facilitar las capacidades tanto espirituales como mediúmnicas y meditar.

Jazmín: Coger confianza, superar el miedo, el temor y el terror.

Jengibre: Fortalecer la resistencia emocional, superar la melancolía y acompañamiento en momentos en los que te sientes emocionalmente más floja.

Laurel: Sentir más autoconfianza, autorreconocimiento, fortaleza y capacidad para aprontar retos en solitario.

Lavanda: Confort, serenidad, calma, armonía y suavizar miedos, temores, preocupaciones, ansiedad, fobias y emociones extremas. Está asociado al planeta Mercurio y al elemento aire, de manera que si tienes una carga fuerte de este planeta en tu carta natal o sabes que eres muy mental, será una gran aliada para ti (como es mi caso).

Lavandín: Toma de conciencia y preparación para un inicio (o aventura) emocional.

Limón: Facilitar la expresión asertiva y dejar de tener una actitud cínica o destructiva.

Mandarina: Calma, sosiego, sensación de tranquilidad y seguridad.

Manzanilla romana: Superar la herida de abandono, mejorar la relación con el arquetipo de la madre y favorecer la aceptación de una misma.

Menta: Dar claridad y foco para dirigirse hacia los deseos.

Mirra: Equilibrar entre las energías yin y yang.

Mirto: Salir de la oscuridad, liberarse de dependencias y autodestrucción, dejar atrás celos, codicia, desesperanza, sufrimiento o miedo a la enfermedad y la muerte.

Naranjo amargo: Facilitar el discernimiento, superar la desconfianza y tomar distancia.

Niaouli: Superar la dispersión, la confusión y la falta de claridad emocional.

Pachulí: Reforzar la individualidad, mantener las convicciones propias, afrontar el destino de manera serena, estimular el deseo de sobrepasar los límites y tener más capacidad para desinhibirse y transgredir.

Palmarosa: Ser más compasiva, perdonar, superar una traición, reducir el sentimiento de culpabilidad, acompañar en momentos de mucha responsabilidad y liberar oxitocina (ideal para el día del parto gracias a esta hormona).

Palo de rosa: Aumentar receptividad emocional y sensorial, desbloquear todos los chakras (aplicándolo de arriba abajo de la espalda) y superar bloqueos.

Pimienta negra: Tomar conciencia de mecanismos autodestructivos y cóleras reprimidas para gestionarlos mejor, apoyar la superación de obstáculos y contratiempos, aceptar y disolver el miedo al ridículo.

Pino silvestre: Ganar autoconfianza y autovalor, coger resistencia física y emocional, reforzar los dones y talentos.

Pomelo: Aumentar el optimismo y sobrellevar mejor un momento depresivo.

Ravintsara: Determinar la identidad propia, favorecer la independencia de pensamiento y dar conciencia de las propias necesidades.

Romero: Estimular la imaginación, la creatividad y la energía creativa, y proteger contra el mal de ojo.

Rosa de Damasco: Aumentar al máximo la vibración energética, ya que tiene 2.000 moléculas (el más rico a nivel molecular) asociadas al arquetipo del amor.

Salvia común: Elevar a un grado superior de sabiduría y trascender a niveles más elevados de conciencia.

Salvia sclarea o romana: Favorecer la intuición, facilitar la interpretación de sueños y dar acceso a una información inconsciente.

Sándalo: Realinear los chakras, favorecer la perspectiva y dar claridad mental, calmar la impaciencia, meditar, ser más compasiva y conectar cuerpo-mente-espíritu.

Siempreviva: Favorecer la adaptabilidad emocional (en contraposición al inmovilismo de ideas).

Tomillo: Ganar autoconfianza, promover el dinamismo y empoderarse.

Verbena exótica: Tener más ilusión por la vida, sentir esperanza y empezar cualquier proyecto con ganas, fuerza e ilusión.

Vetiver: Sentir más serenidad y seguridad en lo material; enraizamiento.

Ylang ylang: Reencontrarse con la feminidad y la conexión con una misma, ser más flexible a nivel emocional y mental, eliminar la autoculpabilidad, suavizar emociones, calmar, acompañar en momentos depresivos y aumentar la libido.

Zanahoria: Enraizamiento y superar el dolor de una separación.

Precauciones de empleo de los aceites esenciales:

- No es aconsejable durante los primeros tres meses de embarazo.
- Durante el resto del embarazo y la lactancia, revisar uno por uno si se puede usar o no y confirmar más aún que son de buena calidad.
- Lavarse siempre las manos después de haber usado un aceite esencial para dar un masaje o aplicarlo en la piel.
- Utilizar aceites esenciales de alta calidad (100 % puros y naturales).
- Las personas alérgicas deben hacerse una prueba de alergia.
- No se pueden aplicar en los ojos, la nariz, el conducto auditivo ni las zonas ano-genitales.
- En caso de absorción accidental, se recomienda ingerir o aplicar un aceite graso para diluirlo y acudir a un centro hospitalario.
- El bote puede ser de vidrio coloreado o de aluminio, se debe conservar cerrado herméticamente a una temperatura entre 5 y 35 °C, y tenerlo alejado del alcance de los niños.

Aprende a usar los cristales para encontrar armonía y bienestar

Los cristales trabajan de manera energética, sutil y cuántica, y cada uno comunica y transmite un tipo de energía diferente según, por ejemplo, su color, que, como hemos visto, a la vez está relacionado con los siete chakras:

Rojo · Acción, arraigo, voluntad, energía — primer chakra

Naranja · Creatividad, orden, gestión emocional, pasión — segundo chakra

Amarillo · Confianza, autoexpresión, dones, carisma, talento — tercer chakra

Verde/Rosa · Autoestima, coherencia, verdad y escucha interior, belleza, amor — cuarto chakra

Azul · Comunicación, expresión — quinto chakra

Índigo · Intuición, visualización, imaginación — sexto chakra

Morado/Dorado/Blanco · Protección, comprensión, sabiduría — séptimo chakra

Cuando recibes un cristal por primera vez, puedes dejarlo durante una noche en un recipiente de vidrio con sal marina. Para activarlo, simplemente conecta con él observándolo, sintiéndolo, sujetándolo con las manos, llevándolo contigo durante el día, meditando o haciendo tu práctica espiritual con él, teniendo un diálogo con él y estableciendo una intención, o bien simplemente colocándolo en el espacio del hogar donde sientes que debe ir y haciendo alguna de las cosas que acabo de enumerar.

En tu día a día puedes usar los cristales como herramientas para modificar y elevar tu vibración energética:

- Sostener el cristal durante la meditación.
- Incorporarlos a tu altar o espacio sagrado.
- Colocarlos encima de los chakras para equilibrarlos.
- Tenerlo en la esterilla de yoga durante la práctica de esta disciplina.
- Llevarlos en forma de joya o en tu bolso como talismanes personales.
- Ubicarlos en puntos estratégicos de la casa, dependiendo de la intención.
- Dejarlos debajo de tu almohada o en la mesita de noche para trabajar con ellos durante el sueño si es de energía yin (azules, morados, rosas, verdes, translúcidos) (mi preferido para esto es el cuarzo rosa).
- Añadirlos a tu botella de cristal junto con el agua alcalina para energizarla. En este tipo de uso mejor escoger los minerales de la familia del cuarzo.
- Cuando hagas rituales, sobre todo en aquellos que se realizan según la fase de la Luna.

Un kit básico de cristales que personalmente recomiendo para las mujeres consiste en:

> Citrino, lo puedes llevar en el bolsillo o en el monedero para conectar con la abundancia.

> Amatista, que, además de aportar equilibrio espiritual, paz y armonía, va bien en cualquier estancia de la casa.

> Cuarzo rosa, que lo puedes tener en el dormitorio para atraer calidez y estabilidad en el amor y descansar mejor. Está relacionado con el arquetipo de la madre que nutre sin imponerse, sirve para automaternarse porque ayuda a cuidarse y amarse a una misma, absorbe la tristeza, te

acompaña en la sanación de la herida de abandono, conecta con el amor incondicional y es el cristal por excelencia del embarazo porque acompaña en la montaña rusa emocional. Si tienes un cuarzo rosa, lo puedes colocar en el centro del pecho para realizar un proceso de sanación emocional, y si quieres nutrir la energía femenina, te puedes colocar dos, uno en cada ovario, o uno en el útero.

> Selenita, que es un cristal de altísima vibración que ayuda a conectarse con la espiritualidad, activa el sexto y el séptimo chakra, calma la mente y el diálogo interno acelerado, purifica y limpia a nivel energético toda nuestra aura, nos descarga de todo aquello que nos cargamos y no nos corresponde, y nos ayuda a conectar con la sabiduría interna.

> Cornalina, que ayuda a activar el poder creativo y a desbloquear el segundo chakra.

> Obsidiana, que es una piedra de origen volcánico que nos conecta con nuestra propia sombra y ayuda a limpiar y soltar temas emocionales y mentales relacionados con la manipulación, el abuso sexual o cargas del linaje que llevamos encima. Es muy potente, una maestra, y hay que usarla con precaución o incluso en compañía de otras piedras.

> Turmalina negra, que es un cristal de protección que además ayuda en el *mindfulness* y a estar presentes en el cuerpo y con la tierra. La puedes tener en el recibidor o llevarla encima para protegerte de vibraciones bajas que te rodeen.

También puedes tener un cristal para cada chakra con el fin de hacer gemoterapia, como por ejemplo:

> jaspe rojo para el primer chakra
> cornalina para el segundo chakra
> citrino para el tercer chakra
> malaquita para el cuarto chakra.
> aguamarina para el quinto chakra
> amatista para el sexto chakra
> selenita para el séptimo chakra

Otra opción es tenerlos según el uso del feng shui para ponerlos en diferentes rincones de la casa, como por ejemplo:

> drusa amatista para el recibidor
> cuarzo rosa para el dormitorio
> aventurina verde o cuarzo verde para el despacho o zona de trabajo
> cuarzo cristal para el comedor
> sodalita o cuarzo azul para el salón
> citrino o jaspe amarillo para la cocina

Y otra opción sería usar cristales según la astrología, potenciando aquellos signos que quieres despertar de tu carta. Por ejemplo, si sientes que quieres conectar más con tu Venus y tienes este planeta ubicado en el signo de Acuario, entonces deberás escoger los cristales que se relacionan con este signo. Con esto me refiero a que no siempre sentirás que el cristal que necesitas es el que está asociado a tu signo solar; puedes perfectamente elegir uno que guarde relación con otras partes de tu carta que quizá en este momento desees expandir, darles voz y expresar más o mejor. Por ejemplo, en mi caso, cuando el Nodo Norte en tránsito se estaba acercando a mi Nodo Norte natal en Cáncer y llegó a hacerle conjunción, sentí una llamada muy fuerte por el cuarzo rosa, y que a día de hoy continúo usándolo para seguir conectada con la energía canceriana que tanto me ha costado integrar, por ser precisamente mi Nodo Norte, es decir, un camino de evolución para mí que no se me da de manera fácil. Como ya hemos visto en el capítulo sobre astrología, a cada signo lo rigen un planeta y una casa, así que los cristales se asociarán a estos también.

> Aries/Marte/casa 1: Jaspe rojo, cornalina, ojo de tigre
> Tauro/Venus/casa 2: Aventurina verde, malaquita, ágata
> Géminis/Mercurio/casa 3: Aguamarina, cuarzo cristal, ojo de tigre
> Cáncer/Luna/casa 4: Piedra luna, rodonita, cuarzo rosa
> Leo/Sol/Casa 5: Citrino, Piedra sol, ojo de tigre
> Virgo/Mercurio/casa 6: Sodalita, hematite, lapislázuli
> Libra/Venus/casa 7: Malaquita, crisocola, jaspe rojo
> Escorpio/Marte y Plutón/casa 8: Obsidiana, jaspe rojo, malaquita
> Sagitario/Júpiter/casa 9: Lapislázuli, amatista, turquesa
> Capricornio/Saturno/casa 10: Granate, jaspe rojo, cuarzo ahumado
> Acuario/Saturno y Urano/casa 11: Amatista, fluorita, turquesa
> Piscis/Neptuno/casa 12: Aguamarina, ágata blue lace, sodalita

Haz limpiezas energéticas y convierte tu casa y tu hogar interno en tu templo sagrado

Tanto las personas como los espacios absorbemos las energías que nos rodean, sobre todo si no prestamos atención y no nos aseguramos de vibrar alto. Por eso, es importante vivir con conciencia plena, protegernos energéticamente y tener recursos para hacer que la vibración se eleve cuando detectemos que algo está interfiriendo en ello. Si aplicamos los recursos con los que contamos y mantenemos la vibración energética elevada, nos sentimos con calma, bienestar y armonía; de lo contrario, experimentamos cansancio, problemas de salud y emociones de vibración baja, y vivimos con malestar general.

¿Cuándo debes hacerte una limpieza energética?
> Cuando físicamente te sientas cansada.
> Si notas ansiedad, malestar o densidad.
> Después de problemas, discusiones o rupturas.
> Si has detectado que tu vibración energética está baja.
> Cada día o cuando lo sientas, como un ritual de bienestar.

¿Cómo puedes hacerte una limpieza energética básica en tu día a día?

Imagina un remolino de llama de color violeta que te envuelve por completo y te limpia cualquier energía negativa. Puedes hacerlo en el momento de la ducha, ya que con el agua y el jabón (mejor ecológico) estarás potenciando aún más la intención de limpieza. Si quieres, puedes aprovechar para decir en alto alguna afirmación que refuerce la limpieza, como por ejemplo: «Limpio mi hogar interno para alejar las energías de vibración baja y disfrutar así de una vida alegre y plena». Encuentra tu afirmación y déjate sentir cada día la que quieras pronunciar. Y, sobre todo, en cuanto puedas acude a la naturaleza, descálzate, disfruta de la energía del sol y el aire limpio, y realiza allí el mismo ritual. Y es que la naturaleza es un recurso maravilloso y gratuito con el que practicar una limpieza energética. Si llevas a cabo una limpieza energética del hogar, también te la estarás aplicando a ti. Yo personalmente siento muy potente la limpieza con el humo de la salvia.

> **¿Cuándo debes hacer una limpieza energética de un espacio?**
> - Cada día; puedes hacerla corta y efectiva.
> - Si sientes que la energía de un espacio está densa.
> - Si has detectado que tu vibración energética se encuentra baja.
> - Cuando has tenido muchas visitas en casa o en un espacio.
> - Cuando empiezas a vivir en una casa o te mudas a un despacho nuevo.

¿Cómo puedes realizar limpiezas energéticas?

Hay muchísimas posibilidades, algunas se pueden llevar a cabo a diario como ritual y otras para reforzar la intención limpiadora cuando se siente la vibración muy baja. No hace falta que hagas todo lo que te nombro a continuación; experimenta, prueba, póntelo fácil y ajústalo a tus necesidades.

Ritual para hacer cada día

Este ritual no limpia de energías muy bajas, pero es imprescindible y el primer paso para hacer una limpieza energética.

1. Mantener la casa limpia, ordenada y minimalista.
2. Abrir ventanas para ventilar.
3. Dejar que entre toda la luz natural posible.

Instrucciones:

- Barrer las estancias desde el centro hacia las puertas o ventanas.
- Intentar no desordenar e ir limpiando a medida que se usan las cosas.
- Por la mañana, cuando te levantes, ventilar todas las estancias que puedas y subir las persianas para que entre luz.
- Regalar, vender o tirar aquello que ya no te aporta valor y ocupa espacio y ruido en tu vida.

Aceites esenciales

En este mismo capítulo hemos visto diferentes aceites esenciales y su uso o beneficios. Pues bien, para hacer una limpieza energética los más empleados son el de sándalo y el de incienso.

Instrucciones:

- Añadir unas gotas en el difusor. La cantidad de gotas dependerá del tamaño de tu difusor o de la cantidad de agua que haya en él.

Velas

El fuego tiene capacidad limpiadora. Puedes usar velas blancas, color asociado a la limpieza, o también negras, un tono más relacionado con la protección. Puedes untar algún aceite purificador alrededor de la vela para potenciar el efecto. Yo uso velas veganas y ecológicas.

Instrucciones:

- Enciende la vela, si quieres, mientras dices alguna afirmación, y antes de dejar que se vaya quemando aprovecha un momento para visualizar como el fuego aleja todo lo negativo.

Agua florida, agua con vinagre o con aceites esenciales
El agua florida es un tipo de colonia natural con un aroma refrescante que se usa como limpiadora espiritual y purificadora. El agua con vinagre es simplemente eso: agrega un poco de vinagre a un spray en el que tengas agua. El agua con aceites esenciales se logra añadiendo algún aceite esencial que sea limpiador, como los de limón, romero o salvia.

Instrucciones:

- Pulveriza unas gotas por el espacio que deseas limpiar, sobre todo por las esquinas y rincones, y también aprovecha para hacerlo alrededor de tu aura o en puntos estratégicos de tu cuerpo, como son la cabeza, el corazón y los pies si pretendes protegerte. Sigue un sentido antihorario, contrario al de las agujas del reloj.

Sal marina
A la sal marina siempre se le han atribuido propiedades de limpieza, ya que al ser una buena conductora de la energía, permite atraer las buenas vibraciones y favorecer la salida de las malas energías.

Instrucciones:

- Realiza el procedimiento cuando haya luz natural. Abre las ventanas, coge un puñado de sal marina y ve colocándola en los puntos estratégicos de la casa por donde entran y salen las energías, es decir, en los rincones de las estancias: habitaciones, cocina, comedor, salón, despacho o recibidor. Deja que la sal actúe durante 15 días como máximo. También puedes ponerla en un cuenco con agua y colocarla debajo de la cama, o bien hacer un saquito como los de lavanda y dejarlo debajo de la almohada para favorecer un mejor descanso. Otra idea muy fácil y que a mí personalmente me gusta mucho para usar la sal como limpiadora energética es colocar lámparas de sal marina en diferentes puntos del hogar. Y si lo que deseas es limpiar la casa en general, ya sea porque acabas de entrar a vivir en ella o sientes que es necesario, puedes poner la sal con agua en un frasco tipo espray y pulverizar toda la vivienda.

Vaso de agua con vinagre y sal marina

Se usa para notas de energía muy negativa o densa en una estancia de la casa.

Instrucciones:

1. En un vaso o recipiente, añadir dos cucharadas de sal y cubrirla hasta 1 cm por encima con vinagre y agua.
2. Colocar el vaso o recipiente encima de un plato y dejarlo, por ejemplo, debajo de la cama.
3. La sal crecerá por los bordes del vaso o recipiente; si se derrama mucho, significa que había mucha limpieza por hacer.

Visualizaciones y afirmaciones

Sirven para darle más fuerza a la limpieza.

Instrucciones:

- Imagina que barres las malas energías, que la habitación está llena de luz blanca, que el fuego quema las energía negativas, el agua limpia... Y las afirmaciones son muy personales, así que céntrate en lo que sientas en cada momento que quieres conseguir con la limpieza. Pregúntate, por ejemplo: ¿qué intención hay detrás?

Peticiones y rezos

Si sabes cuál es tu espíritu guía, puedes llamarlo para que te acompañe y te ayude durante la limpieza energética. A mí me gusta también «llamar» a Plutón, el planeta asociado a la transformación, la transmutación, la muerte y la limpieza profunda de todo lo que es tóxico o debemos soltar.

Instrucciones:

- A mi modo de ver, las peticiones y rezos son un apoyo, un recurso, para realizar al mismo tiempo que las otras propuestas, no tanto para hacerlo por sí solo.

Ruido

En rituales de tribus chamánicas, era común alejar malas energías a través del ruido de instrumentos, como tambores o maracas, y gritando.

Instrucciones:

- Puedes comprarte un tambor y hacerlo sonar mientras dices afirmaciones para alejar las malas vibraciones. Además, te ayudará a enraizarte y a conectar con la naturaleza. Puedes buscar también canciones chamánicas ancestrales para cantar y así aprovechar ese momento para convertirlo en una actividad de autocuidado espiritual.

Cristales y minerales

Deben limpiarse y cargarse de energía cuando creas o sientas que han tenido que trabajar bastante o cuando adquieres uno nuevo. Encontrarás y leerás muchas maneras de limpiar y cargar los cristales. En mi caso, los limpio con salvia, aunque algunas veces también lo hago con un cuenco tibetano. Si pretendo cargarlo de energía, dejo el cristal o mineral en la terraza de mi casa por la noche si es un día de luna llena o bien unas horas bajo los rayos de sol. En el momento de colocarlos en el lugar donde deseo que realicen su función, hago alguna afirmación o petición y siempre les pongo una intención. Además, visualizo que realizan la limpieza por todo el perímetro de la estancia o por mi cuerpo energético si los llevo conmigo o como joya.

- Turmalina negra: Es el rey de la protección del hogar contra cualquier energía negativa, incluidos los campos energéticos. Aclara, absorbe, limpia y purifica los bloqueos energéticos dentro del hogar.
- Selenita: Trae energía protectora y tranquilizadora para promover un espacio pacífico. También desbloquea la energía estancada.
- Amatista: Sirve para proteger contra robos y mala energía porque es altamente protector. También es transmutador, purifica la energía electromagnética, calma la mente, da fuerza y control, favorece la intuición, reduce las adicciones y ayuda en la profundización del desarrollo espiritual y las capacidades psíquicas.

- Cuarzo ahumado: Envuelve el hogar en una capa de protección. Dirige la negatividad y los vampiros energéticos lejos.
- Cuarzo rosa: Mantiene el amor en circulación por la casa, construye una fuerza irrompible y aporta calidez, estabilidad, seguridad y sueños agradables.
- Calcopirita: Es conocida como un escudo energético, ya que bloquea y corta el paso a la energía negativa.
- Obsidiana: Se trata de una piedra muy protectora, muy potente y terapéutica, y ayuda en procesos en los que se quiere trabajar a un nivel muy profundo para eliminar bloqueos energéticos y revitalizar el alma.

Instrucciones:
- La turmalina negra y la selenita son una combinación perfecta, ya que la primera funcionaría como escudo protector y la segunda, como ángel guardián. Las puedes colocar en el espacio en el que haya más concurrencia de personas.
- Puedes llevar la turmalina negra como colgante o en el bolsillo si vas a estar expuesta a situaciones o personas que pueden invadir tu espacio de protección energética. Para cargarla también puedes enterrarla durante unas horas en una maceta, es decir, en contacto con la tierra.
- La selenita también la podrías usar en la mesita de noche para favorecer un sueño más agradable.
- Puedes dejar la amatista o bien en el recibidor o bien cerca de espacios por donde es más fácil que entren energías negativas de fuera o a robar. Otro uso es ponerla encima del escritorio para limpiar las ondas electromagnéticas y amplificar los proyectos creativos. Es posible usarla también como joya, meditar con ella o guardarla en el bolsillo para que te ayude a estar más centrada y sin miedo durante todo el día. Y si la de-

jas debajo de la almohada, favorecerá un sueño reparador, reducirá las pesadillas y atraerá los sueños placenteros.
- El cuarzo ahumado colócalo en el recibidor.
- Puedes colocar el cuarzo rosa en la mesita de noche. Otro uso que es posible darle es a través de un roll-on para la rutina facial y comprar una botella de agua que tenga un cuarzo rosa dentro.
- La calcopirita la puedes poner en la entrada de casa como guardiana y protectora, en la cocina para atraer la abundancia, en el despacho o espacio creativo para que fluyan tus ideas y en la mesita de noche si tienes el sueño alterado.

Plantas

El simple hecho de colocar ciertas plantas en el hogar ayuda a absorber la mala energía y transmutarla, pero también se usan para quemarlas y limpiar con el humo que desprenden, o se infusionan y se pulverizan.

Instrucciones:
- Puedes colocar las plantas en los espacios del hogar en los que quieras que actúen como filtro, añadiéndoles un cristal de cuarzo en la tierra para que las ayude a limpiarse. En este caso se suelen usar el bambú, los cactus, el romero, el palo santo y las suculentas, o también las aromáticas. Para saber cuál emplear, guíate por los consejos de un florista o, incluso, como hago yo, siguiendo el estudio de feng shui de tu hogar, en el que te recomendarán la planta específica para cada espacio de manera totalmente personalizada. Algunas plantas y sus propiedades serían:
  > **Albahaca:** Según algunas tradiciones espirituales de la India, a esta planta se la considera sagrada porque sus hojas

poseen un aceite invisible que mantiene el aire limpio y libre de gérmenes.

> **Ajo:** Cuelga una ristra de ajos en la cocina para que haga de escudo protector contra las energías negativas. No debes utilizar esta ristra de ajos para cocinar, ya que habrá absorbido esas energías. Si te mudas a otra casa, el ajo te ayudará a disipar la tristeza que haya podido quedar en la casa nueva.

> **Bambú:** Atrae buenas energías, aporta sensación de bienestar y tranquilidad, y aleja las envidias.

> **Cactus:** Repele la envidia y la energía baja de intrusos o personas con malas intenciones y, además, absorbe las energías electromagnéticas de los electrodomésticos. Es una planta que requiere unos cuidados especiales para su mantenimiento, entre ellos estar alejada del sol directo.

> **Crisantemos:** Brinda sensación de confort en el hogar y promueve la felicidad y el buen humor, por lo que se recomienda para espacios donde se generen tensión constante y discusiones.

> **Espada de San Jorge:** Al ser una planta que sobrevive sin dificultades en condiciones hostiles, es ideal para proteger los espacios y eliminar las toxinas que generan los productos químicos. Si la tienes colocada en un lugar muy expuesto al sol, la debes regar con abundante agua dos veces a la semana.

> **Eucalipto:** Libera los espacios de energías pesadas, ayuda a conciliar el sueño y atrae la prosperidad, de manera que puedes colocar hojas secas de eucalipto en la estancia donde sientas la energía más cargada, en la habitación donde duermas o en la zona del despacho o en el espacio en el que generas dinero.

> **Hierbabuena:** Es la planta del bienestar y se cree que si la tienes en casa, atraerás la prosperidad económica. Además

de ser una planta con muchos beneficios para la salud, sirve para alejar la negatividad, protegerse frente a energías maléficas, rechazar la envidia y armonizar la energía. Puedes tener una planta de hierbabuena, quemarla a modo de incienso o bien preparar una infusión que después uses para limpiar el suelo, armonizar la energía y alejar la negatividad y las enfermedades.

> **Hierba gatera:** Se coloca cerca de la puerta principal para atraer suerte y fuerzas positivas.

> **Laurel:** Protege y repele el mal y las fuerzas negativas, a la vez que purifica. Además, hace de mediadora durante conflictos, estimula los altos estados de conciencia, invoca la felicidad y favorece la clarividencia. Puedes poner ramas de laurel en espacios de la casa o quemar sus hojas.

> **Lavanda:** Da alegría, calma y serenidad mental. Puedes cultivar la planta en el jardín o usarla en forma de aceite esencial o quemándola.

> **Menta:** Promueve las vibraciones positivas en cualquier ambiente y combate las malas, ayuda en casos de insomnio, mejora la comunicación en el hogar y armoniza. Con ella puedes preparar una infusión para limpiar el suelo, quemarla a modo de incienso, sembrar la planta viva o usarla en aceite esencial.

> **Mostaza:** Antiguamente, estas semillas se enterraban bajo el peldaño de la entrada para proteger a los ocupantes de la casa. Nosotras podemos hacerlo en una maceta, que colocaremos cerca de la puerta.

> **Romero:** Calma, limpia, previene pesadillas, favorece lazos amistosos e intensifica la pasión, el amor y la felicidad.

> **Ruda:** Es famosa por limpiar el aura y ayudar a terminar con «una mala racha». Para filtrar las energías negativas del ex-

terior se aconseja tener dos plantas (una macho y una hembra) y ubicarlas en puntos opuestos de la entrada de la casa, a la derecha de la puerta la hembra y a la izquierda la macho. Aparte de esta manera de usarla, también puedes hacer una infusión de 10 minutos, dejarla enfriar y colocarla en un atomizador para pulverizar el espacio. Son muchas las personas que aconsejan llevar a cabo este ritual de limpieza los martes. También puedes usarla en modo de sahumerio, como te explico en otro punto. Tienes que vigilar con su uso si en la casa hay niños o animales, ya que el olor puede resultar muy fuerte.

> **Sábila:** Se utiliza en los rituales contra la mala suerte y las envidias, atrae la prosperidad y las buenas energías en cualquier lugar del hogar donde se encuentre. Popularmente se cree que cuando la planta de sábila crece y está vital, es porque está atrayendo la buena suerte. En cambio, si se marchita es porque ha absorbido las malas energías y nos ha protegido.

> **Tomillo:** Desde la Antigüedad se ha empleado para limpiar los espacios de las malas vibraciones, proteger el hogar y las personas que viven en él y también para evitar las pesadillas y promover la autoestima.

Sahumerio de limpieza

Se trata de una práctica muy antigua empleada para recuperar la armonía, atraer las buenas vibraciones, obtener paz y tranquilidad, y fortalecer las energías positivas presentes en el hogar, así como nuestra propia energía. Consiste en la quema de compuestos naturales preparados con resinas naturales y plantas silvestres que, al quemarlos, producen aromas embriagadores y con ciertas propiedades. El humo se encarga de atrapar las malas energías y todo lo tóxico que hay en el entorno, y lo lleva al fuego purificador. A veces se confunde el sahumerio con las varillas de incienso, pero no es lo mismo. El sahumerio es muy potente y, por lo tanto, se usa para cuando se quiere hacer una limpieza mucho más profunda. Si realizas este sahumerio durante 7 días seguidos, iniciándolo un día de luna menguante, limpiarás el hogar de energías negativas.

Instrucciones:

- Lo primero que debes hacer es obtener:
  > un recipiente que haga las funciones de incensario, idealmente metálico, o una cazuela de barro o una piedra
  > una madera aislante para colocar debajo del incensario y que no se queme la mesa, porque el calor suele atravesarlo
  > unas pinzas, para no quemarte
  > carboncillo instantáneo, que lo puedes encontrar en tiendas esotéricas, herbolarios o estancos
  > sal
  > cerillas
  > mirra molida
  > salvia molida
  > ruda molida
- En un recipiente, mezcla 3 cucharaditas de mirra, salvia y ruda, previamente pulverizadas con un molinillo.
- Cierra todas las ventanas y asegúrate de que no hay corrientes de aire.
- Coloca la madera encima de la mesa o lugar donde vas a realizar el sahumerio y encima ponle el recipiente que hará de incensario.
- Añade una pizca de sal dentro del incensario para potenciar el efecto purificador.
- Coge el carboncillo con las pinzas y quémalo con una cerilla.

- Coloca el carboncillo encima del incensario.
- Cuando el carboncillo esté al rojo vivo, ponle encima el sahumerio y comenzará a humear.
- Acompaña el acto con intención, visualizaciones, afirmaciones o peticiones o rezos.
- Deja que se consuma en un espacio y observa cómo se mueve el humo y las cenizas del carbón, ya que te da información:
  > Si es recto y forma una chimenea, significa que no está detectando malas energías o negatividades.
  > Si hace espirales, significa que está atrapando y dirigiendo al fuego purificador toda la negatividad.
- Cuando haya dejado de salir humo, fíjate en las cenizas del carbón. Hay personas que les sacan fotos para poder observarlas mejor, ya que saben ver a través de las cenizas qué tipo de negatividades ha atrapado.
- Recarga el carbón con más sahumerio.
- Repítelo cinco veces para potenciar el efecto.
- Al final del sahumerio, cuando haya mucho humo y lo hayas observado previamente, podrás ventilar el espacio abriendo puertas y ventanas.
- Cuando las cenizas estén bien apagadas, las puedes verter en una maceta, al pie de un árbol o en la tierra.
- Puedes experimentar con otras resinas o plantas silvestres y hacer tus propias mezclas que produzcan aromas que te gusten y dependiendo de la intención limpiadora y energética específica que busques, como por ejemplo:
  > Incienso o Frankincense: Aporta calma y paz, reduce el estrés y la ansiedad, aleja los conflictos, envidias y enemigos, limpia ambientes cargados de malas energías y transmuta todo lo negativo en positivo. También lo puedes usar para acompañar rituales y meditación, ya que brinda paz espiritual.

> Ámbar: Úsalo para la meditación o para ver las cosas de forma más clara en momentos de dudas, confusión o falta de claridad en las ideas o pensamientos.

> Azahar: Brinda más armonía, alegría, paz y felicidad en el hogar.

> Benjuí: Sirve para alejar los malos espíritus y romper hechizos y maleficios.

> Canela: Empléala para meditar, aclarar las ideas, elevar la vibración energética y atraer pasión y deseo sexual, ya que es afrodisíaca.

> Cedro: Úsalo para cuando entres a vivir en una casa renovada o de nueva construcción.

> Copal: Protege el espacio frente a malas vibraciones, armoniza y transforma la energía negativa en positiva y ayuda a conectar con niveles superiores de energía.

> Lavanda: Purifica el ambiente y lo llena de calma, bienestar y positividad, y aleja la negatividad, los miedos y las inseguridades.

> Sándalo: Rechaza las energías negativas, mantiene elevada la vibración y atrae las buenas, favorece la comunicación entre personas, facilita el aprendizaje y el estudio, relaja el cuerpo y calma la mente, los nervios, la ansiedad o el pánico. A mí me gusta mucho también para meditar y dormir mejor.

> Tabaco: Depura las casas de vampiros energéticos y seres del bajo astral, a la vez que ofrece protección.

> Pachuli: Carga el espacio de energía positiva, seguridad y buen humor, y también lo puedes usar en la habitación en la que quieras propiciar la sensualidad y el erotismo.

Varitas naturales

Las varitas están compuestas de plantas aromáticas, flores y resinas. Si quieres realizar una limpieza energética con ellas, es importante asegurarte de que sean naturales y saludables, ya que si no podrían resultar muy tóxicas. Además, mi recomendación es que sean de comercio justo.

Instrucciones:

- Para llevar a cabo una limpieza, necesitarás unas varillas sólidas del aroma que te resuene, un portainciensos y unas cerillas o mechero. Al igual que con el sahumerio, antes de empezar asegúrate de que no hay corrientes de aire y de que cuando termines podrás ventilar la estancia. Después, enciende una varilla, deja que la llama arda unos 10 segundos y sopla para apagar la llama ligeramente. La varilla se irá consumiendo en el portainciensos (dura aproximadamente entre 20 y 30 minutos).

Quemar un ramillete de salvia

La salvia seca se ha quemado desde la Antigüedad con el propósito de limpiar y purificar los objetos y los hogares cuando se sienten energéticamente pesados, con el fin de disipar las energías negativas y, a la vez, promover la conexión espiritual, la limpieza y la purificación, ya que se la considera una planta sagrada. Apoya en procesos de cambios, ya que elimina vibraciones estancadas, patrones negativos y obsoletos, y actúa a nivel multidimensional. Además, el humo de la salvia seca cambia la composición iónica del aire y puede tener un efecto directo sobre la reducción de nuestra respuesta al estrés, repele los mosquitos y otras plagas, y neutraliza la exposición a productos químicos tóxicos. Su aroma produce sensación de bienestar, paz, buena energía y armonía.

Instrucciones:

- Quema salvia en tu espacio sagrado, tu hogar u oficina, o incluso sobre tu cuerpo para hacerte una limpieza profunda energética o solicitar protección o guía siempre que lo necesites, como antes de meditar, durante una ceremonia o ritual o antes de irte a dormir, para tener viajes astrales. También te recomiendo quemar salvia después de haber estado enferma o cuando hayas presenciado una discusión o evento que haya afectado a tu vibración energética.

Quemar palo santo

El árbol del palo santo se considera sagrado y lo usaban los chamanes para sus rituales de limpieza y purificación contra fuerzas negativas, malos espíritus y vibraciones bajas. Además, ayuda a atraer energías positivas. Es importante que te asegures de que el que compras se ha recogido de manera sostenible.

Instrucciones:

- Quemar palo santo por las diferentes estancias de la casa cada día y alrededor de tu cuerpo.

Velas

El fuego es uno de los elementos más utilizados en el ámbito espiritual, gracias a la capacidad de purificación/limpieza que se le atribuye. Dependiendo del color de la vela, tendrá un beneficio u otro. Además, se dice que hay que pasar un algodón con un poco de aceite de oliva por la vela para neutralizarla y purificarla. Como he comentado antes, las que yo uso son artesanales, ecológicas y veganas.

Instrucciones:

- Coloca la vela en el lugar donde quieras hacer la limpieza asegurándote de que no hay ningún peligro de que se queme algo alrededor.

Atrapasueños

En la lengua originaria, su nombre significa «araña» o «cepo de los sueños» y, a pesar de que para muchos es un objeto decorativo, en realidad se trata de un instrumento poderoso de la medicina chamánica, que tiene su origen en las antiguas tribus indias americanas. Sirve para capturar pesadillas y malas vibraciones mientras dormimos.

Su forma y partes tienen un significado concreto:

> Aro: Representa la rueda de la vida, el cosmos y los cuatro puntos cardinales.
> Plumas: Es el principal símbolo de energía que tiene.
> Cuentas, semillas, abalorios: Indican el poder individual.

Instrucciones:

- Colócalo en la cabecera de la cama, ya que así los sueños agradables se deslizan desde las plumas hacia ti.

Escuchar música theta, mantras y cantos sagrados

Relajan y elevan la energía. Tanto la música theta como los mantras y los cantos sagrados actúan sobre el campo energético vibracional haciéndolo subir. Cada uno de ellos lo hace a su manera, pero el resultado es igual de potente en todos los casos, así que puedes usar el que más te resuene en cada momento. A mí me gusta usar la música theta en momentos en los que quiero relajarme profundamente y, en cambio, los cantos sagrados y los mantras los uso de una forma más activa para elevar mi vibración al cantar; también me ayudan a conectar con mi dimensión espiritual.

Instrucciones:

- Puedes preparar listas de música de cada tipo para recurrir a ellas rápidamente siempre que lo desees. Para la música theta, mi recomendación es que encuentres un lugar tranquilo y te coloques en una posición para entrar en un estado de profunda relajación. Los mantras y cantos sagrados son más adecuados para momentos como la ducha, mientras cocinas, conduces, pintas mandalas, haces cualquier actividad creativa o paseas por la naturaleza, por ejemplo.

Baños de sonido o vibración

Hay instrumentos como los cuencos tibetanos o de cuarzo, el didyeridú, armonizadores, las campanillas o los tambores que emiten una vibración sanadora que ayuda a limpiar la energía y a elevarla, a desbloquear los chakras, recuperar el equilibrio interno, conocernos mejor a nosotras mismas, tener más paz mental y sosiego, mejorar el estado de ánimo, sentir plenitud, dormir mejor, reducir el estrés, alcanzar estados más elevados de meditación y colocarnos en el lugar de observadoras (en el centro de la carta natal). Hacer baños de sonido, de manera individual o en grupo, purifica tanto a la persona como el espacio donde se realiza la sesión e incluso al músico que lo está facilitando. También puedes limpiar y cargar tus cristales si los colocas dentro del cuenco.

Instrucciones:

- Contacta con algún facilitador y el día de la sesión colócate tumbada, relájate y déjate guiar hacia un viaje sonoro sanador. Si no puedes acudir a un baño de sonido, puedes comprar un cuenco tibetano y hacerlo sonar tú misma en casa durante unos cinco minutos en los espacios que quieras limpiar o cerca de tu cuerpo para elevar tu vibración. Incluso te recomiendo tener uno para tu día a día a pesar de asistir de vez en cuando a una sesión con un profesional.

Crear una burbuja de protección

Para las personas que somos muy empáticas, intuitivas y con una carga fuerte de Neptuno o casa 12 en nuestra carta natal, es importante saber crearse una burbuja de protección energética, ya que atraemos a personas que se acercan a nosotras para contarnos sus experiencias y vivencias negativas porque saben o intuyen que seremos capaces de empatizar con su dolor y eso les hace sentir reconfortadas.

Instrucciones:
- Cada mañana al levantarte imagina una luz blanca (es un color que simboliza pureza y protección) que se conecta con tu ser y te rodea, desde los pies hasta la cabeza.

Colgar amuletos en puertas y ventanas

En las ventanas se pueden colgar llamadores de ángeles, que son como unas piezas de joyería —normalmente de metal— con forma redonda y huecas con fragmentos de cristal o metal para que hagan sonido y funcionen como protectores, disuelvan la negatividad y atraigan paz, amor y armonía. Para las puertas hay amuletos especiales, como los que tienen formas de estrellas de cinco puntas, de OM o de yin yang. En algunas culturas antiguas se colgaban también herraduras.

Instrucciones:
- Compra el amuleto que más te resuene y colócalo en el sitio que le corresponda. Hay personas que deciden llevarlo como pieza de joyería personal.

Respiraciones conscientes

Este tipo de limpieza no serviría para limpiar el hogar, pero, sin duda, es un recurso ideal para hacerlo sobre una misma.

Instrucciones:

- Se trata de que respires de manera regular, pausada y profunda, inhalando y exhalando de forma continua, sin parones ni espacios, y siempre por la nariz. Mientras realizas las respiraciones, cada día unos minutos, por ejemplo, puedes visualizar que con cada inhalación te cargas de energías positivas y con cada exhalación eliminas todo lo negativo: pensamientos, emociones, sentimientos, envidias, cargas de tu linaje, etc.

Sea cual sea la manera que tengas de hacer la limpieza energética, no te olvides de ponerle intención, visualización e incluso decir afirmaciones mientras la lleves a cabo.

5.

¿Cómo reconecto con mi sabiduría y poder femenino?

A mi modo de ver, la sabiduría femenina se manifiesta cuando la mujer está conectada con los diferentes arquetipos que viven en ella, con su ciclicidad, con su menstruación, cuando abraza y atiende sus emociones, se reconoce en su luz y en su sombra, cuida y respeta su cuerpo físico, está conectada con su intuición, se escucha, se observa, descubre qué necesita en cada momento y se conecta con su cuerpo a través del reconocimiento de sus emociones, se siente abundante, conoce sus talentos y el propósito de su alma, entiende que los obstáculos que propone la vida son retos para seguir evolucionando y desarrollando su nivel de conciencia, disfruta tanto de la compañía como del silencio y el retiro, confía en su propio poder interno y su capacidad de encontrar las respuestas y la sanación dentro de sí misma, cicatriza las heridas de la infancia o del pasado y las agradece porque gracias a ellas está donde está y las convierte así en algo bello y mágico, se deja llevar por su vulnerabilidad, despliega las diferentes dimensiones de su ser, entiende que como es arriba es abajo y como es fuera es dentro, se responsabiliza de los sucesos que ocurren en su vida sin identificarse ni apegarse a ellos y se sabe conciencia unida al todo.

Y es que no hace tanto las mujeres habíamos perdido la conexión con nuestro útero, nuestra menstruación y nuestra ciclicidad por intentar encajar en un modelo de sociedad muy masculina que nos obligaba a ser siempre igual de productivas, estáticas y lineales. Creímos que si actuábamos así conseguiríamos la estabilidad, el orden, la claridad y la seguridad que anhelamos como seres humanos que somos. De esta forma, nos encasillamos bajo el paraguas de unas etiquetas que nos definían, pero que nos hacían renunciar a nuestra esencia cíclica, a vivir desde la fluidez y a la conexión con los diferentes arquetipos y mujeres que habitan en nosotras. Y así fue como perdimos nuestro poder femenino, la sabiduría innata que tenemos disponible, el disfrute y el placer, la intuición y el equilibrio interno que se nos da cuando abrazamos los diferentes arquetipos y fluimos entre nuestra ciclicidad.

Para poder reconectar con la sabiduría y poder femenino y vivir desde la ciclicidad y el placer que nos es natural, resulta importante, por un lado, integrar en nuestra vida espacios y momentos de autoobservación, introspección, autoindagación, escucha interna y silencio, y, por otro, descubrir y (re)conocer los arquetipos femeninos que tenemos más o menos desarrollados, sus virtudes, sus desafíos, sus habilidades y sus competencias, así como reconocer cómo habita en nosotras cada una de estas mujeres, saber cómo se expresa, cuándo lo hace y con qué finalidad.

Como hemos visto a lo largo del libro, hay muchas maneras para llegar a la reconexión con una misma, la escucha interna y el silencio. Un ejercicio muy sencillo que puedes realizar en cualquier momento consiste en respirar profundo a tu ritmo siete veces y después poner una mano en el útero y la otra en el corazón. Una vez que has hecho esto, en un diario personal escribe brevemente y de manera muy sincera cómo te sientes hoy. Después léelo para ti misma y permítete conectar con esas emociones que percibes; abrázalas, no las juzgues, obsérvalas con curiosidad y registra internamente cómo se sienten en tu cuerpo. Termina dándote las gracias por haberte ofrecido este momento de introspección y autoconocimiento tan importante.

En las siguientes páginas de este libro, encontrarás la descripción de los diferentes arquetipos y mujeres que habitan en ti, aprenderás a dejar que se expresen de manera cíclica y reactivarás el poder femenino que habías dormido.

Conoce las seis caras de la feminidad

Hay muchas clasificaciones de arquetipos: los planetarios, los femeninos, los relacionados más directamente con las fases de la menstruación, etc. Que tengamos diferentes arquetipos no significa que seamos uno u otro, sino que habitan en nosotras todos a la vez y, en función de diferentes factores, puede estar en juego uno u otro de una manera más activa. Lo importante es reconocer cada uno de ellos, dejar que se desplieguen en cada momento que necesiten salir y aprovechar esta información para elevar la conciencia que tenemos de nosotras mismas y, por tanto, conocernos mejor, para, después, usar este conocimiento como herramienta para nuestro día a día.

La feminidad tiene seis arquetipos generales, y en algún momento de tu vida sentirás que cada uno de ellos se despierta con más fuerza. Entonces, necesitarás prestarle atención para luego dejarlo integrado de manera natural en tu vida. Estos arquetipos se relacionan con etapas y edades naturales de la mujer, también con los diferentes momentos del ciclo menstrual y con arquetipos planetarios. Y es que todo en esta vida está relacionado. Cuando despiertes en ti esta capacidad simbólica y encuentres las conexiones mágicas que existen, comenzarás a percibir que la vida es un regalo extraordinario.

La princesa

Desde este arquetipo sanas la relación con tu cuerpo, tu naturaleza femenina, tu belleza y tu sexualidad, y así llegas a querer experimentar más amor, felicidad, vitalidad y alegría en todos los aspectos de tu vida.

La guerrera

Cuando despiertas este arquetipo, te sientes con la fortaleza para alzar la voz, decir tu verdad, poner límites, permanecer fiel a tus conocimientos, mantenerte alineada con lo que realmente quieres y manifestar estos deseos profundos de manera firme al resto del mundo.

La bruja

Conectar con este arquetipo te permite soltar viejos y profundos traumas, miedos y bloqueos inconscientes de esta vida, de tus ancestros y de energías colectivas que has absorbido. Nada te detiene hacia el camino de superar obstáculos que te impidan desarrollar tus talentos y potencialidades y vivir desde tu verdad más profunda.

La madre

Conectar con este arquetipo es sinónimo de sanar tu niña interior, las heridas de la madre y traumas ancestrales. Es el arquetipo con el que tenemos que conectar cuando queremos desarrollar el autocuidado femenino. Va mucho más allá de ser madre biológica de un hijo; de hecho, muchas mujeres viven el rol de madre desde otros arquetipos e incluso a veces desconectadas totalmente de este arquetipo. Cuando hablo del arquetipo de la madre y de las bases del autocuidado femenino, me refiero a automaternarnos, a saber nutrirnos, cuidarnos, acunarnos, amarnos, contenernos, darnos placer, ser compasivas con nosotras mismas, estar conectadas con la Pachamama —la madre tierra— y también mantener una relación sana y consciente con nuestro cuerpo físico, nuestra dimensión psicoemocional, no rechazar la feminidad, la vulnerabilidad, la ciclicidad y la sensibilidad, saber perdonarnos y conectar con el amor incondicional y desapegado. Esta energía maternal es universal en todas las mujeres y es la que al sentirla nos da seguridad, raíces, hogar y autoestima.

La mujer medicina

Cuando despiertas este arquetipo, te conectas con la sabiduría ancestral femenina, con los regalos que nos han dado todas las generaciones anteriores con sus rituales y conocimiento traspasado de mujer a mujer, y lo aplicas en tu día a día para ti y los demás.

La mística

Encarnas este arquetipo cuando despiertas tu parte más espiritual, consciente y divina. Eres capaz de abrirte a ello y guiar tu vida acorde con tu auténtico yo, desde tu verdadera naturaleza y la profundidad de tu ser.

Integra los tres arquetipos básicos de la mujer

De los diferentes arquetipos que hemos visto podemos hacer una clasificación que va muy bien para poder vivir el día a día de una manera más fluida y conectar con nuestra naturaleza cíclica y mutable. Por esto, ahora me centraré en explicarte los tres arquetipos principales de la mujer. Uno de ellos tiene energía hacia fuera —la guerrera ejecutiva—, el segundo la tiene hacia dentro —la sabia espiritual— y el tercero es de transición —la diva musa—. Y esto es así porque, como hemos visto, nosotras, al igual que la vida misma, somos cíclicas y danzamos al son de una música que fluye y te lleva de un lugar al otro de una manera natural.

La sabia espiritual, la diva musa y la guerrera ejecutiva son las tres energías femeninas que más influyen en nuestra toma de decisiones en el día a día. Podemos tener algunas sobredesarrolladas o sobreestimuladas, y por consiguiente otras menos cultivadas, con menos espacio para expresarse, con lo que se crea el desequilibrio. En nuestra cultura occidental nos enseñan a desarrollar más unas que otras y hemos perdido referentes de algunos de los arquetipos. Esa ha sido una de las razones más fuertes por las que la mayoría de las mujeres hayamos caído en constante confusión y frustración. Y es que cuando no estamos conectadas con la ciclicidad y el *flow* que habita en nosotras, tenemos la tendencia a encasillarnos con uno de los arquetipos o bien a quedarnos en el aspecto destructivo de alguno o varios de ellos. Cuando esto sucede no estamos fluyendo con la vida, nos bloqueamos, nos polarizamos, nos estancamos, nos volvemos rígidas en nuestro ser y hacer, y no evolucionamos ni permitimos que el cambio y la transformación lleguen, o que no lo hagan de una manera suave ni siendo conscientes de ello. Y lo más probable es que, si nos quedamos en el lado destructivo de los arquetipos o solo cultivando uno de ellos, somaticemos, enfermemos y sintamos que la vida no nos trae aquello que deseamos.

Para evitar que esto suceda y vivir una vida extraordinaria, solo tenemos que bailar en la ciclicidad, activar y aceptar el *flow* de la vida y tomar una actitud proactiva frente a ella. Esto que parece tan fácil en algunas tribus o lugares del mundo no occidentalizados, aquí y ahora, en esta sociedad tan enferma del siglo XXI, es todo un reto, porque no nos han enseñado a hacerlo. De hecho, como sociedad occidental moderna hemos cultivado muchísimo el arquetipo de la guerrera ejecutiva y hemos descuidado o desatendido por completo, en muchos casos, los otros. Esto ha traído consecuencias muy graves para la mujer: infertilidad y otros desajustes hormonales, infelicidad, depresión, estrés, problemas de salud, baja autoestima, sobreexigencia, culpabilidad, incapacidad de descansar, insomnio, cansancio y fatiga crónica, enfermedades del siglo XXI como las autoinmunes, desconexión con el cuerpo y las emociones, etc.

Sin embargo, la propuesta no es que ahora temamos al arquetipo de la guerrera ejecutiva, sino que tenemos que crear un equilibrio entre el hacer, el disfrute, el silencio y el reposo, por ejemplo. La mujer guerrera ejecutiva que habita en nosotras genera mucha adrenalina, y esto en su extremo nos enferma, porque nuestro cuerpo también necesita liberar oxcitocina y serotonina. Nos ahorraríamos muchos medicamentos antidepresivos o buscar el placer en la comida de manera compulsiva y autodestructiva. Desde el *flow* y la ciclicidad, activamos el arquetipo de la guerrera ejecutiva en el momento en que toca ser más asertivas, productivas y emprendedoras, por ejemplo. Sin embargo, en otros lo desactivamos para dar lugar al de la diva musa y así disfrutamos de momentos de placer a lo largo de la jornada. También, por supuesto, activamos en otros instantes el arquetipo de la sabia espiritual, que busca la introspección, la reconexión con dimensiones del ser más sutiles y espirituales, y encuentra la paz y la serenidad en el silencio, la contemplación, la meditación o el sosiego mientras no hace nada. O escribe en su *journal*, pasea bajo las estrellas o cualquier actividad que la conecte con ella misma de manera más profunda. Así, cada una de las mujeres arquetípicas que habita en nosotras encuentra su momento y espacio para salir y también para descansar. Esto es ciclicidad, la danza de la vida en modo *flow*.

Las mujeres nos hemos dado cuenta de que nos habíamos apartado de nuestra psicología femenina y estamos buscando las maneras de encontrar referentes, guías, maestras y compañeras de viaje que nos ayuden a volver a nuestra verdadera naturaleza y honrarla, celebrarla y disfrutarla.

La sabia espiritual

Este arquetipo representa nuestro lado más íntimo, profundo y misterioso. Conectar con él nos ayuda a alinear nuestra verdadera naturaleza y esencia con las decisiones que tomamos y los actos que llevamos a cabo. Nos permite estar conectadas con el arriba y el abajo, el fuera y el dentro. Cuando nos hemos pasado mucho tiempo sin cultivar este arquetipo y estamos muy mentales pero sentimos una llamada espiritual potente, una manera de cultivarlo es aprendiendo a leer el cielo, es decir, sumergirnos en la comprensión y el estudio de la astrología. La astrología es un lenguaje simbólico que nos permite conectar con nuestros arquetipos planetarios y los ciclos astrológicos, y darnos cuenta de que realmente todas formamos parte del mismo entramado misterioso y mágico. La astrología nos conecta con el lado sutil, espiritual y misterioso de la vida, que es propio de este arquetipo, así como también nos conduce a la autoobservación y a la autoindagación, que requiere la activación de la sabia espiritual que hay en nosotras. ¿Qué mejor manera de leer los mensajes del universo que hacerlo con la herramienta más eficaz que existe para comprender y descifrar lo que está ocurriendo fuera y arriba, en el cielo, y, por lo tanto, abajo y dentro de nosotras? Y poco a poco, gracias al conocimiento de la astrología y esta nueva manera de ver el mundo, vamos, mediante el *flow*, transitando desde la sobreestimulación del arquetipo de la guerrera ejecutiva mental hacia la sabia espiritual. Esto nos conducirá a una mayor conexión con nuestra voz interna y nuestra intuición y, por lo tanto, a saber escuchar, entender y acompañar de forma fluida, auténtica, suave y sin resistencias, nuestros verdaderos deseos y necesidades.

Cuando entras en este arquetipo desde la astrología es como hacerlo por la puerta grande, ya que enseguida te encuentras con el gran portal de luz que te pone delante la verdadera naturaleza de la vida y reconectas fácilmente con tu esencia, con la transitoriedad, con la ciclicidad y con el gran entramado que hay detrás de lo aparente. Somos cosmos. Somos vida misma. Somos un todo. Y así te desprendes del apego a las etiquetas, los roles, lo material o la identificación con tu cuerpo, tus «logros», tu profesión, etc. Sientes que todo esto son constructos de la sociedad y que en realidad tú eres la vida y la conciencia encarnada en un cuerpo físico al que le han puesto un nombre y le han dado una forma de ser para desarrollar unos propósitos. Pero que para llegar a este estado debes estar conectada con tu fuente, con la verdadera naturaleza de la que partes. Todo habita y está dentro de ti: los diferentes elementos, los arquetipos planetarios, las fases de la mujer, el ruido y el silencio, la noche y el día, la luz y la sombra, lo divino y lo terrenal, lo mundano y lo sutil, lo abundante y lo limitante... Eres todo esto y a la vez nada.

Cuando activamos y desarrollamos este arquetipo, llegamos a ser un puente que canaliza, conectamos lo material y lo espiritual, encontramos paz y calma porque sabemos que todo es perfecto tal como es, estamos a gusto con el misterio de la vida, conectamos con nuestra intuición, descubrimos que nosotras somos nuestras mejores curanderas, disfrutamos de actividades más espirituales como la meditación, sentimos más necesidad de rodearnos de otras mujeres medicina, sabias, brujas o sanadoras para formar una tribu, nos sentimos bien tanto en lo tangible como en lo intangible o lo consciente y terrenal, y también en lo inconsciente y espiritual.

Por el contrario, cuando este arquetipo está desequilibrado en exceso porque lo cultivamos dejando de lado los otros, podemos llegar a desatender el mundo terrenal y tener problemas con el dinero, no responsabilizarnos de cosas del día a día, descuidar nuestra imagen personal e incluso nuestra salud, volvernos muy hacia dentro hasta aislarnos y no cultivar las relaciones con los demás, sentirnos muy volátiles e inestables, fantasear y vivir en un mundo de ilusiones poco realistas, tener dificultad para concretar y materializar objetivos, metas y sueños fantasiosos, sentirnos inseguras a la hora de tomar decisiones, tener miedo de brillar y cultivar el arquetipo de la guerrera ejecutiva, percibirnos muy confusas en torno a lo que realmente queremos, etc.

Cuando sabes astrología, puedes ver que hay personas que en su carta natal tienen este arquetipo muy potente porque tienen mucha energía de Piscis, Neptuno o la casa 12, o unos tránsitos o un momento astrológico que traen esta energía. Son personas que pueden sentir más dificultad en no caer en un exceso de este arquetipo o encontrarse en esa etapa de la vida.

Palabras clave para reconocer la sabia espiritual: ser, no hacer, contemplación, autoobservación, autoindagación, reflexión, calma, paciencia, presencia, silencio, intuición, introspección, dentro, profundidad, certeza, intención, conexión, voz interior, esencia, sabiduría, soltar, misterio y chamana.

Ejemplo de cómo reaccionaría este arquetipo frente a la situación en la que alguien le pregunta si va a hacer ese proyecto del que le había hablado: «Sí, pero me he dejado sentir, he conectado con lo que quiere mi alma ahora y he podido observar que es mejor hacerlo desde un lugar más calmado para poder desarrollar el proyecto con presencia plena».

En el siguiente capítulo encontrarás una propuesta de ritual para conectar con este arquetipo, pero además puedes convocarlo y ponerte su «disfraz» con recursos y actitudes como:

> Antes de acostarte, respira profundo 10 veces. Observa qué sucede en tu mente sin engancharte a ningún pensamiento, abrázalo y déjalo ir. Mantente en un lugar de observadora sin enredarte o apegarte a ninguno de los pensamientos.

> Al levantarte, agradece la oportunidad de tener un nuevo día para experimentar la magia de la vida.

> Encuentra un momento del día para practicar yoga, tai chi, chi qung, estira el cuerpo, baila o muévete de manera suave, dulce y flexible.

> Camina descalza por la naturaleza, sin distracciones, sintiendo la presencia y conexión con la tierra.

> Pasa tiempo a solas, en silencio y respirando profundo.

> Comunícate con el universo, mantén una conexión con lo sutil y la energía que lo emana todo, y siente la presencia de algo más grande y superior a ti que te sostiene, ya sea cantando mantras, rezando, meditando, aprendiendo astrología o leyendo sobre filosofía advaita.

> Experimenta con diferentes tipos de meditaciones.

> Participa en alguna experiencia espiritual grupal, como por ejemplo temazcales, círculos de mujeres, baños de sonido con cuencos tibetanos, cantos de mantras, sesiones de baile, ceremonias como la del té o la del cacao.

> Ábrete a que llegue a ti el conocimiento y el poder energético y sanador de los cristales, las piedras y los aceites esenciales.

> Expresa el arquetipo a través de tu ropa y complementos para sentir cerca su energía, ya sea llevar un mala contigo, vestir con ropa holgada orgánica de color blanco y con tejidos naturales, o descalzarte siempre que puedas, por ejemplo.

> Consume alimentos que tengan una energía tranquila y no tomes excitantes.

> Bebe infusiones de lavanda, valeriana, manzanilla y melisa.

> Usa aceites esenciales y aromas como la salvia, el palo santo, la lavanda, el geranio, el sándalo y la madera de cedro.

La diva musa

Cuando la mujer encarna este arquetipo, se vive a sí misma desde la sensualidad, la libertad y la naturalidad. Con su magnetismo encanta y enamora a los demás y su presencia ilumina allá por donde pasa. Se siente a gusto con su cuerpo, tiene una relación sana con él y con la comida, se sabe dar placer en todos los sentidos, disfruta de la vida, se conecta con sus emociones y da importancia a todo lo bello. Se valora a sí misma, sabe que se merece lo mejor y disfruta de celebrarse a ella y a la vida en general. Su energía es expansiva, abundante, pletórica y desprende todo el amor que siente sin esconderse y sin miedo a ser herida. Fluye con la vida, se adapta a ella y es flexible frente a las situaciones. Es oxitocina en estado puro.

Ser capaz de conectar con este arquetipo es hacerlo con la energía de transición que permite ir entre los otros dos, la guerrera ejecutiva (energía de ir hacia fuera) y la sabia espiritual (energía de ir hacia dentro), de una manera fluida. Y desde este lugar la diva musa te invita a fluir, disfrutar, sentir, celebrar, darte placer, tratarte como una diosa y una diva, relajarte y sentir tu cuerpo. Como estás en un estado *flow* muy dulce, sobrellevas mejor los asuntos difíciles, te apetece más servir y atender a los demás, tienes paciencia y no te enredas en la mente.

Por el contrario, cuando este arquetipo está en desequilibrio puedes caer en el extremo de valorar demasiado la belleza exterior, ya sea obsesionándote con tu cuerpo, fijándote solo en la vestimenta o poniendo todo el foco en que tu casa y los espacios que te rodean estén bien decorados. Entonces puede ocurrir que estés demasiado pendiente de cómo te ven los demás, comprar en exceso o cosas que en realidad no necesitas, abusar de retoques o cirugías estéticas, llevar dietas para encajar en un modelo de mujer, sobreexponer demasiado tu vida íntima y privada en las redes sociales, descuidar tus compromisos y responsabilidades, entregar tu vulnerabilidad a otros, atraer a personas que traen su sombra a la relación, no poner límites e incluso decir sí a todo para caer bien o ser amada o aceptada o porque el plan parecía divertidísimo y al final pierdes tu centro y tu foco. Por otro lado, como es un arquetipo que fluye y se funde con el otro, corre el riesgo de perderse en el otro, sobre todo en la relación de pareja, ya sea por celos, inseguridad o comparación, rivalidad y envidia con otras mujeres. Aparece la creencia de que no es posible brillar al lado de otras mujeres y baja la autoestima, sube la obsesión por mejorar y se puede caer en trastornos de alimentación, hambre emocional, búsqueda de perfección y fijación en dietas, estándares de belleza y estereotipos.

En astrología relacionamos este arquetipo con los planetas Venus y Júpiter.

Palabras clave para reconocer la diva musa: cuerpo, seducción, atracción, disfrute, celebración, placer, espontaneidad, juego, libertad, naturalidad, abundancia, fluidez, magnetismo, intimidad, belleza, dulzura, redondez, valor, liviandad, sensibilidad, transición y proceso.

Ejemplo de cómo reaccionaría este arquetipo frente a la situación en la que alguien le pregunta si va a hacer ese proyecto del que le había hablado: «Sí, me apetece muchísimo. Me hace mucha ilusión y sé que lo voy a disfrutar al máximo. Ahora bien, he estado reflexionando sobre algunos temas y me he dado cuenta de que se necesitan más meses para desarrollarlo de lo que había creído al principio, así que me lo voy a tomar con calma y voy a delegar ciertos asuntos, porque así lo voy a disfrutar aún más».

En el siguiente capítulo encontrarás una propuesta de ritual para conectar con este arquetipo, pero además puedes convocarlo y ponerte su «disfraz» con recursos y actitudes como:

> Haz un listado de aquellas cosas que recuerdes que te gustaba hacer cuando eras pequeña y no sentías el peso de las obligaciones. Cada semana realiza al menos una de esas actividades. Quizá sea saltar en una cama elástica o a la comba, trepar por los árboles, jugar con tu perro o gato, pintar, cantar, dibujar, construir legos...

> Explora con lo sensorial, el tacto y los olores. Por ejemplo, aplícate una crema corporal ecológica a base de aceites esenciales y masajea bien el cuerpo, con presencia y la intención de darte amor, cariño, placer y mimo.

> Presta atención a los pequeños detalles y rincones de tu hogar. ¿Pondrías unas plantas o flores en algún lugar? ¿Hay algún espacio que tengas desatendido y al que le puedas dar más atención y embellecerlo?

> Cuando te encuentres una flor, una planta, un animal o un cielo con tonos preciosos, detente a observarlo.

> Come con presencia plena, sintiendo la textura y el sabor de cada bocado. Cuida la presentación del plato, agradece la suerte que tienes de poder alimentarte de manera saludable, presta atención al aroma de la comida...

> Despierta tu cuerpo en general y las caderas en particular haciendo movimientos circulares. Te será fácil con música tribal, por ejemplo. Te ayudará a desbloquear los chakras del placer, la sexualidad, la creatividad y las raíces.

> Automasajea y estira tu cuerpo a lo largo del día.

> Antes de acostarte, nutre los pies con una crema hidratante o algún aceite y masájealos con cariño dándoles las gracias por haberte sostenido a lo largo del día.

> Regálate momentos para deleitarte e inspirarte a través de la belleza de los objetos, la naturaleza o aquello que para ti sea artístico.

> Baja las revoluciones y haz las tareas de un modo más lento de lo habitual.

> Usa ropa suave, delicada, ajustada y bonita que te haga sentir conectada con el placer. En cuanto a los complementos juega con collares, pulseras y aros que despierten tu lado más sensual.

> Consume alimentos que te despierten los sentidos y te conecten con el placer, como el cacao o la fruta, por ejemplo.

> Bebe infusiones de frutos del bosque, de pétalos de rosas, de hierbas y plantas aromáticas.

> Usa aceites esenciales y aromas como el pachulí, el ylang ylang, la vainilla, el jazmín, la canela, la rosa y el neroli.

La guerrera ejecutiva

Cuando la mujer despierta este arquetipo, ama los desafíos, se propone retos, termina lo que empieza, se focaliza en lo que quiere y se asegura de conseguirlo, mira hacia delante, es activa, valiente, decidida, tiene las ideas claras y es productiva.

Sin embargo, cuando lo hace en su extremo, corre el riesgo de vivir desde la adrenalina constante con altos niveles de cortisol, estresada, sin momentos para parar y dejar de hacer, llegar a emprender tantas actividades y acciones que no las puede cumplir ni terminar y esto la hace sentirse frustrada, insatisfecha y fracasada. Al final pierde el foco y se olvida de la finalidad de sus acciones, se desconecta del «para qué» y el propósito profundo de sus objetivos, cae en la autoexigencia máxima consigo y hacia los demás, se ve a sí misma desde la autocrítica destructiva, se vuelve hipercrítica, irritable e incluso agresiva, se muestra impaciente y enfadada. Se desconecta de sus emociones y de su cuerpo, y llega incluso a descuidar sus necesidades básicas como comer o ir al baño. Se vuelve como una autómata hecha para ejecutar acciones en búsqueda de resultados productivos y eficientes. Descuida las relaciones con los demás porque siempre hay algo más urgente que hacer respecto al trabajo, se convence a sí misma de que todo está bien porque no se permite parar a sentir qué está pasando, y puede llegar a sufrir ansiedad. Se vuelve solitaria, se aísla porque no encuentra momentos para socializar, sin darse cuenta caerá en la tristeza, la pena y la angustia. Y será vista por los demás como una persona fría, distante, a la defensiva y de difícil trato por su irritabilidad y mal humor constantes.

Cuando una mujer cae en el extremo de este arquetipo, es porque detrás se esconde el miedo a la vulnerabilidad, a ser herida, a sentir, a dar y recibir amor, y a sufrir. La sociedad actual ha contribuido a desarrollar este arquetipo porque desde pequeñas se nos enseña a ser independientes, a no necesitar una pareja, a mirar por nosotras mismas porque nadie nos va a sostener, a ser eficientes y eficaces para triunfar en la vida y ser autónomas económicamente, a no fracasar y a competir por una vida mejor porque hay la creencia de que no hay espacio para que todas triunfemos y seamos «exitosas». Llegamos a creer que no debemos pedir ayuda porque si lo hacemos nos estamos mostrando vulnerables y nos pueden herir, nos sobrecargamos de responsabilidades, nos exigimos más de lo que podemos dar, ocupamos el día con un sinfín de tareas y creamos unas expectativas de lo que tenemos que hacer y ser demasiado elevadas.

En su extremo máximo este arquetipo enferma, a menudo a nivel del sistema reproductor (infertilidad, ovarios poliquísticos, endometriosis), también a nivel digestivo e intestinal (candidiasis, sobrecrecimiento bacteriano, histaminosis), cae en depresión, ansiedad y ataques de pánico, insomnio, dolor y fatiga crónica o fibromialgia, dolores de cabeza, migrañas y cefaleas, problemas autoinmunes y, en general, muchas de las enfermedades del siglo XXI.

Para salir de este extremo hay que hacerlo cultivando los otros dos arquetipos. Dejar de hacer y cargarse de responsabilidades creyendo que es un deber y una obligación y empezar a decir que no, priorizar aquello que realmente va a favor de tu bienestar, encontrar momentos para parar y no hacer nada «productivo». Al volver a disfrutar de este arquetipo de una manera saludable, la mujer se siente eficiente y a la vez conectada consigo misma y con su bienestar.

En astrología relacionamos este arquetipo con Marte y con Saturno.

Palabras clave para reconocer la guerrera ejecutiva: productividad, utilidad, foco, planificación, organización, orden, estrategia, eficacia, razón, mentalidad, visión, decisión, concentración, solución, resultados, acción, hacer, actividad, constancia, eficiencia, perseverancia, ambición, límites, praxis, justicia, esfuerzo, disciplina, autonomía e independencia.

Ejemplo de cómo reaccionaría este arquetipo frente a la situación en la que alguien le pregunta si va a hacer ese proyecto del que le había hablado: «Sí, lo quiero hacer, sé que puedo tener éxito con ello y ya tengo planificado cómo lo llevaré a cabo. He estado haciendo un *business plan,* he visto que realmente va a ser un proyecto rentable y he contactado con posibles inversores para poder iniciarlo lo antes posible, pero con total seguridad de que saldrá bien. Lo tengo todo bien organizado, los resultados serán los esperados porque he contemplado diferentes escenarios en el *business plan* y sé que con mi esfuerzo y el del equipo lo vamos a conseguir. La experiencia con anteriores proyectos me dice que con estrategia, planificación, organización y los recursos necesarios, junto con la disciplina de todo el equipo, tenemos el éxito asegurado».

En el siguiente capítulo encontrarás una propuesta de ritual para conectar con este arquetipo, pero además puedes convocarlo y ponerte su «disfraz» con recursos y actitudes como:

> Dedica un día de la semana para hacer una autovaloración de tu vida, tus retos, tus objetivos, tus propósitos, las actividades que realizarás para acercarte a ellos, qué tienes que seguir haciendo y qué no para lograrlo, anotar ideas que se te ocurran para optimizar mejor tu tiempo y tus recursos.

> Cada día por la noche planifica, organiza y revisa lo que tienes que hacer el siguiente día: reuniones, actividades y tareas.

> Ordena y limpia tu espacio de trabajo poniendo la intención de que sea un reflejo de tu mundo interior para que te dé más claridad mental.

> Practica algún deporte de alta intensidad, como correr o kick boxing o aprende defensa personal.

> Recárgate de energía cada día con algún ritual que te conecte a la vida, la vitalidad y la adrenalina, ya sea bailar, saltar, gritar, correr, andar rápido, ir en bicicleta, escalar...

> Haz respiraciones de fuego: Levanta los brazos hacia el cielo en forma de V con las manos en puño y solo el dedo pulgar levantado, y respira rápido inhalando y exhalando por la nariz acompañando de la movilización rápida de la zona del tórax. Estas

respiraciones no se pueden realizar en caso de embarazo o durante la menstruación.

> Usa ropa y complementos de tendencia más masculina, como los pantalones, cinturones, americanas, camisas de corte recto y ejecutivo, ropa deportiva o zapatillas, y también calzado que te dé la sensación de que pisas fuerte, como tacones o botas.
> Consume alimentos excitantes o picantes, como el cacao, la espirulina, la pimienta, el jengibre, la maca y los cítricos.
> Bebe *shots* energéticos de jengibre, té matcha, té mu y kombucha.
> Usa aceites esenciales y aromas como bergamota, ginseng, limón, pimienta negra, incienso, geranio, jengibre, clavo de olor y cardamomo.

Reconoce y abraza tu ciclicidad

Muchas mujeres se pasan años de su vida desconectadas de su ciclicidad para intentar encajar mejor en el molde de la sociedad y el arquetipo de la guerrera ejecutiva, que siempre ha de estar dispuesta a hacer, a trabajar, a producir, a conseguir logros y metas y a no prestar atención a sus necesidades básicas en pro de perseguir el éxito en su vida. Como mujeres creemos que si hacemos esto encontraremos estabilidad y seguridad económica, emocional y mental. En un mundo en el que se nos ha inculcado que debemos tener cosas materiales y dinero para sobrevivir, terminamos obedeciendo estas reglas del juego a costa de nuestra salud, ciclicidad, placer y autocuidado.

La guerrera ejecutiva se apodera de nosotras y rechazamos a las otras mujeres y, por ende, sus cualidades y la posibilidad de fluir entre ellas. Esto nos «mata» por dentro porque nos agota, nos angustia y nos enferma. El cuerpo mismo empieza a enviar señales de que algo va mal con síntomas, enfermedades, cansancio, estrés y dolor. Hay que evitar llegar a aquí o, al menos, si te das cuenta de que estás en este punto, lo mejor que puedes hacer es parar y observar, indagar, cuestionar y valorar qué estás haciendo con tu vida, hacia dónde vas y qué cambios necesitas realizar para retomar las riendas.

Esta no es la vida para la que tu ser multidimensional está diseñado. No puedes tener paz mental, estar sana y experimentar felicidad renunciando a tu ciclicidad y a las diferentes mujeres que habitan en ti. Vivir solo bajo el paraguas de la guerrera ejecutiva no es sostenible y por eso mismo no lo podrás hacer siempre y la vida, a través de la enfermedad, la depresión o algún acontecimiento te va a parar. Estar siempre ocupada, estresada, haciendo algo, siendo productiva, eficaz, efectiva y exitosa no es lo natural; es forzado y, como tal, enfermizo. Así que la propuesta es salir de este círculo vicioso e integrar las diferentes mujeres y arquetipos que habitan en ti, expresar sus distintas energías, activarlas en los momentos más propicios y recuperar así tu auténtico poder y sabiduría femenina. Es un desaprender para reaprender una nueva manera de estar en el mundo realmente acorde con tu naturaleza cíclica.

Durante el proceso de autoobservación y redefinición de tu vida, el consejo es integrar los otros dos arquetipos básicos, de manera que puedas ir alternando, de una manera fluida, el trabajo con el placer, el disfrute, el relax, los momentos de silencio y tu desarrollo espiritual. Puedes poner en marcha la activación de las diferentes mujeres que habitan en ti diariamente y así danzar entre ellas de manera acorde con las diferentes necesidades que tienes a lo largo de la jornada. Cada mujer tiene su propia ciclicidad y debe encontrar la fluidez que mejor se adapta a ella en cada momento, activando una energía femenina u otra de modo intuitivo según lo sienta. Por ejemplo, hay mujeres que prefieren activar la musa diva al final del día, cuando han terminado la jornada laboral, otras por la mañana porque lo comparten con la pareja y es el momento que están juntas, etc. No hay reglas ni normas que seguir. Precisamente se trata de sentir, de fluir, de conectar y de mirarte a ti única y exclusivamente. La mujer que hace esto es, para mí, la que se empodera de manera auténtica, real y saludable porque se escucha solo a sí misma, respeta su verdadera esencia femenina y sabe danzar con la vida sin hacerse daño y disfrutándola, celebrándola y adaptándose en cada momento.

Y te puedo asegurar que la mujer que abraza su ciclicidad y vive acorde con ella es la que tiene el verdadero poder femenino, porque si observamos nuestro ciclo menstrual, tan ligado además al ciclo lunar, podemos ver que es, como su nombre indica, cíclico. De hecho, en la naturaleza no hay nada que no tenga su polo opuesto: el yin y el yang, el día y la noche, la luz y la oscuridad, el invierno y el verano, el fuera y el dentro, el arriba y el abajo, lo activo y lo pasivo, la vida y la muerte, etc. También en la astrología vemos que cada signo y cada casa tienen su opuesto: Aries/Libra, Tauro/Escorpio, Géminis/Sagitario, Cáncer/Capricornio, Leo/Acuario, Virgo/Piscis y casa 1/casa 7, casa 2/casa 8, casa 3/casa 9, casa 4/casa 10, casa 5/casa 11, casa 6/casa 12.

Todas formamos parte de un gran *flow* porque es la verdadera naturaleza de la vida. Lo podemos observar en las diferentes fases de la luna, las distintas horas del día en las que simbólicamente nuestro reloj biológico y nuestro organismo llevan a cabo funciones diferentes, el zodíaco o las estaciones del año, que nos sirven para darnos cuenta de que para ir al invierno hay que pasar primero por el otoño, y que tampoco llegaría esta época del año sin estar primero en el verano... Somos en esencia naturaleza, así que para funcionar correctamente deberíamos aceptar que lo natural es seguir los ciclos, aceptar los polos opuestos, no negar ninguna parte de nosotras aunque creamos que no es aceptada o valorada por la sociedad y tampoco intentar saltarnos etapas, arquetipos, energías o manifestaciones de nuestra multidimensionalidad por querer encajar, llegar más rápido a algún lugar o ser amadas.

Y, además, todo tiene correlación; la vida es un maravilloso entramado mágico y misterioso que cuando lo observas con una mirada simbólica y profunda te da muchísima información de lo que realmente eres y cómo vivir acorde con ello. Por ejemplo, como veremos, el ciclo menstrual tiene relación con las diferentes fases de la luna, con las distintas fases del día, con las diferentes estaciones y con diferentes arquetipos femeninos. Es increíble, ¿no?

Abrazar tu ciclicidad es entregarte a la confianza en la vida, a vivir de manera consciente, a estar presente, a soltar cuando es el momento de transitar hacia otro lugar, a encontrar el equilibrio, a danzar entre opuestos y arquetipos, a ser flexible contigo, con los acontecimientos y las personas y, en definitiva, a ser verdaderamente una mujer sabia conectada con el cielo y con la Tierra.

Quizá ahora te parezca muy lejano vivir de esta manera, conectada con tu ciclicidad y la naturaleza de tu ser femenino, pero recuerda que lo único que debes hacer en realidad es activar esto que ya está en ti, porque como mujer está integrado en ti. Que tengas olvidada, desconectada o no reconocida esta capacidad no significa que no la poseas, sino simplemente que no está activada. Así que la propuesta es reconectar con esta ciclicidad y permitirte vivirla. En cuanto lo hagas, te darás cuenta de que te habías desconectado de un poder increíble, tomarás conciencia de ello, te sorprenderás gratamente y aprenderás a manejarlo a tu favor.

Sé que tienes este poder dentro de ti porque simplemente por el hecho de ser mujer naciste con un útero y un sistema hormonal. Recuerda siempre que como es dentro es fuera, como es arriba es abajo, así que tu útero no es solo una parte de tu cuerpo, sino un fractal que indica que lo que ocurre en su interior se manifiesta también en tu vida. En el útero hay vida y muerte, energía hacia fuera (fase folicular, ovulación) y hacia dentro (fase lútea, menstruación), es capaz de crear (óvulo fecundado) y también de destruir (sangre menstrual cuando el óvulo no es fecundado), se activa y se restaura, etc. Hay ciclicidad en el útero, en ti, en la Tierra, en el cielo, en la vida. Entonces, una manera que tienes a tu alcance para ir reconectando con tu naturaleza cíclica es a través de la observación de tu ciclo menstrual. Incluso si ahora por algún motivo no tienes útero o no menstrúas, puedes reconectar con ello, ya que la energía sigue estando en tu cuerpo y en tu psique.

Nuestro cuerpo experimenta cambios en un período de 28-29 días aproximadamente (pueden ser más o menos dependiendo de la mujer o de cada ciclo), lo que conocemos como «ciclo menstrual», en donde se prepara para fecundar y procurar la descendencia y continuación de la especie. Normalmente empezamos contando los días de nuestro ciclo desde el primer día en el que manchamos sangre.

Podemos dividir nuestro ciclo en cuatro fases o grupos de días, con características bien distintas.

FASE MENSTRUAL

DESCRIPCIÓN

Fase hemorrágica.

Aparece el sangrado menstrual.

Forma parte de la fase lútea iniciada en la fase premenstrual.

Simbólicamente representa la muerte, la no vida uterina, el soltar toda expectativa de fecundación. Es un momento del ciclo en donde la sangre invita a aceptar e ir profundamente hacia dentro, entregarte a esa sabiduría, misterio y caos femenino. Es un ingrediente esencial para restaurarte totalmente, volver al punto inicial reconectada y poderosa.

DÍA DEL CICLO

1-7

Semana 1

ARQUETIPOS

Bruja, anciana, sabia, mujer introspectiva.

ESTACIÓN

Invierno

FASE DE LA LUNA

Luna nueva

ELEMENTO

Agua

CARACTERÍSTICAS

Cierre, retraimiento, hacia dentro, introspección.

Cansancio/baja energía.

Conexión con tu esencia íntima, espiritualidad y sabiduría.

Más intuición.

Todo va más lento.

Limpiar, depurar, purgar, soltar / dejar ir creencias, hábitos e identidades.

Autocuidados y amor propio.

Meditar.

Quietud y pasividad.

Recoger la energía.

Más compasiva y con capacidad de perdonar.

Menos exigencia y más aceptación.

Ganas de tranquilidad.

Sensibilidad.

Profunda transformación.

Contacto con el inconsciente.

SOMBRA

Más cansancio y apatía.

Introversión.

Irritabilidad.

Pasotismo y dejadez.

Autoabandono.

Actitud derrotista.

Falta de energía mental y física.

Poca motivación.

Menos apetito.

Sentimiento de culpabilidad por estar menos productiva.

Ansiedad al exigirte llegar a todo y no poder ni querer a la vez.

CONSEJOS

Retírate a tu cueva a descubrir tus verdaderos sentimientos y pensamientos acerca de ti y las circunstancias que te rodean. Estás en una semana capaz de tomar conciencia de ellos y de conectar con los anhelos más profundos que albergan en ti. Medita para que esta conexión sea más espiritual.

Después escríbelos para recordarlos y no desviarte de tu verdadera naturaleza cuando planifiques desde tu fase expansiva.

En general, buen momento para:

Soltar y dejar ir las cargas del mes anterior.

Darte espacio para ti misma.

Contactar con tu voz interna.

Comprometerte con lo que realmente quieres.

Entender lo que está sucediendo en tu vida, pero sin la mente.

RITUALES

Haz una lista de personas, cosas, relaciones, sucesos... que necesites soltar. Una vez que lo tengas todo escrito en un papel, quémalo o entiérralo.

FASE PREOVULATORIA

DESCRIPCIÓN

Entre la menstruación y la ovulación.

Fase folicular o proliferativa.

Altas concentraciones de estrógenos estimuladas por los ovarios para el desarrollo del ovocito. La hipófisis secreta la hormona foliculoestimulante (FSH) para que el ovocito madure. Los estrógenos crecen y estimulan el endometrio para que se engrose.

Todo nuestro organismo se focaliza en crear el nido para gestar vida. Así que corporal y psíquicamente estaremos en modo máxima energía, muy activas, con ganas y a tope.

DÍA DEL CICLO

8-14

Semana 2

ARQUETIPOS

Fase de la doncella, virgen, guerrera, mujer enérgica.

ESTACIÓN

Primavera

FASE DE LA LUNA

Luna creciente

ELEMENTO

Madera

CARACTERÍSTICAS

Mujer joven, fresca, renovada, fuerte y llena de energía.

Empoderada, segura, capaz de todo y positiva.

Extrovertida y jovial.

Ambiciosa, concentrada con capacidad de planificación, con ganas de iniciar y emprender nuevos retos y proyectos con fuerza e ilusión.

Más sociable y con ganas de reunirte con seres queridos y amigos.

Sexualidad fresca.

Asumes desafíos.

Renovación, dinamismo, apertura, enfoque, positividad, autenticidad, energía, concentración, actividad, abundancia.

SOMBRA

Impaciencia.

Exigencia.

Soberbia.

No tener en cuenta a los demás.

Frustración y enfado si no se cumplen tus objetivos.

Incapacidad de conectar con tus límites.

Sobrecarga de actividades.

Ensimismamiento que te puede llevar al aislamiento.

CONSEJOS

Aprovecha la energía de esta fase en la que te sientes con más confianza en ti misma y empoderada para iniciar proyectos y actividades que requieran el máximo entusiasmo, ilusión, atención y concentración.

En general, es un buen momento para:

Dejar atrás adicciones: tabaco, alimentos, sustancias...

Atreverte a asumir riesgos.

Solucionar temas estresantes.

Planificar los proyectos.

Coger mucha motivación.

Identificar qué necesitas y qué harás al respecto.

RITUALES

Haz una lista de las cosas que quieres conseguir en un mes y crea un plan de acción realista de lo que tienes que hacer a diario, semanalmente y mensualmente para lograrlo. Que las actividades y acciones sean factibles de llevar a cabo y si alguna implica pedir ayuda, hazlo.

FASE OVULATORIA

DESCRIPCIÓN

Ovulación; la liberación del óvulo.

Fase ovulatoria que forma parte de la fase folicular, pero en este momento aparece un pico de la hormona luteinizante (LH), que provoca el fenómeno de la ovulación.

Ya lista para ser fecundada, psíquicamente te sientes más segura de ti misma, más bella, atractiva, diosa, poderosa, diva, conectada y mostrando lo mejor de ti.

Al igual que los animales (las hembras), tu energía es hacia fuera para lograr ser fecundada.

No solo eres fértil para gestar hijos, también sueños, proyectos, visiones y cambios.

El cuerpo pone todo de su parte (hormonas, psique...) para ir hacia fuera y hacia dentro.

Si el óvulo no se fecunda, entras en la tercera fase.

DÍA DEL CICLO

15-21

Semana 3

ARQUETIPOS

Fase de la Madre, la Tierra, la mujer social.

ESTACIÓN

Verano

FASE DE LA LUNA

Luna llena

ELEMENTO

Fuego

CARACTERÍSTICAS

Estás fructífera, fértil, acogedora, extrovertida, expresiva, expansiva, sustentadora y receptiva.

Protección y entrega incondicional.

Habilidades sociales, momento para apoyar a mujeres, compartir, comunicar, ser productiva, mantener relaciones y trabajar en equipo.

Tienes más empatía y estás menos centrada en el «yo».

Capacidad de escucha elevada.

Fase de entregar al otro.

Tu sexualidad es más profunda y conectada con el corazón. Y puedes tener un fuerte deseo sexual con una conexión más emocional.

Creatividad, expresividad, construcción, amor, plenitud, éxtasis, comunidad, ser, dar, fertilidad.

SOMBRA

Demasiada energía y atención puesta en los demás sin un autocuidado previo.

Querer complacer demasiado al otro.

Rol de salvadora.

Sobreprotección.

No atender tus propias necesidades.

Creer que solo te van a amar si siempre estás en esta fase.

CONSEJOS

Aprovecha que en esta fase te sientes fuerte para quedar con personas a quienes amas o aprecias y te han manifestado claramente que necesitan tu apoyo, escucha, amor incondicional y cuidados.

Dedícate también a resolver conflictos pendientes, a conectar con personas nuevas o que ya conozcas, a trabajar en equipo y a comunicar, negociar y vender tus productos, servicios o algo que quieras conseguir.

En general, es un buen momento para:

Ser asertiva y pedir aquello que hace tiempo que sientes que mereces, ya sea pedir un aumento de sueldo, poner límites...

Incrementar la autoestima, el autovalor y la autoimagen.

Atraer la atención de otras personas: tener una primera cita, dar un *speech*, pedir cosas...

Motivar y ayudar a otros.

Entender el punto de vista del otro.

RITUALES

Por la mañana mírate al espejo y dedícate palabras bonitas acerca de tu belleza interna y externa. Después anótalas en una libreta y lee lo que has escrito por la noche, desde tu cama, antes de acostarte.

Celebra que cada día te amas más a ti misma con una cena romántica con tu pareja o con una amiga especial, o simplemente cena tú sola en casa con unas velas o dedícate una noche de autocuidado personal íntimo.

FASE PREMENSTRUAL

DESCRIPCIÓN

Entre la ovulación y la menstruación.

Fase posovulatoria.

Concentraciones altas de progesterona que preparan el organismo de la mujer para una posible implantación y posterior embarazo, engrosando el endometrio y desarrollando estructuras glandulares y vasos sanguíneos que aportan nutrientes para el mantenimiento del embrión.

Fase lútea, donde el cuerpo focaliza su energía en limpiar lo que no fue fecundado. De esta manera, en el próximo ciclo o mes puedes comenzar un nuevo ciclo fértil; una y otra vez, en constante ciclicidad.

En esta fase las energías tienden a ir hacia dentro; algo no fue fecundado y simbólicamente es tiempo de restauración y reconexión contigo misma.

DÍA DEL CICLO

22-28

Semana 4

ARQUETIPOS

Fase de la hechicera, chamana, curandera y mujer creativa.

ESTACIÓN

Otoño

FASE DE LA LUNA

Luna menguante

ELEMENTO

Metal

CARACTERÍSTICAS

Introvertida y reflexiva.

Necesitas estar a solas.

La energía disminuye y te cierras.

Te pide expresar tu creatividad a través del baile, el canto o la pintura.

Sientes energías de destrucción, que puedes canalizar eliminando aquello que no necesitas y liberándote de viejas ataduras.

Tienes claridad para ver lo que ya no sirve.

Sientes más conexión espiritual.

Buen momento para meditar más, observar y soltar.

Tienes más actividad onírica.

Sientes menos deseo sexual.

Tienes menos concentración, coordinación y actividad.

Notas las hormonas revolucionadas.

SOMBRA

Inestable emocionalmente.

Agresiva.

Sensación de vulnerabilidad.

Apática o más cansada.

De mal humor, irritable y triste.

Impotente por no poder canalizar las ideas creativas.

Criticas y enjuicias.

Te frustras al no alcanzar los objetivos.

Impulsiva porque te has dado cuenta de lo que ya no funciona y lo quieres cambiar de inmediato.

Te crees demasiado los pensamientos negativos.

Te cuesta relativizar las emociones negativas.

Poco tolerante al caos y al desorden.

Antojos alimentarios.

Hinchazón.

CONSEJOS

Aprovecha esta semana para bajar las revoluciones sin sentirte culpable y, si puedes, dedica más horas al descanso y a reflexionar sobre qué quieres para ti en tu vida y qué deseas ir soltando sin prisas.

Es normal y necesario que hagas esto mensualmente.

Sigue una práctica espiritual que te ayude a conectar con tu verdadera naturaleza y tu intuición, como puede ser pintar mandalas, después cantar mantras y terminar con una meditación.

Haz limpieza de tu vida; puedes empezar por limpiar y reorganizar tu hogar.

En general es un buen momento para:

Tomar una decisión importante desde la intuición y menos impulsividad.

Hacerte cargo de lo que no quieres en tu vida.

Reconocer tus dificultades y arreglarlas.

Inspirarte creativamente.

Hacer limpiezas.

Organizar.

Focalizarte.

Evaluar.

RITUALES

1. Haz una caminata por la naturaleza o sumérgete en un baño de bosque o similar.

2. Revisa cómo ha sido tu mes hasta ahora y cuestiónate: ¿qué desafíos has tenido? ¿Qué logros ha habido? ¿Qué agradeces?

3. Limpia alguna estancia de tu casa u oficina poniendo la intención de renovarte.

Conecta con las diferentes fases de la luna

Como has podido ver, cada período del ciclo menstrual está asociado a una etapa de la luna. Y es que el ciclo lunar se divide en cuatro períodos básicos: empieza la luna nueva, le sigue el cuarto creciente, después la luna llena, seguidamente el cuarto menguante y después vuelve de nuevo la luna nueva. Por lo tanto, su estructura es cíclica y se repite sin parar, al igual que la naturaleza y tú.

Ahora bien, a pesar de que tanto el ciclo menstrual como el lunar y el de la naturaleza se dividen en cuatro fases, el límite entre estas no es rígido; en realidad, cada una de ellas se funde de forma natural con la siguiente gracias al flujo de energías que nos caracteriza. Esto es *flow*.

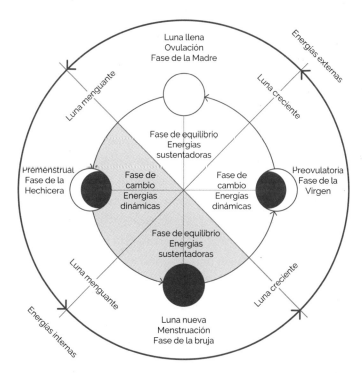

A modo de visión general, las fases creciente y menguante son momentos de cambio y equivalen a las etapas de la virgen y la hechicera, y a las fases preovulatoria (folicular) y premenstrual (lútea); mientras que la luna llena y la luna nueva son períodos de equilibrio, al igual que las fases de la madre y la bruja u ovulación y menstruación. En este sentido, la fase de la virgen es un ascenso hacia la claridad del aspecto exterior de la naturaleza femenina, mientras que la de la hechicera es un descenso hacia la oscuridad de su aspecto interior.

3 maneras de utilizar los ciclos menstruales y de la luna para aumentar tu bienestar

> Ajusta tu ritmo de vida en función de la fase en la que te encuentras. Por ejemplo, durante la semana de la ovulación, aprovecha para agendar las reuniones de trabajo y enfocarte en temas que tengan relación con tus proyectos profesionales.

> Agenda actividades de autocuidado diferentes por semanas. Por ejemplo, en la fase de la menstruación dedica más tiempo a meditar; en la preovulatoria puedes hacer planes para comer con amigas y darte caprichos saludables que satisfagan tu placer a la vez que disfrutas de estar con tus amistades; en la de ovulación acude a eventos de *networking* o de nuevos contactos que aporten algo a tu estilo de vida; y en la premenstrual aprovecha para expresar tu creatividad junto con una práctica espiritual a través del canto de mantras.

> Úsalo para el autoconocimiento y el desarrollo personal con alguna de las dos herramientas que te entrego a continuación: diario lunar o diagrama lunar.

Por su parte, la fase de la madre nivela la expresión externa de la energía con la expresión interna del amor, y la de la bruja equilibra la calma del mundo interior con la gestación de un nuevo ciclo.

Cuando la menstruación coincide con la luna nueva, se conoce como «luna blanca». Se dice que es un ciclo más tranquilo y en el que nuestras emociones no son tan intensas; es momento de descansar y agradecer lo aprendido. En cambio, la luna roja es cuando menstruamos en luna llena y es un ciclo donde nos centramos más en el desarrollo interior, se considera más poderoso, menos controlable y que ayuda a nuestro proceso de evolución.

Hay que decir también que muchas veces no tenemos el ciclo menstrual en sincronía con las fases de la luna, o bien hay personas que por algún motivo no menstrúan. En ambos casos es interesante fijarse también en las fases de la luna para poder profundizar e indagar en el proceso de autoconocimiento femenino.

El diagrama lunar

Es una herramienta de autoconocimiento para ayudarte a conectar con tu menstruación y con tu ritmo interno. Se trata de registrar el ciclo menstrual a través de un gráfico circular que se usa cada día a modo personal, ya que en él anotas toda la información que puedes sobre tu ciclo menstrual, como por ejemplo:

- Aspectos físicos: las características del flujo vaginal (transparente o espeso), las del cuello del útero (alto y abierto o bajo y cerrado), la cantidad de sangre (manchas, poca, «normal», mucha o hemorragias), el color de la sangre (rosa, amarilla, roja, marrón o negra), textura de la sangre (con o sin coágulos y más o menos espesa), si no hay dolor (poco/bastante/mucho).
- Actividad mental: calma o ruido, pensamientos recurrentes, concentración y claridad o confusión, creatividad o falta de ella...

- Emociones: alegría, tristeza, rabia, enfado, soledad, amor, confianza, miedo, gratitud, excitación, euforia, recogimiento...
- Sexualidad: activa, pasiva, apática, cariñosa...
- Niveles de energía: muy alto, bastante alto, bajo, muy bajo...
- Sensaciones: pereza, dolor, malestar, hinchazón, debilidad, fortaleza, cansancio, energía, flexibilidad, rigidez, ligereza, pesadez...
- Nutrición: hambre emocional, antojos, nivel de hambre...
- Acciones: tormenta de ideas, materialización de proyectos, actividad social, recogimiento en casa, actividad física intensa, muchas ganas de trabajar...

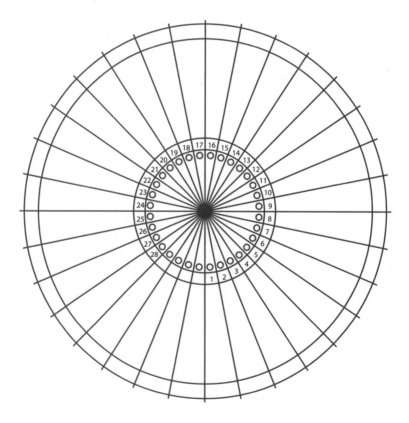

Gracias al registro que haces de tu ciclo menstrual, puedes tomar conciencia de las diferentes fases por las que pasas, detectar patrones, abrazar tu ciclicidad, ajustar tu vida según las necesidades de cada etapa, entenderte mejor y aceptarte más fácilmente, y conocerte mejor a ti misma. Lo recomendable para sacar toda esta información del diagrama lunar es hacerlo mínimo durante seis meses.

Usarlo es muy fácil; solo necesitas tener a mano el gráfico lunar en papel, un bolígrafo, colores y dedicarte entre 5 y 10 minutos diarios. Como equivale a un ciclo menstrual completo, debes iniciarlo el día 1 de tu sangrado y finalizarlo el día antes de la siguiente menstruación. En caso de no menstruar por alguna razón (embarazo, amenorrea, menopausia, etc.), deberás seguir el ciclo lunar. De esta manera, tendrás que empezar el gráfico el día de luna nueva y terminar el día antes de que vuelva a ser luna nueva.

El diario lunar

Es otra herramienta que tienes a tu alcance para conectar con tu menstruación, conocerte mejor y respetar las diferentes necesidades que tienes en cada fase. Puedes usarlo en lugar del diagrama lunar o a la vez, como tú prefieras. Es simplemente un diario en el que anotas cómo te sientes a nivel físico, mental y emocional cada día del ciclo y también qué actividades te resultan más y menos fáciles. Así irás poco a poco dándote cuenta de los ajustes que puedes hacer en tu vida para adaptarla a cada fase del ciclo. Por ejemplo, si percibes que hay una fase en la que te es muy difícil hacer deporte, puedes decidir que durante esos días ya no te forzarás a ir al gimnasio y ese rato lo dedicarás simplemente a caminar a paso ligero, por ejemplo.

Fase menstrual

Día ciclo	Cómo me siento				
	Física-mente	Emocio-nalmente	Mental-mente	Actividades que me resultan fáciles	Actividades que me resultan difíciles
1					
2					
3					
4					
5					
6					
7					

Fase preovulatoria

Día ciclo	Cómo me siento				
	Física-mente	Emocio-nalmente	Mental-mente	Actividades que me resultan fáciles	Actividades que me resultan difíciles
1					
2					
3					
4					
5					
6					
7					

Fase ovulatoria

Día ciclo	Cómo me siento				
	Física- mente	Emocio- nalmente	Mental- mente	Actividades que me resul- tan fáciles	Actividades que me resul- tan difíciles
1					
2					
3					
4					
5					
6					
7					

Fase premenstrual

Día ciclo	Cómo me siento				
	Física- mente	Emocio- nalmente	Mental- mente	Actividades que me resul- tan fáciles	Actividades que me resul- tan difíciles
1					
2					
3					
4					
5					
6					
7					

Sintoniza y desarrolla tu intuición

La intuición es algo que todas tenemos porque forma parte de nuestra naturaleza, pero algunas personas tienen más facilidad para conectar con ella y también para desarrollarla más o menos. No conozco ningún «método» concreto para sintonizar con la intuición, porque no es algo racional, sino que se vive y se experimenta. Pero quizá alguna de las cosas que te voy a explicar a continuación te puede ser útil si la practicas.

Primero de todo es importante tener en cuenta que hay algunos aspectos que favorecen el desarrollo de la intuición. Los que personalmente he podido experimentar son la alimentación saludable, energética y nutritiva (en mis anteriores libros te hablo de ella), ya que favorece un estado de salud óptimo a nivel físico, mental, emocional y espiritual, y, por lo tanto, que no haya malestar en el cuerpo. Dentro de la alimentación sana también se incluye el hecho de tener hábitos y un estilo de vida saludable, es decir, no beber alcohol, no comer alimentos que no te sienten bien, buscar las buenas digestiones, mantenerte bien hidratada, tener un buen descanso, estar en contacto con la naturaleza, no vivir bajo estrés crónico o constante y mover el cuerpo a través del ejercicio o prácticas como el yoga, el pilates, el taichí o el chi kung, por ejemplo.

Además, es más fácil conectar con la intuición cuando hemos aprendido a gestionar las emociones en lugar de vernos desbordadas por ellas, no arrastramos emociones negativas, hemos soltado lo que es tóxico para nosotras y dejado atrás los prejuicios, la culpa y el autojuicio, o incluso cuando nos abrimos a la incertidumbre, la imprevisibilidad, la transitoriedad y la magia inexplicable de la vida. Abrirse a lo sutil con curiosidad, cuestionar lo que hemos creído hasta hora, estar abiertos de mente y dejarse sorprender por la vida facilitan también la conexión con la intuición.

En el libro hemos visto cómo equilibrar los chakras, y es que tener la energía fluyendo a través de ellos sin bloqueos es muy recomendable para poder sintonizar con la intuición más fácilmente. Para ello puedes usar los cristales, es decir, practicar la gemoterapia, o probar cualquiera de las propuestas que te he planteado en el capítulo específico sobre el tema, como por ejemplo usar aquellos que estén relacionados con Piscis, Neptuno, la casa 12, y el sexto y el séptimo chakra. Es muy común también, por ejemplo, hacer meditaciones guiadas pensadas para equilibrar los chakras cuando quieres conectar con tu intuición o incluso antes de una práctica chamánica, ya que es mucho más fácil acceder a estados alterados de conciencia o de más clarividencia después de prepararnos energéticamente para ello.

Los aceites esenciales relacionados con la intuición también son tus grandes aliados, así que usar sobre todo los que están asociados con el sexto chakra puede ser una herramienta ideal para que puedas desarrollar más tu intuición, como por ejemplo el aceite esencial de incienso, palo santo, madera de cedro, menta, romero, salvia esclarea, siempreviva, enebro, pino, rosa, picea y tomillo.

El cuerpo nos habla siempre y, por lo tanto, una de las maneras de conectar con nuestra intuición es a través de la atención plena de nuestras sensaciones corporales. Para ello, puedes practicar el *mindfulness* y la meditación, ya que te ayudan a estar atenta a tus sentidos, a las sensaciones del cuerpo, a los sentimientos que emergen más puros sin ser filtrados por la mente y a los pensamientos más automáticos que aparecen. Es decir, todo aquello que te ayude a registrar los mensajes que emergen en ti sin que la mente interfiera es una manera de conectar con la intuición. Además, a lo largo de los años vamos registrando en nuestro cuerpo muchísima información de experiencias vividas y recuerdos inconscientes, que se reactivan al volver a pasar por alguna experiencia similar a la que nos marcó. Por ejemplo, puede ocurrir que de pequeña vivieras un desengaño o una traición y pasados unos años conozcas a alguien que empieza a actuar de manera parecida, y sin que lo recuerdes quizá ni conscientemente sientas que algo te dice que la persona que estás conociendo no es de fiar. Esto es intuición y es fruto de que en su día registraste una experiencia que te marcó y ahora te está sirviendo para que te des cuenta de que el vínculo con esta persona no será sano para ti. Puedes notar el «no» de muchas maneras; quizá cuando recibes un mensaje suyo no te despierta alegría y te da más bien pereza, o siempre que te propone quedar notas que buscas una excusa para no tener que hacerlo o le estás diciendo que «sí» pero sabiendo que en el último momento lo vas a cancelar, o sientes que tu cuerpo se pone tenso cuando recibes una llamada suya, por ejemplo. Estate atenta a los sentidos y observa qué te despierta física y emocionalmente una situación, una decisión, una persona o un acontecimiento, y no dejes que tu mente interfiera. Se trata de que confíes en tus sensaciones y que te digas a ti misma «no es mi imaginación». Porque lo que estás sintiendo es válido siempre. Luego la mente quizá intentará decirte que «no es para tanto», que «estás exagerando» o que «son tus miedos, no tu intuición». Dile en este caso a tu mente: «Gracias por aparecer con estos pensamientos tan racionales, pero confío en mis sentidos y mi intuición».

Otra manera de conectar con nuestra intuición es a través del mundo simbólico y el onírico. Algo que puedes hacer es escribir un diario de sueños, en el que al despertarte, manteniendo lo máximo posible el recogimiento y un estado de somnolencia, empieces a escribir de manera automática aquello que has soñado. De nuevo, no lo pases por la mente, aunque al escribir tengas la sensación de que lo que has soñado es absurdo o un sinsentido. Hay muchísima información detrás de los sueños y están llenos de mensajes que te pueden ayudar a conectar con tu intuición. A través de sueños podemos resolver conflictos, dudas, tomar decisiones y ver las cosas con más claridad, ya que el mundo onírico no es racional y en él solemos expresarnos con más libertad y autenticidad de lo que hacemos en sociedad, que vamos la mayoría de las veces encorsetados e intentando encajar con el resto de las personas sin atrevernos a ser nosotras mismas. Entonces, anotar aquello que hemos vivido, sentido y experimentado en sueños y después releerlo nos ayuda a ver qué parte de nosotras tenemos en la sombra, a darnos cuenta de qué enciende nuestra alma, qué cosas nos alegran, en qué soñamos para nosotras y, también, a saber ver hacia dónde queremos ir o no, qué cosas queremos soltar o mantener en nuestra vida, qué es lo que realmente deseamos frente a una decisión y qué nos dice nuestra intuición en cualquier situación. El trabajo con los sueños es una poderosa herramienta de autoconocimiento que incluso se utiliza en terapia psicológica, ya que puedes aprender mucho de ti misma a través de interpretar los mensajes que aparecen en ellos.

No solo nos habla el cuerpo, los símbolos o los sueños, también las señales. Ten en cuenta de que todo en esta vida es energético y sincrónico, así que tus circunstancias hablan de ti y tu momento, y observándolas puedes intuir perfectamente qué es lo que la vida te está proponiendo en cada instante. ¿Has probado alguna vez a lanzar una pregunta y pedir que la vida te muestre una señal? Aparecerá una señal y deberás interpretarla. Por ejemplo, si lanzo la pregunta de si tengo que escribir o no sobre la intuición en este libro y pido una señal y de repente paso por delante de una librería y veo la obra de un autor que se titula *La magia de la intuición*, lo interpretaré como que sí tengo que hablar de ello en mi libro. Pero también podría ocurrir que a lo largo de una semana viese otros libros sobre el tema y al final interpretara que quizá no hace falta escribir acerca de ello porque ya hay mucha literatura al respecto. Imagina que esto me hace dudar de qué decisión tomar o de cuál es el verdadero mensaje que hay detrás de las señales. Lo que hago en estos casos es parar, observar qué siento, dejar la mente a un lado y decidir desde una parte no racional. Dejo que la respuesta aparezca y normalmente esto sucede cuando estoy o en la naturaleza, o tumbada recibiendo un mensaje, o en el momento de la relajación en una clase de yoga, o en medio de una meditación o en la ducha. Y es que la intuición o encontrar respuestas desde este lugar es algo que no se puede forzar. Cuanto más te permites darte tiempo, reconectar desde el silencio y la presencia, y dejar de hacer cosas para encontrar la respuesta, más desarrollas tu intuición.

Otra manera de sintonizar con la intuición es dar espacio para observar aquello que nos llama la atención sin encontrarle una explicación racional. Por ejemplo, te puede ocurrir que entres a un restaurante a comer y veas un cartel en el que pone «Be real». Y a partir de ese momento te quedas pensando en esa frase, te empiezas a cuestionar si estás siendo auténtica en todas las áreas de tu vida y mientras estás comiendo con la persona que te acompaña esta pronuncia la palabra *real*. En ese momento quizá no sabes qué explicación encontrarle a todo ello, pero por la noche tienes un sueño en el que aparece el mismo cartel del restaurante y al día siguiente o pasados unos días recibes la propuesta de una amiga para volver a hacer algo que ya habías realizado en el pasado, pero que habías hecho por compromiso. Así que cuando le vas a responder tienes tan presente el mensaje «Be real» que eres capaz de ser fiel a lo que realmente quieres, mostrarte auténtica contigo misma y decirle que esta vez no lo vas a hacer.

Así pues, para conectar con tu intuición es básico cultivar la autoobservación, el autoconocimiento, la autoindagación, el silencio, la escucha interna profunda y la autoconciencia. Meditar, practicar el *mindfulness*, despertar los sentidos, estar presente, enraizarse, conectar el cuerpo con las emociones y estar abierta y receptiva al entorno desde un lugar de calma interior nos ayuda a captar la sutileza de los mensajes de nuestra intuición y ser observadoras de nuestra comunicación interna, que nos habla constantemente entre líneas.

Así que mi propuesta es que cada día te tomes tiempo para no hacer absolutamente nada, sea el rato que sea. En los estados de presencia y «no acción» es cuando aparece la intuición. No te extrañe que te cueste sintonizar con ella si no meditas, estás en silencio, te relajas o disfrutas momentos sin hacer nada. La intuición requiere calma y presencia.

Si te cuesta encontrar este estado, prueba los oráculos, que son unas cartas con un mensaje, dibujo o palabra clave escrito en cada una de ellas, y un libro que amplía la información de su significado. Puedes usarlo tal y como te explica el autor o también a tu manera, simplemente sacando una carta después de haberle puesto una intención o haberte hecho una pregunta internamente. Es una práctica que puedes hacer a diario y te ayudará a conectar con tu intuición, porque con ello desarrollas el lenguaje simbólico, te devuelve al momento presente y a tu centro, te invita a interpretar más allá de lo racional, estás haciendo algo que no es «productivo» o una tarea de tu día a día y te propone pensar hacia dentro y reflexionar. Es decir, para mí los oráculos son una herramienta ideal para practicar la autoindagación, la reflexión interna y la reconexión contigo misma. Te pueden servir de guía en momentos de duda o cuando te sientas confusa, dispersa o insegura frente a ciertas decisiones importantes que tengas que tomar. Pueden ser como una luz que ilumina el camino de vuelta a casa cuando notes que te estás desviando de él. También los puedes usar a primera hora de la mañana para interpretarlos como una señal que te guíe en ese día; como una brújula. Al fin y al cabo, en el momento en el que te pones a usar los oráculos te estás permitiendo parar, dejar de hacer cosas mundanas, dedicarte unos minutos a la conexión espiritual, a tomar conciencia del momento presente y a reflexionar acerca de la carta que te ha salido pensando por qué y para qué esa en concreto. Y aunque el mensaje quizá no siempre lo sientas resonante, no pasa nada, quédate con él, guárdatelo, déjalo reposar y observa.

Otra manera de desarrollar aún más la intuición es a través de la práctica de la canalización y el chamanismo, como la conexión con tu animal de poder, los guías espirituales, hacer viajes chamánicos, tocar el tambor o algún instrumento de percusión que te conecte a la tierra y la madre naturaleza o escuchar música chamánica, por ejemplo. Si te resuena algo de esto, mi recomendación es que busques actividades al respecto, como talleres, círculos de mujeres o alguna formación (mejor presencial).

Pero antes de llegar al punto de la canalización o el chamanismo empieza por las bases. Para ello, ten presente que la intuición aparece cuando reconectamos con nosotras mismas, es decir, cuando volvemos a sintonizar con nuestra verdadera naturaleza, con esa esencia que se encuentra dentro de nosotras tras las capas y máscaras construidas a través del paso de los años. Para poder hacer esta (re)conexión no necesitamos nada exterior ni a nadie, porque se da desde dentro hacia fuera. Solo deberemos estar lo más limpias posible energéticamente, cuidar el cuerpo como un templo y favorecer la pausa, el silencio, la meditación, la autoobservación, la escucha atenta de una misma, ser capaces de derribar creencias, cuestionárnoslo todo y no creernos nada, dejar de suponer cosas y rendirnos a la verdad, a la magia del universo que nos sostiene y a la esencia más profunda de nuestro ser.

Cuando nos encontramos de frente con nuestra verdadera naturaleza, podemos entrar en crisis al darnos cuenta de que no somos quienes creíamos ser, de que nuestros actos, actitudes, decisiones y relaciones que hasta ahora habíamos cultivado se desmoronan, que ya no nos sirven. Y tenemos que «empezar de cero» a andar, construir y evolucionar desde otro lugar más auténtico y genuino con quien realmente hemos descubierto que somos. A esto se le llama «evolución del ser», ampliación de la conciencia o vuelta a casa. Hay muchas maneras de nombrarlo. Pero más allá de las palabras que usemos para explicarlo, lo bonito y lo potente es experimentarlo.

Para terminar...

La espiritualidad, el autoconocimiento, el bienestar personal, el autocuidado, la sabiduría femenina e incluso el estudio profundo de la astrología psicológica se aprenden y se experimentan más allá de los libros. Y por ello me atrevo a recomendarte que conectes con todo lo que te he explicado en esta obra desde todas las dimensiones de tu ser más allá de la mental, ya que desde esta solo podrás evolucionar hasta cierto punto y te quedarías estancada en ella. Así que si lo estabas posponiendo, es el momento de llevar a la práctica lo que has leído, vivirlo en el cuerpo y pasarlo por el corazón.

Últimamente estoy practicando la canalización, así que me hace muchísima ilusión compartir contigo unos mensajes que he canalizado para ti:

- Deja de buscar, porque aquello que realmente necesitas ya está dentro de ti.
- En este libro has encontrado recursos, herramientas e ideas que te pueden servir de «muleta» o apoyo para conectar con tu verdadera naturaleza, acceder a otros niveles de conciencia y a tu dimensión espiritual, pero tampoco los necesitas y es probable que en algún momento de tu camino de vida y evolución de tu ser te desprendas de algunos de ellos o los olvides.
- En ti, en tu naturaleza, está la capacidad de elevar tu vibración energética, desarrollar la intuición, conectar con tu sa-

biduría femenina, meditar, estar en silencio y desbloquear tus chakras.

- Confía en ti misma y no entregues tu poder personal a nada ni a nadie.
- Recuerda que el universo te sostiene en cada momento.
- Cuestiónatelo todo, desaprende todo lo que haga falta y desapégate de pensamientos, creencias, miedos, prejuicios, actitudes y discursos ajenos.
- Medita, respira y practica el silencio y la atención plena. Serán tus grandes aliados.
- Acércate a la naturaleza siempre que puedas; ahí encontrarás sanación y respuestas.
- Disfruta más y recuerda que en tu vida tiene que haber placer.
- Baila, canta y exprésate sin miedo.
- Conecta con el cuerpo y libéralo de miedos, bloqueos, tensiones y armaduras del pasado. Deja que la energía y la creatividad fluyan a través de él.
- Llegarás a desarrollar tu dimensión espiritual si primero te enraízas bien.
- Mantente en el lugar de observadora de tu vida; tú no llevas el volante, pero puedes poner conciencia a tus circunstancias, los sucesos que acontecen y tu historia de vida.
- Suelta lo que tengas que dejar atrás, pero también abraza y acepta lo que tiene que permanecer que estás rechazando.
- Aunque el mundo vaya rápido, encuentra una manera de encajar en tu agenda un espacio para ti, por pequeño que sea.
- Observa con curiosidad la vida y a ti misma para liberarte del juicio, la culpa y los remordimientos que te alejan de tu paz interior.

- Deja de buscar respuestas fuera y de pensar que alguien te dirá la manera de solucionar tus circunstancias. Tú eres tu mejor maestra, tu única gurú y tu mejor guía espiritual.
- Usa los aceites, oráculos, cristales, baños de sonido y limpiezas energéticas solo como un apoyo; en ningún caso les otorgues el poder.
- Reduce las «cosas a hacer» y amplía los «momentos para ser».
- Practica el minimalismo y cuestiónate qué te sobra en lugar de qué te falta.
- Sé auténtica y fiel a ti misma. Y sí, esto significa aceptar y expresar tus contradicciones y complejidades. Deja de juzgarte por ello y dejarán de importarte las opiniones y juicios de los demás.
- Ponte siempre en primer lugar, incluso si tu propósito es ayudar o servir a los demás.
- Dedícate tiempo a ti misma a través del autocuidado holístico. Hacerlo es una demostración de amor hacia ti misma muy necesaria.
- Mantén tu campo energético protegido y tu vibración elevado. El contacto con la naturaleza te ayudará a ello y puedes recurrir a ella muy fácilmente.
- Conecta con tu utero y tu naturaleza ciclica. Este es el verdadero poder femenino y desde donde podrás desarrollar tu sabiduría.
- Encontrarás una tribu de mujeres con las que ser tú misma sin máscaras. Con ellas sentirás que te nutres y te potencian, y podrás compartir y expresar lo que necesitas y lo que eres.
- Despliega los diferentes arquetipos femeninos a lo largo del día de manera fluida; la sabia espiritual meditando por

la mañana, la guerrera ejecutiva durante la jornada de trabajo para ser productiva y la diosa musa por la tarde noche con un baño relajante o una rutina de belleza en la que haya algún aceite esencial que te guste mucho por su olor.

- Deja de funcionar en piloto automático y ve haciendo el cambio hacia una vida *slow* y consciente de manera progresiva, sin prisas y disfrutándolo todo lo que puedas.
- Sé compasiva contigo misma; háblate con amor y respeto, permítete sentir sin juzgarte y pon límites.
- Conoce bien tus necesidades, valores, contradicciones y singularidades. Esta es la base necesaria que necesitas para operar en el mundo y tomar decisiones alineadas a ti.
- Invierte tiempo en tu crecimiento y cuando lo necesites incorpora nuevas ideas, herramientas y recursos que puedan resultarte un apoyo.
- Ríete mucho, disfruta, cuídate por el placer de hacer y relativízalo todo. Y después, expande esta alegría y bienestar a tu alrededor; porque recuerda que todas somos una y estamos conectadas.

Agradecimientos

Quiero expresar mi más profunda gratitud a todas aquellas personas que me han ayudado de una manera u otra a que este libro haya podido ver la luz.

Gracias a Andrés, mi pareja, por amarme con mis luces y mis sombras, y por ser la persona que me ha brindado la posibilidad de vivir la experiencia más apasionante de mi vida: la maternidad.

Gracias a Nuria, mi amiga del alma, que siempre me apoya en la escritura de mis libros dándome su *feedback* antes de que nadie más tenga acceso a su lectura.

Gracias al círculo de mujeres por inspirarme a diario a seguir conectada con mi dimensión espiritual: Mar, Eva, Pat, Blanca, Laura, Susana, Sandra, Mireia y Munsa.

Gracias a Catalina, a Luisa y a Anna H. por ser maestras y compañeras.

Gracias a Irene, mi editora, por contactar conmigo y por darme el tiempo y el espacio para escribir este libro teniendo en cuenta que para mí lo prioritario era disfrutar de un embarazo sin estrés.

Gracias a la vida por ser tan increíblemente mágica y misteriosa.

Y, por supuesto, gracias a ti por haber adquirido y leído este libro.

Gracias, gracias, gracias.

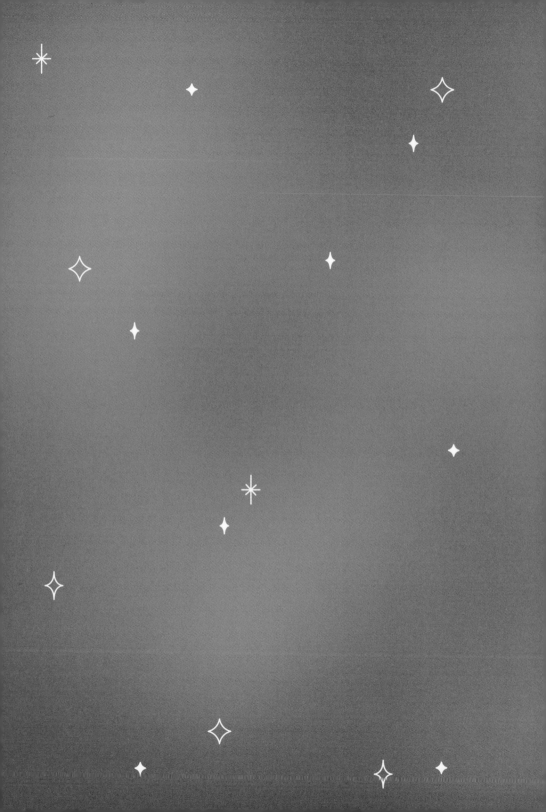

Secondary Education

THE MACMILLAN COMPANY
NEW YORK · BOSTON · CHICAGO · DALLAS
ATLANTA · SAN FRANCISCO

MACMILLAN AND CO., Limited
LONDON · BOMBAY · CALCUTTA · MADRAS
MELBOURNE

THE MACMILLAN COMPANY
OF CANADA, Limited
TORONTO

Secondary Education

REVISED EDITION

I 91

by

THOMAS H. BRIGGS
Teachers College, Columbia University

J. PAUL LEONARD
San Francisco State College

JOSEPH JUSTMAN
Brooklyn College

THE MACMILLAN COMPANY

New York: 1950

PREFACE

This revision of *Secondary Education* was undertaken not without much deliberation. The original text was prepared not as a compendium of factual data but as a body of basic principles to contribute to what was in the author's mind a directive and workable philosophy of secondary education, not so much as a description of the contemporary school as marking out a promising outline for its future development.

Underlying a philosophy of secondary education were some unassailable truths regarding youth as a learning and behaving being, the function of education in a democracy, and especially the relation of an effective curriculum to developments in a changing society. Against the background of these truths were depicted in detail the specific functions of the secondary school, the functional relation to the other units of the American school system, and the currently unresolved great issues in theory and practice. Neglected areas of real educational significance, such as the role of emotionalized attitudes in behavior and the importance of the mores, were examined, and a practical definition of the meaning of liberal education was proposed.

In the course of the past two decades the fundamentals as expounded and the essentials of a philosophy as formulated have not changed. Indeed, with the passing of the years conviction regarding them has strengthened and become intensified; they have been accorded greater recognition, and have become much more influential in practice. In the present volume these essential ideas remain unchanged; they are commended to the reader as wholeheartedly as are any of the new features.

But the world in which we live and the American society by which our schools are maintained have changed a great deal. The years of the long depression and the events of the greatest war in history have left ineradicable marks on our social order. The complexities of living have increased, and with them the responsibilities of exercising intelligent citizenship. Developments which were in the germinal stage when the

original volume was prepared, such as the problem of youth employment, have since then come into full fruition. The struggle between
democracy and competing ideologies has greatly sharpened. At no time
has the need been as great as now for having and maintaining a democratic perspective and for making delicate critical decisions. The burden
placed upon schools, and upon the secondary school in particular, has
been enormously magnified.

It is with a view to clarifying the relationship of these new developments to secondary education that the original volume has been revised.
While the basic point of view remains unaltered, changes have been made
in the content of several chapters, notably in those considering the social
foundations of education and meeting the educational needs of adolescents. Generally throughout the revised edition the impact of the new
developments on secondary education has been pointed up.

Other departures from the original text were prompted by instruc-
tural considerations. The chapters on comparative education in the
original edition have been entirely omitted, for European education is
everywhere in a state of drastic changes and its relevance to American
education is increasingly faint. The historical review of American secondary education has, on the other hand, been expanded as the story
approaches the contemporary period. A factual descriptive chapter on
the composition of our secondary-school population has been added to
provide a background against which the general discussion may be better
understood. Finally, because in the intervening years the contents have
been ably developed by a committee of the National Association of
Secondary-school Principals in a report that was widely discussed
throughout the nation, the chapters on Issues in the original edition
have been replaced by a single chapter summarizing some of the basic
problems which today confront secondary education.

The authors take the position that education is an investment by
society, that secondary education should be universal in extent, that the
curriculum should be based on the needs of youth and of the society in
which they live, and that the personal development of the individual
in skills, ethical ideals, emotionalized attitudes, behavior, knowledge
and judgment are equally important goals of secondary education. They
take the position, further, that if one is to be an effective and progressive

professional worker he must understand the basic philosophy of secondary education as a social process. This book the authors have designed to
treat with appropriate emphasis all of these phases of secondary education.

In making the revision I have been materially aided by two of my
former students who, accepting the same basic philosophy, have gained
stature and influence of their own in education. I have personally tried
to improve much of what I wrote for the original book, but even in the
retained chapters will be found evidences of the help of my collaborators,
who are still on the firing line in the battle to improve the education of
youth. Their contributions will be easily recognized in the added chapters.

This book is intended primarily for college and university classes that
are preparing administrative officers and teachers for secondary schools.
However, it should be no less useful for all who are concerned with the
education of youth—superintendents, principals, and their assistants,—
to all, in fact, who are desirous of getting directive suggestions of what
the new program of secondary education should be. Inasmuch as it
seems likely that representatives of the public will in the future increasingly recognize their responsibility for understanding the problems
in the education of youth, the volume should be of value also to intelligent laymen. It will contribute what they need, a vision of the possibilities in a new program that will justify increased support for the
greatest investment that the public can ever make.

Appreciative acknowledgment is made to the following publishers for
permission to use quotations: The American Education Fellowship,
Appleton-Century-Crofts, Inc., Bobbs-Merrill, Inc., Funk and Wagnalls
Company, Ginn and Company, Houghton Mifflin Company, Macmil-
lan Company, William Morrow and Company, Rinehart and Company,
The Scientific Monthly, Silver Burdett Company, University of Chicago
Press, and Yale University Press. Especial acknowledgment is made to
Collier's and to Scott Brown, the artist, for permission to reproduce the
cartoon.

THOMAS H. BRIGGS

CONTENTS

CONTENTS

CHAPTER *I*

OUR FIRST SECONDARY SCHOOLS

The story of the development of our secondary schools is so fascinating that one can easily spend more time on it than is warranted by contributions that it may make to improve practice. Because of the independence of our political units, both in the days of the colonies and since the states were formed, the full story is complex, uneven in its progress, and often difficult to trace.[1] From the mass of data gathered by careful scholars the following account has been prepared. For clarity it is perhaps oversimplified and schematized, but an attempt has been made to explain historically the main features in the development of our present organization in such a way that the reader may understand them, be freed from an unjustifiable worship of practices merely because they are common, appreciate issues that still exist, be warned against failure to seize opportunities for rational adjustment, and, as he realizes the slowness of past progress, be hopeful of the future.

Influence of English Secondary Schools. It was but natural that the immigrants to America should bring with them the practices and ideals of their fatherlands and, unless they conflicted with principles which had caused the migration, that they should continue the former and seek to attain the latter. "Only geographically did Columbus discover a new world." Although colonial America received men and women

[1] The history of American education is an inviting field for the research student. Several excellent general histories and some valuable special studies have been published, but much source work remains to be done in regional and local history. See the bibliography on page 28 for references bearing upon the subject matter of this chapter.

from several countries, the English predominated, as did the language and institutions they brought with them. It was the English tradition in education that was established in such a way as to become a positive trend which lasted more than a hundred years, the influences of which, indeed, are still to be seen. Consequently it is necessary for us to know something of the English secondary schools about the time of Queen Elizabeth.

In 1546, according to Leach,[2] there were in England about three hundred Latin grammar schools, which with great prestige carried on the tradition of secondary education. These schools, variously founded by gifts, bequests, and the like, were as a rule under control of religious bodies; and although they admitted to free places some promising poor boys—not paupers, by any means—they were for the most part attended by the sons of the nobility, of landholders, and of prosperous tradesmen. These were admitted at an early age, usually from eight to twelve, when theoretically they could read the New Testament in English, and from then on devoted practically all of their time to the study of Latin. It was as late as the time of Queen Elizabeth that English was used for the rules of grammar, which were deductively taught; but even with this improvement the work must have been almost wholly *memoriter* and largely unintelligible to many of the students. There were also "colloquies," which the boys memorized and used in conversation, declamations, dramatics, and written compositions. At that time Latin was still a practical language for some uses in business as well as in the life of culture. In all higher institutions of learning, both in England and on the Continent, Latin was still the language of scholars.[3] About 1600 an attempt was made to introduce English reading and writing and arithmetic into the lower years of the schools.

The English secondary schools, which had the widest discernible influence among the early American colonies, may be characterized as follows:

1. They were privately established and controlled. Although often

[2] Arthur F. Leach, *English Schools at the Reformation, 1546–48,* Westminster, Archibald Constable and Co., 1896, p. 99.

[3] In their early years Harvard and Yale required that students should use only Latin unless summoned to deliver an English oration, but Broome presents evidence that the rule was not uniformly enforced at either institution.

called "public schools," they were not organized, controlled, or supported by the government.

2. They were usually under direction of the established church, a practice inherited from the Middle Ages.

3. They were independent of elementary schools, there being no attempt at a "system," such as we have. Even today the English "public schools," the survivors of the Latin grammar schools, are independent of and in part parallel the elementary schools of the country.

4. They were for boys only, and boys of favored social or economic status.

5. They were free to a certain number of selected pupils, but charged fees to all others.

6. They offered a curriculum almost entirely of Latin, which, developing in the period of the Renaissance, persisted long afterwards. Pupils were supposed to get their knowledge of philosophy, literature, eloquence, and even of agriculture from the classics.

7. They prepared for the universities.

Such were the schools to which the early settlers in America were accustomed and which, "that learning might not perish from the earth," they attempted to imitate. It may be questioned if the Latin grammar schools were entirely suitable for the needs of England in the sixteenth and seventeenth centuries; certainly, from our point of view, they seem to a large extent absurd for the pioneers in the American wilderness. But the business of preserving life and making a living demanded most of their time, and from what was left too little remained from religious and political discussions for anyone to invent new ideas about education, or to question the effectiveness of the schooling that had traditionally prepared boys for the "learned" careers in church and state. Consequently the pioneers taught the youth of the new land what they themselves, when favored, had been taught in the old. Of course those who were not educated had little if any concern or voice in the matter.[4]

Characteristics of the Early Colonies.   To appreciate the early attempts at education in our country we must have in mind at least some

[4] For an excellent description of the colonies, the colonists, and their way of life in the seventeenth century, read Thomas J. Wertenbaker, *The First Americans,* New York, The Macmillan Co., 1927.

of the characteristics of the colonies and of the colonists. The former were vast in area, with a small population confined to widely scattered settlements. By 1640 the migration to New England had been made by about 20,000 people, 9,000 of whom settled in Massachusetts, mostly in a score of "towns." Even though there were great natural resources, they did not include the kinds of treasure expected by adventurers. These resources were sufficient to maintain life, but were of small value in the world markets because of the cost of transportation. Consequently there was available only a limited amount of money with which to procure from the Old World what was needed or desired.

The colonists themselves were of varied kinds. From several nations, though more or less homogeneous in each group, they were variously seeking political and religious freedom, adventure, fortunes, or mere livelihood, and escape from embarrassments 'n their former homes. Among such heterogeneity in colonies as well as in population it would be absurd to look for unity of ideals or of practice in such a matter as education. Some leaders recognized the value of schools and desired to establish them—of the same kind, naturally, as those they had known in their old homes; but many, perhaps most, of the colonists must have been indifferent. They were for the most part unaccustomed to higher education and too busy with other things to be greatly concerned with such a matter. But the leaders in New England were determined to make schooling generally available in their new home, and the practice they established was the chief influence in the development of secondary education in our country.[5]

To understand the colonial Latin grammar school one must constantly keep in mind the deep religious and theological devotion of the people of New England. Sectarianism, which "placed emphasis on the worth of the individual man and encouraged the right of private judgment, especially with respect to the interpretation of the Scriptures, became one of the strongest forces which promoted intellectual development. For the desire to read and study the Bible and to have their children

[5] Interest in secondary schooling was not confined to New England, even though the educational achievement of that group of colonies far outstripped that of any other. For evidence of the respect accorded a "literary" education and the Latin grammar school by leaders in the other colonies, see Paul Monroe, *Founding of the American Public School System,* New York, The Macmillan Co., 1940, Vol. I, Ch. VI.

brought up in the faith of their fathers was one of the most important characteristics of the dissenting sects." [6]

The New England boy or girl "of the colonial period was born into a deeply religious atmosphere, charged with a goodly measure of harsh theology that swiftly dispelled childhood." [7] The fear of God, which was with the immigrants constantly, was inculcated into children at an early age. Numerous records tell of four-year-olds terrified by fear of damnation in sin. Children were urged to pray frequently in secret. The Reverend John Barnard recalled that when he was eight his father made him a little closet into which he should retire for morning and evening devotions. "But, alas!" he adds, "how childish and hypocritical were all my pretensions to piety, there being little or no serious thoughts of God and religion in me." But another records that "while a schoolboy for a course of years he and some of his companions, by their own proposals to each other, under the encouragement of their parents and with the consent of their preceptor, used to spend a part of Saturdays in the afternoon in prayer together at the house of Mr. Coleman, which continued until their leaving the school and going to college." [8] "The aim of the grammar school of the seventeenth century was to prepare for college; the aim of the college was to supply an enlightened clergy; the course of study was doubtless regarded a most efficient one for the purpose." [9]

In only a few centers were there enough people, even if there had been desire and sufficient available wealth, to justify formal schools, especially of secondary rank. Here and there a minister or other educated man must have given instruction to one or more ambitious boys, and as towns grew in size there were set up formal or informal private schools, which taught for a price anything that was demanded. It is remarkable that under these conditions there was such an effort as will be reported to provide secondary education. As has not infrequently been the case,

---

[6] Marcus W. Jernegan, *Laboring and Dependent Classes in Colonial America, 1607–1783,* Chicago, copyright 1931 by The University of Chicago Press, p. 64, and used by their permission.

[7] Thomas Woody, *A History of Women's Education in the United States,* Lancaster, Pa., The Science Press, 1930, Vol. I, p. 124.

[8] *The American Journal of Education,* 27:71.

[9] Edwin C. Broome, *A Historical and Critical Discussion of College Admission Requirements,* New York, The Macmillan Co., 1903, p. 24.

there was apparently more concern for it than for elementary schools. Unsuited as the English type of secondary education was to the colonial needs, it preserved self-respect, ambition, and intellectual activity, kept alive the tradition of education, and laid the foundation for a system of education that was to be built far beyond what the colonists or their ancestors in the Old World dreamed to be possible.

LATIN GRAMMAR SCHOOLS

The Latin Grammar School never became important outside of New England, although its traditional values were recognized, and there were attempts in the Middle and Southern colonies to make some comparable schooling available. Latin grammar schools were actually founded in Virginia and New York (while under Dutch rule) in the seventeenth century, while the next century saw schools develop, under church and private auspices, in all the colonies except Georgia. Maryland in 1723 passed legislation for the establishment of a system of grammar schools in colonies which had widely scattered populations, and which, moreover, lacked the closely knit church-state relationship of the New England communities. In these colonies the private tutor or the field school continued to serve families of means whose sons were interested in general education or in preparing themselves for college. By the middle of the eighteenth century the increasing interest in secondary education found in the academy rather than the grammar school an institution which it could wholeheartedly support.

The Massachusetts Law of 1647. Although the Boston Latin School, the first permanent institution of its kind in America, was established in 1635, it was not until 1647 that there was formal legislation providing for secondary schools. In that year the Massachusetts Bay Colony passed the famous "old deluder Satan" act, which because of its importance and its quaintness is appended in a form slightly modernized to facilitate understanding.

It being one chiefe project of y^t ould deluder, Satan, to keepe men from the knowledge of ye Scriptures, as in form^r times by keeping y^m in an unknowne tongue, so in these latter times by perswading from ye use of tongues y^t so at least ye true sence & meaning of ye originall might be clouded by false glosses of saint seeming deceivers, y^t learning may not be buried in ye grave of o^r fathers in ye church & comonwealth, the Lord assisting o^r indeavors.

It is therefore ordred, y^t evry toweneship in this Jurisdiction, aft^r ye Lord hath increased y^m to ye nember of 50 householdrs, shall then forthwth appoint one wthin there towne to teach all such children as shall resort to him to write & reade, whose wages shall be paid eith^r by ye parents or mastrs of such children, or by ye inhabitants in gen^{r}all, by way of supply, as ye maior p^t of those y^t ordr ye prudentials of ye towne shall appoint; provided, those y^t send their children be not oppressed by pay-ing much more y^n they can have y^m taught for in othe^r townes; and it is furth^r ordered, y^t where any towne shall increase to y^e numb^r of 100 families or household^{rs} they shall set up a gramer schoole, y^e master thereof being able to instruct youth so far as they may be fited for y^e university; provided, y^t if any towne neglect y^e performance hereof above one yeare, y^t every such towne shall pay 5$^£$ to y^e next schoole till they shall performe this order." [10]

This law "was unique, for never before had any legislative body enacted just such a law and enforced it with suitable penalties." [11] Ac-cording to Grizzell, this law "was an attempt to standardize the practice that had grown up during the previous decade" in Boston, Charlestown, Salem, and several other towns. It is notable in that it provided for a public school and that its aim was to educate boys so that they might preserve learning, read the Scriptures in the original, and prepare for the university. As at that time there was only one institution of collegiate rank in the colonies, it was Harvard, of course, which was established in 1636, that was meant. Its requirements for admission in 1643 were that a student should be able to understand Cicero, or a similar classical author, *ex tempore*, to make and speak Latin verse and prose, and to decline the Greek nouns and verbs. These requirements, which were later essentially the same at other colleges, were changed little until 1807, when a knowledge of some arithmetic and geography was demanded.[12]

[10] *Records of Massachusetts*, Vol. II, p. 203.

[11] Jernegan, *op. cit.*, p. 60.

[12] See Alexander Inglis, *The Rise of the High School in Massachusetts*, pp. 65–6; Edwin C. Broome, *op. cit.*, p. 157; and the article in Monroe's *Cyclopedia of Education*, Vol. 2, pp. 97–8.

(Yale began to require arithmetic in 1745.) Important as the law was, it provided for a type of education extremely narrow in scope and suited to only a small number of the boys. It demanded more schools, indeed, than there were freshmen in Harvard for nearly two centuries.

Aims. Later Latin grammar schools, as they were established, were intended to prepare boys for colleges. They emphasized the aim of religious training, mostly indirect, through the study of Latin and Greek. "For the most part, the grammar school had grown up within some dominant religious establishment, which it in turn tended to perpetuate. This was as true of the Episcopal aristocracy of Maryland, Virginia, and South Carolina as it was of the Puritan Hierarchy of New England." [13] The language studies prescribed in both secondary schools and colleges were considered essential in the education of clergymen, who were influential members of society.[14] Of the 531 graduates from Harvard in the first seventy years after its establishment in 1636 about one half became ministers of the gospel. It was not until near the end of the eighteenth century that Harvard regarded itself as an institution to advance general learning, science, and general literature as well as theology. Its purposes, of course, greatly influenced those of the secondary schools. Repeatedly in the literature on the Latin grammar schools is found mention of "service to Church and State," though nowhere is the nature of the latter service defined. Then, as still now to some degree, "education" of whatever kind was conceived to be beneficial to all concerned. The close relationship of church and state made easy this confusion: if boys were trained to read the Word of God accurately in Latin or Greek, it was assumed that this was an advantage to the state. "The obligation to establish schools and maintain them," says Brown, "was laid upon towns which were at the same time congregations." It was thus that state control of education began.

It is very easy for the modern reader to minimize the importance of the Massachusetts Bay Colony law of 1647, which, being copied almost verbatim by Connecticut in 1650, had great influence in New England.

[13] Monroe's *Cyclopedia of Education,* article on "Academy."

[14] It was obviously necessary for America to educate clergymen to replace the more than 130 graduates of Oxford and Cambridge, one to every forty families, who had immigrated before this time.

In civilization up to this time schools had been imposed on people by authority or bestowed on them by benevolence. "But in Massachusetts the people established the educational system for themselves and their posterity. Edward Everett Hale declared that the Massachusetts Assembly which appropriated £400 to found Harvard College was the first body in which the people by their representatives ever gave their own money to found a place of education." These were "public" schools in two senses: first, they were by the Massachusetts law established by the people and in part supported by them; and second, they were open to all who wished to enroll and could qualify, not merely to students of any particular social stratum or denominational affiliation. Everywhere in New England the grammar school was public in the latter sense and was also required or permitted by legislation and controlled by the people. The support varied, being derived from fees, contributions, endowments, special appropriations, and later from a general tax. "It was the policy of Boston, as well as of all the towns which established a free school . . . to endow the same by lands rented on long leases, by bequests, and by donations, after the English manner." [15] Pupils whose families were able paid fees, but not enough to cover the cost of instruction.[16] Only gradually and much later was tuition abolished, but thus free schools in the modern sense began.

Opposing Factors. The effect of the law of 1647 and of similar legislation in other places was to establish before 1700 about thirty Latin grammar schools in Massachusetts and about seven in Connecticut.[17] That the law was in advance of public sentiment is evidenced by legal indictments of various towns for non-compliance with the requirements and by amendments increasing the penalty. The essential features of the law remained on the statute books until 1789, when a new and improved law was passed; but in 1824 all but seven towns were exempted from the obligation to provide grammar schools.[18]

[15] Henry Barnard (ed.), *The American Journal of Education,* 27:66.

[16] The Boston public schools were free to town residents; nonresidents paid tuition. See Robert F. Seybolt, *The Public Schools of Colonial Boston,* Cambridge, Harvard University Press, 1935.

[17] See Emit D. Grizzell, *Origin and Development of the High School in New England before 1865,* New York, The Macmillan Co., 1923, p. 7.

[18] Inglis, *op. cit.,* pp. 24 ff.

After the original legislation, there developed several reasons why it could not be generally carried out. In the first place, it had doubtless been initiated and passed by idealistic leaders without full understanding and approval by the public. In the second place, the struggle for existence against hostile conditions, poverty, and the occasional periods of unusual economic depression made easy an opposition to an institution that was largely decorative and did not satisfy the needs that the people must have felt. And in the third place, peace after the Indian wars encouraged an advancement of the frontiers and consequently a more scattered population, which not only had less respect for the grammar schools but also was less able to support them. But at the worst, the tradition of secondary education was kept alive and learning was not buried in the grave of the fathers.

Characteristics.   What were the Latin grammar schools? Whatever their shortcomings, they were a place for serious and prolonged work. As no special building for such a school is known to have been erected until the eighteenth century, they were held in private houses, churches, or town halls. There are records of benches without backs for the younger boys and of crude desks for the older ones. School began at seven or eight in the morning and, with a two-hour noon intermission, lasted until nearly dark. The school year must have varied, but certain contracts called for it to continue twelve months, and others for ten, with few holidays—in one school only two for the year. The method of teaching was chiefly that of memorizing, first of all forms and rules, which could have in the beginning little if any meaning to the pupils, who entered the schools at the early age of eight or nine years. One master thought it would be well to relieve boys a little while studying grammar, "for after they have studied Latin Grammar a year closely, they are apt to become weary"! The discipline was severe, for our ancestors firmly believed in not sparing the rod.

We are to fancy our Latin School boys, in the earlier days, in the master's house working their way through Cheever's *Accidence* [19] (*A*

[19] To appreciate the dullness of the education offered one should examine this book, which an eminent instructor in Latin of a slightly later time said had "done more to inspire young minds with the love of the study of the Latin language than any other work of the kind since the first settlement of the country." It is, however, the barest dry

Short Introduction to the Latin Tongue), then plunging into the dreary wilderness of Libby's *Grammar*, with its twenty-five kinds of nouns, its seven genders, its fifteen solid pages of rules for gender and the exceptions, its twenty-two solid pages of declensions of nouns, all of which must be committed to memory.

"For reading Latin the boys had first the *Colloquies* of Corderius . . . They read Aesop, too. Then followed Eutropius—his short history of Rome. Soon they began making the Latin, using exercise books; then, in turn, Caesar, Ovid, Virgil, and Cicero; for Greek, the grammar and the Testament and some Homer. All this was to fit them for the university, as the law required." [20] Later when arithmetic was introduced the pupils had to learn such rules as the following concerning Tare and Trett, which must have been almost as unintelligible to them then as to us now: "Deduct the tare and trett, divide the suttle by one hundred and sixty-eight, and the quotient will be the cloff, which subtract from the suttle, and the remainder will be the neat." [21]

The Curriculum.   To illustrate both the influence of England and the curriculum of what was probably one of the best colonial Latin grammar schools the following quotation is made from Inglis: [22]

Winchester (England) School *about 1600*	*Boston Latin School* *Oct. 15th, 1789*
First Form:	1st Class:
Disticha of Dionysius Cato	Cheever's Accidence
Exercitatio Linguae Latinae (Vives)	Corderius's Colloquies—Latin and English
Dialogues and Confabulationes of Corderius	Nomenclator

summary of the form of Latin grammar, without illustrative sentences or reading material. The fact that our ancestors survived the study of such a book is evidence of their hardihood.

[20] George H. Martin, *The Evolution of the Massachusetts Public School System*, New York, The Appleton Co., 1894, pp. 58–9.

[21] For details of the methods used one should read "The Boston Latin School" in Barnard's *American Journal of Education*, 27:81 ff. Also Pauline Holmes, *A Tercentenary History of the Boston Public Latin School (1635–1935)*, Cambridge, Harvard University Press, 1935.

[22] Alexander Inglis, *The Rise of the High School in Massachusetts*, New York, Teachers College Bureau of Publications, 1911, pp. 2–3.

Second Form:
  Terence
  Aesop's Fables (in Latin)
  Dialogi Sacri
  Colloquies of Erasmus
Third Form:
  Terence
  Sallust
  Selections of Cicero's Letters
    (Sturmius)
  Aesop (in Latin)
Fourth Form:
  Terence
  Sallust
  Ovid's Tristia
  Cicero's De Officiis
  Greek—Lucian's Dialogues
    Grammar (Clenard's)
Fifth Form:
  Justin
  Cicero's De Amicitia
  Ovid's Metamorphoses
  Greek—Isocrates, Plutarch
Sixth and Seventh Forms:
  Caesar
  Livy
  Virgil
  Greek—Demosthenes, Homer

Aesop's Fables—Latin and Eng-
    lish
Ward's Latin Grammar, or
    Eutropius
2d Class:
  Clarke's Introduction—Latin and
    English
  Ward's Latin Grammar
  Eutropius, continued
  Selectae e Veteri Testamento
  Historiae, or
  Castilio's Dialogues
  The making of Latin, from Gar-
    retson's Exercises
3d Class:
  Caesar's Commentaries
  Tully's Epistles, or Offices
  Ovid's Metamorphoses
  Virgil
  Greek Grammar
  The making of Latin, from King's
    History of the Heathen Gods
4th Class:
  Virgil, continued—Tully's Ora-
    tions
  Greek Testament—Horace
  Homer—Gradus ad Parnassum
  The making of Latin, continued [23]

What the character of the best grammar schools of Boston was just before the American Revolution may be learned by reading the memoran-
dum of an eminent clergyman who was a Latin Grammar School pupil of
that time:

"At the age of six and a half years, I was sent to Master John Lovell's
Latin School. The only requirement was reading well; but though fully
qualified I was sent back to Master Griffith, a private teacher, to learn to
read, write and spell. I learned the English grammar in Dilworth's Spelling

---

[23] A slightly different seven-year curriculum for pupils entering at the age of seven is
given in the Report of the United States Commissioner of Education, 1903, Vol. I, p. 554.

Book by heart. Griffith traced letters with a pencil and the pupils inked them. Entered Lovell's school at seven years." "We studied Latin from 8 o'clock till eleven, and from 1 till dark. After one or two years I went to the town school . . . to learn to write. My second, third, and fourth years I wrote there and did nothing else." . . . "The course of study was grammar; Aesop, with a translation; Clark's Introduction to Writing Latin; Eutropius with a translation; Corderius; Ovid's Metamorphoses; Virgil's Georgics, Aeneid; Caesar; Cicero. In the sixth year I began Greek and for the first time attempted English composition, by translating Caesar's Commentaries. Master allowed us to read poetical translations, such as Trappe's and Dryden's Virgil. I was halfway through Virgil when I began Greek with Ward's Greek Grammar. After Cheever's Latin Accidence we took Ward's Lilly's Latin Grammar. After the Greek grammar we read the Greek Testament, and were allowed to use Beza's Latin translation. Then came Homer's Iliad, five or six books, using Clark's translation with notes, and this was all my Greek education at school. Then we took Horace, and composed Latin verses using the Gradus ad Parnassum. . . . I entered college at the age of fourteen years and three months, and was equal in Latin and Greek to the best in the senior class. . . . The last two years of my school life, nobody taught English grammar and Geography, but Colonel Joseph Ward . . . who was self-taught, and set up a school in Boston." . . . "I never saw a map except in Caesar's Commentaries and did not know what that meant." [24]

To appreciate the limitation of the offerings, one needs to compare these curricula with one from any high school today in the United States. He looks in vain for English, mathematics, science, history (other than that in Latin authors), music, fine arts, manual arts, physical and health education, and the like. However, "throughout the colonial period Latin masters had been called upon to teach the English branches. Frequent protests were recorded, but gradually the sanctity of the classics gave way to the onslaught of the vernacular. The Boston Public Latin School was slow to include the English branches. The reform came, however, during the headmastership of Benjamin A. Gould sometime after 1814. Among the branches first added were arithmetic, geometry, trigonometry, algebra, and geography. Following these came

[24] "The Boston Latin Grammar School," *American Journal of Education*, 27:79–80 (1877), quoted from Herbert G. Lull, *Inherited Tendencies of Secondary Instruction in the United States*, Berkeley, University of California Press, 1913, p. 171.

declamation, reading, English grammar, English composition, forensic discussions, history and chronology, and the Constitution of the United States and of Massachusetts." [25] It required nearly two hundred years for this curriculum reform to be effected.

Of course it must not be inferred that the Colonials learned nothing but Latin and Greek. Beyond a scanty elementary education, youth could progress in private schools, which were set up where there was a demand. Seybolt [26] by painstaking research, mostly in old newspapers, has listed in Boston, New York, and Philadelphia fifty such schools which during the eighteenth century taught French, Italian, Portuguese, Spanish, mathematics, geography, history, bookkeeping, navigation, and surveying. And no doubt some adults, including graduates of Latin grammar schools, continued their education privately to satisfy either practical needs or their appetite for learning. But the standard school throughout the colonial period confined its curriculum to the classics, which it had inherited from England.

Decline.   Begun in high idealism of leaders, the Latin grammar schools did not become popular. More or less confined to New England, they were never numerous, and from the first they were opposed and in many cases not established even by communities on which the law laid an obligation. In the eighteenth century there were continued and increased reasons why they did not develop. The curriculum could never have made to the general population more than a sentimental appeal; and as industries grew in number and importance the manufacturer, the merchant, and the tradesman assumed much of the prestige that had formerly been peculiar to the ruling classes and the ministers, who were dominated by the European tradition of education. It is but natural that these new powers in the communities should not have been over-friendly to an institution the advantages of which they had not had and the values of which they could not easily see. Moreover, there were the constant struggles to build up a new nation, immediate and practical challenges that could not well be neglected, and several periods

---

[25] Emit D. Grizzell, *op. cit.,* pp. 13–4.
[26] Robert F. Seybolt, *Source Studies in American Colonial Education: the Private School,* University of Illinois Bulletin, Vol. XXIII, No. 4, 1925.

of long-continued economic depression. In addition there were Indian wars, after the close of which the population pushed out in a thinning fringe to an extending frontier, where Latin grammar schools could scarcely be considered. Even in the existing schools there were only a few students of Latin—nine out of an enrollment of eighty-five in Roxbury (1770) and five out of sixty in Newburyport, for examples.

In 1787 a law in Massachusetts recognized the decline of these schools and freed 120 towns from the obligation to provide them. A subsequent law, in 1824, extended this freedom to all towns but seven. At the beginning of the War of the Revolution the Latin grammar school was almost gone, even in New England, and at its close there was scarcely one worthy of the name.

Contributions. In spite of its shortcomings, the Latin grammar school in America made important contributions. It perpetuated the tradition of academic education so that "learning was not buried in the graves of the fathers," and its continued organization doubtless kept alive in the minds of the people the necessity of education of some kind and so facilitated the establishment of new types of schools. It continued and developed a body of subject matter so compactly organized through experience that its power is still felt in competition with newer subjects, which always in the beginning, being indefinite in content and in scope, are to some persons unconvincing, and which then as now were felt to be "fads and frills." It continued the job of schoolmastering, which gradually became somewhat a vocation and even a profession. And, perhaps most important of all, it began public support and control, which after a lapse were to become universal in our country.

THE ACADEMY

Franklin's Proposals. The intellectual life of New England gradually "came to be pedantic and narrow rather than humane and broad, with both conscience and thrift operating against much that is valuable in social life and the arts." "The decade of about 1700 to 1710 marked the lowest period of English culture reached in America before or since." [27] In this atmosphere the Latin grammar schools gradually declined, but it was long before the people felt a sufficient need to invent a better plan. In 1749 Benjamin Franklin published, after waiting six years for what he thought to be a propitious time, his "Proposals Relating to the Education of the Youth in Pennsylvania." [28] He proposed that some gentlemen of leisure and public spirit should found an academy which "should promote the welfare of its students when they should go forth to the duties of active life." It should have a building with "a garden, orchard, meadow, and a field or two," in which the study of husbandry and science should be promoted and the boys "frequently exercised in running, leaping, wrestling, and swimming," and be equipped with "a library, maps of all countries, globes, some mathematical instruments, an apparatus for experimenting in natural philosophy (science) and mechanics, prints of all kinds, prospects, building and machines."

Franklin's ideas for a curriculum were revolutionary. "As to their studies, it would be well if they could be taught everything that is useful, and everything that is ornamental. But art is long and their time is short. It is therefore proposed that they learn those things that are likely to be most useful to them and most ornamental, regard being had to the several professions for which they are intended." Great emphasis was laid on English in its several branches—grammar, composition, oral reading, and literature, especially that which was recent. The pupils were to make declamations, repeat speeches, and deliver orations of their own, and their style was to be formed by "writing letters to each other, making abstracts of what they read, or writing the same things in their own words." All were to be taught drawing, "with some of the first principles of perspective," penmanship, modern literature, arithmetic, elementary geometry and astronomy, the several

[27] James Truslow Adams, *The Epic of America*, Boston, Little, Brown and Co., 1931, pp. 60 and 43. For a good discussion of the reasons for the cultural and educational decline of the period, read *Provincial Society*, Chap. V, by the same author.

[28] This remarkable document, which contains much that is pertinent even today, should be read in its entirety. It can be found in Jared Sparks' *Works of Franklin* with a "Life and Notes," Vol. II, pp. 569–76; in Thomas Woody's *Educational Views of Benjamin Franklin*, pp. 149–82; and in various other places. Allen O. Hansen in his *Liberalism and American Education in the Eighteenth Century*, New York, The Macmillan Co., 1926, outlines the educational theories of other early American liberals in education, such as Benjamin Rush, Robert Coram, and duPont de Nemours.

sciences with practice exercises in agriculture and horticulture, and also commerce, industry, and mechanics. He advocated a course in general history, including geography, chronology, ancient customs, and morality, this to be "followed by the best modern histories, particularly of our mother country, then of these colonies, which should be accompanied with observations on their rise, increase, use to Great Britain, encouragements, discouragements, etc., the means to make them flourish, secure their liberties, etc." Franklin desired to exclude all foreign languages, but in deference to those whose wealth and influence were needed he wrote: "Though all should not be compelled to learn Latin, Greek, and the modern foreign languages, yet none that have an ardent desire to learn them should be refused, their English, arithmetic, and other studies absolutely necessary not being neglected."

The First Academies. As a result of this proposal, augmented by Franklin's activity, citizens pledged £800 annually for five years and the city of Philadelphia voted £200 and in addition £100 annually. In the petition for city aid it was stated that the proposed academy would educate youth at home rather than abroad so that they might have parental oversight; that it would give preparation, which was sorely needed, to magistrates and other state officers; that it would train "a number of the poorer sort" as teachers of elementary schools; and that it would draw from other places students who would spend their money in Philadelphia. Twenty-four trustees chosen from the non-Catholics of the community were selected. This choice of trustees is indicative of a change from the earlier control of schools by a religious sect; this school was intended to promote morals but not sectarianism. That Franklin had in mind the extension of his plan to include a system of schools is suggested by the item in the charter which authorized the trustees to institute other academies elsewhere in Pennsylvania. The Philadelphia Public Academy opened its doors in 1751, organized into three schools—a Latin, an English, and a mathematical—each with its own master; to these a little later was added a philosophical school.

The academy was from the beginning popular. It must not be thought, however, that such a revolutionary educational program was carried out exactly as proposed. Franklin's pattern was not closely followed, even in

Philadelphia. The decline of the Latin grammar school, with its narrow curriculum, changed conditions throughout the colonies,[29] and the soundness of Franklin's proposals was favorable to the beginning of a type of secondary education by which the colonies would have been a century or more in advance of any other people. But tradition was strong then as now, especially in those who had to administer and teach. It was easier for them to continue practices and to use texts with which they were familiar than to invent new ones in conformity with a superior general plan. Consequently the Philadelphia academy, as well as others that were influenced by it, gradually reverted to much of the old curriculum. Before his death Franklin felt called on to protest [30] against the treatment of the English school, the master of which, he said, had been reduced by discriminations in favor of the classical studies to a position subservient to the Latin master. In consequence he proposed that the English school be made a separate institution; but no action of that kind was taken.

In 1761 William Dummer bequeathed property for the establishment of a grammar school in Massachusetts, afterward incorporated in 1782 as the Dummer Academy, which was administered by a self-perpetuating board of trustees. This was significant in history as a distinct revival of private support and control. In 1778 and 1781 the Phillips family established academies in Massachusetts and New Hampshire, the one at Andover stating its aim in its constitution as "instructing youth not only in English and Latin grammar, writing, arithmetic, and those sciences wherein [which ?] are commonly taught, but more especially to learn them the GREAT END AND REAL BUSINESS OF LIVING." It further declared that "the first and principal object of this

[29] "In the last half of the eighteenth century there was a momentous change in the religious, social, and political conditions in the country. In religion there developed a strong tendency toward liberalism and a consequent severance of the Church from the state; and with the development of political independence came democracy and a pretty general fusing of classes. Naturally new educational demands arose. There was a call for higher education in subjects of practical value . . . ; the so-called 'Great Awakening' . . . established new educational as well as religious standards, and demanded a class of ministers trained otherwise than in the subtleties of that humanistic discipline which was still the backbone of the Colonial College."—Edwin C. Broome, *A Historical and Critical Discussion of College Admission Requirements,* New York, The Macmillan Co., 1903, p. 40.

[30] See Thomas Woody, *Educational Views of Benjamin Franklin,* New York, McGraw-Hill Book Co., 1936, pp. 192–228.

institution is the promotion of true piety and virtue; the second, instruction in the English, Latin, and Greek languages, together with writing, arithmetic, music, and the art of speaking; the third, practical geometry, logic, and geography; and the fourth, such other liberal arts and sciences or languages as opportunity and ability may hereafter admit and as the trustees shall direct." "By 1800 seventeen academies had been incorporated in the State of Massachusetts. . . . The period of most rapid development . . . was 1826–35, when sixty academies were incorporated within ten years, as compared with forty in the preceding forty-five years and sixty-nine in the succeeding forty years." [31]

Spread of the Movement. Everywhere there was developing "an American spirit which began to be conscious of itself and desirous of settling American problems in an American way." For this, new institutions were necessary, and out of a common spirit and need academies sprang up in different parts of the country. By 1850 there were more than two hundred in New York alone, and in the whole country there are estimated to have been about six thousand, with approximately 250,000 pupils. For several reasons the South was particularly responsive to the academy movement: owing to the failure of the Latin grammar school to meet existing educational needs, there was a scarcity of secondary schools in the region; the increasing interest in secondary education, manifest in all parts of the country, was stimulated in the South by the Great Awakening and by growing numbers of new settlers like the "school-minded" Scotch Presbyterians; the academy could develop with comparative ease out of the existing "field schools," and many academies originated thus without benefit of formal incorporation or endowments; and the legislative bodies of the South showed an early and continued interest in furthering the academy as representing a school which, with some financial support, could serve a fairly large number of citizens. In the migration westward, the academy was carried into the new territory from Ohio to Texas and found a similar basis of popular and legislative support.[32]

[31] Alexander Inglis, *Principles of Secondary Education,* Boston, Houghton Mifflin Co., 1918, p. 173.

[32] For a detailed discussion of the academy movement in the South, see Edgar W. Knight, *Public Education in the South,* Boston, Ginn and Co., 1922.

These academies were variously established and controlled. Some were private business ventures, some were set up by religious denominations, and some were made possible by beneficence. As their needs and values were recognized, many of them were aided in several ways by the public treasury. As has already been seen, Philadelphia voted funds for the establishment and support of the early academy there. In New York there was a general policy of endowment from state funds and of partial support from a special fund. After the Revolution the states found themselves in possession of vast areas of land, and some of this was granted for the aid of academies. Most of these new secondary schools were incorporated. Although there was no direct public supervision or control by the states, except in New York, the academy was generally looked on as a semipublic school.

In the earlier days the academies were "bound up with the interests of the common people," planned to provide for their assured needs and to create new intellectual wants, not primarily preparing students for college, and in some cases training teachers. As a matter of fact, many of them were properly considered a fair substitute for college.

The Curricula. As the chief function of the academy was at first to give a practical education rather than to prepare boys for college admission, the curriculum developed with entire independence of the requirements by higher institutions. Advancing the old standards and often overlapping college instruction, it was a stimulus to improve the latter and also it made possible the addition of new subjects to the entrance requirements. As the success of the semiprivate academy depended in large measure on its ability to attract and to hold students, those from a distance as well as from the immediate locality, it was but natural that a variety of subjects should be offered. Independent of the colleges, the academies, unlike the Latin grammar schools, built on the work of the elementary schools. Thus departing from the inherited parallel plan, they may be said to have begun the system of schools as we now have it.

Although none of the academies achieved the ideal set forth by Franklin, all of them tremendously liberalized the old secondary school offering. In the English Department of Phillips Exeter Academy the curriculum in 1799 was as follows:

> For the First Year: English Grammar including exercises in Reading, in Parsing, and Analysing, in the correction of bad English; Punctuation and Prosody; Arithmetic; Geography, and Algebra through Simple Equations.
>
> For the Second Year: English Grammar continued; Geometry; Plane Trigonometry and its application to heights and distances; mensuration of Sup. (superficies) and Sol. (solids); Elements of Ancient History; Logic; Rhetoric; English Composition; Declamation and exercises of the forensic kind.
>
> For the Third Year: Surveying; Navigation; Elements of Chemistry and Natural Philosophy with experiments; Elements of Modern History, particularly of the United States; Moral and Political Philosophy, with English Composition, Forensics, and Declamation continued.[33]

At the same time the academies continued in their preparatory departments the old emphasis on the classics, though liberalized by the addition of geography, history, English, and mathematics. Following is the curriculum of the Preparatory Department of Phillips Exeter Academy, 1788–1838.[34]

First Year	*Second Year*
Adam's Latin Grammar	Virgil
Liber Primus or similar work	Arithmetic
Viri Romani, or Caesar's Commentaries	Exercises in reading and making Latin
Latin Prosody	Volpy's Greek Grammar Delectus
Exercises in reading and making Latin	Roman History
Ancient and Modern Geography	Cicero's Select Orations
Virgil	Greek Testament
Arithmetic	Dalzel's Collectania Graeca Minora
	English Grammar
	Declamation

---

[33] Quoted from Inglis, *Principles of Secondary Education,* p. 179.
[34] Frank H. Cunningham, *Familiar Sketches of the Phillips Exeter Academy and Surroundings,* Boston, James R. Osgood, 1883.

Third Year	*Fourth Year or Advanced Class*
The same Latin and Greek authors in revision	Horatius Flaccus
English Grammar	Titus Livius
Declamation	Excerpha Latina
Sallust	Parts of Terence's Comedies
Algebra	Collectania Graeca Majora
Exercises in Latin and English Translations	Homer's Iliad, or such Latin and Greek authors as may best comport with the student's future destination
Composition	Algebra
	Geometry
	Adam's Roman Antiquities
	Elements of Ancient History

"In my boyhood," wrote James B. Angell,[35] who was born in 1829, "the New England academy was better comprehended, and was deemed of more practical value than the college. But it pursued its way without much regard to the work or requirements of the college, since by far the larger part of the students did not go to college."

It was in New York that experimentation with the curriculum seems to have been greatest. Monroe [36] lists the following subjects that were reported to the Regents in 1837: arithmetic, algebra, architecture, astronomy, botany, bookkeeping, Biblical antiquities, biography, chemistry, composition, conic sections, constitution of New York, Constitution of the United States, elements of criticism, declamation, drawing, dialing, English grammar, evidences of Christianity, embroidery, civil engineering, extemporaneous speaking, French, geography, physical geography, geology, plane geometry, analytic geometry, Greek, Grecian antiquities, German, general history, history of the United States, history of New York, Hebrew, Italian, Latin, law (constitutional, select revised statutes, criminal and mercantile, Blackstone's *Commentaries*), logic, leveling, logarithms, vocal music, instrumental music, mapping, mensuration, mineralogy, mythology, natural

---

[35] Proceedings of the North Central Association, 1896, pp. 10–11.
[36] Paul Monroe, *Principles of Secondary Education,* New York, The Macmillan Co., 1914, p. 58.

history, navigation, nautical astronomy, natural theology, orthography, natural philosophy, moral philosophy, intellectual philosophy, penmanship, political economy, painting, perspective, physiology, English pronunciation, reading, rhetoric, Roman antiquities, stenography, statistics, surveying, Spanish, trigonometry, topography, technology, principles of teaching.

"Of 149 new subjects for study appearing in the academies of New York, between 1787 and 1870," says Cubberley,[37] "23 appeared before 1826, 100 between 1826 and 1840, and 26 after 1840. Between 1825 and 1828 one half of the new subjects appeared. This also was the maximum period of development of the academies." The standard subjects were English, Latin, Greek, arithmetic, algebra, geometry, geography, astronomy, chemistry, natural philosophy, and general history.

Because the curriculum was fluid and the students did not need to be concerned with credits, the academy introduced many of the activities that were common in the popular lyceums and debating societies. It also introduced some activities we now designate as extracurricular. In records of the period, there are references to student government, school periodicals, dramatics, and the like.

Methods. With the new curriculum the *memoriter* methods of the Latin grammar schools could not be solely used, though no doubt they were in a degree continued. Although science was largely a book subject, there were introduced demonstrations by means of apparatus. Mathematics required much practice in the working of sums and the doing of exercises. And English involved composition writing, declamations, orations, and oral readings, as well as grammar and rhetoric. A number of the earlier academies also experimented with the monitorial system,[38] as practiced in England, and the textbooks show many influences of Pestalozzi.

The report of headmaster Eliphalet Pearson of the practices at

[37] Elwood P. Cubberley, *Public Education in the United States,* rev. ed., Boston, Houghton Mifflin Co., 1934, p. 249.

[38] Read in the *American Journal of Education* 2:206–10 (quoted by Woody, *op. cit.,* I:532–37), the detail of the system as practiced in the Girls' High School of Boston.

Phillips Andover Academy in 1780 is probably more or less typical of those in the better schools.

> School begins at eight o'clock with devotional exercises; a psalm is read and sung. Then a class consisting of four scholars repeats *memoriter* two pages in Greek grammar, after which a class of thirty persons repeats a page and a half of Latin grammar; then follows the "Accidence tribe," who repeat two, three, four, five, and ten pages each. To this may be added three who are studying arithmetic; one is in the Rule of Three, another in Fellowship, and the third in Practice. School is closed at night by reading Doctor Dodgridge's Family Expositor, accompanied by rehearsals, questions, remarks, and reflections, and by the singing of a hymn and a prayer. On Monday the scholars recite what they can remember of the sermons heard on the Lord's Day previous; on Saturday the bills are presented and punishments administered.

Adams comments, "School was school in the days of Great Eliphalet. . . . Education was felt to be a most solid, serious matter." [39]

Students. Partly because of the types of practical subjects offered and partly because of building on an improved elementary school, the academies enrolled pupils considerably older than did the earlier grammar schools. Many of the academies, especially the larger ones, had boarding departments to take care of the youth from homes where educational advantages were not possible. The school hours were decreased, with a natural result of the development of athletic sports. And there were the popular school exhibitions, at which students presented orations, declamations, recitations, and both vocal and instrumental music. One program has been preserved on which there were thirty-five numbers! There were numerous debating and literary societies.

Education of Girls. It was during the academy period that there developed the education of girls beyond the fundamentals. Instances are recorded of a few girls being taught in the grammar schools before or after school hours or on Thursday afternoons, when the boys had a

[39] O. F. Adams, *Some Famous American Schools*, p. 49 (quoted by Herbert G. Lull, *op. cit.*).

half-holiday. But advanced education for girls during the colonial period was far from common. There were no colleges for which they might prepare and they were thought to have such inferior intellects that they could not stand the rigorous demands of the curriculum. But in the larger centers of population there were private schools of all grades, some of them later termed seminaries, institutes, or "finishing schools," ·in which girls might be trained in the "accomplishments" demanded of them by society. Monroe quotes an advertisement of one such school in the late eighteenth century:

E. ARMSTON (or perhaps better known by the name of Gardner) continues the School at Point Pleasant, Norfolk Borough, where is a large and convenient House proper to Accommodate young Ladies as Boarders; at which School is taught Petit Point in Flowers, Fruit, Landscapes, and Sculpture, Nun's Work, Embroidery in Silk, Gold, Silver, Pearls, or embossed, Shading of all Kinds, in the various Works in Vogue, Dresden Point Work, Lace Ditto, Catgut in different Modes, flourishing Muslin, after the newest Taste, and most elegant Pattern Waxwork in Figure, Fruit, or Flowers Shell Ditto, or grotesque, Painting in Water Colours and Mezzotinto; also the Art of taking off Foliage, with several other Embellishments necessary for the Amusement of Persons of Fortune who have Taste. Specimens of the Subscriber's Work may be seen at her House, as also of her Scholars; having taught several years in Norfolk, and elsewhere, to general Satisfaction. She flatters herself that those Gentlemen and Ladies who have hitherto employed her will grant their further Indulgence, as no Endeavours shall be wanting to complete what is above mentioned, with a first Attention to the Behaviour of those Ladies intrusted to her Care.

Reading will be her peculiar Care; Writing and Arithmetick will be taught by a Master properly qualified; and, if desired, will engage Proficients in Musick and Dancing.

With the academy movement there was developed out of the spirit of the times a demand for higher education for girls. As early as 1784 the school at Leicester, Massachusetts, was made coeducational, but opportunities for girls were generally provided at first in separate academies. As the demand grew, especially after the influence of the Troy Seminary (founded 1821) had made itself felt, Oberlin College

had opened its doors to women (1835) and Mt. Holyoke had been established (1836), the academies became increasingly coeducational.
Whatever the public thought of the theory of educating boys and
girls together, the demand was strong that girls be provided for. Economically it was impossible for small communities to support two
schools; consequently academies after about 1820 became increasingly
coeducational.

Although the attitude of Puritan New England toward the education
of girls was hostile—even the dame schools and the more advanced
town schools being in the early days primarily for boys—there is evidence
that some girls by individual effort advanced their learning. By 1750,
however, sentiment was changing. Girls were generally admitted to the
town schools; and opportunities in the larger communities for more
advanced learning were afforded by "an extremely versatile and variable
institution—the adventure school, whose proprietor, master or mistress,
was willing for a price to teach anything desired." [40] Such schools were
common in New York and Philadelphia, where, thanks to Dutch and
Quaker influences, girls had always been treated more generously than
in New England. Beginning before the academy and continuing along-
side it were "female seminaries," which were the dominant agency for
the education of girls until the high school began to be popular, after
1860. They attempted primarily to prepare for life rather than exclusively for college, offering "Christian religion and morals, domestic
training, maternal influence and social usefulness, training for the teaching profession, accomplishments, physical health, intellectual enjoyment,
and discipline." [41] Although adaptable, the seminaries were frequently
criticized as superficial.

Decline.   As time went on, the first fine enthusiasm for making the
academy revolutionize education gradually waned. It is always hard to
invent means of carrying out practically even the most generally approved theory, and the many teachers that were demanded for the increasing number of schools must have had little ability or time to do

---

[40] Thomas Woody, *A History of Women's Education in the United States,* Vol. I,
p. 149.
[41] Woody, *Ibid.,* Vol. I, p. 397.

more than carry on textbook instruction of a conventional kind. For three quarters of a century the academy was the dominant secondary school. By the end of that time it had become largely formalized and tended more and more to a curriculum preparatory for college. For a third of a century after the establishment of free public high schools it increased in numbers, and then for a generation it impeded the oncoming flood of free high schools. But its day of supremacy was over by 1890. Except in a few New England communities the academy remains now only as a secondary school maintained by religious sects or supported by endowments and tuition, and devotes itself almost exclusively to preparation for college.

Contributions.   By comparing secondary education at the close of the academy period with that inherited from England it is possible to realize the advance that had been made. In the first place, though the academy was in its beginnings and somewhat thereafter privately supported and controlled, civic authorities by various kinds of aid had continued and increased the early colonial sentiment of public support. Second, domination by church and sectarian influence, as compared with that in Europe, had largely given way. Third, the academy attracted and admitted not only boys, who were older than formerly and from classes not so exclusively of the top social and economic rank, but girls also. Fourth, it built on the improved elementary school and so was no longer a parallel and aristocratic institution. Fifth, it continued tuition charges, which naturally prevented the democratization that later was to come. While originating in response to a democratic movement, it became a school for the well-to-do. Poor youth of talent, however, seem to have received some encouragement through the remission of fees, and we do know that opportunities for "working one's way" increased. Sixth, it revolutionized the curriculum, retaining the best of the old but adding new subjects that were both more advanced and more practical. However, as Kandel notes, "a philosophy does not appear and, as contrasted with the rooted convictions on the purposes of a secondary education to be found in Europe at that time, the development of the curriculum seems to have been haphazard, vague, and opportunistic." But it had great influence on the colleges, enabling and in some instances forcing them to raise their standards and improve their offerings. And seventh, in its beginning, at least, it was no longer merely preparatory for college, but attempted to give the kinds of education that its students needed for life success.

In addition, the academy undoubtedly increased the public sentiment for advanced educational opportunities, and so prepared for the high school of the later day, to which it bequeathed its form of organization. Moreover, it developed school buildings and equipment of several kinds. But the failure to carry out the revolutionary, though sound, program presented by Franklin is the first great tragedy of secondary education in America. Unfortunately, it is not the last. The failure resulted naturally, of course, because there were no provisions for developing detailed plans for procedure, for converting to the new philosophy teachers who were saturated by tradition, and for guiding them by supervision to appropriate practices.

Selected Bibliography

The literature of the history of American secondary education is large. The following list is not intended to be exhaustive, but consists of selected references which will be useful to the reader who is interested in pursuing the subject further. Footnote references are repeated only when they are recommended for general reading.

ADAMS, JAMES TRUSLOW, *Provincial Society (1690–1763)*. New York: The Macmillan Company, 1934. 374 pp.

BROWN, ELMER E., *The Making of Our Middle Schools*. New York: Longmans, Green and Company, 1903. 547 pp.

CUBBERLEY, ELWOOD P., *Public Education in the United States*, rev. ed. Boston: Houghton Mifflin Company, 1934. 782 pp.

————, *Readings in Public Education in the United States*. Boston: Houghton Mifflin Company, 1934. 534 pp.

HANSEN, ALLEN O., *Liberalism and American Education in the Eighteenth Century*. New York: The Macmillan Company, 1926. 317 pp.

HOLMES, PAULINE, *A Tercentenary History of the Boston Public Latin School (1635–1935)*. Cambridge: Harvard University Press, 1935. 541 pp.

JERNEGAN, MARCUS W., *Laboring and Dependent Classes in Colonial America.* Chicago: The University of Chicago Press, 1931. 256 pp.

KNIGHT, EDGAR W., *Public Education in the South.* Boston: Ginn and Company, 1922. 482 pp.

LEACH, ARTHUR F., *English Schools at the Reformation, 1546–48.* Westminster: Archibald Constable and Company, 1896. 346 pp.

MARTIN, GEORGE H., *The Evolution of the Massachusetts Public School System.* New York: Appleton, 1894. 284 pp.

MONROE, PAUL, *Founding of the American Public School System.* New York: The Macmillan Company, 1940. 520 pp.

SEYBOLT, ROBERT F., "The Evening School in Colonial America," *University of Illinois Bulletin*, Vol. XXII, No. 31, Urbana, 1925. 68 pp.

——, "Source Studies in American Colonial Education: The Private School," *University of Illinois Bulletin*, Vol. XXIII, No. 4, Urbana, 1925. 109 pp.

——, *The Public Schools of Colonial Boston, 1635–1775.* Cambridge: Harvard University Press, 1935. 101 pp.

WERTENBAKER, THOMAS J., *The First Americans.* New York: The Macmillan Company, 1927. 348 pp.

WOODY, THOMAS, *A History of Women's Education in the United States*, 2 Vols. Lancaster, Pa.: The Science Press, 1929. 1254 pp.

——, *The Educational Views of Benjamin Franklin.* New York: The McGraw-Hill Book Company, 1936. 270 pp.

CHAPTER *II*

DEVELOPMENT OF THE PUBLIC
SECONDARY SCHOOL

The First High Schools. While the academy was developing, other movements of great importance were going on. The new states were getting on their feet economically, a middle class of merchants and artisans was becoming relatively prosperous, humanitarian and democratic sentiments [1] were strong, and, at least in the northern states, systems of free elementary schools were established.[2] Naturally the academy, which had become to a large extent a fee school emphasizing the old classical curriculum, was for this and other reasons frequently impeached, and there was a democratic demand that some public provision should be made for the higher education of all youth. In 1821 Boston established its English High School, which was the beginning of the more than twenty-eight thousand secondary institutions that now flourish over the whole nation. From the report of the school committee to the town meetings we learn the reasons, which must have been an expression of widespread sentiment:

The mode of education now adopted, and the branches of knowledge that are taught at our English grammar schools, are not sufficiently extensive nor otherwise calculated to bring the powers of the mind into op-

[1] "Not the least important of the philosophic principles which contributed to the molding of American thought was the belief in the perfectibility of man, his capacity for progress, and his right to an opportunity to realize himself."—Isaac L. Kandel, *History of Secondary Education,* Boston, Houghton Mifflin Co., 1930, p. 391.

[2] See Elwood P. Cubberley, *Public Education in the United States,* rev. ed., Boston, Houghton Mifflin Co., 1934, Chaps. VI and VII.

30

eration nor to qualify a youth to fill usefully and respectably many of those stations, both public and private, in which he may be placed. A parent who wishes to give a child an education that shall fit him for active life, and shall serve as a foundation for eminence in his profession, whether Mercantile or Mechanical, is under the necessity of giving him a different education from any which our public schools can now furnish. Hence, many children are now separated from their parents and sent to private academies in this vicinity, to acquire that instruction which cannot be obtained at the public seminaries. Thus, many parents, who contribute largely to the support of these institutions, are subjected to heavy expense for the same object, in other towns.

The Committee, for these and many other weighty considerations that might be offered, and in order to render the present system of public education more nearly perfect, are of the opinion that an additional school is required. They, therefore, recommend the founding of a Seminary which shall be called the English Classical School,[3] and submit the following as a general outline of a plan for its organization and of the courses of study to be pursued.

The details of the recommendations were that the schools should have a course three years in length, admit on examination boys of twelve years of age who were qualified in reading, writing, English grammar, and arithmetic as far as simple proportion, that the teachers should be "regularly educated at some University," and that the studies should be as follows:

First Class: Composition; Reading from the most approved authors; Exercises in Criticism, comprising critical analyses of the language, grammar, and style of the best English authors, their errors & beauties; Declamation; Geography; Arithmetic continued.

Second Class: Composition, Reading, Exercises in Criticism, Declamation, Algebra (continued); Ancient and Modern History and Chronology; Logic; Geometry; Plane Trigonometry and its application to measurement of heights and distances; Navigation; Surveying, Mensuration of Superficies & Solids; Forensic Discussions.

Third Class: Composition, Exercises in Criticism, Declamation, Mathematics, Logic, History, particularly that of the United States (continued); Natural Philosophy, including astronomy; Moral and Political Philosophy.

[3] The name "English High School" was soon adopted.

In 1824 Worcester, Massachusetts, established a High School for Girls; New York inaugurated a girls' school in 1826; and a few days later Boston opened a similar institution, to be conducted on the monitorial plan. This last was so popular, however, that two years later it was closed. In his *Journal of Education* Barnard wrote, "Before the end of the second year the school had become so popular, the applicants for admission so numerous, so many parents were disappointed that children were not received, the demand for larger and better accommodations, and for increased scholars, involved such additional expenditure that the . . . Girls' High School was discontinued." The first master of the English High School after two years of service established a private school for girls, which was long successful and prosperous. One reason why high schools were demanded for girls is that there was great dissatisfaction with the superficiality of the work done in female seminaries, which often stressed "accomplishments," such as dancing and fancy needlework, to the neglect of "solid" subjects.

The Massachusetts Law of 1827.   As has been stated, the Massachusetts law requiring Latin grammar schools had been so amended in 1789 and 1824 as to free most towns from their obligation. In 1827 the legislature passed a new law providing for two types of higher schools. Every city, town, or district containing five hundred families was required to maintain for ten months in each year a school in which were taught, beyond the common elementary subjects, the following: history of the United States, bookkeeping by single entry, geometry, surveying, and algebra. Every city or town containing four thousand inhabitants should, in addition, have taught Latin, Greek, history, rhetoric, and logic. It is obvious that here, as later elsewhere, it was the intention to give in one school preparation both for life and for advanced studies in colleges.

Opposition.   The influence of Massachusetts was again felt in other states, but not without vigorous opposition. Griffin [4] records from the

---

[4] Orwin B. Griffin, *The Evolution of the Connecticut State School System*, New York, Teachers College, Columbia University, 1928, p. 72.

debates over establishing a high school at Hartford such phrases as "vested rights," "steady habits in the good old ways," "no taxation for other peoples' children," "let well enough alone," "what was good enough for the father was good enough for the son," and "none of your high schools for me." The use of these phrases was not peculiar to Connecticut. But opposition was impotent to stem the tide of public sentiment. The high school at Middletown was finally established in 1840. Maine adopted the Massachusetts plan without its compulsory features and in 1873 provided state support, which quickened the increase of secondary schools. In New York similarly, there was no compulsion, but local initiative was encouraged, and in 1853 a free school law was enacted. Philadelphia established a high school in 1836, Baltimore in 1838, Ohio began its movement in the decade 1840–50; and persuasive laws were general except in the South. Everywhere the current was beginning to flow, and where the law did not require high schools, a recognition of need, zeal, pride, and emulation tended to provide them.

The Kalamazoo Decision. The Massachusetts laws that have been mentioned were based on the assumption that education beyond the elementary branches might be provided by the state. In many places free high schools were established without explicit justification in law. They were often challenged by the rich on account of taxation, but were both demanded and supported by the working classes. From 1825 on, labor has given free public education consistent support. The assumption and the practice of public support for higher education was finally challenged by a taxpayer in Michigan who in 1872 argued that "there is no authority . . . to make the high schools free by taxation levied on the people at large," and that "instruction in the classics and in the living modern languages in these schools" should be regarded "in the nature not of practical and therefore necessary instruction for the benefit of the people at large, but rather as accomplishments for the few, to be sought after in the main by those best able to pay for them, and to be paid for by those who seek them, and not by general tax." The court decided against his contentions, and this decision in the Kalamazoo Case set a precedent that has been followed in all other states when the issue was raised.[5] There is no question now that secondary schools are an integral part of the public school system.

Support and Control.   Support of high schools was made mandatory by the Massachusetts law of 1827. Other states followed tardily. At first support was usually by the local school district, but gradually there developed, beginning in the last third of the nineteenth century, the practice of state aid which has become general. Although in the early days there was considerable argument that high schools would charge tuition, which they frequently did until about 1850, sentiment that they should be entirely free steadily developed, and the question is now never even raised.

The first high schools were as a rule upward extensions of the elementary grades, varying in length from one to four years, and admitting pupils only by examination. The most popular form of curriculum was similar to that common in the English department of the academies. Consequently, the new high school was primarily a terminal school, especially in the East, while the academy became more exclusively preparatory for colleges. Gradually, however, it added the classics and assumed the function of preparation for higher institutions. Its growth as a preparatory school was notably rapid in the Middle West under the encouragement especially of the University of Michigan. An argument as to whether it should or could perform both functions continued until the twentieth century. In 1867 the United States Commissioner of Education, Henry Barnard, thought that it should not attempt to prepare for college. In 1873 President Eliot of Harvard doubted if it ever could successfully furnish the required preparation. President Parker of Yale argued that "the high schools can not be good fitting

[5] For other court decisions, see B. Jeannette Burrell and R. H. Eckelberry, "The High-School Question before the Courts in the Post-Civil-War Period," *School Review,* 42: 255–65, April, 1934. Further material bearing upon the evolution of the free public high school will be found in the following articles by the same authors: "The High School Controversy in the Post-Civil-War Period: Times, Places, and Participants," "The Free Public High School in the Post-Civil-War Period," "The Free Public High School in the Post-Civil-War Period: I. Political, Social and Moral Arguments; II. Economic and Educational Arguments," *School Review,* 42:333–45, 606–14, 667–75, May, October, and November, 1934.

schools because they are community schools supported by the people and the colleges will not be able to control the making of the course of study"! And as late as 1889 President Eliot stated that "not one tenth of the schools called high in Massachusetts habitually maintain a course of study which enables the pupil to prepare himself for admission . . . to any college in the state which enforces its requirements for admission as stated in its catalog." [6]

The current was irresistible, however. The people were content with no less in the public schools than was furnished by the formalized academies. The colleges gradually increased the number of subjects that they would accept for admission either to general courses or to special departments leading to degrees other than the A.B. From 1870 on they made numerous concessions to the high school, at the same time vastly liberalizing and advancing their own offerings. The high schools in large cities, beginning with Lowell in 1861, offered optional curricula, and, beginning in Newtown, Massachusetts, about 1870, election of subjects. The dual functions of fitting for life needs and of preparing for college are generally accepted today. Unfortunately, even in the large schools, which can offer many options, far more pupils are permitted to elect and to continue college preparatory subjects of remote and contingent values than can possibly profit from them; and in many high schools so small that only one curriculum can be offered, the college preparatory subjects usually take first place.

It is difficult for a political unit to control schools which it does not support, at least in part. The states gradually assumed a degree of control, however, through classification, licensing of teachers, curriculum requirements, and approval of textbooks. High school inspectors and supervisors have been designated to enforce standards, usually those set up by the associations of colleges and secondary schools, and to furnish assistance of various kinds for the improvement of curricula and teaching. The tendency is for an increasing proportion of the support of high schools to be supplied by areas larger than the local district. In recent years the proportion from local revenues has declined and the proportion from state sources has increased. "Percents of total funds provided from local sources are highest in the Middle and in the New England

[6] *Proceedings* of the National Education Association, 1890, p. 522.

states. They are lowest in the South, where state support has gained more than elsewhere. Actual proportions from local sources range from 96.0 percent and 92.1 percent for Iowa and New Hampshire to 15.5 percent and 10.4 percent for New Mexico and Delaware. . . . However, about two-thirds of the funds for public schools in the nation still come from local sources, chiefly from the general property tax." [7] With the increase in appropriations by the states their control was extended until it is now in many regions potent in determining the nature and the quality of the work offered. This is very important as a factor in facilitating educational reforms that may be determined as advisable.

INFLUENCES IN THE RECENT DEVELOPMENT OF THE SECONDARY SCHOOL: PROFESSIONAL

In this brief sketch there is no opportunity to consider adequately the professional influences that have been most important in the development of secondary education. In the last two decades of the nineteenth century there were many and vigorous discussions in the National Education Association when it was small and when powerful personalities with ideas made themselves felt. These discussions concerned the nature of secondary education, its special functions, types of organization, and improvements in curricula and method. Culminating from these was a series of national committees, the reports of which had great influence in directing the course of the high school. In recent years, professional teachers' organizations and regional accrediting associations, by their continuous labors to improve the content and quality of instruction and to raise professional standards, have exerted great practical influence. The growing activity and importance of state departments of education have been directly reflected in improvement of the schools in many of the states. Some of the numerous surveys and investigations of secondary schools undertaken in recent years have also had beneficent effects. But more than by any other specific professional influences, the development of the secondary school has been

---

[7] Statistics for the school year 1943–44. "Statistics of State Progress in Public Education," *N. E. A. Research Bulletin,* Vol. XXV, No. 4, December, 1947, p. 127.

deeply affected by the emphasis on pragmatism in recent educational thinking and by the practical implications of the rise of a science of education.

National Committees. The first of these was the Committee of Ten on Secondary Studies,[8] appointed by the National Education Association in 1892 and reporting two years later. The members of the Committee and of its nine subcommittees were exceedingly able people, and their report offered what were at the time many progressive ideas. "The secondary schools of the United States . . . do not exist for preparing boys and girls for colleges. . . . Their main function is to prepare for the duties of life that small proportion of all the children of the country . . . who show themselves able to profit by an education prolonged to the eighteenth year and whose parents are able to support them while they remain so long in school." Among other statements indicative of the attitude of the Committee were, "A secondary school program intended for national use must therefore be made for these children whose education is not to be pursued beyond the secondary school," and "college requirements for admission should coincide with the high school requirements for graduation." Unfortunately, the Committee's contention that good preparation for life is equally good preparation for college was within a very few years generally interpreted to mean that what is good for college admission is equally good as preparation for life!

The reason for this inversion is easy to understand when one recalls the common belief at the time that the chief purpose of education was "to train the mind." Repeatedly in the report there are statements to the effect that a subject is "an instrument for training the mind to habits of intellectual conscientiousness, patience, discrimination, accuracy, and thoroughness—in a word, to habits of clear and sound thinking;" that "the study of formal grammar is valuable as training in thought, but has only an indirect bearing on the art of writing and

[8] *Report of the Committee of Ten,* New York, American Book Co., 1894. For summaries and criticism, see Thomas H. Briggs, "The Committee of Ten," *Junior-Senior High School Clearing House,* November, 1931, pp. 134–41; Edwin C. Broome, *A Historical and Critical Discussion of College Admission Requirements,* pp. 132–40; and J. Paul Leonard, *Developing the Secondary School Curriculum,* pp. 142–68.

speaking"; and that modern foreign languages will "train the memory and develop a sense of accuracy, quicken and strengthen the reasoning powers, and broaden the mind." Believing in mental discipline and the general transfer of acquired powers, the Committee argued that equivalent value be accorded to all subjects "when properly organized and taught" and that the same methods be used for those whose formal schooling was to terminate in the secondary school and for those who were headed for college. When the Committee urged that every subject should be so taught as to be beneficial to the extent to which it was pursued, it spoke merely in terms of realizing disciplinary values. It should be unnecessary to add for professional readers that a belief in automatic transfer of acquired powers and in the disciplinary effect of studies has been entirely discredited by psychology.

The Committee emphasized the need for better-trained teachers; argued repeatedly for a correlation of subjects, though it certainly did not envisage the modern "activities program" or the "experience curriculum"; suggested that certain secondary school subjects be introduced much earlier, some as early as the fifth grade; and insisted that the many short, disconnected subjects in the curriculum—such as "fourteen weeks of astronomy"—be replaced by coherent courses continued over a period of two or more years. It proposed four curricula that for years were followed by most of the secondary schools of the country, and its influence on the organization and teaching of the several subjects of study was considerable. Some of its most novel suggestions, however, such as the use of Saturday mornings for laboratory work and one afternoon a week specifically for field trips in science study, had negligible results. Probably the greatest contribution of the Committee of Ten was bringing into focus issues of importance and in stimulating discussion that led to the formation of other national committees designated to deal with these issues.

Other National Committees.   Following the report of the Committee of Ten, other national committees were formed by the National Education Association and by its allied organizations. The most important to deal with general problems of secondary education were the committees on the Correlation of Subjects (1893–95), on College Entrance Requirements (1895–99), on the Articulation of High Schools and Colleges (1910–1911), on Six-Year Courses (1905–09), on Economy of Time in Education (1905–1913), on Standards of Colleges and Secondary Schools (1906), on the Reorganization of Secondary Education (1913–18), and on the Orientation of Secondary Education (1932–37). Though often handicapped by lack of funds and by insufficient time for conference work, these committees did much to clarify the problems of secondary education. A brief explanation of the work of only two of the committees will be presented.

The Commission on the Reorganization of Secondary Education was composed of a small central Reviewing Committee and of sixteen subcommittees, each dealing with a special field of study such as English, the social studies, and music. A majority of the subcommittees prepared reports which were published by the United States Bureau of Education, but it was the general report of the Commission [9] which was by far the most influential. This began by stating that "the purpose of democracy is so to organize society that each member may develop his personality primarily through activities designed for the well-being of his fellow members of society as a whole," and that "education in a democracy, both within and without the school, should develop in each individual the knowledge, interests, ideals, habits, and powers whereby he will find his place and use that place to shape both himself and society toward ever nobler ends." It then proposed as the main objectives of education: "1. Health, 2. Command of the fundamental processes, 3. Worthy home-membership, 4. Vocation, 5. Citizenship, 6. Worthy use of leisure, 7. Ethical character." This list of objectives has been criticized as "a somewhat disordered miscellany," but it served to direct the attention of educators from subject matter as such toward the desired outcome of education stated as life needs.

The Commission argued that education is a process of growth and must begin therefore with the pupils' own experiences; that the values of courses should be made evident to learners; that all courses should be maximally valuable to the extent to which they are pursued; that "every normal boy and girl be encouraged to remain in school to the age of 18";

[9] "Cardinal Principles of Secondary Education," United States Bureau of Education, *Bulletin No. 35,* 1918, Washington, United States Government Printing Office, 1918.

and that "secondary schools admit and provide suitable instruction for all pupils who are in any respect so mature that they would derive more benefit from the secondary school than from the elementary school." The Commission recommended "a reorganization of the school system whereby the first six years shall be devoted to elementary education designed to meet the needs of pupils of approximately 6 to 12 years of age, and the second six years to secondary education designed to meet the needs of pupils of approximately 12 to 18 years of age." It outlined the work of the junior and the senior high schools, and recognized the desirability of extending secondary education, when financially possible, through two additional years of junior college. The report concluded with a discussion of principles of curriculum organization and with an argument supporting the comprehensive high school as a desirable standard institution. Since its publication in 1918 the general report of the Commission has had profound influence in stimulating and directing thinking about the education of youth. Most of its recommendations have become incorporated within the thinking of liberal-minded teachers.

The Committee on the Orientation of Secondary Education was formed in 1932 by the Department (later the National Association) of Secondary-School Principals in the conviction that the resolution of practical problems of curriculum, organization, and administration depended upon clarification of and agreement on certain more basic issues. The Committee addressed itself to the task of defining and clarifying these issues, presenting the results of its deliberations in a report published in January, 1936.[10] The report analyzed each of ten basic issues, presented the contending points of view, and offered the preferred resolution. In a second major report, "Functions of Secondary Education," [11] the Committee formulated and discussed what were, in its judgment, the ten major special educational responsibilities of the secondary school, predicating its thinking largely upon the basic philosophy previously enunciated in the "Issues." These "Functions" are considered in detail in a later chapter of this book.

---

[10] "Issues of Secondary Education," *Bulletin No. 59*, Department of Secondary-School Principals, January, 1936.

[11] *Bulletin No. 64*, Department of Secondary-School Principals, January, 1937.

The Committee on Orientation was the first to make an organized effort to popularize its reports and to encourage implementation of its recommended principles. Thanks to a financial subsidy granted by a foundation, it was able to organize in every part of the country groups of principals who, directed by state "coordinators" and with the assistance of prepared discussion outlines, for two years considered the reports and the practical implications of their findings. Probably no other reports have ever received such widespread and intensive consideration by educators. To encourage further development and practical utilization of the findings, the National Association of Secondary School Principals designated a continuing Committee on Implementation which has itself promulgated a series of important reports: *That All May Learn* (1939), *Promising Practices in Secondary Schools* (1940), *Counseling and the Changing Secondary School Curriculum* (1940), *Occupational Adjustment and the School* (1940), and *The School Follows Through* (1941).

Professional Associations.   The activities of professional associations have made considerable contribution to the development of the secondary school. The largest and most influential of these, the National Education Association, founded in 1857 as the National Teachers' Association "to elevate the character and advance the interests of the teaching profession and to promote the cause of education throughout the country," has directly through its own committees and publications and indirectly through its many departments and divisions done much to raise the professional standards of the secondary school and to improve the quality of its education. The National Education Association created, among many others, the Committee of Ten in 1892 and the later Commission on the Reorganization of Secondary Education. Acting jointly with the American Association of School Administrators, it created in 1935 the Educational Policies Commission which has produced a series of important statements clarifying the role of education in a democracy.[12]

[12] See, for example, *The Unique Function of Education in American Democracy* (1937), *The Purposes of Education in American Democracy* (1938), and *Education for Free Men in American Democracy* (1941).

Of the departments of the National Education Association, the most active in secondary education has been the National Association of Secondary-School Principals, which, since its formation in 1916, has served as a clearing house for secondary-school problems and for the exchange of professional information. The activities and interests of this Association range from making practical suggestions on details of instruction and administration to the discussion of major educational issues. Recent important productions of the National Association of Secondary-School Principals have been the two reports of the Committee on Orientation and the extensive series of publications of the Consumer Education study. Other departments and divisions of the National Education Association, such as the National Council for the Social Studies, have had marked influence on curriculum and instruction in the specific subject areas. Though not affiliated with the NEA, teachers' organizations such as the National Council of Teachers of English and the National Council of Teachers of Mathematics have had nation-wide influence on classroom practice.

Another type of professional organization which has played a noteworthy part in the development of secondary education is the National Society for the Study of Education, which, since its founding in 1895, has pursued with unremitting effort the scholarly investigation of such pertinent subjects in the education of youth as heredity and environment, the nature of intelligence, the use of intelligence tests, and the psychology of adolescence.

The Progressive Education Association (now the American Education Fellowship) was instrumental in sponsoring one of the most ambitious and significant studies in the history of the American secondary school—the Eight-Year Study.[13] The study showed that the rigid pattern of the college-preparatory curriculum can be relaxed without harmful effects on the subsequent achievement of students in college. The full impact of the results of the Eight-Year-Study has not yet been felt, but already colleges are showing willingness to liberalize their entrance requirements. The effect of its findings promises to be much more far-reaching.

[13] Wilford M. Aikin, *The Story of the Eight-Year Study,* New York, Harper and Brothers, 1942.

Regional Accrediting Associations. These have been still another influence in the development of secondary education. The most important of the accrediting associations have been the New England Association of Colleges and Preparatory Schools (organized in 1885), the Association of Colleges and Preparatory Schools of the Middle States and Maryland (1887 and 1892), the Southern Association of Colleges and Secondary Schools (1895), and the North Central Association (1895). These associations have done much to bring about an understanding on the part of those in charge of both secondary schools and colleges, not only of their problems, but also of the best means of solving them. They have developed standards—for the most part for the physical organizations of both schools and colleges—and have required increasingly better preparation of teachers. The most active and effective of the associations is the North Central Association. A reading of any one of its recent reports will reveal the extensiveness, ambition, and beneficence of its program. Its influence has extended far beyond its own territory, its standards having been adopted with little or no modification in all parts of the country.

Endowed Foundations. Another influence in recent years has been the endowed foundations, the most important of which have been the General Education Board, the Carnegie Foundation for the Advancement of Teaching, and the Rosenwald Fund. With tremendous wealth they have supported professors of secondary education in Southern universities and assistants in state departments of education, subsidized special developments of which they approved, enabled many promising young men and women to pursue advanced study preparatory to leadership, conducted surveys from which significant improvements resulted, and subsidized investigations of national scope. There can be no question that these influences have been great in affecting the policies and programs of secondary schools during the past half century. Fortunately, the great power of the large endowments has found, on the whole, beneficent direction. It would be a tragedy of high import if the weight of benevolently intended great wealth, administered by self-perpetuating boards of directors, should ever be thrown against the trend of democratic sentiment.

In recent years several of the foundations have made most of their grants to projects sponsored or approved by the American Council on Education. This is a nationally representative council of educational organizations, related professional groups, school systems, and individual institutions of higher education. It was the Council which sponsored and directed the work of the American Youth Commission through whose valuable studies much has been learned concerning the educational needs of youth, especially in the older age groups. In addition to its summary report, *Youth and the Future* (1942), publications of the Commission included *Secondary Education for Youth in Modern America* (1937), *Youth Tell Their Story* (1938), *Equal Educational Opportunity for Youth* (1939), and *Time on Their Hands* (1941).

Special Surveys and Investigations. Initiated sometimes by professional organizations and sometimes by public legislative bodies, these surveys and investigations have subjected secondary schools to close scrutiny. Though varying in scope as well as in quality and in influence they have had in general the salutary effect of pointing out weaknesses in secondary education and of stimulating efforts at improvement. It cannot be said that secondary education has made the most of its opportunity to utilize in a practical way the findings of most of these studies, but some have had definite positive influence.

The most comprehensive survey, though not of proportionately substantial influence, was the National Survey of Secondary Education, completed in 1932 with funds provided by the Federal government. The report of the survey was essentially factual and descriptive and did not offer a program of educational reform. The highlights of its twenty-seven special reports are presented in the *Summary* volume.[14] Of several surveys of state school systems, the Inquiry into the Character and Cost of Public Education in the State of New York, completed in 1938, may be cited as an example. The reports of this survey included recommendations for the improvement of the secondary schools pred-

---

[14] "National Survey of Secondary Education," Monograph No. 1, United States Office of Education, *Bulletin No. 17, 1932*, Washington, United States Government Printing Office.

icated upon a pragmatic philosophy of education,[15] and gained nation-wide attention. On a local level, numerous cities, towns, and counties have conducted surveys of their schools, with widely varying practical results.

Within the specific subject fields there have been numerous studies, undertaken usually by organizations of teachers and sometimes aided by grants from Foundations. Thus, the Commission on the Social Studies conducted an extensive inquiry into the content and instruction of the social studies, and presented its findings in a general volume of *Conclusions and Recommendations* (1934) and sixteen special reports; the Joint Commission of the Mathematical Association of America and the National Council of Teachers of Mathematics completed in 1940 a report on the *Place of Mathematics in Secondary Education*; and in their special fields teachers of English, foreign languages, and the other subjects have conducted similar investigations. Within their specific educational areas, these investigations have had great influence on content and method of instruction.

Influence of Colleges.   As development of the public high school proceeded, the influence of the colleges increased. Although they made concessions to the high school, not only the subjects demanded but the type of examinations set determined to a large extent high school curricula and methods of teaching. Lull states that "a study of the examination questions of Harvard University [16] from 1860 to 1874 shows that nowhere in the fifty-six lists of questions in Latin is there a single non-mechanical question intended to test the candidate upon his knowledge of Roman life, history, or literature." Consequently the high schools demanded of their pupils large amounts of pure *memoriter* learning. As the influence of seventeenth-century humanism declined and the professional value of the subjects decreased, however, justification was found in mental discipline. Even the newer subjects, which were introduced

[15] See Francis T. Spaulding, *High School and Life,* New York, The McGraw-Hill Book Co., 1938.

[16] Herbert G. Lull, *Inherited Tendencies of Secondary Education in the United States,* Berkeley, University of California Press, 1913, pp. 275–77, quoting from R. F. Leighton's *Harvard Examination Papers,* 1860 to 1874, Boston, 1888.

as practical, were discovered to train the mind, strengthen the memory, develop the imagination and judgment, give power of concentration, cultivate the taste, and result in other general mystical beneficences! This attractive theory tended, of course, to minimize the importance of practical information and to emphasize the logical organization of all subjects taught.[17]

Until the middle of the nineteenth century, examinations for admission to college were invariably oral. Each college set its own examination and admitted its own students. The requirements varied not only in the stated subjects but even more in the quantity and quality of them. In 1885 the headmaster of Phillips Andover Academy despairingly exclaimed, "Out of over forty boys for college next year we have over twenty senior classes!" No wonder there was complaint that high schools were not satisfactorily performing the preparatory function. After much discussion the isolated self-sufficiency of the colleges to some extent yielded to the need of unity of action. In 1879 the majority of New England colleges adopted the Harvard plan for requirements in English literature. More or less uniform requirements in the classics and in mathematics were approved a few years later. The College Entrance Examination Board was organized in 1900, and ever since then has been setting uniform examinations, the results of which are accepted by practically all colleges in the United States, though usually combined with other admission requirements.

Beginning in 1870, however, an entirely new procedure got under way. The University of Michigan in that year announced that it would examine high schools and after approving them admit their graduates without examination. Other colleges and universities in the Midwest adopted the same policy. At the present time more than 90 per cent of the students who enter higher institutions from secondary schools do so on certificate.

---

[17] In 1897 the North Central Association of Colleges and Secondary Schools unanimously "Resolved, That in the opinion of this association, in the secondary schools, and in the colleges as far as the end of the sophomore year, the foremost object of effort should be the development of the various powers of the pupil; that those studies which are best adapted to develop the faculties of the pupils should have predominant place in the several curricula; and that the studies selected for this purpose should receive prominent and prolonged attention."

State Departments of Education. The influence of state departments of education upon the development of the public secondary school has varied considerably from state to state, as have the powers and the responsibilities assigned to the departments. In general, by exercise of their normal responsibilities for accreditation of schools, certification of teachers, adoption of textbooks, and participation in teacher-training programs, state departments of education have acted to elevate the educational standards of the secondary school. In regulating the distribution of state funds to the extent that they have been permitted by state laws, they have worked to reduce inequalities in educational opportunity for the youth of the state. In some states, through energetic leadership in initiating curricular reform and maintaining adequate supervision, departments of education have exerted a more potent influence. Such has been the case, for example, in Maryland. In Virginia, the state department of education some years ago took the lead in a comprehensive reorganization of the curriculum along more functional lines.

Textbooks. Beginning about 1870 the colleges, tremendously influenced by German scholarship, began to develop into universities, with greatly expanded curricula, the elective system, multiple degrees, and emphasis on research. Information, however practical, entertaining, or erudite, was not sufficient; it had to be developed by scholarly research and contribute to the organization of its subject. "Knowledge for the sake of knowledge" was the slogan, but knowledge that contributed to logical organization rather than to life needs was required. This change in the colleges quickly made its influence felt on the high schools, partly because of the training the teachers received but even more through textbooks. These were frequently condensations or adaptations of texts written by college professors for their own classes. The textbooks used in the early high schools, especially in English, were large and more or less complete compendiums, definitions and rules appearing before illustrations and applications. Being unwieldy, they were condensed, largely by omitting illustrations and applications. "*Swinton's Language and Grammar Series* (1874) represents the beginning of a new epoch in teaching the English language and grammar. . . . The subject was simplified by elimination rather than by condensation. The order in this book is still *definition* before *use*, but, on the other hand, it is definition for use." [18]

The high school curriculum before 1900 is characterized by Rugg as "morphological"; its designers—*i.e.*, the textbook writers—"were interested in classification, in naming parts and describing forms, rather than in developing an understanding of function and functioning. . . . The acme of the morphological was reached in the scientific curriculum. Zoology abounded in technical terms and classifications of animals. Concise descriptions of animal life and dry enumeration of physical characteristics took the place of vivid accounts of their habits of life. . . . The aim seemed to be an encyclopaedic grasp of the physical constitution of the animal and plant species. . . . Textbooks were compilations of technical terms and minute texts of classification. Authors in revising them were more concerned to include the latest classification of animals than they were to give a broad understanding of the natural science world. The point of view of textbook construction is admirably illustrated in the statement that the 'most important discovery made since this book was first published is that the two lowest mammals, that is the duckbill and the echidna, both lay eggs.' " [19]

The ambition to be scholarly and exhaustive in treatment extended also to textbooks in English and the classics. In school editions the notes of explanation and criticism were so abundant that the original text, like Merlin's, was all but lost in the gloss. The spirit of literature certainly was. All during the nineteenth century, however, there was much discussion, even in the introductions to textbooks, of methods; but the methods, though gradually moving away from reliance on mere memory, always began in the subject. It was not until after 1900 that the writers of high school textbooks began the attempt to work from pupils' needs back to subject matter.

In recent years textbooks have undergone considerable improvement. Authors, usually experienced in secondary-school teaching, have become increasingly skillful in the selection and presentation of their

[18] Isaac L. Kandel, *History of Secondary Education*, Boston, Houghton Mifflin Co., 1930, p. 213.

[19] Harold O. Rugg, "A Century of Curriculum Construction in American Schools," *Twenty-Sixth Yearbook*, National Society for the Study of Education, Bloomington, Illinois, Public School Publishing Co., 1927, Part I, pp. 22 and 28.

material. Possessed of more than average competence and alertness, they have been ready to incorporate into their books the suggestions and recommendations originating in committee reports and special studies. As determiners of the content of the secondary-school curriculum, their influence has been greater than that of curriculum specialists, inasmuch as most teachers tend to adhere rather closely to the content and organization of the textbook. Sensitive to market requirements, however, authors have not always been able to follow the dictates of their best judgment. And selection of textbooks for school use is sometimes determined by factors other than the intrinsic merit of the contents.

Probably the best way to ascertain the changes that have occurred within the secondary-school curriculum is to review the changes in the textbooks. A survey made by the National Society for the Study of Education [20] showed that as late as 1930 the textbook was the dominant method of determining the curriculum in about 30 per cent of the schools surveyed. Though the textbook is still a potent force in American secondary education, reliance upon it as an exclusive source of information is gradually being reduced. The system of using state-adopted textbooks is being modified by the practice of listing acceptable alternative and supplementary texts, using materials prepared by teachers themselves, and training students to seek information from other available sources.

Advances in Educational Philosophy and Psychology.   In its recent evolution the secondary school has been affected by the changes in educational philosophy and the advances in psychology which have taken place in this century. These changes and advances are of fundamental importance, and in their own right merit special study. Adequate treatment of them in this short space is manifestly impossible; they are reviewed briefly if for no other purpose than to emphasize their importance as an influence in the recent development of the American secondary school.

[20] "The Textbook in American Education," *Thirtieth Yearbook,* 1931, Part II, Chap. 2. For analysis of earlier influence, see John E. Stout, *The Development of High School Curricula in the North Central States from 1860–1918,* University of Chicago Supplementary Education Monographs, No. 15, Chicago, University of Chicago Press, 1921, and George E. Van Dycke, "Trends in the Development of the High School Offerings," I and II, *School Review,* 39:657–64 and 737–47, November and December, 1931.

Primary among these developments has been a fundamental change in the conception of the nature and purpose of education. Traditionally, education above the elementary level has been viewed as the preparation of a relatively small number of gifted youth for "cultivated living" as well as for entrance into higher studies leading to professions. In the course of this century, education even through the college level has increasingly come to be viewed as the preparation of as many youth as possible for effective living in the American democratic society. Greatly stimulated by the social and economic conditions of twentieth-century life in America and given philosophical sanction in the great writings of William James, John Dewey, and others, this concept of education has gained increasing acceptance, until today, more than any other single factor, it serves to explain the distinctive character of the American school. In general, it may be said that the American secondary school is today predicated upon the principle that the results of education must "make a significant difference in living," [21] In words cited elsewhere in this book,[22] "the first duty of the school is to teach pupils to do better the desirable things that they are likely to do anyway"; and this principle, even if not perfectly implemented or applied, has influenced the American secondary school.

It is not intended to suggest either that the American secondary school is governed by but one prevailing philosophy of education or that the influence of tradition has been entirely eliminated. There is not one prevailing philosophy of education but several, some of them conflicting on important points of principle;[23] and in practice the secondary school reflects a number of, in some respects inconsistent, philosophies. The influence of tradition is still evident in a good deal of the work which the school does. But, by and large, recent changes in the school have reflected the influence of values which emphasize the practical and social functions of education as against the purely "cultural."

The great advances in educational psychology can also be only very

---

[21] For an elaboration of this thesis, see Thomas H. Briggs, *Pragmatism and Pedagogy,* New York, The Macmillan Co., 1940.

[22] See Chapter VII, "The Functions of Secondary Education," p. 173.

[23] See Isaac L. Kandel, *Conflicting Theories of Education,* New York, The Macmillan Co., 1938, and Joseph Justman, *Theories of Secondary Education in the United States,* New York, Teachers College Bureau of Publications, Columbia University, 1940.

briefly outlined. From a purely speculative and empirical study, psychology has been rapidly assuming the stature of a science. Since the pioneer efforts of Binet early in the century, much headway has been made in learning the nature of intelligence; although large gaps in our knowledge still exist, some of the discoveries have been utilized with great effect. The intelligence test has proved a useful instrument for measuring at least the academic type of intelligence; progress has been made in identifying and measuring types of capacities other than the academic as well as aptitudes and interests. The pioneer work of E. L. Thorndike, Cattell, Whipple, Terman and others has added immeasurably to an understanding of the educational significance of individual differences. Much new information has been gained in the fields of learning, motivation, genetic and environmental influences on behavior, group behavior, and mental hygiene.

At the beginning of this century nearly everybody believed that the mind was composed of "faculties," which could be so trained by general means that they would operate effectively in all life situations. That this outcome was not the result of formal training should have been obvious to common observation, but it was not clear then, and even today relics of this belief are the only justification for some of the subject matter in the secondary-school curriculum. Although psychologists are not yet entirely agreed on what the mind is or on how it learns, retains, and applies its knowledge, they are unanimous in rejecting the simple and attractive notion that the mind as a whole can be so trained that it will be effective in all later challenges of whatever kind. They wholly reject the notion of an automatic and inevitable transfer of training in one field to any and all others. In the absence of more positive conclusions, selection of the content of the school curriculum is made on the basis of the relevance of that content to assured or probable life needs, rather than on the basis of its "formative" value. Similarly current psychology rejects the once popular notion that there is some special virtue in discipline "for its own sake"; that to force oneself to perform a difficult and disagreeable task strengthens the will and has a generally salutary effect upon character.

Beginning with G. Stanley Hall's great work, much progress has been made in the study of the psychology of adolescence. Emphasis on measurement of the physical growth of adolescents has in turn given way to efforts to understand the characteristics of psychological development during this life period. More recently, attention has centered upon the social and economic problems facing adolescents particularly, and studies such as those of the American Youth Commission have contributed valuable knowledge.

Not in all respects has the school kept abreast of new developments in educational philosophy and psychology. As will be shown later, many school practices reflective of discarded educational beliefs still remain. In many instances, the school has only partially and inadequately utilized the results of educational thinking and psychological research. But as general influences, these have profoundly affected the character of the school during the last fifty years.

INFLUENCES IN THE RECENT DEVELOPMENT OF THE SECONDARY SCHOOL: SOCIAL-ECONOMIC

Pressure for educational change originates as a rule earlier in society outside the school than it does within the school itself or within the educational profession. Basic causes of change in educational theory and practice are generally to be found in changed political, social, and economic conditions in the society of which the school is a part. This has certainly been true of the recent history of the American secondary school. To understand this history, it is necessary to know also the nature of the social and economic forces which, since the turn of the century, have acted upon education.

Briefly, these social changes and developments may be enumerated as follows: the tremendous growth of the population of the country, from approximately 63,000,000 in 1890 to over 148,000,000 in 1950; the rapid industrialization of the country, the mechanization of industrial processes, and the growth of large and complex industries; the rise of the nation to a position of world leadership in business and trade; the transformation of the population from predominantly rural to predominantly urban dwellers, and the growth of numerous cities; revolutionary changes in communication and transportation following such inventions as the radio, the automobile, and the airplane; the tremendous increase in national productive capacity and national income; the generally continuous rise in the standard of living; the influx of new elements into the population through immigration; the extension of political democracy to the point of almost universal suffrage; the changed character of home and family living; and an increase in available leisure time, the development of mechanical amusement facilities, and changes in ways of using leisure time.

These changes have created new educational needs; and in the process of its development, the school has, of necessity, responded to these needs. That is not to say that the school has adjusted itself perfectly to the changed conditions of social living: far from it. But these conditions have acted as a factor in influencing the development of the school. So important are the recent social changes to an understanding of the background of present-day secondary education that they are discussed in some detail in Chapter IV.

RECENT DEVELOPMENT OF THE SECONDARY SCHOOL

Growth. Until 1850 the chief concern of education in the United States was with the establishment of elementary schools. The growth of high schools proceeded slowly until about 1860; it was only toward the end of the century that there began the amazing growth with which everyone is familiar. Statistics of the early period are not very reliable, but it is estimated that there were in 1850 only eleven public high schools with courses of two to four years in length; that before 1860 thirty-three were added; and that by 1880 there were approximately 800 such schools. From 1890 on the growth in the number of public secondary schools has been approximately as follows: 1890, 2,526; 1900, 6,005; 1910, 10,213; 1920, 14,326; 1930, 23,930; 1938, 25,467; 1944, 28,973.[24] The number of private secondary schools increased from 1,632 in 1890 to 3,011 in 1942.

The secondary-school enrollment grew at an even greater rate. In

[24] *Statistical Summary of Education, 1943–44,* Federal Security Agency, United States Office of Education, Washington, United States Government Printing Office, 1947, Chap. I, p. 3.

1870, the number of students enrolled in public high schools was estimated at approximately 80,000; in 1880, at 110,000. Between 1890 and 1940 the enrollment increased from approximately 200,000 to approximately 6,600,000, as follows: [25]

Year	Enrollment
1890	202,963
1900	519,251
1910	915,061
1920	2,200,389
1930	4,399,422
1940	6,601,444

During the war years the enrollment dropped over a million, but since the end of the war it has risen again. For the year 1948–49 it is estimated at close to six million. Enrollment in private schools from 1890 to 1940 increased from approximately 150,000 to 500,000. While during these fifty years the population of the country doubled, the combined public and private school enrollment increased almost sixteen-fold. It is interesting that during the war years the enrollment in private secondary schools increased while that in public schools declined. "Between 1939–40 and 1945–46 private (elementary and secondary) school enrollments increased 8.2 per cent while during the same period public school enrollments decreased 8.4 per cent." [26] In 1946 enrollment in private secondary schools was estimated at about 565,000.

Curricula. As there was no central control, the early high schools devised curricula that varied from each other and in some places changed somewhat from year to year. Naturally, in this early period the influence of the academy was strong. In general the offerings consisted of English in its several branches, "mathematics, science, history, philosophy, bookkeeping, and other practical and 'ornamental' subjects." [27]

[25] *Ibid.*, p. 18. Statistics for 1946 are from "Advance Statistics of State School Systems," Federal Security Agency, United States Office of Education, *Statistical Circular No. 241*, May, 1948. The enrollment figures cited above are for the 14–17 age group (*i.e.*, grades 9 through 12) only. Figures including enrollment in the seventh and eighth grades would of course be larger. See Chapter III.

[26] *Statistical Circular No. 241, op. cit.*, p. 1.

[27] For detailed information concerning the curricula of high schools in Massachusetts up to 1861, see Alexander J. Inglis, *Principles of Secondary Education*, Boston, Houghton Mifflin Co., 1918, pp. 71–9. Similar information for other New England schools is offered by Emit D. Grizzell, *Origin and Development of the High School in New England*, New York, The Macmillan Co., 1923, pp. 390–95.

A review of some of the early curricula would suggest that these high schools not only prepared for college but that they did much more: in many cases they provided a good substitute for such education as many colleges offered. It cannot be said that in the first half of the nineteenth century there was domination of high schools by the colleges. Colleges modified their requirements slowly. To Latin, Greek, arithmetic, geography, and algebra, Harvard, for example, added geometry in 1843, ancient history in 1846, oral reading of English in 1865, and physical geography in 1870. The high-school curricula prepared students far beyond these requirements.

From the studies of Stout and Van Dycke [28] and the reports of the National Survey of Secondary Education one may obtain a comprehensive view of the high school curriculum from 1860 to 1930. Briefly, the development of the curriculum may be summarized thus: (1) the high school has endeavored to organize its curriculum to prepare for both "college and life"; (2) curricula have been grouped in broad divisions, such as scientific, general, vocational, college preparatory, thus affording some opportunity for a differentiated education; (3) mathematics and classical languages kept their strength in the curriculum until about 1900, and vocational offerings did not find a place until about 1900; (4) throughout the years there has remained a common core of academic subjects which have been little disturbed by the changes that have taken place around them; (5) while there has developed considerable variation in the offerings of large high schools, the offerings in small schools have tended to remain uniform; (6) by 1906 there were only some fifty subjects offered in the large high schools but by 1930 this number had increased to over 300; (7) in 1930 a little over one half of the work in the high school was required of all pupils.

In Stout's monograph it will be noted also that there has been much experimentation. Without any clearly defined criteria except the general one of giving a satisfactory education "for life," the schools, changing almost from year to year, tried out courses in almost every branch of knowledge, from metaphysics to meteorology. But gradually there developed a trend toward the uniformity which is so notable in small schools today. This experimentation was wholesome; and had there been

[28] See footnote 20, page 49.

formulated and approved a clear definition of secondary education and of the principles governing it, American high schools would doubtless have advanced more rapidly toward a satisfactory program than they have done.

Since the beginning of the twentieth century there has been vigorous discussion of the curriculum, prompted by a recognition that it is the most important problem in secondary education. At first, the discussion was largely as to whether there should be one curriculum for all, several curricula from which selection could be made, or a curriculum of constants and electives. Recently there have been prepared and partially executed many plans for curriculum "reconstruction." It can hardly be doubted that these efforts have resulted in some improvement; but the profession as a whole has not yet fully accepted that what is needed is not tinkering with traditional subject matter but a fundamental reconstruction based upon present-day conditions in society, the ideals of democracy, a sound philosophy of education, and the abilities and assured and probable needs of the students to be educated.

Reorganization of Schools. Growing out of the recommendations of several of the national committees earlier referred to, junior high schools began to be established about 1910. The need for such schools—especially to bridge the gap between the elementary grades and secondary education, to provide for the needs of children in early adolescence, and to direct them intelligently toward advanced study or suitable work—had been clearly shown, and educators generally approved the proposal to begin secondary education with the seventh grade. The number of junior high schools increased rapidly. Three hundred eighty-seven independent units had been established by 1922, and in 1938 the number reported was 2,372; the number of junior-senior high schools increased from 1,088 in 1922 to 6,203 in 1938. To date, approximately 40 per cent of the secondary schools, accounting for more than half of the pupil enrollment, have been reorganized. Of the many types of reorganized schools, the most popular are the six-year undivided secondary school, the three-year separate junior and senior high schools, and the three-three junior-senior (non-separated) high schools.

The special functions of the junior high school have been stated as first, to continue, in so far as it may seem wise and possible, and in a gradually diminishing degree, common, integrating education; second, to ascertain and reasonably to satisfy pupils' important immediate and assured future needs; third, to explore by means of material in itself worth while the interests, aptitudes, and capacities of pupils; fourth, to reveal to them, by material otherwise justifiable, the possibilities in the major fields of learning; and fifth, to start each pupil on the career which, as a result of the exploratory courses, he, his parents, and the school are convinced is most likely to be of profit to him and to society.[29]

This statement of functions pictures the junior high school as an exploratory institution charged with ascertaining the special capacities, aptitudes, and interests of pupils, including vocational aptitudes and interests, as well as one which continues to offer general education for competent citizenship. But in recent years, with the extension upward of the minimum age of employment and the lengthening of the period of formal schooling, pupils have increasingly tended to postpone making vocational decisions until later in the secondary-school period, indeed, sometimes until well into the college period. The vocational function of the junior high school has therefore been reduced, and guidance has tended in the direction of helping the pupil to determine what is for him a suitable program of continued study.

Somewhat later than the junior high school, a movement began to extend secondary education upward for two additional years. It was recognized that the program for these two years should not necessarily conform to the lower half of the liberal-arts college, but might be more directly adapted to the students' practical needs. The junior-college movement has had considerable success. Showing steady growth, the number of junior colleges in 1947 was reported to be 648, of which total 315 were publicly controlled and 333 privately controlled institutions. Of the latter, more than half were under denominational auspices. The total junior-college enrollment in 1946–47 was reported to be over 400,-000, a rise from 51,000 in 1927–28. Many junior colleges are extensions of local high schools, continuing general studies with those of vocational interests; some, chiefly those privately controlled, offer the lower portions of a regular liberal-arts program. To a considerable extent junior

[29] Compiled from Thomas H. Briggs, *The Junior High School,* Boston, Houghton Mifflin Co., 1920, pp. 162–74.

colleges, especially in California, serve adult members of the community, chiefly in evening classes. Endorsed by the President's Commission on Higher Education [30] and by other committees on state and local levels, the junior or "community" college is likely to become much more prominent in American education in the near future.

The conventional plan of reorganization in secondary education has been three years of junior high school, three years of senior high school, and, where available, two years of junior college. However, in some cities another plan has recently come into favor. This is the six-four-four plan, consisting of two four-year units, comprising grades 7 through 10 and 11 through 14 respectively, which follow the six-year elementary school. Impetus has been given to this movement by the successful experience with the plan in Pasadena, California.[31] The development of Institutes of Applied Arts and Sciences in New York State represents another important movement in this field.

Secondary education has become far more comprehensive in the United States than anywhere else in the world and is more so today than ever before. It is generally considered to include junior high schools (grades 7–9), high schools (9–12), specialized or cosmopolitan, senior high schools (10–12), the junior college (13–14), technical and vocational schools, continuation schools—in short, any institution that provides for the needs of adolescents. Europe confines the term wholly to academic education of a highly selected group of youth. America has accepted as its ideal the furnishing to each normal youth of an education suited to his capacities, aptitudes, and needs.

In Conclusion. The significant steps, more or less continuous and overlapping, in the development of our secondary schools have been toward getting schools, effecting organization and articulation, retaining pupils, reducing failure, and, finally, improving curricula and courses of study. Whatever shortcomings exist in our high schools, they have departed far from their early prototype and are now distinctly indigenous

[30] *Higher Education for American Democracy,* Report of the President's Commission on Higher Education, Washington, United States Government Printing Office, 1947, Vol. I, pp. 67–70; Vol. III. pp. 5–14.

[31] See John A. Sexson and John W. Harbeson, *The New American College,* New York, Harper and Bros., 1946. Leonard V. Koos in *Integrating High School and College,* New York, Harper and Bros., 1946, describes the six-four-four plan in operation for the last twenty years.

institutions. Private or church support and control has been superseded by public. From aristocratic schools paralleling those for the lowly, our high schools have become part of a democratic system, building on the work of the elementary grades and leading to any opportunity that may be open. They receive not merely boys of the favored classes but both boys and girls from all stages of society, and they charge no fees for tuition. They have curricula which in comparison with that of the Latin grammar schools are in large communities liberal almost beyond belief and greatly enriched even in the small ones. They prepare for colleges which are elevated far above the Harvard or the William and Mary of an earlier day, and at the same time give an education probably better than most colleges gave less than a century ago. They have increased in number until they afford higher opportunities to many times the proportion of the population than ever before anywhere in the world sought to advance themselves. They are an essential force in preserving and promoting our democratic government.

Selected Bibliography

As in the previous chapter, footnote references are repeated only when they are recommended for general reading.

ANDERSON, LOUIS F., *History of Manual and Industrial School Education.* New York: D. Appleton-Century Company, 1926. 251 pp.

BROWN, ELMER E., *The Making of Our Middle Schools.* New York: Longmans, Green and Company, 1903. 547 pp.

BUNKER, FRANK F., *Reorganization of the Public School System*, United States Bureau of Educational Research, Bulletin No. 8. Washington: United States Government Printing Office, 1916. 186 pp.

Commission on the Reorganization of Secondary Education, *Cardinal Principles of Secondary Education*, United States Bureau of Education, Bulletin No. 35. Washington: United States Government Printing Office, 1918. 32 pp.

FISH, CARL R., *The Rise of the Common Man*, "A History of American Life" Series, Vol. VI. New York: The Macmillan Company, 1927. 391 pp.

GIFFORD, WALTER J., *Historical Development of the New York State High School System.* Albany, N. Y.: J. B. Lyon Company, 1922. 203 pp.

GOODSELL, WILLYSTINE, *Pioneers of Women's Education in the United States.* New York: McGraw-Hill Book Company, 1931. 311 pp.

GRIZZELL, EMIT D., *Origin and Development of the High School in New England before 1865.* New York: The Macmillan Company, 1923. 428 pp.

INGLIS, ALEXANDER J., *The Rise of the High School in Massachusetts.* New York: Teachers College Bureau of Publications, Columbia University, 1911. 166 pp.

KANDEL, ISAAC L., *History of Secondary Education.* Boston: Houghton Mifflin Company, 1930. 577 pp.

KOOS, LEONARD V. and others, *Summary,* Monograph No. 1, National Survey of Secondary Education, United States Office of Education, Bulletin No. 17. Washington: United States Government Printing Office, 1932. 232 pp.

MILLER, EDWARD A., *The History of Educational Legislation in Ohio from 1802 to 1850.* Chicago: University of Chicago Press, 1920. 286 pp.

SCHLESINGER, ARTHUR M., *The Rise of the City,* "A History of American Life" Series, Vol. x. New York: The Macmillan Company, 1933. 494 pp.

STOUT, JOHN E., *The Development of High School Curricula in the North Central States from 1860–1918,* University of Chicago Supplementary Monographs No. 15. Chicago: University of Chicago Press, 1921. 322 pp.

CHAPTER III

THE SECONDARY-SCHOOL
POPULATION

"The most precious asset this nation, or any nation, has is its children. To conserve and develop this human resource is the best insurance we have for the greatness and security of our nation." [1] The conservation and development of the youth resources of the nation assume that an opportunity for secondary education will be provided for all youth. To what extent is such opportunity actually available? What is the composition of the secondary-school population? What selective factors operate to influence the admission and persistence of youth in school? The answers to these and to other basic questions must be considered before the modern secondary school can be intelligently viewed.

The Youth Population. According to the 1940 census there were in the United States some fourteen and a half million boys and girls between twelve and seventeen years of age. Many of these boys and girls have already taken their places as members of adult society and, in a short time, the rest of them will be ready to do so. What sort of people they are, by birth, by family upbringing, and by education will largely determine the welfare of the nation in the years to come.

Though the population of the United States has been steadily increasing, the proportion of the population that is of school age has until

---

[1] Senator George D. Aiken of Vermont in *Federal Aid to Education*, Hearings before a Subcommittee of the Committee on Labor and Public Welfare, United States Senate, Eightieth Congress, First Session, 1947, p. 2.

recently been declining. In 1880 children and youth five to nineteen years of age constituted approximately 36 per cent of the population; in 1940 they constituted approximately 27 per cent. In 1930, 38.8 per cent of the population was under twenty years of age; by 1940 the percentage had declined to 34.5. During the decade 1930–1940 the number of persons under twenty had decreased somewhat more than two million.

For this steady decline, there are two explanations. In the first place, the length of the average life span has been steadily increasing, owing chiefly to the improved health that modern science has made possible. "One of the most significant changes that is taking place in the age composition of the population is the rapid increase of older persons, those who fall in the age brackets above sixty-five. Between 1930 and 1940 the number of persons sixty-five years of age and over increased 2,322,000 or 35 per cent. The increase for the total population was only 7.2 per cent." [2] In the second place, the birth rate had until recently been declining. Births per 1,000 population dropped from 23.7 in 1920 to 18.9 in 1930, reaching a low point of 16.6 in 1933. In 1940 there were in the nation a million fewer children under five years of age than in 1930. Since the war there has been a rise in the birth rate, that for 1946 being 23.3 and for 1947, 25.8. While this recent upward trend in the birth rate will have the effect of increasing the school enrollment until well into the 1960's, it is not anticipated that the rate will continue as high for any great length of time. In summing up the long-term prospect for the nation, it is probably true to say that, relative to the proportion of youth to the total population, "the burden of providing nurture and education for the oncoming generation has grown progressively lighter and the evidence indicates that this will continue to be the case for some time to come." [3]

It is a most significant fact for education that the birth rate has varied markedly among the several regions of the United States, from state to state, between urban and rural dwellers, and according to socio-economic status. According to the 1940 census, the number of children of elementary and secondary-school age (5 to 17 years of age)

[2] Newton Edwards and Herman G. Richey, *The School in the American Social Order*, Boston, copyright 1937 by Houghton Mifflin Co., p. 601. Used by permission of Houghton Mifflin Co.

[3] *Ibid.*, pp. 598–9.

per 1,000 adults ranged from 504 in the Southeast to 285 in the Far West. Among the individual states, the differences are even greater, ranging from 589 in South Carolina to 277 in California. Thus the burden of providing for the education of the children of the nation is most unequally distributed among adults of the several regions and in the individual states. The birth rate is also, of course, higher in rural than in urban areas. But the most striking fact of all is that the birth rate is highest where the economic standard of living is lowest and that fertility declines as the plane of living rises. "One of the most significant features of American culture is the unequal distribution of children in relation to income. If children and income were distributed among the adult population in something like equal proportions, it would make no great difference from the standpoint of equal educational opportunity that some communities and regions had a high ratio of children to adults. But the actual situation is that where children are relatively the most numerous the income structure is the weakest." [4] In one year, half the babies born in a certain state were to families on relief. As the President's Commission on Higher Education notes in its report, the South "in 1945 faced the responsibility of educating no less than 37.1 per cent of the nation's children (5 to 17 years of age), but its share of total income payments was only 22.6 per cent." [5]

Need For Universal Secondary Education.   In the past, secondary education was intended for only a portion of the youth of our nation. Even today in countries outside the United States, secondary education is available to a relatively small percentage of the population. Only in the United States are there the will and the necessary resources for educating all youth. There is no need to offer detailed evidence that the country as a whole is wealthy enough to support an educational system providing secondary schooling for all young people. This is obvious to any informed American. However, it may be helpful to review briefly the premise upon which the argument for universal secondary education rests.

[4] *Ibid.,* pp. 634–5.
[5] *Higher Education for American Democracy,* Report of the President's Commission on Higher Education, Washington, United States Government Printing Office, 1947, Vol. II, p. 13.

"Man has entered a scientific and technical age that is vastly more intricate than he has ever lived in before. He has not entered it with deliberation or even wholly upon his own choice. In this age our children must find their way.¥. . . Our children have an assignment that is not optional. They are introduced to an incredibly complex world, a world of quickly achieved knowledge and skill, of racial and class tension, of international friction, of battered traditions, of huge debts and of inevitable change. They must find their way in this world, and they must have the education which will help them do so." [6]

Living in the highly developed, complex, democratic American society of today presumes the possession of ideals, attitudes, knowledge, and skill which are attainable only through formal education in the secondary school. Youth must be educated for responsible democratic citizenship—in the broadly social as well as in the political sense. Intelligent participation in the solution of the complicated political problems of the local community, the nation, and the world presumes an understanding of government, of economics, of the interrelationships of individuals and social groups, and of human affairs in general which is far beyond the ability of the elementary school to provide. Even the highly educated person—the college or university graduate—frequently finds himself unable or only partially able to understand problems in the solution of which he, as a voter, participates. Indeed, even the ordinary routine of social living demands a degree of intellectual competence which presupposes, at the very least, a period of secondary schooling.

The welfare of the nation requires an adult population which is competent to discharge its vocational and economic responsibilities. In an industrial, highly organized and specialized economy, youth must be prepared for vocations suited to their abilities and useful to society as a whole. Vocational guidance, selection, and training cannot be furnished on any level lower than the secondary: it would be absurd, even were the elementary school able to do so, to provide vocational training to children of elementary-school age so far in advance of their actual entry into occupations. In addition to their responsibilities as workers, people have responsibilities as consumers which they must be trained to dis-

[6] Willard E. Givens in *Federal Aid to Education, op. cit.,* p. 436.

charge competently. Wasteful and inefficient consumption represents a loss not only to the individual primarily responsible but to the economic community of which he is a part.

Preparation for responsible citizenship and for efficient social and economic living are not the only characteristic needs which justify a program of universal secondary education. There are many others, among them the need for continuous self-directed intellectual development, for rich and abiding interests, for the wholesome and constructive utilization of leisure time. In our day one must be either oblivious of the realities of social living or without faith in the educability of the common man to argue that secondary education is not requisite for all normal youth.

Who Goes to Secondary School? Of the fourteen and a half million boys and girls from twelve to seventeen years old in the 1940 census figures, approximately ten million (or about 70 per cent) were in attendance in grades 7 through 12 in public and private schools.[7] In 1943–44, of some nine and a quarter million in the fourteen to seventeen age group, approximately six million (or 65 per cent) were in school attendance; in 1946, approximately seven out of nine million (or 78 per cent); in 1947, approximately six and a half out of eight and a half million (or 76 per cent).[8] The exact statistics are not so important as is the general fact that in recent years the enrollment of youth of secondary-school age in public and private schools throughout the country has ranged from two-thirds to three-quarters of the total youth population of that age.

More revealing perhaps is the breakdown of enrollment by each year of age within the secondary-age group. Statistics for the year 1943–44 show that the percentage of school attendance year by year within the 12 to 17 age group was as follows:

[7] These figures compiled from Tables 5, 8, and 30 (pages 6, 8, and 33 respectively) in *Statistical Summary of Education 1943–44,* Federal Security Agency, United States Office of Education, Washington, United States Government Printing Office, 1947.

[8] Statistics of 1946 and 1947 are from *Current Population Reports: Population Characteristics,* Bureau of the Census, Department of Commerce, October, 1946, and October, 1947.

Years of Age	Per Cent in School
12	95.5
13	94.8
14	92.5
15	87.6
16	76.2
17	60.9

For 1946 and 1947, the percentages of attendance in two subgroups of the 14 to 17 age group were these:

	Per Cent in School	
Years of Age	1946	1947
14 and 15	92.8	91.6
16 and 17	66.7	67.6

It is evident from these figures that any generalizations regarding the degree to which universal secondary education is being achieved must be carefully formulated. In the twelve and thirteen-year groups, about nineteen children out of every twenty are in school; in the fourteen and fifteen-year groups, about nine children out of every ten. In the sixteen and seventeen-year groups, however, only about two-thirds are in school. In fact, of the 2,138,000 children of elementary and high-school age who, during the year 1947, were not in school, 1,406,000 (or about 70 per cent) were in the sixteen and seventeen-year groups.[9] The sixteen and seventeenth years correspond to the last two years of the high school, and are in most states beyond the compulsory attendance age which typically ends at the sixteenth birthday.

Admission.   Mere attendance of youth in schools is, of course, no indication that they are obtaining the kind of education they need. There is plentiful evidence that the quality of the educational process in American secondary schools ranges from "excellent" to "very poor"; that in general the average level of achievement is not high; and that the substance of school studies does not closely approximate the knowledge and skill most needed for intelligent living. But the admission and retention of youth in school is a prior condition to their being educated. As far as admission at least is concerned, the statistics cited in the pre-

[9] *Children Not in School—October, 1947.* Leaflet prepared by the United States Office of Education, Federal Security Agency, December 2, 1948.

ceding paragraphs are heartening. If we define the secondary-school age as beginning at twelve, practically all normal non-incapacitated children of that age are now in school, and all but the educationally retarded have reached the seventh grade. At the fourteen-year level, the year traditionally regarded as the beginning of the secondary-school period, we find all children in school except a relatively small percentage whose non-attendance, whether owing to poverty or to the indifference or low cultural standards of parents, is actually made possible by the lax enforcement of state compulsory school laws. The effort to provide a program of secondary education for all youth breaks down not at the point of entry into the secondary school but farther along the line. If the social purposes of universal secondary education are to be realized, all youth must not only reach the secondary school but be retained until they have completed the course or at least derived from it the minimal educational essentials requisite for intelligent living. It will be noted that one sixteen-year-old out of every four is not in school, and two seventeen-year-olds out of every five are lost. Available evidence does not support any assumption that most young people who drop out of school are prepared, at the time of leaving, to assume the responsibilities of effective adult living. To the extent that there are factors which operate to impel youth to leave the secondary school before they are educationally ready, these factors must be regarded as barriers to universal secondary education.

Persistence and Elimination. The holding power of the secondary school has been progressively increasing. One index of holding power is, of course, the number of students remaining to be graduated, and in that respect the comparative statistics are encouraging. In 1941–42 almost one and a quarter million boys and girls, comprising over 51 per cent of the population seventeen years of age, were graduated from public and private high schools. Owing to special conditions during the war years, the number and percentage of graduates fell considerably; since then, however, a rise has again been visible.[10] Since 1936, the number of secondary-school graduates has annually exceeded one million.

[10] "Advance Statistics of State School Systems," United States Office of Education, *Statistical Circular No. 241,* May, 1948, p. 1.

This is in striking contrast to the situation only forty or fifty years ago when, even with a more limited and select enrollment in the secondary school, a smaller percentage of students remained to complete the course. In 1900, with 11 per cent of the population fourteen to seventeen years of age enrolled in the secondary school, a total of about 95,000 boys and girls or 6.4 per cent of the population seventeen years of age were graduated; in 1910, with the secondary-school enrollment at 15 per cent of the fourteen to seventeen population, there were 156, 429 graduates or 8.8 per cent of the population seventeen years of age.[11]

Not only in terms of the number of graduates but along the entire length of the course the persistence of youth in school has increased. Table I, reproduced from the *Statistical Summary of Education*, 1943–44, of the United States Office of Education, shows the persistence year by year through the high school for each 1,000 pupils in the fifth grade. Between 1925–1926 and 1934–35 a marked reduction is indicated in the loss of pupils after the sixth grade, and especially after the eighth grade. The larger losses in the eleventh and twelfth grades in the 1934–35 group are explained by the fact that in the 1925–26 group this sort of elimination took place earlier. The persistence in the last two high-school grades of youth who entered school after 1934–35 was, of course, affected by wartime conditions. Table II shows the same tendency toward increased persistence with possibly greater clarity.

Viewed in comparative terms, the statistical picture thus seen is encouraging. The less favorable aspects, however, should not be overlooked. A large percentage of American youth fails to obtain the full measure of secondary schooling. For the country as a whole, one youth out of every two still does not complete the high school course; of ten youths who enter the ninth grade of the school, fewer than six remain to be graduated, and little more than seven remain for the eleventh grade. The educational attainment of youth was highest in 1941, and even in that year, of ten pupils who had been in the fifth grade, a little over seven were left in the tenth grade. But a general summary of the national situation does not indicate the extent of variation from state to state and especially between urban and rural areas. According to recent statistics, "in the state of New York, 31.5 per cent of the children in

[11] See *Statistical Summary of Education,* 1943–44, *op. cit.,* Tables 9–11, pp. 10–11.

TABLE I[12]

Survival by grades per 1,000 pupils enrolled in the fifth grade
and graduated from high school in the years indicated

NUMBER SURVIVING PER 1,000 PUPILS IN THE FIFTH GRADE
AND YEAR GRADUATED FROM HIGH SCHOOL

| GRADE OR YEAR | 1925-26 | 1926-27 | 1927-28 | 1928-29 | 1929-30 | 1930-31 | 1931-32 | 1932-33 | 1933-34 | 1934-35 | 1935-36 |
1	2	3	4	5	6	7	8	9	10	11	12
Elementary:											
Fifth *	1,000	1,000	1,000	1,000	1,000	1,000	1,000	1,000	1,000	1,000	1,000
Sixth	911	919	928	939	954	943	929	935	944	953	946
Seventh	815	824	834	847	861	872	884	889	895	892	889
Eighth	745	754	779	805	825	824	818	831	836	842	839
High School:											
I	642	677	714	736	760	770	780	786	792	803	814
II	509	552	588	624	647	652	651	664	688	711	725
III	422	453	485	498	512	529	546	570	594	610	587
IV	370	400	415	432	454	463	481	510	489	512	466
Graduates	316	333	355	378	403	417	432	455	462	467	439
(Year of Graduation)	1933	1934	1935	1936	1937	1938	1939	1940	1941	1942	1943

* Fourth grade in 11-grade system; fifth grade in 12-grade system.
12 *Statistical Summary of Education, 1943-44, op. cit.*, Table 26 (adapted), p. 31.

69

TABLE II[13]

Survival by grades, per 1,000 pupils enrolled in
the first year of high school, in years indicated.

NUMBERS SURVIVING PER 1,000 PUPILS IN THE FIRST YEAR IN HIGH SCHOOL IN:

High-School Year	1929–30	1930–31	1931–32	1932–33	1933–34	1934–35	1935–36	1936–37	1937–38	1938–39	1939–40	1940–41
I	1,000	1,000	1,000	1,000	1,000	1,000	1,000	1,000	1,000	1,000	1,000	1,000
II	793	815	823	848	852	847	835	845	868	885	891	838
III	656	669	680	677	674	687	700	725	751	760	721	660
IV	577	591	582	586	597	601	617	649	618	638	573	506
Graduates	492	492	498	513	531	541	554	579	583	582	540	469
Year of Graduation	1933	1934	1935	1936	1937	1938	1939	1940	1941	1942	1943	1944

[13] *Statistical Summary of Education, 1943–44, op. cit.,* Table 27, p. 31.

public schools were enrolled in the secondary schools. . . . It was 2.6 times the per cent for South Carolina where only 12.0 of enrolled pupils were in the secondary schools. Low per cents and consequently low holding powers, were noted for the Southern states." [14] With respect to the comparative persistence in school of children in urban and in rural areas, the President's Commission on Higher Education has remarked in its report that "just before World War II, a man or woman living on a farm had only about one-fourth the chance of having completed college as someone in the city, and almost twice as much chance of not having completed more than 4 years of grade school. In 1947, of the urban youth 20 to 24 years of age, 12.5 per cent were attending school, whereas of the rural non-farm youth 8.8 per cent were in school, and of the farm youth only 6.5 per cent were in school." [15] Although not applying directly to youth of secondary-school age, these statistics do emphasize the differential in school holding power between urban and rural areas.

Although, as will be shown below, academic intelligence is a large factor in determining the persistence of a student in school, the secondary school unfortunately does not succeed in retaining the number of youth who have the ability to master the curricular offerings. Eckert and Marshall, in their extensive study for the Regents' Inquiry in New York State, concluded that while pupils who leave prior to graduation tend to come from low-ability levels, "the top 10 per cent of withdrawing pupils are easily the peers of the average graduate and of a substantial number of pupils who have completed work at the postgraduate level." [16] Other studies have tended to confirm this observation.

Selective Factors in Secondary Education. The secondary school traditionally has been, and in European countries still is, a selective institution. Today the American high school is much less selective than

---

[14] *Statistics of State Progress in Public Education,* Research Bulletin of the National Education Association, December, 1947, p. 159. Statistics are for the school year 1944–45.

[15] *Higher Education for American Democracy,* Report of the President's Commission on Higher Education, Washington, United States Government Printing Office, 1947, Vol. II, p. 13.

[16] *When Youth Leave School,* New York, McGraw-Hill Book Co., 1938, p. 52.

ever before in its admission and retention of students; but a comparative analysis of the in-school and out-of-school population fourteen to seventeen years of age shows that certain factors are still operative in influencing who shall and who shall not receive the benefits of a full measure of secondary schooling. At least two of these factors should be considered in some detail.

One major factor in influencing the persistence of youth in the secondary school is the measure of academic intelligence which they possess. To achieve even moderate success in learning the subject matter of the conventional high-school curriculum—and the curricula of most high schools are of this type—a level of academic or abstract intelligence above the average is needed. Students who do not possess the requisite degree of academic intelligence find the high-school course progressively more difficult, and many of them eventually drop out of school. The result is, in the words of Harold C. Hand, that "the population of the typical secondary school represents not all the children of all the people but an aristocracy of aptitude." [17] This conclusion is amply supported by objective evidence. The National Survey of Secondary Education in 1932 revealed that the median intelligence quotient of students reaching the upper grades of the high school was higher than the median in the lower grades. Eckert and Marshall, in the study previously cited, concluded that "a marked tendency exists for the less academically able students, as measured by both aptitude test results and school marks, to withdraw at low grade levels." [18] A study in Maryland in 1941 [19] showed that the chances of completing high school were three to one in favor of the student of high (i.e., 110+) I.Q. as compared with the student of low I.Q.

This factor operating to block the attainment of a truly universal secondary school is one for which the school itself is responsible. Established originally and conducted for so long a time as a selective institution, the secondary school has not yet entirely divested itself of its intellectually aristocratic features. Except in the large comprehensive high schools, the normal youth with no special academic aptitude finds

[17] *General Education in the American High School,* edited by Paul B. Jacobson and others, Chicago, Scott Foresman and Co., 1942, p. 13.
[18] *When Youth Leave School, op. cit.,* p. 67.
[19] Cited by Hand, *op. cit.,* p. 14.

himself out of place in the typical high-school curriculum. As much as the typical high school by continual adjustments has departed from the traditional subject matter, it has not yet succeeded sufficiently in providing programs of study positively suited to students with other than academic capacities, aptitudes, and interests. This partially explains the premature elimination from school of a large number of youth.

The second major factor is the socio-economic status of the youth and his family. There is an impressive body of evidence which proves that children of families at the lower income levels simply do not obtain all the schooling that they need and which society, for its own welfare, should ensure them. The comprehensive study by Counts in 1922 of the social composition of high-school students in four American cities showed clearly that families on higher income levels had a much greater proportion of their children in the high school than the families on lower income levels, the ratio between the numbers from the highest and the lowest income levels being twenty-four to one.[20] Between the children of families on the highest income level and those on the lowest, the ratio of those who remained to be graduated was five to one. A repetition of the study of two of the four cities, Seattle and Bridgeport, made eleven years later as part of the National Survey of Secondary Education, confirmed that, although more children from families on all income levels were then in the high school, the disproportionate representation still existed.[21] In a study conducted for the American Youth Commission in 1938,[22] Howard M. Bell found that the rate of persistence beyond the eighth grade of children from the highest economic group was eleven times that of children at the lower end of the economic scale. Of the economically underprivileged youth who entered the high school only one out of every ten continued until graduation, as contrasted with eight out of ten from the top income group. Bell's discouraging conclusion was that "the strongest single factor in determining how far a youth goes in school is the occupation of his father." [23] In their

[20] George S. Counts, *The Selective Character of American Secondary Education,* Chicago, University of Chicago Press, 1922, Chaps. V and VI.

[21] *The Secondary School Population,* Monograph No. 4, United States Office of Education, *Bulletin No. 17,* 1932, pp. 9–16.

[22] *Youth Tell Their Story,* Washington, American Council on Education, 1938, Chap. 3.

[23] *Ibid.,* p. 63.

study of youth in New York State, Eckert and Marshall observed that "pupils coming from poor families have much less chance for survival" in school.[24]

The slow but steady increase in recent years in the holding power of the school is an indication of the progress that is being made in democratizing the secondary school. But the socio-economic status of a child's family is still a factor, though not to the same degree as formerly, in determining his persistence in school. This selective factor helps to explain the generally low level of educational attainment prevailing in the poorer regional sections and states, as well as among economically under-privileged individuals and groups everywhere.

There is a positive correlation between socio-economic background and intelligence, though numerous individual instances can always be found that prove the exception. In one state, in proportion to the number in the entire population, a professional man is twenty-three times as likely to be the father of a gifted high-school pupil as a farmer, domestic servant, or laborer, and twice as likely as a mechanic. The most gifted children in Iowa high schools come from homes with superior status. Home conditions also play some part in influencing school achievement. It has been found that inferior homes tend to cause retardation, and superior homes to promote acceleration regardless of pupils' natural ability.

On the other hand, on every economic level there is a wide range of natural ability as well as of scholastic achievement. Some children with every family advantage are poor students, while many who rise to positions of great leadership come from very humble homes. Because a majority of school children come from homes that rate low on such an index as the Chapman-Sims Score Card, the number (though not the proportion) of such children who eventually achieve eminence is actually larger than the number who have had superior home advantages. There is no support for any belief that a "natural" selective process based upon socio-economic status would, even in a crude manner, operate to ensure that each child secure a measure of schooling proportionate to his intellectual capacity. It would be to the great advantage of the

[24] *When Youth Leave School, op. cit.,* p. 72.

nation to ensure that economic handicaps did not constitute a bar to secondary education.

In addition to intelligence and economic status, other selective factors influencing school survival are race and size of family. In Bell's estimate (in 1938), "the probability that a negro youth will not have gone beyond the eighth grade is twice as great as it is for white youth." [25] As for size of family, it is well known that in general as families increase in size, the proportion of their children who drop out of school increases.

Acceleration and Retardation. If children entered the first grade at the age of six and advanced regularly through a twelve-year system, they would of course be graduated from the high school at the age of eighteen. But actually a few advance more rapidly and many are retarded. Those who advance more rapidly are chiefly the bright and conscientious students who are admitted into accelerated programs, pursue summer-school or home-study courses for which they receive credit, or are permitted, as in some schools, to progress in all studies at their own rate. But acceleration is by no means characteristic of bright students only. The student's industry and the availability of opportunities for special progress in the school largely determine acceleration or the lack of it.

If secondary schools received and retained all youth, it might possibly be assumed that approximately as many students would be accelerated as retarded, for in the distribution of intelligence the number of the population possessing inferior intelligence is balanced by the number with superior intelligence. But that is not the case: retarded students always outnumber those who are accelerated, roughly by more than two to one.[26] Bright students as a rule do not work up to their level of capacity, nor are opportunities for special advancement sufficiently available in the schools. On the other hand, insufficient intellectual capacity to master high-school subjects is only one of several causes of retardation. Low academic intelligence, lack of application to studies,

[25] *Youth Tell Their Story, op. cit.,* p. 57.

[26] For a review of studies of retardation, see J. Paul Leonard, *Developing the Secondary School Curriculum,* p. 217 ff.

poor habits of study, improper home conditions, absence from school
for illness or other reasons, and loss of school time incurred by movement from one locality or one school to another are the causes which
most frequently operate to produce retardation. In general it is estimated that the rate of retardation in American schools is decreasing
while the percentage of students maintaining a normal rate of school
progress is increasing.

Unfortunately retardation is not always clearly identified and treated
as such. Schools have recently tended to institute "no-failure" or "100
per cent promotion" policies, usually out of sympathy for the handicapped student and in recognition of the fact that often the causes of
retardation are not the fault of the youth. While such "sympathy promotions" have aided student morale and undoubtedly have been a
factor in prolonging the retention of children in school, they have had
a harmful effect in tending to obscure or disguise the fact that many
pupils are deficient in their studies. Retardation in learning specific
subjects is fully as much a loss to the individual and to society as retardation in progress from grade to grade. There is evidence to justify
the conclusion that students are not making the satisfactory progress
in mastery of their studies that official "age-grade" charts would seem
to indicate. The solution is not so much to return to a stiffer promotion
policy as to develop more appropriate programs of study and methods
of instruction for those students who cannot master the conventional
studies as usually taught.

Individual Differences.   The fact that individual students differ
from one another is everywhere recognized; what is not so readily apparent is the number, range, and complexity of individual differences
represented in the American secondary-school population. Students
differ with respect to race, sex, religion, health and physical constitution,
intelligence, socio-economic status, cultural background, educational attainment, emotional make-up, specific traits of character, personal
values, special aptitudes and interests, habits of work and study, and
other important characteristics. These differences are to a greater or
lesser extent educationally significant, and complicate tremendously the
task of the secondary school. It is easy to criticize the shortcomings of

the American secondary school, but one needs to remember that never before in history has any nation attempted to educate in secondary schools so large or so heterogeneous a youth population, seeking at the same time to provide for the needs of the individuals comprising that population.

The educational significance of some individual differences as, for example, in socio-economic status, has already been discussed. Other types of differences will be discussed in the following pages. It may perhaps be useful at this point to indicate in a general way some of the educational implications of the various types of individual differences. Not all types of difference can be eliminated, nor should they be. Differences in special capacities, aptitudes, and interests are actually an asset in education; they can be fostered and developed for the good of the individual and of society. On the other hand, differences in educational achievement in fundamental fields of knowledge cannot be as complacently accepted. They must be modified at least to the point where all youth in the school are brought up to the minimum level of attainment required for social competence; beyond the minimum level students should progress as far as their capacities and interests permit. With respect to differences in inherited intelligence, pending further direction from psychologists studying the modification of inherited intelligence by environmental factors, there is not much the school can do. The school must work within the limitations imposed by inherited intellectual capacity, making certain, however, that each student learns to the extent that he is able, through appropriate activities and materials. Differences in race, sex, and economic status of students, while they must realistically be taken into account in formulating each individual's goals and objectives, should not, if the welfare of society is considered, be permitted either to handicap one student in quest of education or to give another student an unwarranted educational advantage over his fellows. This is the meaning of equalization of educational opportunity which the citizens of this nation, in overwhelming majority, favor.

The secondary-school student, however, cannot be understood merely in terms of specific traits in which he differs from other students. In his total make-up, each student is an individual, different and distinct as a whole person from other whole persons. The problem of educating the youth of the nation cannot be defined merely in terms of differences in constituent characteristics. It is literally true that each student represents a distinct and unique problem in education. It is that which makes the task of universal secondary education such a challenge to the will of the American people and to the ingenuity of the teaching profession.

Sex. For some years girls have been enrolling in the secondary school in slightly larger numbers than the boys. Moreover, girls have persisted longer in school, and have been awarded a larger share of scholastic honors. The larger enrollment and greater persistence of girls may at least partly be explained by the fact that boys are more likely to leave school earlier in order to seek employment. For the girls' superior achievement there is also a possible explanation: they are as a rule more conscientious in application to their studies, and more likely to accept without protest prescribed or recommended subjects of study even if the values of these subjects are not quite apparent. Boys, on the other hand, are less likely to submit to studies the intrinsic worth of which they do not see, are more likely to rebel, to fail to exert their best efforts, and eventually to withdraw from school. This is a reasonable explanation which has not, however, been proved; if valid, it points once again to the need of making the curriculum of convincing value to all students.

Although girls usually receive better scholastic grades in most subjects, psychologists tell us that they have approximately the same intelligence, the same ability to learn even mathematics and the physical sciences, as the boys. The only real difference is that the range of intelligence in girls tends to be not quite so wide: there are slightly fewer among them at either extreme of the intelligence scale. Practically this does not have much significance for the secondary school; there are approximately the same number of girls as boys who are dull and approximately the same number who are gifted. The fact that boys may sometimes score a little higher on psychological tests is probably explainable on the grounds that the tests, usually constructed by men, may contain a preponderance of items drawn from masculine experience. The difference in sex does not affect the essential problem of the secondary school, which is to give every boy and every girl the best possible education in terms of his or her native endowment and acquired talents and interests.

Intelligence. Increasingly the intelligence of the secondary-school population is tending to approximate the intelligence of a cross-section of the total American population, except for that portion of the general population which is near the extreme lower end of the intelligence scale. In view of the traditional identification of the secondary school with *selective* education and of the many elements of a selective program of study which still remain in the high school, this fact may seem surprising. But a study in 1932 of 5,626 students in eight senior high schools in Oakland, California,[27] showed that the mean I.Q. was 102, and this checked very closely with the finding of the National Survey of Secondary Education. In the words of the latter, "if an intelligence quotient of 100 is taken as the average for the general population, it appears that the pupils in high schools are very nearly a representative cross-section of the total population." [28] The percentage of secondary-school pupils with an I.Q. below 80 is rather small, but from that point on until the "genius" category is reached near the upper end of the scale, every degree of intelligence is represented.

It must be remembered that the I.Q. is a general index of one type of intelligence—the abstract or academic type. There is no comparable statistical information concerning the distribution among the secondary-school population of other types of intelligence or capacity, but it may be assumed that there, too, the distribution approximates that of the general population. In view of these facts it is rather noteworthy that a large majority of high-school students are enrolled in a curriculum which is decidedly oriented toward the student of superior academic intelligence. The facts concerning the intellectual composition of the secondary-school population emphasize the urgent need of bringing the curriculum more in accord with the actual capacities of the students.

The I.Q. of boys and girls in secondary schools varies from grade to grade and, in school systems and schools which offer differentiated cur-

[27] Richard E. Rutledge and Allen Fowler, "The Changing Senior High School and the Curriculum Problem," *School Review*, 40:109–14, February, 1932.

[28] *The Secondary-School Population*, Monograph No. 4, United States Office of Education, *Bulletin No. 17*, 1932, p. 23.

ricula, from one type of curriculum to another. On the basis of the samples taken in the National Survey of Secondary Education, the mean of the median I.Q.'s of all groups in the ninth grade was 98.6; and in the tenth, eleventh, and twelfth grades, 101, 103.7, and 104.5 respectively.[29] The explanation of this fact is that students with lower I.Q.'s tend to be eliminated earlier, and brighter students to remain. In comprehensive high schools and in school systems where specialized curricula are available, students enrolled in college-preparatory academic or technical curricula tend to be brightest, followed by students in the general, commercial, and industrial arts curricula in that order. There is, however, a good deal of overlapping in ranges of ability among the various groups.

At the risk of repetition it should be emphasized that the point of this discussion is not that secondary-school teachers must become sensitive to the I.Q. of each student but to the need of providing programs of study more consistent with the types and degrees of intelligence possessed by the students. This does not mean that the prevailing curriculum must be generally simplified. A youth with but average I.Q. may possess superior mechanical or artistic capacity; a curriculum appropriate for him would be one centered on his strength rather than adjusted to his weakness. On the other hand, for another student especially gifted in academic intelligence, the prevailing college-preparatory curriculum may be very well suited. Much harm has been done by a rather thoughtless and unjustified use of the I.Q. as a basis for providing some youth with a "watered-down" or "simplified" academic curriculum when a radically different but nevertheless exacting type of program would have served a much better purpose.

Gifted Students. It is always dangerous to classify students as "dull," "dull-normal," "normal," "bright" or by any other similar set of categories. In the face of such convenient but very general and one-sided classifications, the teacher may be tempted to overlook that each student is an individual with a pattern of specific capacities, aptitudes, and

[29] *The Horizontal Organization of Secondary Education*, Monograph No. 2, National Survey of Secondary Education, United States Office of Education, *Bulletin No. 17, 1932.*

characteristics which really fits him into no one general category but which makes him a distinct and special educational problem, different from the problems represented by other students. It is the student that the school must educate and not the intelligence group within which he may fall. But the fact remains that within the enormous population of the present-day secondary school there are many students, at either extreme of the intelligence scale or of any other scale of capacity or aptitude, who differ so much from their fellows that they may be regarded as a group apart, to whom ordinary considerations do not apply, and for whom new educational procedures need to be provided.

The school has for a long time been aware of the intellectually gifted student and has to some extent accorded him special recognition. But in today's crowded secondary schools, with large classes and heavy teaching schedules, it has become increasingly difficult to meet the special educational needs of such students, especially in the face of the pressure of the more obvious needs of the dull or retarded pupils. It is true that in many schools conscientious effort is made to identify the abler students, sometimes to segregate them into special groups, and to offer them fuller or "enriched" programs of study. But schools have failed to appreciate sufficiently the qualitative difference in the psychology of learning between really intellectually superior students and the others. Special educational opportunities for the bright have usually been based on the assumption that these students can learn more quickly and learn more than the others, not that their thought and learning processes are essentially different. Acceleration and "enrichment" have been the favorite devices by which schools have tried to meet the special needs of the gifted students, and these devices are not entirely adequate. Of course, under pressure of other problems competing for attention, many schools have been unable to make even these special provisions.

Except in extremely depressed communities, every secondary school contains within its student body a proportion of intellectually gifted boys and girls. These students are not drawn from any special racial or socio-economic elements in the general population, but are distributed over a wide range of the population. It is the responsibility of the school to identify these boys and girls as early as possible, to determine their educational needs much more precisely than it has so far done, and to provide for them a suitable content of studies, suitable methods of instruction, and suitable teachers.[30]

In recent years the secondary school has been becoming aware also of special talents other than the intellectual. It is a narrow view which regards educationally gifted children as those possessing intellectual superiority only. The larger and more representative the school population, the greater is the variety and range of its talents. There are in the secondary school today students pre-eminently gifted in mechanical aptitude, in musical, artistic, and creative aptitudes of various sorts. These talented individuals also are not peculiar to any particular class or group of the population, but represent a broad range of distribution. The school has, in general, not been alert in identifying these special talents and in making good educational use of them. Its future responsibility in this respect is clear.

Handicapped Youth.   Not every youth who is characterized by teachers as dull or slow is actually deficient in natural ability, but with the increasing enrollment in secondary schools there are inevitably many who are below, sometimes far below, the ability that was expected when the conventional curriculum was developed. It should be kept in mind that there is no distinct class of "dull" any more than there is a sharply defined class of "normal" or "bright"; the distribution of intelligence ranges gradually, even in a group as small as a single class, from low to high. It should not be forgotten, either, that individuals are usually "brighter" in some activities than in others, and that however "dull," they have a right to the best educational development of such natural powers as they possess. No youth is helped to succeed in life by failing in school.

The problem of educating intellectually handicapped students is not

---

[30] Not much has been written about methods of educating superior students. A report of studies carried out some years ago will be found in *Educating Superior Students,* edited by Helen L. Cohen and Nancy G. Coryell, New York, The American Book Co., 1935. See also Barbara S. Burks, *Promise of Youth,* Stanford, California, Stanford University Press, 1947; Lewis M. Terman and Melita H. Oden, *The Gifted Child Grows Up,* Stanford, California, Stanford University Press, 1947; and *Curriculum Adjustments for Gifted Children,* United States Office of Education, Bulletin No. 1, 1941, Washington, United States Government Printing Office.

simply that of providing intellectually less exacting studies. In the first place, such studies as are provided must be not only within the intellectual grasp of the students but must, in a positive way, be able to equip them with the ideals, attitudes, knowledge, and skills needed for successful living. Secondly, students with intellectual handicaps are frequently liable to have other handicaps as well. In health and physical development, emotional adjustment and balance, social adjustment, moral development, and constructive use of leisure time, they are likely to be below the level of their average and superior schoolmates. The frequency of sex delinquencies is greater among mentally retarded youth. The incidence and gravity of discipline problems are greatly increased in classes of the retarded. In general, the educational problem they present to the secondary school is quite different in kind as well as in degree from that presented by other children. Nevertheless, they are entitled to the kinds of secondary education which will fit them to live happily and usefully in society. Too frequently their presence in the secondary school has been decried; they are an inevitable part of the secondary-school population, and as such proper provision should be made for them.

Not all of the handicapped youth are in the category of the mentally handicapped. A proportion of youth in the population of high-school age is physically handicapped in various ways. Where the physical disabilities are severe, institutional care may be required; where the physical handicap is non-incapacitating, the school must make every effort to help the student make a satisfactory adjustment, both in his studies and in his social relations with his fellows. This may require adaptation of schedules, programs of study, methods of instruction, and learning procedures.

Though it does not yet admit or hold all children of secondary-school age, the secondary school is increasingly becoming a school for all children. The implications of this fact go far beyond the necessity of providing more school structures and expanded educational facilities, though these are important. The school must be prepared realistically to recognize the characteristics of its great student population, the wide range of differences represented by its students, and their special and varying as well as common educational needs. Throwing off some of the enervating attitudes and practices of the past, it must address itself to the great task of providing as far as possible for each student a program of education fitted to his capacities and needs.

Selected Bibliography

BELL, HOWARD M., *Youth Tell Their Story*. Washington: American Council on Education, 1938. 273 pp.

COUNTS, GEORGE S., *The Selective Character of American Secondary Education*. Chicago: University of Chicago Press, 1922. 162 pp.

ECKERT, RUTH E. and MARSHALL, THOMAS O., *When Youth Leave School*. New York: The McGraw-Hill Book Company, 1938. 360 pp.

EDWARDS, NEWTON, *Equal Educational Opportunity for Youth: A National Responsibility*, A report to the American Youth Commission. Washington: American Council on Education, 1939. 190 pp.

―――― and RICHEY, HERMAN G., *The School in the American Social Order*, Chapter 15, "New Social Dynamics: Problems of Population Changes." Boston: Houghton Mifflin Company, 1947. 880 pp.

JACOBSON, PAUL B. et al., editors, *General Education in the American High School*, Chapter 1, "America Must Have Genuinely Democratic High Schools." Chicago: Scott Foresman and Company, 1942. 319 pp.

KEFAUVER, GRAYSON N.; NOLL, VICTOR H.; and DRAKE, C. ELWOOD, *The Secondary-School Population*, Monograph No. 4, National Survey of Secondary Education, United States Office of Education, *Bulletin No. 17*, 1932, Washington: United States Government Printing Office.

President's Commission on Higher Education, *Higher Education for American Democracy*, Volumes I–V. Washington: United States Government Printing Office, 1947.

TERMAN, LEWIS M. and ODEN, MELITA H., *The Gifted Child Grows Up*. Stanford, California: Stanford University Press, 1947. 448 pp.

WARNER, W. LLOYD; HAVIGHURST, ROBERT J.; and LOEB, MARTIN B., *Who Shall Be Educated?* New York: Harper and Brothers, 1944. 190 pp.

CHAPTER *IV*

SOCIAL BASES OF SECONDARY
EDUCATION

When reading history one is often led to wonder at the induration of habit, at the momentum of traditional practices that carries on long after changes in the phenomena of life make them inappropriate, ineffectual, and even harmful. Soldiers continued to arm themselves with lances for years after long-range guns made them useless as lethal weapons, and buttons on the sleeves of men's coats are a persistent relic of a use that existed many generations ago. It is far easier to see the failure of adaptation of action to changed needs in the past than in contemporary life, but the phenomenon is common everywhere at every time. "Social institutions," says a report by sociologists, "are not easily adjusted to inventions. The family has not yet adapted itself to the city; the law was slow in adjusting to dangerous machinery; local governments are slow in adjusting to the transportation inventions; international relations are slow in adjusting to the communication inventions; school curricula are slow in adjusting to the new occupations which machines create. There is in our social organizations an institutional inertia, and in our social philosophies a tradition of rigidity." [1]

Nowhere have this inertia and this rigidity been more apparent than in school curricula. The first curriculum of our secondary schools was copied as exactly as was possible from England, where it had already

---

[1] *Recent Social Trends in the United States,* Report of the President's Research Committee on Social Trends, New York, McGraw-Hill Book Co., 1933, pp. xxvii-xxviii (Introduction).

ceased to be adapted to the many changes in life subsequent to the Renaissance; and, as indicated in the historical sketch of secondary education, it persisted in spite of Franklin's highly intelligent program for adjustment and reform. As a matter of fact, important elements persist today with almost unshakeable professional and popular approval. "Important changes in our society are still in the making. What these changes will be no one can predict, but no American school can be called progressive, no demonstration representative of sound educational theory, and no experiment forward-looking unless there be consideration of the changing world in which we live. We are in great need of economists who can interpret to the schoolmaster the educational needs and demands of this new society of ours." [2]

Relation between Society and the School.   There has been a great deal of discussion concerning the relation of the school to society.[3] That a close relationship exists is indisputable. Even the highly idealistic plan of education in Plato's *Republic* can be understood only in terms of the organization of Athenian society in Plato's day. Any argument that the obligation of the school is to foster the development of the individual without regard to the conditions and requirements of the society in which he lives is untenable. As noted briefly in Chapter II, changing conditions of American society have in fact deeply affected the development of the secondary school. The school in turn cannot help molding and influencing society. A strong reciprocal relationship exists between the two, each to some extent being a function of the other.

Some insight into the nature of the school's obligations to society may be gained by considering briefly three characteristic traits of the

[2] Report of the Dean of Teachers College, Columbia University, *Teachers College Record*, November, 1930, p. 115.

[3] For a summary and discussion of the issue, see *Issues of Secondary Education*, Bulletin No. 59, Department of Secondary-School Principals, N E A, January, 1936, pp. 311–349. For a sampling of different views, read Thomas H. Briggs, *The Great Investment*, Cambridge, Harvard University Press, 1930; Boyd H. Bode, *Progressive Education at the Crossroads*, New York, Newsom and Co., 1938; George S. Counts, *Dare the School Build a New Social Order?* New York, The John Day Co., 1933; John Dewey, *Education and the Social Order*, New York, League for Industrial Democracy, 1934; and the following publications of the Educational Policies Commission: *The Unique Function of Education in American Democracy* (1937), *The Purposes of Education in American Democracy* (1938), and *The Education of Free Men in American Democracy* (1941).

American culture and their implications for education: (1) the social mobility of the population, (2) the peculiar rights and responsibilities of citizenship in a democracy, and (3) the requirement that every adult individual be prepared to engage in useful and profitable employment, most commonly in some form of industrial or commercial endeavor.

Education and Social Mobility.   America is the land of social and economic opportunity. This is true to a lesser extent today than it was two generations ago, and to a much lesser extent than at the beginnings of American national life. But compared with all but very few foreign lands, economic and social class lines in America are much less stabilized, and class groups less crystallized. Changes from low to high social status in the course of one man's lifetime are still very common. The disparity between the wealthy industrialist in New York, Chicago, or San Francisco and the poor tenant farmer in a rural section of the South is enormous, and rarely these days does one span the entire range between these extremes. But within this range there is a good deal of movement of individuals from one economic and social level to another. In every profession and walk of life—among statesmen, lawyers, doctors, engineers, corporation presidents, labor union leaders, newspapermen, motion picture "stars," and professional athletes—there are men and women who have raised themselves by their own efforts from humble circumstances to more fortunate positions. Change in economic fortune is usually accompanied or followed by social reorientation affecting professional associates, friends, leisure-time activities, interests, and values.

Though many successful Americans are self-taught, there is a strongly-rooted impression among the public that the advantages of formal schooling constitute an avenue toward economic and social advancement. People have come to regard formal education as one of the requisites for practical success. This impression is on the whole justified; the availability of opportunity for free education even through the college level has contributed much to make possible for able persons to advance far beyond the economic status into which they were born. Much as some may deplore this practical or "cash" valuation of education, it is true that to the extent to which education helps to foster economic and social democracy by enabling individuals to overcome the barriers of poverty and meager home background and by contributing to the equalization of economic and social opportunity, it performs a great social service. This is a social function which the school should try to perform even more effectively than it has done. As other factors in society operate to restrict social mobility, the school must make even greater efforts to promote opportunity for self-advancement.

Education and Responsibilities of Democratic Citizenship. One of the great arguments in secondary education concerns the rôle to be played by the school in the political life of the nation. Ever since the Kalamazoo Decision the social function of the public secondary school has been legally recognized, for as a rule in this country only those activities are supported out of public funds as are judged socially necessary. More precise formulations of the social-political function of the school in the democratic social order of which it is part have not, however, been attempted until relatively recently. The "social investment" theory of education, elaborated by Briggs in his Inglis Lecture of 1930,[4] has commonly been accepted as sound. In brief this theory holds that schools are established, supported, and operated by society not as a form of public philanthropy but as an investment by society to ensure its perpetuation and progressive improvement along the lines of its own valued ideals and principles. Though this general statement of the social function of the school carries implications far beyond the rôle of the school in the political life of the nation, the latter alone may for a moment be briefly considered.

It is almost a truism that a democratic society can survive only as the existence of an intelligent citizenry is assured. If freedom is to prevail, men must respect one another; if domestic and foreign policy is to reflect the intelligent will and decision of the people, men must be well informed; if the common good is to be served, men must be convinced that it is often necessary to subordinate individual interests and desires to common needs; if the evils of poverty, disease, and war are to be eliminated, men must feel keenly about them and must know how to put better things into their place. All these can be achieved only through

[4] Thomas H. Briggs, *The Great Investment,* Cambridge, Harvard University Press, 1930.

the medium of education, through ideals, attitudes, knowledge, and skills which the school can convey. And above all, if democracy is to be perpetuated, youth of every generation must be imbued with faith in the democratic way of life and the zeal to maintain it. Youth must be taught continuously to shape society toward democratic ends and through democratic means. This in sum is the special social function of the school in a society which is committed to democracy. Education thus becomes an instrument of social policy by which a democratic society guarantees its own continuity and improvement.

While laymen and educators have accepted this idea in general, they differ as to the rôle of the school in relation to social change. Much which relates to social change is in the realm of controversy. Some would prefer the school to avoid controversial matters, dealing only with established facts and principles which bear the approval of a large majority of society. Some would have the school treat controversial matters as well, exploring possibilities and suggestions for social change without advocating any particular position. Others would go much further, preferring the school to assume a more positive rôle in advocating social changes which it considers necessary and in persuading students to accept them as desirable. Without extending the argument at this point, it may be sufficient to say that society is unlikely long to support an educational institution which works to change basic social principles and practices strongly approved by the large majority of citizens. Nor are teachers in an especially privileged position to know how society ought to be changed. The task of effecting social change and improvement is a task for all citizens; teachers should participate in common efforts with other citizens to plan and accomplish necessary reforms. Neither avoiding controversial questions nor establishing itself as a special authority, the school should without partisanship assist students to examine intelligently social problems and to explore possible avenues of social improvement and reform.

Education and Economic Competence. The school has a responsibility for helping youth to become more effective economic members of society. This is a twofold function: first, to make each youth more competent as a consumer of economic goods and services; second, to enable him to operate more effectively as a producer, and earn his living thereby. For generations educators have engaged in fruitless discussion as to whether the school should concern itself with the purely "cultural" or deal also with the "practical." It is clear now that society expects the secondary school to make a contribution to the improvement of social and individual living in all its aspects. If the "social investment" theory is sound, it has implications not only for education in political and civic responsibilities, but for economic and vocational education as well. In any event education for economic citizenship has in practice made considerable headway. Schools have introduced vocational courses, and these have attracted many youth who do not plan to prepare for the higher professions. The problem is now how to induce more schools to institute vocational courses, how to select the right courses, and how to teach them properly. Similarly, a good deal of progress has been made in the development of consumer education. Schools may not yet be very skillful in this field, but few question the validity of the objective itself. The secondary school has unquestionably assumed responsibility for the economic and vocational education of youth and is seeking to discharge this responsibility more effectively.

"Education for all" is a significant democratic concept. In 1890 only 4 per cent of the youth of the nation were enrolled in high school. By 1940 over 60 per cent were enrolled and in some states over 90 per cent. There is little doubt that as society advances and education becomes more effective, we shall within this present generation see in the high school over 90 per cent of our youth between the ages of twelve and seventeen. A few states have reached this figure already. As students are admitted in increasing numbers, the secondary school, in educating them, must become alert and responsive to social needs as it must be alert and responsive to students' individual learning needs in the fundamental fields of knowledge.

Secondary Education Must Change.   It is obvious that no school can be static and continuously effective. Educational literature today is filled with terms like "a changing social order" and "an emerging civilization," giving evidence of a realization of the need for curriculum adjustment to life as it is and as it may be. Sociologists and economists are concerned as never before with analyzing and presenting the characteristics of our current civilization, and educators are challenged not merely to know what these characteristics are but also to use them as the basis for significant reforms that will make the secondary schools the potent social agencies that they are generally, but mistakenly, supposed to be. Thus considered, educational reform is seen to be not the task of isolated groups of classroom teachers, skilled in professional techniques but relatively ignorant of the larger facts and the philosophy of society. It rather should be undertaken responsibly by a central body of the most competent men working continuously with an appreciation of responsibility and with adequate resources. The difficulty of the challenge is obvious, but it merely emphasizes the necessity of its being entrusted to competent hands.

Modern life is more complex, far more complex, and in many respects richer than that of any civilization which has preceded. We can not hope to make any student a master of all knowledge, but everyone should be led to reasonable information about the important social and economic phenomena in order that he may be intelligent regarding his place in the world and that he may participate reasoningly in directing its destiny.

> It takes but little water just to touch
> At some one point the inside of a sphere,
> And, as we turn the sphere, touch all the rest
> In due succession.

Hitherto scholars and others have sought knowledge mostly for its abstract values or for the promotion of some limited interest. The emphasis in the future must be on "viewing social situations as a whole in terms of our national life, of analyzing and appraising our problems as those of a single society based upon the assumption of the common welfare as the goal of common effort." Without this kind of education a citizen may be a liability rather than an asset to civilization, whatever his other possessions are. "It may prove," says James Truslow Adams,[5] "that the new 'massman,' as described by Ortega, the man who inherits all the benefits of our complex civilization without understanding its bases or being willing to acquire the character that alone can support it,

[5] In "What of the 'American System'"? New York Times, July 13, 1941.

may be the undoing of all of us everywhere." A nation advances safely not merely by the dynamic power of leaders, but by a certain equilibrium that results from basic understanding and approval by the mass of common men.

Social Ideals Must Be Formulated. The ideals of our society have not been formulated with sufficient definiteness to be understood, approved, and sought by potentially cooperative citizens. They must be. The most significant phenomena of our changed and changing civilization must be discovered before new curricula of the effective school can contribute as they should to common welfare. Although these phenomena are not all known by any one individual, many are obvious to anyone who takes the trouble to think about them, to look at the world as it is rather than through glasses colored by traditional school practices.

In recent years attempts have been made to define social ideals in the light of changing society, and to relate these ideals to the purposes of education.[6] The intelligent reader must view these attempts not as exercises in social theory but as necessary and urgent endeavors to give the school a proper social orientation. If secondary education is to be realistic, it must reflect in its teaching the problems of life as they are today, not as they were when this nation was young and the conditions of social living were relatively simple. For instance, one of the critical problems of our time is the general problem of balancing the need for social security with the right of individual liberty. From this question stem a great many specific problems with respect to which the school needs society's direction. How far should the government go in the direction of ensuring social security without infringing upon basic individual liberties? What shall be the school's position on the issue of socialized medicine? In a conflict of rights between labor and management, what are the rights of the public? At what point does freedom of speech cease to be the right of the individual and become a danger to

[6] See Charles A. Beard, *A Charter for the Social Sciences*, New York, Charles Scribner's Sons, 1932; George S. Counts, *The Social Foundations of Education*, New York, Charles Scribner's Sons, 1934; *Implications of Social-Economic Goals for Education*, Washington, National Education Association, 1937; Newton Edwards and others, *Education in a Democracy*, Chicago, Chicago University Press, 1941; and the publications of the Educational Policies Commission.

the freedom of the group? The school cannot answer these questions except as society provides more definitely formulated principles than it has so far done.

Changes In Society. Although mankind is in more respects alike wherever scattered over the world than differentiated by political and social organizations, travelers detect characteristics that seem to be emphasized among us. James F. Muirhead, an acute Scotch critic, wrote of "an American note which includes a sense of illimitable expansion and possibility; an almost childlike confidence in human ability and fearlessness of both the present and the future; a wider realization of human brotherhood than has yet existed; a greater theoretical willingness to judge by the individual rather than the class; a breezy indifference to authority and a positive predilection for innovation; a marked alertness of mind and a manifold interest; above all, an inextinguishable hope and courage." [7] And James Truslow Adams repeatedly emphasizes our "belief in the people as the primal source of political power for the benefit of themselves, and not for that of any ruling class;" "the equality of opportunity as far as may be, equality in political rights and before the law, the right of all individuals to make as much of themselves in every way as they can, and the breaking down of all barriers or special privileges which may interfere with their doing so by giving others undue advantages based on considerations other than those of their individual capacities or accomplishments."

These are perhaps idealized portraitures, characterization as we should like to have it rather than according to the exact facts; and yet it can hardly be doubted that they reflect what the American people truly believe, however much individuals may act differently at times for selfish interests. Opposing these ideals is a rampant individualism that has demanded its rights to succeed at any expense of others, that has wasted natural resources, piled up huge and selfish fortunes, protected itself by procured legislation, prostituted governmental agencies, and materialized the ideals of the good life. Individualism is undoubtedly an asset in a democracy; but uncurbed and undirected it can become a grave liability. Recent experiences have taught us that cooperation is essential if the

[7] *America the Land of Contrasts,* London, John Lane Co., 1900.

welfare of all is to be served. Men are no longer "masters of their fate," but are deeply affected by the needs and desires of other men and by the need for concern for the common welfare.

However much the development of native talents is limited by accidents of birth or of environment, few nations, if any, have so made possible the advance of all individuals toward the highest goals. Children of former slaves, of immigrants from every nation, of remote ranchers, of paupers from city slums, have found the opportunity to climb to success in every form of laudable human activity. One in ten of those whose names are recorded in *Who's Who in America* came from immigrant stock; and if the assimilation of our foreign-born group has not been so complete as might be desired, certainly no nation has shown a greater kindliness in the process.

The large immigration of varied foreign stock in some parts of our country, the easy mobility of our people from community to community and even from state to state, disrespect for traditions as such, the lack of social castes to act as a brake, habituation to large-scale organization and planning in industry, natural optimism and a venturesome spirit, have made us hospitable to change, have produced an unparalleled willingness to try anything new, while natural human inertia prevents wild excesses of social experimentation. The hospitality of our democracy to social and political innovations puts a grave responsibility on education that the oncoming generation be at least intelligent in its ventures. The people have adopted technology without being concerned with its social implications. Now they are called on to make expensive rectifications. Without specific training they may blindly run after more dangerous innovations.

Although we have little of inherited social castes, there is a distinctly discernible tendency toward social and economic blocs, minorities that band themselves together for their own profit even at the expense of the welfare of the nation as a whole. Although interdependence is far greater than formerly, appreciation of it is gravely lacking. Here is a conflict that must be the concern of those who realize the responsibility of education for directing the general good. In some way our government, too easily responding to pressure groups, must be made to become more responsive to demands of the general welfare.

Our schools have done a great deal to develop a justifiable national pride in the achievements of America. This has been a distinct and important contribution to the building of our nation. Today, however, we are forced to relinquish some of the elements of nationalism on behalf of the larger cause of world peace and the welfare of all mankind. The schools of the nation are called upon to develop in youth a new understanding of world cooperation, of international ideals and security, and of the brotherhood of man. The ideal of world cooperation is closely allied with the doctrine of self-interest, for without the combined efforts of all nations toward world cooperation the security of any one nation is jeopardized. To promote understanding of these changes in our national and international life will require drastic changes in our secondary schools. Youth must be taught that our own way of life cannot survive destructive wars brought on by nationalistic conflicts. Even their own economic prosperity which assures them opportunities to satisfy their wants is contingent upon economic prosperity elsewhere in the world.

Changes in Communication and Transportation. The founders of our Republic manifested their appreciation of the importance of communication by federalizing the postal department. In recent years the advance in means of communication has been nothing short of miraculous. Besides a regular and quickened mail service reaching to the most remote habitations, we have the telegraph, the telephone, the radio, and now television which almost instantaneously acquaint the whole country with anything of importance. Added to these are the less spectacular but no less important newspapers and magazines, which cover the entire land. These services are working wonders to integrate our people. Uniformity of information, of sentiments, of ideals, of prejudices, of speech, of manners, of behavior, of dress are the tendency rather than many and diversified provincialisms. Although some altruistic attempts are made by our schools to inform and unify our citizenry for better living, we have for the most part surrendered these services to propaganda often for selfish ends. Syndicated matter in the newspress, even that of a humorous kind, is a potent influence on popular thinking. Some of it is distinctly hostile to the philosophy of democracy.

The marvelous developments of communication reveal the inadequacy of boundry lines established for local governments in simpler days. District, township, and county organization belong to the horse-and-buggy era; yet they persist, so far with little modification. A majority of our citizens can today be better informed about the issues of a national campaign than of the merits of two candidates for a local school board. Communication services have also vastly extended general interest in international affairs. That education should accept the challenges implied by these phenomena goes without question. There are many minor details, too, that should be of obvious concern to education—for example, telephone courtesy, science involved in the radio, how to select and read newspapers and magazines, how to listen to and evaluate radio talks, movies, and the like. An understanding of propaganda and national advertising, subtle as well as obvious, is highly important.

Transportation inventions also have rapidly broken up provincialisms. It was not so long ago that a considerable fraction of our population was born, lived, and died in a narrow area, interested only in its activities, concerned only with its affairs. The railroad facilitated extended commerce; the motor car and the subsequent good roads have invited travel, whereby men have learned for themselves at least the superficial communality of the country. The airplane has brought distant parts of the world much closer together. Provincialism caused intense local loyalties, which tend to be dissipated as they are spread thin. Provincialism caused deep friendships, for which superficial acquaintances are no satisfactory substitute. Loyalties to country, principles, or fellow men are a social human need in an extended as truly as in a narrowed world; but they will be generally achieved only if those with deep understanding share it with others who see only the surface.

There is another side, though, to the social effects of transportation inventions. It is well known to careful observers of small communities that restricted associations often bring jealousies and petty bickerings as well as neighborliness. As motor cars permit flight from such annoyances and develop new, though often transient, interests, the spirit of small communities may be happier. It would be well if education could lead through understanding and directed training to a finer morale of the neighborhood and at the same time to a sharing of appreciated new interests.

Just as the early transportation inventions made great cities possible and inevitable, the later ones have created the metropolitan areas, "the sprawl of great cities" beyond their political confines out into the countryside with many and varied suburbs. The problems brought by this extension are many, only few of which have as yet affected the school curriculum. The highly desirable regional planning, the unification of political control, the organization for charities effective for giver and recipient alike, a realization of mutual interdependence, are but illustrations of desiderata the achievement of which can be facilitated by appropriate education. Even small cities and villages have their "suburbs," which create social, political, and economic problems just as truly as do the larger additions to a metropolis. The suburban "bedrooms" where people have a "life in town" and a "life in a suburb" have tended to create a suburban mind and to divide loyalties to communities.[8] The problem of making a living in one community and rearing a family in another is a phenomenon of our technological society with which the school must teach people to deal more effectively. Problems of borough governments, local taxation, traffic control, road construction, mass purchasing, and others grow out of mass living.

Changes in Industry and Business. The original factory was the home—inefficient, doubtless, but rich in its social unities. The processing of raw materials into finished products has become almost entirely a factory procedure, with far-reaching effects, both actual and potential, on education. The highly developed hand skills, which characterized the individual artisan and artist, have been largely replaced by machine skills, the majority of which are easier to learn and far more effective. It takes only a few weeks to learn to operate machines which make products once fashioned laboriously and skillfully by hand. It is often asserted that artistry in the individual has thus been lost; but it can reasonably be maintained that on the contrary the aesthetic level of both production and of appreciation has been vastly raised among the population at large. A problem is to increase the latter while restoring in some individuals the superior artistic skill of the rarely gifted worker and encouraging others to gain artistry in lines which serve to develop their

[8] See Carl von Rhode, "The Suburban Mind," *Harper's Magazine,* 192:289–99, April, 1946.

own personality even though the skill be of no economic importance.

Machine inventions have, of course, centralized production in factories of increasing size, with resulting social and economic problems. The low-grade worker tends himself to become a machine, to be discarded by employers without the acceptance of social responsibility for the results. To protect themselves workers have organized trade unions and developed the institution of collective bargaining. There have been many types of social legislation designed to protect the worker against the hardships of unemployment and insecure old age. Unions have become increasingly powerful, and have frequently used the weapon of the strike to curb or interrupt production. This in turn has led to union-curbing legislation. All citizens in a democracy should have more understanding and fewer unreasoned prejudices about the complex problems involved in the responsibility of society for the protection of workers on all levels, from the lowest to the highest, as well as in the responsibilities of workers to the national welfare.

During the past generation we have had a development in technology that is revolutionizing our economic and consequently our political world. It is unnecessary here to repeat the figures of how few men can now perform in less time and with more efficiency the work formerly done by many. The undisputed fact is that there has been a spectacular increase in productivity in all fields of work, and that the increase has not yet reached its limits. The results are the possibility of overabundance of every commodity with a constantly decreased demand for human labor to provide it. Recently, the shipment of goods abroad to feed a hungry world has absorbed much of our overproduction. The old law of supply and demand has been rendered inoperative by government controls. The consequent disruption of our economic world has brought a horde of problems that have not yet been solved by economists and statesmen. Education can not be divorced at present from an attempt to understand these problems and from consideration of possible methods of solution. If, as seems probable, the hours of regular labor for all men will be materially reduced, provision must be made for the wiser and more satisfying use of the resultant increased leisure time.

It is uncertain whether or not the tendency toward great centralization in production and marketing will continue. But at present great organizations, trusts, mergers, and cartels do exist, bringing problems that need to be far better understood by the average citizen. He will not learn to understand them and to share intelligently in their solution so long as the facts and principles pertaining to them are not taught in the secondary-school curricula. Government regulation, which ultimately is determined by the judgment or the prejudices of the mass of voters, is certainly increasing in extent. The safety of our economic order, as it exists or as it may be modified, depends on citizens educated to have intelligent understanding of what it is and of what its implications may be.[9]

Other consequent changes in this field are the increased distance in space and in time between primary producers and consumers, with resultant problems of distribution, and a developing interdependence of all people. Chain store, mail-order houses, and coordinated banks; package foods and proprietary medicines with trade names advertised not always in proportion to their values; installment buying; higher standards of living, actually achieved or desired and demanded, and the like—every one of these makes demands on the curriculum that the school has been slow to meet.

The school must help each individual to realize that the simple possession of skills no longer guarantees the ability to earn a livelihood. The lower-skilled worker must acquire greater versatility and continuously seek to raise his level of competence. He needs to understand and support the methods by which society acts to protect his economic security and personal welfare; to learn to use wisely his own resources and to join with others in political activity to secure legislation looking to his and to the common welfare.

Changes in Wealth. Whether wealth means "a stock or fund existing at a given time or a flow of valuable goods and services during a period of time," the United States has been and is fortunate above any other nation. For the purpose of indicating the responsibilities of the new secondary school it is unnecessary to consider figures of gold stocks or of per capita possessions and income. It is sufficient to state the well-

[9] See William Van Til, *Economic Roads for American Democracy,* New York, McGraw-Hill Book Co., 1947.

known fact that our people for various reasons are peculiarly blessed with property. And property brings problems as truly as poverty. The aggregate wealth of the nation is, as everyone knows, unevenly distributed: a few men have great wealth; the majority have enough to provide comforts; and a smaller number are in want. Three facts must not be forgotten, however: first, the standard of living of even our poor is much higher than that of the corresponding class elsewhere; second, the desire and the demand for ever higher standards are strong among the great majority of our population; and third, by legislation of various kinds—income, inheritance, and corporate taxes mostly—there is an increasing tendency to restrict great fortunes and distribute great profits for the relief and benefit of the many. These phenomena imply an abundance of material for the curriculum of the new secondary school.

The implied problems are not merely economic, involving an understanding of the principles of taxation; they also concern wise expenditures for the business of living, savings, and investments. It has been truly said that we devote more attention to making money than to spending it, though obviously the latter is more important. Education of the consumer, the creation of new wants and training in how best to satisfy them with the means available, must receive greater attention. It is important, too, that all citizens should be made more intelligent about such investments as they may make, and that they be informed concerning investments made by others which affect their own and the general welfare. Too few people in our civilization have been educated to understand banking, insurance, stocks, bonds, mortgages, investment trusts, building and loan associations, and the like. The school should be a safer teacher than the paid agent of any financial institution.

Changes in Opportunities for Leisure.   One of the outstanding changes in our society is the steadily increased amount of leisure time at the disposal of our people. Although this is very unevenly distributed, it cannot be denied that even the most oppressed laborer is now required to work far less than his ancestors did. The "standard" hours of labor have been successively reduced from sixty to forty and even lower. The prospects are that the improvements in technology already mentioned will still further increase and more widely spread the amount of leisure for all men. The United States has never had so large a "leisure class" as the older countries in which the tradition and the ideal were inherited; but it is coming to have something better, a reasonable and an extended amount of leisure for all. What can wisely be done with it?

Education for leisure has up to this time not been as seriously provided as it must be in the future. There has been a tendency on the part of the public and even of some of the professions to consider the courses in literature, music, art, and the like as belonging to the "fads and frills." But increased leisure, especially when it is more than a comfortable release from necessary toil, may be a social menace if it is not wisely used. The old adage that "Satan finds some mischief still for idle hands to do" may be weakened in its theology, but it is still essentially true in a basic sense. Those concerned with commercial entertainment have been quicker to realize the possibilities than has the formal institution of education. "A man is no longer master of his leisure time to the degree his forefathers were in a simpler age. On every side he is surrounded by artful operators who have studied his weak points, often with the aid of psychology, and beset him with the offer of ready-made pleasures, to be purchased at a price." [10] It is estimated that our people are paying about twenty billion dollars annually to have something to do in the hours they are not working, several times more than they pay for education of all kinds.

Much money has been expended to provide recreational facilities for youth. Communities have established parks, playgrounds, and community youth centers. Schools make available playground facilities and supervision under competent directors. Numerous social agencies provide recreational programs and facilities for individuals and for groups. The amount of commercial recreation is abundant. The government has set aside recreational areas in national parks and forests. Yet despite all this, many young people are scarcely affected by these opportunities, because the facilities are not immediately accessible, because the programs are unsuited to their interests, because they do not have the funds to take advantage of the facilities offered, or because they do not possess the inner resources to enjoy or create recreational opportunities. Recreational

[10] Lawrence P. Jacks, *The Education of the Whole Man*, London, University of London Press, 1931, pp. 55–6.

facilities are least adequate for those in the lower-income groups, for those in rural communities, and for those belonging to minority groups.[11]

It is not argued that attendance at commercialized games and contests of various kinds, at movies, at the theater, at public dances, at athletic games, and the like is harmful. But it should be noted, first, that the enjoyment of even such means of occupying leisure time can be greatly enhanced by training in discriminating selection and more intelligent appreciation; second, that there are many other wholesome recreational activities to which young people should be introduced and in which they should receive some training according to their interests and opportunities. Travel, motoring, hiking, outdoor and indoor games extended beyond the usual list, hobbies, social and fraternal clubs, museums, art galleries, appreciation of architecture, historical sites and monuments, social visiting including "the lost art of conversation," lectures, concerts, operas, the social production of music, reading of various kinds of literature, including that of science, economics, social problems, and art—all these and many other opportunities, mostly subordinate under these heads, suggest challenges to the curriculum of the new school.

At the risk of seeming too obvious, comment may be made for the sake of emphasis on a few of the opportunities. Training in reading on higher levels than is taught in the primary school is greatly needed, though seldom given. Children are marvelously taught to read sentences; but youth and adults are expected to be able to choose wisely what they will read from the abundant wealth of publications, to read differently for varied purposes, to read large units, to compare with other information, to evaluate, to organize, and to use. Obviously if they were taught these skills in secondary schools their further learning by the use of books would be vastly increased. The invention of the radio should have revolutionized the teaching of music, for the opportunities to hear symphonic concerts, oratorios, and opera have been thus multiplied manifold. But only with adequate and satisfying training will listeners turn to such programs. Improvements in color printing and other similar processes likewise should have revolutionized the teaching of art, though

[11] See C. Gilbert Wrenn and Dudley L. Harley, *Time on Their Hands,* Washington, American Council on Education, 1941.

the evidence is that this field has been affected to only a slight degree. As will be argued later,[12] the limitless and most satisfying means of using leisure time is by the exercise of one's own intelligence. Intellectual interests that are varied and deep should be set up in all young people so that they may have unending sources of pleasure. "If youth be not golden, age will be but dross."

Changes in Democracy and Politics.   It should be an obvious fact that the success of democracy depends upon an understanding of its meaning by every citizen and upon devotion to its principles. The teaching of the mechanics of government does not ensure either this understanding or this devotion. The records of libraries show that there is a great popular interest in books on government, on economics, and on sociology, that this interest has rapidly increased, in fact, at the expense of the literature of fiction. The new curriculum in American schools must be at least as much concerned—as it is not at the present time—with the ideals that guide American democracy as the curriculum of Russian schools is with communism. Evidence of the need can be gained by considering the inadequate definitions of democracy and a few of its implications got from any representative number of youth in our secondary schools, and evidence of the violation of these ideals may be got from reading any edition of a newspaper. It can not be questioned that youth should be intelligent regarding the trends of government, both Federal and local, toward or away from democracy.[13]

There is some teaching in our schools regarding the machinery of government and of politics, but a careful avoidance of the parts of that machinery that secure results. Any schoolboy can tell that a revenue-raising bill must originate in the lower house of the legislature and that it may be vetoed by the chief administrative officer; but there are many other potent factors in the making of revenue laws which he learns only outside school. He is taught how the President is elected and that he himself may aspire to that honor, but mention is seldom if ever made in class of the precinct leader, which he may much more probably be-

[12] See Chapters XV–XVII.
[13] William F. Russell and Thomas H. Briggs, *The Meaning of Democracy*, New York, The Macmillan Co., 1941.

come, and of that leader's duties and influences. In other words, politics is seldom taught as it immediately touches the individual, though the actual practice is equally important as the abstract principles. More emphasis needs to be placed upon how government operates and less upon its structure. In the United States politics is variously a civic activity, a game, and a graft, and the sooner youth is taught the details of each practice the sooner and more assuredly he will become an effective citizen.[14]

The implication here is that the new school must teach the practices of government as well as its principles and their historical development. The school should be a safer teacher than any other agency. Illustrative of topics that may be used are the following: the meaninglessness of political parties; how parties are organized and controlled; how government is administered, effectively or badly; graft, "honest" and other kinds; the relations of racketeering to government; crime as a business, its causes and its results; how and why certain governmental departments are effectively administered; the actual procedures in legislation including lobbying, pressure-group activities, and filibustering; the courts and their jurisdictions; the selection of a lawyer and the rights of a citizen in civil and criminal actions; government in business and business in government; the tendency toward increased Federal responsibility; our foreign policies and practices; and women in politics. These random topics are of undoubted importance. How can they and many other similar ones safely be neglected by education?

Changes in the Family. The fundamental unit in our civilization has always been the family; but recent times have brought tremendous changes to which it has adapted itself slowly and most unsatisfactorily. A contemporary critic has declared that the majority of American families are today by any measurable standards bankrupt. Allowing for some extravagance in the statement, we must still be profoundly disturbed by the element of truth in it. One marriage in three or four ends in divorce. One-fifth of all married women are working outside their homes. Added to the number of women who are away from their homes all day

---

[14] See Frank R. Kent, *The Great Game of Politics*, Garden City, New York, Doubleday, Doran and Co., 1931.

at work is the not inconsiderable number who find in their communities many opportunities and temptations to absent themselves from home for entertainment, often returning too wearied to contribute as they might to the family life. Men, too, as a rule leave home early for work in which there is little or no opportunity for training their children by involving them in some phase of it, and they return often in no condition to share happily in family life, especially at a time when the children are also tired and soon to be in bed. The whole tempo of life has been speeded up dangerously. But realizing that, many parents deliberately and wisely provide for family excursions and vacations of a kind to increase common interests and intimacies.

With the trend toward urbanization has come a rapid increase of apartment house dwelling, in which family life, if not difficult, is at least different. Multi-family dwellings increased from 2.6 per cent of all housing in 1930 to 20.5 per cent in 1940. More limited quarters bring unique problems of social adjustment; and often there is no room for privacy and for the care of aged parents or other relatives. The report on *Recent Social Trends* said: "With the weakening of economic, social, and religious bonds in the family, its stability seems to depend upon the strength of the tie of affection, correlated sentiments, and spiritual values, the joys and responsibilities of rearing children." But it is precisely in this respect that the family seems to be weakened most. The number of children per family has decreased [15] chiefly because of the use of contraceptives, discussion of which is taboo in the very places where it might be sane, and many influences outside the home can readily be mentioned that substitute, not always beneficently, for the weakened parental influence. The fact that many married women work outside the home has created another problem of child care and development. Education has quite as much responsibility for inculcating the ideals of the home as in supplanting its function.

As steam destroyed the home as a factory unit, modern inventions

[15] In 1840 there were 989 white adults for every 1,000 children under sixteen years of age; in 1900 there were 1,583 adults, and in 1930, 2,012 adults. For further analyses of this problem, see Philip M. Hauser, "Population," *American Journal of Sociology,* 47:816–28, May, 1942; United States National Resources Committee, *The Problems of a Changing Population,* Washington, United States Government Printing Office, 1938; and Warren S. Thompson, *Population Problems,* New York, McGraw-Hill Book Co., 1942.

have mechanized and improved its production and its maintenance. The modern home is a complex of labor-saving devices, understanding and appreciation of which is essential to their effective use and enjoyment. The number of house servants has decreased but they have been replaced by "mechanical slaves." Most food, clothing, and medicine is prepared by outside agencies and bought either entirely or partly prepared for use. Probably most laundry is done outside the home, and the number of pieces of feminine garments that go to the tub has amazingly decreased. Furnishings have become simpler and more aesthetic in their appeal. Infant care and training, physical, mental and, emotional, has become a science, which can be learned only under skilled instruction. Many *mores* of the family, such as those of informal entertainment of friends and making social calls, have changed. Charity, which was once a personal duty of the housewife, tends to be referred to organized societies; in some cases money is contributed more as insurance to preserve the existing social and economic order than as a response of sympathy for suffering or want. All these and many other phenomena of the modern family call for adjustments in the school.

Changes in Health Conditions and Provisions. Much more attention is now paid to health, both individual and community, than ever before, and far more intelligent and skillful service is available for its promotion. In spite of the advances in knowledge and skills, however, the rate of mortality in childbirth and among infants is disgracefully large in the United States. Practices and conditions can be much further improved by education. Measurements clearly show that intelligent care and feeding of children with training in regular health habits greatly increase the height, weight, and general vigor. What is possible for the favored minority should be assured for all. Researches also reveal that the death rate varies, in general, directly with income—*i.e.*, with the advantages that a comfortable income makes available. So long as this ratio prevails "it seems paradoxical to claim that wage earners are receiving a living wage." The health of each is the concern of all.

The whole population needs education, which can be assured only in the public schools, regarding not merely the fundamental principles of health but also a discriminating choice among the services available. The old-fashioned, general, family physician, who first treated all ailments and later advised where needed special service could be obtained is being replaced by specialists of ever-increasing skill and narrowness. Many families have no regular physician to whom they can turn for advice. In ignorance they seek at need specialists who may unethically undertake treatments out of the range of their competence. Everyone, therefore, should be impartially informed of the wise course to pursue in illness, of clinics, of hospitals, of infirmaries, of the various kinds of "homes," of visiting nurses, and of the peculiar services that each is prepared to render. So long as the medical profession is committed to varying charges with the supposed ability of the patient to pay, everyone should be informed, too, of probable costs and of the means of securing competent service without being overcharged. Although superstition in the treatment of physical ailments has largely passed, or is passing, from our civilization, it is to a considerable extent replaced by the uninformed use of patent medicines, some of them good, some expensive and relatively inefficacious. Popularization is needed to supplement curative by preventive treatment. Therefore not merely the principle but also the means—regular health habits and immunization of various kinds—should be generally understood and made respected. Education for safety is a part of the necessary program.

In recent years progress has been made in making people conscious of the need for preventive medicine and medical care. The great health agencies, such as the National Tuberculosis Association, The National Society for Crippled Children, the National Society for the Control of Cancer, and others, have done much to make us sensitive to how each person can improve his own chances of preventing and curing disease. These agencies have contributed to medical practice, to prevention of disease through community action, to research into causes and treatment, and have joined with the American Public Health Association and the United States Department of Public Health in educating people in the prevention and early diagnosis of disease. The major insurance companies have also spent vast sums of money on such educational campaigns. We are more health conscious today than ever before, and our programs of community health under government support have contributed greatly to making our communities healthier places in which to live.

We have also become more conscious of a need for greater distribution of medical care. In the past few years, group medical practice has been developing throughout the country. It is recognized that modern medicine can be practiced only by diagnosticians, general practitioners, and specialists working together with adequate hospital and clinical facilities. To operate such enterprises on an economic base requires a constant flow of income from patients. This is being secured by group practice plans, involving health insurance or medical and hospital insurance. The functions of such group medical plans need to be made clear in the school and standards of good medical service need to be established so that the individual will have judgments for securing adequate medical services for the community.

For many reasons, an important one being the furious tempo of modern life, there has developed among us a number of occupational diseases and a large incidence of mental disease, a far larger incidence than is generally realized. Of all children born in 1947 one in twenty is destined to enter a hospital for mental diseases and twice that number suffer such mental impairment as to make them at one time or another eligible for psychopathic institutions.[16] Heart disease, frequently called the "executive's last ailment," is a widespread killer, especially among men. In 1946 the death rate from heart disease was 306.8 per one hundred thousand of population, an alarmingly high percentage. These conditions constitute a challenge to the school as well as to society. If modern living is becoming so strenuous that the young break down and those who do survive mental breakdown succumb to heart failure, we need seriously to consider how to reduce this strain.

Changes in Science.   The greatest changes in any field of human endeavor have come about in science. The development of science has always been, to some extent, geared to warfare, and two World Wars within a generation imposed upon science the necessity of quickly exploring new areas of knowledge. Out of the World War I came many new discoveries regarding the treatment of disease, the use of the air

---

[16] See A. J. Jaffe and Ethel Shavas, "Economic Differentials in the Probability of Insanity," *American Journal of Sociology* 44:534–39, January, 1939; Carney Landis and James D. Page, *Modern Society and Mental Disease*, New York, Farrar and Rinehart, 1938.

for transportation, the use of electronic devices, and new chemical discoveries. Out of World War II came the improvement of electronic devices, further advances in the treatment of disease and bodily injury, and, greatest of all, it is hoped, the harnessing of atomic power. These discoveries applied to peacetime living can make the world today surpass in reality anything imagined in fiction a century ago. Also during the war the nation learned how to accelerate production to a point where in peacetime it can easily produce enough to satisfy all consumer wants; it remains for the American people to take advantage of this production potential. Inventions such as the telephone, the automobile, the airplane, the motion picture, radio and radar, rayon and other synthetic products, and such discoveries as of penicillin and other curative drugs have, in a revolutionary way, affected manufacturing, transportation and communication, housekeeping, use of leisure time, government, health and medical care, and practically all other aspects of living.

Scientific knowledge has so expanded that no one man can know all even in a single field. Adults and youth alike are confused by this wealth of knowledge and by its limitless practical application. From the study of science, however, youth needs to gain four things: first, an understanding of the great developments in the application of science to human problems and of possible further developments which may contribute to peace and prosperous living; second, enough of the basic principles and knowledge of the biological and physical sciences to have some intelligent understanding of the world of science rather than merely to be in awe of it; third, enough experience with the problems of science to develop a knowledge of the methods of the scientist and to learn to apply them as far as possible in the solution of modern problems; and fourth, enough acquaintance with the fields of science to determine wisely whether to pursue some special area of science, practical or theoretical, as a career.[17]

The techniques of scientific discovery have been highly developed in the physical field, but in the fields of social relations these methods have been scarcely explored. More scientific knowledge is probably pos-

[17] See Jesse E. Thornton, *Science and Social Change*, Washington, Brookings Institution, 1939; James B. Conant, *On Understanding Science*, New Haven, Yale University Press, 1947; and I. Bernard Cohen, *Science, Servant of Man*, Boston, Little, Brown and Co., 1948.

sessed today by high-school graduates than by the best scientists of two hundred years ago, but when the challenge comes to applying both knowledge and attitudes to solving problems in human relations, the failure is appalling. A beginning of ensuring this transfer must, of course, be in analyzing what these desirable and essential attitudes are and inculcating them soundly in solving the common problems of science, both biologic and physical. Only then can there be a reasonable expectancy that they will be applied elsewhere. Nothing can be transferred that is not possessed. Only when these techniques are acquired can there be any reasonable expectancy that they will be applied to the fields of health, the home, politics, sociology, and finance. It is crucial that they be applied to religion, that the values in worship be preserved by a reconciliation of its fundamental principles with the newer thought of science. The conflict so common and so disastrous with a large proportion of the population can continue only with the most serious results to both religion and to civilization.

Changes in Ethics and Religion.   The conflict of theology with science is only one indication of the modern forces with which religion has had to grapple, and it is highly significant that the emotional fierceness of that conflict, and also largely the interest in it, have to a great extent abated. It is traditional theology that has given ground. A few eminent scientists have contributed to the adjustment by rationalized arguments for reconciliation; but the great mass of the people who have had modern schooling are more or less apathetic, accepting both science and traditional theology without fully facing the contradictions. Inevitably theology without the support of emotionalized conviction will yield to the pressure of facts. It would be a tragic pity if the genuine essentials of religion were either lost or weakened by an adamantine traditional theology. There is much evidence that the orthodox Jewish and the urban Protestant churches are losing in strength and influence and that the Catholic church is gaining. Rural churches have in many instances been demoralized by improvements in transportation facilities, leaving the village and town churches as the centers of Protestant strength. To this complex must be added the phenomenon of new cults, a few of which, like that of the Christian Scientists, have established themselves widely. A pragmatic education must surely be concerned with changes in such a potent factor of civilization.

It has been questioned whether the traditional unity of religion and ethics will continue. Certainly the standards of the latter have been changing more rapidly than the adjustments of the former to the demands of modern life. Many of the phenomena previously mentioned have created new conditions resulting in new or extended activities for which the old standards of conduct were inadequate, or at least seemed so to the generation more concerned with modern opportunity than with the precepts of gerontocracy. New *mores* have grown rapidly to suit new conditions, and their sanctions have been far more in emotion than in a reasoned philosophy.[18] Consequently we have inevitable failures of the elders to understand youth, and conflicts distressing in their results. More and more rules are set up by authorities and laws passed by legislatures, with a consequent increase in disrespect for regulations. To meet the modern need there is widespread intelligent activity to direct conduct under modern conditions; but the formulation of a new social philosophy is slow.

One of the most difficult concepts to develop in youth is an understanding of the struggle between the ideas of freedom and of authority. Much of our school program, as much of our religious dogma, is built around the idea of authority, yet pupils in preparing to meet modern problems are told to be self-reliant. Self-reliance assumes disciplined freedom; it implies self-sufficiency to a degree where a person is his own arbiter; it implies possession of the tools and the knowledge to handle one's self skillfully on the rocks and shoals of human experience. Authority means reliance upon the judgment or mandates of others, and as such is an unsafe and undesirable basis for intelligent, democratic living. It constantly demands guidance from without. In educating youth we do not sufficiently provide for the cultivation of self-reliance, of disciplined freedom. The forces of social institutions, of laws made by and for the older people, are turned loose to restrain youth, and to direct their every step. Youth consequently have no power in the American community. Somehow education must find a way to release the powers of youth and to give them opportunities to express their own abilities

[18] See Walter Lippmann, *A Preface to Morals,* New York, The Macmillan Co., 1929.

without the constant dictation of "those who have gone before" or "those who know better" or "those principles which have stood the test of time." If freedom is to be anything more than a catchword, it must become part of youth's educational experience, along with its essential correlate—self-discipline.

Implications for Secondary Education. The social changes reviewed briefly in this chapter have been going on for some time. Inevitably they have had some considerable effect upon the secondary school. In Chapter II it was stated that the force of these changes has contributed toward molding the character of the American secondary school as it is today— in the numbers of youth educated, in the types of programs offered, in the organization and structure of the school system. But it would be incorrect to conclude that secondary education has in all, or even in most respects, kept pace with social changes. The school today is undeniably different from that in 1890. But it still retains many traditional features not in harmony with prevailing social conditions and social needs.

As has been stated, there have been changes in educational philosophy and educational psychology. More than a beginning has been achieved toward creating a science of education, with revolutionary results in curriculum construction, methods of teaching and learning, guidance, and evaluation. But as will be shown in a later chapter on "Some Basic Problems in Secondary Education," a good deal of the subject matter retained in the curriculum can be retained only on the premise of the validity of formal discipline and the general transfer of training, and probably a majority of students are still deprived of the opportunity for a real general education as well as specialized vocational training by the necessity of pursuing a course of study which is essentially college preparatory and not maximally valuable in itself.

Consideration of some of the educational needs of youth as dictated by contemporary social conditions and requirements will at once show the extent to which the secondary school falls short in accomplishing its mission. The following needs of youth, presented without regard to any special order, have not been formulated arbitrarily but very plainly originate in the nature of the society in which we live today:

1. Need for keen political intelligence. This need for keen political insight and understanding is greater than it has ever been even in the history of democratic peoples. Today the problems which need to be resolved by democratic political action are more complicated, their effect more widespread, the stakes higher.

2. Need for faith in an understood democracy. This faith cannot any longer be based upon intellective processes alone. It must be so strongly fortified by emotional and spiritual allegiance that it will withstand the vicissitudes of "hard times." In times of economic depression as well as amid prosperity, there must be no thought of departing from the democratic way of life and of bringing to bear upon problems undemocratic modes of thought and of action.

3. Need for economic intelligence. Each person must have an insight into economic problems not only as they concern him as consumer or producer, but as they concern the welfare of society of which he is an inseparable part.

4. Need for vocational competence. The problem of obtaining not a job but the *right* job has become one of the critical problems in the life of every person. It cannot be assumed any longer that any person of normal intelligence and industry can without systematic planning and preparation find an appropriate and suitable vocation upon which his happiness in society to such a great extent depends.

5. Need for safeguarding physical and mental health. The tensions of modern living have an erosive effect upon the human constitution—physical and mental. Without oversensitizing the individual unduly, the school must help him to develop those ideals, attitudes, and modes of thought and behavior which will minimize the degenerative effect of these tensions.

6. Need for creative participation in family and community living. The organization of modern social living is inimical to the maintenance of close family ties and community relationships. Yet, in terms of human values and satisfactions derived, there is no adequate substitute for these ties and relationships. The school must help each person, within the urban setting in which he increasingly tends to live, to re-establish a sound social life based on the home and the community.

7. *Need for self-enriching use of leisure time.* Passive enjoyment of mechanically transmitted amusement and attendance at spectator sports do not make the same rich contribution toward personality development as constructive hobbies and the creative exercise of talents. Unless the school can help one to develop creative leisure-time pursuits, the individual will stagnate.

8. *Need for clear thinking and the power of logical analysis.* Instruments of propaganda, political and economic, have multiplied, and skill in disseminating propaganda—whether good or bad—has become highly developed. A person cannot shut out the world around him; he cannot refuse to read or to listen. But he must be helped to become discriminating in differentiating truth from falsehood, and fact from opinion.

9. *Need for a life-long process of education.* Whether or not it has ever done so, the period—any period—of formal schooling does not today suffice to prepare a person to cope with the contingencies of the future. Each person must keep abreast of the changing world. This requires not only will and alertness, but mastery of skills through which a person will continue learning and the development of interests which will impel him to do so.

The needs as stated provide evidence of the fact that the modern world makes exacting demands upon the individual as a condition of satisfactory living and, indeed, of mere survival. Yet the modern world offers a great deal, too. There is the possibility of material abundance to a degree heretofore unknown in the world, and of a standard of living for all unmatched in other ages. There are new and greater opportunities for a rich life of the mind and the spirit, and for the improvement of all mankind. Though social living is more arduous than it was when society was simpler, the possible rewards are very much greater and fully justify whatever efforts the school needs to make to prepare young people for the intelligent performance of their tasks. It is an obligation of the school to do its utmost to help young people live a fuller, richer, more rewarding life.

Selected Bibliography

BRIGGS, THOMAS H., *The Great Investment*. Cambridge: Harvard University Press, 1930. 143 pp.

COHEN, I. BERNARD, *Science, Servant of Man*. Boston: Little, Brown and Company, 1948. 362 pp.

COUNTS, GEORGE S., *Secondary Education and Industrialism*. Cambridge: Harvard University Press, 1929. 70 pp.

———, *The Social Foundations of Education*, Report of the Commission on the Social Studies, Part IX. New York: Charles Scribner's Sons, 1934. 580 pp.

DAVID, PAUL T., *Postwar Youth Employment: A Study of Long-Term Trends*. Washington: American Council on Education, 1943. 172 pp.

Educational Policies Commission, *The Unique Function of Education in American Democracy*. Washington: National Education Association and the American Association of School Administrators, 1937. 129 pp.

———, *The Purposes of Education in American Democracy*. Washington: National Education Association and the American Association of School Administrators, 1938. 157 pp.

———, *Educational and Economic Well-Being in American Democracy*. Washington: National Education Association and the American Association of School Administrators, 1940. 227 pp.

EDWARDS, NEWTON, and RICHEY, HERMAN G., *The School in the American Social Order*, Chapters 11–15. New York: Houghton Mifflin Company, 1947. 880 pp.

NORTON, THOMAS L., *Public Education and Economic Trends*. Cambridge: Harvard University Press, 1939. 196 pp.

Recent Social Trends in the United States, Report of the President's Research Committee on Social Trends. New York: McGraw-Hill Book Company, 1933. 1568 pp.

United States National Resources Committee, *Technological Trends and National Policy: Including the Social Implications of New Inventions*. Washington: United States Government Printing Office, 1937. 388 pp.

———, *The Problems of a Changing Population*. Washington: United States Government Printing Office, 1938. 306 pp.

VAN TIL, WILLIAM, *Economic Roads for American Democracy*. New York: McGraw-Hill Book Company, 1947. 252 pp.

CHAPTER V

CHARACTERISTICS OF ADOLESCENT GROWTH AND BEHAVIOR

Adolescence is that indefinite period of human life between child-hood and maturity. It usually is considered to begin at puberty and to extend six or eight years, and hence is more or less identical with the period of secondary education. Of course there are many adolescents in the upper grades of the elementary school, especially when it extends to eight years, and there are some who are in the colleges.

No other period of human life has been so interesting to psychologists, and about none has so much been written that is only in part, if at all, true, that is confusing, and that is irrelevant to the parent or the teacher who is attempting to understand and to instruct youth. The bibliography on adolescence is appallingly large, and ordinarily one must read much and critically to get the help that he needs.

Sources of Data. Reference to the earliest studies by psychologists shows that they depended for their data on their own observations and recollections, the former usually being very limited, as there was at that time little or no appreciation of the tremendous ranges of individual differences, and the latter being invalid because limited to the phenomena of one life, highly selected, usually dramatic, and colored by the judgments of maturity. Very similar to such reports is literature by creative artists—from *Sandford and Merton*, that moralistic story of the eighteenth century, to the writings of Booth Tarkington, William Allen White, Owen Johnson, and Josephine Dodge Daskam. Unquestionably all who have depended on observation and recollection have noted many phenomena that are true of more than one individual adolescent and some that are characteristic of the period. But a reader has to be constantly on his guard; he can never be sure, especially as his own limited observation, recollection, and desires influence his judgment, as to which reported facts are characteristic of the boys and girls that he is trying to understand and are important for use in formulating plans for their direction. As a matter of fact, one is likely to get as much and as sound information from the writer of fiction as from the psychologist who uses this method—and much more entertainment.

Later psychologists, of whom the leader was G. Stanley Hall, avoided the fallacy of assuming that what is true of one individual is true for all, and sought to get information regarding adolescence by questionnaires that were circulated to large numbers of people, usually adults. The limitations of this technique are now obvious: the selection of the questions to be answered is sometimes postulated on an unproved theory, their form often materially influences the responses, the choice of people to whom they are presented may not be representative, there is no assurance that the answers of those who fail to respond would not materially change the conclusions, and both the interpretation of the answers and the deductions from them offer opportunities and temptations to draw conclusions that may not be warranted. It is even more difficult for a youth to introspect and report accurately than it is for adults, and he has his reticences that often so resent what he considers an impertinent inquiry that he will not answer frankly. And recollection of adolescence by those who have left it by many years is full of fallacies. Several of these have been mentioned in the preceding paragraph. Lancaster illustrates the point by the incident of a woman denying, after a lecture on adolescence, that she had experienced any of the phenomena mentioned, but her mother produced a diary kept by her daughter which gave evidence of every one of them. Hall and his students gave a great impulse to the study of adolescence, but their writings are now seldom quoted by the careful student.

As a reaction against the limited observation and faulty recall method of securing data, psychologists swung to the extreme of careful objective measures. These have given a great body of facts about the increase of height, standing and sitting, of weight, of the "vital index" or capacity of the lungs, the ratio of the size of the heart to the diameter of the arteries, the ossification of the carpal bones, the development of the skeletal system, and the like. Such data are doubtless valuable to the scientist, but they have as yet no place in textbooks for the normal student of practical education. The characteristics of adolescence really important to the teacher are difficult to measure objectively. But progress is being made, and the influence of the more careful technique is wholesome. It is not the only sound one, however; something has been learned from analogy and much from the application of accepted theories of psychology.

In recent years psychologists have given considerable attention to a study of the individual as he behaves in group relationships. The social psychologists and the cultural anthropologists have studied the effect of group action and of the cultural *mores* upon individual behavior. They have emphasized the importance of cultural pressures and of economic motives and conditions in influencing the behavior of youth. The desire to improve social status, to earn much money, to be popular, to be a group leader, to display clothes or cars or homes, to be talked about as being successful—all these are cultural and economic drives in our society which affect greatly the behavior and emotional stability of youth as well as adults. Many psychologists have spoken of these as "needs"; others have called them motives or drives. But the student in this field will find much attention in recent literature devoted to the characteristics of adolescents in terms of their social relationships.

Adolescence a Gradual and Indefinite Period. It is now very generally agreed that adolescence is not a group of phenomena to be studied alone. One cannot understand it without knowing the characteristics of pre-adolescence and of maturity. Every adolescent phenomenon has its beginning in childhood, and its most important results manifest themselves in adult life. Much ink has been spilt to disprove the formerly accepted theory that adolescence is saltatory, that it comes all at one jump, as it were. Physiologically and psychologically, of course, it does no such thing. Even the increase in height, which is so marked in some individuals during the early stages of the period, is exceptional and can be more or less paralleled by increases of other individuals in childhood.

As a rule, all developments and changes are gradual rather than rapid and are intimately related to the characteristics of pre-adolescence. Whatever "periods" can be recognized, psychologists now very generally have abandoned the "culture epoch" theory, which held that each individual repeats in his development the various stages of the evolution of man, especially from primitive beginnings to such a level of matured civilization as he is able to attain.

Adolescence, then, is physiologically and psychologically just a convenient classification of the period of life with which secondary education is normally concerned. It grows gradually out of childhood and merges insensibly into maturity. Sociologically, however, it is a distinct and a disturbing phenomenon, recognized now as in primitive times, and presenting to parent and to schoolmaster alike challenges and problems more difficult than at any other period of training or of education. Primitive peoples in all parts of the world and apparently at all stages of history recognized the onset of adolescence as the time to initiate the boy or the girl, often with peculiar and impressive ceremonies,[1] into previously withheld secrets of the tribe, and even today about the time of puberty we exercise various influences to bring boys and girls into formal membership with religious organizations and a little later gradually, and often tardily, receive them into adult fellowships of various kinds.

Puberty, or the earliest age at which one may beget or bear a child, is usually considered the beginning of adolescence; but it is obvious that the exact onset is difficult, if not impossible, to ascertain. Using the best techniques possible, investigators state that it begins for half of the native white girls of the United States normally between the ages of twelve and a half years and fourteen and a half; for boys about a year later. But the range is far wider than that; girls sometimes come into puberty at ages under ten or as late as twenty. Individual variation may be caused by any of a number of factors—race, health, food, and the like. It is known that among the poor, especially in rural districts,

---

[1] For an account of some of these, see Hutton Webster, *Primitive Secret Societies,* New York, The Macmillan Co., 1908; Heinrich Schurtz, *Altersklassen und Mannerbunde,* Berlin, G. Reimer, 1902; Arnold Van Gennep, *Les Rites de Passage,* Paris, E. Nowrry, 1909; Margaret Mead, *From the South Seas,* New York, William Morrow and Co., 1939; and Ruth F. Benedict, *Patterns of Culture,* Boston, Houghton Mifflin Co., 1934.

adolescence usually begins late. The more intellectually gifted an individual, the more likely he or she is to become pubescent early. It is the wide variation that makes difficult the provisions, whatever they should be, by education for pubescent and postpubescent groups. So far educational practice has been little affected by all the knowledge that we have of the phenomenon of puberty.

Why a Period of Difficulty. Though recognized as an indefinite and variable period, almost insensibly growing out of childhood and merging into maturity, adolescence is none the less, as all parents and teachers recognize, a period of difficulty and challenge. Bigelow is right, as Terman declares,[2] in insisting that the normal changes of adolescence "are in the main gradual rather than cataclysmic," and that "the problems of youth are in many respects a continuation of the problems of childhood. This is not to deny that the ripening of the sex instincts is accompanied by profound reverberations in the physical, mental, and moral life. It is; and there can be no doubt that these reverberations are likely to be accentuated beyond their normal intensity by the usual influences of social environment."

Gradualness of Change. It is precisely the gradualness of the changes that causes most of the difficulties. While the adult still looks on him as a child, to be petted and loved or directed and commanded, the individual has developed new powers, new interests, and a new sense of his own personality. Not yet with consistently sound judgments, he offends the adult by assertions that often transgress convention and proclaim rebellion. At one moment he feels himself a man and tries to act like one; at the next, perhaps, he is a little child again. No wonder that adulthood petulantly exclaims, "In the world of human affairs there is no worse nuisance than a boy at the age of fourteen. He is neither ornamental nor useful. It is impossible to shower affection on him as a little boy; and he is always getting in the way." [3]

[2] Lewis M. Terman, in the "Introduction" to Maurice A. Bigelow's *Adolescence: Educational and Hygienic Problems,* New York, Funk and Wagnalls, 1924.

[3] Tagore, quoted by Ralph W. Pringle, *Adolescence and High School Problems,* New York, D. C. Heath and Co., 1922.

The following quotations may profitably be read and pondered by every adult who has the responsibility for youth:

All the vagaries of young girls which are so trying to their elders, their extravagancies of dress, their high-pitched voices, their giggling and simpering, their emotional instability and changes of mood, their defiance of authority and disrespect for age and experience, their boldness and self-assertiveness, are part of the age-old process of growing up. . . . The parents who attempt forcibly to restrain her, who upbraid her for her indifference to their wishes or gibe at her efforts to assert her own personality only succeed in confirming her opinion of their inability to understand and in widening the breach which must inevitably separate one generation from another. The mother who is too sweet and loving, indulging the child's every whim and ruling her by appeals to her love and sympathy for her, does no better. . . . It is difficult enough for any child to break the bonds of childhood, and we may make it impossible, so that nervous invalidism or life-long failure to assume the responsibilities of maturity may result. If at this period the mother is patient and uncritical, willing to put herself and her claims in the background, she will usually be rewarded by the girl's confidence, and will find in a few years that, though she has lost the little daughter whose loving dependence was so dear to her, she has gained the undying friendship of another woman.[4]

The girl in whom the love-life has approximated a normal development finds herself at puberty in a new world. Feelings and impulses, the nature of which she does not understand, and which she is usually careful to conceal from her elders, take possession of her; new meanings and values attach themselves to familiar things; she becomes sensitive to things which had not troubled her before, critical of her family, resentful of being treated like a child when she feels herself so far removed from childish things. Almost invariably she feels herself misunderstood and unappreciated, and in this she is not altogether wrong, for no other season of her life is so completely forgotten as adolescence, its natural activities so thoroughly repressed from consciousness, and the traces of its emotional conflicts so carefully stored away.[5]

. . . The same individual may be very bold, aggressive, and self-con-

[4] Winifred V. Richmond, *The Adolescent Girl,* New York, copyright 1925 by The Macmillan Co., pp. 55–6. Used by permission of The Macmillan Co.
[5] *Ibid.,* pp. 47–8. Used by permission of The Macmillan Co.

fident at one time, and extremely timid and diffident at another. And both arise from the same general cause, namely, the inability to rate himself at his real value. . . . Rapid physical growth helps to exaggerate both these inaccuracies of self-evaluation.[6]

With the growth of this [rising social and sex] consciousness there come into existence powerful impulses to self-assertion, and equally powerful deterrents thereto. Interest in his own personality, as well as in that of others, leads to new forms of aggressiveness, and new outcroppings of sensitiveness, to which as a little child he was almost a total stranger. He feels more keenly now what others think of him. Ridicule wounds him deeply. He has a horror of making himself absurd, and may betray almost a morbid fear of making blunders, in speech and action, or of committing any impropriety that would lower him in the opinion of others.[7]

Conflicts. Much of the conflict between youth and parents or teachers comes from adults' failure to recognize early that development has proceeded far enough to warrant a change in attitude, to justify enlarged responsibilities along with new rights, and to make allowances for the efforts, so often misdirected and inconsistent, to peck out of the shell of childhood into the world of maturity. If only parents and teachers could remember their own struggles at this period, which unfortunately they can not, they would certainly have much more understanding, sympathy, and wisdom. In a popular article—"How Strict Are You with Your Daughter?"—Magistrate Freschi stated that "many girls who were brought into [his] court had been denied by their parents sanction to harmless amusements" and that this had "led to intrigue, deception, and finally to downfall, for secrecy is the principal source of evil and romance is part of a natural girl's life." Quite as important are other conflicts, especially from the school point of view, of opinion and judgment. Conflict also arises from differences in values, in points of view, and in adult counsel in the home. Margaret Mead emphasizes the point in showing how it is possible in a single household for youth to be faced with a choice of varied and conflicting values.

[6] Frederick Tracy, *The Psychology of Adolescence*, New York, copyright 1920 by The Macmillan Co., p. 81. Used by permission of The Macmillan Co.

[7] *Ibid.*, p. 82. Used by permission of The Macmillan Co.

. . . A girl's father may be a Presbyterian, an imperialist, a vegetarian, a teetotaler, . . . a believer in the open shop and a high tariff, who believes that woman's place is in the home, that young girls should not smoke, nor go riding with young men in the evening. But her mother's father may be a low Episcopalian, a believer in high living, a strong advocate of State's rights and the Monroe Doctrine, who reads Rabelais, likes to go to musical shows and horse races. Her aunt is an agnostic, an ardent advocate of woman's rights, an internationalist who rests all her hopes on Esperanto, is devoted to Bernard Shaw, and spends her spare time in campaigns of anti-vivisection. Her elder brother, whom she admires exceedingly, has just spent two years at Oxford. He is an Anglo-Catholic, an enthusiast concerning all things medieval, writes mystical poetry, reads Chesterton, and means to devote his life to seek for the lost secret of medieval stained glass. Her mother's younger brother is an engineer, a strict materialist, who never recovered from reading Haeckel in his youth; he scorns art, believes that science will save the world, scoffs at everything that was said and thought before the nineteenth century, and ruins his health by experiments in the scientific elimination of sleep. Her mother is of a quietistic frame of mind, very much interested in Indian philosophy, a pacifist, a strict non-participator in life, who in spite of her daughter's devotion to her will not make any move to enlist her enthusiasm. And this may be within the girl's own household. Add to it the groups represented, defended, and advocated by her friends, her teachers, and the books she reads by accident, and the list of possible enthusiasms, of suggested allegiances incompatible with one another becomes appalling."[8]

Characteristics of Adolescence. It is difficult to select with confidence any list of psychological characteristics that are peculiar to all adolescents. On this topic such extravagant and unjustifiable statements have been made that one is warned toward caution, especially when he keeps in mind the boys and girls of his acquaintance. There are, however, some characteristics that may be listed with a fair degree of safety, some of them psychological and others partly at least the effect of conventional

[8] Margaret Mead, "Coming of Age in Samoa," pp. 202–3, in *From the South Seas*, New York, William Morrow and Co., Inc., copyright 1928, 1930, 1935, 1939 by Margaret Mead. Quoted by permission of William Morrow and Co., Inc.

upbringing. All that are listed furnish a basis for later suggestions as to sound educational practice. What Dr. Richmond writes about girls is probably true of boys as well:

> During the early adolescent years, when the emotions are at high tide and the girl is a mystery to herself, all traits are apt to be exaggerated, and now one type of reaction and now the other may predominate, called forth by the various personalities with whom she is in contact, or by inner moods the origins of which are unknown even to the girl herself. These swings of the pendulum are entirely normal and we may not accuse her of fickleness; self-consistency and steadiness of purpose are not traits of early adolescence, however desirable it may be to cultivate them.[9]

And Whipple states that "the range of differences between individuals with respect to any trait is much greater during adolescence than during childhood."[10]

Physical Growth.   There is a widespread, but mistaken, notion that just before puberty there is a slowing up of growth and that just afterward there takes place a sudden and unusual acceleration for all boys and girls. As a matter of fact the growth curve of the *average* boy or girl is pretty nearly a straight line. "If there is retardation before adolescence the tendency is to show a rapid acceleration during adolescence as a compensating factor."[11] But averages conceal what may be an astounding growth in an individual. Some adolescents have been known to grow from five to seven inches in height during a single year.

Hollingworth[12] summarizes the pertinent facts as follows: "At the age of eleven years boys and girls are equal in weight and stature. Previous to that age boys are from birth slightly larger than girls. The curves meet at eleven years. Then at about the age of twelve girls begin

---

[9] Winifred V. Richmond, *The Adolescent Girl*, New York, copyright 1925 by The Macmillan Co., pp. 171-2. Used by permission of The Macmillan Co.

[10] Guy M. Whipple, in Paul Monroe's *Principles of Secondary Education*, New York, The Macmillan Co., 1914, p. 248.

[11] Bird T. Baldwin, *Physical Growth and School Progress*, United States Bureau of Education, *Bulletin No. 10*, 1914, pp. 37 ff.

[12] Leta S. Hollingworth, *The Psychology of the Adolescent*, New York, copyright 1928 by Appleton-Century-Crofts, Inc., pp. 6-8. Used by permission of Appleton-Century-Crofts, Inc.

to exceed boys in both weight and stature. . . . Girls are typically taller and heavier than boys from twelve to fourteen years of age. After fourteen, boys again go beyond girls, as a comparative group, in most measurements of physical size." After commenting on the rapid growth of hands, feet, and nose and the consequent embarrassment, she adds: "The hairs which line the nostrils are becoming stronger and thicker. The pores of the skin grow large, and in some cases the sebaceous glands are difficult to control, so that the pores become clogged. This results in pimples and other minor facial blemishes, which torment the vanity of the adolescent." It is easy to conceive that these changes, especially when they come with great rapidity, as they undoubtedly do in some cases, cause awkwardnesses and embarrassments, which in turn set up many difficulties in the way of social adjustments.[13]

It must be borne in mind that though puberty marks the beginning of physiological maturity, developmental changes are not complete for a considerable time thereafter. A child's body is a very different thing from an adult's; not only are its proportions different, but there are differences in its chemical composition as well. Throughout childhood and adolescent change, growth and development go on at different rates in different organs and systems and are greater or less at different periods; often the girl seems to have reached her full physical development when the changes in internal organs are by no means complete. Even the skeletal system continues quite plastic, and defects in it are caused or cured comparatively easily. The heart does not reach its adult size and shape till late adolescence and up to that time is small compared to the arteries; there is a great increase in blood pressure at puberty, as well as changes in the composition of the blood. The lung capacity increases rapidly during adolescence, and more slowly thereafter for several years; the uterus begins at puberty a process of development which is not complete till about the twentieth year. Though the growth of the brain ceases at the age of about fourteen, cellular development, upon which mental development depends, is not

[13] For additional information concerning the facts of physical change in adolescence, see Luella Cole, *Psychology of Adolescence,* rev. ed., New York, Farrar and Rinehart, 1942, Chaps. 2 and 3; Peter Blos, *The Adolescent Personality,* New York, D. Appleton-Century, 1943 (a careful case study of one adolescent boy); Paul H. Landis, *Adolescence and Youth,* New York, McGraw-Hill Book Co., 1945, Chaps. 2, 3, and 5; National Society for the Study of Education, *Adolescence,* 43rd Yearbook, Part I, 1944, Chapters 2–9 (a critical summary of studies and of projects in higher institutions studying adolescent behavior).

complete, and continues for a number of years. Very marked also are the pubertal changes in the glandular system; the thyroid enlarges and its secretion is increased; the sex glands—the ovaries and gonads—begin to function; other glands active in childhood decrease their activity, and for several years a condition of general instability supervenes. We might expect this to mean increased susceptibility to disease, but statistics do not bear out such expectation. On the contrary, there is evidence that periods of accelerated growth such as occur at puberty are periods of increased vitality and power to resist disease.[14]

Health at Adolescence.   Despite the fact of increased vitality at puberty and the power to resist disease, there is a widespread notion that this is physically a critical period. "Early adolescence is often 'critical,' " says Bigelow,[15] "simply because of the artificial and unhealthful living begun in childhood in bad habits of food, rest, sleep, overwork in school and play, and overexcitement." Whatever the cause, however, various ailments often manifest themselves here: anemia, nosebleed, nervousness, "growing pains," palpitation of the heart, and, especially among girls, sick headache, "green sickness," which has been found in more than one-third of a population, chorea, and thyroid enlarging to goiter. For such ailments the school will be on the watch and will make necessary adjustments of work. But "with our increased knowledge of hygiene, more sensible modes of dress, and interest in sports and outdoor activities, puberty as a physiological crisis engages less and less attention. Certainly in the normal, healthy girl it is little to be feared." [16]

Naturally at this period appetite for food is often ravenous; as an old proverb has it, "A growing youth has a wolf in his stomach." As a rule the rapidly growing adolescent seeks food that is not only abundant but also highly flavored—pungent, acid, or salty. Tracy says that "many changes occur in the likes and dislikes of individuals. Things not previously desired are now sought for; while many things liked in childhood are disliked in adolescence. . . . And the adolescent . . . seeks to alter his tastes to create in himself a liking for something not pre-

[14] Winifred V. Richmond, *The Adolescent Girl*, New York, copyright 1925 by The Macmillan Co., pp. 32–3. Used by permission of The Macmillan Co.

[15] *Adolescence: Educational and Hygienic Problems*, New York, Funk and Wagnalls, 1924, pp. 33–4.

[16] Richmond, *op. cit.*, p. 39.

viously liked, or to break up and destroy the taste for some specific thing." [17] It is at this time that many youths begin or confirm bad habits of selection and eating of foods, first find an appetite for tobacco and alcohol, or perhaps experiment with narcotic drugs. As everyone knows, all adolescents do not eat ravenously, however; a small proportion, who should be placed under the care of a skilled physician, are averse to normally wholesome food, desiring only sweets, sour pickles, or some other equally poor substitute.

Developing Sex Powers.   The most outstanding characteristic of adolescence is, of course, the developing sex powers. The physical phenomenon is well recognized; its effects on the psychical as well as the physical organism are not wholly understood, even by scientific students. As Stockard has shown,[18] the internal secretions of the gonads determine the change of voice, the growth of body hair, general body shape, head shape, and height; and probably, directly or indirectly, they go much further in their influence. One writer says that the sex powers "permeate the whole body, and the entire life of feeling and thought and will." One school of psychiatrists goes so far as to attribute to them most of the aberrations from what we are accustomed to look on as normal life. It is very easy to go too far in either direction: on the one hand, to consider sex development merely a simple and natural phenomenon entirely physical in its manifestations; and on the other, to find in it the cause and directing influence of a large part of man's or woman's emotions and volitions.

Scientists are pretty well agreed that some of the sex instinct is present as early as infancy, but that has little bearing on the problems of the education of youth except in so far as it indicates the need, which is also for other reasons universally recognized, of wise and wholesome training from birth itself onward. Boys and girls play and work together without great disturbance or even without much recognition of sex differences, except in some games, until the years just before pubescence. Then there is a tendency, probably due to environment and

[17] Frederick Tracy, *The Psychology of Adolescence,* New York, The Macmillan Co., 1920, p. 88.

[18] Charles R. Stockard, "Hormones of the Sex Glands," *Chemistry in Medicine,* pp. 256 ff.

the force of tradition among their elders, for them to draw apart. After pubescence there comes normally a lively sex attraction, often, of course, not recognized as such, in one individual for another. As in the intervening time girls have outstripped boys of their own age in both mental and physical growth, they tend to be attracted to boys a year or more older than they. Many of the effects in their wide variations of all kinds are well recognized; some are too subtle for any but the specialist. Although very important in their influence on education in most of its phases, they may not properly be discussed in a book of this kind. The schoolmaster as well as parents, however, should endeavor to attain a sympathetic understanding of the indirect as well as of the direct effects so that they may be more intelligent and effective in their guidance.

Mental Growth.   There is evidence that "superior and average children develop at different levels and grow increasingly dissimilar with age. . . . The superior children show this acceleration about one year earlier than the average children," [19] who similarly precede the dull. It is also well established that the mental growth curve is closely correlated with that for physical growth. This means that girls develop somewhat more rapidly than boys from about the ages of eleven to fourteen, when the latter again come to an equality in the powers to learn. It does not mean, however, that they have the same kinds of knowledge, for environment and tradition are constantly leading the sexes apart in their information and interests. As will be discussed later, this may have some bearing on the problem of coeducation, which has seldom been considered on its merits.

The Emotions.   Although many extravagant statements have been made concerning the emotional life of the adolescent, there can be no doubt that it is a phase far more differentiating than the physical or the mental. Emotional upsets that can be classed as pathologic, though relatively few, are more numerous than the parent or the teacher ordinarily realizes. These are the concern of the psychiatrist. But emotional disturbances of lesser, though still embarrassing, extent are common to all

[19] Bird T. Baldwin, "Relation between Mental and Physical Growth," *Journal of Educational Psychology,* 13:199, April, 1922.

young people at and succeeding puberty. The causes are complex. Nature brings its abilities and impulses, the uses and satisfactions of which society ordinarily prevents. The extended "infancy," of which John Fiske wrote, has its disadvantages as well as its advantages. Thwarted and deferred sex impulses find an outlet in literally scores of ways unsuspected by the layman. They may result in moodiness, depression, and rebellion; or, on the other hand, they may drain off into love of mankind or of God and enthusiasm for altruistic service. Another cause of emotional disturbance is the necessity of changing many habits in the adjustment for the maturing life of increased responsibilities and of freedom, and, as Hollingworth has pointed out, "a change of habit is always likely to be accompanied by gloom or depression." And a dawning realization of the mystery of life, of its origin, its purposes, and its results, an earnest seeking to find orientation in it, and uncertainty as to one's future, in social relations of many kinds, in vocation, and in a life hereafter—all these are among the causes of emotional disturbances that appeal for understanding, sympathy, and help.

Following are two quotations, one from a physician and one from a British psychologist, concerning the emotional life of adolescents:

> The changes that are taking place in the vital organs and especially in the glandular system manifest themselves in mental and emotional states, in thoughts and feelings which give to the adolescent period its peculiar character. The restlessness, the changing moods, the flaming enthusiasms, often short-lived, the romantic fancies and the tendency to daydreaming, the self-conceit and self-assertion characteristic of the girl in her teens arise from the deepest recesses of her nature. Adolescence is the heyday of the emotional life, the blossom time of all those feelings and emotions which depend at bottom upon sex. . . .[20]

> That boys and girls in the teens usually betray a pronounced accession of self-respect, personal pride, jealousy over their reputation among their companions, and even over personal matters of much less moment, is a fact familiar to all observers. . . . Growing out from a single root of self-consciousness, there are two main stems, positive and negative self-feeling, as McDougall calls them. Of course it is a commonplace to say that in some individuals the positive self-feelings predominate over the negative, while in others the reverse is the case. History teems with records

[20] Richmond, op. cit., pp. 39–40. Used by permission of The Macmillan Co.

of the boldness and self-assertion of young men in their teens, and of their reckless and daring exploits, some of which have resulted in great good, and others in great evil; but it also furnishes the chronicle of many acts of self-abasement, of self-immolation, and of sacrifice, on which the same double comment may be made. . . . Not only is it a commonplace to say that in some persons the instinct of self-assertion, in others the instinct of self-abasement, is usually in the ascendant, but it is also a familiar fact that in the majority of us there is a certain amount of fluctuation between these, the one or the other getting the upper hand for the time being, according to circumstances. And this is especially true of boys and girls in their teens. . . .

Any temporary success elates, and any temporary failure depresses. Self-assertion and self-abasement alternate with each other, often very abruptly, and with violent action and reaction. Pride and vanity are easily flattered, and easily wounded, with corresponding revulsion of feeling. . . .

The more complex emotions, such as admiration, awe, reverence, gratitude, scorn, contempt, hatred, joy, grief, pity, shame, as well as the aesthetic feelings, and the sentiments of moral approval and disapproval, are hardly possible in any well-developed forms in early childhood. . . . But youth brings with it the capacity for these higher and more complex feelings. . . . Not only the quality but the range of emotional life, is greatly enlarged in the period of youth. The chords of feeling respond to a greater variety of stimuli.[21]

Emotional Extremes. It is possible that some psychologists might take exception to the exact statement in several places of the quotations made, but it is believed that so far as they go they give a fairly accurate picture of the emotional life of the pupils of secondary schools. Their emotions drive them from one extreme to the other. At one time a boy or a girl may be shiftless, lazy, or "blue"; at another consumed with enthusiasm and energy. The former condition, often accompanied by "excitability, depression, or instability," may be largely due to "the working of the complicated machinery controlled by the autonomic system." This is not to say that it can not in great measure be overcome and controlled by understanding and by strong volition, but that is just what

[21] Frederick Tracy, *The Psychology of Adolescence,* New York, copyright 1920 by The Macmillan Co., pp. 56–9, 75, 77. Used by permission of The Macmillan Co.

youth on the occasion needs encouragement and help to exercise. The latter condition of enthusiasm and energy may lead to a spurt or even a persistence of physical or mental energy far beyond his power to continue permanently. If uncontrolled in these periods youth may injure himself physically; he is not likely to do so mentally. It is by recognizing this periodic burst of energy in whatever degree it may be manifested, by directing it to worth-while activities, and by assuring gratifying successes that the school can aid in the setting up of one of the most valuable habits of life.[22]

In the earlier years of adolescence the manifestations of the emotions are most common and most disturbing, for then they are least controlled by the intellect and are most likely to conflict with the comfort and the complacency of others. As the years pass the adolescent usually realizes from experience the dissatisfactions that come from uncurbed expression, and his rational powers increase so as not only to show him the wisdom of restraint but also to give him the power to control his natural feelings. It must not be thought that the child has no emotions, that there is any sudden period at which they develop, and that controlling intellect is possible only in later adolescence. Of course, the facts are far otherwise. What has been said intends merely to emphasize the development of new and more complex emotions after puberty, these always joining themselves to and reinforcing those that existed before, to indicate that the moods of varying kinds and strengths are more or less natural and inevitable in this period of change and adjustment, and to enlist sympathetic understanding and wise help. As argued elsewhere,[23] the emotions are powerful factors in all stages of life, constantly affecting the intellectual processes and governing action. It is especially important that education of the emotions be begun at birth and unremittingly continued. After the secondary school period they are so set in their habits of response that relatively little in the way of material change can be effected. Types of emotionalism that are here set are likely to persist until death.

[22] For a discussion of the rôle of emotions in education, see Daniel A. Prescott, *Emotion and the Educative Process*, Washington, American Council on Education, 1938. See also Frank S. Salisbury, *Human Development and Learning*, New York, McGraw-Hill Book Co., 1939, Chaps. 6 and 15.

[23] See chapters on emotionalized attitudes.

Daydreams. Especially irritating to adults who have forgotten their own development is the daydreaming of youth. Children often have their imaginary world, sometimes extensive and long continued; but it is only the adolescent who comes to long periods of occupation with imaginary situations, often gloomy and always with himself as the center. Some psychologists associate daydreams with the struggle for the adjustment of self with the "great, buzzing, blooming confusion" of the complex life that youth is coming more keenly to realize.

Very characteristic mental attitudes are apt to attend the process of finding one's self in the larger world of social relationships, attitudes not always appreciated by teachers and parents. He feels at first a vague unrest in his groping for a larger life. The adolescent is traditionally a dreamer. He longs for that which he can not express even to himself. He feels somehow that he is face to face with a *great thought* which, thus far, no man has ever grasped; he feels he is about to solve the riddle of existence, which hitherto has baffled even the world's greatest minds. The poets who have begun to write in their youth give frequent expressions to this haunting sense of being on the verge of a great discovery. No words could more aptly express this feeling than those verses of Tennyson, beginning:

> "Break, break, break,
> On thy cold gray stones, O sea!
> And I would that my tongue could utter
> The thoughts that arise in me" [24]

The attitude presented by King reveals a "readiness," which with gifted intelligences may eventuate in the invention of really new ideas, or, what is equally promising, of ideas new to the dreamer. It may find discharge in the discovery of ideas or statements of others that are satisfying. Heavily underscored passages in poetry and prose evidence this. An extensive exploratory education during the secondary period reveals many explicit expressions of what youth has vaguely felt and would fain say. Or the attitude may simply be gradually blotted out by the immediate demands of home or school, leaving a dull resentment that they have made impossible entrance into a paradise dimly glimpsed but none the less attractive for all that.

[24] Irving King, *The High-School Age,* Indianapolis, Bobbs-Merrill Co., 1914, p. 96.

"Adolescent daydreams," says Hollingworth, "center chiefly around love, achievement, and security," and, it may be added, in many cases self-pity and death. "The daydreamer sees himself in the role which he would like to play in life. . . . These reveries, when they lead to no appropriate action, may grow into a fixed habit of retreat from life's rebuffs. . . . On the other hand, when daydreams are accompanied by well-directed action they lead to constructive attack upon the environment, thus aiding in the establishment of an adequate personality. . . . Opportunity for action is the essential condition under which the daydream becomes valuable." [25] It needs, of course, in addition to an opportunity, encouragement and direction. "The dreams of youth are long, long dreams," full of possibilities if they lead to something, and when neglected or ridiculed they are dangerously innervating and hostile to social adjustments.

Religion. Adolescence is the period at which the great majority of those who join a church seek membership. The curve of "conversion" is highest at sixteen, and the great religions of the world, knowing the impressionability of youth, have always recognized the wisdom of taking advantage of this period for securing formal adherence to church or creed and for religious instruction. At no other time of life is one so likely to yearn for the Infinite and for opportunities to sacrifice himself for others. Recognizing the later compromises with immediate self-interests and convention, Bernard Shaw once said that no man past forty is honest. With greater truth it might be said that few past nineteen are wholeheartedly altruistic.

Psychologists tell us that there is no instinct of religion, but there are developed at adolescence other instincts which directed by environing beliefs and practices are for the majority of youth an equivalent.

The maturing of the sex instinct, with its strong attendant social instincts, means inevitably . . . a process of readjustment toward life, a transition from an individualistic to a social attitude, from egotism to altruism. If conversion, stripped of its theological implications, means

[25] Leta S. Hollingworth, *The Psychology of the Adolescent*, New York, copyright 1928 by Appleton-Century-Crofts, Inc., p. 191. Used by permission of Appleton-Century-Crofts, Inc.

a resolution to become unselfish, to array one's self on the side of right living, to sacrifice one's own desires for the welfare of others, then it is evident that what we might term a "secular conversion" is normal in adolescent development, and is biologically determined. . . . Most adolescents, surrounded, as they are, by the strong and pervading influence of the church, come naturally to experience this instinctive readjustment of attitude as a religious readjustment. Many thinkers have felt, accordingly, that the richest service and most vital task of religion is to take charge of this transition from self-love to love of mankind, to make the transition complete, and to conserve and direct the activities of the adolescents who are experiencing it. . . . There are certain dangers attending the formalizing by religious bodies of the experience of conversion. Particularly, to insist too much upon certain "patterns" of conversion is unwarranted in the light of what we know psychologically of the extreme individuality of all adolescent experience. Even now some theologians teach that conversion is an instantaneous phenomenon, whereas the rule would appear to be otherwise; conversion is gradual growth, not a sudden miraculous paroxysm. Again, there is a tendency to conventionalize and to accentuate the various stages of conversion—"the conviction of sin," the "agonizing in prayer," the joy of deliverance, the public "confession" are sufficiently illustrative. Some adolescents adopt these prescribed or approved forms of conversion, but others fail to experience them clearly and intensively, and may suffer exceedingly from what they regard as abnormality or unworthiness on their part.[26]

Conversion is not always sudden and dramatic. Even if it be, "the explanation is found in the known facts of the slow accumulation and maturing of experience, presumably often carried on subconsciously, the sudden-decision aspect being, like so many other decisions, the appearance as the end-result of a long process of mental growth and often called out, as so many moral decisions are, by a situation largely emotionally toned."[27] Probably there is a decrease in modern life of the agonizing struggle, the conviction of sin, the fear of eternal punishment,

[26] Guy M. Whipple, in Paul Monroe's *Principles of Secondary Education*, New York, copyright 1914 by The Macmillan Co., pp. 286–7. Used by permission of The Macmillan Co.

[27] Louis A. Pechstein and A. Laura McGregor, *Psychology of the Junior High School Pupil*, Boston, Houghton Mifflin Co., 1924, p. 151. Chap. XII of this book should be read by those interested in the phenomenon.

and the public profession of faith; but there remain much introspection, brooding, the depression over the inability to orientate oneself quickly and satisfactorily in the world of morals and religion. There is reason, however, to think that youth now no less than formerly is deeply moved, especially during early adolescence, to array itself with the forces that make for right and righteousness. But after conversion, spectacular or gradual, as King points out,[28] "gradually his old habits, ideas, interests, and emotions assert themselves, and he would know, if he could properly interpret himself, that this is only an indication that the apparently involuntary change which he has passed through has been quite a superficial affair. He is not radically different from what he was before." Actually he may not be, but potentially he is, for his decision, however made, has left him with an attitude that invited direction, with a willingness to work and sacrifice himself, if need be, for the welfare of others.

Skepticism. Adolescence is also often a time for profound skepticism. This may be the result of any of a number of causes—a failure by the adolescent to find in the religion that has been taught him a satisfaction for his aspirations, consistency with itself or with facts that he has learned in history or science, and the like. Of course, this usually means that he has confused theology with religion or that those responsible for his moral life have not accepted their responsibility for leading him onward in religious instruction commensurate with his intellectual maturity. Or skepticism may result from a disappointing experience; not finding after conversion the comfort and the other beneficent results that he had anticipated, he tends to doubt the truth of religious teachings and the value of the organization. It should be noted that the apex of the curve of conversion more or less coincides with that of youthful crime, which is doubtless a reversion, an extreme swing of the pendulum, and, paradoxical as it may seem, sometimes an outlet for some of the very emotions that might have led him into religious activity.

Adolescence and Crime. It has been shown by repeated studies that most criminals begin their careers during adolescence, and that, al-

[28] Irving King, *The High-School Age*, Indianapolis, Bobbs-Merrill Co., 1914, pp. 69–70. Used by special permission of the publishers, The Bobbs-Merrill Company.

though many are recovered by various means to law-abiding lives, the majority of adolescent offenders reappear in court later. "The habits formed during the years of immaturity in organisms of the quality thus involved are the permanent determiners of conduct." [29] Such facts should shock anyone to a realization of the responsibility of the secondary school for moral education or re-education. But the psychologist goes still further: "Our ill-balanced adolescent may not go so far as to develop social irresponsibility, and yet may grow up to suffer all his life"—and incidentally to make others suffer—"from moodiness, depression, anxiety, tantrums, unfounded suspicions, ideas of persecution, and other warped mental attitudes."

And on this topic one more quotation may be made:

> That adolescence may be a period for marked criminality goes almost without saying. With impulses and almost new-found emotions bringing at times an upheaval of personality and the poorly developed moral life; with the adolescent facing countless new situations and stimuli in the rapidly expanding social environment; with the old authoritative moorings of childhood naturally cast off, and the new ones of adolescence quite unattained; with parents and teachers often failing to help with the moral conflicts the adolescent may be enduring; with the occasional abnormalities of arrested mentality . . . ; finally, with the adolescent sometimes receiving his education for moral growth from the only group into which he seems to find himself fit (namely, the gang), instead of through socially endorsed channels—it is not surprising that the period of adolescence becomes critical for the appearance of criminality.[30]

Some students would prefer the following statement of the morally quickened condition: The adolescent "desires to give herself, not only to be loved, as in childhood, but to love, to rise to supreme heights of sacrifice and devotion. These are religious sentiments par excellence. . . . God is very near to the adolescent; her heart is so filled with love, so overflowing with great experiences, that only the Infinite can fill it."

---

[29] Leta S. Hollingworth, *The Psychology of the Adolescent,* New York, Appleton-Century-Crofts, Inc., 1928, pp. 196–9.

[30] Pechstein and McGregor, *op. cit.,* pp. 146–7.

Whatever the explanation of the phenomenon, there must be general agreement that adolescence furnishes the supreme, and usually the last, opportunity for moral training. If the task has been undertaken and wisely done in childhood, it is easier here; but it will remain a task nevertheless. Not only must a sound and consistent intellectual structure be built up on the foundations already laid, but to the various elements must be attached emotional concomitants that will furnish a drive to action. More than this: opportunities must be provided or shown and the early attempts at benevolent activity must be so directed and guided that they result in satisfactions which invite a continuance and an extension. It is only while the emotions are aflame that habits can be established which will endure when only a dull glow of feeling remains.[31]

Other Instincts and Habits.   From the point of view of the practical teacher it is immaterial whether or not marked characteristics of adolescents are instincts in the strict psychological sense or not. To him what the characteristics are rather than their innateness is important. Considered in this sense, several more remain to be noted. The peculiar virtues considered by Tracy to be characteristic of adolescence he lists as follows:

> Those virtues most closely connected with the self receive a powerful stimulus in the new self-feelings that arise with puberty; but these feelings may also issue in selfishness, self-conceit, and arrogance. Under good conditions, however, they blossom out into genuine self-respect, personal honor, and a fine abhorrence of everything that would tarnish personal reputation or weaken personal character. Those virtues that more directly affect others, such as courtesy, truthfulness, honesty, loyalty, fidelity to promises, benevolence, sympathy, and purity, may show similar phases of irregular development. Young men and maidens sometimes betray a degree of incivility, and disregard for the feelings of others, that is startling. Under stress of sudden temptation there may be an indulgence of

[31] See Edwin D. Starbuck, *Psychology of Religion*, London, 1901, especially Chapters XVII and XX; and Sharp and Neumann, "A Course in Moral Education," *Religious Education*, 7:653–80, February, 1913.

unworthy impulses that is very disappointing; and yet the general trend of the whole disposition may be distinctly good.[32]

Social Interests. One of the most distinctive characteristics of youth is its consciousness and interest in others as a group. Of course, as has been noted, one adolescent is usually strongly attracted to another individual of the opposite sex, but much more than in childhood he recognizes groups of people and even mankind as a whole and realizes his relations and obligations to them. More readily and even eagerly he joins clubs, societies, gangs, cliques, or teams, and develops toward them a loyalty that is as strong as it is often limited. Hartson [33] found that the age curve for the formation of clubs covers the span from the seventh to the eighteenth years, being highest from ten to fourteen. Their ideals become his ideals, their spirit his spirit, their welfare his chief concern. He conforms to their ways of doing things, their manner of speech, and their fashions of dress. Although occasionally a rebel against the Olympians, youth is the greatest conformer on earth to his own group. Not to be able for any reason whatever to conform often produces what is to him intense suffering, shame, and humiliation. This fact teachers and parents often fail to understand when they discourage his attempts or refuse the means. Most of the following of fashion in clothes or in personal adornment is due to this attitude rather than to any sincere admiration of the model. Whenever a youth can be wholeheartedly allied to a group with high ideals—the Scouts, the church, or a school club—he has a powerful stimulus toward better living.

Restlessness and Migration. It may seriously be questioned if there is a migratory instinct in adolescents. But that there is often a restlessness and a rebellion against the tasks required of them so strong in cases that it causes elimination from school and even running away from home, must be admitted. This is due in part to the difficulties of adjustment that growing powers of all kinds bring and in part to the dullness of

---

[32] Frederick Tracy, *The Psychology of Adolescence,* New York, copyright 1920 by The Macmillan Co., p. 180. Used by permission of The Macmillan Co.

[33] Louis D. Hartson, "The Psychology of the Club," *Pedagogical Seminary,* 18:353–414, September, 1911.

school and home routine, the values of which no one has taken the trouble convincingly to reveal. In childhood, individuals can usually be forced to do as they are told; in youth it is but natural that they escape when they can. Until he has found himself and the interests that give abiding and increasing satisfactions, youth explores the world of adventure, trying this, that, and the other novel experience, just as youth from the beginning of the world has done, until he learns what gives permanent satisfactions. Youth may be annoyingly adventurous to those who try to "control" him, but he is very human after all.

The Senses.   There is no scientific evidence, as many have stated, that a markedly increased sensitiveness in taste, touch, hearing, smell, and discrimination in color comes at adolescence. "Adolescence," says Whipple, "affects the attitude toward sensation, not sensation itself," and hence the "sharpening of the senses" is central rather than in the senses themselves. There is, however, usually an increased attention to sensations, which amounts to about the same thing. This results often in a new, and occasionally a consuming, interest in music, literature, and the pictorial and plastic arts. Those youth who have talent—and even some who have none—join orchestras, bands, sketching clubs, and the like, and often practice so assiduously as to make astounding progress. (Of course the group has strong influence in this.) Appreciation in the real sense of the world of music, literature, or the other fine arts, especially of their technical aspects, can be only rudimentary in childhood. In adolescence there is a tendency to love the arts for their own sakes. Attempts to develop appreciation in the secondary school are often severely handicapped by hostile attitudes resulting from earlier ineffective efforts.

Habits of all kinds "are formed, broken, or modified, almost wholly in pre-adult days. . . . Not only the way in which we perform muscular movements, holding a pen, walking, speaking, eating, and the like, but the way in which we think and feel, in given circumstances, tends to become fixed and permanent. We may form the habit of taking offense easily or the opposite habit of being patient and magnanimous. We may form the habit of driving hard bargains in business, or of dealing generously with our neighbors. We may form the habit of pessimism, or the habit of optimism; the habit of refined or the habit of vulgar behavior; the habit of self-centered egotism, or the habit of comprehensive altruism. Our intellectual life is as open to the influence of the law as any other phase of our being. Few habits are more easily formed or more difficult to dissolve than the habit of superficial thinking. . . ." [34]

[34] Tracy, *op. cit.*, pp. 113, 115. Used by permission of The Macmillan Co.

*   *   *

FOR BIBLIOGRAPHY SEE THE END OF CHAPTER VI.

CHAPTER *VI*

PLANNING TO MEET ADOLESCENT NEEDS

Knowing the facts that have been presented, especially those concerning the indefiniteness of adolescence, its variation, and its inconsistencies, no one can with confidence be dogmatic about practical suggestions for education during this period. Certain ones, however, which are justified by a common-sense interpretation of what seem to be fairly general facts, are presented for the consideration of students. Anything that can be done to conserve youth and to lessen their frustrations will be a contribution to society.[1]

Relations with Parents. It has been stated that the adolescent must gradually become independent of his home. The ease with which a child does this depends largely upon the parents. There are several possible dangers which must be avoided if youth are to become independent and at the same time maintain a wholesome attitude toward their parents. The following are some of these dangers:

1. Continued child dependency. Some parents want their children to remain dependent and will therefore largely make their choices for them, such as selecting clothes, choosing friends, and arranging social activities. They will criticise their decisions, keep them always with them, and permit them little freedom for independent action. Such parents are themselves maladjusted and seek to fortify their own security

[1] See "Adolescence," Chapter 6 of the National Resources Planning Board's *Human Conservation; the Story of Our Wasted Resources,* Washington, United States Government Printing Office, 1943.

through dominance of others. The fear of having nothing to do when children leave home haunts many a parent. To protect themselves against this fear parents whose children are nearing the age of maturity and independence should develop other wholesome interests.

2. Unhappy home life. Many homes are characterized by conflict between parents. These conflicts, arising often from trivial causes, when pursued in the presence of children cause them to despair of home life, to take sides, and probably to develop hatred of the father or the mother. Lack of compatibility, too many interests outside the home, lack of financial resources to meet family needs, all these and other factors may make unhappy homes and deeply affect adolescents.

3. Pressure for social status. Some parents require too much of their children. Bright children are sometimes so burdened with activities outside of school (French lessons, music lessons, dancing) that they break under the strain. Other parents impress upon their children that they are born into a certain social status, that they must carry forward its tradition, and that they must not mix freely with persons outside the proper social circle. Still other families may insist that their children climb the social ladder, thus setting up for them over-ambitious goals and aspirations. All of these pressures have good and bad features. Applied in moderation they develop certain interests and admirable personality traits; immoderately applied they destroy individuality and creativity. The extreme result may be to drive children to run away from home, to nervous breakdowns, or to unworthy marriages undertaken "just for spite."

4. Conflicts in goals. To their parents all children are precious. Parents are therefore often unrealistic in evaluating their children and frequently set goals for them far beyond their chances of attainment. Many conflicts arise over vocational choices. A university graduate's son who wishes to attend art school, while his father is ambitious for him to enter law school, may find himself in constant conflict with his father, with consequent unhappiness to both.

5. Conflicts over interests. Parents and youth are frequently in conflict over the children's patterns of behavior and immediate interests.

A number of studies have been made of the common points of friction between parents and adolescents. Virginia Lee Block, in a survey of some five hundred youth, discovered that the five most seriously disturbing situations between boys and their mothers developed over, first, the use of the family car; second, the proper food to be eaten; third, marks in school subjects; fourth, the use of spending money; fifth, table and personal manners. The five greatest causes of conflicts between girls and their mothers were over, first, going automobile riding with boys at night; second, school marks, third, proper food to eat; fourth, taking sister or brother to social functions; and fifth, spending money.[2]

In their study of Middletown the Lynds tried to ascertain from youth the causes of disagreement with their parents and discovered that with boys the five most frequent were, first, the hour to get home at night; second, the number of times "to go out" during the week; third, marks at school; fourth, spending money, and fifth, use of the family car. The girls checked the same five items, although there was a slight change in order.[3]

Conflicts between parents and their children are frequently the result of changing moral standards, of lack of understanding on the part of parents, and of pressures of the "gang" on youth. Such conflicts are largely the same throughout our country and parents feel unable in many instances to cope with them.

6. *Favoritism among children.*   Parents frequently show favoritism to a boy or to a girl, to the oldest or to the youngest, to the brightest or to the dullest, to the prettiest, or to the physically handicapped. Youth detect these attitudes quickly and resent them. No more than teachers can parents afford to be partial in bestowal of affection, attention, or gifts and necessities.

The only child has an especially difficult time in developing properly. Too much attention or too many advantages may condition him to expect special treatment throughout his life. He may not learn to share responsibilities or accept essential duties if in his home life he is protected or shielded or favored more than a child in a large family.

[2] Virginia L. Block, "Conflicts of Adolescents with Their Mothers," *Journal of Abnormal and Social Psychology*, 32:196–8, July-September, 1937.

[3] Robert S. and Helen M. Lynd, *Middletown: A Study in Contemporary American Culture*, New York, Harcourt, Brace and Co., 1929, p. 522.

7. *Psychological weaning.* Some of the dangers in parent-youth relationships grow out of conditions surrounding the home life of the
father and daughter. The following quotation may clarify some of these
dangers:

> At puberty she (the adolescent girl) discovers traits and habits in him
> (her father) that she had not noticed before; she is interested in his stand-
> ing in the community and his business relations, she may consciously
> idolize him and seek his companionship, or she may devote her energies
> to getting out of him what she desires. In any case, as the man nearest to
> her and the only one by whom she unconsciously measures all others, he
> has a tremendous influence upon her choice of boy friends. . . . As a
> matter of fact, as we know from our studies of women nervously ill, a girl
> often becomes so much attached to her father that she cannot be happy
> except with a man who resembles him, or she may even be completely
> unable to transfer her affections from him to any other man, so that she
> either does not marry at all or fails in marriage because she is already, in
> a sense, married to her father.
>
> There are other dangers in the father-daughter relationship. If the
> father is harsh and domineering, he may call forth the masculine element
> in the girl's nature as a protection against his dominance. Or if he is harsh
> and abusive to the mother, the girl may come to hate and fear him, and
> in her love and sympathy for her mother unconsciously to identify her-
> self with her and to extend her attitude toward her father to all men, so
> that she stands little chance of growing out of the homosexual stage and
> reaching a normal development. In every girl the unconscious fear of
> maturity is strong—even while she hastens toward it she would fain hang
> back—fear of the husband and her relationship to him, fear of motherhood
> as a physical fact, fear of herself and of the unknown mysterious forces
> striving within her. Happy the girl whose father can be to her, at this
> period of her life, a friend and companion without standing in the way of
> her normal development.[4]

The parent carries the major responsibility for becoming accepted
as a friend or counselor, for helping the adolescent to be secure in his
home relationships, for learning happy home living, and for securing
emancipation into larger social groups. In doing this, parents must con-

[4] Winifred V. Richmond, *The Adolescent Girl,* New York, copyright 1925 by The
Macmillan Co., pp. 57–8. Used by permission of The·Macmillan Co.

sider the welfare of the youth first of all, and since children are by nature different they will find it necessary to treat each child differently.

Relations with Teachers. In many ways teachers become substitutes for parents. This is especially true where home conditions are poor or where little affection is bestowed upon the child at home. A selfish parent or one with little understanding is in difficult competition with an intelligent and sympathetic teacher. Teachers also have the prestige of authority. There is no doubt that they have a unique position in the process of an adolescent's growing up.

The following precepts are suggested as a guide in directing teacher-pupil relationships:

1. Try to understand adolescents. Teachers must have adequate training in psychology and sufficient clinical observation of youth to know what influences their behavior and what conflicts are revealed by particular actions.[5] Teachers must learn to differentiate between the serious and the trivial aspects of behavior. Some types of misconduct are evidence of fundamental disturbance; others represent merely minor offenses. Frequently teachers regard as serious those lapses from approved behavior which annoy them most or upset their own personal routine, and fail to recognize more serious behavior problems. It has been repeatedly demonstrated that unsociability, depression, resentfulness, fear, cruelty, and suspiciousness are far more serious as manifestations of basic disturbances than are stealing, masturbation, tardiness, impertinence, disobedience, and destruction of school material; yet teachers tend to regard the latter as more serious than the former. Hidden fears, frequently undiscovered by teachers, are more serious than overt actions.

2. Become a good counselor. Like the parent, the good teacher must develop in the pupil a relation of friendship rather than one of dependence. He will permit youth to make many of their own decisions, help them to see the results of lack of judgment or hasty and impetuous

---

[5] Even though it is written primarily for elementary-school teachers, the secondary-school teacher will find helpful Gertrude Driscoll's *How to Study the Behavior of Children,* New York, Teachers College Bureau of Publications, Columbia University, 1941.

conduct, give them opportunities for assuming responsibilities. By knowing the pressures upon youth exerted by home and family conditions, the teacher can help ease the burden of these pressures or make the burden more bearable. Frequently the teacher must help to interpret the home to the child and the child to the home. In enforcing discipline, he must make allowance for the emotional needs of the child and, in general, constantly keep in mind the welfare of youth above achievement in any given subject.

3. Maintain emotional balance. To be at his best with adolescents, a teacher must enjoy at least a normal measure of good health, rest, and recreation. Good mental health is an essential requisite for good teaching, and its opposite, lack of emotional balance, is a frequent cause of disturbance between teachers and pupils. Administering punishment in anger or without sufficient cause, losing one's temper, indulging in sarcasm, berating children before their classmates, being excessively strict or exacting and thus fostering attitudes of worry and of fear—all these cause maladjustments between pupils and teachers and serve to make the latter increasingly ineffective in handling youth. It is well known that teachers greatly influence the attitudes of pupils toward their schoolwork. The liking of a subject and respect for the teacher tend to go together. If the school is concerned with reducing the emotional strain upon pupils, it should seek out those teachers who are emotionally unbalanced, help them to correct their deficiencies, or eliminate them.

By their actions teachers are sometimes directly responsible for engendering attitudes of fear and worry, for instance, unduly stressing the consequences of cheating in an examination; by overemphasizing the competitive aspects of examinations; by making participation in social and extracurricular activities dependent upon school marks; by overemphasizing the value of honor societies or club membership; or by setting up a system of penalties for every annoying and minor offense. Proper consideration of the problems of adolescents would serve to change many existing school practices. It is sound procedure to test all rules and actions by the contribution they make to the growth and development of adolescents.

Relations between Home and School. Many conflicts arise because the school and the home do not work together harmoniously. Sometimes the home makes demands on the child which are not in accord with the teachings of the school; in some instances it actually undermines those teachings. Occasionally the school, without consulting the parents, will make decisions affecting the routine of the home, or will attempt to deal with certain behavior problems of youth without the knowledge or assistance of the parents.

The question frequently arises as to what problems should be discussed with the home. The following outline may be helpful as a guide.[6]

I. Social Affairs

    a. Conduct of social affairs given at the school: hours of closing, clothes to be worn, kind of activities, personal conduct of students.

    b. Conduct of social activities under school auspices but using community resources such as skating rink, swimming pool, public park.

    c. Conduct of social activities off campus in which school may be concerned as well as home and students: when they follow a school affair, a school club meeting in a private home.

    d. Activities in and around stores in school neighborhood during school hours.

    e. Activities of student en route to and from school: in school bus, public or private conveyances.

II. Student's program at school

    a. Selection of courses

        Often this means an adjustment of student's interests, parents' ambitions, teacher's judgment of a student's ability, and the offerings of the school.

    b. Exemption from school requirements

        1. The religion or beliefs of the family, a student's desire and the school's requirements in folk dancing, music, physical education may not agree. Students may accept the position of their family or they may be anxious to break away from it in order not to be different from their classmates.

[6] Lois H. Meek *et al., The Personal-Social Development of Boys and Girls with Implications for Secondary Education,* New York, copyright 1940 by Progressive Education Association, pp. 108–10. Used by permission of the American Education Fellowship.

2. The health of the student may call for special attention in physical education, relaxation periods, and total load of responsibilities. Such adjustments need the cooperation of student, parents, family physician, school health officers, and teachers. The ambitions of the school for a student in sports or other activities sometimes need curtailment as well as student's desires.

3. Student activities outside of school (such as home responsibilities, part-time jobs, special lessons in music, church and scout responsibilities, etc.) should be taken into consideration in planning school and outside school programs. This often means choices in which parents, teachers and students must participate.

c. Interferences with school routines (absences, tardiness, class cuts)

When these infringements become habitual, home, school, and student must attack the problem together. Legal responsibility rests with the parents, but educational adjustments can only be made through cooperative efforts. These infringements of school requirements should be seen by teachers and counselors as symptoms that need to be studied for causes. Family conditions, heavy outside school responsibilities, feelings of social ostracism among classmates, inability to profit by school program because of mental ability, strong interests outside of school life are all possible causes. Both the analysis of causes and the adjustment of student's program will usually be helped by joint participation of parents, student, and teachers.

d. Participation in school activities

Whether or not a student shall play on the school team, be in the cadets, belong to a certain club, take part in the school opera or go on a week-end excursion may raise problems which can only be wisely settled through home and school conferences with the student and sometimes by conferences of all three together.

e. Carrying out home projects

When the school believes that the educational program of a student can be furthered by projects under school guidance carried out at home, the undertaking should be discussed and planned for by parents, teacher and student if the situation is to be most conducive for student development and harmonious relations.

Relations with Other Pupils.   One of the needs of the adolescent is that of establishing secure relationships with their peers. An important function which the school must perform is to make possible for each youth a secure position with his schoolmates. This position must be established, first, on a social basis, and second, on an intellectual basis.

The social problem is one of assisting each youth to gain a fair evaluation of his own worth, of helping him put his own abilities to work, and of assisting him in working out a social position in which he can be happy and successful. This is done through counseling and through the provision of appropriate activities and opportunities for growth and development. Holding too great an ambition, or one which is beyond his grasp, is inevitably a disturbing experience for any individual. To realize that being born into a certain family or belonging to a certain race may retard the achievement of a goal is a blow to an adolescent who sees advantages pass him by. These conditions may cause mental breakdowns or, in certain individuals, may result in crime. It is not to be implied that youth should accept situations as they are—far from it. But certain conditions must be accepted temporarily, until they can be changed; others, physical handicaps for example, may need to be accepted permanently and faced realistically.

Youth have a right to expect the school to provide an adequate program of self-testing and evaluation, and a program of counseling services which enables an individual to apply the knowledge concerning himself in his selection of courses, in his physical activities, in his choice of a vocation, and in his social life.

The social life of the school can enhance or inhibit personal development. Cliques, secret societies, unfair practices in student government, insufficient or uncongenial extracurricular activities retard wholesome social development of youth. The good secondary school will recognize that its social program is as important for proper character development as its academic program. It will also keep sight of the fact that the well-balanced pupil must find satisfaction in his entire school program, not by comparable achievement with others or in all fields, but by individual achievement commensurate with his abilities. Toward the end of understanding the social nature of boys and girls, the following chart may be helpful:

A Guide Chart for the Social Activities Program [7]

Boys and Girls Developing from the Onset of Puberty
into and Through Adolescence

GROWTH FROM:	TOWARD:
1. Variety and instability of interests	Fewer and deeper interests
2. Talkative, noisy, daring with a great amount of any kind of activity	More dignified controlled masculine and feminine adult behavior
3. Seeking peer status with a high respect for peer standards	The reflecting of adult cultural patterns
4. A desire for identification with the herd, the crowd of boys and girls	Identification with small select group
5. Family status a relatively unimportant factor in influencing relations among peers	Family socio-economic status an increasingly important factor in affecting with whom boys or girls associate
6. Informal social activities such as parties	Social activities becoming more formal, such as dances
7. Dating rare	Dates and "steadies" the usual thing
8. Emphasis on building relations with boys and girls	Increasing concern with preparation for own family life
9. Friendships more temporary	Friendships more lasting
10. Many friends	Fewer and deeper friendships
11. Willingness to accept activities providing opportunities for social relations	Individual satisfying activities in line with talent development, proposed vocation, academic interest or hobby
12. Little insight into own behavior or behavior of others	Increasing insight into human relations
13. The provision of reasonable rules important and stabilizing	Making own rules with a definite purpose in view
14. Ambivalence in accepting adult authority	Growing independence from adult and dependence on self for decisions and behavior. Seeking relations with adults on an equality basis

[7] Lois H. Meek *et al., op. cit.,* p. 121. Used by permission of the American Education Fellowship.

Any well-balanced school program will provide opportunities for social parties, social dancing, when approved by the adult community, academic and non-academic clubs, interest clubs, dramatic and musical activities, service clubs, student participation in government, and the facilities, equipment and supervision (not too much) to give these proper status, direction, and attention.

Relations with Adult Society. Later chapters will be devoted to a discussion of the *mores*,[8] and only brief mention needs to be made of the subject here. Youth face the problem of discovering the conventional ways of behavior which, as members of their social group, they are expected to adopt. Many youth coming from families of lower income levels into the essentially middle-class atmosphere of the average public high school sometimes experience conflicts. Everywhere about them they may find standards and conventions which are at variance with their own.

One of the chief responsibilities of the school in this area is to point out the reasonableness as well as the reasons for the standards which youth are being asked to accept. Manners, for instance, as Dewey has pointed out, are only "minor morals." They usually are designed to show respect for the other fellow. Many standards are entirely for the protection of people against careless, thoughtless, or lawless individuals, and are essential in the development of a philosophy of life or of a guiding framework of principles which youth are trying to acquire. In establishing a philosophy of life, youth need assistance from the community. A city which lets its playgrounds run down; permits real-estate speculators to "buy up, build, and sell off a town" without respect to the welfare of youth; permits restrictive covenants and condones the practice of barring rentals in middle-class areas to people with children; trims its budget to where it reduces the effectiveness of health officers, social workers, schools, parks, and law enforcement—must eventually be held responsible for the rising rate of juvenile delinquency. Some cities also, under the guise of free enterprise, permit free access by youth to gambling halls, bars, dance halls, and burlesque shows. Again where this is

[8] See Chapters XIII and XIV.

done the city must assume its share of responsibility for any resultant criminal behavior of youth.

The Curriculum. In planning the curriculum, the secondary school should give attention to requirements and electives, and to the sequence of both. Certain considerations need to govern decisions in these matters. Among these most pertinent are the following:

1. Youth of the same age group may be different, may mature at different rates, and may have different interests and motives.
2. Youth are more interested in being accepted by their peers than they are in learning conventional subject matter. They have no respect as such for subjects "so important you can't afford to miss them" unless they see in these subjects aids to helping them solve their problems.
3. No subject should be required of all unless it makes distinctive contributions to the development of all youth. Even then, it must lend itself to such adjustment and variation as is necessary in the light of the individual need of the student.
4. Each subject in the earlier years of the secondary school should make obvious contributions to personal and social adjustment; in the later years of the secondary school, attention should be given to the development of intellectual interests, to the furthering of vocational interests, of plans for future study, or of plans for marriage. Subjects requiring logical reasoning, such as higher mathematics, should be postponed until late in the high school.
5. The curriculum of the school should incorporate the community as a laboratory and should make constant use of the local environment as one of its educational resources.
6. The school program should have certain internal relationships weaving together the so-called extracurricular experiences with the more academic subjects.
7. All school offerings should satisfy the assured or the probable needs of youth. No curriculum offering should be supported by tradition alone, by unsound psychological justification, or by the personal preference of individual teachers, but all should be judged by the stern requirement of whether they contribute to the growth of partic-

ular individuals. Mental discipline as such should not any longer have a claim on the program of the secondary school.

These principles suggest that the determination of the curriculum can be made satisfactory only if it is based upon an adequate understanding of youth and their needs. The social studies must help youth to develop an orientation to the community, to its processes and problems, and to the larger area of world living. Science needs to open up the physical and biological world, explain the nature of man, reveal the effect of invention upon human living, and teach a method of attacking problems. Physical education needs to contribute to bodily growth, to socialization, to the development of special physical abilities, and to the building of a firm foundation for future health and leisure-time activities. Music and art need to provide opportunities for personal expression and for the enjoyment of leisure. The study of literature can provide opportunities for biographical study and for a broadened understanding of all mankind.[9] The study of the mother tongue should afford the adolescent an opportunity for wholesome self-expression and lead him to easy communication with others. Other subjects should be patterned on the same general principles.

Throughout the curriculum the work should be dominated by a variety of experiences and methods. Shop and laboratory work, field trips, discussions, individual projects, visual aids, and such experiences should form the core of methods for the secondary school. Teachers have lost much, youth have learned little, and society has wasted money because the school has insisted on a program of intellectualized instruction based on the textbook and the question-and-answer method. Though the rational powers are developing rapidly and should be constantly exercised under wise direction, teachers should remember that pupils are still far from mature. One reason that adolescent pupils appear to reason so badly is that they are often lacking in the accurate information necessary to make a logical syllogism. Secondary education demands a continuance of the use of rote memory for the acquisition of facts, forms, and formulae and a gradually increasing use of logical memory and reasoning. Teachers should keep in mind more than they have been inclined to do

---

[9] For an excellent development of this problem see Louise Rosenblatt, *Literature as Exploration,* New York, D. Appleton-Century Company, 1938.

in the past that their prime business is to use methods that will make effectively for independence, which is imminent for the great majority of their pupils. Fortunately, adolescents like independence and welcome the opportunity to work with as little direction as possible. Their pride is flattered, their self-respect enhanced, and their powers strengthened by such opportunity. "Youth shall be encouraged," says Tracy, "to enquire, investigate, criticize, sift, and make discoveries for himself, in the realm of truth. . . . The question of ease or difficulty is not the main question. The spirit of youth does not cry out specially for ease. It is apt to scorn an easy task, and to love the strenuous and the difficult. But it does cry out for permission to take hold of things by the right end; which means beginning with that particular feature or aspect of any subject that is naturally the first to attract attention or to awaken interest." [10]

Although the power to think abstractly is rapidly strengthening, due quite as much perhaps to the increased number and accuracy of concepts that experience has brought as to intellectual growth, it is far from its maturity. Consequently, a beginning should always be made with the concrete. This rule for the teaching of children cannot yet be discarded in the teaching of adolescents, especially with those of intellectual inheritance that is average or below. Abstract knowledge and thought are important for the gifted 10 or maybe 30 per cent, as it permits the organization of concrete facts, larger concepts, and the understanding of principles. Increased human insight is a matter of increased comprehension and identification. Frank puts it well when he says:

If the schools and the teachers were so disposed and prepared, they could provide in the classroom and playground a program of re-education in human relations that would be of immense social significance because it would be touching the springs of human conduct through which a decent social life alone can be sought. Instead of relying wholly upon the social studies that at best can only show the mass consequences of human conduct, let us deal with the exigent problems of human relations, as they appear in the daily life of students, as the basic events of our social life, realizing that our social problems are but symptoms of the distortions and

[10] Frederick Tracy, *The Psychology of Adolescence,* New York, copyright 1920 by The Macmillan Co., pp. 209–10. Used by permission of The Macmillan Co.

frustrations in individual human lives, the price we are paying for what the family and the schools did, or failed to do, to the children of yesterday.[11]

Finally may be emphasized what is quite generally recognized, that at adolescence there is increased inclination to work in cooperative groups and increased power to do so effectively. This does not mean, of course, that one able student shall perform an assignment in the presence of a group of less gifted fellows who merely look up words in the vocabulary or perform other such mechanical tasks; it means that boys and girls like to undertake in small groups a project of considerable dimensions, to plan for its execution, to assign the parts, to make contributions, to organize the whole, and to present to others the results of their labors. Moreover, they are able to do this under diminishing guidance, often with a surprising amount of success. Such cooperative groups should supplement individual study, for both kinds will be demanded outside the school.

Guiding Youth. It has been said that justice is the fundamental human virtue. Those who are concerned with the education of adolescents need also to possess an abundance of sympathy. It is difficult for the adult to recall with accuracy his own youth. But the teacher must recognize early that increasing freedom is necessary for personality development and he must avoid any fear of having his complacent and comfortable sense of superiority challenged. However bumptious, inconsistent, and irritating youth may be, they must first of all be understood. They seek, demand, and need sympathy more than anything else in the world. Sympathy is based on thorough acquaintance. Once when asked if he did not hate a certain man, Charles Lamb said, "Not at all. I know him."

The adolescent as a rule desires the friendship of those older as ardently as he resents being patronized. He is usually a hero-worshiper, and anyone with character who gives him attention, understanding, sympathy, and friendship, is in a position to be of inestimable influence for good.

---

[11] Lawrence K. Frank, "Where is Progressive Education Going in Human Relations?" *Progressive Education*, 14:439, October, 1937.

The home-room organization of our schools is a recognition of the need; but it cannot be entirely satisfactory, for the groups are large and any individual may be inadvertenly neglected or be more strongly drawn to some other teacher than the one in charge. Each member of the staff who is eager for service should be on the lookout for some boys or girls whose admiration or liking he has already won, and finding them should welcome the opportunity of gaining their confidence, and of giving sympathetic encouragement and direction. No person in the world can be so lonely as an adolescent who feels that nobody understands and appreciates him.

Failing to find an adult with whom he may have the desired contacts, youth often seeks satisfaction vicariously. He finds in the news of the day, in the movies, in history, or in literature some hero whom he can worship and whom he can imitate. His undirected choice may be good or bad, with consequent beneficent or maleficent results. Teachers of current events, history, or literature should be alert to detect these choices and should be patient to supply further reading matter that will develop admiration for those who are worthy. A teacher sometimes, too, can help pupils to see and appreciate in their parents heroic or at least admirable qualities to which long and continued familiarity have blinded them. As maturity increases, pupils, especially the more gifted ones, can more and more be led to understand, appreciate, and interpret for their own use, the abstract virtues presented in poetry and in philosophy.

Practically everyone accepts today the ideal of moral and personal guidance, and many ingenious plans are used for this purpose. School clubs, curricular and extracurricular activities, Scout organizations, churches and affiliated groups, and direct instruction in morals, ethics, manners, and personal conduct, can be effective in molding youth. Underlying the success of any or of all these plans are acceptance of responsibility, devotion to an ideal, and sympathy with youth. It is impossible in a book of this nature to give detailed suggestions for affording youth moral and personal guidance. All that can be done here is to emphasize the need and approve the ideal. This does not mean that the school shall or can take over the responsibilities of the home and the church, but rather that all three should cooperate to a common end.

Personal Orientation. Youth is curious, too, about his place in the world, what he means to it as well as what it means to him. "The average adolescent does not need a complicated and highly logical system of thought about the universe, but he does need some point of view, suited to a relatively limited power of questioning. . . . [Many] are too limited intellectually to need any explanation of the universe at all . . . nevertheless, many of these adolescents are seen subscribing to religious doctrines, by way of formal confirmation. They passively or emotionally accept whatever explanation may be offered to them. . . . On the other hand, there are equally numerous adolescents who . . . question the universe with urgent insistent longing for reply. . . . It is among those gifted intellects that the most prolonged and serious mental conflicts arise, in the effort to achieve a point of view that will give life genuine integrity." [12] The secondary school furnishes the real opportunity for orientation, for the curiosity is newly awakened and when not satisfied it may continue into early adulthood, but then dulls rapidly. Mere facts, such as are presented in many formal courses, are not for this purpose satisfying. They are necessary, of course, but need to be related to the individual in such ways that he can get the satisfactions that his groping mind requires.

Vocational Guidance. It is but natural that with a maturing which often seems more rapid than it really is, with widened vision and interests, and with an attempt to orientate himself in the whole world, the adolescent should become concerned with what he is going to do to earn his living, or, as he may feel it, to contribute to the welfare of mankind. If he does not become so concerned, he should be made so to the extent that is possible.

The tragedies and the wastes that come from unaided or inadequately aided efforts to decide this important question are evident to anyone who looks about him. Floundering and even panic-stricken lest he find no opportunity to work, the young person grasps at the first job that

---

[12] Leta S. Hollingworth, *The Psychology of the Adolescent,* New York, copyright 1928 by Appleton-Century-Crofts, Inc., pp. 151–3. Used by permission of Appleton-Century-Crofts, Inc.

he can get, however unfitted he may be to it or however limited its opportunities for advancement. If not "psychologically weaned" he may seek some big organization where he may rapidly become a discontented but unprotesting cog in one of the many wheels. Miserable is the man who has a job in which he is not increasingly interested.

On the one hand are the youths who get little or no help from parents, and on the other are those who inherit a job or an ambition which makes no real appeal to them. Although it is said that many children may be assigned to their parents' occupational level without any serious error, the others would be serious misfits. Not infrequently a parent can see no reason why his child cannot or should not follow his vocational footsteps, or, worse still, he attempts to force his offspring into a path that he had longed to follow but for some reason could not. One mother who had sacrificed to matrimony her ambition to be a missionary trained for years her youngest daughter for church service in China, although the girl disliked the Chinese and had an aversion to that particular kind of work. The result could not but be unhappy for all concerned. A teacher can often be of great service in such a situation. In the first he can show both parents and youth the necessity of an early, wise, and informed choice of a vocation; and in the second, he can lead the parent to a realization of the futility of forcing his child into a vocation for which he is unfit and in which he is likely to be unsuccessful and unhappy.

Vocational guidance, the ideal of which everyone approves, is still in its infancy. Extravagant claims have been made for what it can do, and doubtless much success has attended the efforts to guide boys and girls into vocations for which they are fitted and in which there are opportunities for success and continued growth. The fact is, however, that no representative of the school system is competent, however he may be aided by tests and interviews, to make the final decision regarding what specific vocation any pupil should follow. The individual himself and his parents should assume the final responsibility. The school, however, can and should reveal to pupils and to parents the vocational opportunities, their requirements, possibilities, and limitations, and also frankly give information regarding the fitness—intellectual, physical, social, and emotional—of the pupil to be successful in the vocational field toward which he is most attracted. Where possible, the school can quite properly and helpfully participate in placement and in follow-up; but it can hardly be denied that in so complex and final a matter the ultimate decision must rest with those most immediately concerned. As a representative of society, however, the school should give information, advise in a decision, protect the youth from exploitation at the hands of either greed or too great ambition, furnish a suitable curriculum, and, when feasible, assist in placement and later supervision.

Sex Education.   As we have seen, sex impulses, although in the beginning unrecognized as such, are a powerful characteristic of adolescence, differentiating it more sharply than any other from childhood. It is true that sex reflexes appear very early in a child's life, but they are, of course, essentially different from the phenomena subsequent to puberty. These phenomena manifest themselves not only in a craving, often not understood as such, for sex gratification, but also in physical development and mental conflicts and often disorder. The ramifications of these phenomena and their results, especially when they come under the inhibitions of convention, are far more extensive and the results far more serious than the layman ordinarily realizes. The matters of sex and of sex relationships, which are perfectly natural in character and, of course, universal to all normal beings, have been so glazed over, made secret and shameful, and discussed with lubricity or dishonesty that it is difficult for youth to develop the wholesome attitude toward them that should be perfectly normal.

Bigelow, whose books [13] should be read by all adults who are responsible for youth, writes:

> Normal girls, as well as boys, definitely begin their real sex life at the onset of puberty, and in both sexes there is in some form a powerful drive of the inherited sexual instinct. Boys quickly sense this fact because of the localized growth and impressive physiological changes. On the other hand, Nature seems to leave numerous girls either totally or partially innocent of the meaning of the great passage over the borderland where woman-

[13] *Sex Education,* rev. ed., New York, American Social Hygiene Association, 1936, and *Adolescence: Educational and Hygienic Problems,* New York, Funk and Wagnalls Co., 1924.

hood and childhood meet. But Nature certainly does not leave the girl ignorant of the world of emotions which the dawn of the sexual life inevitably unfolds for the healthy individual. Girls may not, and it appears that scientific women are right in claiming that a majority do not, realize, as do normal boys, an insistent demand for the use of the senses as a pathway to the heights of their emotional life. Nevertheless, there is in the faintly outlined background of the girl's expanding need of affection the same fundamental sexual instinct which automatically becomes so clear to the boy, but which in the girl is dormant and waiting the call of external stimuli, and especially of reciprocated affection, to an awakening. If that comes in adolescent years, as apparently it does to a minority of girls, the young woman's problem of self-control probably parallels that of the typical young man. But when, as so often happens, the awakening of sexual understanding does not come spontaneously to the developing young woman, some serious social and hygienic problems may result unless education steps in to inform the girl as to what she has not guessed concerning her real self and her relations and her duty to her young men friends. One of the greatest dangers that present-day boys in the latest teens must learn to face with stoical grip on their own impulsive tendencies is the almost inevitable temptation thrown before them in the whirl of social life by perfectly decent and innocent girls who by nature do not understand why and what and wherefore is the young man's problem of self-control.[14]

Sex education is not a problem of the school alone, nor only of the home. "In its simplest forms [it] should begin in childhood in connection with home life, and progress continuously in home and school through adolescence to adulthood. . . . [It] should be a combination of character education and health instruction, and therefore cannot be combined into one or a few lessons." [15]

Studies of youth indicate that actually the school and the home are minor factors in giving sex instruction. Bell [16] showed that Maryland youth obtained their information concerning sex chiefly from one an-

[14] Maurice A. Bigelow, *Adolescence: Educational and Hygienic Problems*, New York, copyright 1924 by the Funk and Wagnalls Co., pp. 25–6. Used by permission of the Funk and Wagnalls Co.

[15] *Ibid.*, pp. 50–51.

[16] Howard M. Bell, *Youth Tell Their Story*, Washington, American Council on Education, 1938, p. 273.

other. It should be obvious that the school should play a larger rôle in affording sound, wholesome sex instruction. This must be done with the approval of and in cooperation with the home, or community opposition may result. In the final analysis, it matters not so much whether the school or the home assumes major responsibility provided that sex instruction is given accurately, intelligently, and with sympathy and understanding.

Adolescent Love. Adolescent love is, of course, one of the most powerful motives of conduct, and, many sensationalists to the contrary notwithstanding, when developed without maleficent influences is likely to be pure and uplifting, attended by the impulses to cherish, comfort, and protect one of the opposite sex.

> For indeed I knew
> Of no more subtle master under heaven
> Than is the maiden passion for a maid,
> Not only to keep down the base in man,
> But teach high thought, and amiable words
> And courtliness, and the desire of fame,
> And love of truth, and all that makes a man![17]

The natural impulses of all kinds, which vary in intensity with individuals, are usually thwarted by necessities and by conventions. Our civilization tends to postpone matrimony farther and farther beyond the time when youth is physiologically fit for it, and our conventions frequently bring discouragement, obstacles, teasing, ridicule, and the like for perfectly healthy and wholesome interests in the opposite sex. Adults do not always distinguish, as they should, between the necessary postponement of the primary sex appetite and the wise direction of the secondary tendencies toward fine social relations. The former can be deferred and to a large extent put out of mind by hard physical work, vigorous games, and absorbing intellectual interests; but the latter can be discouraged or inhibited only with the danger of setting up attitudes that may seriously interfere with happy adult relationships with a mate when one is eventually found.

[17] Tennyson, *Idylls of the King*.

Without understanding through sound and wise counsel the experience through which he is passing, the adolescent will procure information from those who give him incomplete, vicious, or perverted information, or he may find temporary satisfaction in various forms of sexual outlets, which may bring disease or result in an attitude that undermines our approved social structure.

Homogeneous Grouping. Even though pupils are homogeneously grouped on the basis of intelligence, as revealed by standardized tests, physical and social development cannot safely be ignored. Two pupils with identical scores on an intelligence test may differ markedly in physical maturity, in social attitudes, in emotional development, in interests, and in what Bagley called "the horizontal growth" of the intellect. No plan of grouping will provide any homogeneity in more than a narrow group of characteristics.

Some grouping of pupils into classes is necessary, and presumably the basis of grouping will reflect the educational theory operative in the school. Presumably also the plan used will enable the school better to realize its educational objectives. Grouping based entirely upon intelligence reflects an over-academic concept of education and an over-emphasis on the importance of acquiring competence in school subjects as against the all-round development of the person. The soundest grouping will be the one in which the pupil works best because he has a sense of belongingness and status. Friendships, group receptivity, and the degree of social and physical maturity are quite as important as intelligence and achievement.

Status in one group may be dependent upon physical prowess; in another it may depend upon intellectual achievement; in another, upon a social grace; and in still another upon the possession of a special interest. Learning is affected by social status, and grouping for all purposes based upon any single one of these factors is inappropriate. One must also not forget that many behavioral changes are the results of group decisions, and congeniality of the individual to the group is an important factor in this process.

Recent studies have shown that most people work better in groups, even of two people, than they do alone, and that individuals are more strongly motivated by group goals than by extraneous rewards.[18] Personal objectivity, emotional warmth, and spontaneity are qualities of the "social atmosphere" of effective learning situations, and social maturity is not an automatic function of chronological age. A knowledge of these and other findings and of the experimental literature in the field of grouping is essential if the school administrator is to make, through grouping, a more effective learning situation in the classroom.

Coeducation. The question of whether boys and girls should be educated together or not has seldom been discussed on its merits. Undoubtedly the earliest decisions in our country were determined by the economic impossibility of providing in small communities separate schools for the sexes, and these decisions have been confirmed by the universal recognition of woman's right to an education equal to that of man and by the evidence more recently adduced of almost identical intellectual abilities. Under our general practice girls persist longer in our secondary schools, graduate in larger numbers, and carry off most of the scholastic honors. These facts are sufficient to warrant a re-examination of the question.

As has been shown, girls as a rule come into puberty a year or more before boys, and from about the age of twelve to fourteen tend to be taller and to excel on intelligence scores. It is at and immediately following this period that teachers have found most difficulty in retaining the interest of boys in classwork and in restraining the restlessness which urges them to drop out of school altogether. A very little at this time would be sufficient to set up in boys a hostility to their studies, which might easily continue or increase indefinitely.

Girls do better classwork at this time for other reasons. In the first place, probably for the most part as a result of conventional training, they are more docile than boys, more willing to do what they are told to do, more eager to avoid a "row" or a "scene" as a result of conflict with their teachers. Consequently, as a rule they faithfully perform set tasks, even when the values are not apparent, tasks against which

---

[18] For a bibliography and brief review of nearly 150 recent studies on grouping, see Bunnie O. Smith and A. J. Dolio, "Recent Developments in Grouping—A Minimum Bibliography," *Educational Leadership,* 4:403–11, 421, March, 1947.

boys may rebel. Moreover, girls seem to be more responsive in class, quicker to volunteer an answer, and neater in their written work. These qualities will naturally increase their standing in the eyes of a teacher and would tend to make the boys feel a sense of inferiority, which may result in less interest in school tasks and even in hostility toward the school. At this period, too, girls have fewer outside interests, such as in machinery, group games, and long rambles in fields or woods; and conventionally they are held more in the home and permitted less frequently to attend "movies" or to follow their own personal desires. Of course there are many exceptions on both sides; but the stated characteristics seem to be true for the sexes taken as whole groups. It would not be difficult to understand why in large measure the junior high school period is one of great difficulty, especially for boys.

No one desires to argue against coeducation, but some experimentation might well be carried out in the segregation of boys and girls in certain classes during the early years of the secondary school. This is now common practice in shop courses and in physical education. It might be tried experimentally in such subjects as literature, where the emotional content should be constantly emphasized; in music and in art; and especially in the physical sciences which involve phenomena with which boys are usually more familiar by previous experiences than are the girls. In the later years of the high school, segregation might be desirable only in physical education.

Discipline.   Youth are critical of disciplinary procedures and sometimes justly, for discipline is a responsibility which teachers often fail to administer properly. Cole has well summed up the principles of good discipline which those in charge of youth should observe.

> Good discipline for adolescents has five outstanding characteristics. It is, first, the natural result of the misbehavior. For instance, if a boy loses his temper and throws an ink bottle at the wall, the natural punishment is to make him clean it up—not to require him to solve six extra problems in algebra after school. Second, punishment must be certain; if a Latin teacher sometimes makes students remain after school to finish uncompleted work that they have had plenty of time to finish before class and sometimes lets them go scot-free, the punishment for poor preparation

is too variable to be efficient. Third, punishment should be just; the English teacher who gives a failing mark to a boy because, on the final examination, he split an infinitive is being so unjust as to defeat his own ends. Fourth, punishment must be impersonal; the history teacher who gets annoyed at a pupil's general inattention and assigns a penalty that springs primarily from her own exasperation will never succeed with adolescents. They know that the penalty is only an outlet for the teacher's emotions, and they blame her rather than themselves. Finally, punishment should always be constructive, so that it will lead to better self-control. Letting pupils suggest and carry out their own punishment is more likely to develop self-control than penalties assigned from above.[19]

Orientation of New Pupils.   Pupils coming into the secondary school encounter many new experiences. There is usually a larger school, there is generally a different teacher for each subject. There are special rooms, study halls, clubs, many activities, and an unfamiliar schedule. In large schools there are deans and counselors and home rooms and assemblies— all of which the pupils have not previously encountered. There are also many, many strangers.

The staff of the school will be wise to plan periods in which the pupil may be oriented to the building, the teachers, the curriculum, the social life, the regulations and requirements. The orientation program should be carefully planned and executed as rapidly as possible. For obvious reasons the program can not be extended over a term, as is done in some schools, nor, on the other hand, can it be accomplished in one hour. To carry out the program effectively, teachers, administrators, and upper-grade pupils should participate, each performing a definite function. The principal may acquaint incoming pupils with the physical organization of the school, with its background and traditions; different teachers may explain the curriculum, the marking system, and the school regulations; pupils may explain the student government and the social life of the school; and it would be well to have the custodians explain the care of the building. When this is done the new pupils run much less risk of embarrassment from violation of school rules or of loss of time through ignorance of proper procedures and sources of information.

[19] Luella Cole, *Psychology of Adolescence,* rev. ed., New York, copyright 1942 by Farrar and Rinehart, p. 142. Used by permission of Rinehart and Co., Inc.

The task of designing and operating a program of secondary education appropriate to the needs of adolescents is truly a difficult and challenging one. Only the well-informed, the competent, and those who continue to grow in professional depth and understanding should undertake it, for they are the only ones who can do it effectively. Young people have a right to obtain the best that society can provide for them, and this standard should be applied everywhere.

Selected Bibliography

BALDWIN, BIRD T., *Physical Growth and School Progress*, United States Bureau of Education, *Bulletin No. 10*, 1914. Washington: United States Government Printing Office, 1914. 215 pp.

BIGELOW, MAURICE A., *Adolescence: Educational and Hygienic Problems*, New York: Funk and Wagnalls, 1924. 60 pp.

———, *Sex Education*, Revised Edition. New York: American Social Hygiene Association, 1936. 307 pp.

BLOS, PETER, *The Adolescent Personality*. New York: D. Appleton-Century Company, 1941. 517 pp.

COLE, LUELLA, *Psychology of Adolescence*, Revised Edition. New York: Farrar and Rinehart, 1942. 660 pp.

CROW, LESTER D. and CROW, ALICE V., *Our Teen-Age Boys and Girls*. New York: McGraw-Hill Book Company, 1945. 366 pp.

HOLLINGWORTH, LETA S., *The Psychology of the Adolescent*. New York: D. Appleton and Company, 1928. 259 pp.

JONES, HAROLD E., *Development in Adolescence*. New York: D. Appleton-Century Company, 1943. 166 pp.

LANDIS, PAUL H., *Adolescence and Youth*. New York: McGraw-Hill Book Company, 1945. 470 pp.

MEAD, MARGARET, *From the South Seas: Studies of Adolescence and Sex in Primitive Societies*. New York: William Morrow and Company, 1939. 304, 384, and 334 pp.

National Society for the Study of Education, *Adolescence*, Forty-Third Year Book, Part 1. Chicago: University of Chicago Press, 1944. 358 pp.

NEWMAN, FRANCES B., *Adolescence in Social Groups*. Stanford, California: Stanford University Press, 1946. 94 pp.

PRESCOTT, DANIEL A., *Emotion and the Educative Process.* Washington: American Council on Education, 1938. 323 pp.

RICHMOND, WINIFRED V., *The Adolescent Girl.* New York: The Macmillan Company, 1925. 212 pp.

———, *The Adolescent Boy.* New York: Farrar and Rinehart, 1933. 233 pp.

———, *An Introduction to Sex Education.* New York: Farrar and Rinehart, 1934. 312 pp.

SEGEL, DAVID, *Intellectual Abilities in the Adolescent Period,* Federal Security Agency, Office of Education, *Bulletin No. 6,* 1948. Washington: United States Government Printing Office, 1948. 41 pp.

TAYLOR, KATHERINE W., *Do Adolescents Need Parents?* New York: D. Appleton-Century Company, 1938. 380 pp.

TRACY, FREDERICK, *The Psychology of Adolescence.* New York: The Macmillan Company, 1920. 246 pp.

ZACHRY, CAROLINE B., *Emotion and Conduct in Adolescence.* New York: D. Appleton-Century Company, 1940. 563 pp.

CHAPTER VII

THE FUNCTIONS OF SECONDARY EDUCATION

In the light of the foregoing discussion of the special demands which modern social living makes upon the school and of the nature and characteristics of the adolescent boy or girl, it is now appropriate to consider the educational functions which the secondary school needs particularly to perform. The term "secondary school" as used in this connection applies to both the junior and senior high schools and may be extended to the junior college. Not all of the stated functions are applicable only to the education of the adolescent: several of them may in varying degrees begin in the elementary school and continue even beyond the junior-college period. Each function, however, is believed to be important, usually most important, in the education that normally begins about the age of twelve and concludes some six years later.

No division of the whole educational program into units can be soundly made, no suitable courses of study can be constructed, nor problems of articulation solved until the functions of the secondary school are clearly determined and made operative. In principle, the functions as here stated are widely accepted among the profession; [1] in practice, however, they have not been fully or sufficiently attempted.

[1] Since their appearance in the first edition of this book, the "Functions" have been discussed in great detail in the report of the Committee on the Orientation of Secondary Education (see *Functions of Secondary Education, Bulletin No. 64,* Department of Secondary School Principals, January, 1937). This report received considerable professional attention, and was the subject of organized discussion by professional groups throughout the country. While these discussions have not been without practical effect, the reader will note that several of the functions are only partly and inadequately incorporated in current secondary school practice.

There is need for continued critical consideration of these functions; there is even greater need for immediate and vigorous effort to translate them into secondary school practice, in the form in which they are here presented or as revised in the light of the collective thinking of the profession.

INTEGRATION

1. It is important to continue by definite program, though in diminishing degree, the integration of students. This should be on an increasingly intellectual level until the desired common knowledge, appreciations, ideals, attitudes, and practices are firmly fixed.

To be happy and effective, to be a "good place in which to live and in which to make a living," indeed, in order to preserve itself at all, a society must be an integrated, organic whole. It may not be merely an assemblage of individuals, each going his own way, but must be bound together by common values and ideals, by ties of common cultural and intellectual understanding. Lest society go too far in the direction of conformity, however, individuality must be fostered. But individuality itself flourishes best where there is security arising from common cultural and intellectual kinship, from mutual reliance and a sense of interdependence.[2]

The need for integrating individuals into a common social group is especially important in a democracy. Democracy, which extends to all the right and obligation to share in making common social decisions, depends for its continuance and success upon a citizenry which has common values and ideals and which recognizes common responsibilities and obligations. Every man or woman who exercises the right of franchise participates in determining the policies of the whole nation. The vast extent of our country and the variation induced by differences in cultural origin and sectional needs argue the wisdom of a school program directed toward achieving social integration. The wide and rapid dis-

[2] For a penetrating distinction between "individuality" as a social necessity and asset and "individualism" as a social liability, see John L. Childs, *Education and the Philosophy of Experimentalism*, New York, The Century Company, 1931, pp. 234 ff.

semination of news, the ease of communication, the frequency of travel, and the high degree of social and economic interdependence show the necessity for efforts to unify our people. Already we are more unified than many of the nations of the Old World, where variations in language, customs, and attitude cause conflict and make democracy difficult. Such unity as has come to our country, despite the obstacles, is convincing evidence that a program intelligently planned and skillfully followed can secure an even greater degree. The schools are merely one, but the most important one, of several agencies to achieve the desired end.

Objection may be raised that a standardized citizenry is not desired. Unquestionably interest results from variety, and progress comes through original and gifted individuals who strike out in new directions; and for these reasons encouragement should be given to all who intelligently and purposefully set out on adventurous lives. But even these adventurous ones conform in most matters. Integration is concerned with the essentials of living, with ideals and attitudes which by general agreement make possible amicable social living and successful democratic government. In all other matters variety is not only permitted but is welcomed. Even in moving to achieve commonly approved ends, there is room for differences in judgment as to proper procedures.

Free speech, one of the fundamental privileges in a democracy, is fostered in order to ensure that any proposed variation from common practices may be heard and considered by others. It sometimes seems that we are more concerned to guarantee freedom of speech, even to those who attack the accepted ideals of our society, than to make all citizens, especially those who are maturing to their rights and responsibilities, aware of the principles on which social living and democratic government are founded. It is in just such matters that integration is essential. It is unsafe to assume that the ideals of society or of government will be thoroughly understood and fully accepted unless there is systematic effort to teach them, and it is absurd to guarantee freedom of speech to any enthusiast who is hostile to our ideals unless we have provided for an equally clear and cogent presentation of what society considers essential for its maintenance and for its progress. When the arguments for conflicting ideals are made clear, then and only then are citizens able to decide which is the better. Democracy, more than any other type of social organization, needs a program that seeks to further the integration of its citizens in the knowledge, ideals, attitudes, and practices that are essential to its perpetuation and improvement. The statement of this first purpose of secondary education assumes that the integration attempted by other agencies is not sufficient. The elementary schools for two reasons cannot by themselves discharge this obligation: first, the task is too large for the limited time at their disposal; and, second, the pupils are not sufficiently mature to understand the intellectual basis of commonly approved values and ideals. The home, the church, the press, the radio, and the motion picture undoubtedly make large contributions toward social integration,[3] but their effort is uncoordinated and uncontrolled, and their effect is not always in the right direction. If education is an investment to contribute to the perpetuation and betterment of society, the educational process must systematically provide for the kinds of integration that are desired.

On the secondary school, therefore, a great responsibility rests. It must continue and, in large measure, complete the program for integration initiated by the elementary school. It must supplement and correct the accomplishments of other agencies. And while establishing attitudes, it must provide a sound intellectual foundation for them. Although the secondary school has made some progress toward the objective of integration, its accomplishment has been too little a matter of planning. Even those charged with administering what has proved the single most effective agency, the extracurricular program, have apparently failed to conceive of social unification as a main objective, and, in consequence, have accomplished less than they might have done. What is needed is, first, a general acceptance of obligation; second, an agreement regarding the matters on which integration is needed; and, third, a definite program wisely prepared and skillfully followed to achieve the desired ends.

Objection may be made that no schoolman—and no other person, for that matter—can be certain as to the values and ideals with respect to which our nation should be unified. Although this charge is largely true,

---

[3] This is especially true of the motion picture. See the appropriate references in the chapters on the *mores*.

no judgment by an intelligent and concerned group is likely to be far wrong. It is better for an individual school consciously to foster integration in such values and ideals as it judges to be essential than to leave the matter to chance; but the larger the number of schools which cooperate in formulating a program of integration, the more likely they are to find the true centers around which faiths and convictions should gather. There can be no question about the need of integration in, for examples, ideals of democracy, tolerance, loyalty to the common good, and the like. Few if any such objectives set up by a curriculum group are likely to be wrong. Ultimately, as they become professionally conscious of the need, the schools may develop a comprehensive and evaluated set of objectives, selected and presented in a program by a carefully chosen group of representative leaders. In the meantime each school may do something definite that will be a positive contribution to the welfare of society.

The means for securing integration in secondary schools are numerous. A powerful influence for integration is the fact that in the schools there are associated daily throughout the year boys and girls from every social and economic level. Knowledge gained through common studies, extracurricular activities, and the general atmosphere of the school with its constant influence on conduct, all contribute. There is a suggestion here that differentiation, especially in the content of courses, may go too far. Differentiation is, of course, highly desirable and necessary; but it is safe only when developed on a foundation of social unity. Integration should aim at fostering appreciation not merely of aesthetics but also of natural and social phenomena, and at inculcating ideals of government, morals, and social conduct, attitudes favorable to the good life and actively hostile to the bad, and respect for practices that are approved by the societal group. If a faculty are conscious of the need of integration and agree upon a common program, they can contribute also in many unmentioned ways toward accomplishing the ends of integration. That all methods may be effective, they must be based upon reason and supported by strong approving emotions.

That we know how to secure integration when we really desire it has been proved during periods of war. Though more dramatically obvious in a national crisis, integration is just as truly necessary in times of peace. We should be wise in utilizing the institution which reaches so large a part of our population to inculcate in all citizens the ideals and attitudes which we believe should be possessed in common by all. After all other agencies have done their work, there is still left much for the secondary school to do.

SATISFACTION OF NEEDS

2. *It is vital to satisfy the important immediate and probable future needs of the students in so far as the maturity of the learner permits, guiding the behavior of youth in the light of increasingly remote, but always clearly understood and appreciated, social and personal values.*

Though much of the old curriculum still remains, there has been in recent years a weakening of faith in the values of much of traditional education. Unfortunately this has not been accompanied or closely followed by a positive common understanding of what the school is actually intended to accomplish. There is need for a commonly accepted rule or principle upon which the foundation of an educational program may be built. This principle should be unmistakably sound, clear, universally applicable, and directive of what shall be done.

Some years ago Briggs proposed what he termed the Golden Rules of Education, the first of which is: *The first duty of the school is to teach pupils to do better the desirable things that they are likely to do anyway.*[4] As simple as this statement sounds, its acceptance provides guidance toward a sound program of education. To apply it involves answering three questions: 1) What are the pupils concerned likely to do in life whether they have further training or not? 2) Which of these activities are desirable? or better, what is the relative desirability of each activity? 3) How can the pupils be taught to do better the desirable things that they are likely to do anyway?

The first question can be answered only after a systematic survey of what the pupils concerned actually are doing. The results of the survey

---

[4] This statement must always be accompanied by that which appears in the following section, p. 177. For a fuller discussion of the "Golden Rules," see Thomas H. Briggs, *Improving Instruction*, New York, The Macmillan Company, 1938, Chap. x.

should serve to reveal their immediate needs. What the pupils are likely to do in the future is more difficult to ascertain. The safest means of obtaining some insight into their probable future needs is through a careful study of what older people in the same or a similar social environment—fathers, mothers, older brothers and sisters, and friends —are doing. Of course, it must be assumed that important changes will take place. Social, scientific, and technological progress, changes from one environment to another, and unusual advancement in life will bring new needs; but such an inventory of the activities of adults of close kinship and similar environment will provide an indication of most of the future needs of pupils. It is no easy task to observe, to record, and to analyze the activities of any section of the population; but the results furnish the raw material out of which courses of study must be made. This function does not indicate the whole of education, but it is of primary importance: the first duty of the school is to prepare for doing better those desirable things that actually are done in life.

The second question concerns the evaluation of the items recorded in the inventory: Which are desirable? Immediately this question is raised, the teachers who are not accustomed to conscious independence of judgment and who therefore prefer to have decisions made by some "authority" disclaim ability to give an answer. And yet who can doubt that if everyone used his own judgment and selected items that he approved, our curriculum would be vastly improved? There is probably greater wisdom in "authorities," but there is greater knowledge of local conditions by those on the job. The judgment of the former would disagree with those of the latter in only a small fraction of the items, but these are the very ones likely to be important for any community. An attempt by teachers to decide which activities are desirable will at least make them more competent to consider courses proposed by others and it will make them better teachers because they will become more conscious of values and more sensitive to them.

It will be found that only a relatively few of the recorded items of probable actions may be judged actually maleficent. The vast majority of them are in varying degrees good. Consequently the second step becomes a matter of assigning *relative* values to the approved activities. Practically a scale of five weightings—ranging from essential to harmless

—is useful. When these are assigned, naturally there will be differences in judgment; combined wisdom, however, is not likely to be far wrong. An attempt by any group of teachers to agree on the values to be assigned cannot fail in contributing to professional-mindedness and in a wholesome receptivity to improvements in the curriculum proposed by others.

The third step is to decide how desirable activities may be performed better. Everyone, for example, who attends a secondary school eats, reads newspapers, and listens to music, and is likely to continue to do so. How can each one be taught to select and eat his food more wisely, to read newspapers more discriminatingly, and to listen to music with keener enjoyment? Perfection of performance is, of course, the ideal; but the immediate concern is improvement. Because it is not realized that any improvement constitutes a degree of achievement, much teaching is less effective than it might be, aiming at remote and unattained ideals and neglecting those near at hand that may be achieved. If immature pupils are taught ultimately to do desirable things even as well as teachers have learned to do them, a large degree of success will be attained. Certainly that is the first step.

All this lays the emphasis on assured rather than on contingent needs. It is obvious after a moment's reflection that education cannot prepare for all possible contingencies. An attempt to do so results in superficial learning or in the absurdity of the White Knight who set out upon his journey with a mouse-trap because he might need to catch a mouse, when the silly Knight had never even learned to stay on his horse.[5]

---

[5] "But you've got a bee-hive—or something like one—fastened to the saddle," said Alice.

"Yes, it's a very good bee-hive," the Knight said in a discontented tone, "one of the best kind. But not a single bee has come near it yet. And the other thing is a mouse-trap. I suppose the mice keep the bees out—or the bees keep the mice out, I don't know which."

"I was wondering what the mouse-trap was for," said Alice. "It isn't very likely there would be any mice on the horse's back."

"Not very likely, perhaps," said the Knight; "but, if they *do* come, I don't choose to have them running all about."

"You see," he went on after a pause, "it's as well to be provided for *everything*. That's the reason the horse has all those anklets round his feet."

"But what are they for?" Alice asked in a tone of great curiosity.

"To guard against the bites of sharks," the Knight replied.

                                                    —Lewis Carroll, *Through the*
                                                               Looking-Glass

Bishop Bloughram in Robert Browning's "Bishop Bloughram's Apology" was far wiser when he anticipated his needs on an ocean voyage and then fitted into his restricted cabin what best would satisfy them. Gigadibs professed a higher ideal, but leaving behind his impossible impedimenta he would have had an uncomfortable voyage. Only after there is preparation for the most probable and important needs is there time for the contingent needs, those that *may* occur. This phase of the discussion implicitly suggests that all instructional units should be valuable regardless of what students may do later, that all subjects shall be good to the extent to which they are pursued. Of course frequency of use is not the only criterion; with it must be combined the weighted value assigned in taking the second step. And all preparation for life needs is limited by the adolescent maturity of the students.

It matters little how the items from the inventory of life activities are classified. Some educators have found it convenient to subsume them under collective headings such as "social-civic," "moral," "vocational," and the like; others would prefer different classifications.[6] Certainly the easiest and probably the wisest procedure at the present time is to distribute the list of needs among the traditional subjects of the curriculum: English, art, science, etc. An attempt to do this will inevitably reveal the incompleteness of the present program as a preparation for life. Some subjects would be crowded and others relatively barren of material. New emphasis would be given and new topics would demand admission into formal education. There can be little doubt that an adoption of the principle proposed for determining the first duty of the school would result in revolutionary changes, not so much, perhaps, in the addition or elimination of subjects as in a perception of the importance of many details now largely neglected. There would be an embarrassing richness of material, and the competition for a place in the

---

[6] For various sets of classifications beginning with the "Seven Cardinal Principles," see *Cardinal Principles of Secondary Education*, United States Bureau of Education, *Bulletin No. 35*, 1918; Alexander Inglis, *Principles of Secondary Education*, Chap. x; Harl R. Douglass, *Secondary Education for Youth in Modern America*, Chap. ii; Henry Harap *et al., The Changing Curriculum*, New York, D. Appleton-Century Co., 1937, Chap. iv; Vivian T. Thayer, Caroline B. Zachry, and Ruth Kotinsky, *Reorganizing Secondary Education*, New York, D. Appleton-Century Co., 1939, pp. 44 ff.; Educational Policies Commission, *The Purposes of Education in American Democracy*, pp. 47 ff.; and others. Brief reference to these classifications is made in the discussion in Chapter ix of this book.

curriculum would result in the elimination of that subject matter for which no convincing case could be made.

With increasing maturity there develops an increasing interest span. In the kindergareten all work must be directed to goals that are immediate or at most a few days remote. On the secondary-school level, students have learned to work willingly and intelligently for much more distant goals. It should be a function of secondary education gradually to increase the span over which youth sees values, social as well as personal. While satisfying important immediate needs, the school should also prepare for those as far in the future as the students can appreciate. All values that are sought should be clearly perceived and approved by the students so that their work may be more intelligent and economical.

REVELATION OF THE SOCIAL HERITAGE

3. It is also desirable to reveal higher activities of an increasingly specialized type in the major fields of the social heritage of experience and culture, their significant values for social living, the problems in them of contemporary life, the privileges and duties of each person as an individual and as a member of social groups; to make these fields satisfying and desired by those naturally gifted for success in them, and to give information as to requirements for success in these fields and information as to where further training may be secured.

The Golden Rule of Education as stated under the second function has as its complement the following: *Another duty of the school is to reveal higher activities and to make them both desired and to a maximum extent possible.* This statement assumes that education is a "leading on," that it is never completed, in school or outside. While immediate and probable future needs are being satisfied, students must be made aware of possibilities which they might otherwise not see or which they would see but dimly. Without such awareness, human progress would be greatly hampered and retarded.

Secondary education has always revealed something—much, indeed—of the racial heritage, especially in academic fields, and in recent times in practical fields as well. But it has never seriously accepted the responsibility for making its various phases ardently desired by students. Some teachers have succeeded, of course; but this creation and also a direction of an impelling appetite should be accepted as an obligation for all. It is one important criterion by which success of the program should be measured. It is of small value, though of some, for a student to be introduced to what others consider wealth unless he too makes a similar evaluation of it. If in it he does not find and appreciate values for himself, he assuredly will work the field in the future no more than he can avoid.

Through procedures similar to those proposed for the first of the Golden Rules of Education, the secondary school will need to consider all the heritage of mankind, the practical as well as the cultural. The school may not assume that the existing curriculum contains all the wealth that has been accumulated by civilization, for each generation adds to it, and changes in circumstances of living bring many changes in values; nor may it safely deprecate anything merely because it has been long taught. Because of accretions of intellectual wealth and of changes in ideals and in values, the curriculum needs to be periodically and radically revised.

The social heritage is rich in a great variety of fields, and all of them should be considered. It is as if a father with universal knowledge should ask, "What of all the intellectual wealth of the world do I wish my son to be acquainted with and so earnestly to desire that he will without compulsion seek to possess it?" Because of the great variety of the wealth and of the peculiar differences in individual interests and aptitudes he would choose from all fields those higher activities of most assured worth; he would attempt first to give his son some understanding and appreciation of all kinds of knowledge in order that he might become as well rounded as possible. And then as interests are manifest and as aptitudes become clearly seen he would lead his son to search for gradually more specialized riches that promise the greatest satisfactions. But in order that specialization may be in the right direction and that it may be based on a wide general education, the survey must come first. In order that the student's time shall be expended as profitably as possible, the details selected from the several fields of the social heritage should all have assured values in themselves, regardless of whether more of the same kind are later studied. This revealing of the wealth that the experience of mankind has accumulated is one of the most important functions of secondary education.

The revealing of higher activities of various kinds carries an obligation, as already stated, to set up wide and gradually more specialized interests. If the best kinds of interest are to be set up, wisely directed, and made maximally valuable, the school must show to the student the significant values of all that is taught. That this is much more difficult than imparting facts is obvious. But nothing else is so likely to advance the educational program and to ensure its effectiveness. When teachers attempt to reveal the values of the subjects of instruction they themselves become more intelligent in their work and they more carefully and wisely consider the selection of details. That the program will profit from this is inevitable. Realizing the significance of the subject matter presented to them, students must accomplish more, for they work more intelligently and more effectively. When a student, although passing with high honors examinations on facts, is mystified as to "what it is all about" he is likely neither to retain nor to apply what he has learned.

To this appreciation of values must be added an acquaintance with the problems that may be solved by a possession of higher knowledge and skills. The significance of the social heritage is greatly enhanced by an understanding of the problems in modern life that can be solved by the use of what is taught. Certainly the maturity of those who teach youth ensures that they are competent to reveal some of the life problems that educated men and women must be called on to solve. The educated citizen should also understand and appreciate the privileges and the duties that he assumes as heir to all the ages. He is not likely to do so in any adequate manner unless early directed by those wiser and more farsighted than he.

Made aware of the possibilities of a higher and richer life, students have sometimes been impelled to attempt ambitions impossible because of personal limitations or because they never were informed where to find necessary help or direction. A part of the obligation of the secondary school, therefore, while revealing and creating desire for higher activities in the several fields of life, is at the same time to give information as to the requirements for success. This is an important part of guidance—cultural as well as vocational. Not in every inviting field is it possible for an individual to be successful; and even if it be, he may not care to pay the price of adequate preparation. If the school reveals the lesser opportunities as well as the greater, a student may find some one opportunity which is not only inviting but also possible to him. The secondary school should also make the student acquainted with the numerous institutions and agencies to which he can turn for a furtherance of his ambition. If education is successful, it will set up incentives for further study, either in institutions or by self-directed efforts. This study will be facilitated if the student knows which higher school or training agency furnishes the instruction best for him or if he is informed which libraries, lecture courses, or materials afford most help for his independent efforts.

EXPLORATION OF INTERESTS, APTITUDES, AND CAPACITIES

4. It is important to explore higher and increasingly specialized interests, aptitudes, and capacities, looking toward the direction of students into avenues of study or of work for which they have manifested peculiar fitness.

This function is closely related to the third and is sometimes confused with it, but there is a distinct difference between the two. The third function is to reveal opportunities in fields of learning and activity; this fourth function is to ascertain the interests and capacities of each student. Only on the basis of the efforts to achieve both functions may guidance safely be attempted.

Differences in individual abilities of several kinds will cause students to be attracted to certain fields of activity and repelled from others. Also, each student will have better chances of success in some fields than in others. Which higher activities attract an individual and promise him success should be known early in the secondary school period. Fortunately the world demands a great variety of services—so great, in fact, that everyone has abilitites of some kind that will be in demand. Both the school and the individual are concerned to ascertain which lines of education promise for him the greatest returns.

Beyond the common education essential for all citizens, differentiation is necessary. But it must be appropriate to the students concerned, and adapted to their peculiar interests, their aptitudes, and their native capacities. The secondary school is the most important social agency for ascertaining the peculiar interests, aptitudes, and capacities that each individual adolescent has, so that it can direct, encourage, and help him toward future endeavor which promises most success and happiness to him and to the social unit that provides the education.

The exploratory function is a positive, not a negative one; it is primarily to find in what the individual is most likely to be successful and happy and only incidentally for what he is unfitted by nature. Unfortunately the secondary school has too frequently been satisfied with the latter discovery. It has found that a pupil is for some reason unfitted for the subjects that it offered, and has turned him out not materially bettered for performing the work of the world or for living a larger intellectual or a more useful civic life. Unquestionably the secondary school by exploration has found for what many of its students are fit, and has marvelously advanced gifted students along lines in which they have achieved success. But society is concerned with *all* of its children; they are its future. For each person, the secondary school should endeavor to ascertain not only some appropriate field, but the highest one in which he promises to be competent. Again we ask what *this* individual is likely to do, how the school may help him to do better all those things that are desirable, and how it may lead him to want and to be skillful in higher activities which without education he might never attempt.

Exploration of the individual should be along as many lines as possible, for many unsuspected interests and talents are discovered by even brief excursions. So far the educational scientist has invented no safe substitute for actual experience. It is true that he can with considerable accuracy tell at an early age the degree of inherited intelligence, or capacity for learning, that an individual has, and in a few fields he can with less certainty speak of special aptitudes; but his skill is as yet too limited to do more than supplement the explorations of all pupils in many kinds of activity—intellectual, aesthetic, and physical. Interest, which cannot be foretold, compensates for a considerable lack of aptitude and capacity; when combined with them, it ensures hard work and success.

The secondary school should endeavor to ascertain for what higher fields of learning the individual is especially fitted, and to encourage him in these for advanced study in higher institutions or for avocational activities. The school is also concerned with vocational fitness. It is a great social economy if secondary education is able to ascertain in what major type of vocation each individual is most likely to succeed and be happy—and not merely the type of vocation, but the highest type for which he is competent. There is tragic evidence of failure when, after years of study, the "educated" individual does not know for what he is fit and the school is not competent to advise him. Exploration, then, should be wide and varied. It will not cease after the major field of academic and vocational fitness is found, but will continue with gradually increasing specialization. Because the time of a student is more and more valuable as he climbs the educational ladder, exploration should for economy be by means of activities valuable in themselves. Every unit of study should, so far as possible, be good to the extent to which it is pursued.

It is too much to expect that secondary schools will ever be completely successful in performing this function. Life is too complex and individuals are too variable as well as complex for that. But any success is a material contribution to the economy of the world. Later adjustments can and inevitably will be made; the school has only part of the responsibility, which it should no less for that reason accept. However much the secondary school may achieve by means of exploration with worth-while material in ascertaining the peculiar interests, aptitudes, and capacities of its students, it cannot be successful unless it is prepared to use its results. It must furnish appropriate—and that means highly differentiated—curricula. Not only that, it must have the courage to deny to pupils who have not proved their competence the opportunity to pursue at society's expense studies in which they are not likely to succeed.

Exploration should be at increasingly specialized levels of interests, aptitudes, and capacities. The elementary school attempts to present most of what is essential for all future citizens; the secondary school completes that task and begins specialization. This gradually increases through the college until extreme specialization is reached in the university. Neither revelation nor exploration can be entirely successful if extreme specialization begins earlier for students of great natural gifts. For those of lesser natural endowment it will, of course, begin earlier. It is not wise to continue exploration when the limits of an individual have been reached or revelation in the face of persistent and increasing distaste and failure.

SYSTEMATIZATION AND APPLICATION OF KNOWLEDGE

5. *The school should help youth to systematize knowledge previously acquired or being acquired in courses in such ways as to show the significance both of this knowledge and especially of laws and principles, with understanding of wider ranges of application than would otherwise be perceived.*

A fact has no meaning except in relation to some context. The date of the discovery of America, today's baseball scores, Newton's first law of motion, the latest turn in American foreign policy—all these can be understood only in relation to a background of events, each as a fact within, so to speak, a constellation of facts. The ability to understand a fact and to make some use of it is contingent upon an awareness of its relations, of its associations, of other facts which have preceded, paralleled, or followed it, and which have some bearing upon it. In learning facts, more is involved than mere memory; organization is involved, and synthesis, and assimilation of specific ideas within a larger system of thought. Knowledge is not usable unless it can be related to situations, unless it can be consciously related to a particular purpose.

The educated person is not the one who knows the largest number of discrete and isolated facts, but the one who has organized his knowledge in such form as to render it most usable. The process of education necessarily involves teaching each individual how to organize his knowledge into orderly systems of ideas. Learning is at first in small and more or less isolated units, but as it proceeds these units are progressively integrated into larger wholes, and the coherence of these wholes as well as their interrelationships with others are made apparent. The organization of knowledge is, of course, not exclusively a function of the secondary school; it is begun much earlier and advances with the progress of the child toward maturity. But it is in the secondary and higher schools that the organization of knowledge can be emphasized. Probably only for the intellectually more gifted student will it extend very far.

The organizations attempted will be of all knowledge that the students possess as well as that which they acquire during the school period. The purpose will be to show the relations of each unit to all others so that the resulting pattern may be most usable for the demands of life. The skeleton of any organization will be the laws and principles that give facts their greatest meaning. It is quite possible for a person to start a motor car or to observe an eclipse without knowledge of the causative principles, but the extent to which he knows the principles enhances his appreciation and enjoyment, his capacity to increase his knowledge, and his effectiveness in use.

Laws and principles, therefore, become of increasing importance in secondary and higher education. Here the attempt should be made not merely to present them clearly but also to relate them to a sufficient number of facts so as to begin a structure to which additions may later be made independently and habitually. Unless the value of such systematic knowledge is revealed, many students are likely to be content without either increasing or retaining it in the future. One means of proving this value is repeatedly to show the worth of systematized knowledge. At all times youth needs to be shown wide ranges of application of what it is learning, and this the courses in secondary schools should constantly attempt. It is not necessary actually to compute the orbit of Halley's comet in order to appreciate the values that lie in certain tools of higher mathematics; but an understanding of how those tools are used by the astronomer helps the student to relate them to his own system of knowledge and gives him as well a motive for acquiring them.

It may be reasonably doubted that any great amount of success will result from an effort to achieve this function with all the students who attend our secondary schools at present. Only those of superior intellectual gifts will succeed in this organization of knowledge into orderly systems; but success is necessary for the higher intellectual life, and the secondary school should attempt it as far as possible and profitable for all, continuing its efforts chiefly with those who can materially profit from them. Other students will be profited most by emphasis on one or more of the other functions. This is a phase of differentiated training with which less has been done in the past than should be attempted in the future.

ESTABLISHMENT AND DIRECTION OF INTERESTS

6. *An important function of education is to establish and develop in all major fields of knowledge, not merely in a few protected subjects, interests which are numerous, varied, and as deep as possible, and to direct some of these by means of differentiated courses to ends most worth-while for each individual, the hope being that they will lead on to a continued education both in higher institutions and outside of any formal school.*

The cultivated person can be distinguished by the number, variety, and depth of his interests. These make the world meaningful, and more than anything else they spur one on to the acquirement of still further knowledge. Education is effective in proportion as it "leads on" to continued activity, in the school or outside it. The secondary school has a major function of setting up and developing interests in as many of the major fields of the social heritage as possible. The traditional curriculum assumed that only a few protected subjects were worthy of study and in far too many instances it accepted no responsibility for creating interests even in them. The new curriculum does not deny the cultural values in these fields of knowledge. It simply realizes that all of the accumulated intellectual wealth of the human race must be considered, that what seems relatively most important for modern life must be selected—ancient culture, science in all of its phases, social relations, pictorial art, and what not. But more than this, it accepts the responsibility not merely of presenting knowledge and organized systems of thought, but also of creating and developing interests until they are so strong that they will maintain themselves. This presents a tremendous challenge to secondary schools and affords not merely a direction to curriculum makers but also a criterion for measuring success.

Because of individual differences, efforts to initiate and to develop interests are likely to be especially successful only in certain fields with each student. Here is articulation with the functions of revelation, exploration, and guidance. An important purpose of education at the secondary-school level is to ascertain to what his natural interests predispose each student and to develop for him the field or fields for which he is notably fit. Of course it is only by adventuring into all sorts of fields of knowledge or activity that discovery may be made of individual aptitudes and fitness. But all this adventuring should have as a primary purpose the creation of interests. Even a few fertile seeds sown at this stage may develop into hardy plants and much fruit later, either in the election of courses in higher institutions or in independent vocational or avocational activity after schooling has been terminated.

That education may be rounded and full, rather than narrowly specialized, secondary schools should attempt to create a great variety of interests. An Aristotle, a Leonardo da Vinci, a Franklin, or a Goethe has a rich life because of the variety of phenomena that appeals to him and invites his intellectual activity. So in lesser degree for all individuals. Secondary education has the unique opportunity of spreading before its students the wealth of the world, of indicating its values, and of directing the initial possession of such selected parts that appetites are created for more.

Along with the number and variety of interests should come depth. Superficial interests are better than none, but they are not sufficient. There probably comes a time in the life of every educated man when he must decide in which direction he will primarily go—toward increasing the variety of his interests or toward deepening one or more of them. Fortunately neither alternative is ordinarily exclusive of the other. The ideal for most people is a golden mean, a continual increase in variety with a continuous deepening of the few that appeal most and contribute most to the individual. The secondary school has the especial function of increasing the variety of interests and of making them as deep as possible in the limited time at its command.[7]

GUIDANCE

7. *The secondary school should undertake to guide students, on the basis of the results of revealing and exploratory courses and of personnel studies, as wisely as possible into advanced study or vocations in which they are most likely to be successful and happy.*

Individuals differ widely in many ways—in physical health and strength, in native intellectual powers and capacity, in aptitudes for various activities, and in acquired interests. Consequently it cannot be reasonably expected that all students in secondary school will be equally attracted to all the studies offered or equally successful in them, nor that they will be equally successful in the same adult activities. Fortunately the work of the world is of wide variety and demands all sorts and degrees of talent. It needs lawyers, law clerks, and messenger boys; inventors, producers of raw material, manufacturers, promoters, salesmen, mechanics, and laborers; and life offers many ways of using leisure time in a wholesome manner. There is something that every individual is fitted to do.

Of course there are many common needs. All normal citizens must acquire fundamental skill in reading and numbering, must learn the primary laws of health, and must be led to understand and accept the obligations imposed by democracy, to mention only a few examples. The ability to satisfy these needs begins to be developed in the elementary grades; the secondary school continues the work on a higher level in a gradually diminishing degree. With advancement toward maturity individual differences and consequent needs become more and more apparent: an angle small at its apex shows increasingly divergent boundary lines.

[7] This function is so important and so inadequately realized that it is discussed at greater length in Chapters xv–xvii.

There is great waste in the frequent trial-and-error method of finding one's place in the world. Everyone has observed some individual often, without good reason, electing this subject or that in school, unsuccessfully seeking something which he can master with profit and often persisting unhappily because he does not know in which direction to go. Everyone is familiar, too, with the blind groping, after leaving school, from job to job and with the too common settling down in a job that demands only a fraction of one's abilities. Personal tragedy and economic waste result from two causes: ignorance of the opportunities that lie ahead and ignorance of the peculiar powers of the individual. Some subjects and some vocations have about them such a halo of respectability or such a dramatic appeal that they attract many who are unfit for success in them, although fully competent to succeed and to be happy in others. It is well known that the choice of college is often most unintelligent. Also, a fetish of higher academic education results in unjustified ambitions that are often wasteful in every respect: many enrolled students never acquire interests in the subjects taught, and while performing required drudgery they are diverted from preparation for the activities, vocational and avocational, which they will presently perform inadequately or tardily.

Obviously it is a great economy for each individual to find early the highest spheres of activity in which he can engage with a probability of success and happiness. These are not vocational merely, but intellectual, aesthetic, social, and political. The function of guidance is important not merely at or near the time of leaving school, but all through the secondary-school course. Skilled personnel work should be undertaken systematically and should be done continuously. What the best methods are we do not yet know with certainty. Mistakes will inevitably be made; but they are not likely to be so numerous or so serious as those made by the unaided student. The school should use revealing courses so that he may know something of the possibilities that lie ahead, making him conscious at the same time of their requirements, of their limitations, and of their values. It should use exploratory courses which, in themselves of assured value, will reveal and at the same time make the student aware of his peculiar interests, aptitudes, and capacities. And it should accumulate about each individual pertinent data which throw light on the probability of his success. As a result of all these means the school, the pupil, and his parents should come to some agreement as to the program that is best for him. If, as inevitably will happen, some parents have for a child an ambition that is not justified by the results of the revealing and exploratory courses and by the assembled personnel data, the school authorities are amply warranted in refusing to permit him to attempt the program, provided at public expense, that does not promise success. Unless such a right is recognized and used, the whole principle of education as an investment by society breaks down—and there is no other that justifies the expenditure of public money for free education.

Guidance should continue far beyond initial and tentative decisions. Always liberal in consideration of the desires and ambitions of pupils and parents, the school will be quick to correct mistakes of judgment or to recognize the emergence of latent talents or a change in attitude and industry. It will follow up youths who have entered other institutions or vocations, partly to learn how to do better the job of guidance for others and partly to rescue individuals who have chosen unwisely what they attempt. Often with greater maturity and experience they can be returned to a program for which they have become ready. The constant purpose of the school should be to help each individual find the highest activities, avocational and vocational, in which he can be successful and happy.[8]

DIFFERENTIATION

8. Secondary education should attempt to begin and gradually to increase differentiated education on the evidence of interests, aptitudes, and capacities demonstrated in earlier years.

It has been argued by some that because of the richness of the social heritage the secondary school should offer no specialization but only a general education much the same for all. The extent and the variety of

[8] For further consideration of some of the problems connected with guidance, see Chapter XVIII.

the social heritage are, on the contrary, the very reasons why specialization, even on the secondary school level, is necessary. No one can master all fields of knowledge. Individual differences result in some capacities that are soon filled, in some aptitudes so strong that they demand early special development that they may contribute most surely and fully to personal and social progress, and in such variety of interests that a common program cannot satisfy or hold all students. Economic needs and demands are so great that many students are likely to be ambitious to terminate formal schooling before they have mastered anywhere near all that it has to offer and that they need. As a result of these facts the secondary school should vary its program to ensure that each student shall be developed to do better the desirable things that he is most likely to do anyway.

Previous to differentiation and along with it the school should, of course, present as balanced and as extended a general education as is possible, ensuring at the same time that it shall be profitable to society as well as to the student. The extent of this general education will vary with the individual. Though this seems paradoxical, specialization should begin earlier for students of few interests and small capacities than for the more gifted, for the latter are competent to receive and profit more from a widely balanced and extended liberal education than are their less fortunate fellows.

Differentiation is obviously needed because of individual differences in interests, aptitudes, and capacities, and also because of the varied opportunities in, and demands by, the world. The only question is the extent to which the secondary school shall differentiate its offerings. Theory generally is on the side of a program of studies varied so that each individual shall gradually be developed in the special lines of study and work that he is most competent to do. Practice in the large secondary schools is in this direction, too; but in the small schools, because of their limitations, little is now done. The function should be more successfully performed in large schools and in some way realized for students in small ones.

Guidance toward appropriate differentiation should begin early in the secondary school. Through revealing and exploratory courses and in the light of personnel data, differentiation is started for the normal run of students with perhaps one elective in the eighth grade, gradually increasing to a maximum of not more than three-fifths of the curriculum at the end of the usual secondary-school period. For exceptional cases much more differentiation should be provided. By a gradual increase in the amount of differentiation pupils can adjust themselves with less difficulty and the school can focus attention on fewer things at a time and thus discover changes that may seem advisable.

Differentiation has another advantage that is sometimes overlooked. While providing for the peculiar needs of individuals it removes them from classes in which they have little or no interest and in which they can be held by extravagant costs of time and effort to achieve only a modicum of success. Their presence in such classes inevitably is a handicap to the students for whom the work is suited and attractive. If a teacher is permitted to concentrate his efforts on a group of students homogeneous with respect to interests and competence, a hitherto unknown degree of thoroughness and of rapid advancement is made possible. Often in our efforts, frequently ineffective, to lead the one student to some over-ambitious goal we are grossly unfair to the four-and-thirty who are not only able but also eager to reach it.

METHODS OF TEACHING AND OF LEARNING

9. The school should use in all courses, as largely as possible, methods that demand independent thought, involve the elementary principles of research, and provide intelligent and somewhat self-directed practice, individual and cooperative, in the appropriate desirable activities of the educated person.

The primary objective of education is to ensure that desirable activities will be performed. Methods of teaching are a means to facilitate learning. Good methods of teaching are an economy; a sound curriculum and methods of learning are essentials. The basic consideration in determining what methods of learning shall be fostered is that education is not concluded in the formal secondary-school period; if successful, it will be continued in some manner and somewhere, in higher institutions or independently. The question always to be asked is, "What are the desirable ways for pupils to learn outside the compulsions of the school?"

It is only natural to expect methods to be adapted to the maturity of students. When students develop to the secondary-school level they should for the most part be mature enough to acquire and to use methods that lead as rapidly as possible to power for more or less independent progress. But not infrequently the methods that are effective on lower levels are too long continued, with a consequent delay in the introduction of those demanding more independence of study. This tendency persists in the secondary school partly because teachers are not quick to recognize the readiness of students to rise to more mature and independent levels of work. It persists, too, because no small part of the traditional secondary-school curriculum invites mechanical drill, especially by teachers who have no rich background for their subjects or by those who have little vision and faith.

During recent years much progress has been made in the methods of teaching used by elementary-school teachers. Much less attention has been given to the matter in secondary schools; the teachers have not so commonly had professional training, and little supervision of classroom procedures is provided. Here and there teachers in secondary schools are conspicuous for their skill in superior methods, but for the most part attention is focused on getting traditional or selected subject matter into the heads of the pupils. By and large, exposition is well done, but following that there is an inordinate amount of drill, often uninteresting and meaningless to the pupils. Recitation periods are too largely given up to regurgitation of what has been presented by the teacher or by texts.

Methods of the secondary school should continuously demand of students independent thinking.[9] As education purposes to teach students to do better the desirable things that they will do anyway and also to reveal and make desired higher types of activity, it is inevitable that the schools should stress independence of thought. No one could expect adolescents to work at any time with full independence or to escape the

[9] See Henry C. Morrison, "A Definition of the Secondary School and Its Implications," *High School Quarterly,* 17:111–16, April, 1929. Also, Charles H. Judd, *Education as Cultivation of the Higher Mental Processes,* New York, The Macmillan Co., 1936.

hard drudgery demanded for the mastery of tools and their application. But undoubtedly they are capable of much more independent study than is ordinarily required of or permitted to them.

This approaches research in its most elementary forms. It requires that students understand each problem to be solved, whether initiated by themselves or by their teacher, appreciate its value and importance, propose means of solution, and when satisfactory ones are found apply them under direction toward the achievement of a solution. Such a method demands more of teachers than lesson-hearing, but the results are greater. It gets from students more work, more intelligent work, and therefore more economical work. By it they learn not only an abundance of facts and principles, but also how to find and evaluate problems, how to proceed in the selection of suitable methods, how to apply them with independence, and how to be sure that they have at the end achieved what they set out to do. These are certainly desirable activities for the educated person.

Another advantage of this method is that it involves what life frequently demands, cooperative work. This is not the old division of drudgery, which usually results in mastery for no one, nor is it the group work in which one more able student directs the auxiliary labors of others. It can be made a valuable training for true cooperation: a common understanding of a problem and common contributions towards its solution. Leadership will, of course, appear in these groups too, but it is less likely than under the old plan to be a weak imitation of the traditional teacher instruction.

RETENTION AND DIRECTION OF PUPILS

10. The secondary school should attempt to retain each student until the law of diminishing returns begins to operate or until he is ready for more independent study in a higher institution, and when it is manifest that he cannot or will not materially profit by further study of what can be offered, to eliminate him promptly, directing him as wisely as possible into some other school or into work for which he seems most fit.

This statement of purpose recognizes both the rights of the individual and also those of the social or political unit that provides the means of education. The former is ambitious, of course, to do the best thing for himself; the latter makes an investment to better itself through the betterment of the individual. At some point the secondary school will have done all that it can economically do for every individual, and further effort will result in too small a return to either him or society to warrant further outlay of time and money. When that time comes cannot be known with certainty, but it is a responsibility of the school administration to use its best judgment. Honesty to the individual as well as to the supporting public demands that uneconomical efforts shall be reduced to a minimum.

Ideally it may be that a school could find profitable courses for all individuals up to the age of eighteen or twenty-one; but practically it must be realized that it frequently does not do so. Small high schools are too limited in the possibilities of their offerings, and large ones by tradition or by lack of public support, for courses to which they have not become accustomed. Our campaigns to popularize secondary education have been more successful than our efforts to provide curricula appropriate to the needs and capacities of all students who ambitiously continue their efforts. It cannot be questioned that many students are now enrolled in courses that do not materially profit them and consequently cannot pay dividends on the investment to society.

This statement of purpose, therefore, is a frank compromise with the practical situation with which our secondary schools are faced. Until the theorists are able to propose curricula of assured value to all students, however varied their interests, aptitudes, and abilities, and until society is willing to provide them in small schools as well as in large or to furnish substitutes for small schools, the inevitable conclusion is that when the law of diminishing returns is obviously operating, students should not be allowed further to waste their own time and the public money. It is quite possible, indeed it is desirable, that an effort to exclude students from school will result in bitter protest from parents. Such protest may cause the needs of excluded students to be brought into sharp focus, and both theorists and the public will be challenged to provide for them.

If we recognize a waste in our present procedure, it is not honest to palliate it. As Carlyle once said, "Let us have the crisis; we shall have either death or the cure." We have faith that we shall furnish the cure.

But exclusion of the student who is not materially profiting by what can be offered is not the whole of the obligation. The school at the same time should accept the responsibility for guiding and encouraging him into another school, either higher or coordinate, or into work for which he is most fit. This statement of function is motivated not by less interest in the student but rather by more. As promptly as the need becomes evident he should be directed where he can best advance his own interests. At one time that will be in a trade school; at another it will be in remunerative work of suitable kind.

Selected Bibliography

BOSSING, NELSON L., *Principles of Secondary Education*, Chaps. x and xi. New York· Prentice-Hall, Inc., 1949. 447 pp.

BRIGGS, THOMAS H., "What Constitutes a Good Secondary School and by What Standards Shall It Be Evaluated?" Department of Secondary School Principals of the National Education Association, *Bulletin* 50:15–22, May, 1934.

Committee on the Orientation of Secondary Education, *Functions of Secondary Education, Bulletin No. 64*, Department of Secondary School Principals of the National Education Association, January, 1937. 266 pp.

DOUGLASS, HARL R., *Secondary Education for Youth in Modern America*. Washington: American Council on Education, 1937. 137 pp.

Educational Policies Commission, *Education for All American Youth*. Washington: National Education Association and the American Association of School Administrators, 1944. 421 pp.

EVERETT, SAMUEL, *et al.*, *A Challenge to Secondary Education*. New York: D. Appleton-Century Company, 1935. 353 pp.

GRAHAM, BEN G., *et al.*, *What the High School Ought to Teach*. Washington: American Council on Education, 1940. 36 pp.

INGLIS, ALEXANDER, *Principles of Secondary Education*, Chapter x. Boston: Houghton Mifflin Company, 1918. 741 pp.

MORRISON, HENRY C., "A Definition of Secondary Education and Its Implications," *High School Quarterly*, 17:111–16, April, 1929.

SPAULDING, FRANCIS T., *High School and Life*. New York: McGraw-Hill Book Company, 1938. 377 pp.

WILEY, GEORGE M., *The Redirection of Secondary Education*, Chapter 11. New York: The Macmillan Company, 1940. 493 pp.

WILLIAMS, L. A., *Secondary Schools for American Youth*, Chapter v. New York: American Book Company, 1944. 531 pp.

CHAPTER *VIII*

ARTICULATION BETWEEN
EDUCATIONAL UNITS

The ideal organization of schools would provide an uninterrupted, continuously adjusted education for every pupil until he reaches the maximum development possible. Such an uninterrupted education has not been provided in the school systems of the United States. As is well known, we have elementary schools, often preceded by kindergartens and occasionally in recent years by nursery schools, then secondary schools, in many instances divided into two three-year units, and, finally, colleges, occasionally also divided, technical schools, and universities. These separate units have considerable justification, but they undoubtedly cause interruptions when an individual completes the work of one and is transferred to another. To retain their advantages and at the same time to approximate the ideal, many adjustments in administration should be made. These desirable adjustments will be discussed in this chapter.

The lack of articulation goes back historically to the beginnings of our schools. As has been shown, our earliest secondary schools, modeled on those in England, were virtually independent of any lower unit; the academy improved the articulation with elementary schools but at first was more or less independent of colleges. The earliest high schools in different parts of the country were either college-preparatory or terminal, their dual function coming gradually, the latter not yet being definitely accepted early enough for a large fraction of the students. The famous Committee of Ten proposed its program without representation from the elementary grades, and in varying degrees later committees have also been aloof. All the time the influence of colleges on secondary schools has for several reasons been great. Their "dominance" has been and is largely due to the fact that secondary education for a long time did not with sufficient clearness define its special functions and work consistently to achieve them. Had it done so, the various efforts to improve articulation would have been vastly facilitated.

Existing inarticulations can be largely explained by the great faith that we have in organization. It has manifested its effectiveness in business, in sports, and in politics; and in our education the organization of units of instruction is probably unparalleled for economical administration. But organization does not sufficiently provide for the articulation of the units to achieve for each child an uninterrupted and continuously adjusted education gradually becoming differentiated according to his powers and needs. The lack of such provision results in untold loss of effectiveness of effort and consequently in money.

The Essential Provision. Primarily what is needed, of course, is a comprehensive program of education, soundly based on a social philosophy, providing for the development of each child and assigning to each administrative unit special functions toward which it will consistently work. A great deal of skilled effort has been more or less negated by the failure to provide a comprehensive total program and to decide with considerable definiteness what each administrative unit should uniquely attempt to accomplish. It is very difficult to plan for the articulation of variables. When special functions of secondary education are defined and manifested as an essential part of the complete program, then can articulation be made intelligent and effective. Then, and only then, can curricula and courses of study be formulated so as to satisfy obvious needs.

The responsibility for preparing a comprehensive program for the whole educational system and for a definition of special functions for each unit lies, of course, in the head of each school system. Superintendents of state and city systems must recognize and accept this responsibility as a preliminary to removing the inarticulations that are now so obviously expensive of both effort and money. More than this, superintendents must make their associates, teachers no less than principals, aware of the need, so that their efforts may be more strongly motivated and more intelligently directed toward achieving or approximating the ideal, an articulation of all efforts leading to an uninterrupted and continuously adjusted education for each pupil. Every teacher must accept the program as a whole and must both know and respect the special functions of the units immediately lower and more advanced than the one in which he teaches. The overlapping of subject matter, the gaps in complete education, the conflicts in method, the periodic adjustments to new practices of pupils whose achievements and capabilities are inadequately known, and the lack of teamwork for the achievement of a commonly accepted goal, cannot be tolerated in any economic program.

Articulation and Organization. It has been argued by some that articulation will be achieved by changes in organization, especially by twelve-year schools, running from the first grade through to college, or by six-year secondary schools. Such argument is specious. In the first place, it would be impossible for a long time to come, if ever, to effect such physical reorganization. Articulation must primarily be sought in the organization that we have, whatever that may be. In the second place, there are sound reasons, educational as well as administrative, for separate elementary, secondary, technical, and higher schools. Each has its special functions that can best be achieved in a separate unit of organization. And, in the third place, however pupils are segregated, they will develop toward differentiated and increasingly complex needs; and an approximation toward an uninterrupted and continuously adjusted education can be achieved only by the formulation of a comprehensive program for the whole of it and by the assignment of definite special functions to each of the three or four logical units, whatever number of years may be assigned to any of them.

Of course, the difficulties of articulation are increased when the units of organization vary within a single school system or when there are numerous transfers from one system to another, especially when one is private or parochial; but the basic solution of the major problem is the same. When there are numerous transfers from private schools to the secondary schools of a system, the obvious remedy is to seek a common agreement on an educational program and on the special functions of each administrative unit. If these are not accepted or are imperfectly achieved, the receiving school can form special classes, make special programs, or generously accept credits, making clear to the private schools and to parents that the transferred pupils are penalized only for not having had the courses that are essential for the continuance of their education in the new unit. Publicity should be given to such penalties in order that they may be less frequent in the future.

Admission. Problems arising from admission of pupils to a secondary school emphasize the lack of articulation. The secondary school cannot logically take the position that the elementary grades must prepare pupils precisely for inflexible requirements, nor can the elementary school, with the whole educational process in mind, insist that it be wholly free to develop its course of study without regard to the secondary school. Pending better articulation, all pupils should be received into the secondary school on recommendation of the elementary school, whatever basis for promotion has been used, and given an appropriate tentative classification. When this proves to be unsatisfactory, change in placement should be made only after convincing evidence has been accumulated. It must be remembered that the recommendation of the lower school is based on an extended acquaintance with the pupil and that, unless judgment has been influenced by sympathy or outside pressure, the early impressions by the new school may not be sound.

Of course the great majority of admissions will be routine, based on academic accomplishments and on readiness to undertake a normal curriculum of the higher school. Some few, however, will be of over-aged boys and girls who as a rule are manifestly incompetent but who are social misfits among younger children. They should be received and given special programs suitable to their peculiar or small abilities. There is little probability that any of them will persist long in the secondary school; but so long as they do remain they can be made better citizens both by such learning as is possible and also by the social influences of the environment.

Every unsatisfactory admission should be reported to the principal of the contributing school and made the basis for a discussion leading to better articulation. One elementary school sent its pupils to two different high schools: one demanded an abundance of technical grammar for its work in English and foreign languages; the other cared nothing about that subject, placing on its own teachers the responsibility for such grammar as is not functional in simple communication, but it severely handicapped pupils who had not been taught to make a certain type of book report. Obviously here was a problem in articulating the courses of study. Other unsatisfactory adjustments in the secondary school will reveal the need of articulations in methods of teaching, in administrative routines, and in social conduct. An efficient general administration will use every case of poor adjustment by a pupil as evidence of the need for better understanding by both lower and higher schools of the comprehensive program and of agreement as to just what each one should attempt to contribute to its achievement.

A Cumulative Record.   Within the past few years nearly all school systems have adopted the use of a record card which accumulates for each pupil all pertinent data from his entrance to his leaving school. Providing such data are accurately recorded and used, they can be of invaluable aid in improving articulations. The cumulative card should record the pupil's date of birth, state of health, with a special note of physical defects, intelligence quotient, ability as estimated by his several teachers, academic record, achievements as measured by standard tests, attitude toward work, special interests, unusual activities, character traits, social development, home conditions, expectancy of remaining in school, and ambitions.[1]

These data are most helpful for articulation, however, only if it is assured that they are known by teachers in the receiving school and used with both intelligence and consistency. The following uses of the data were reported by twenty-one school systems:

1. Aid to teachers in becoming better acquainted with pupils.
2. Foundation for various individual adjustments and useful in securing best possible individual development. An aid in counseling pupil as to choice of courses and elective subjects and in talking over with him his vocational plans. Helpful information for home-room teachers and boys'

---

[1] See Paul E. Elicker, "Record Forms for Secondary Schools," Department of Secondary School Principles *Bulletin*, 149:39–48, November, 1947.

and girls' advisers in dealing with individual cases, and counseling with parents.

3. Basis for ability or homogeneous grouping.

4. Guide for mapping out individual pupil assignments—also in adapting content and method to group abilities.

5. Serves as a beginning for individual case history of each pupil in the high school—serves as a foundation for counseling.

6. Aid to study-hall and classroom teachers in understanding children who need special care and guidance.

7. Basis for arranging individual schedules.

8. Special physical training programs dependent upon health information received from lower school.

9. Means of early selection of pupils for special work in music (or other subjects).

10. Basis of placement in some cases with particular instructor, where choice is possible, if student is a behavior problem.

11. Means of prevention of disciplinary problems.

12. Basis of pupil assignment to home rooms.

13. Guide to expectancy in quality of work and a means of checking accomplishment against ability.[2]

Orienting the Pupil. Promotion from a lower to a higher school usually sets up a gratifying excitement for pupils, but at the same time it brings challenges for adjustment that many meet only slowly and incompletely. To facilitate the transition, some principals go to the lower school and carefully explain to prospective pupils the organization of the receiving school and what it has to offer. Better still, others set aside a day on which the prospective pupils visit the receiving schools, learn the physical layout, visit classes, participate in some of its activities, and hear an explanation of its offerings. This plan works especially well if each visiting pupil is assigned a carefully coached student guide. Whether either of these means is used or not, plans must be made for orienting the new pupil as quickly and as completely as possible at the time of his entrance. Secondary schools might well follow the practice of many colleges and receive new pupils, with the assistance of a few older ones, a day or two before the others return. This would enable the new pupils

[2] *The Articulation of the Units of American Education,* Seventh Yearbook, Washington, Department of Superintendence, National Education Association, 1929, p. 126.

with less embarrassment to find their way about and would give teachers and counselors an opportunity to get acquainted with the entrants.

One of the most serious problems is to place new pupils in the proper curriculum when there is opportunity for election. Efficient school systems take care of this before the end of the semester preceding promotion. On the basis of accumulated records, of personnel data and ambition as well as of achievement, the lower school makes a recommendation for placement. Then, after such orientation as has been suggested, there should be a conference between the pupil and a parent, on the one hand, and a representative of the receiving school, on the other. Sometimes, when economy of time is necessary, a meeting of all parents is called, and a general explanation of the offerings in the higher school is given, later individual conferences being held if necessary. Printed or mimeographed exposition should also be furnished parents and pupils to ensure that they understand the possibilities and the requirements of the curriculum program. When the ambition of parents or pupils is for a curriculum different from that which by the record seems to be advisable to the school, their selection may be accepted tentatively, unless it be obviously unreasonable; but they should be made to understand that they must accept the entire responsibility and risk for a time penalty if transfer proves necessary after failure. The school authorities as representatives of the public have an obligation to see that there is a minimum of waste due to improper placement. Not infrequently in their effort to placate overambitious parents they forget their obligation to the investing public.

It is highly desirable that every new pupil be got to work immediately and happily. A poor start is a handicap. For this objective, assignment to a teacher counselor, and perhaps also to an older student as an adviser, is imperative. The importance of the counselor, whether a separate official or a home-room teacher, is greater during the opening week than frequently is realized. In many instances it has been found advisable to form home-rooms at first homogeneous with respect to the contributing schools. For the further orientation of new students many schools have printed handbooks, and some have prepared a special "Welcome Book," giving much information that everyone should know. These should be studied in the home-rooms. It is important, too, that each new student should during the first few days be incorporated into some group working at extracurricular activities. When such activities can be built on those begun in the lower school, so much the better. Efforts in all of these directions tend to facilitate happy effort toward the regular classroom work; and the home-room, in general, provides an excellent means of carrying on and coordinating orienting activities.[3] Pupils as a general rule tend to adjust themselves to the new situation in proportion to their intellectual ability, but there are, of course, exceptions. Great care must be exercised in the first few weeks that no pupils interpret the greater freedom of the higher school as unbridled license.

Efforts at orientation need to be long continued with certain pupils who adjust slowly. Without social adjustment and a steadily developing loyalty to the school as a whole, a pupil is unlikely to work happily or effectively in his classes. The home-room teacher has the most difficult challenge with each entering group. He needs to learn to understand each pupil, to penetrate apparent sameness in each peculiar individuality, and to get into early contact with the home of each child. To do all this immediately is manifestly impossible; but the counselor should be able by a study of the cumulative record cards of the group to learn which pupils are in most urgent need of attention. By using these cards before school begins, each teacher can materially improve the articulation between the contributing and the receiving school. Early contact with parents of problem pupils often reveals means of adjusting these unfortunate boys and girls, of giving them the essential fresh start in a different environment for which many have been wishing.

Elementary and Secondary.   Besides such general problems of articulation as have been discussed, there are some peculiar to each two contiguous units of administration. Inglis enumerates eight adjustments that are necessary in passing from the elementary to the secondary school: [4]

[3] See Harry C. McKown, *Home-Room Guidance,* second ed., New York, McGraw-Hill Book Co., 1946, pp. 205–26.

[4] Alexander Inglis, *Principles of Secondary Education,* Boston, Houghton Mifflin Co., 1918, pp. 278–81.

1. The establishment of new social groups
2. Adaptation to a different organization and administration
3. Work under several more highly specialized teachers
4. Acceptance of studies different in character
5. Learning under teachers usually better prepared in subject matter than in method
6. Adjustment to new methods of teaching
7. Conduct under greater freedom
8. Appreciation of a different school atmosphere

All of these readjustments coming at the same time throw a greater responsibility on young pupils than all can accept successfully. Improved articulation between the two administrative units will lighten their burden and facilitate the educational achievement.

Too frequently teachers in the elementary grades have looked on the high school as a separate and independent institution, traditionally respectable, especially because of venerated subjects and higher salaries, but on the whole not only hidebound and helpless, but also unduly critical of elementary school procedures and products, and inclined to shift responsibility for its own lack of adaptation. High-school teachers, on the other hand, too frequently have looked on the elementary school as an inferior institution lacking in seriousness and in dignity, doing a good job in some respects, but not sufficiently preparatory to make teaching on the secondary level easy, as somewhat reckless in departing from the old curriculum and in experimenting with novel and trivial subject matter. When such attitudes exist, even in small degree, effective cooperation is impossible.

The remedy is, of course, primarily in the general suggestion made earlier: appreciative understanding of a comprehensive program for the whole educative process and consistent skillful effort to contribute to it the achievement of the special functions of each administrative unit. No unit can hold aloof, feeling that it alone has entire responsibility for a pupil's real education. Teamwork is imperative. Articulation never requires that the adjustment be altogether by one unit to the other. It means modification in both that they may work harmoniously for a larger common good; and intelligent modifications can be made only after each understands the contribution that the other is expected to make and the means that it is using to make it. Such understanding begins in exposition in teachers' meetings; it is developed by visits of teachers of each unit to the work of the other, visits not casual but directed so that they will lead to the activities that are important in articulation; and it is ensured only by constant skilled supervision. Teachers who have seen service in the other unit can be effectively used to develop understandings and to promote cooperation. Curriculum development undertaken jointly by elementary and secondary schools is also an effective means of articulation.

Elementary and Junior High School. One peculiar inarticulation has resulted from the organization of junior high schools. Abundantly justified by theory, they took over the seventh and eighth grades, materially modifying the curriculum, especially by the introduction of new subjects. It should have been obvious that the elementary school could not be merely truncated and then expected to achieve the functions peculiar to it. The introduction of a junior high school should mean the reorganization of the elementary-grades curriculum so that after the relatively unnecessary had been discarded the essentials could be redistributed between the intermediate grades and the junior high school. Seldom was this systematically attempted. There was usually the untenable assumption that the new administrative unit would automatically do in the seventh and eighth years what the elementary school had done, and at the same time introduce new subjects for the enrichment and advancement of education.

When one or more junior high schools have been introduced into a system, articulation with the elementary school should be assured by a thoroughgoing redistribution of the important elements of the old seventh and eighth-grade curriculum, enriched by such new materials as may be introduced. Fortunately, by steadily increased effectiveness, the elementary school can absorb many of the valuable topics into the intermediate grades; those that it can not should be distributed in the new school. The junior high school has a right to know what it can expect of its entering pupils, and the elementary school in planning its work must be informed as to what the reorganized grades will present in supplementation and extension. Cumulative record cards carefully kept by the lower grades and reports by the junior high school of what is retained as measured by standardized tests will help articulation. A system of interschool visiting and curriculum-planning by joint committees representative of both school levels will also be helpful. Both the junior and the senior high school should provide, perhaps in some such way as the state of New Hampshire has done,[5] for keeping fundamental skills up to necessary standards, all the time advancing them in new applications.

Junior and Senior High Schools.   Because the junior high school is a new type of institution, its establishment has sometimes increased the very inarticulations it was expected to reduce. Where it has been developed without an effective attempt to acquaint high-school teachers with its special functions and to convince them that it necessitates material changes in the senior high school as well, it has too often been considered merely preparatory to the senior high school, with a somewhat greater allotment of time for mathematics and foreign languages. The establishment without careful planning for articulation and cooperative contributions to a common program inevitably results in misunderstandings, frictions, and waste. The senior high school is often skeptical of junior-high-school achievement, and voices frankly its preference for eight-year elementary school graduates as its entering pupils. One critic writes forcefully if inelegantly, "The senior high school has not changed. It is infallible. The junior high school sends over numbers of slow pupils to this high batting bunch of carefully selected intellectuals only to have them driven out of school in the tenth grade. This happens to about 40 per cent of the junior high school pupils during the first year." [6]

Such severe criticism evidences attitudes that militate against articulation. The high school has worked with a narrower range of abilities, a group selected largely on the basis of abstract intelligence, however

[5] See *The Articulation of the Units of American Education, Seventh Yearbook,* Washington, Department of Superintendence, National Education Association, 1929, pp. 165–66.

[6] *The Junior High School Curriculum, Fifth Yearbook,* Washington, Department of Superintendence, National Education Association, 1927. See pp. 47–52, "Articulating Junior High School and Senior High School."

much it may think some of its pupils incompetent to perform expected tasks. In consequence it frequently fails to understand the problems of the lower school and also to accept the principle that it is profitable for society to give every normal adolescent a suitable secondary education. The senior high school still too much emphasizes unrelated knowledge, leaving to higher institutions or to chance the revelation of possibilities for application. There can be no real articulation between the units of secondary education until this emphasis is changed. Promising though the junior high school may be, it cannot be effective if it exists between two unmodified educational units. Although the junior high school should afford the senior high school more time for subjects taught, its prime function is to sort all pupils to the kinds of program from which they are most likely to profit. If it can divert many pupils who assuredly can achieve small success in and have less need for some of the traditional subjects, the senior high school should be able to advance its pupils to heights far beyond the accustomed.

Articulation here again, then, depends on a comprehensive program which all teachers accept and to which they cooperatively strive to make the special contributions for which the separate units are organized. If such a program is not prepared and vigorously promoted, an unusual opportunity for effecting articulation is lost. Contributing to this program there must be prepared, by representatives of both schools, courses of study that not only eliminate unnecessary duplication, but also provide for keeping early acquired knowledge alive and giving it continually larger applications, an agreement on general methods of presentation, and preparation for gradually increasing independence in self-direction on the part of students. Intervisitation by teachers of both schools, frequent conferences between individuals and groups, overlapping supervision, and unified curriculum construction will prevent uninformed and hostile criticism and will promote articulation.[7]

Lacking such provisions, a school system will inevitably find pupils promoted from the junior high school not fitting into the classes of the senior. It is impossible satisfactorily to prepare in the same modern-language class pupils who will be assigned to one teacher who emphasizes

---

[7] For an example of such effort at articulation, see Hannah H. Kostiner, "A Junior-Senior High School Articulation Program," *High Points*, 23:9–13, December, 1941.

the direct method and to another who uses the grammatical. General science, general mathematics, and general social studies can not be maximally successful unless their results are used as the means, not merely for assigning pupils to suitable curricula, but also as a basis for their advanced work.

The junior high school should know what the senior school offers, reveal in its classes the opportunities and advantages of the advanced courses, and guide pupils toward electing the ones that promise most for them. Besides presenting an education maximally good whether pupils are eliminated or not, the junior high school is also a guidance institution. The try-out courses in the ninth grade prove the wisdom of the tentative assignments, and permit with a high degree of economy corrections before pupils enter the more specialized work of the senior school. Even with such articulation as is common, there is evidence that its pupils adjust themselves more quickly to the senior high school; [8] with greater efforts at articulation, the adjustment would be still better and the advanced work facilitated. To emphasize that there is a program of continuous education, graduation exercises should be abandoned or minimized. Cumulative record cards of the kind previously advocated should be sent forward before pupils are promoted, and individually explained by personal conferences between representatives of the contributing and receiving schools.

The senior high school should make a most serious effort by studying these cumulative record cards as personally interpreted to learn and provide for the peculiar abilities of each pupil. It should build its courses on those presented in the lower school and change its methods with full preparation of the pupil for understanding and using them. More lengthy and complex assignments are necessary, for example, and a greater degree of freedom in preparation; but pupils should be taught how to accomplish them, how to plan their work, and how to study without the constant surveillance and help of teachers. Promotion does not mean any sudden growth of powers. Successes as well as failures should be reported to the junior school and be the topic of personal conferences between the teachers concerned in order that better articulation and greater ad-

---

[8] See *Report and Recommendations of the Committee on Junior High Schools*, Board of Education, The City of New York, June, 1939.

vances in accomplishment may be possible in the future. The same length of day and of periods and the same system of marks and of records also facilitate adjustment by pupils to the higher school.

Guidance. Guidance as means of articulation, especially between the elementary years and the senior high school, has already been mentioned, but its importance is so great as to warrant further emphasis. At this point guidance for vocations is of moment only for those over-age pupils who are likely to quit school at the earliest opportunity. For most pupils it should direct its energies to effecting the best intellectual, physical, and social adjustments of each pupil. Naturally it is most efficacious when the units of administration are planned for close articulation, but it is needed in proportion to inarticulations that have developed. Throughout the child's entire school career there should be provided someone personally responsible and interested to effect such adjustments as are needed to make his education happy and maximally profitable.

Whether the counselor is a special school officer or a home-room teacher, he should "have keen insight into child psychology, be trained to study and use records and other data carefully, have had practical teaching experience, have a knowledge of mental and personnel testing and of methods of making and analyzing case histories, and have a thorough acquaintance with the educational opportunities and demands not only of his own school but of those immediately above it, as well as of the confusing situations that are likely to confront the pupil." [9] The counselor of early adolescents should also possess an abundance of sympathy, of tolerance, and of patience. There are strong reasons why the counselor should be an active teacher responsible for a group of pupils. For one thing, a teacher is more likely to understand a pupil's difficulties; for another, responsibility for counseling reduces the emphasis on isolated and unapplied subject matter. Whether an active teacher or not, the counselor must be assured by the administration of sufficient time to devote to the important problems of guidance. Far too frequently expectation is larger than the achievement permitted by a

[9] *The Junior High School Curriculum, Fifth Yearbook,* Washington, Department of Superintendence, National Education Association, 1927, p. 51.

heavy program of other, and often less important, duties. The counselor is the one person in the school system whom the home can consult with assurance that it will find someone who knows and is interested in the child. Preferably, unless personal antagonisms result, he should have responsibility for a pupil continued throughout one or more years. Besides the suggestions elsewhere made in this chapter as to the duties of the counselor, others will be found in special books on the subject.[10]

Articulation in social adjustment, which is a highly important activity of the counselor, is most needed at the beginning of secondary education, when most pupils are in the critical early stages of adolescence. Not only are old social relations more or less broken up, but the increasing differentiation of programs frequently makes difficult the establishing of new ones. Instances are not infrequent in which a pupil in a large high school will meet a different group of boys and girls at every recitation period. Especially during the first few weeks the counselor, working through the extracurricular organizations, can be of great assistance to those children who do not make new friends easily. They can be materially helped by the assistance of older students, "Big Brothers" or "Big Sisters," who have been trained to assume personal responsibility for inducting a few new pupils of the same sex into the intricate and confusing life of the new school. Speedy social adjustment and development are important for their own sakes as educational objectives and they also facilitate academic learning.

Teachers. Whatever the value of special officers and activities, articulation will chiefly be effected through teachers. Unless they are informed of a general comprehensive educational program, with the special functions of their own administrative organization, not only informed of it but convinced of its soundness so that they will work consistently for achievement, all other efforts at articulation will be largely set at naught. Because of their training and the very nature of

---

[10] See also *Youth Education Today, Sixteenth Yearbook,* American Association of School Administrators, Chap. VII, "The Adjustment and Guidance of Pupils in the Regular Day Schools," Washington, 1938, and *Guidance in Educational Institutions, Thirty-seventh Yearbook,* Part I, National Society for the Study of Education, Bloomington, Illinois, Public School Publishing Co., 1938. The problem of guidance is further discussed in Chapter XVIII of this book.

their work, teachers tend to become individualistic. Their powers will be coordinated and directed to common responsibilities only if the principal works both skillfully and continually for that end. They are the sole means of securing articulation within a school, both between subjects and in a departmental field.

Among the twenty chief causes of inarticulation ranked by 1,599 educators [11] are the failure of schools to attract and hold teachers of adequate personality, ability and training, especially in the facts of child growth and development, and, it may be added, the failure to direct pupils into the work for which they are particularly fitted and to make best use of special or individual talents for common ends. Teachers in high schools by and large need to manifest "more comprehension and less condescension." Unless they comprehend and approve the educational program for the school system as well as for their own subjects, cooperation in articulation is impossible. Unless they are led to understand the peculiar abilities, talents, needs, interests, and ambitions of each pupil, and can penetrate reticences to discover personality secrets, they are incompetent, whatever their academic learning. It is obvious, then, that for articulation the general administration must have a comprehensive program, and that it must continually be active to direct teachers to a knowledge of individual pupils so that this program may be achieved.

Cooperation in curriculum revision is a potent means of ensuring that teachers understand something of the subject matter and the methods of the school on the next higher or lower level. Working together to develop a curriculum which is consistent with the progressive development of the pupils, teachers will learn much of their obligations as well as of what they may expect. Teachers in the lower school can easily be convinced of the necessity of giving mastery over the fundamentals that are not only valuable in themselves but also propaedeutic to advanced work, and teachers in the higher schools can similarly be made less academically minded by realizing the effort that has been expended to place the center of gravity in the pupils. In addition to

[11] See the entire list of 100 inarticulations and their rankings in *Five Unifying Factors in American Education, Ninth Yearbook,* Washington, Department of Superintendence, National Education Association, 1931, pp. 387–408.

cooperation in curriculum revision, which should be periodically continued, teachers on the several school levels should maintain contact through conferences, mostly in small groups homogeneous with respect to subject matter or to the pupils taught. Such meetings must be arranged for regularly by the administration.

There are frequently inarticulations where reasonably they might least be looked for—within a single school. For these the traditional subject-matter specialization is largely responsible. Teachers tend to present what is in adopted textbooks much as it was presented to them, without knowledge of the subject matter or the methods used by other teachers, even in the same or in closely related departments. When such ignorance exists or when well-informed teachers are satisfied to work independently of their colleagues, the principal has a sharp challenge. Physics cannot be economically taught independently of the mathematics department; physics, chemistry, and biology must be based on the preceding general science; courses in problems of democracy or economics are conditioned by civics and history; and English composition and literature should be closely related to all, or nearly all, other subjects. These are merely illustrations of the many relations that the head of a school should be constantly concerned to make closer.

Methods and Supervision.   Inarticulations and consequent necessities of sharp adjustment with change from school to school and even from class to class often result from differences in methods of teaching. Good teaching anywhere constantly uses methods determined by accepted objectives. When the objectives of a period of education or of a subject are not clearly formulated, methods necessarily are various and wasteful; when they conflict, methods will be different and will consequently set up challenges to articulation. It is the failure to set up and consistently to seek worthy and clearly stated objectives that causes inarticulations, probably with more frequency than the conflict between those of different schools or different subjects. This is one reason why so much emphasis has been placed in this book on the functions of secondary education.

So far as generalizations are sound, it is safe to say that on the lower steps of the educational ladder, methods are determined by the nature of the pupil and tend to be harmoniously socialized and individualized. The higher steps incline to use methods determined by subject matter, with a diminution of socialization and sudden increase of individual independence and responsibility. Standards that are determined by the capacities of each pupil tend to be replaced by a single standard traditionally or arbitrarily set. Such facts operate against an uninterrupted, continuously adjusted education for every pupil. The ideal, of course, is a continued use of the best on the next lower level with gradual changes adapted to the increasing powers of the students. That this ideal may be approximated, principals and supervisors must ensure by directed visits and conferences that the best shall be known and respected, and that justifiable changes in methods shall be introduced by careful preparation of the students. It should be recognized that there is no one best method for all subjects and for all teachers and pupils, and that each teacher should be not only permitted but encouraged to follow his own *métier*, providing that it promises effectually to achieve approved objectives. But there are certain general principles of method that the supervisor should insist on at all levels. Simplicity, clarity, concreteness, patience, and drill, all consciously leading to worthy objectives, are nowhere out of place.

At the beginning of each course the teacher should accurately ascertain the methods to which the pupils are accustomed, and he should no less carefully explain each detail of gradually introduced new methods and show painstakingly how it is to be used. Probably the greatest change that the secondary school methods introduce is that in independent study. Not only the pupils but the parents also should be prepared for that. Teaching pupils how to read large units so as to get the desired essentials, to evaluate, to supplement, to organize, and to use them is a task that requires much time and skillful effort. The enlarged and more complex assignment here takes an increased importance. Many "how to study" programs have failed because neglecting the basis, how to do reading of an advanced kind, the teachers attempted too much in too short a time. If it were taught gradually and thoroughly, beginning where the pupils have competence and carried forward as far as may be, all advanced learning, in school and out, would be greatly facilitated.

Most supervision must be done by the principal, but there are decided advantages for articulation in having supervisors who direct and co-ordinate the work of all teachers of a subject in all schools. Theirs is the responsibility to improve articulation not merely by coordinating the work of all teachers but also by directing it to achieve the larger purposes of the educational program, welding it into a functioning whole.[12] Whether the supervision is undertaken by a special officer or is a function, the most important one, of the principal, it is the chief means, after the preparation of a unified program, for achieving articulation, both between administrative units and within a school. The teachers' meetings are his most economical instrument.

Curriculum. The overlapping of courses of study in the elementary school and in the secondary school is probably least in unreorganized systems. While increasing inarticulations, tradition has definitely assigned to the older types of schools special topics. Any attempt at curriculum revision or the reorganization of administrative units brings these inarticulations into consciousness and should do more than it ordinarily has done to remove them. Certainly either activity facilitates an articulation program. It is almost unthinkable that any curriculum revision should be undertaken except by representatives of all schools concerned or that junior high schools should be established without an enrichment of subject matter and a reassignment of topics to appropriate years so that there is not only a minimum of repetition but also a culminating progress toward a unified whole. Correlated teaching between two subjects in the high school is difficult to achieve and to continue, but correlation between teachers of the same subject is feasible and imperative. If the program advocated in the chapter on remaking the curriculum [13] is approximated, a large degree of articulation is ensured.

Secondary Schools and Colleges. Articulation between the high school and the college has from the beginning been hindered chiefly because each institution has been as a rule independent of the other and because neither has clearly defined its peculiar functions. The high

---

[12] See *Ninth Yearbook,* Washington, Department of Superintendence, National Education Association, 1931, pp. 101–6.

[13] See Chapter x of this book.

schools attempt to prepare for colleges and at the same time are supposed to furnish a terminal education for all students, about half of the senior classes, who will enter no higher institutions. Because of the popular prestige of college attendance a much larger percentage of pupils than should do so insist on college-preparatory courses, and high school administrators and teachers in their devotion to tradition undoubtedly wastefully increase the number by prejudiced advice. The requirements for admission are more definite than the objectives for terminal secondary education, and in consequence the college-preparatory courses as a rule are so much better organized that they seem superior to many students who would otherwise elect a curriculum more or less complete in itself. The requirements probably help the poor and mediocre teachers in that they set up definite goals for achievement, but undoubtedly they hamper the teacher of originality and they also furnish an excuse for secondary schools, with no clear program of their own, to prescribe to the majority of their pupils a curriculum that is unsuited to their needs and abilities and consequently that is highly wasteful of public funds. The problem is especially acute in small high schools.

There is no natural reason why there should be antagonism or conflict between the high schools and the college.[14] Both are parts of the machinery to provide a continuous education for those competent to profit from the advanced stages. The former unquestionably should prepare the academically able students for higher studies; the latter is dependent on such preparation for the material with which it works. Colleges are not organized to care for all youth regardless of their academic interests and abilities. Possibly they should be, but the fact is that they are not. Until they are, they cannot be blamed for making an earnest effort to select those young men and women who are most competent to profit from their offerings.[15] The fetish of higher education

[14] See Aaron J. Brumbaugh, "Youth as a Common Concern of High Schools and Colleges," Chap. vi in *General Education in the American College, Thirty-eighth Yearbook,* Part ii, National Society for the Study of Education, Bloomington, Illinois, Public School Publishing Co., 1939.

[15] The movement for terminal two-year community colleges, strongly endorsed by the President's Commission on Higher Education (*Higher Education for American Democracy,* Vol. iii, pp. 5–15), would afford an excellent opportunity to provide appropriate programs of education for many youth who may not be interested in or suited for entrance in a liberal-arts college.

coupled with increased popular economic resources makes it possible for them to select even more rigorously than formerly, and there is abundant evidence that the selection is increasingly skillful. Mistakes they undoubtedly make, but it is probable that the number of unfit students who are admitted to academic colleges is far greater than the number of competent who are excluded. It is safe to assert that the task of selection would be far easier if secondary schools could free themselves of parental pressure and be entirely honest in their recommendations.

On the other hand, colleges, with some noteworthy exceptions, have not been too willing to change their entrance requirements even in the face of accumulating evidence that some of the time-honored subjects required for admission do not have very much relevance to a student's work in college.[16] To the extent that the college requires for admission certain specified subjects, it operates to determine the curriculum for those pupils who plan to go to college. But even more serious is the fact that the college, by its specified entrance requirements, lends prestige to certain subjects which are therefore studied by many pupils who do not intend to enter college. The educational wastage caused by unqualified pupils who study algebra, geometry, college entrance physics, and foreign languages is tremendous. Some of these studies may have value for the college-bound pupils and even for some who are not college-bound, but in many schools these subjects are offered to and taken by practically all pupils, regardless of their future intentions for higher study.

The Eight-Year Study of the Progressive Education Association, which will again be referred to in a later chapter of this book in further discussions of the problem of the high school *vis-à-vis* the college, showed rather conclusively that future success in college is not dependent upon the completion of any particular specified high-school program. Over 300 colleges cooperating in the study agreed to accept graduates of thirty selected secondary schools for a period of five years without regard to specific subject requirements for entrance. These graduates, when they were eventually admitted to college, were later compared with students who had entered by satisfying the conventional

---

[16] See J. Paul Leonard, "Can We Face the Evidence on College Entrance Requirements?" *School Review*, 53:327–35, June, 1945. The basic problem involved in the college-high school relationship is discussed further in Chapter xviii of this book.

college admission requirements. Comparisons were made with nearly 1,500 matched pairs of students on the basis of the following criteria:

1. Intellectual competence
2. Cultural development; use of leisure time; appreciative and creative aspects
3. Philosophy of life
4. Practical competence; common sense and judgment; ordinary manual skills; environmental adaptability
5. Character traits
6. Emotional balance
7. Social fitness
8. Sensitivity to social problems
9. Physical fitness

Four significant things were revealed by the study: first, pupils who do well in high school usually continue to succeed in college; second, there is no pattern of subjects for college admission which is superior to any other pattern; third, pupils from the good experimental high schools do better in college than those from conventional schools; and fourth, among the pupils who attain the most outstanding success in college, are those from schools which have made the most far-reaching departures from conventional curricula. In other words, the high school which makes a strong and intelligent effort to reorganize its program in order to meet the needs of its students as adolescents does not alter at all thereby their chances for future success in college.[17]

College Dominance.   In recent years, colleges have, in increasing numbers, liberalized their entrance requirements. Some colleges accept a percentage of their applicants on the basis of high-school achievement only,[18] while others use entrance standards combining high-school grades with performance on college-entrance aptitude tests. It is true that the trend toward liberalizing college-entrance requirements has not yet become widespread, and this poses a problem in high school and college relations. Nevertheless, college dominance of high schools is more an

[17] See Dean Chamberlin, Enid Chamberlin, Neal E. Drought, and William E. Scott, *Did They Succeed in College?* New York, Harper and Brothers, 1942.
[18] See Chapter XVIII, p. 435.

excuse than a reason for the perpetuation of tradition. Relatively few secondary schools now take advantage of such freedom as they have in offering terminal courses as well as in preparing students for college. Until secondary education has agreed on its special functions and developed courses to achieve them, it cannot honestly excuse itself for devoting most of its energies to courses in which it does not wholeheartedly believe. When confronted with the demands by colleges it should be prepared to present definite plans for what it would do if entirely freed from any requirements. Some of the requirements may indeed be justly criticized, especially if one does not discriminate between the academically competent students and those who wish to enter a higher institution merely to satisfy other ambitions; but it should not be forgotten that at present many colleges are earnestly seeking an effective means of finding the students with whom they can work successfully. The voluntary regional associations of colleges and secondary schools are doing much, and can do even more, to bring about a satisfactory articulation between the two institutions.

Guidance in Selecting a College.   One opportunity that the high school has for freeing itself from influences that it does not desire is to guide students to colleges that offer courses from which individual students are most likely to profit. To such guidance there are two major obstacles. The first is that many colleges have no program that distinguishes them from others that outline their objectives in undefined and indefinite terms of "culture" and "higher learning," and that they do not describe their courses so that anyone can know their value from published descriptions. It is reasonable that they should do so, and the voluntary associations should use their influence to secure such characterizing exposition. The other obstacle is that parents often select a college for wholly illogical reasons and insist on preparation that is unsuited to the needs and capacities of the student. If the high school knows the student's qualities and can be informed, directly or by the aid of a courageous state department of education, of the characteristics of the available colleges, it has a duty to convince the parents of the wisdom of sending their boy or girl to an institution that will better suit the student. Failing that, it has an obligation to society to refuse the expenditure of public funds on a preparation that does not promise the maximum return on the investment. Education is not wholly an individual concern. As the public pays for it, society has a right through its professional agents to determine what it shall be. If the parent desires something different, private schools are available to him. Properly organized high schools with a wide variety of courses should furnish irrefutable evidence against the unreasonable ambitions of any parent.

Junior High Schools and College Requirements. Articulation with the colleges, especially with those of rigid requirements, has seemingly been made more difficult by the establishment of junior high schools. But the tendency is distinctly toward an acceptance by the colleges of the student work in the senior high school. An extended discussion of this practice may be found in the *Fifth Yearbook* of the Department of Superintendence, pages 34 to 46. The tendency will undoubtedly be still further extended if the public school systems demand it, thus leaving the junior high school entirely free to work as it will for the best interests of its pupils and of society. There is no inherent obstacle to the determination in grades 10–12 whether or not a student is naturally competent and prepared to do the work of the colleges.

Placing and Orienting the Student. Articulation between high schools and colleges is dependent on the use made by the latter of the cumulative record cards accompanied by such additional information as has been secured relating to peculiar individual needs, interests, and talents. Some colleges seek orientation of their new students by means of a "freshmen week" and of survey courses.

Colleges have a right to expect a greater degree of mastery of fundamental skills than high schools by and large now assure. Students cannot be expected to do satisfactory work in advanced courses without a thorough mastery of the elements of English expression and vocabulary, formulae and fundamental skills in mathematics, principles and facts in introductory science, and the broad outlines of the development of man and his government. Without such mastery the subjects are not worth-while whether a student goes on to college or not. Insufficient mastery on the part of some students has been the excuse by colleges for many courses that overlap shamelessly with those already given in high schools.[19] The wasteful repetition, whether justified by the ignorance of students or by the failure of the colleges to ascertain what has been taught and to demand that it be known for immediate and accurate use, is an outstanding evidence of inarticulation. Regional associations should insist that it be remedied. Similarly, colleges should assign students to classes according to their preparation. The absurdity of combining in beginning classes, especially of science, students who have had no courses in the subject with others who bring certificates of proficiency, is too great to be continued. The colleges must build on what the student has. If he does not possess what he professes, it is only reasonable that he be penalized.

Teaching. Although there is some outstandingly good teaching in the colleges, their methods are different and are likely to continue to be so. Notably there is less personal contact between the instructor and the students than the freshman has been accustomed to, and there are less motivation of assignments, more independence in unsupervised study, and longer intervals between assignment and test. Articulation demands that these differences be recognized and the students prepared for them by gradual approximation in the last years of the secondary school. There they should also be taught the principles of regular and systematic study, how to use the library, taking and organizing notes, evaluating them for a purpose, supplementing the acquired information from other readings and experience, and applying it to understanding a whole problem. Probably nothing is more needed in the high-school curriculum than a well-organized course in advanced reading, which approximates what is ordinarily called study.

Much of college instruction is given through the "lecture method." Whether the best or not, it is one by which men learn not only in college but in church and other places of edification. Consequently the high school should give instruction, not merely for articulation but also for

---

[19] See Leonard V. Koos, "Overlapping in High School and College," *Journal of Educational Research,* 11:322–36, May, 1925, and Worth J. Osburn, *Overlappings and Omissions in Our Courses of Study,* Bloomington, Illinois, Public School Publishing Co., 1928.

providing a needed skill, in how to listen to a lecture, how to take notes, and what to do with them afterward. It is an assured waste to send youth on to colleges without some skilled preparation and directed practice in doing what they will certainly be required to do. In all probability every high school of more than average size has some teacher who can convey more of information and of enthusiasm on some topics to a large group than can be conveyed by several less competent instructors working with the same students in small classes. Something can be said for a moderate use of the lecture method in high schools regardless of whether students go to college or not.

The greater freedom in study is simply one phase of the greater freedom of the college student in regulating his entire life. That he may not confuse unbridled license with freedom and responsibility he should be prepared for the latter in high school, both by precept and by controlled experience. The success of many high schools, cooperating with intelligent parents, should be studied and their practices more widely adopted. Academic procedures have much in this respect to learn from extracurricular activities. It is through the latter, supplemented by the home-room teacher or the student adviser, that the high schools have been most successful in preparing for the larger freedom of college or of life.

Faculty Contacts. Finally, to improve the articulation between high school and college, there should be increased information by each of the work of the other. Secondary-school teachers should visit college classes and talk with their alumni as well as with deans and instructors. Reports of successes and failures sent back to the high schools from which students come should furnish the material for readjustments and improvements. Too frequently these are merely published with pride or secreted in shame. The challenge is to learn how to secure additional successes or to avoid further failures. Often the high school can learn much more than the report indicates by interviewing the alumni concerned, and often it can furnish the help that students need and that the college has not learned to give. College instructors, on the other hand, should, more than is the custom, visit high-school classes to learn what is done and how it is attempted. They should be invited to confer with prospective students, explaining to them the peculiar merits and possibilities of the higher institution and preparing them as well as possible for its problems.

Selected Bibliography

AIKIN, WILFORD M., *The Story of the Eight-Year Study*, Adventure in American Education, Volume 1. New York: Harper and Brothers, 1942. 157 pp.

BRIGGS, THOMAS H., "Articulation of the High School and College," *School and Society*, 47:649–56, May 21, 1938.

CHAMBERLIN, DEAN; CHAMBERLIN, ENID; DROUGHT, NEAL E.; and SCOTT, WILLIAM E., *Did They Succeed in College?* Adventure in American Education, Volume IV, New York: Harper and Brothers, 1942. 291 pp.

Handbook of Cumulative Records, A Report of the National Committee on Cumulative Records, United States Office of Education, *Bulletin No. 5*, 1944. Washington, D. C.: United States Government Printing Office. 104 pp.

KOOS, LEONARD V., *Integrating High School and College*. New York: Harper and Brothers, 1946. 208 pp.

National Society for the Study of Education, *Guidance in Educational Institutions*, *Thirty-Seventh Yearbook*, Part 1, Bloomington, Illinois: Public School Publishing Co., 1938. 313 pp.

Report and Recommendations of the Committee on Junior High Schools, Board of Education, The City of New York, June, 1939. 48 pp.

SEGEL, DAVID, *Nature and Use of the Cumulative Record*, United States Office of Education, *Bulletin No. 3*, 1938. Washington: United States Government Printing Office. 48 pp.

CHAPTER IX

THE NATURE OF THE CURRICULUM

Four Major Movements. There have been four major movements in our development of secondary education. The first, to get schools, although slow, has been amazingly successful. The approximately twenty-eight thousand secondary schools, about 90 per cent under public control, are larger in number and far greater in proportion to the population than any other nation has ever had. The second, to get pupils to attend the schools, has likewise been successful. As stated frequently, both the number and proportion of the adolescent population attending our secondary schools are far in excess of any other records anywhere at any time. Not only do more pupils enter our high schools, but they persist increasingly longer through the various stages and into higher institutions. The third movement, to decrease failures, has been successful so far as the percentages go; but there is much evidence to show that results have been attained as much by the lowering of standards and by generosity in marking as by improved adaptation of programs and by better teaching. The fourth major movement, which logically should have come first, is to decide on the special functions of our secondary schools and to devise appropriate courses of study and curricula.

Reasons for Curriculum Reorganization. This fourth movement had abortive beginnings many times, but it was only in the second and third decades of this century that it really got vigorously under way. The reasons for it are many. In the first place criticisms by educational and lay leaders became cumulatively effective in disturbing the complacency of traditional practices. Although credit must be given primarily to students of education and to administrative officers, much must be reserved for the increasing number of men and women who after experiencing the advantages offered in secondary schools and colleges felt the inadequacy of their programs to fit for effective living in the modern world. Their influence has been greatest, perhaps, in supporting professional leaders in their criticisms and proposals for reform. The public seems interested in improved subject-matter offerings as never before.

Students of education have been showing that our curriculum practices have scant historical justification. As may be seen in Chapter 1, we began in imitation of a program already outgrown by another civilization and, with gradual modifications, have continued it to some extent until the present generation. In the meantime there have been revolutionary changes in intellectual, social, and vocational needs, in the number of pupils and the character of the pupil population, in our knowledge of psychology, and in philosophy of education. All of these obviously necessitate a change in the subject matter of the curriculum. As students of education have become increasingly numerous and well trained, they have exerted their influence in support of proposed curriculum reorganization. They are likely to become more active in the future as their attention is more and more turned toward the discrepancies between needs and practices. Research studies, and others less formal, have shown a disturbing inadequacy of results—in immediate accomplishment by pupils, in retention, in application, and in the acquiring of interests that lead to a wider and deeper cultural life. Some further discredit of our curricula has come from a comparison with achievement from those in European secondary schools, even though critics have not always taken into account the essential differences between the characteristics of foreign educational aims and those here.

All of these types of criticism have been abundantly justified by facts and by obvious need of changes, but they have unfortunately been more destructive than constructive. The critics have too frequently followed the easier path of destroying faith in the old program without setting up a new one that was convincing; and even when some of those who were most disturbing by their criticisms have written textbooks or prepared detailed syllabi they have not succeeded in convincing either the profession or the lay public of sufficient superiority to cause any great change in practice. The result is that many administrators of schools and even many teachers have lost faith in the subjects that they require or encourage pupils to study. Needless to say, such an attitude makes effective presentation difficult if not impossible. In addition, the critics have so undermined the confidence of many parents in important subjects in the curriculum that they have in turn set up in pupils attitudes that are either mildly tolerant or actively hostile toward a program for which ideally, for effectiveness, they should be intelligently enthusiastic. No success is possible when any considerable number of teachers and pupils look on important parts of the curriculum as something to be endured until "passed." The inevitable results are poor work and a small residue of value.

But the picture is not all dark. Although the bad results stated do exist, criticisms of the curriculum have not only created appreciation of the need of changes but they have also stimulated leaders—teachers in classrooms, administrators, writers of textbooks, and research workers —to contribute improvements of many kinds to the subject matter that is taught. Though the nationwide uniformity without compulsion in curricula and courses of study has often been commented on, Thorndike and Robinson earlier showed [1] an almost unbelievable diversity in the programs of individual pupils. Two hundred fifty-six tenth-grade pupils in one city, for example, had ninety different programs; the largest number taking any one program was thirty-six. And there is infinite variation within courses of study. Although the permutations of courses are largely of a relatively small number of subjects and the variations in them may on the whole be slight, they are significant of some effort to adapt subject matter to the needs of pupils. Here and there, too, mostly in large schools, there are pioneers who inaugurate and administer novel curricula and courses of study, which in varying degrees are imitated and adapted by other schools. Whatever may be said in criticism of the programs of large schools, they have on the whole done much more toward improvement than is possible for small schools in which only

[1] "The Diversity of High-School Students' Programs," *Teachers College Record*, 24: 111–21, March, 1933.

one curriculum is administratively feasible. What that should be is a problem of national importance.

Another reason for the movement toward curriculum reform is the change in subject matter presented in elementary schools and in colleges. In the former there has been great improvement in the details of the several subjects, thanks to greatly increased professional training of teachers and to research on the essential problems, which compared with those in the secondary field are relatively simple and consequently more inviting. Many colleges, too, in the past decade or so have materially improved their offerings and liberalized their requirements. The extent of this movement is not appreciated by those who are acquainted with only a few conservative institutions, which in time will inevitably be influenced by those that are moving forward rapidly by means of clarified philosophies and significant research. The effect of curriculum improvements on both sides of it cannot fail to accelerate the movement by secondary schools to improve their offerings.

New types of schools, especially the junior high school and the junior college, have been established with clearer statements of their special functions than have been common in the older institutions. They are forcing a consideration of the special functions of all schools, and this must result in curriculum offerings that are more appropriate. The new institutions, being without traditions, have invited and facilitated new curricula and courses; and although traditional offerings in other schools have largely been transferred to them, they have made many significant and important improvements. These are influencing the high school to study its offerings and to make changes at least for the purpose of better articulation. So great is the eagerness to know what to do that material improvement anywhere is likely to be imitated, either exactly or with modification, by many other schools that learn of it.

Finally, educators have realized the more definite relationships that must exist between the instructional program of the school and the social, economic, and political situations surrounding youth, and also the psychological needs of adolescence. Chapter iv has dealt with the effect of social conditions on youth and Chapters v and vi with their psychological needs. As educators have come to pay more attention to the character of society, and as research has advanced in the fields of human growth and development, curriculum workers have realized more and more the necessity for changing the curriculum.

The Curriculum Movement. Variously initiated, programs of curriculum revision were entered upon during the third decade of this century in all parts of the country.[2] Despite some reactionary sentiment emanating from the "praisers of the past," there was a gratifying support from both the profession and the laity. Committees of teachers were appointed, often with time allowed for the extra work; experts were engaged; and much labor was devoted to the tasks. As a result, many cities and some states published new syllabi, which were widely copied by communities that could not or did not undertake the arduous work that was necessarily involved. In all probability all of these new courses were improvements over what they superseded; but the most ardent enthusiast can hardly claim that they more than began a solution of the problems which any reflective student must recognize. Entered upon with enthusiasm, the work of revision too frequently subsided and smoldered or died out before the immensity and complexity of the task. For this disappointing result there were several reasons.

The first reason has already been suggested. Curriculum revision involves everything that pertains to education, everything, indeed, on which education is based. To be sound, it must start with a clearly formulated theory of society, and where can one be found that is generally known and accepted? It must grow out of a philosophy of education, and instead of one we have several, none of them sufficiently known and approved to be pragmatically directive.[3] It must contribute to the special functions of the school, and those are only now being formulated. It must involve specific objectives of each subject field of instruction, and although frequently formulated, these have often been stated in terms too general to be genuine objectives.

[2] See "Analysis of the Present Status in Curriculum Thinking," by Harold C. Hand and Will French, Chap. 1 in *The Changing Curriculum* (Henry Harap, ed.), New York, D. Appleton-Century, 1937.

[3] See Joseph Justman, *Theories of Secondary Education in the United States,* New York, Teachers College Bureau of Publication, 1940.

Another reason is that intelligent study of the curriculum reveals the need of much accurate information that can come only from experimentation and research.[4] Such investigations in this field are only in their beginning. They are more complex and more difficult than in either lower or higher schools, but there is reason to believe that as the necessity for data and conclusions becomes better appreciated, more adequate research will follow.

Disappointment has followed also because of inadequate understanding of what is involved. Administrators too often, unfortunately, have the idea that anything that is ordered, especially if it be provided for in the budget, will be immediately produced. Not always has even that provision been made: too frequently teachers have been expected to make new courses of study and to combine them into proper curricula in the interstices of their teaching duties. It would seem as unreasonable to expect them thus to work in their spare time on remodeling the building. Out of our successful business experiences has developed a peculiar reverence for the importance of the physical. The public, boards of education, and even school administrators apparently find it much easier to appreciate the importance of buildings, equipment, coal, and chalk than that of the educational program, for which all the physical exists.

The general recognition of the need of curriculum reform in secondary schools has resulted in a receptivity to any kind of promising program. There is reason to think that the intelligent public is more ready to support changes than some schoolmen realize. The decline in popular enthusiasm that has often followed attempts at wholesale reconstruction is easy to understand; but despite the fact that no efforts have been entirely successful in reaching an ideal goal, there can be little doubt that all which have involved serious work have made some positive contribution toward betterment and have, as well, created an increased understanding of need, a receptivity for what may be proposed by others for improvement, and better criteria for judging recommendations. There is a very general demand for a Moses to lead from the Wilderness into the Promised Land of the curriculum. Even if he should

[4] See Thomas H. Briggs, *Curriculum Problems*, Chap. i, New York, The Macmillan Co., 1926.

appear in a single individual, he would need the forty years, for the problems cannot be solved overnight. But the work of the schools cannot wait. In some form or other it must go forward.

It has long been assumed that the persons logically most qualified to carry on the task of curriculum reconstruction are classroom teachers, preferably working under a definite time allowance deducted from their normal teaching schedule. For the purpose of effecting immediate curriculum revision in situations where efforts at curriculum reform cannot any longer be delayed, the use of local personnel resources is useful. In the following chapter, proposals will be made for a curriculum revision procedure conducted on a local basis by the staff of a school or school system. But as a way of meeting the long-term need for continuous curriculum reconstruction which confronts American secondary education now, and may be expected to continue indefinitely in the future, the use of local teaching personnel cannot be entirely adequate. In the first place, teachers cannot be expected always to have available the time and energy to undertake extra work of such importance and difficulty. However loyal and eager they may be to contribute professionally, they already have full-time jobs. Even a reduction in the teaching assignment does not actually compensate for the concentrated energy and effort which must be devoted to worth-while curriculum revision. In the second place, teachers may not entirely measure up to this responsibility. The modern curriculum is a complex affair involving not only academic subjects, but knowledge of business, industry, economic problems, government, and politics, and reaching into practically every phase of social and individual living. The continuous preparation of the basic materials which should comprise this curriculum is a task in which experts in these special fields must be consulted. A realistic course in consumer education, for example, should contain special information which can best be furnished by advertising men, business men, salesmen, credit managers, and the like. The information that classroom teachers can assemble working alone on a part-time basis is inadequate. This is no reflection upon the competence of teachers but a comment on the nature and scope of the modern curriculum. In the third place, not all teachers desire the responsibility of such an assignment, and may not be willing to undertake it. A spirit of passive resistance to curriculum reform may be sufficient to defeat the most idealistic program. And nothing is more likely to develop discouragement and lessened enthusiasm for other work than compulsion to undertake what one knows he cannot do and what he has no desire to attempt.

A better and more practical solution to the long-term problem of continuous curriculum reconstruction is to provide a central, national curriculum agency staffed with able, carefully selected, professional men and women working full time on this task for the benefit of schools of the entire nation. Such a staff may be difficult to recruit, but it could be assembled from workers now holding important positions in schools, colleges, and universities who would be attracted by the challenge and inherent difficulty of the job and by the suitable financial compensation which should be provided. The research departments of industry were not developed in a year. Centrally located, having at its disposal the resources of government and other fact-gathering agencies, assisted by advice from economists, statesmen, men of business, industry, and labor, and representatives of the lay public, the proposed agency, which ultimately is inevitable, can devote itself to the continuous production of raw materials for the curriculum. These materials would be the results of experimentation and research as well as products of inventive minds. Made available to schools, they could be modified as necessary, adapted to local needs, and utilized by the schools in the most effective way possible. The final determination of the use of the raw materials would be made by the professional personnel of each school. If properly followed, there need be no fear that such procedure would result in any standardization of the curriculum or centralization of educational authority. Schools, though assured of a sufficiency of tested and valid curriculum materials, would be free to discard anything not suited to their purposes. The plan as a whole awaits further developments, but holds much promise for the future of the secondary-school curriculum.[5]

Basic Considerations in Curriculum Planning.   A curriculum, as has been emphasized, is not an end in itself. It is a means of realizing specified educational objectives desired by society. It invariably ex-

[5] See Thomas H. Briggs, "Proposals for a Curriculum Commission," National Association of Secondary-School Principles *Bulletin* 131:79–96, May, 1945.

presses some kind of social philosophy and is in accord with some kind of psychology. At its best, the social philosophy which it expresses represents the considered and approved social ideals of the nation, and the psychology with which it is in accord is comprehensive, sound, and consistent. Basic to planning the curriculum of the American secondary school, therefore, are considerations relating to social philosophy, psychology, and the educational philosophy resulting therefrom. These considerations may be stated as follows:

1. What are the principal socioeconomic goals of the American democratic society? If education is an investment by society for its perpetuation and improvement, the character of education will depend upon the socially approved philosophy of government, politics, and economics. If American society is founded upon the ideal of the freedom of the individual, of the equality of all men regardless of race, color, or creed, of a maximum of individual economic enterprise consistent with social stability and the common good, then education must promote these goals and others similarly approved. The character of education in a representative democracy must, of course, be different from that in a country where the state is the master and not the servant. Any curriculum which is not developed from a clear conception of the democratic philosophy and of the responsibility of the school for perpetuating it is lacking the essential foundation for stability and ultimate effectiveness. Yet socioeconomic goals cannot be formulated lightly and irresponsibly: they must be conceived in terms of the realistic conditions and circumstances prevailing in society.

2. What is the nature of the growth and developmental process of adolescent youth? In its pursuit of socially approved ideals embodied in its educational objectives, the school cannot ride roughshod over youth, disregarding their peculiar problems and special needs, even if these are only the needs of the moment. Education involves primarily dealing with human beings, and in the educational process the human factor must always be uppermost. Instruction in the most high-minded ideals of mankind must fail if the students to whom the instruction is directed are not receptive. Too often in the past the school curriculum reflected a desire to transmit the abstract knowledge accumulated by the whole of human experience, "the distillation of the wisdom" of the human

race, rather than those elements of knowledge, those ideals, attitudes, modes of thought and of behavior most relevant to the immediate and assured future needs of the pupils. Moreover, the method of education must be consistent with the stage of maturity of the pupils, with their ways of thinking and of learning, as well as with the general laws and principles which govern human learning. Recent research, clinical experience, and studies of youth have contributed much new information concerning human and more specifically adolescent growth and development, and have demonstrated clearly that such factors as individual drives, purposes, desires, and motives largely control the acquisition of learning.

3. What, therefore, is a coherent, sound, and clear philosophy of American education upon which the curriculum should be based? It may be noted in this connection that probably never before has there been such widespread discussion in this field, so much interest on the part of teachers and laymen alike. Gradually but with visible sureness we are finding a language that can be understood and that is concerned with immediate as well as with more remote matters. In various places in this book attention has been called to matters, often previously neglected, that must be the concern of a directive philosophy of education: the justification of schools maintained at the expense of organized society, the criteria for selecting objectives, subject matter and methods of teaching, the wisdom of ascertaining the kind of education that will profit the individual as well as society, the importance of interests, attitudes, and the *mores*, and the special functions of each unit of the school organization.

Objectives of Education.   A philosophy of education must culminate in a clear and directive statement of educational objectives. A philosophy of education which fails to do so provides the school with only vague and unsteady direction and is, for practical purposes, inadequate. Yet the history of education furnishes many examples of high-sounding, often provocative, general statements which simply do not possess sufficient definiteness to serve as guiding principles. Conversely, when the curriculum movement was gaining momentum in the 1920's, some of the most noted of the curriculum workers proceeded by postulating definite and specific objectives without relating them to any coherent philosophy of education. Much of the early work in scientific curriculum construction was marred by the suggestion that curriculum-making was a process complete in itself, from beginning to end, and some even spoke of a "philosophy" of curriculum-making.

This weakness is currently being overcome. Following the noteworthy example of the Commission on the Reorganization of Secondary Education which promulgated the "Cardinal Principles," there have been many efforts to express in clear, orderly, concise fashion educational objectives projected from a consistent philosophy.[6] As illustrations of such statements may be cited that included by Harl R. Douglass in his report to the American Youth Commission [7] and the list prepared by the Educational Policies Commission in its report, *The Purposes of Education in American Democracy*.[8] The seven objectives suggested by Douglass are: education for citizenship, education for home membership, education for leisure life, vocational efficiency, physical health, effective and healthy personality and individuality, and preparation for continued learning. The Educational Policies Commission, grouping its objectives under four headings, namely, the person himself, his relationship to others in the home and in the community, the creation and use of material wealth, and socio-civic responsibilities, offers the following:

1. The objectives of Self-Realization (the educated person)
   a. Developing an inquiring mind
   b. Mastering the tools of learning
   c. Listening and observing skillfully
   d. Using his leisure wisely
   e. Protecting his health
   f. Appreciating beauty
   g. Considering life's purposes

[6] See Footnote 6, Chapter VII. A more systematic review of this subject is available in Chap. 6, "A National Curriculum Movement Starts," of J. Paul Leonard's *Developing the Secondary School Curriculum*, New York, Rinehart and Co., 1946.

[7] *Secondary Education for Youth in Modern America*, Washington, American Council on Education, 1937, pp. 13–25.

[8] Pp. 47 ff., Washington, National Education Association, 1937.

2. The objectives of Human Relationships (the educated member of the family and community group)
   a. Getting along with others
   b. Placing human values first
   c. Enjoying sincere friendships
   d. Cooperating with others
   e. Filling his place in the home
   f. Preparing for his own family
   g. Building a democratic home
3. The objectives of Economic Efficiency (the educated producer or consumer)
   a. Taking pride in good workmanship
   b. Appreciating the value of work
   c. Selecting his occupation wisely
   d. Succeeding at his work
   e. Becoming a wise consumer
   f. Learning to buy skillfully
   g. Achieving economic security
4. The objectives of Civic Responsibility (the educated citizen)
   a. Considering human needs
   b. Seeking reliable information
   c. Tolerating other points of view
   d. Safeguarding natural resources
   e. Fullfilling civic duties
   f. Serving democracy loyally
   g. Seeking world goodwill

Properly used in curriculum-making, such statements of objectives afford a standard of relevance for the selection of subject matter, making possible the exclusion or elimination from the course of study of inert material. Properly used in instruction, objectives tend to give direction to learning experiences, helping the pupil to relate what is being learned to his present or probable future needs. The precise terminology in which objectives are formulated is not important provided they are comprehensive, definite, and clear, and provided they stem from a sound, workable educational philosophy which can get the approval and support of the American people.

Selection of Learning Activities. Conventionally the subject matter of the high-school curriculum has been obtained by including as many of the traditional school "disciplines"—English language and literature, history and other social sciences, mathematics, the natural sciences, and foreign languages—as could be adapted to the level of instruction judged suitable for high-school pupils. A large portion of the present high-school curriculum was secured exactly in that way. Algebra, plane geometry, and trigonometry in the field of mathematics, biology, chemistry, and physics among the sciences, achieved their present place in the curriculum not by virtue of their proved relevance to any currently accepted educational objectives, but because they represent traditionally acknowledged fields of human intellectual endeavor. In general, this consideration rather than relevance to the needs of individual and social living in the modern world has been the criterion of selection of much of the curriculum. On the basis of their assumed relative importance within the whole of the "intellectual heritage," subjects have been designated as "major" and "minor" or as required and elective. Although there has been an enormous amount of tinkering with the curriculum as transmitted from the past, and although in some cases substantial changes have been made in the internal composition of subjects, the basic frame of reference—the study of each subject as a separate entity in the organized field of knowledge—has been little disturbed. Newcomers into the curriculum—health education, homemaking, commercial and vocational subjects, consumer education—selected on the basis of established practical need, still constitute a minor portion of the program of most high-school students.

The preparation of educational objectives cannot be regarded as an idle intellectual exercise having little practical significance. Once objectives are formulated and approved, they must become the determinants of the content of the curriculum. The objective is the more or less specific goal to be achieved; the learning activity within the curriculum is the means of its achievement. Ideally the curriculum should be composed only of learning activities of tested value for the achievement of objectives. By that criterion a considerable portion of the present curriculum should not be retained; conversely, many of the currently desired objectives as, for example, mental health, intelligent consumership, creative use of leisure time, are very inadequately implemented in the present curriculum.

It is realized that the curriculum is a large and complex affair, that it is continuously in process, and that learning activities cannot be suspended while a comprehensive program of curriculum revision is undertaken. Nevertheless, each school system or independent school must sooner or later re-examine the whole of its curricular offerings with a view toward ascertaining their suitability in the light of approved objectives. The state of Virginia, in reconstructing its common school curriculum on the basis of what it judged as suitable objectives,[9] showed what could be accomplished through effort intelligently and purposefully directed. Other states in the South and counties within states throughout the nation have since followed the lead of Virginia in comprehensive curriculum reform.

As already stated [10] it does not matter too greatly which particular rubrics or categories be employed in the organization of learning activities—whether they be "subject" classifications or "broad-fields" classifications, and so forth. What matters most is that the substance of the learning activities be relevant to life needs, that all the important objectives be provided for, and that grouping and organization of learning activities be accomplished in such a way as to facilitate understanding and the retention of learning, the acquisition of worthwhile and enduring interests, and the satisfaction of as many as possible of immediate and assured future needs.

Sequence.   One of the most controversial elements in curriculum-making is how to determine the sequence or order in which learning activities shall be organized. Despite some theories which regard human development primarily as a process of "natural unfolding" and which hold, therefore, that no prearranged pattern of learning activities be "imposed from without" but that learning activities be suited to whatever interests the child may have at the moment, it may be stated at the outset that in order that learning may be guided toward proper

[9] *Tentative Course of Study for the Core Curriculum of Virginia Secondary Schools,* Richmond, Virginia, State Department of Education, *Grade VIII,* 1934; *Third Year of High School,* 1939; *Fourth Year of High School,* 1941.

[10] Page 176.

ends, that it may be efficient and economical, a principle or organization is necessary. The difficult question, however, which must be answered is: "What shall be the organizing principle and how shall it be determined?"

In the traditional curriculum several types of sequence have been employed in accordance with their suitability to the subject matter involved. One such sequence has been the *chronological*, employed usually in the study of history and in subjects which lend themselves to historical exposition. In science, mathematics, and related fields, *logical* sequence has ordinarily been used, while in primary reading, spelling, word study, and number work, the progression has been in the order of the *increasing difficulty* of the subject matter. Where emphasis has been on learning the subjects as such and where not much consideration has been given to the satisfying of life needs as one of the prime purposes of education, these types of sequence have usually served the purpose.

A more recent type of sequence has reflected a more psychological approach to curriculum organization. This organization of studies represents a progression from the physically, temporally, and psychologically near to the more remote. It assumes that a child's interest is primarily in the immediate, in the "here and now," and that human development occurs through a series of concentrically expanding associations with individuals, groups, and institutions. The child, it is maintained, lives and grows in an ever-widening cultural environment, moving from himself and his immediate family as a center toward the outer community and the larger society of which he is a member. Thus there are sequences, most often found in integrated programs of Progressive elementary schools and in the social sciences in secondary schools, in which the progression is from study of the home, the school, and the local community, to study of the state, the nation, and the world. With respect to chronology, progression may be from the present backward into the past. While this type of sequence has the merit of attempting to parallel the expanding rôle of the individual in relation to his culture, and in part may actually succeed in doing so, it offers a pattern as fixed, as formal, and possibly as stilted as the traditional. Moreover, it makes no provision for dealing with *actual* pupil needs and problems *as they arise* irrespective of their place in the fixed pattern of studies.

What is needed is a principle of organizing learning activities which takes cognizance both of the characteristics and needs of the pupil as they arise continuously in the course of his development and of the pedagogical demand for sustained thinking, for repetition, follow-up, and application of learning, and for a progression from lesser to greater intellectual self-reliance. That learning may not suffer, that time and effort may not be wasted, that essentials may not be overlooked and nonessentials magnified beyond their actual importance, a curriculum must have balance, coherence, and continuity. A miscellany of learning activities, unrelated to each other, does not constitute an educational curriculum. Fundamental concepts must be taught before concepts derived from these can be apprehended; basic facts must be known before complex situations involving these facts can be understood. Failure to recognize this truth has impaired the effectiveness of curricula organized along so-called "psychological" lines. At the same time, the curriculum must offer learning experiences to youth in such an order that they are meaningful and important at the time they are studied; conversely, learning experiences which have bearing upon the needs of youth at a given stage of their development must be offered *at that stage* regardless of whether a scholar might consider them out of place in the logical development of his subject. Older adolescents who need sex education will not be satisfied when told that the course of study, as organized according to the inherent logic of the subject, does not go beyond a study of the cross-pollination of flowers. Students who have not mastered the use of written language to satisfy common needs of simple social communication, and who feel keenly their inadequacy, will not be satisfied when informed that the allocation of subject matter for that year calls for formal study of the four types of composition: narration, exposition, description, and argumentation.

The point is that a course of study need not follow a rigid, inflexible pattern. No subject need reflect any fixed pattern of organization imposed on it by custom or its own inherent logic. Subjects are not created by "outside" authorities; teachers and students together, in the light of the latter's educational needs, create subjects. In recent years the subject of English in some schools has been fairly radically changed by emphasis on functional language situations, by comparatively greater emphasis on modern literature as against older classics, by inclusion of lessons in critical appreciation of movie-plays and radio dramas, and in other ways; yet the subject of English remains, in some schools more effectively taught than ever before. It must be remembered that meeting the needs of youth constitutes a legitimate activity of the curriculum. It remains to organize this activity properly among others so that the laws and principles of effective learning are respected. Many of the older subjects of the curriculum, however arid some of their content, were excellently organized. The problem is to achieve a similarly effective organization with some of the newer learning activities which are finding their way into the curriculum.

FOR BIBLIOGRAPHY SEE THE END OF CHAPTER X

CHAPTER X

REMAKING THE SECONDARY CURRICULUM

The preceding chapter dealt with the background of the curriculum movement and with the basic considerations involved in building a curriculum. It suggested that curriculum reconstruction in the schools must be regarded as a continuous, long-term activity, and stressed the need of a central curriculum agency which, working on a nationwide basis, would devote itself to producing the raw materials of the curriculum for use, after appropriate adaptations, in the schools. Of great and immediate importance, however, to many if not to most schools is not how at once to secure an ideal curriculum but how, with such resources as they have at hand, to improve and revise the existing curriculum. The problems produced by the inadequacies of the existing curriculum may be such as to make further delay inadvisable. Accordingly, the present chapter attempts to offer practical proposals involving an immediate program of curriculum revision. These proposals are offered not as authoritarian directives, but as suggestions to be considered and acted upon with independent judgment and discretion by the staff of each school or school system. They may be infinitely modified according to local needs and available resources. Underlying these proposals is the assumption that, once convinced of the need for curriculum reform in their schools, enough teachers and school administrators will be interested in undertaking and participating in cooperative endeavor to make effective curriculum revision possible.

1. Secure and weigh the evidence of the need for curriculum change.
There may be, in the school or in the community, those who require
definite evidence of the need for curriculum change. Such evidence,
with respect to most schools, should not be difficult to find. It lies in
the answers to such questions as: (a) When was a comprehensive review
of the curriculum last made? (b) What changes have been effected in
the curriculum in the last ten years? (c) Which of the important needs
of youth are being specifically met and which are being neglected? (d)
What is the school's record of drop-outs? of failures? of the success of
its graduates in college? in business? in civic life? (e) What evidences
are there of dissatisfaction with the curriculum on the part of teachers,
pupils, and parents? (f) How does the curriculum compare with those
of schools definitely acknowledged as superior? (g) What uses are being
made of recent research in curriculum construction? (h) What evidences
are there of continued professional growth among the teaching staff?

When these and other equally pertinent questions are studied, many
shortcomings in the curriculum will be revealed, and much evidence
can be secured to show the need for improvement. All evidence thus
disclosed should be prominently presented for discussion before both
lay public and professional groups. The superintendent and the Board
of Education should cooperate in the program, both in order that official approval and the necessary funds may be secured, and that the
program may acquire the prestige and support it needs within the community.

*2. Appoint the necessary committees from the members of the teaching
and administrative staffs.* Early in the course of the curriculum revision
project, committees should be appointed, and their selection should
be governed by several considerations. It is preferable to review the curriculum of the schools on the several levels, elementary and secondary,
at one time, otherwise continuity is broken and much time may have to
be spent in articulating units reorganized separately and possibly according to different philosophies. If this over-all review is made, all
the major committees should contain people experienced in teaching
on several levels of the school system. This should certainly be true of
the central committee formulating the plan, directing the program, and

coordinating the work. It should be true also of subject committees dealing with areas of study which cut across the school system, such as English, science, and the social studies. If an over-all review is not made, every effort should be put forth at least to assure that the underlying educational philosophies of the several schools are consistent. There is no justification for having an elementary curriculum based upon one philosophy of education and a secondary curriculum based upon another and possibly opposing philosophy.

3. *Agree on a simple, comprehensive, and pragmatic philosophy of education, which should direct all procedures and serve as a criterion for all proposals.* It seems obvious that such a philosophy of education ought to be set up for a corps of teachers and wholeheartedly accepted by them for intelligent school work of any kind. Surprisingly enough, the pressure of administration too frequently causes the matter to be procrastinated or indefinitely neglected, with a consequent lack of unity and ineffectiveness of work that are concealed by indefinite and unmeasured results. Unless the responsible administrator is not only competent but also thoroughly convinced of the necessity of agreement by the whole staff on a directive philosophy of education, he might about as well leave any serious attempt at curriculum revision to his successor.

It is not necessary that such a philosophy shall be complete in the sense that it has followed all ramifications to their logical ends. None is. But it should comprise the essential foundation principles on which the whole structure of education must be built. Certainly it must have sufficient simplicity and clarity for all teachers first of all to understand it, and soundness enough for them to accept it for truth. Too much of the discussion of philosophy, general as well as educational, is abstruse, detached, and consequently ineffectual, whereas almost everything that is thoroughly thought out can be presented simply and clearly. With equal certainty, that which is adopted for curriculum revision must be pragmatic—*i.e.*, of practical consequence. At every step it should furnish direction; and when any units are tentatively completed it should provide a criterion by which their value may be tested. As so often emphasized in these pages, there neither is nor can be any recipe or blueprint that will indicate what definite details should be. All that any curriculum worker can expect or hope for is a set of sound guiding principles the application of which will lead to results that are sound.

When such principles are found, presented to the teachers, and accepted by them as the best philosophy that they know, they must be practiced in application. Experienced teachers accustomed to textbooks or syllabi prepared by others and young teachers timorous of their abilities often shrink before the challenge to independence, not realizing that even those who have produced most are similarly aware of ignorance on many matters. Each and every teacher who is to participate in curriculum revision should be encouraged and required to prepare, with the guidance of the accepted principles, one or more small teaching units, which should then be considered and criticized in the light of the philosophy by other teachers concerned. In this way all learn and gain confidence. In this way preparation is made for a sound and more or less unified revision of the curriculum.

4. Ascertain pertinent facts about pupils.   It will be necessary for the committees to know accurately many facts about the pupils and to use them constantly in making the courses of study. What is the distribution of native intelligence? What have been the achievements on various levels of intelligence of the old curriculum? What previous academic training have the pupils had and what degree of mastery have they attained? What is the home environment? What are their ambitions? How long have pupils persisted in school? What have been their careers subsequent to leaving? Accurate answers to such questions should afford much direction to curriculum committees. If the incoming pupils cannot perform with reasonable accuracy the fundamental operations of arithmetic, the high school mathematics must repeat the training until necessary success is attained. If there has been an abnormal percentage of failure in certain subjects despite good effort, it is reasonable to inquire whether the courses are not set on too high a level for the pupils to be educated. If relatively few pupils enter college, continue there the subjects studied for entrance, are required to use their subjects required in preparation, or remain for graduation, the secondary school needs to reconsider the preparation that it has furnished, especially in regard to the interests that it has been able to set up.

5. Consider and agree on the functions which the secondary school is intended to perform. Before any tool can be used effectively its purpose must be known. Before the secondary school can contribute anything like its maximum to society as well as to the individual, administrators and teachers must make a choice between the contentions of those with conflicting beliefs in what its functions should be. An honest, thorough consideration of all of the issues will lead to decisions that have great influence on the curriculum. In some cases, undoubtedly, they will impeach units of instruction or whole subjects that are commonly required or permitted; in others, they will indicate the need of new units or of subjects; and in others still, they will confirm the soundness of common practice. Serious efforts at curriculum revision do not begin in an expectation of revolution, but neither do they shrink from radical change when all the evidence and the argument indicate the necessity. In all probability some changes that seem to be needed may have to be postponed until conditions make possible their adoption; but many others, especially those that concern details, can with the exercise of some degree of initiative and tact be introduced at once. If changes were not needed, a program of curriculum revision would be unnecessary. If a better procedure is found, it is useless unless put into practice.

6. Determine the scope and sequence of the secondary-school curriculum. In the light of the general educational outcomes sought and the particular functions assigned to the secondary school in the attainment of these outcomes, it is necessary to determine the scope or extent or range of the secondary-school curriculum. If, for example, the inculcation of ideals, attitudes, and habits of good health constitutes one of the general objectives of education, for which ideals, attitudes, and habits shall the secondary school be particularly responsible? Which of these may be accounted the responsibility of the home, of the elementary school, of the community outside the school? Which will be included in the curriculum and which in the extracurricular program? In health education, will instruction in proper sex attitudes and behavior be included? Similarly, with respect to the objective of good democratic citizenship, which ideals and attitudes will be systematically fostered, and what sort of knowledge systematically imparted? Within each group of specific ideals, attitudes, knowledges, and modes of behavior to be taught, what shall be the sequence of instruction in order to assure continuity and effectiveness of learning?

The answers to these and to similar questions provide a framework for the curriculum within which specific learning activities may be introduced and instruction offered. They define the specific responsibility of the secondary school in terms of the educational task to be done, and clearly outline the limits of this responsibility. Without such a framework, the curriculum could not but be a haphazard arrangement of learning activities or subjects of study, in some respects duplicating work done better elsewhere, in other respects characterized by serious breaches or omissions.

7. *Decide on the learning activities through which may be achieved the specific educational outcomes charged to the secondary school.* The curriculum is the sum total of the learning activities through which it is hoped to achieve certain desired educational goals. It is a means to an end. Traditionally, the content of the curriculum has been determined by the subjects or "disciplines" selected for study, and by the textbooks used in connection with them. This is a reversal of the process as it really should be, and is obviously inappropriate in a curriculum which is oriented toward preparation for life and its needs and not toward the acquisition of mere subject matter.

Using as a standard of reference the ideals, attitudes, knowledge, and skills the inculcation of which has been designated the special responsibility of the secondary school, teachers must prepare appropriate learning activities to ensure the attainment of these objectives. Some of the learning activities currently in the curriculum may be usable, indeed very effective; others may not be. Teachers must be discriminating in selecting appropriate activities now in use, and ingenious in inventing new ones. Toward this end, it will be necessary to explore various sources of information, and to consult agencies and individuals within and without the profession. The learning activities may, indeed should, vary widely as to type: reading and study activities, discussions, creative and expressional activities, field trips and personal observation, interviews, and experimentation. A variety of educational resources and agencies—the motion picture, radio, television, the theatre, the library, the museum and art gallery, commercial, industrial and governmental enterprises—must be freely used. But above all, of utmost importance in determining whether a genuinely successful curriculum can be obtained will be the extent to which teachers are willing and encouraged to be resourceful and inventive in devising learning activities to take the place of many that are now wholly or partially ineffectual.

8. *Develop units of study, courses, and appropriate methods of instruction.* Decision must now be made regarding the organization of the activities and resource materials for instructional purposes. From the pool of learning activities previously prepared, an orderly arrangement of units of study, large and small, must be formed, each unit being complete enough in detail to serve as a guide for the teacher, yet flexible enough to allow for individual deviation and adaptation to the varying needs of the pupils. Each unit of study should contain a clear statement of the objectives, of suggested learning activities, of resource materials available, of possible ways of providing for individual differences, of recommended modes of evaluation.

A subject or course may be defined as nothing more than a cluster of related units of study, so organized as to promote continuous and sustained activity along the same general lines, progression in breadth and depth of understanding, and progressively more independent study and learning. Teachers should be free to decide whether they wish to retain groupings along the conventionally-named subject lines, or experiment with a "core" organization of the curriculum. Nevertheless, certain principles of organization must be observed lest learning degenerate into a series of discontinuous experiences without coherence or definite educational progression. A curriculum composed of discrete units of study is not organized education; it is an educational wilderness. Whether a "core" curriculum, a "broad-fields" organization, or a narrower "subject" organization is adopted is less important than that the objectives, substance, and methods of the component units of learning be sound, and that the units of learning be arranged in educationally productive relationships to one another.

It has frequently been said, most often by critical laymen, that it is not nearly so important that any subject matter be presented as that pupils be taught how to think for themselves—how to discover and evaluate problems, how to devise methods of attack, how to select and follow the best one, how to know that a solution is satisfactory, how to organize the data and report convincingly on the project, and how to apply the results. Every critical student of higher education would probably agree that this is a paramount objective. It must be recognized that thinking cannot be done without substance and that the subject matter chosen for training how to think has values in itself. There is no reason to expect better results from subject matter that is remote, rare, and highly contingent in value than from that which is immediate, common, and of assured importance. If it were only known precisely how to teach pupils to think actively, independently, and effectively, most of the problems of education would be solved. Much, however, is known, and the methods of teaching and of study that promise most certainty should be incorporated in the courses of study. The objective of good thinking is certainly as important as knowledge, appreciations, and other skills.

The most widely approved general methods require first of all that pupils be intelligent participants in all activities. This means that ideally they should have a share in determining what they study; certainly they must acquire early an understanding of the objective that they are seeking and usually before beginning work an appreciation of its value and an approval of its worth. They should know the various ways in which they may attack the unit and learn the merits and the deficiencies of each. They should be taught to plan their work, to organize their forces, to cooperate, to relate partial results, to recognize and evaluate achievement, and to make application in such ways as to bring satisfactions and to stimulate a desire for more activity in the same field or of the same kind. The most probable means of securing such objectives should be written into the plans for each proposed instructional unit.

Then there are special methods appropriate for each subject or unit, often going far to determine what shall be taught or at least its organization. In foreign languages the direct, the grammatical, or a compromise method must be selected before the course is written. In commercial subjects, music, mathematics, and the sciences no less are special methods important determinants of the courses. Consequently, this step in curriculum-making should be taken early lest costly later revisions be necessary.

9. Experiment with units of study and revise them in the light of resulting evidence. It is obvious that many units of study cannot successfully be prepared on an *a priori* basis, that there may be conflicting judgments as to emphasis on objectives, selection of learning activities, sequence, grade allocation, and the like. In such cases, units should be subjected to experimental trial, and definitive decisions postponed until evidence has been gathered. A sufficient period of time should be allowed to demonstrate the worth of proposed units, and sound methods of evaluation applied from which reliable evidence can be secured. As evidence begins to accumulate to support or discredit the changes contemplated, definite decisions can be made as to next steps in revision. If the changes appear of no value, the proposed units should be modified until evidence of desirable growth appears. When this stage is reached, the additional steps now proposed may be followed.

10. Check the proposed curriculum against state and local requirements, and basic traditions. Before any final decisions are made regarding the proposed program of instruction, adequate study should be made of local and state laws. In most states laws determine certain phases of the instructional program, either as to the number of pupils to pursue studies, the time to be spent, in some instances the details to be covered, and in some situations the text or the method of teaching to be employed. Usually, however, legislation is not so specific, confining itself to a statement of purposes to be achieved and permitting the school authorities to decide the manner of the execution of the program. However, careful study should be given to school codes to see that the proposed curriculum is in accord with the regulations.

Consideration should also be given to local traditions of the community and to the manner in which citizens will be informed about the contemplated changes. If sudden changes are made in such matters as the abolition of homework, the substitution of incidental for systematic teaching of skills, the discarding of basic textbooks, the public should be informed about reasons for the proposed changes and general approval sought before the changes are adopted. In such cases the staff of the school and the Board of Education must share in the preparation of an appropriate program of information for the community. Unless this is done, citizens may oppose whatever changes they do not understand, especially those at variance with their own experience, and the effort expended on curriculum improvement will be fruitless. Minor changes in methods and materials need not concern the public, as these represent professional decisions for continued educational improvement. However, teachers are aware that the best salesman is the child himself, and will make efforts to assure that changes seem reasonable and desirable to pupils. Otherwise discrediting reports will be carried home which may, if they affect a sufficient number of people, serve to check or retard curriculum improvement.

11. Have teachers in the school or school system evaluate the proposed program and make necessary modifications. Also before any final decisions are made, the plan of the proposed reorganization should be submitted for the professional consideration of the teachers in the school or school system in which it is to take effect. This step is dictated not only by the requirement of diplomacy and of professional courtesy, but by the genuine need for pooling ideas and judgments in order to arrive at the best decisions. However expertly and conscientiously the committees assigned to the task of curriculum reorganization may have worked, their proposals for reorganization can be genuinely improved by constructive criticism and suggestions from their colleagues, elicited through free and open discussion.

A curriculum can be an effective instrument of education only to the extent that it is sincerely accepted by the teachers who must use it. Sincere acceptance is impossible without clear understanding, without opportunity for professional analysis, discussion, and criticism. Too many well-intentioned reforms in education have failed because they were not accepted or understood by the people charged with their actual execution. If teaching is to have the dignity and status of a profession, teachers must be consulted on all matters of professional policy, and their judgments must be respected. That is not to say that no effort must be made to convince teachers, some of whom are reluctant to accept any changes, of the superiority of the new proposals. In the educational enterprise there is room for honest differences of opinion, for effort at reconcilement of differences, for honest persuasion. Even compromises in curriculum reform, falling short of what is finally desired, are preferable to authoritarian imposition of even the best program. But faith in the democratic process implies that cooperative endeavor will produce better results than the effort of a few, even very able, people.

In the process of promoting understanding of the proposed program, the school administrator can play an important rôle. The weight of his support alone will help materially, but this support should not take the form of exerting administrative pressure, nor should support be offered without personal understanding and approval. There is neither need nor excuse for the administrator to play a passive or neutral rôle. If he has doubts concerning the program or different opinions of his own, he should discuss them fully with the committees concerned and make every effort to reach a solution before the program itself is submitted for general discussion. If he accepts the plan without reservation, he must be prepared to support it in public discussion without using the authority of his office as a substitute for convincing argument.

Emphasis has been placed upon the need for adequate consideration of the program by the faculty, and upon cooperative thinking and group action. Every attempt should be made to secure as wide support as possible, to keep the discussion open as long as differences are sincere and new evidence appears. However, after adequate provision has been made for this, a decision should be reached and action taken in terms of the best judgment of the majority. Unless this is done, changes will not take place, the will of minorities may prevail, and the process in its very nature will become undemocratic. Delay in order to further understanding can be condoned, but not to prevent decision or action. Action is as much a part of the democratic process as discussion and the recognition of differences.

12. Develop and execute a program of community understanding of the new program.   In a democracy the public can support education with both money and good will or it can withhold both. Public opinion with regard to education must be favorable if the schools are to enjoy adequate support and to have opportunity for improvement. Parents are interested in the education of their children and are entitled to be kept informed regarding the important features of the school program. They do not, as a rule, keep abreast of professional developments nor may they understand the reasons for changes which members of the profession take for granted.

One of the features of a large program of curriculum reconstruction should be provision for informing the community concerning the proposed changes. These should be clearly outlined, and supported by simply stated, convincing reasons. Results of research should be utilized, and statistics used as necessary. However, those charged with informing the community should constantly bear in mind that the language used should be clear, direct, and not cloaked in professional terminology or vague philosophical generalizations. The public is not likely to support what it does not understand or what it suspects. Honesty should characterize all discussions: where facts are available, they should be used; where merely professional opinion or judgment supports the change, this should be honestly stated.

13. Determine the need for equipment and supplies adequate to carry on the proposed program. Before the program can be put into effect, it is necessary to make certain that essential facilities and educational materials will be available, including books, laboratory and library facilities, workshops and special rooms, space and equipment for physical education, visual education materials, and all sorts of expendable supplies. Increasingly, education is becoming less an affair of the academic classroom alone and more a matter of laboratory and workshop experience. This is true of the study of music, art, science, home economics, of shop courses, of physical education, and even of the social studies. Special music rooms, acoustically treated and appropriately located in the school with respect to conventional class and study rooms, should be available. Art rooms may require special lighting and materials for painting, pottery work, metal and woodwork, and other activities. The study of science will require laboratories, collection rooms, special storage facilities, apparatus, and materials to be used in experiments.

If new courses or reorganized courses are to be introduced, provision should be made for adequate textbooks, supplementary books, periodicals, and other reference material. All informational materials bearing on these courses should be placed where they are readily available. If the intention is to place less reliance on the textbook than is ordinarily done, particular care must be taken to have at hand materials which will make it possible for the teacher and the pupils to obtain ample sources of information. This is especially important in the social sciences. Learning is curtailed when too much time is spent in searching for appropriate material.

The modern school should not be expected to operate without adequate visual aids. Sufficient proof has been offered of the improvement of learning through the use of appropriate visual materials to warrant investment by the community in motion-picture projectors, slide and opaque projectors, maps, charts, graphs, photographs, museum objects, and other kinds of visual aids. These aids are applicable in nearly all studies, and whatever is not owned by the school itself should be available at some convenient distribution agency.

Every teacher knows that well-planned programs have sometimes not been carried out adequately because of shortages in the expendable supplies which have been made available. Committees of teachers working on curriculum reorganization must concern themselves with the practical task of obtaining needed materials. Unless these are forthcoming, appropriate adjustments must be made in the proposed curriculum. The Board of Education in turn is obligated to make available requested supplies in much the same manner that a manufacturing or business concern must furnish the materials for its employees to do their job.

14. Determine the methods of evaluation to be employed in ascertaining how adequately the goals of education are being achieved. This is seldom done in curriculum reconstruction. Recent educational history is studded with "experiments" in curriculum which have not been experiments at all but merely innovations, the validity of which has remained a subject of dispute. There have, of course, been notable exceptions, such as the Eight-Year Study; but the impression is inescapable that educational improvement and reform would be greatly expedited if it were the rule rather than the exception to subject major curriculum changes to fair and convincing evaluations.

Evaluation should be primarily in terms of the educational goals or objectives set up. For that reason, the goals must be stated as definitely and clearly as possible, and must lend themselves to methods of evaluation which, if not entirely objective, will at least be convincing both to the profession and to the supporting public. An educational goal such as "good citizenship" must be further analyzed into its constituent characteristics in order that these may be evaluated. What are the qualities of a good citizen? How does he act? How does he think? What is he required to know? [1] In terms of these more specific objectives, appropriate methods of evaluation may be devised. Controlled experimentation with educational programs is not always feasible, nor is it in all cases essential. To the extent that it can be done practically, it will facilitate comparison between the old and the new programs. But even without such experimentation, a conclusive evaluation program utilizing various devices—tests, questionnaires, attitude inventories, interviews, case studies, follow-up studies, and many others—can be conducted.

In designating a committee to make the evaluation, it is desirable that impartial members be drawn representative of the entire faculty, and that the evaluation be done for the school as a whole. When each teacher is designated to evaluate his own course the result may not be satisfactory, since all teachers are not equally judicious in appraising the outcome of their own work nor equally competent in the use of evaluation techniques. The principal points to be stressed, however, are that in any program of curriculum improvement, evaluation is an essential part of the total process, that provision for evaluation must be made at the beginning of the program, and that an open-minded attitude must be maintained in the conduct of the evaluation study.

15. Prepare a program of in-service training to assist teachers to use the new curriculum more effectively.   No curriculum will be effective unless

---

[1] It may be appropriate in this connection to refer to the evaluation procedures employed by the educators conducting the Inquiry into the Character and Cost of Public Education in the State of New York. See Francis T. Spaulding, *High School and Life*, New York. McGraw-Hill Book Co., 1938.

teachers feel secure regarding their ability to employ the new procedures and materials. A program of in-service training should be provided to help teachers acquire competence in discharging their new responsibilities. In revised programs in the social studies, for example, the tendency has been toward unification of the several subjects comprising this field. Teachers whose training was not distributed equally over the field, but who specialized in one or another of the subjects with but minimum attention to the others, will obviously require additional training. A teacher who in his college work specialized in history will require additional study in geography, economics, political science, and sociology. All teachers may need help in learning how to utilize to greatest advantage the educational resources of the community, how to obtain various types of current informational materials, how to employ new teaching techniques, how to use visual equipment and aids, how to work with new record systems, and how to cooperate in the evaluation phase of the program.

In planning an in-service training program, the school administration must be mindful that a large majority of the teachers were trained in the use of methods and materials probably different from those now being instituted and for a task different from the one they are now being called upon to perform. School administrators and the Board of Education must share with teachers the responsibility for acquiring the knowledge and skill to conduct the new program effectively. Provision should be made by the Board for consultatory service by specialists, for workshops organized in the community or in near-by educational institutions, for special lectures, for extension and summer session courses, for demonstrations, and for intervisiting in order to help teachers learn the most effective ways of conducting the program as well as to give them the feeling of confidence and security that they need.

16. Set up an administrative plan to facilitate effective operation of the new curriculum. The effectiveness of a program of instruction can be greatly enhanced or correspondingly reduced depending upon the type of administrative procedures employed. In instituting a new curriculum, the school administrator must also be willing to experiment with new administrative patterns and to discard the traditional "time-clock-in-the-office" type of scheduling. Excessive attention to the time clock has done much to crystallize traditional practices and to vitiate attempts at curriculum reform. However radical the curriculum innovation, appropriate schedule arrangements can be made if only the school administrator has the willingness, good sense, and imagination.

Some programs will call for remedial or clinical work in learning educational skills: such work must of necessity be done individually or with small groups and must be relatively time-consuming. Unified programs may require block scheduling in two or three-hour periods. Laboratory work may require longer periods and less than maximum use of classroom space. Field trips will usually involve absence from school for longer than the traditional recitation period. Special assignments for counseling, committee work, and other tasks must be allowed definite time drawn from the school day. Unless the school administrator is willing to adopt a pattern of administration consistent with the requirements of the new program, he would do well not to encourage the preparation of such a program. It is certainly unfair to place upon teachers the responsibility to find the time for the preparation of the new program, for orienting themselves toward their new duties, and for the execution of these duties. This is the responsibility of the administration. The only purpose of administration is to improve instruction.

17. Select new teachers and staff who are prepared to carry forward the new program and who are in accord with its principles. Progress in curriculum improvement will be expedited if the school administrator, in making additions to his staff, will select broadly educated and professionally qualified persons who are also in accord with the philosophy of education governing the new curriculum. It is not a good reason to choose members of a faculty merely on the basis that they are representative of a wide distribution of points of view. Too much divergence will lead only to strife resulting in no agreement whatever. Three qualities at least are essential in a faculty member who would be valuable in a program aiming at continuous curriculum improvement:

1. He should have greater interest in pupils than in his subject and believe that their educational needs should determine the content of the instruction.

2. He should be willing to work cooperatively as a member of a team, believing that more effective decisions can be reached by intelligent group action then by individual action.

3. He should be willing to experiment and to have his work evaluated by impartial observers.

If there can be secured faculty members possessing these qualities, tremendous strides can be made in curriculum reorganization. But while he seeks to obtain such personnel, the administrator should also examine his own philosophy to make certain that he is fitted to be the professional leader of such a group.

CONCLUSIONS

The plan proposed in the preceding pages for an immediate improvement of curricula is merely one of several possible. Others may profitably be considered. A consideration of any or of all these outlines forces one to the inevitable conclusion that curriculum-making or curriculum revision of any important significance requires a tremendous amount of time and energy. There are no short cuts; there is no "expert" who can or will attempt to give final answers regarding what should be taught.

Every serious student of the curriculum recognizes that there are still unknown many essential facts before such reorganization as is needed can be developed, and that there is lacking agreement on a fundamental philosophy of life and of education. The student recognizes, too, that many known facts and much generally accepted philosophy have not been sincerely applied to curriculum revision. When they are, there will result offerings materially different from what are now common. There is every reason why schools, cooperative groups of schools, and state departments of education should follow some such program as has been presented in order to effect as much immediate improvement as is possible. The machinery for such revision should not be so elaborate as to consume the best energy of administrators to keep it moving. While involving all, or at least a majority, of the teachers, in order to develop understandings, to secure such contributions as they can make, and to result in sympathetic reception, the program should centralize responsibility in those most competent and provide them with ample time and assistance. Specialists may profitably be called in if the problems are within their competence and are carefully defined beforehand. The extent of revision that is to be attempted in a given time should be roughly agreed on in the beginning, or much energy will be expended in a vain attempt to achieve the impossible, and not only will results be small but the whole program may be discredited. After the concentrated work that is needed for the first revision, which is required to take care of the most obvious weaknesses of the curriculum, there should follow a continuous program for improvement. The task will never be completed so long as society changes and as new facts are discovered. It will be found just as important to secure the consistent use of new materials as to devise them. Many programs of curriculum revision have proved ineffective because there was not sufficient effort to have the results used and continuously to substitute improvements for defects recognized in practice.

In this chapter it has been assumed that for the present the greatest possibilities lie in revision of the curriculum in terms of the subjects taught. It is quite possible that ideal theory would abolish subjects entirely and justify a curriculum of problems that draw freely at need on all fields of knowledge; but practically such a program is not likely to be adopted for sometime to come. It is necessary that some new subjects be introduced into the curriculum, that there should be a change in requirements for graduation, that there should be a reordering of the sequences and a reassignment of the number of periods for the several subjects. As we acquire knowledge from experience and from research, all these may be modified. But the immediate challenge and the most inviting possibility lie in the improvement of the subjects themselves. A consistent application to this task of any accepted philosophy will unquestionably result in great immediate values. If those responsible for revision attempt to direct each course of study by clearly stated objectives that are justified by general principles, it will become potent as it has never been before.

Throughout this book there have been developed guiding educational principles. Each course should prepare the pupils to do better the desirable things that they will do anyway; it should reveal and make desired higher activities, which otherwise they would not appreciate and seek. It should make a responsible contribution to the maintenance and improvement of the supporting society. It should be good to the extent to which it is pursued. It should contribute toward the special functions for which the school was established. It should create interests and develop them until they are strong enough to maintain themselves and to grow. It should be concerned that pupils know the *mores* of their civilization and conform to those that are important. It should contribute to methods of independent and sound thinking. And it should recognize and utilize the importance of attitudes, however emotionalized, in determining thought, action, and continuance of education. All such responsibilities may be accepted in curriculum revision, whether the program be small and limited to immediate improvement or comprehensive for a revolutionary and continuous revision.

Selected Bibliography

ALBERTY, HAROLD, *Reorganizing the High-School Curriculum*. New York: The Macmillan Company, 1947. 443 pp.

BRIGGS, THOMAS H., "Proposals for a Curriculum Commission," National Association of Secondary-School Principals, *Bulletin*, 131:79–90, May, 1945.

CASWELL, HOLLIS L. and CAMPBELL, DOAK S., *Curriculum Development*. New York: American Book Company, 1935. 600 pp.

DOUGLASS, HARL R., *et al.*, *The High School Curriculum*. New York: Ronald Press Company, 1947. 661 pp.

DRAPER, EDGAR M., *Principles and Techniques of Curriculum Making*. New York: D. Appleton-Century Company, 1936. 875 pp.

GWYNN, J. MINOR, *Curriculum Principles and Social Trends*. New York: The Macmillan Company, 1943. 630 pp.

HARAP, HENRY, *et al.*, *The Changing Curriculum*. New York: D. Appleton-Century, 1937. 351 pp.

HOPKINS, L. THOMAS, *Curriculum Principles and Practices*. Chicago: Benjamin H. Sanborn and Company, 1939. 617 pp.

JONES, ARTHUR J., GRIZZELL, EMIT D., and GRINSTEAD, WREN J., *Principles of Unit Construction*. New York: McGraw-Hill Book Company, 1939. 239 pp.

LEONARD, J. PAUL, *Developing the Secondary School Curriculum.* New York: Rinehart and Company, 1946. 560 pp.

LIDE, EDWIN S., *Procedures in Curriculum Making*, Monograph No. 17, National Survey of Secondary Education, United States Office of Education, *Bulletin No. 17*, 1932. Washington: United States Government Printing Office, 1933. 99 pp.

LOOMIS, ARTHUR K.; LIDE, EDWIN S.; and JOHNSON, B. LAMAR, *The Program of Studies*, Monograph No. 19, National Survey of Secondary Education, *Bulletin No. 17*, 1932. Washington: United States Government Printing Office, 1933. 341 pp.

National Society for the Study of Education, *Curriculum-Making: Past and Present* and *The Foundations of Curriculum-Making, Twenty-Sixth Yearbook*, Parts I and II. Bloomington, Illinois: Public School Publishing Company, 1927. 475 and 238 pp.

————, *Curriculum Reconstruction, Forty-Fourth Yearbook*, Part I. Chicago: University of Chicago Press, 1945. 297 pp.

North Central Association of Colleges and Secondary Schools, *High School Curriculum Reorganization.* Ann Arbor, Michigan: 1933. 395 pp.

SPEARS, HAROLD, *The Emerging High School Curriculum.* New York: American Book Company, 1940. 400 pp.

CHAPTER XI

NATURE OF EMOTIONALIZED ATTITUDES

That education should be concerned with the whole of life is now generally accepted as an axiom of theory. However, it has not yet by any means been thoroughly accepted in practice. Schools in all modern civilized states tend to concentrate on intellectual training, though it is obvious to any reflective observer that life everywhere is concerned with much more than mental processes of academic kinds. It is argued in this chapter that our own schools have contributed much less than they could have done to the good life because they have largely neglected one common and potent part of it, which will now be discussed.

Applying any accepted ideal of modern education, we find that the good life consists of much more than the knowledge of academic facts and the rational use of them. "Logic has a way of being simpler than life," for life is a complex of which the intellect is only one element. Hitherto our formal curriculum has been wholly, or almost wholly, concerned with the intellect; but life is wholly, or almost wholly, colored by the emotions. They are too widespread and too important to be thus neglected, especially if, as will be shown, they not only make for happiness or misery but also to a large extent influence the intellectual processes and have other effects that go far toward determining the success of social civilization. Psychologists maintain that there is an affective concomitant with the recognition of even the most severely intellectual facts, such as the parity of two angles or the specific gravity of lead. Ranging from this extreme we find situations that produce

261

reactions so emotional that it is difficult to discover in them any intellectual element whatever, either immediate or remote.

The Affective Causes of Action and Thought. "I believe," writes a student of school curricula, "that all human actions should be inspired by the intellect." Perhaps they should be; but the fact is that very few actions have immediate intellectual causes that are not materially affected by feelings. Moreover, with surprisingly slight exaggeration, it may be said that in the great majority of instances we think only to rationalize a position impulsively taken on an action inspired by an emotionalized attitude. It once was very generally held by logicians that the ideal was to think after the pattern of a geometrical proof, although a moment's introspection should have shown that this pattern is used only for the organization of proof after conclusions have been reached. Dewey improved and replaced this ideal by the pattern presented in his *How We Think*, which might better be entitled *How a Gifted Man Thinks We Ought to Think*. Nearly all thinking, certainly that of the majority of men, is far different. It begins in feeling, is continuously colored by emotionalized attitudes, and often ends in a rationalization, itself tinctured or glowing with emotions, of the position taken. The very use of Dewey's pattern to improve thinking itself begins in complexity and is attended by a glow of feeling, a concomitant of the consciousness of intellectual effectiveness and superiority. Elsewhere Dewey says, "A belief in intellectual freedom where it does not exist contributes only to complacency in virtual enslavement, to sloppiness, superficiality, and recourse to sensations as a substitute for ideas." [1]

Thorndike has established the psychology of S—R bonds. Every experience however simple or complex, is followed by a feeling of satisfaction or of annoyance. If by the former, the experience tends to be repeated; if by the latter, it tends to be avoided. Repetition with satisfactions sets up habits, more or less pattern forms of response to the same or similar stimuli. Consciousness, however dim, of these patterns constitutes what may be called an attitude, "a stabilized set or disposition," according to a definition adopted by the American Psychological Association. Every attitude must, because of its origin, be attended by

[1] *The Public and Its Problems,* New York, Henry Holt and Company, 1927, p. 168.

some degree of approving emotion. Some attitudes are so highly emotionalized that they in large measure serve as a substitute for original thinking and, moreover, lead to other important results that will be discussed later. A reaction may be attended by strong feelings of satisfaction, but unless it is repeated sufficiently it is not likely to result in an attitude.

We Feel More Than We Think. "Our intellect," once wrote G. Stanley Hall, "is a mere speck afloat on a sea of feeling." This speck is, of course, of tremendous importance, to be appreciated, respected, increased, and used in every way possible. The formal curriculum has been almost entirely devoted to it. In this discussion there is no depreciation of the intellect, not the slightest, in the emphasis that along with the speck of intellect, often dissolving or profoundly modifying it, is an ocean of feeling. This must be a concern of any comprehensive program of education. We feel more, both quantitatively and qualitatively, than we think. "One emotion will cover a multitude of ideas," and emotion is the most effective factor in determining and in strengthening attitudes.

Everyone Has Many Emotionalized Attitudes.[2] As a result of experiences, sometimes single but usually multiple and complex, that are satisfying or annoying, everyone develops a large number of attitudes, all of which are in some degree attended by feeling. Chiefly because of variations in original nature and of the intensity of the satisfaction or annoyance, some people clothe many attitudes with a large degree of emotion. We say that a person is "by nature" kindly or generous or punctual, meaning that he has acquired a strong feeling attitude of kindliness or generosity or punctuality in situations that have come under our observation. By this we also imply a belief that the strength

[2] See Ruth M. Strang, *Behavior and Background of Students in College and Secondary School*, New York, Harper and Brothers, 1937, pp. 235 ff.; Daniel Katz, Floyd H. Allport, and Margaret B. Jenness, *Students' Attitudes*, Syracuse, N. Y., The Craftsman Press, 1931; J. C. Moffitt, "An Analysis of Race Prejudice," *Educational Administration and Supervision,* 18:641–48, December, 1932; George B. Neumann, *A Study of International Attitudes of High School Students,* New York, Bureau of Publications, Teachers College, Columbia University, 1926; and Luella Cole, *Psychology of Adolescence,* second ed., Chap. x, New York, Farrar and Rinehart, 1942.

of the feeling accompanying the attitude will cause it more easily to extend to other situations where we have never seen it operative. However intellectual a person may be, it is not difficult to find evidences of more or less emotionalized attitudes toward certain phenomena. Such attitudes or "sets" or "dispositions to respond" are common with regard to foreign peoples and their *mores*, toward a section of our own country and its inhabitants, toward a political party, labor unions, "big business," changes in social conventions, and the like. On every hand we note in our acquaintances and in ourselves habits and attitudes, such as of neatness and cleanliness, that are accompanied by such a degree of feeling as to cause severe disapproval of those who do not manifest them.

In some individuals habitual forms of response to recurrent situations and strongly emotionalized predispositions to act in certain ways to those situations that are either common or unusual are dominant over intellectual decisions. This may be regretted and decried, but it must be recognized as a fact. An adult confronted by a recurrent situation is usually at once ready with an attitude, often highly emotionalized, toward it: the champion of theological fundamentalism is "an ignorant bigot" or "a sainted preserver of the true faith"; Hitler is "a fallen hero" to be pitied or "an overthrown despot" to be despised; a Jew is "greedy, selfish, and cruel" or "a patient sufferer of unreasoning racial enmity"—emotional words these—even before we consider what he says and does.

Attitudes Are Often Inconsistent.   Inasmuch as attitudes are separately formed and seldom considered by an individual in an organization of his philosophy of life, it is small wonder that they are often inconsistent and not infrequently contradictory. One may feel strongly hostile to a certain act performed by an acquaintance and at the same time may condone it in a close friend. One may be a zealot for democracy and yet deny the rights of members of another race or religion. One may have an abhorrence for excesses in liquor while being a glutton for food. Probably the strongest and, as will be pointed out later in a discussion of the integrative effects of emotionalized attitudes, the most disturbing contradictions are between those that are held by an individual and the hostile ones held by a group to which he belongs. Such contradictory attitudes are often manifest in an individual and his political or religious group. Usually the contradiction is for a long time not recognized, and then it may be ignored or its importance minimized. But when the conflict is seen to be important, the individual is to some extent alienated from his group or else he surrenders a part of his personality. Attempts to compromise sometimes lead to tension, frustration, and disintegration.

Are Attitudes General or Specific? [3] Unquestionably attitudes initially are highly specific. Having been made ill by oysters, comfortable by a Scotch Highland family, irritable by an alumnus of Freshwater College, happy by X's new novel, or confused by a puzzle of steel links, one tends to acquire toward oysters, the hospitable family, the college alumnus, the novel, and the puzzle *attitudes* that go far toward determining future reactions toward them. If this were all, the attitudes, especially in the degree to which they are emotionalized, would be important. But there is an undeniable tendency for them to spread. From such experiences as were mentioned, it is easy for one to develop a hostile attitude toward all shellfish, all alumni of Freshwater College, even toward all small colleges, and all mechanical puzzles, or an approving attitude toward all Scotch Highlanders and all of X's novels, and perhaps toward novels as a preferred type of literature. Similarly resulting experiences with closely related things or people may spread the attitude even further than any logic could ordinarily expect. Many a pupil has extended his dislike of a teacher to the subject that he presented, to the school, and even to higher education. One study reported that students tend to have unfavoring attitudes toward the people whose language they studied and disliked in high school. It is perfectly true, of course, that attitudes concerning such matters as honesty, tolerance, and courtesy may be so highly specialized that one may be honest regarding money and yet cheat in an examination, tolerant in politics and a bigot in religion, or courteous in his own social circle yet rude to those outside

[3] Those who are especially interested in this topic may profitably refer to Allport's chapter in *A Handbook of Social Psychology,* Carl A. Murchison, editor, Worcester, Mass., Clark University Press, 1935, and to Hadley Cantril, *General and Specific Attitudes,* Princeton, N. J., Psychological Review Company, 1932.

it. But the recognition of similar elements in other situations may cause an attitude to spread far beyond its original confines. Certainly it would be easier to extend a highly specialized attitude of courtesy than to create a new one for every possible situation. Even if there were no possible or probable spread, attitudes would for reasons presently to be given be far more important than formal education has recognized them to be. With such spread as has just been indicated, they set up a new set of challenges to education that aims to be comprehensive and effective for good living.

Attitudes Are Emotionalized.   By their definition, attitudes necessarily are accompanied by some emotion. Some have so slight a concomitant that it may not be recognized as existing at all; but others, in varying degrees, are surcharged with it. One person may have an attitude of neatness that results in a habit of clearing up his desk regularly at the close of every working day with intellectual satisfaction at the economy of so doing; another may have the attitude that leads to the same habit with this difference: the result is accompanied by a rich glow of satisfaction, a violation, by himself or by others, by keen discomfort and irritating annoyance. The former person may for good reason occasionally neglect to clean up his desk and have no gnawing of conscience; the latter is likely to find no good reason for such neglect, and if forced to it by circumstances he will be uncomfortable and self-reproachful at the violation of his fetish. Which will more probably leave his desk clean at night? The same person may have strong feeling about the neatness of his desk and little, or apparently none, about the neatness of his top chiffonier drawer. Any teacher, however, would prefer the task of extending his habit of neatness than that of creating one for both needs. On every hand we observe in our acquaintances and in ourselves habits and attitudes, such as of neatness, cooperativeness, accuracy, and conscientiousness, that are approved by the intellect and yet are directive in one set of actions and ineffective in another. The difference undoubtedly lies in the amount of feeling associated with the specific attitudes. If that is increased, the effects will be more certain; and as it exists in large amount the spread of the attitude is facilitated.

The Sources of Emotionalized Attitudes. From what sources do the emotionalized attitudes come? No chapters of psychology are less satisfying than those concerning the emotions; the emotionalized attitudes are usually recognized only indirectly. The potency of emotionalized attitudes being admitted as conditioning, stimulating, and determining both thought and conduct, we need to know whence attitudes come and how they are emotionalized in order that we may learn how to develop, modify, and direct them to desired ends.

Inherited and Physical Causes. At present we are largely in the dark. But we may assume that some causes of emotionalized attitudes lie in inheritance, others in environment and experience. Watson,[4] indeed, states that emotion is a hereditary pattern-reaction involving profound changes in the bodily mechanism as a whole, but particularly of the visceral and glandular systems. The physical basis is supported by such studies as those by Cannon,[5] which show profound bodily changes accompanying emotional states. The close association of emotions with the physical is also shown by common observation. One is more likely to tolerate a contradictory statement than a check to bodily action. A tweak of the nose will arouse to violence the most lethargic, who may respond to a verbal insult by complacent inaction. Crowds are inflamed to wild enthusiasm by a football game or a prize fight, while two chess players contest alone or in the presence of a handful of easily restrained observers. In so far as inheritance determines the intensity of emotions, it determines, of course, the strength of the emotionalized attitudes. Education is concerned to know what equipment each individual has received from nature, and then to see that the native quantum of feelings is attached to the good attitudes and that the bad ones are directed to better uses, subordinated, or replaced by the better.

Environmental Causes. Environment doubtless has large effects on the development of emotionalized attitudes. Beginning with entire

[4] John B. Watson, *Psychology from the Standpoint of a Behaviorist*, third ed., rev., Philadelphia, J. B. Lippincott Co., 1929, p. 225.

[5] Walter B. Cannon, *Bodily Changes in Pain, Hunger, Fear, and Rage: An Account of Recent Researches into the Function of Emotional Excitement*, second ed., New York, D. Appleton and Co., 1929.

egocentricity, every individual extends his interests and his feelings outward in response to the kinds of stimuli and responses that he meets. As they vary, so he will vary. It is entirely reasonable that, so far as original nature permits, an only child should develop strongly certain attitudes that are weak or lacking in children of a large family. One man who was reared in comparative isolation on the Western Plains records the feeling of superiority that he developed without competition and the later difficulties of adjustment when he learned that other people thought and felt as he did. Many a youth becomes a blazing and confirmed political or religious radical because of an environment largely different from that which develops the satisfied reactionary. How would either our religious sects or political parties persist if they depended for adherents on those who were convinced intellectually without the influence of feelings developed by environment?

Personal Influences.   Certainly the strongest environmental influence on the feeling attitudes is that of fellow human beings. It is necessary to consider separately the influence of individuals and of social groups, for in some respects it is different in determining, directing, and emotionalizing attitudes. Everyone can recall instances in which a person toward whom he had a strong feeling of admiration or of contempt set up in him an ideal, an ambition, a prejudice, or a disposition that persisted with effectiveness long after the apparent original influence had passed on. One reflective educator says that he can definitely attribute every important emotionalized attitude in his character to the influence of individuals. Whether this be extreme or not, we are likely to agree that personal influences, even though we cease to be conscious of them, have often been highly effective in influencing, if not in determining, emotionalized attitudes, which in turn are a large part of what we call character.

Of these personal influences that of the father or the mother is usually strong.[6] Common observation supports this statement, sometimes noting that the influence of the parent of opposite sex is ordinarily the more dominant. What common observation frequently overlooks is that

[6] Gardner Murphy, Lois B. Murphy, and Theodore M. Newcomb, *Experimental Social Psychology*, New York, Harper and Brothers, 1937, Chap. XIII.

parental influence is often negative, the child resenting some attitude or trait characteristic of a parent and acquiring, therefore, a highly emotionalized attitude quite the opposite. Happy is the child born into a family integrated by wholesome attitudes, and desperately in need of help from outside agencies is the child born in any other.

Similar strong influences may be consciously or unconsciously exerted by other individuals—teacher, pastor, scout leader, playmate, or even some person fortuitously met. We need to know with accuracy much more than we do of these personal influences, positive and negative, in order that they may be provided and wisely used for education in the school as well as outside. It is a reasonable hypothesis that dynamic personalities are more potent than others, that affection or respect or awe or envy is first felt before influences follow. If, as seems to be true, personal influence is potent, in some cases dominant, in setting up emotionalized attitudes, the kind of playmates that are permitted or encouraged, and the kind of individual that is selected for the instruction of children and youths assume an importance not usually recognized. It would be a poor bargain if a teacher imparted facts skillfully and yet influenced pupils so that they developed unwholesome attitudes toward life or acquired an antipathy for the subject in which he gave instruction or a contempt for the school. "Personality" is generally recognized as an important characteristic of teachers; more than that, it is essential—a personality that not only influences but also influences for good.

Social Groups. The first social group outside the family, in which the child learns to adapt himself to others and in which many emotionalized attitudes are initiated if not established, is composed of neighboring children who come together for play. Each brings not only certain habits but also attitudes that have already been set up and emotionalized in the home; as every observant parent knows, the potency of mob approval or disapproval is overwhelming. It is in play groups that family influences begin to be undermined by what "they" say and by what "they" do. These groups are more or less determined by the accidents of environment; children are likely to play with their neighbors, whoever they may be. Here inclinations to dominance or to submission develop into attitudes; here "complexes" of various kinds are initiated or strengthened; here *mores*—unreasoned folk habits—are learned with a fullness of faith that much wise teaching can more often temporarily than permanently replace. If parents were conscious of the effects of those early play groups, they would be much more concerned to influence their composition and to oversee their activities.

Beyond these there is, as long as life lasts, a continuous series of elected groups—the gang, the club, the society, the lodge. "Birds of a feather flock together," it is true, but every human plumage is more or less modified by that which characterizes others of the covey. In these groups there are powerful determiners of emotionalized attitudes; the voice "they" use increases in volume. "They" despise "snitching," or tale-bearing, even though it can be defended by Olympians with irrefutable logic as necessary for the larger social good; "they" prescribe the limits of leadership, the interests that are respectable, the *mores* that govern conduct, the ritual that hallows it, the ideals toward which it must move. The integration, the solidarity, of the organization, which varies greatly from group to group, is directly determined by the amount of emotion involved.

Popular recognition of the importance of voluntary social groups has resulted in the school clubs and other similar organizations that are more or less closely directed by adults. Ordinarily they are "extracurricular," though it may be argued that no subject which is taught has greater influences for effective living. Because of their influences, actual and possible, they deserve far greater support than they have ordinarily received; their direction should be an assigned duty only of those personally most fitted for the responsibility and most keenly appreciative of the opportunity. Is a program, like that of the Boy Scouts, consciously devised by directing adults, superior or inferior in effectiveness to the undirected activities of the gangs themselves? What can the former learn from the latter? What has the school to imitate and avoid in the programs of gangs, voluntary clubs, Scout troops, Epworth Leagues, summer camps, fraternities, the Junior Red Cross, and other such organizations? [7]

[7] See Verner M. Sims and James R. Patrick, "Attitude Toward the Negro of Northern and Southern College Students," *Journal of Social Psychology,* 7:192–203, May, 1936.

Satisfiers and Annoyers. By analogy with the generally accepted theory of the formation of other habits, it is reasonable to think that attitudes are formed, emotionalized, and permanently set according to the amount of satisfaction that is produced by the repetition of constituent acts, and that they are discouragingly redirected and inhibited by consequent annoyance. One visits a certain city, where he has success or enjoyment; and a favoring attitude is initiated. This is strengthened by other similar visits or by pleasing contacts elsewhere with representatives of the city until there is a disposition, emotionalized in proportion to the intensity of the former pleasure, to approve all the inhabitants and their works. By experiences we have all developed favoring or hostile attitudes toward religious sects, political parties, authors, forms of entertainment, games, puzzles, and hundreds of other things.

Vicarious Experiences. Satisfiers and annoyers from vicarious experiences also doubtless are of great potency in forming and in affecting emotionalized attitudes. Biography, history, literature, the cinema and sound pictures, and especially oral narratives by some person who is admired have vastly extended everyone's world of experiences. In proportion as they stir our emotions and cause us in imagination to identify ourselves with the actors of the presented drama, we just as truly as from actual experiences love and hate, often because of the skill of the artist more intensely, and thus develop strongly emotionalized readinesses to act in definite ways in similar situations. It is reasonable to suspect that there is a wide spread of these influences, a transfer of attitude from the real or fictitious characters known vicariously to characteristics that are prominent in them or to associated people or sects or localities. A boy is stirred to admiration by reading of Stonewall Jackson or Robert E. Lee, he identifies himself with Horatius or the hero of Trafalgar, he loves Barrie's Margaret or despises Dunstan Cass, he thrills in approval and envy at the adventures of D'Artagnan or in sympathy with the Hunchback, and he sails the high seas with the loquacious old salt who delights to recount his adventures. Can anyone doubt that these experiences are as real as most that actually occur?

or that they have as much influence in setting up and emotionalizing attitudes of approval and of disapproval, readinesses to respond in similar ways to later situations that the boy in some way, often devious and remote, identifies with the original? We are fairly certain that many vicarious experiences do result in highly emotionalized attitudes, which themselves in turn become causes of other such attitudes. A few strongly felt ideals or prejudices seem constantly potent to set up a flood of consistent minor ones, all together producing what we commonly call character. It is no exaggeration to say that *character is the sum of one's emotionalized attitudes*. We are virtuous or vicious more by how we feel than by what we know. Education is doubly concerned, therefore, with the formation of these dominating major attitudes, which are surcharged with feeling enough to charge and change all of one's life.

When Emotionalized Attitudes Are Set.   When do attitudes become emotionalized so that they tend to persist? In young children emotionalized attitudes seem to be evanescent, if they can be said to exist at all; in adults, they are to a great extent fixed and permanent. The problem is not simple. Although attitudes are not so conspicuous in childhood and because of emotional concomitants so potent and persevering as later in life, they are formative nevertheless. Many psychiatrists, especially those of Freudian tendencies, profess to trace many, if not most, pathological states to experiences occurring early in childhood.[8] Certainly it is in this period that concepts of the great majority of common things are formed, and any concept may be so colored as to contribute markedly to attitudes as they are gradually or rapidly set later.

On the other hand, psychologists, as well as those having intimate acquaintance with children, believe that at and shortly after pubescence there is a heightening of many, if not of all, of the emotions, and that at this time youth is more sensitive to ideals and more concerned with them than he has been earlier or perhaps will ever be again. As this is true, it is reasonable to think that it is during adolescence, especially in its earlier stages, that most attitudes, however long and tediously

[8] See Peter Blos, *The Adolescent Personality*, New York, D. Appleton-Century Co., 1941; and Allison Davis and John Dollard, *Children of Bondage*, Washington, American Council on Education, 1940.

developing, take on definite form and attach to themselves degrees of feeling that make them varyingly potent throughout life. Common observation supports this opinion, and introspection reveals that many of our own attitudes toward religion, ethics, politics, places, people, and food at this time took a definite and persistent trend.

Desirable Attitudes. After this exploration into the nature, effects, and causes of emotionalized attitudes, we naturally ask, *Which ones are desirable in the good life?* Certainly there is now no authoritative answer, even in tentative form. Of course, it is recognized that there can be no final and unvarying list for each and every individual; but as educational programs become better adapted to the important demands of life, it will be necessary for them to have the most wisely chosen list possible from which to draw. There are two ways of answering the question: one by securing opinions, the other by considering the characteristics of good citizens. Every teacher and parent has used his judgment to approve or disapprove a small list of attitudes for youth, and a few efforts have been made [9] to combine the judgments of a number of competent people in order that a more nearly complete list might be prepared. The fact that these lists do not agree is a challenge rather than a reason for discouragement. A better and more comprehensive list can be prepared by the consensus of the judgments of a sufficient number of able people who are not only representative of various activities of the good life, but also thoroughly convinced of the importance of the educational challenge and of the far reaching implications.

There is need of developing a large number of specific desirable attitudes that will direct action in such a variety of situations as will ensure elements common to many others to which transfer is hoped for. Belief is not yet discredited that a strongly emotionalized general ideal of honesty, cooperativeness, courtesy, and courage, for example, greatly facilitates transfer. Sincere "conversion" to Christianity, when ac-

[9] See "Character Education," pp. 379–450 in *Fourth Yearbook*, Department of Superintendence, National Education Association, Washington, 1926; Edith G. Germane and Charles E. Germane, *Character Education: A Program for the School and the Home*, New York, Silver, Burdett and Co., 1929; and Erland Nelson, "Attitudes Sought by Colleges," *School and Society*, 46:444–46, October 2, 1937. This last article also contains an extended bibliography.

companied by profound emotional approval, has in numberless instances made easier direction, by self or by others, to a variety of beneficent actions not originally included in the professed program. Certainly experience justifies our expectancy that a man who has a high emotional approval of his own devotion to justice in one phase of life is more likely to be just in another phase than that a man who is no more just anywhere than he has to be will manifest the desirable ideal at social need.

The other method of selecting approved traits, that of observing the attitudes that are characteristic of those generally considered the best men and women, has been popularly but, so far as known, not scientifically pursued. Whichever method is used to prepare a list of approved attitudes, it should be supplemented by consideration of the kinds and amounts of concomitant emotion that are desirable. It is interesting to note that most people recognize in themselves stronger feelings of revulsion than of attraction, that they are more likely to resent tardiness, filth, and boorishness than to thrill in approval of promptness, cleanliness, and courtesy. Attitudes are emotionalized apparently in both negative and positive phases.

Attitudes Persist.   That attitudes persist admits of no denial, and the more fraught with emotion they are, the more stubbornly they resist change. Everyone can easily cite illustrations from his own experience—continuing attitudes in favor of or hostile to certain races, a churchly denomination, a political party, manners of behavior, and of speech, schools, teachers, and subjects studied. Even after we think we have discarded an early attitude, it may suddenly, without conscious volition on our part and even without welcome, exert its influence on what we impulsively say or do. Thurstone and Peterson report that after certain planned teaching had materially reduced the potency of negative attitudes toward a foreign race, more than half the good effect was lost after a period of nineteen months.

Occasionally it is easy, but more often it is difficult if not impossible, to trace an emotionalized attitude back to its original causes. Even the superior, reflective mind will in many instances find the challenge no easy one. An attitude may persist long after the original causes have been modified, intellectually denied, or completely forgotten. It may persist under those circumstances even with an emotional concomitant increased far beyond what the intelligent cause would warrant. For example, one brought up with a strong repugnance for the Republican (or Democratic) party may later come to realize that there is about the same proportion of good and bad voters affiliated with the one as with the other and that all distinctive differences in philosophy of government have long since been lost; he may even forget what reasons he originally thought he had for approving one and disapproving the other. Yet the chances are that, unless overcome by a stronger opposing emotion, he will continue his prejudice for many years.

Such attitudes may persist and even direct themselves to unimportant and noncausative parts of the stimulus. As an illustration may be cited the experience of a university professor. Walking down a corridor one day he was conscious of annoyance at the unidentified voice of a lecturer in a near-by room. Pausing in his growing irritation, he finally was able to associate the voice, which in itself was not unpleasant, with a colleague whose professional opinions he held in slight esteem. How often one's attitude toward an author extends to his works! How often one's attitude toward a sect, even though it may be a mere prejudice, influences judgment concerning its members' characteristics that could not reasonably be expected to be affected by its philosophy! Emotionalized attitudes persisting after their causes have been removed or forgotten, or such attitudes illogically associated with insignificant parts of the whole situation, are dangerous. Somewhere in one's education it seems that means of preventing or weakening such mischievous elements of character should be attempted.

Effects of Emotionalized Attitudes. The effects of emotionalized attitudes are far greater and more complex than one is at first inclined to think. It is readily seen that at the beginning of a relationship they are important. On meeting a new acquaintance everyone is likely to have a spontaneously favorable or unfavorable reaction, usually determined by an established attitude toward some observed characteristic. As other traits come into consciousness, other attitudes influence judgment, and the original one is either strengthened or supplanted. We all know how much more common the former is than the latter, as we have to a small degree learned to suspend either judgment or feeling. The feeling attitudes also to a large extent determine our responses in critical situations, where there is neither time nor mood for reflection. H. S. Tuttle has declared that "the comparatively few dramatic moments of deep emotion in life are outcomes primarily of attitudes." So that these moments may be satisfying, the determining attitudes must be sound. It will now be argued that the influence of the emotionalized attitudes extends much further. They condition the reception, the interpretation, and the retention of ideas, thus being to a large extent determiners of thinking; they integrate an individual with others; and more than anything else they stimulate to action. "Without guiding attitudes," says G. W. Allport, "the individual is confused and baffled. Some kind of preparation is essential before he can make a satisfactory observation, pass suitable judgment, or make any but the most primitive type of response. Attitudes determine for each individual what he will see and hear, what he will think, and what he will do."

Influences on Intellectual Receptivity.   Even children quickly learn by experience that their requests of elders are often granted or refused on other than logical grounds, and that a decision once given, however impulsively, sets up on the part of the adult an attitude that is fertile in justifying reasons and stubborn not to reverse itself. The office girl, having learned practical psychology, waits until she can catch her employer in the proper mood before putting in her petition for some favor, or she conveys it through a third person toward whom there is such a favorable attitude that success is probable. What does all this mean other than that the emotional attitude of a person colors even plain facts and syllogisms? Logically the same facts and argument should under the same external circumstances lead to the same conclusions; practically they do not. "We all know," wrote Macaulay in his essay on Francis Bacon, "how unwilling we are to admit the truth of any disgraceful story about a person whose society we like and from whom we have received favors, how long we struggle against evidence, how fondly, when the facts can not be disputed, we cling to the hope that there may be some explanation or some extenuating circumstances with which we are unacquainted." It is easier to recognize the phenomenon in others than in ourselves, but it is strong in even the most highly trained intelligence.

The "mood to understand" may, of course, be influenced by the will, by a recognition of the dangers of impulsive response determined largely by one's feelings, or it may be inhibited by other and stronger interests or attitudes. But receptivity, intelligent fair-mindedness, is likely only if there has been developed an ideal, which is itself emotionalized, in its favor, an ideal strong enough to break down less important feelings. Surely a recognition of this should emphasize the necessity of developing an understanding of one's own attitudes and the need of controlling them at the time of considering new facts and arguments and of making decisions regarding them.

"Sympathetic" as well as "hostile" listening or reading is always prejudicial to sound intellectual conclusions. No reflective person can have failed to note illustrations from his own experience. Two readers, one sympathetic and the other hostile to the author or to the subject, react in contrary manner to the argument in an article on prohibition, the German war guilt, or theological fundamentalism because they receive and emphasize the facts to which they are hospitable and ignore or subordinate all others. A student once in class discussion began his argument, "I love to think . . ." "That," retorted the professor, "is just the trouble. When one 'loves to think' thus and so one can never think clearly." Just as bad, of course, is what Mill calls "the deep slumber of decided opinion." One who desires to come to sound conclusions should be aware of the influences of his emotionalized attitudes and on guard against them.

The emotionalized attitude toward persons which influences or determines intellectual receptivity of what they say is doubtless more potent and more difficult to control, for as a rule it is more deeply seated and emanates from previous experiences that have some intelligent justification along with varying concomitances of feeling. Concretely, one may have learned from several contacts that a certain politician is shallow, shortsighted, and selfish; this gradually developed conclusion may be attended by a feeling of distrust and of personal dislike. When, therefore, the politician subsequently proposes new legislation there is a natural inclination to discredit and oppose it without fair consideration. There is in this doubtless a protective device of economy; but it easily develops to such an unreasonable extreme that a sound proposal of his may go unexamined. Education should develop a strongly emotionalized attitude in favor of acting in accord with the anonymous "not who is right, but what is true" and wise and feasible.

Influences on Interpretation. A closely allied effect of emotionalized attitudes is on the interpretation of facts. This is one of the commonest of phenomena. The same fact is in all sincerity interpreted by each of two opponents as supporting his contention. Further than this, a fact considered in one emotionalized attitude leads to one intellectual conclusion; considered in another it may lead to quite a contradictory one. There is relatively little disagreement about the original facts in many disputed issues; but because of different emotionalized attitudes they are interpreted so variously as to produce other secondary facts and opposing conclusions. The members of a college class in political economy, all with more or less devotion through family influences to one political party or the other, listen to the same exposition of the tariff; one fraction come away high protectionists and the other free traders. The aura of a name may be more potent than logical argument.[10]

In this day of specialists the educated man should have been trained to recognize that his emotionalized attitudes do influence his interpretation of facts and his judgments so that he may consider this fact and discount it when seeking to arrive at sound conclusions; and, moreover, he should have been trained to find the specialist toward whom, for the sake of safety, comfort, economy, and subsequent effective action, he can develop a favorable emotionalized attitude. It involves, as James Ward states, "the recognition of the subject's attitude as essential to the reaction, and of this as determined by pleasure, pain, or some interest resting ultimately on these." This does not debar him, at the same time, from preserving toward the advice of the specialist a soundly critical attitude, for which ideal some have also developed a feeling attitude.

[10] See Irving Lorge, "Prestige, Suggestion, and Attitudes," *Journal of Social Psychology*, 7:386–402, November, 1936; and S. E. Ash, "The Doctrine of Suggestion, Prestige, and Imitation in Social Psychology," *Psychological Review*, 55:250–76, September, 1948.

Influences on Retention. When one hears from a driver several repetitions of the account of an automobile accident or of an encounter with a traffic policeman, it is easy to realize how strongly an emotionalized attitude may influence a person who is entirely sincere and not consciously untruthful to subordinate or forget the facts that are not favorable and to emphasize or exaggerate those that are. "Observe," wrote Schopenhauer in *Councils and Maxims*, "how long we remember our victories and how soon we forget our defeats; memory is the menial of the will." The same philosopher also said, "How unwillingly we think of things which powerfully injure our interests, wound our pride, or interfere with our wishes; with what difficulty do we determine to lay such things before our intellects for careful and serious investigation." That this tendency is not confined to the illiterate or to those of poor intellects is shown by the confession of Charles Darwin that when he came upon data unfavorable to his theory he hastily made a note of them, knowing they had a way of slipping out of his memory a little more readily than the welcome facts. And Santayana said that "the past comes down to us through a memory treacherously colored with desire." Perhaps it is beneficent for one's peace of mind and happiness that this is so, but it also causes trouble, especially in disagreements with others. Knowledge of the phenomenon forewarns those who desire for themselves intellectual honesty to review carefully all memories that are impregnated with feeling and, when precision is necessary, to make at the time an accurate summary, preferably in writing, of the facts as they are observed. The very recognition that one's attitude and desires do influence memory is the first step in combating the mischievous tendency to forget what is unfavorable and unpleasant.

Determiners of Thinking. If the emotionalized attitudes condition the reception, the interpretation, and the retention of ideas, as has been argued, it is easy to see how they are powerful determiners of thinking. Man is not only *sapiens* but *patiens* as well. Reaction, intellectual no less than physical, is relatively seldom determined by thought that is original. Confronted by a familiar stimulus one is likely to respond by habit: he says, "Very well, thank you" much as he knots his necktie, with almost no cerebration at all. When the stimulus is somewhat unusual, he either relies on the closest associated habit or else, if he does not recognize the challenge as important, allows his emotionalized attitudes to determine his thought. In the sense that logicians use the word, thinking is done by man far less often than academicians realize; it is avoided whenever habit can be substituted, directly or indirectly. "Thinking," says John Dewey, "is secreted in the interstices of habit."

Departures from habit, intellectual as well as physical, are of course determined by some thought; but inasmuch as most situations are not recognized as important enough to challenge serious original thinking, the emotionalized attitudes step in and guide response to a closely associated habit that promises satisfaction, or else they influence the direction that thinking shall take. To quote Dewey again, "The idea that men are moved by an intelligent and calculated regard for their own good is pure mythology." Rather, in ordinary circumstances, they are moved by what they feel to be for their own good. What Schopenhauer in the following quotation calls "the will" is of course largely influenced by the feeling attitudes. "Men are only apparently drawn from in front; in reality they are pushed from behind; they think they are led on by what they see, when in truth they are driven on by what they feel— by instincts of whose operation they are half the time unconscious. . . . Popular language is correct when it prefers the 'heart' to the 'head'; it knows (because it has not reasoned about it) that a 'good will' is profounder and more reliable than a clear mind; and when it calls a man 'shrewd,' 'knowing,' or 'cunning' it implies its suspicion and dislike." When he was a young man, Herbert Spencer contemplated migration to South America. With characteristic intelligence he made a parallel list of reasons for and against the move, giving to each reason a numerical weight. "The sums being 110 points for remaining in England and 301 for going, he remained."

Short-Cuts to Thinking. Like habits, the emotionalized attitudes afford short-cuts to thinking. Both are more or less stereotypes, economies that short-circuit the process of response. There would be small accomplishment if every situation had to be considered anew in all of its elements. Attitudes are true economies, however, only if they are the proper results of correctly interpreted experience, only if they are allowed to be potent when the intellect identifies the new situation as not materially different from those met before, and only if along with them is developed not only a willingness but also an alertness to reconsider and to modify them in the light of changed conditions or for the achievement of more desirable results. Otherwise they may have mischievous effects; certainly they will limit individual growth and general progress. Consequently, education is vitally interested in which ones are developed, in which ones are indurated against modification, in the amount of feeling that is associated with each, and in the concurrent development of habits of intellectual review and control.

One too common use of the intellect is to rationalize a position impulsively taken, usually determined by a short-circuiting of thought by habit or an emotionalized attitude. Once a position is taken, especially if vocal expression of it is made, human nature usually becomes obdurate. As a rule it is more keen, when challenged, to justify the position than to review the facts and reconsider the impulsive decision. Of course personal pride, often foolish, is involved, but the underlying attitudes are potent not only to support the recalcitrance but also to influence the justifications that rationalizing adduces. So strong is its authority that, as Hume declares, "when reason is against a man, he will soon turn against reason." It is not uncommon for a person who has been "convinced against his will" to persist in his original position, justifying himself only with a vacuous "because." Of course this is not logical or praiseworthy; it is, in fact, quite the contrary. But being so common, it must be recognized as one of the influences of the emotionalized attitudes, a phenomenon which emphasizes the necessity for education to be concerned with them. The rationalizing itself is often unworthy of the intellect, although revealing ingenuity, which might well be put to a better purpose, in justification of the first impulsive decision. Anyone's personal observations, no less than history, reveal the tragedy of really great men who use their intellects to support their attitudes rather than their emotional equipment to support their intellects.

Francis Bacon gave mankind a salutary warning in the *Novum Organum*. "In general, let every student of nature take this as a rule—that whatever his mind seizes and dwells upon with peculiar satisfaction, is to be held in suspicion; and that so much the more care is to be taken, in dealing with such questions, to keep the understanding even and clear."

Highly trained, superior intelligences may not so commonly as others thus rationalize to justify impulsively taken positions, but not infrequently they enjoy "the deep slumber of settled opinion" and intellectually disintegrate when roused from that which is emotionally satisfying. Dewey [11] observes that "habits of opinion are the toughest of all habits; when they have become second nature, and are supposedly thrown out of the door, they creep in again as stealthily and surely as does first nature. And as they are modified, the alteration first shows itself negatively, in the disintegration of old beliefs, to be replaced by floating, volatile, and accidentally snatched up opinions." And, as Follett [12] says, "An —'ed becomes a stopping place to thought, and when a man can not think any further it is dangerous." It must not for a moment be thought that the illiterate and the lowly are the only ones in whom emotionalized attitudes are potent, and for whom training in the recognition and use of them is needed. On all levels persuasion is a necessary correlate with argument if action is to result. Ridicule has weakened or defeated a case far more often than perfect syllogisms.

A Means of Integration. Another effect of the emotionalized attitudes is that, more than anything else, they cause integration. Here and there in philosophic literature integration, the unifying of the parts of an individual or of a society into a satisfying and effective coherence, has been emphasized as one of the important objectives of education. Its lack is often noted and its need is generally recognized. An individual possesses many powers. If they are coordinated so that they work harmoniously for developing what he considers the good life, he becomes happy and effective. If, on the other hand, they conflict with one another, if first one and then another dominates to determine his moods and actions, there invariably result vacillations, conflicts, frustrations, misery, and ineffectiveness. Often each series of efforts may be successful

[11] *The Public and Its Problems,* New York, Henry Holt and Co., 1927, p. 162.
[12] Mary P. Follett, *Creative Experience,* New York, Longmans, Green and Co., 1924, p. 58.

in a limited field, but together they do not constitute a coherent whole. Thus men of genuine abilities, as well as others of lesser ones, fritter away their talents, and because they lack a philosophic integration, which is of feeling attitudes no less than of ideas, they fail to achieve anything like their maxima of accomplishment. The first essential of an integrated personal life is, of course, a clear understanding of what one wants out of life. With that definitely in mind, he can intelligently work to make every element of himself contribute to assured integration. The integrated individual builds up, consciously or unconsciously, a set of emotionalized attitudes harmonious with respect to his ideal and directive with respect to his behavior. These attitudes furnish a code by which he makes his choices of action, by which he measures the behavior of himself as well as of others, and by which he achieves a harmony of all of his powers that makes him a balanced personality.

Every social group must similarly be integrated if it is to be successful and if it is to persist. Whatever its nature, the members of the group must have in common at least one major objective, and the more ardently it is desired, the more strongly the membership is bound together. Individuals in a group may have each his own objectives provided they do not interfere with or obstruct the achievement of what the group as a whole want, but the more the members have in common, even in matters that do not concern the formal organization, the closer the bonds that bind the individuals together. Common attitudes that are strongly emotionalized are the cement of unity. Without them any group—family, lodge, gang, or church—will disintegrate.

When one grows up in an integrated group, he naturally acquires many, if not all, of the same emotionalized attitudes, which are likely to persist long with deep roots. When he joins a group that is already well established, he is expected to approve and to adopt as his own the important attitudes of his new friends. If any of them are hostile to those that have already become a part of his personality, there arise conflicts, which result either in a surrender of an important part of his developed self or in his withdrawal from the uncongenial group. One must be able to look objectively at emotionalized attitudes, his own as well as those of others, before he can make wise decisions as to conformity or withdrawal.

How Much Integration? A certain degree of uniformity of thought and of feeling among all citizens, even those most highly educated, is certainly desirable; how much and in what matters we have hardly considered, to say nothing of outlining for the program of education. There can be no question of the desirability of integration by means of information and favoring emotionalized attitudes regarding the principles of our government, of happy social relations, and of the more important *mores;* but in and beyond these, how far should education attempt to go? There is a very vocal opposition by a small number of radicals, though they themselves conform in most matters, against any formal attempt to make people alike lest important individual differences be destroyed and progress hindered. On the other hand, the great majority of the population either have given no thought to the problem or else approve the general but not clearly defined principle of integration. This is too important a matter to be left to individual opinion or "impression," especially of those who have not considered the problem in all of its implications. A *laissez faire* policy can be satisfactory to the advocates of neither extreme.

Integration Practically Desirable. In "practical" matters integration is recognized as necessary and is consciously and skillfully sought for. Every successful business executive seeks to develop a unity of his employees; every politican "holds his people in line" by every device at his disposal, every coach works in season and out for team spirit, every speaker at a football "rally" stirs the student body to "get together" behind the team, every principal of a school knows that the success of its works depends largely on the unity and loyalty that faculty and pupils have, every dramatist in the first scenes of his play "tunes" the heterogeneous moods of his audience into one of homogeneity so that his play may move them as he intends. Every successful fighting unit has been integrated by devotion to a cause, by loyalty to a leader, or by a common religious fervor. If in such matters the necessity of integration is recognized, can it be neglected in the more vitally important matter of happy social living? A certain amount of integration will come to all groups that live and work together, but the kinds and the amount requisite for the highest degree of success can result only from careful planning and skillful work consistent with a comprehensive philosophy. Although a complete achievement of such a philosophy is yet lacking, we do agree on enough of its elements to make possible the beginnings of a practical program. How is the integration of a social group achieved, once its ideals are recognized? Men are integrated by what they know, by what they feel, and by what they do together for a commonly approved objective. Other factors for the moment being neglected, I am drawn to a man who knows, as I do, some detail or group of details; I am friendly or hostile toward him according as we feel. The old single curriculum had the merit of giving to all students a certain large body of common information and skills; the new freedom and adaptation to individual needs, while superior in most respects, is deficient in that there are relatively few great pieces of literature, great characters and incidents of history, and great compositions of music and pictorial art—elements that stir the emotions and affect the ideals—to which reference may subsequently be made with any certainty that even a majority of educated people will know them sufficiently well to make the expected and desired response. A certain common core of the curriculum, perhaps larger than modern theory approves, is essential for integration.

It is not chiefly the possession of ideas that integrates men; the emotionalized attitudes toward them and set up by them are far more effective. It is the school gangs which hate the same things, which respond with similar hostility to the old regimen and to new proposals, which cling together with loyalty worthy of a better purpose, that the teacher finds most difficulty in breaking up. Redl [13] has pointed out that the most difficult thing in work with juvenile delinquents is the task of leading them to learn that the prevailing attitudes in adult society are attitudes which in the long run will lead them, the youthful nonconformers, to the greatest happiness.

It is the class which respects, venerates, or loves the instructor, which recognizes with feeling as well as with intellect the worth of the subject matter, which with appreciative approval accepts the assignments and works happily, that promises most and accomplishes most. All true motivation must appeal to established and emotionalized attitudes.

[13] Fritz Redl, "The Psychology of Gang Formation and the Treatment of Juvenile Delinquents," *Psychoanalytical Study of the Child*, I:367–78, 1945.

Without their approval, study in school is drudgery and beyond school compulsions it will not continue. The development of approving attitudes along with the imparting of learning and the direction of skills is essential if there is to be any reasonable continuance of self-directed education, which after all is the only kind beyond the simpler practical skills of any significance and importance.

Integration of Activities and of Ideas.   Follett declares that the integration of activities usually outruns the integration of ideas. "Genuine integration," she says, "occurs in the sphere of activities," but only with activities that give satisfactions to those engaged in them, such satisfactions as set up highly approving attitudes of the activities themselves or of the objectives sought by them, or, on the other hand, attitudes highly disapproving some involved or associated element. Hated activity under a taskmaster may result in a confraternity that is true and strong. Those skillful in integrating groups endeavor not merely to impart ideas, a sufficient number often being a common possession, but to stir the feelings and direct them in the same channel; this they usually do by directing all in the group to identical or harmonious activities. At the "rally" everybody is directed to sing, cheer, clap, or march with the group; as he does so he develops an emotionalized attitude that integrates him with his fellows and tends to influence favorably his subsequent action. Ceremonies in ritualistic churches are based on the same principle.

Whenever there is desire for concerted action the importance of integration, especially that which involves the emotions, is recognized. During the World Wars we achieved a large degree of unity through the dissemination of information, through the stirring of deep feelings by "news," song, slogan, and symbol, and through directed activities of a large proportion of the population. The knitting of socks, the self-restraint regarding certain foods, and the selling of stamps and bonds were probably of more importance in integrating the nation than they were in producing economic results. Some of the "facts" used to unify our people have since been proved false; but a considerable measure of common feeling still remains. Although gradually modified by other factors, which themselves often spring from and result in emotionalized attitudes, the old integration still causes a "disposition" to act, which is not neglected by either statesman or demagogue. Is integration, either intellectual or emotional, less truly important in times of peace—in politics, in true religion, in social groups? Can civilization afford to neglect for its promotion what it has found necessary and successful for its preservation? A supreme ideal or a dominant loyalty are essential to the unity and healthy functioning of any planned civilization. That ideal in our country is democracy. Unless we develop in our youth as devoted a loyalty for it as other nations develop for alien ideologies, we can not hope that it will prevail. Emotionalized attitudes may be respectable or the reverse, but either kind when held in common by members of a group result in integration, which is essential for effectiveness. The attitudes that individuals have and the degree to which they are emotionalized are thus again seen to be of grave importance in education.

Stimulants to Action.   A final effect of the emotionalized attitudes to be discussed is that they stimulate to action. The possession of knowledge or skills is important not in itself, but as it leads to action. "It is generally agreed," wrote Bagley, "that the education of the individual is best measured by the improvement that it effects in individual conduct. A person who has the advantages of schooling is expected not only to *know more* than the unschooled person, but more *efficiently to do*, and to *choose better* those acts that he wills to do." An idea, a completed syllogism, a solved problem, or an intellectualized attitude may be satisfying, each in itself; they may condition action when the necessity arises, but they initiate and impel it with relative infrequency, whereas the emotionalized attitudes suggest or shout, according to the feeling involved, "Do something!" And this feeling is just as likely as its calmer, uninspired brethren to have its plan of action; failing this, it powerfully influences any plan proposed by the intellect. Quiescent it can not be. "By emotion," wrote Spinoza in his *Short Studies*, "I understand the modifications of the body by which the power of action . . . is increased or diminished, aided, or restrained."

Real Thinking Is Rare.   When opportunity or demand for action arises, habit is the most probable determinant of response. Novel factors in the situation, when recognized, force some modification; but so loath is the majority of mankind to think when a short-cut can be found that existing attitudes, especially when emotionalized, step in largely to determine what shall be done. Even an "original" situation, which arises only on the rarest occasions, is likely to be met by attitudes, for they appear to be transferred with ease, immediately and impulsively, from former experiences that have or seem to have factors in common with the new. A golfer ordinarily honest in other matters may decide to keep a ball carelessly left on a putting green by an irritatingly slow player ahead of him, and a city official may find arguments for refusing a reasonable request made by a man who opposed him for election. This influence explains why so frequently one immediately has for a new acquaintance, symphony, painting, or political problem a ready response often suffused with feeling. When the emotion attaches itself to a sound intellectual conclusion, the partnership is ideal. But neglected by formal education and uncontrolled, it is not always fastidious of its company.

R. G. Caldwell in his *Short History of the American People* has shown how the emotionalized attitudes of our forefathers went far toward determining their actions. It is impossible to explain the change between the spring of 1775, when there was a demand for rights as English subjects, and the summer of 1776, when there issued the defiant proclamation of full independence, except through an understanding of the development of a highly emotionalized attitude. Had it not been for this, it is extremely doubtful whether the Revolutionary War would have been fought. In the days before the Civil War, "it may be contended with plausibility that the fugitive slave riots and the John Brown raid," which certainly sprang more from emotionalized attitudes than from cold thought, "had more to do with influencing the final course of events than the speeches of Lincoln in his campaign against Douglas." The legalistic dictum of Taney was a mere wisp of the wind compared to the cyclone of feeling aroused by *Uncle Tom's Cabin*. Generations still living are well aware of the potency of "Remember the Maine" as compared with the feeble arguments of statesmen in determining our activity in the war to liberate Cuba; and we could not be led into the World War until skillfully directed propaganda had so aroused sentiment that an integrated nation would not be restrained.

In lesser matters it is easy to perceive how the emotions, especially as they are connected with attitudes that give an advanced position for the movement of thought, stimulate to action when argument would be less effective. Illustrations may be drawn from the home, from the pulpit, where the roving evangelists move as the highly intellectual cleric seldom does, from the political forum, in which the demagogue is a more effective psychologist than the statesman, from the mart, where we often are made to want to buy before we think, and from every other place where man meets man. Appeals to emotionalized attitudes not only stimulate but also intensify action. To a soldier in camp who remarked that he could not bring himself to enter into the spirit of hate that the sergeant emphasized in bayonet drill, a captain returned from the battle front retorted, "Let me tell you from experience that intellect has no place in a fight. The only thing that counts when you are at grips with the foe is lust for the blood of the men who you know are your enemies."

It is sound sense that every individual should develop ideals that his intellect approves, but it is also sound sense to recognize that they seldom eventuate into action until they are suffused with feeling. They can not become truly an element of character until they are indurated into attitudes. We do not call the man good who on occasion acts honestly because he reasons that it is against his interests to act otherwise. Laertes may have recognized intellectually that his father's advice was sound, but there is no reason to suspect that he acted in accordance with it until emotion attached itself and made one or more of the precepts into attitudes ready to respond at every occasion. Hamlet lacked definiteness of attitudes on which his emotions might settle; Shylock and Lady Macbeth did not. They, and not Hamlet, acted. All the craft and subtlety at their command they applied in action to consummate hate and ambition.

Uses of Emotionalized Attitudes by Leaders. The nearer a man approximates a passionless thinking machine, the more he needs interpreters and promoters to translate his ideas into action by others. Happily some men combine the powers of original thinking and creative planning with those of appealing through the emotionalized attitudes to the imagination of others and of securing from them both devotion and action. Certainly leaders, known today in every field of activity, are not only themselves activated by strong emotionalized attitudes, but they use an evangelical rather than an intellectual method that proves highly effective with those whom they influence. The integration of numbers of people and the moving of them to action often "consists essentially in the use of symbols which assemble emotions after they have been detached from their ideas. Because feelings are much less specific than ideas, the leader is able to make a homogeneous will out of a heterogeneous mass of desires. The process, therefore, by which general opinions are brought to cooperation consists in an intensification of feeling and a degradation of significance." [14]

Descending to lower strata of intelligence, which include a vast number of mankind, we find leaders appealing to emotionalized attitudes far more than to intelligence—sometimes, indeed, it would seem almost to the exclusion of mental processes. Orators who sway six-tenths (or is it nine-tenths?) of the population appeal to prejudices, dispositions, attitudes—all highly emotionalized, with remote and often unrecognized bases of intelligence varying in unrespectability—appeal to them, inflame them, and direct them to desired action. A candidate for high political honor carried with him on his campaign a band that played patriotic airs and a "Triumphant Trio" that sang sentimental ballads. After they had presumably made the audiences "receptive," the candidate appealed to the voters with jokes, anecdotes, personal history, and rodomontade to influence them in favor of his representing the Commonwealth in the highest legislative chamber Why did he do this? Because he had learned that this method was more effective, as Hartmann [15] has reported after a scientific study, than a reasoned discussion

[14] Walter Lippman, *The Phantom Public*, New York, The Macmillan Co., 1925, pp. 47–8.
[15] George W. Hartmann, "A Field Experiment of the Comparative Effectiveness of 'Emotional' and 'Rational' Political Leaflets in Determining Election Results," *Journal of Abnormal and Social Psychology*, 31:99–114, June, 1936.

of public issues. All this emphasizes the wisdom of curriculum concern with emotionalized attitudes, which are generally potent in determining or directing action, especially of those who do not possess the highest intellectual gifts.

A distinguished psychologist [16] wrote: "In studying the life history of any person we can see how they (attitudes) have oftentimes furthered or hindered his life work and disturbed his personal balance. Shyness and the inferiority attitude may keep a man tied all his life to an accustomed but unremunerative job. They have oftentimes prevented his marriage or brought about a poorly adjusted marriage or kept him out of a wider social circle. On the other hand, in other cases too much aggressiveness has just as often made impossible a man's chances of making good business and social connections."

Importance Increased by an Extending World.   Conduct, whether four-fifths of life according to Matthew Arnold, or less, is still the major concern of education. Browning's grammarian, with his incomplete philosophy that required complete knowledge before action, was a sorry citizen. And conduct is based on knowledge, on belief, and on faith. Knowledge may be almost wholly intellectual, as faith is almost wholly emotional. When one's world is local and uncomplex, direct information can be (but doubtless seldom is) the basis of conduct. Today everyone's world is tremendously extended and complicated; the sources of knowledge are increasingly remote and uncertain. Facilitation of intercommunication has necessarily increased the proportion of conduct that must be based on faith, whatever its degrees of concomitant feeling—and it always must have much. The more certain the knowledge, the smaller the segment of life to which it is likely to apply. And when we have required facts and principles on the authority of others in whom we have faith, how little we retain until the time of need! How constant the need of relearning and of new learning by those who demand an intellectual basis for action! But the emotionalized attitudes function constantly—for the intelligentsia in demanding and in interpreting

[16] John B. Watson, *Psychology from the Standpoint of a Behaviorist,* third ed., rev., Philadelphia, J. B. Lippincott Co., 1929, pp. 249–50.

knowledge, for them and for all the rest of mankind in varying degrees leading more or less immediately to action. The very triumphs of civilization in extending its bounds have increased the inherent importance of recognizing, modifying, and directing the emotionalized attitudes.

FOR BIBLIOGRAPHY SEE THE END OF CHAPTER XII

CHAPTER XII

EMOTIONALIZED ATTITUDES AND
THE EDUCATION OF YOUTH

Education Is Concerned. As attitudes in various degrees emotionalized are held by every individual and as their effects are important in determining thought, conduct, and character, any comprehensive program of education must take them into account. The school can not neglect them and successfully compete with other agencies, uncontrolled and often mischievous, such as the gang, the press, the radio, and the movies. Education should strengthen and direct attitudes that are beneficent, inhibit or replace the others, and so far as possible develop a tendency toward a reservation of feeling, as it already attempts to do regarding a reservation of judgment, until the incipient attitude has its roots in intellectual approval and information.

It will not do for us merely to continue the assertion of a futile hope that the intellect should govern all life. Edmund Burke, in his *Observations on a Late State of the Nation,* once made about politics a profound remark which could with equal truth be made about education. "Politics," he said, "ought to be adjusted not to human reasonings, but to human nature, of which the reason is but part, and by no means the greatest part." Such adjustment will take into account the feeling attitudes. "I find it hard to resist the conviction," we read in the *Upton Letters*, "that, from the educational point of view, stimulus is more important than exactness. It is more important that a boy should take a side, should admire or abhor, than that he should have very good reasons for doing so. For it is character and imagination that we want to affect

293

rather than the mastery of minute points and subtleties." Repeating what has been said earlier, it would not be far from the truth to declare that character is the sum of one's emotionalized attitudes. To the extent that this is correct, education has in this field an inviting and tremendous opportunity. "The entire object of true education," in John Ruskin's opinion, which will find wide approval, "is to make people not merely do the right things, but to enjoy the right things—not merely industrious, but to love industry—not merely learned, but to love knowledge —not merely pure, but to love purity—not merely just, but to hunger and thirst after justice."

Schools Do Teach Attitudes. "What right," someone may interpose, "has the school to meddle with this essence of individual character?"

> It's a dangerous thing to play with souls,
> And matter enough to save one's own.

Such a question implies that education should confine itself to the less important matters of life, denying what for ages philosophers have emphasized, that one of the chief objectives is the forming of character. But even if one should take this extreme negative and defeatist position, he must admit that schools, as one of several agencies, *are* teaching attitudes, whether we approve it or not—not only teaching attitudes but also, which is of even more importance, suffusing them with feelings. In Russia and in Spain today programs for developing attitudes that support national ideals are being used in all schools with reported success. Can a democratic nation afford to do less? Dare it do less if it expects its youth to compete with those devoted to alien ideologies?

Even though the curriculum were wholly intellectual, which it is not and which it never can be, students always acquire along with the purest of facts concomitant learnings that are emotionalized and often dominant over great masses of the intellectualized. For example, a pupil learns to pass his factual tests on mathematics; but at the same time he develops attitudes, which are more or less emotionalized; of enthusiasm or of hatred for the subject; of conviction of its relative worth or worthlessness in the curriculum; of accuracy which spreads or does not spread to other subjects; of conviction that secondary education should be made more widely possible to all youth or restricted; of tolerance and democracy, or the reverse, toward his fellow students.

Not only this, but all teachers—those with power and vigor most of all—do now constantly and consciously attempt to influence the ideals and attitudes of their students. The school ordinarily takes little official cognizance of this unless what they inculcate is flagrantly in conflict with the common social *mores*. The question should be not whether the school should teach attitudes and emotionalize them, but whether the procedure should be fortuitous, on the one hand, or, on the other, wisely planned as a definite part of the whole educational program. Educators have often been progressive with the mechanics of education while reluctant to incorporate into the curriculum the most important, which is usually a dangerous, element. Emotionalized attitudes are important and potentially dangerous.

We know from modern research literature [1] that the attitudes of a whole classroom full of students, as well as their broad social-personal adjustment, move in an academic year significantly in the direction of the attitudes and personal adjustment of the teacher with whom they have had the greatest contact. Such a result is, for the most part, achieved fortuitously, and in the course of one academic year. It is staggering to think what basic attitudes could be developed were the philosophy of the school an integrated one, and were methods of teaching attitudes as well systematized as methods of teaching humanities, reading, or mathematics.

Indoctrination. There is a group of contemporary philosophers who are actively hostile to indoctrination of any kind. They argue that children and youth should be taught how to think—how to find, define, and solve problems, and then to act on their own conclusions. For matters that are purely intellectual, if there be any such, their arguments may be sound; but for the emotionalized attitudes they are merely academic. As already shown, attitudes are set and emotionalized from earliest infancy onward. Influences outside formal education as well as within are unremittingly at work. The practical question is not whether

[1] F. Elton Ash, "The Effect of Teacher Adjustment upon Pupil Adjustment," in *University of Iowa Doctoral Dissertations, Abstracts and References*, 4:76–9, 1944.

or no children shall be indoctrinated to feel strongly in favor of certain modes of procedure and with hostility toward others. It is, rather, what attitudes in the judgment of those responsible for education are beneficent, and how may they be established, emotionalized, and directed? If education does not formulate an intelligent program for those ends and consistently follow it with all the skill at its command, other forces— less intelligent, less benevolent, but constantly operative—will take its place and effect results that later efforts will be impotent to change.

Concern with Means of Affecting Attitudes.   When convinced of the importance of emotionalized attitudes, the practical educator at once is concerned with means of creating or strengthening those that promise good to the individual and to his fellow men. Obviously there is no simple formula for so complex a matter, and only theoretical suggestions, in part supported by successful experience, can be made. In all probability many means are variously effective for different individuals in different situations. One means may work today, another tomorrow. A teacher must remember that at no time is he working with a *tabula rasa* or without competition with other forces that are influencing attitudes and their concomitant emotions.

The teacher himself is likely to be the most potent factor in the school program. Unquestionably in order to exert favorable influences he must have won from youth respect, admiration, or affection. Without these he may secure only effects contrary to what he plans or hopes. It was Kingsley who said, "Let not the sour-faced teach morals lest they create a distaste for virtue."

Environment, of course, tremendously influences the attitudes that every person develops. Where everybody thinks and feels and acts in one way it is a very exceptionable individual who thinks and feels and acts differently. Consequently, teachers can to some extent modify the school environment of an individual by wisely assigning him to a group for cooperative work or by similarly advising the extracurricular activity that he shall undertake.

Learning About and Teaching a Person.   In the matter of attitudes it is especially true that we must learn a student before we can teach him. What are his predilections and his prejudices? How strong are they? If possible, it is advantageous to learn how they originated and how they were strengthened. Every individual has attitudes that can be strengthened or directed, or upon which better ones can be grafted. The probability is that initial success is easiest in directing established attitudes that are already strongly emotionalized: love for teacher or priest can be transferred to love for a subject or for God more easily than such love can be created without any existing foundation. If a youth has a hero, it is not difficult to focus attention on the hero's more desirable qualities, with the gradual diminution of the less desirable or the maleficent, although the latter may be more picturesque. The youth can be led to progress from admiration for home runs to admiration for generous sportsmanship. Attitudes are usually built on attitudes; emotion leads to more emotion.

Youth Should Be Made Conscious of Attitudes.   At some point in maturity, a point probably varying with different individuals, every youth should be made conscious of the phenomenon of emotionalized attitudes and of their results. It is inexplicable that in the period when there is greater interest in self and curiosity about the mechanisms of the mind, a practical course in psychology should not have become popular in secondary education. Such a course should naturally consider attitudes and the emotions as well as the intellect. It should lead to an inventory of the attitudes of oneself as well as those of others and to some understanding of their effects, both beneficent and maleficent. Such an understanding would facilitate their control and direction, and it should lead, at least with those more naturally gifted, to appreciation of the wisdom of giving the attitudes a sound intellectual justification. It is one thing to be blindly devoted to "one hundred per cent" Americanism and democracy and sportsmanship, and quite another to have this devotion with a clear appreciation of the meaning and the implications of such terms.

The important principle is that we should be convinced of the need of teaching attitudes and of so emotionalizing them that they will be effective for beneficent action. Once thoroughly convinced, we shall decide on what the important attitudes are and devise means of instruction. We have already to some extent provided in the formal curriculum for teaching some attitudes, such as those concerning international relations, narcotics, and the obligations of citizenship. For others, especially those concerning the homely virtues, our general practice is to develop them incidentally or in extracurricular organizations. Any teacher attempting to be influential in this field will cultivate personal relations, ascertain students' loyalties and prejudices, and then by modification of environment and by other means develop and direct them toward wisely chosen goals. He will recognize what Spinoza pointed out: "An emotion can neither be hindered nor removed except by a contrary and stronger emotion."

Means of Influencing Attitudes. Partly because the problem has not challenged the ingenuity of teachers as other problems of instruction have done, and partly because scientists in education have not yet found any means of accurately measuring attitudes and their changes, we do not know definitely the best means of influencing attitudes. However, we do know that they are influenced and that it is important for the well-rounded personality that they should be influenced for the better. Following are some means that in varying degrees may be effective.[2]

1. Precept. The commonest empirical means of instructing youth, regarding attitudes as well as all other things, is precept. Some precepts are wholly or almost wholly intellectual: "Pour sulphuric acid into water, not water into the acid, or it will spatter up into your face." Others carry with them varying degrees of appeal to the emotions. For examples, "Don't taunt a defeated rival, or you will be despised as a poor sportsman"; "A gentleman always does thus and so"; "No true American will" do this or that. Many precepts have found their way into saws or maxims:

> Early to bed,
> Early to rise,
> Makes a man healthy,
> Wealthy, and wise.

[2] See also Werrett W. Charters, *Teaching of Ideals,* New York, The Macmillan Co., 1927.

This verse has been dinned into the ears of childhood so long and so impressively that many, perhaps most, adults today, overlooking the failure of the promised rewards, feel that the early riser is clothed with some sort of virtue. Only when the precept is challenged by some hard-headed observer do they realize that, as John Stuart Mill said, a person taking this advice is often, as a result, conceited in the morning and dull in the afternoon.

The precepts most of interest to the maker of the new curriculum are the saws, maxims, and proverbs—sound, partly sound, and false— which express the *mores* of our people. When the *mores* of our civilization are listed, a checking against them must be made of folk proverbs that retain their popularity; and from the number approved by reason some will be chosen for experiment that will inform us of their potency through instruction to affect and effect emotionalized attitudes and subsequently conduct.

2. *Slogans.* Closely allied with precepts as a means of affecting emotionalized attitudes are slogans, fervid eloquence, and the connotations with which some words are clothed. During World War I we had an abundant and an effective use of slogans: "Buy until it hurts," "The war to end wars," "Make the world safe for democracy"; and in every campaign, whether political or of other kinds, slogans are invented to develop desired attitudes. Slogans and maxims are usually quoted and accepted with little intellectual consideration. For this is substituted approval by the feelings, which are influenced by terseness, alliteration, or rhyme. In consequence, as man usually "thinks" with one emotion at a time, this total influence through maxims is often contradictory. "Haste makes waste" and "slow but sure" are quoted glibly—and feelingly—by the same person who accepts intellectually the teaching of psychology that "correlation rather than compensation is the rule" and who hurries to get his tasks efficiently done. At one moment he joins in shouting, "My country, may she always be right; but right or wrong—my country!" and at the next he sets off with enthusiasm for a convention to promote "international-mindedness" and equal rights for all people. He fights with the Bible in his pocket. He even quotes "logical thinking," the cultural effects of the classics," and a "scientific

attitude of mind" while giving evidence of possessing none of them. One may call this "illogical"; but it is also correct to call it a temporary victory of the emotions over the intellect. All agree that the frequency and the extent of such victories should be reduced. But when the feelings are dominant, however occasionally, should we not be concerned that they are the right feelings directed toward good objectives?

3. Affective words. It is well recognized that there is a distinct difference between argument and persuasion, the former seeking to convince the intellect, the latter to involve feeling that leads to action. Attitudes are most often set when the emotions are involved. Our language is rich in affective words that not only denote an exact meaning but also connote a halo drawn from variously rich experiences. There is a greater difference between *house* and *home* or between *maternal* and *motherly* than the dictionaries give, and words like *patriot*, *bastard*, and *traitor* are suffused with feeling. "What man," writes Carlton Hayes, "likes to be called unpatriotic? The flushed faces of those who resent imputations upon contemporary forms of patriotism and the cold shivers which run up and down the spine of him who is denounced for making such imputations, are the most eloquent tributes to the strength and force of nationalism. They are the most difficult hurdles in the course of scholarly study of the phenomenon of nationalism." The flushed faces and the shivering spine result because of a general attitude that has been built up and emotionalized.

A similarly strong attitude, running to two extremes, is adduced by the word "evolution." In the following humorous illustration the professor attributes the student's action to "a type of mind," a type that had in other respects pleased him. Instead it is easily explained by an attitude which had been implanted early and so emotionalized that a really fine intellect could not throw it off.

THE PROFESSOR OF GEOLOGY CITES AN INSTANCE [3]

By Gilbert Oakley Ward

His name, said the professor, call it Schultz.
He came of what you'd call intelligent stock.

[3] From *Scientific Monthly*, September, 1926.

Father, a preacher (evangelical);
Himself, a keen and conscientious student.
More curious, I found him that rare bird,
A born field naturalist. One day in class
I passed about the tooth of a dinicthys.
What does he do but clap it on his notebook
And trace an outline. 'Twas a little thing,
But not another man had wit enough
To think of it.

But rocks and fossils offered
Too small a scope for his inquisitive mind.
Still driven by his instinct to the field,
He added to his course, zoology,
Brought to it all the penetrating eye,
The hunger for detail, the sense of order
That marked him of the elect.

So, for four years
He studied Genesis engraved in rock.
Ground over modern texts and living species,
Exposed himself to all their implications,
Rubbed against fellows doing real research,
And breathed the latest biological thought,
As you might say.

Well, sir! I told the boys
To buy a certain book on evolution
(This happened, mind you, in his senior year!)
And Schultz right then and there walked out and quit;
Declared he took no stock in evolution!
Exactly so! Laid back his ears and balked
Just like a mule.

A few days after this
We met one morning in a corridor
And stopped to chat a moment. Apropos,
He spoke of evolution and observed,

"No modern scientist takes seriously
The evolution theory." and I—
I was too dumb even to ask him how
He got that way.

       I'd give a deal to know.
I've sometimes wondered if a fear complex
Buried down deep, a sort of mental sieve
Woven perhaps of dark sectarian crotchets,
Screened out unwelcome, non-conforming facts.

No, sir! I feel it isn't ignorance
A college often wrestles with to-day,
So much as a type of mind. . . .

4. *Personal example.* Another means that has the approval of age-old practice is the use of personal example. There is reasonable belief that emotionalized attitudes are strongly affected by the influence, conscious or unconscious, of persons toward whom youth has a strong feeling of affection, admiration, envy, or contempt. But just why youth should be strongly influenced by one characteristic of such persons and apparently not at all by others, perhaps in our eyes more desirable, we do not know. A lovely, noble, or heroic character that is intimately associated with youth may so far as can be observed prove ineffective, while a chance acquaintance by incidental contact may influence him profoundly and even permanently. This probably is the exception, however, to the general rule. On reflection everyone is aware of profound attitudes still strongly supported by emotions that are traceable to the personal example of parent, teacher, friend, or acquaintance. What a changed attitude toward the whole procedure of the selection and retention of teachers would result if we generally believed that those in charge of youth do actually affect or determine character to an important extent by personal influence!

The personality of the teacher is unquestionably an important factor in the efficacy of his teaching—not only of subject matter, but even more strongly, of attitudes. It has been demonstrated that as children approach adolescence, their "heroes," or "behavior models," become less and less frequently fathers and mothers,[4] more and more frequently teachers and—what is not always for the best—figures of screen and story.

Although a school can do little to change the influence of the home and the church toward a student's attitudes, it can, and often does, assign him to a group that will subtly and assuredly influence him for the better. It can also develop in him admiration for heroes in history and in literature with the hope and reasonable expectation that their admirable qualities will influence his attitudes. It can acquaint him with the established *mores* and manners of our civilization, against which only few rebel—and then for the most part only temporarily. And, furthermore, it can make known to him experts, and develop in him a profound respect for their opinions. The ability to know who are experts and to discriminate between their judgments in the field of their competence and in other fields in which they occasionally express rash opinions is an important objective of sound education. There is abundant evidence that the prestige of the expert and even of the pseudo-expert profoundly affects emotionalized attitudes.

5. *Instruction, formal and incidental.*   Another means of affecting the emotionalized attitudes is instruction, which may be in systematic courses or incidental, but still planned. Despite theoretical objection, which has hardly made its case practically, to formal instruction of this kind, we have numerous attempts in courses in philosophy, ethics, morals and manners, and conduct. More incidental but still emphasized, are phases of courses in history, literature, sociology, economics, and other subjects of social science. Most of the attempts in such subjects have been by appeals to the intellect, as indeed they should be, for education should so far as possible give a rational basis for the attitudes; but, as repeatedly emphasized, the more they are emotionalized the more likely they are to find expression in conduct, even among the intelligentsia. It is for this reason that literature has usually been more effective in influencing character than has history, and history itself is often presented in such manner as to rouse and permanently to set

[4] M. Louise Stoughton and Alice M. Ray, "A Study of Children's Heroes and Ideals," *Journal of Experimental Education*, 15:156–60, December, 1946.

feelings. Perhaps the most popular form of organized instruction of this kind is in Sunday Schools, but unfortunately their programs have usually been narrow in vision and their instruction too unskilled for the best results.

The incidental effects of teaching on the emotionalized attitudes are of great importance. Many teachers of traditional subjects make a point of so presenting them that students associate feeling with knowledge and thus set up attitudes that tend to persist and to be highly influential over conduct. Though often associated with an untenable faith in general and automatic transfer of training and discipline, the efforts in incidental instruction involve so many identical elements and such a spread of directed practice that it is reasonable to hope for some spread to attitudes of industry, patience, accuracy, and the like. The study of any and every subject results in concomitants of learning—attitudes, often highly emotionalized, toward not only the facts and principles discussed but also toward the teacher and fellow students and their characteristics, the subject, the school, and education in general. It is not unreasonable to hold that a teacher cognizant of this fact and using the skills at his command can materially affect and direct these attitudes.

6. *Experience followed by satisfaction.* Of one means we are certain: experiences followed by satisfactions or annoyances assuredly set up emotionalized attitudes. This fact is supported by common-sense observation and is approved by the most competent psychologists. Thorndike writes, "The desires and aversions of men can be changed as truly as their ideas and habits, though not as much or as easily. The same forces of repetition and reward that strengthen tendencies to think and act operate upon tendencies to like and dislike." The most assured results follow when the affective mood is definite and follows in a short time. There must be no question of the relation of cause and effect. A series of similar experiences with subsequent satisfactions or annoyances furnishes an accretion that results in a pattern, which is an attitude. And the attitude is to varying degrees always emotionalized.

It is not known with certainty which are stronger in establishing attitudes, satisfactions, or annoyances; but human nature being what it is, the latter are often more keenly perceived and therefore more potent.

Probably many attitudes can be most effectively strengthened by annoyance at experiences that manifest the opposite. For example, one may develop or strengthen one's attitudes favorable to sobriety, generosity, sincerity, or kindliness by irritation at manifestations in others of contrary qualities. This result is especially likely if the individual is made conscious of the antithesis between the satisfying and the annoying, and if experiences that prove the superiority of the former are ensured. So that the desired attitude be strongly set and that its probability of transfer to wide activity be ensured, it should be related to a wide variety of experiences. One should have a favoring attitude toward temperance that extends far beyond food and drink.

Most of the experiences that affect the attitudes and endow them with feeling are not set up or influenced by teachers or parents with the intention of causing results of the kind that is under consideration; but there is no reason why some should not be. Ordinarily the experiences come in the ordinary course of affairs, being accidental or for entirely different purposes. Whatever the other results, whether good or bad, it should not be forgotten that there are concomitant learnings, often highly suffused with feeling, and that these sometimes encourage and sometimes inhibit subsequent recurrences of the experience. Watson's oft-cited experiment of training an infant first to be fond of a rabbit, then to fear it, and finally to accept it again with pleasure illustrates simply what can be done. The conditioned responses were the result merely of attitudes which were changed by agreeable and disagreeable concomitants supplied by the experimenter. Benito was an Italian youth poorly prepared, uninterested, and failing in literature. He protested that poetry was "no good" and that he hated the study of it. An ingenious teacher kept him after school one day and asked him to prepare to read to the class "Mia Carlotta" because, she said, he could do it better than anyone else. After careful coaching he read the poem with such success that he pleaded for other opportunities. After he had had similar success with "Da Leetla Boy" and "Da Boy from Rome" his attitude was so changed that there was little difficulty in getting from him more satisfactory work on the selections provided in the course.

When the school provides a new experience it should ensure that the initial impression be favorable. "Love at first sight" is a well-known phenomenon; hostile prejudice, often long lasting and sometimes ineradicable, is likewise possible. Perhaps the most important period in a course of instruction is that first hour when the teacher explains what a course concerns, justifies its importance, and manifests his competence to make it interesting and pragmatically meaningful. Day after day he is challenged to set up experiences, both in his courses and in social relations, that will result in satisfactions or annoyances contributing to desired attitudes.

7. *Vicarious experiences.* It is reasonable to think that vicarious experiences, which are often more clearly understood and accompanied by a larger amount of feeling, are also highly affective of emotionalized attitudes. History, biography, literature, the drama, and the screen give to youth a multitude of experiences so skillfully selected and presented that the essential elements are less confused than in life and consequently more clearly perceived. More than this, so artfully are they presented that they often involve the reader or spectator as if he actually were one of the actors. The result is that emotions are stirred and attitudes are set up. Such a result is inevitable whether they are planned or not. This being true, the opportunity challenges both parents and teachers to select and facilitate vicarious experiences of various kinds that are most likely to influence youth toward the attitudes that promise the greatest happiness in life.

Although such experiences may not ensure the desired attitudes, they often do make youth receptive of subsequent influences that may be wisely planned. If he participates imaginatively and emotionally in the lives of heroes, real or invented, he can understand instruction that relates causes and effects, and he is more ready intelligently to associate the similar causes and effects in other situations and so to build up the attitude that has been thus initiated or strengthened. After this it is desirable that he identify himself by both public statement and by action with the accepted ideal. If satisfactions result, attitudes are established.

Belief in the efficacy of vicarious experience is not new, of course. More than two thousand years ago Plato emphasized the importance of literature that presents noble characters and high ideals. Practically everybody today understands that there are character influences from history, fiction, drama, and poetry; but selection has so frequently been fortuitous or on merely aesthetic or historical grounds, and instruction has been so academic in nature, that experience has had too little pragmatic effect. If authors have written to present a moral, why should not teachers in their instruction emphasize it more than they do technical details?

8. *Ritual.* The final means of affecting emotionalized attitudes to be listed, though others may exist, is ritual. This is at the opposite extreme from intellectualized activity on the part of the participant. Of it Sumner [5] says:

The process by which *mores* are developed and established is ritual. Ritual is so foreign to our *mores* that we do not recognize its power. In primitive society it is the prevailing method of activity, and primitive religion is entirely a matter of ritual. Ritual is the perfect form of drill and of the regulated habit which comes from drill. Acts which are ordained by authority and are repeated mechanically without intelligence run into ritual. If infants and children are subjected to ritual, they never escape from its effects through life. . . . We see the effect of ritual in breeding, courtesy, politeness, and all forms of prescribed behavior. Etiquette is social ritual. Ritual is not easy compliance with usage; it is strict compliance with detailed and punctilious rule. It admits of no exception or deviation. The stricter the discipline, the greater the power of ritual over action and character. In the training of animals and the education of children it is the perfection, inevitableness, invariableness, and relentlessness of routine which tells. They should never experience any exception or irregularity. Ritual is connected with words, gestures, symbols, and signs. Associations result, and, upon repetition of the signal, the act is repeated, whether the will assents or not.

Though used by churches, lodges, and various other organizations, especially the military, its persistence through the ages indicating its efficacy, we seem never to have considered it very seriously in the program of education. In our obsession with the ideal of an intellect dominating life and directing all conduct, an ideal never attained by anyone

[5] William G. Sumner, *Folkways,* copyright 1906 by Boston, Ginn and Co., pp. 60 ff. Used by permission of Ginn and Co.

and obviously impossible of attainment, we have neglected an instrument that has great power. "Ritual's a natural necessity for mankind," wrote Rudyard Kipling. "The more things are upset, the more they fly to it." The intelligentsia patronizingly resign ritual to the lowly and then themselves strut in academic cap and gown. None of us escapes it utterly.

Some ritual there is in our schools, of course, but seldom because it has been consciously planned as a substitute for ideal reasoning to secure modifications of conduct. The ritual of the church induces and strengthens attitudes that make for receptivity of reasoned guidance as well as for direct action. The ritual of dining and social relations frees the mind for more important things and facilitates them. The effective ritual of the schools seems to be the result of long empiricism rather than of intelligent planning. It should not be so. If ritual is effective in other activities, as it assuredly is, it may prove when carefully planned and intelligently used to be of much importance in formal education, particularly when that is conceived to include conduct and not merely academic learning. Youth likes ritual, as is evidenced by its use in adolescent clubs. If effective there, it may well be used by the school consciously and effectively to direct social conduct.

Selected Bibliography

ALLPORT, GORDON W., *Personality: A Psychological Interpretation*. New York: Henry Holt and Company, 1937. 588 pp.

CANTRIL, HADLEY, *General and Specific Attitudes*. Princeton, New Jersey: Psychological Review Company, 1932. 190 pp.

———, "The Intensity of an Attitude," *Journal of Abnormal and Social Psychology*, 41:129–35, April, 1946.

CHERRINGTON, BEN M., *Methods of Education in International Attitudes*. New York: Bureau of Publications, Teachers College, Columbia University, 1934. 123 pp.

COLE, LUELLA, *Attaining Maturity*. New York: Farrar and Rinehart, 1944. 212 pp.

KATZ, DANIEL; ALLPORT, FLOYD H.; and JENNESS, MARGARET B., *Students' Attitudes*. Syracuse, New York: Craftsman Press, 1931. 408 pp.

LORGE, IRVING, "Prestige, Suggestion and Attitudes," *Journal of Social Psychology*, 7:386–402, November, 1936.

LUND, FREDERICK H., *Emotions: Their Psychological, Physiological and Educative Implications*. New York: Ronald Press, 1939. 305 pp.

McGRANAHAN, DONALD V., "A Comparison of Social Attitudes among American and German Youth," *Journal of Abnormal and Social Psychology*, 41:245–57, July, 1946.

MURPHY, GARDNER, *Public Opinion and the Individual*. New York: Harper and Brothers, 1938. 316 pp.

NEWCOMB, THEODORE M., *Personality and Social Change: Attitude Formation in a Student Community*. New York: Dryden Press, 1943. 225 pp.

———, "The Influence of Attitude Climate upon Some Determinants of Information," *Journal of Abnormal and Social Psychology*, 41:291–302, July, 1946.

PETERSON, RUTH C. and THURSTONE, LOUIS L., *Motion Pictures and the Social Attitudes of Children*. New York: The Macmillan Company, 1933. 75 pp.

PRESCOTT, DANIEL A., *Emotion and the Educative Process*. Washington: American Council on Education, 1938. 323 pp.

SAUL, LEON J., *Emotional Maturity: The Development and Dynamics of Personality*. Philadelphia: J. B. Lippincott Company, 1947. 338 pp.

THORNDIKE, EDWARD L., *Psychology of Wants, Interests, and Attitudes*. New York: D. Appleton-Century Company, 1935. 301 pp.

CHAPTER XIII

IMPORTANCE OF THE MORES

In spite of the insistence of some philosophers and poets that the ideal life is to be judged by *being* rather than by doing, the world is affected, for good and for ill, by action. Education is concerned with what a person is, of course, but primarily because character manifests itself in what one does or attempts to do. Relatively few specific activities grow out of immediate rational thought; the great majority are controlled by habits of individuals and customs of groups of which the individuals are members. "Habit is the mainspring of human action, and habits are formed for the most part under the influence of the customs of a group." [1] Although educational programs have laid their chief emphasis on the highly important rational preparation for action, one cannot consider the whole of life, even of the most intelligent of men, without realizing that habits and customs, which determine most activities, are also properly a concern and a responsibility.

The psychologist reveals how habits are formed and modified; the philosopher and the curriculum specialist must decide which habits are essential and which are relatively important. Chiefly by empiricism we have arrived at an extensive list of minor habits that are desirable in specific subjects; but queerly enough we have little agreement regarding the major habits that are basic determiners of the more frequent and the more important of extrascholastic activities. The reason for this lack is not difficult to find: the minor habits are comparatively easy to ascer-

[1] John Dewey, *The Public and Its Problems*, New York, Henry Holt and Co., 1927, p. 159.

tain, and they so consume the time and energy of educators that they have failed to affect concentration on the larger and neglected task of deciding what major habits are important and on developing them in youth. No educational program that neglects the major habits of individuals and the major customs of groups can with any reasonable degree of success prepare youth for effective living in a modern world.[2]

It is the purpose of this discussion to direct attention toward one type of unreasoned human activities, the folkways, the manner of action generally accepted by a social group—nation, community, or family. To refer to these common manners Professor Sumner used the convenient term *mores*. They are common and powerful in everyone's life, though seldom discussed in relation to the education, formal or informal, of children or of youth. After definition and illustration, an attempt will be made to indicate some of their characteristics, to show their importance in living, to reveal issues with philosophy that they cause, and to argue their importance in the new educational program.

Definitions. "The *mores*," says Sumner,[3] "are the ways of doing things which are current in a society to satisfy human needs and desires, together with the faiths, notions, codes, and standards of well living which inhere in those ways, having a genetic connection with them." Later [4] he states that "the *mores* are social ritual in which we all participate unconsciously. . . . For the great mass of mankind as to all things, and for all of us for a great many things, the rule to do as all do suffices. . . . If we had to form judgments as to all these cases before we could act in them, and were forced always to act rationally, the burden would be unendurable. Beneficent use and wont save us this trouble." The *mores* always have social approval of the great mass of the people, and although never coordinated by authority they exert a powerful coercion on all individuals to conform "by virtue of uniformity, repetition, and wide concurrence."

Though Sumner defines the *mores* as including "a judgment that they

---

[2] See Ross L. Finney, *A Sociological Philosophy of Education*, New York, The Macmillan Co., 1928, pp. 467–8.

[3] William G. Sumner, *Folkways*, Boston, copyright 1906 by Ginn and Co., pp. 60–61. Used by permission of Ginn and Co.

[4] *Ibid.*, p. 62.

are conducive to societal welfare," and "the philosophical and ethical generalizations as to societal welfare which are suggested by them, and inherent in them, as they grow," he presents many illustrations that now lack any such rationalization. Whether beginning in the group judgment as to what is best for the maintenance of existence or not, "as time goes on, the folkways become more and more arbitrary, positive, and imperative. If asked why they act in a certain way in certain cases, primitive people always answer that it is because they and their ancestors have always done so." By this criterion there is much of the primitive in all of us.

In the discussion that follows, *mores* will be used to mean the ways of doing things, whether rational or not, that are generally and as a rule unquestioningly followed by a group, usually of some considerable size. In brief, they are group habits, tacitly accepted and approved. Although technical differences have been made, there is no need here to distinguish between the *mores*, folkways, and customs. They all are characteristic of a group; they all have widespread acceptance, and whether logically justifiable or not are as a rule so uncritically and emotionally approved that they may not with impunity be violated. Habits are in many respects similar, but they pertain to individuals.

Foreign Mores Easily Recognized. The *mores* of foreign, especially of primitive, cultures are the ones most easily recognized and most commonly discussed by our sociologists and anthropologists. Certain savages affect the tattoo. An Indian mother binds a board on the forehead of her infant to flatten it for the sake of beauty. Hottentot women wear a head cloth, which they will not remove. Yakut women are angry if a man stares at their feet, though they are naked to the waist without shame. In Behar, Hindostan, the women wear brass rings on their legs. The Somali exploit the old to work as long as possible and then cast them out to die of hunger. Chinese women, whose feet were deformed by binding, considered it indecent to expose them. German students fought saber duels for causes that were trivial, and gloried in their face scars. Frenchmen greet their male friends with kisses on the cheek. A Chinese to show honor puts on his hat and removes his shoes, whereas we reverse the custom. In Hindu society a son always lives with his father; he may not speak, though he may write, his mother's name; and he may not talk directly with his parents about getting married. The Fuegians express their delight in receiving a guest sometimes by jumping up and down, at other times by hugging and patting him. Crouching is the method common among the New Caledonians; the Andamans welcome strangers by blowing into their hands. In some cases the handclasp is dispensed with, as on the coast of Africa, where the Negro chiefs snap the middle finger three times as a token of greeting; in others the feet of the new arrivals are kissed, as among the coast Negroes in parts of the same continent. In the Banks Islands a man locks the middle finger of his right hand with the corresponding finger of the man he wishes to greet and pulls it away with a crack. The Ainu is said to rub his palms together and strike his beard. The Polynesians still express their welcome by pressing their noses against the noses of their guests.

These illustrations, drawn from various sources, could be greatly extended.[5] Nearly all books of travel contribute observations of what are common and unquestioned practices of the natives but what seem queer or even silly to the foreigner accustomed to equally irrational and unquestioned practices in his own country. The illustrations cited are concrete and may at first thought be considered trivial. But careful reading of the literature about them, and reflection no less, reveal that they are merely typical of many practices which, approved by the social group, may not be violated with impunity. Punishment varying from social scorn and ostracism to the physical is certain and swift in proportion as the group has accepted the practice as proper and has accorded to it a degree of emotional approval. Often the less logical the practice, the more revered and cogent. Beyond such concrete examples as have been cited, and identical in characteristics with them, the *mores* extend to habits of thought, attitudes, and prejudices, which are even more important, though difficult to illustrate. Faith in the supernatural and in a national superiority to others; uncritical attitudes of friendliness to one group and of hostility or contempt for another, of approval for one kind

[5] See, for example, Paul Monroe, *China: A Nation in Evolution*, New York, The Macmillan Co., 1928; Margaret Mead, *From the South Seas: Studies of Adolescence and Sex in Primitive Societies*, New York, William Morrow and Co., 1939; and Ruth F. Benedict, *Patterns of Culture* and *The Chrysanthemum and the Sword: Patterns of Japanese Culture*, Boston, Houghton Mifflin Company, 1934 and 1946 respectively.

of education and of hostility to others that compete for a place in the curriculum, of respect for Federal law and of ridicule for law-makers, of veneration for the aged and of tolerance for their weaknesses—all these are among the *mores* of large groups in our own land.

Mores Common Among Us.   It is a common habit to be amused at the *mores* of other people and to despise their "senseless" devotion to what usually appears irrational. But among us *mores* are just as common, and, in many instances, of just as little rationality. We follow the fashions, often ugly and unhygienic, in dress; Gentiles remove their hats on entering a church, while orthodox Jews keep theirs on; we shake hands in greeting; in letters we address a mere acquaintance as "dear"; we eat foods which are taboo by other nations. "The French like brains and other special parts. . . . The Anglo-Saxons, as a rule, stick to muscle cuts of meat. McCollum has shown that this type of animal food is, however, by no means as nutritious as the organs like the liver, spleen, lungs, and other internal parts. But as a rule they are not used, for we lack the accustomedness to them. To the great majority of mankind the idea of eating horseflesh is repulsive, yet numbers of people in various parts of Europe have conquered the initial repugnance and are finding this animal food quite as pleasant as cow's meat. Snail soup is relished in Italy, while down at Marseilles gourmands feast on angleworms and find them appetizing." [6] A cow is milked from the right side; a horse is mounted from the left. The useful *mos* of turning to the right when meeting others on the sidewalk is unfortunately breaking down, chiefly perhaps through the preoccupation of women who are "window-shopping." And there is a question which is the stronger—"What is worth doing is worth doing well" or "That's good enough."

In Large Groups.   The larger the group, the fewer its common *mores*. A number of those regarded as of importance inside the family are viewed with complete indifference outside. But there are many *mores* so widespread among us that they may well be considered national. There is scarcely any opposition to the well-established separation of church and

---

[6] Victor E. Levine, "Why We Should Be More Interested in Nutrition," *Scientific Monthly*, January, 1926.

state. We maintain the rights of conscience and loudly advocate religious tolerance, which fails only when in competition with *mores* that are stronger. In politics the essential distinctions between parties has long been lost,[7] though popularly we refuse to recognize the fact and give emotional adherence to the Elephant or the Donkey, adopting for every campaign symbols and slogans as a substitute for reason. We have great faith in the government of democracy but profess disdain for "politics" and "politicians." We vocally exalt the "expert" but are wary of experts in positions of public trust and responsibility. We accept the sacredness of property, particularly when it is in the form of money, and continue to respect bonds while fearing mortgages and reviling their holders. We proclaim the equality of men, and make exceptions of those of unfavored races. We demand romantic love as a necessary condition for marriage, but our national divorce rate continues to soar. And our popular faith in education amounts almost to a religion, though we are contemptuous of "school teachers" and "long-haired professors." [8]

Conventions and Fashions. In fashions—of clothes, manners, and even regarding the pronunciation and use of certain words—our *mores* are easily seen. When swimming in a public place or attending the opera, a woman wears without impropriety a costume that would be considered indecent elsewhere. In certain strata of society and sections of the country she may smoke cigarettes but not cigars or a pipe. However, old women of lowly station used to smoke pipes without arousing adverse criticism. Pajamas worn in public, though they may be comfortable and sensible in hot weather, would a few years ago have caused a sensation. In matters of etiquette we have an extensive system of *mores*, which have been codified in books that are highly popular with those not to the manner born. Some of these are still obviously based on reason; others have origins in long extinct phenomena or in repressed primitive passions. We still loudly clap the hands to give evidence of approval even

[7] See Robert S. Lynd and Helen M. Lynd, *Middletown*, New York, Harcourt, Brace and Co., 1929, p. 415.

[8] For the classic nineteenth-century account by a European observer of the *mores* of the American people, see Alexis de Tocqueville's *Democracy in America*, (1835, 1840), abridged ed., Henry S. Commager, editor, New York, Oxford University Press, 1947. Compare with Professor Denis W. Brogan's recent book, *The American Character*, New York, Alfred A. Knopf, 1944.

of harmonious and sweet music. So strong is this senseless custom that efforts of a prominent orchestra conductor to abate the nuisance had to be abandoned; and substitutes, like waving handkerchiefs or snapping the fingers, have been accepted in only limited places. "Either," with the initial sound pronounced "eye," and the broad "a" are considered superior by many who use neither. Certain words may not be spoken in polite society, though they and their meanings are understood by all. Swearing is restricted: some oaths one must not utter before ladies, who, it may be, use in other forms their exact equivalents. Owen Wister's Virginian implied a convention when he said, "When you call me *that*, smile!" Euphemisms are common among the cultured for many disagreeable things. It is in sex matters, however, that the *mores* are most cogent. The varying standards of chastity for men and women, monogamy, the period of delay before remarriage after widowhood, the respectability of a "shot-gun marriage," the unreasonable disgrace of being a bastard—these are a few of many possible illustrations.

Such are some of the *mores* that are "vital traditions of the American people. They are not brought in question; they form the stock of firm and universal convictions on which our national life is based, they are ingrained into the character of our people and you can assume in any discussion that an American will admit their truth. . . . We never hear them disputed and it is only when we observe how difficult it is for some foreign nations to learn them that we perceive that they are not implanted by nature in the human mind." [9]

In Small Groups. It is not necessary to present illustrations of the more varying and at the same time potent *mores* of individual families; but we may observe, before proceeding in the discussion, some of the widespread and ingrained customs of certain groups. Among the communicants of at least two of our religious sects it is considered sacrilege to use the "house of God" for anything but ritualistic worship; other sects consider the church building a fit place for social intercourse and amusements. Many consider that regular "going to church" and "read-

[9] William G. Sumner, *The Challenge of Facts and Other Essays,* New Haven, copyright 1914 by Yale University Press, p. 353. Used by permission of Yale University Press.

ing the Word of God" are necessary regardless of results. Kneeling, bowing, crossing oneself, and repeating responses and formal prayers are also group *mores*. The priest wears his frock, the rector his reversed collar, the Protestant clergyman in the pulpit his regulation coat, otherwise the congregation would be too surprised or shocked to join in the service. The Dunkard still has her cap, and the orthodox Quaker departs mildly from sober colors.

In schools there are a well-defined set of *mores*. One may not inform on his fellow, even though his deeds bring discredit or discomfort to all. One may steal fruit or advertising signs, but not a newspaper from the public stand. Systematic hard study is often done in secret to avoid being called a "greasy grind"; "getting by" to a "gentleman's grade" is respectable; one must be bored in class, and teachers, especially professors, are to be continually criticized. Devotion to certain sports evidences loyalty to the school, while other pursuits, like chess, equally or more enjoyable to individuals, are considered insignificant or worse. In some schools, foul stories and profanity are approved, while in others they are tabooed by the student body. The same is true of "petting" and of other forms of social relations.

The *mores* of the Old South have been widely celebrated in song and story. With changing civilizations and large migrations some have been materially changed and others weakened. Although a few of the customs were bad then and would be worse now, it may be questioned whether that section of our country is a better place because of the lack of definiteness of its generally accepted unwritten code. Nothing can so practically promote the well-being of a group and integrate it for happy living as a firm devotion to high *mores* that are soundly based on reason. Strength of one set makes it easier for an individual to regulate his conflict if he can be made aware of conflict. In *The Ordeal of Richard Feverel* "Ripton had already stocked an armful of flints for the enjoyment of a little skirmishing. Richard, however, knocked them all out, saying, 'No! a gentleman don't fling stones: leave that to the blackguards.' " But that very same day Richard in revenge fired or suborned the firing of Farmer Blaise's hayrick. The custom of courtesy or consideration which is accepted and practiced within one's group can more easily be extended to include others if it be understood as a generally approved principle. Such extension, however, is often lacking in those who consider themselves well bred.

Ideals. Closely related to the *mores*, identical with them in that they are generally accepted and never argued, are many expressions of ideals, some of which are expressed in the form of saws, adages, maxims, or proverbs: "All men are born with a right to equal opportunity"; "a man's a man, for a' that"; "one's highest loyalty is to truth and to mankind"; "what is right for one is right for all"; "the categorical imperative"; "obligation to respect and protect the weak"; "women and children first"; "honor above all"; ("I could not love thee, dear, so much, loved I not honor more"); "freedom of action unless others are harmed"; "a majority decision demands acquiescence"; "vox populi, vox dei"; "honesty is the best policy"; "if the means are not right, the end cannot be good"; "justice is greater than love." The effects of such sentiments, however acquired and however little they may ever be considered, are of great potency in regulating human attitudes and human conduct.

Our own *mores* are seldom considered and recorded as such: they are too common, too much taken for granted as natural and inevitable ordinarily to challenge attention. Only when we are confronted by *mores* different from our own—for example, those peculiar to other sections of our country or to other strata of society—or when we are confused by doubt as to what we should do to conform with convention, do we think about the matter. Stories or sketches of "how the other half lives" illustrate that the first condition has often existed; books of etiquette give evidence of the second. Often when our "ways of doing things" are brought to the focus of attention, especially when they are challenged by others, we defend them with the phrase, "They are the laws of God and of men"—and so not to be impeached.

Many Mores Now Irrational. Probably the *mores* were originally closely associated in the minds of the people as means to ends that they desired, "the philosophical and ethical generalizations as to societal welfare." "Efforts of numbers," wrote Sumner,[10] "at the same time to

[10] *Folkways*, Boston, Ginn and Co., 1906, p. 33.

satisfy interests produce mass phenomena which are folkways by virtue of uniformity, repetition, and wide concurrence. . . . The folkways take on a philosophy of right living and a life policy for welfare." But most of them, certainly in small groups and among the less reflective of mankind, have long since lost any connection with reason. At times they have approved and encouraged things that to us now seem positively outrageous —for examples, forms of legal punishment like burning at the stake and imprisonment in loathsome cells, ordeal by fire or battle, lupanars, and drunkenness. Reason, which is less used than schoolmasters ordinarily think, is the enemy of the *mores*. They are followed as a matter of course, and only if challenged are justifying reasons assigned to them. Sometimes this cannot be done by any amount of rationalizing. The *mores* of women's fashions are an illustration. One has only to review those that have come and gone under his own observation to see how irrational most of them are. Nor is it different with the fashions of men, though they are usually more persistent. One of the *mores* of certain peoples is to follow the fashions. Not to be "in the fashion" is to incur the disapprobation of others in the peculiar group.

Mores Tend to Lose Rationality.   Mostly the *mores* which developed out of rational practice are now followed blindly or have been so modified in time that they can no longer be associated with a reasonable origin. Such are the *mores* that lead a man to wear buttons on the sleeves of a coat, to convoy a lady on his left arm, to rise at the entrance of one highly respected, or to be "properly" expectant at a story beginning "One day Mike and Pat" or "A farmer named Ole Olson." Certain practices ordained for sound reason by that great hygienist Moses later became *mores* pure and simple, seldom related to their original cause. Indeed the cause—as in the prohibition of pork eating because it produced disease—may have been entirely removed. Often, as the rational sanction of *mores* is weakened or lost, they become increasingly imperative and arbitrary, sometimes breaking by their own weight as much as by rational opposition or the competition of other practices. Illustration may be found in some of the *mores* of strict religious sects. "If the limits are too narrow, there is an overflow into vice and abuse, as was proved by the seventeenth-century Puritanism in England. If the limit is too remote, there is no discipline, and the regulation fails of its purpose. Then a corruption of manners ensues."

Criteria of Right Action.   In many instances with all, and in the majority of instances with some, the *mores* are the criteria of right action.

What is true of the individual is even more marked of the group. Seldom does a group deliberately set out to apply rational criticism to its mores. Our sex taboo is largely irrational, inherited as it is through religion from dogmatic propositions of people who had no authority for us. A Hindu lends his wife to get good offspring. This may be rational on the face of it, but it is also shocking, being against our mores, and most of us would not even tolerate the discussion of its rationality. There is probably a good reason for our repugnance, but we do not stop to reason. It seems rational in every way that a widower should marry his deceased wife's sister, especially if he has young children; such a second wife would be least likely to turn out a 'viper to the first brood'; and there is, of course, no more question of incest than there was in the first marriage. But the vicissitudes of the Deceased Wife's Sister Bill in England show how difficult it was to make reason heard, even in so clear a case where the mores were open to criticism. In short, as Sumner says, the mores can make anything right and true and exempt it from criticism.[11]

Harmful Mores.   Occasionally *mores* have developed that are positively harmful. Such, for example, are the preference by the Chinese for polished rice, which not only is far less nutritive than the unpolished but also is injurious to health, causing the disease beri-beri; the sacrifice by ancient peoples of youths chosen for beauty and strength; and in modern times certain attitudes toward marriage and birth, which may not be specifically cited without the probability of arousing emotional resentment that would divert the line of thought being developed. These harmful *mores* are usually offshoots of other *mores* superior in power because carrying with them larger amounts of feeling. The history of religion furnishes many illustrations. Ultimately the harmful *mores*

[11] Albert G. Keller, *Societal Evolution,* New York, The Macmillan Co., New Haven, Conn., copyright 1915 by Yale University Press, pp. 102-3. Used by permission of Yale University Press.

give way as their competitors strengthen or as natural feeling, like parental affection or personal comfort, asserts itself.

Many Mores Are Similar in Significance. It is surprising to find how many *mores* are identical in significance though superficially different. Nose-rubbing, hand-shaking, and cheek-kissing are essentially the same, merely a method of expressing courteous greeting; as, indeed, "very," "awfully," and "damn" are intensives used in different *mores* to indicate what a good time was had. But one may not be substituted for the other without more or less offense. There is variation of the *mores* by locality, by cultural groups, and by intelligence levels; but who can say where they are more or less potent?

. . . Most of us live to a very large degree in the *mores*, acting unconsciously after their prescriptions; and all of us live for the most part in them; that is, we are all mainly creatures of use and wont. Few of us have a positive, well-thought-out plan of life, whether it be right or wrong. We marvel at the self-directed life of a Goethe, and assign it forthwith to genius. We meet emergencies one or two at a time, acting in them for the most part without much perspective beyond the case at hand. There are too many exigencies for us to give much thought to each, and so we go on by rule of thumb, that is, in the *mores*. So long as we slide over vicissitudes, or slip past, that satisfies us. If our *mores* effect for us a painless passage through life, we have no idea of criticizing or altering them; we let well enough alone. Every man, no matter how enlightened, has his point where it does not seem worth while to cerebrate any further, and he "takes his chance." A Newton could concentrate "a little longer" than the rest of his fellows; the savage leaves off somewhat earlier in the process, just as the child does; but we are all human beings with minds that tire and attention that flags. Then we fall back unconsciously on the ways that have come out of the experience of the race.[12]

A Cause of Conflict. The *mores* of one group are sometimes ridiculous or contemptible to another, causing scorn and inevitable bad feeling when the groups are thrown into close contact. Moreover, they are usually exaggerated by report. Numerous instances may be recalled from the recent wars when our troops encamped in the territory of our

[12] *Ibid.*, pp. 101-2.

allies and were offended or amused by some of their *mores*. Epithets like "frog-eaters" applied to neighbors evidence an attitude that does not make for amity. Seldom is there a calm consideration of whether or not the *mores* of others are superior, especially for the people who practice them. When not exciting scorn or ridicule, different *mores* often stimulate an unreasonable endeavor to persuade or to force the offenders to conform to the practices and attitudes of the more powerful group. This is called meddling or altruistic zeal, according to one's point of view. We have all read of missionaries who spent untold effort to persuade Negroes of the tropics, comfortable in their nakedness, to don the clothing of the North Temperate Zone, and who substituted Christianity for the native religion long held and practiced by "unbelievers." At home or abroad, failure to convert others to our *mores*, whether rational or merely conventional, tempts us to attribute their nonreceptivity to ignorance or lack of mental, moral, or social development. Their "perversity" has not infrequently led to bitterness and even to conflict that they may be forced to "better" ways. Lord Acton is authority for the statement that more wars have resulted from religious differences—*i.e.*, conflicts of highly emotionalized *mores*—than from all other causes.

Persistence.   Whatever we may think of the *mores*, of their unreasonableness, folly, and even harmfulness in some instances, we must respect their potency and their persistence. A student may lower his respect for the intelligence of a mankind that regulates its life so thoughtlessly by irrational and traditional "ways of doing things," though doubtless he himself in many instances is influenced by them; but at the same time he learns from both reading and reflection how persistent they are. A mere review of those that have been cited will furnish many obvious examples.[13] Not only are they persistent, they are stubborn, being deeply ingrained and inextricably interwoven with the commonest of habits. They may be modified, usually with slowness and replaced by others that are similar, if no better; but, as every government that has taken over foreign dependencies has found, they resist legislation with re-

---

[13] For an illustration of the persistence of food habits, see Robert S. Lynd and Helen M. Lynd, *Middletown*, New York, Harcourt, Brace and Co., 1929, p. 158.

markable success. Driven out of open practice by force, they continue to flourish in secret.

The Mores Are Mostly Negative.   Probably the majority of *mores* are negative, prohibitions rather than sanctions. Certainly violation of the negative *mores* results as a rule in more emotional group resentment. It is unmanly to enjoy poetry rather than manly to read prose; the freshman may not be allowed to wear colored ties or smoke on the campus, rather than be compelled to be respectful to upper classmen; a woman may not violate the *mores* of chastity. Dissatisfaction with the negative *mores* must be felt strongly, reasons must be overwhelmingly convincing before competing *mores*, especially those that are positive in nature, can prevail. The negative have an immense support in inertia and in superstition. This further explains many failures on the part of teachers, who often attempt to supplant poor negative *mores* with better positive ones. Probably the easier method would be to begin the attack on poor negative *mores* with better negative ones.

The Mores Are Potent.   In rational and in irrational matters the *mores* are potent. Sumner [14] thought that "popular education and certain faiths about popular education are in the *mores* of our time. . . . Our faith in the power of book learning is excessive and unfounded. It is a superstition of the age." In another place he wrote:

> The rights of conscience, the equality of all men before the law, the separation of church and state, religious toleration, freedom of speech and of the press, popular education, are vital traditions of the American people. They are not brought in question; they form the stock of firm and universal convictions on which our national life is based; they are ingrained into the character of our people and you can assume in any controversy that an American will admit their truth. . . . We never hear them disputed and it is only when we observe how difficult it is for some foreign nations to learn them that we perceive that they are not implanted by nature in the human mind. [15]

[14] *Folkways*, pp. 628–29.
[15] William G. Sumner, *The Challenge of Facts and Other Essays*, New Haven, copyright 1914 by Yale University Press, p. 353. Used by permission of Yale University Press.

The Mores Are Important. As stated before, the lives of all men, more largely than is ordinarily recognized, are to a considerable extent regulated, or at least affected, by the *mores*. This is especially true and easily noted with those not gifted intellectually, those who are chiefly interested in the answers, and not the questions, of life. As A. W. Meyer has pointed out, "Credulity is so prevalent even today as to escape comment. Indeed, it is the rule, scepticism the exception. We take conformity in all things for granted; non-conformity only attracts attention. . . . We are born into, bred for, and later yield to, if we do not actually strive for, conformity." And this conformity is mostly to the *mores* of the society in which we live, *mores* that we accept unreasoningly and usually follow blindly. Therefore it is of the highest importance that education open the eyes of students to this fact, illustrate what *mores* are potent, and stimulate to a critical examination that should lead toward rational independence.

In order that any action may be rational, results for most people must follow definitely and in a short time; the cause-and-effect relation must be clear. Such consequences are by no means the rule in our modern world; and when they are not, the vast majority of men turn for guidance to those who are more expert or to the traditional folkways. In order to persuade an individual to go against the *mores* it is necessary to convince him that the new way of doing things promises better results than the old. Rational selection for most people demands a quick and definite test. Although one of the functions of education is to extend the range through which results may be seen from causes, to show relationships which common observation overlooks, it must not be forgotten in the classroom procedures that after all these efforts, the great majority of actions by most individuals and some of the actions of all will lack a clear perception of cause-and-effect relationship. Consequently, sound "ways of doing things" will always be important in both home and school education.

Unusual occasions emphasize the importance of the *mores*. Ordinarily we get along well enough, reasoning how challenging situations shall be met or, what is more likely, meeting them with responses that are habitual to similar challenges or with decisions determined by the folkways. But when the ordinary man is invited to a presidential inauguration, to participate in an academic ceremonial, to write a letter to a foreign ambassador, to attend a formal dinner, to arrange a wedding, or to attend a high church service, the *mores* of such unusual activities become of great concern to him. He may think them strange, illogical, and silly, but he conforms because he wishes to act "properly." The great popularity of books on etiquette is explained by this desire on the part of those uncertain of what they should do in many social situations. As will be shown later, it is very necessary that there be some conventions, and that necessity continues to justify others that we could easily and sometimes profitably do without.

Mores Condition Action. The *mores* not merely condition action; in a great many situations, common as well as rare, they determine it. Inasmuch as action is what makes life happy and successful, for groups as well as for individuals, the "ways of doing things" are of great concern for those who, as teachers in schools or as parents, are interested in influencing conduct. "Ninety-nine per cent of all law," says Arthur Train, "is unwritten. Human affection and loyalty, morals, religion, chivalry, good sportsmanship, manners, etiquette—even mere taste—are vastly more important in making people behave themselves than the fear of going to jail. What people won't do for themselves, they are not apt to do for the law." What are these determining factors that Train enumerates but the *mores* of the people that are built up informally and incidentally and neglected by systematic education? If we mean anything by our professions that "education concerns the whole of life," surely we are obliged to include in its program factors that condition and determine what is done by all of us in so large a part of our conduct.

Mores Are an Economy. To the credit of the *mores*, it must be recognized that they are an economy in that they short-circuit thought in the many less important challenges to mere habitual action. Although education persists in advising pupils that they "think," relatively few situations in life demand such processes as Dewey and other logicians have analyzed. Of course these processes are of extreme importance in extreme cases. Not merely must we continue our efforts to make thought more effective and more frequently used; we must also persist in attempts to inculcate tendencies to use skilled thinking more frequently than is the wont even of those educated on the secondary level.[16] But these efforts should be supplemented by others induced by a recognition of the potency of habits and of the influence of the *mores* in determining action in the numerous minor crises of daily life. These minor crises are so frequent that one cannot afford the time and the effort to think seriously about them; it is a real economy to fall back on habits, which have proved themselves successful on similar occasions, or to elect responses by the criteria of the *mores*, which persist because they have on the whole been satisfying. Only the occasional, highly gifted man is likely to see means of higher and better action, and he passes on his suggestions, which, if sound, gradually are accepted by the *polloi*. It is one of the *mores* of the educator to assume that reflective thought is more frequent than it really is, even in the group to which he belongs. An intelligent and original college president asserted hyperbolically, to emphasize his point, that he had "really thought only once during the preceding twelve months," adding that this thinking was possible because he had so developed economical habits as to save time for it. When educators realize that all men ordinarily substitute, without disaster, quick, automatic reactions for expensive and unnecessary thought, they will realize the responsibility for laying more emphasis in the curricular program on good habits and on the sound *mores*.

Habits and *mores* are economical, then, in that they free time for important reflection and rational thinking in the critical situations of life. It is a waste and a tragedy that so few will find the time for thinking or will think as profoundly as their capacities and training permit when the occasion demands. Even the independence and freedom that all profess to desire are possible only by conformity with the majority of the folkways. One conforms in minor matters that he may be free to act as he wishes in the occasional major ones. A person of sense dresses, speaks, and in other such details of life acts so as not to incur such disapproval of his fellows that they make impossible the freedom that he needs to develop his life as he plans it in important details. The freak who makes

---

[16] "It is easy to step on board a train of words that someone else has coupled together, and then, as Chesterton once suggested, ride to another man's destination. This is what happens to rituals and slogans, and teachers are especially prone to go riding on them." —Burgess Johnson.

himself conspicuous and egregious by wearing unusual clothes or by affected speech seldom has any life program of importance which his denied freedom would make possible. However, "disagreement over this or that detail of the code does not become serious if all parties value the major portions of the code. One of the chief utilities of otherwise inane and trite exhortations to patriotism and loyalty is that, by reiteration of these, the broad essentials of the common code and the need of supporting it are kept before people whose conflicting minor interests normally fill their horizons. They are made to realize that they and their interests are but part of a larger whole whose importance is of the greatest." [17]

In religion the *mores* are all-powerful—and who can say that they are not beneficent? "Precious perquisite of the race," as Sir William Osler wrote," credulity has perhaps the credit balance on its side in the consolation afforded the pious souls of all ages and of all climes, who have let down anchors and faith into the vast sea of superstition. We drink it in with our mother's milk and that is indeed an even-balanced soul [who is] without some tincture of it. We must acknowledge its potency today as effective among the most civilized people, the people with whom education is most widely spread." This does not in any sense impeach religious faith, but it does emphasize that often with all men it is derived from the *mores* rather than from a deliberate consideration of competing theologies. One evidence is the fact that with few exceptions children follow the faith of their parents.

Mores a Means of Integration. In large measure the *mores* are responsible for integration; they bind together the members of a society that practices them, creating a group consciousness, for, to repeat what Follett [18] says, "Genuine integration occurs in the sphere of activities, and not of ideas or wills. . . . Integration of activities usually outruns integration of ideas." Sects, denominations, fraternal organizations, social castes all have their *mores*, their rituals, their "beliefs," their attitudes, and their prejudices that distinguish them from other sects,

[17] Albert G. Keller, *Societal Evolution,* pp. 81–2, New Haven, Conn., Yale University Press, 1915.
[18] Mary P. Follett, *Creative Experience,* New York, Longmans, Green, and Co., 1924, pp. 150–76.

denominations, fraternal organizations, or social castes. The intellect functions here chiefly to rationalize what the *mores* have established in feeling. Keller [19] says: "In a general way political parties grow up about the nucleus of a common interest that is felt rather than reasoned out. Party affiliations are largely in the *mores* and are traditional. They are the expression of an interest or interests held in common by smaller groups which are willing to unite for their realization. In other respects such uniting groups may have very different codes; 'politics make strange bedfellows.' However, political parties are likely to comprise those who have a number of interests in common, or think they have, and so are often coextensive with classes or even geographical sections." But the prepotency of *mores* in holding an individual in such groups can often be seen by a clear-headed thinker who challenges him to justify his membership or who attempts to wean him away.

The *mores* are the greatest conservative force to preserve society as it is; through them gerontocracy finds its power. "They are not questions, but answers, to the problems of life," powerful deterrents to rational changes that are proposed by advanced thinkers. "The *mores* [*Sitten*] are, before any beginning of reflection, the regulators of the political, social, and religious behavior of the individual. Conscious reflection is the worst enemy of the *mores*, because *mores* begin unconsciously and pursue unconscious purposes, which are recognized by reflection often only after long and circuitous processes, and because their expediency often depends on the assumption that they will have general acceptance and currency, uninterfered with by reflection." [20] For such reasons again may be seen the importance that education shall do what it can to make the best *mores* a part of the equipment of all individuals and to discourage the use of those that are harmful.

Integration, which is needed for the happy living of any social group, is usually weakened to the extent that the *mores* are violated. A stranger who brings with him his ways of dress, of speech, of food, of etiquette, of worship, and of "doing things" in general is subject to ridicule, to suspicion, and to discomfort, so that not only is he often

[19] Keller, *op. cit.*, p. 106.
[20] Hartmann, *Phanom. des sittl. Bewusztseins*, p. 73, quoted by Sumner, *Folkways*, pp. 59–60.

not received wholly into the group, but he is made so self-conscious and uncomfortable that he cannot make the most effective use of his capacities. Punishment sometimes extends beyond mild disapproval; on occasion it may result in social excommunication, banishment, or even lawless violence, according to the degree to which feeling is associated with the popular attitude. For illustration one may imagine what would happen if a white man attempted to introduce his Negro wife into a social group that had previously welcomed him unmarried in Massachusetts, Ohio, and Alabama. Inasmuch as refuge may usually be had in a large group following different *mores*, those of the small one have potency only in proportion as an individual desires its good will or continued identity with it. Many a young man or woman has left home because unwilling longer to tolerate *mores* of the family, such as dress, worship, or paternal control; while others have endured *mores* that they found unpleasant either because they possessed no means of entering other groups with different practices or else because other ties bound them until at last they accepted the *mores* and even imposed them on others.

FOR BIBLIOGRAPHY SEE THE END OF CHAPTER XIV

CHAPTER *XIV*

MORES AND THE EDUCATION
OF YOUTH

Changes Strengthening the Importance of the Mores. Because societal groups change from those of the past—in some cases growing in strength, in others weakening—and because migration from one community or even state to another seems to be increasingly common, the importance of education's concern with the *mores* is emphasized. That such changes are going on is clearly shown by Ross.

Now these natural bonds, that were many and firm when the rural neighborhood or the village community was the type of aggregation, no longer bind men as they must be bound in the huge and complex aggregates of today. Kinship has lost its old sacred significance. Social erosion has worn down the family until now it consists of only parents and young. From being a sacrament, marriage has become a contract terminable almost at pleasure. Nearness of dwelling means less in the country and nothing in the town. For the intimacy of the countryside the city offers only a "multitudinous desolation." Frequent change of domicile hinders the growth of strong local feelings. The householder has become the tenant, the workingman a bird of passage. Loose touch-and-go acquaintanceships take the place of those close and lasting attachments that form between neighbors that have long lived, labored, and pleasured together. The power of money rends the community into classes incapable of feeling keenly with one another. Even while we are welding it, the social mass laminates. Everywhere we see the local group—the parish, commune, neighborhood, or village—decaying, or else developing beyond the point of real community.

Of course this is not all the story. If the molecules of the local group are jarred asunder, it is partly because they fall under influences which make them vibrate in vaster unisons. Local solidarity perishes because bonds of fellowship are woven which unite a man to distant coreligionists, or fellow-partisans, or fellow-craftsmen, or members of the same social class. In this way fresh social tissue forms and replaces, perhaps, the tissue that dies. . . .

I freely confess that not all the new communities are of this narrow gauge. Certain broad-gauge, inclusive communities are growing up. The famous old groups—the Semitic "tribe," the Greek "city," the Teutonic "kindred," the mediaeval "town," the New England "settlement"— were small; but now we see growing up a civic, metropolitan, national, or even racial communion binding men into mammoth aggregates. As the means of communication improve, as the school and the press grow mighty, and as man dares to look up a little from his engrossing daily task, the ease of comprehending distant persons and situations enables him to over-leap the limits of personal contact. The man of the street understands the far men of the field or the mine or the sea. Sentiment, ignoring latitude, welds men into vast bodies and facilitates the growth of orderly relations.[1]

One has only to make an enumeration, partial though it will be, of the changes occurring in our civilization to realize how they are attacking, often successfully, the old *mores* that, with a certain degree of satisfaction, have regulated the conduct of our people. The weakening or defeat of the old have unfortunately not always been followed by establishment of equally good new ones. The immigrant throws off, sometimes under compulsion, the *mores* of his former society without assimilating the best in his new home; both he and his neighbors are thus weakened. Migrations from community to community and from state to state bring misunderstandings and conflicts as well as enlightenment and breaking of old restraints. Popular education has discredited many of the older *mores* without building up satisfactory substitutes. Youth is developing a whole new set of *mores* concerning relations between the sexes, a set that the older generation cannot understand, much less tolerate, with the inevitable conflict and weakening of parental influences at a

[1] Edward A. Ross, *Social Control*, copyright 1926 by The Macmillan Co., pp. 433–35. Used by permission of The Macmillan Co.

time when they are most needed. New inventions, notably motor cars and the moving picture theatre, without the official sanction of anybody develop *mores* of their own, and these new ones are often disturbing to old conventions. Unchaperoned drives at late hours to distant places and unabashed enjoyment of theatrical scenes of illicit sex relations are new in occidental civilization.

Admixture with a superior culture inevitably brings a conflict of *mores*, which is seldom wholly good for either group. The lowly often abandon standards, guides, and practices which are beneficent to them and imitate the poorer and even the mischievous ones of the new culture. Partial understanding intensifies the bad results. It is reported that educators of an old nation, after studying the system in use among us, were so impressed with the advantages of coeducation that they opened dormitories to be used in common by young men and women. Attendants of movie theaters have seldom been discriminating as to what mores of the rich that are shown on the screen they shall imitate. And the effects on high-school students of what are assumed to be college mores are not wholly good. Monroe [2] has given illuminating evidence of the conflicts of the *mores* when occidental civilization entered the Orient; and far too little is popularly known of the effects of our incursion into Puerto Rico and other dependencies. Had education been fully alive to its responsibilities, not only would many mistakes have been avoided but we should as a people be more intelligent regarding our foreign policies. The conflicts of cultures at home as well as abroad produce grave problems for education.

Sources of the Mores.   The *mores* always begin in reason. When a sufficient proportion of any group see or think that they see satisfactions resulting from some empirical manner of action, *mores* are initiated. When the relationship actually exists, the resulting addition to the code is good, so long as conditions are unaltered. The weakness of the process is that, neither in the primitive past nor in the present, does mankind ordinarily have the perspective or the necessary data to perceive relationships. People observe that ordinarily men wearing eelskins around

---

[2] Paul Monroe, *China: A Nation in Evolution*, New York, The Macmillan Co., 1928, pp. 28–34.

the wrist do not have rheumatism, that timorous women lying on feath-erbeds are not struck by lightning, or that those attending church regu-larly are spared "the wrath of God"; and concluding that there is a causal relationship, initiate a custom, which persists longer than it is really believed.

The *mores* begin in reason, but often in bad reasoning. They are spread by imitation, often of an inconsequential part in hopes of attaining a desired whole: a tennis champion wears a green visor or a beret, and aspiring players adopt the headgear vaguely hoping for the skill; the idle rich wear high-heeled shoes, hideous tall hats, or other evidence of freedom from necessity to work—evidences of the "law of conspicuous waste," as Veblen brilliantly called it—and the envious poor by imita-tion handicap themselves by hope. The *mores* begin, too, through faulty reasoning, in superstition and fear. Legislation cannot make *mores*, though it often embodies them into enacted statutes, as the old Blue Laws illustrate.

The sources of the *mores*, then, are always originally in reason of some kind or other. Some *mores*, indeed many of them, still are rational, based obviously on intellectual essentials of well-being or happiness. (Many more seem so until one realizes that some groups without them are happy, or think themselves happy, and are relatively prosperous.) The *mores* thus based are the ones of most concern to education. Some of them have been incorporated into the formal curricula of home, church, or school; many more are transmitted or strengthened incidentally by those responsible for the guidance of the young. All of those that are sound and important should be systematically taught. Reason alone, however, cannot establish *mores;* it needs the assistance of its more stimulating sisters, the approving emotions. There was abundant reason, supported by obvious self-interest, to secure adoption into the *mores* of hygienic food practices before legislation was tardily enacted, but in all probability a novel that exaggerated nauseating incidents in the packing plants was a more effective factor. The influence of *Uncle Tom's Cabin* was doubtless greater than the logical appeal of clear-minded abolition-ists. Many men and women control their natural appetites because to do otherwise is a "sin" rather than because they are convinced of maleficent effects. If we knew how feeling could be marshalled in support of rational conclusions, the creation of effective codes of conduct would be a simple matter. But it is far otherwise.

How the Mores Are Modified.

How the Mores Are Modified. How may the mores be modified? In all ages they "seem to grow up, gain strength, become corrupt, decline, and die." Sometimes this is a long process, sometimes a short one. In the past, especially by primitive peoples but most assuredly not by them alone, the *mores* of others have been modified by force. War has always been the immediate weapon to compel others to act "properly," *i.e.*, as the more powerful do. Offensive *mores* may cause war directly, as when they seek to make others conform in religious rites or to abandon slavery, or indirectly, if they first develop such hostile emotionalized attitudes that trivial causes will be so exaggerated as to lead to conflict. It may be noted, however, that not infrequently some of the *mores* of the conquered prevail over those of the conquerors, especially if the latter occupy the country of the former. The Goths took on many Roman customs after overrunning Italy, the Normans in England became a different people, and even the loyal men of the North changed somewhat their attitude toward the Negro after the Civil War.

Modification of the *mores* by force takes many forms other than conflict by arms. It may be attempted by law. This means is successful only when there is overwhelming sentiment behind it: polygamy was abolished among the Mormons only because of overwhelming opposing social *mores* of the enveloping and more potent group; the Negro has been largely disfranchised in the South despite a constitutional amendment, which was supported by the *mores* of the North; and because of divided sentiment caused by devotion to certain *mores* the people of the United States failed to obey the laws prohibiting the sale of alcoholic beverages. "The legalistic aspect of protecting property rights in slaves," writes A. S. Will, "and of the definition of the powers of the States, under the Federal Constitution, was not popularly considered with anything like awe, as witness the outburst against the Dred Scott decision. The dictum of Taney was like a wisp of the wind compared to the cyclone of feeling aroused by *Uncle Tom's Cabin*."

Modification may result from a business boycott: a member of an unpopular minority may not in certain communities be able to make an honest living. It may result from ridicule, "an assault on vanity, one of the most sensitive of human traits." The freshman may change his dress, give up prayer, or conceal his love for poetry because the *mores* of his college lead to ridicule of his former practices and attitudes. But most potent in our civilization is the manifest social disapprobation of the group with which the individual desires to affiliate. Under pressure of his fellows, the individual changes his dress, his manners, his attitudes, and even his ways of thinking. Thus much good teaching in classrooms is negated by the *mores* of the pupils' group, which far too frequently are ignored or despised by the teacher. Only the rarest and strongest personality succeeds in making the *mores* of his own group prevail over those of his pupils; when successful, he is likely to recognize the *mores* that his pupils hold and to attempt gradual modification of them.

Possibility of modifying the *mores* is chiefly due to the fact that in a society such as ours there are many competing ways of doing things. By wisely directed effort the better may be made to prevail over the worse; selection of one set may cause another to die through disuse; modification of poor and partly effective ones may make them respectable and satisfactory; intelligent consideration may lead to a consistency hitherto unknown. But new and desired *mores* are likely to prevail only as they are seen to give such satisfaction as to create favoring emotionalized attitudes. Most revolutions and reforms are initiated and directed by playing on the emotions of discontent and setting up *mores* of sentiment that promise, often illogically, better things. A youth may sometimes be ridiculed out of persistence in *mores* of dress or pronunciation and influenced to abandon a practice by persuading him that it is characteristic of a class to which he feels himself superior.

Conflicts with Educational Theory.   There is no question but that the *mores* are often in sharp and potent conflict with the conventional doctrines of the school. The school says, "Think!" and "Use your head!" But the *mores* fortify mankind in placidly continuing in common situations conventional reactions that on the whole have yielded reasonable satisfactions, or that have appeared to do so. All of us, when minor problems arise, are inclined not to think seriously but to meet them with responses determined or largely influenced by the *mores:* we do as others do or as we think they would approve. Education is fond of exhorting "Be yourself!" and "Live your own life in your own way!" But, as previously pointed out, in most matters this is impossible, attempts bringing such social conflicts as to block originality of action and of expressed sentiment. Fortunately, the folkways are on the whole fairly satisfactory, individual aberrations often being silly eccentricities of no importance. Innovations in action or sentiment which are firmly grounded in reason generally survive because of their obvious superiority, and gradually become adopted by the multitude. Education advocates progress; the *mores* are conservative and reactionary. Many would have the schools reform the world, but the majority hold with Suzzallo [3] that "courts and schools do not deal with contemporary issues, with transient values, and with the bitter, unsolved controversies of the present. Courts and schools deal with fundamental matters; on the one hand, the established law, and on the other, established truth and fundamental social principles." Whatever one's judgment on these matters, it is obvious that the mores and educational theory are not always in harmony.

Education Is Interested.   Education should be interested, then, not merely in the intelligent evaluation of the *mores* in terms of societal welfare, but also in the means of modifying them, of adapting the good ones so that they will more effectively satisfy human needs, and furthermore in building up an emotionalized attitude of respect for those that are good and of contempt for all others. This policy was practiced formerly in many societies and is seen even now in some. The solemn services in the Indian kiva and primitive initiations were for this purpose; confirmation in modern churches is the culmination of such training; the priest is rigorously exercised in the *mores* before he is trusted with responsibility. Obviously the teacher should have had the advantage of living under the best *mores* that society approves.

The first step in any procedure is consciousness of what the *mores* are. Clearly understood, each one may then be considered in relation to its source and its effects. That formal instruction may be offered in this important influence on conduct there is need, first of all, for an extensive

---

[3] "Teaching as a Profession," *The Educational Record*, 7:63–72, April, 1926.

inventory of the *mores* of the more important social and political groups of our civilization. What are "the ways of doing things" generally accepted and unquestionably followed by the great majority of the groups, ways the violation of which, consciously or unconsciously, brings in varying degrees social disapprobation? It would be profitable for students of society to turn aside long enough from investigations of the *mores* of primitive and remote peoples to list those that are effective amongst ourselves or to popularize among practical schoolmen such studies as have already been made. The teacher of youth may, as a beginning, consider the *mores* of the several groups of which his students are, or are likely to become, members, especially of those that are likely to be helpful, harmful, or in conflict. What *mores* of the play group or gang, for example, need especially to be strengthened or modified? He may profitably attempt to elevate the good, extirpate the bad, and discredit the neutral or wasteful, neglecting those that are already adequately taken care of by other agencies.

Consideration of even a small number of current *mores* shows that they vary in reasonableness and in respectability. Consequently we may conclude that there are some which, enabling us economically "to satisfy needs without pain," we should follow and teach our youth to follow. There are others, however, that appear to be irrational, futilely persistent, and even mischievous to the welfare of present-day society. These education, formal or informal, should somehow seek to extirpate or to modify. The *mores* of courtesy and respect toward women may be cited as an illustration of the former class; the rapidly passing *mores* of superstition, as an illustration of the latter. That the *mores* are modifiable may be realized by any reading of history as well as by recall of ridiculous and even outrageous practices which they formerly approved but today condemn. Illustrations are fashions of dress and manners, Puritan Blue Laws, human slavery, humor at insanity, deformity, and drunkenness, and subservience before hereditary nobility. We are concerned not so much, however, with modification of the *mores* of large groups, though intellectual leaders assuredly do have this responsibility, as with the selection of those which should be stamped into the habits with emotionalized approval of plastic youth. Young people do acquire *mores* of some kinds, *mores* that are permanently influential over character, good or bad. It is the concern of education, considered in its larger sense, to select and seriously to teach those that are considered beneficent.

Education is concerned primarily with selecting from the inventory such *mores* as, being soundly based, are judged of most worth to society. A successful attempt to make these understood and accepted by the more intelligent members of the population should lead to more consistent conduct resulting not only in greater personal satisfaction but in strong emotionalized attitudes which would serve to influence others. The study of science and of economics has already had some obvious results in this respect. It is here maintained that such study would be even more successful if youth were made conscious of the resultant and desired *mores*. Doubtless even the less intelligent members of society can be affected somewhat by this means; but for the most part they will be led to adopt desired *mores* through training, ritual, and habit formation. If the importance of the *mores* is recognized, curriculum-makers will be confronted by another challenge: to select by the combined judgment of the wise the *mores* which are important for economy, for unity, and for successful living in modern democratic society, and to devise means that may secure for them intelligent approval, emotional support, and consistency of practice.

Youth Needs Guidance. Youth is interested in the *mores* of the group to which he belongs or to which he desires to belong in order that he may be acceptable to the group and that he may not attract undesirable attention by his violation of some approved practice. He reads, he looks, he listens, he learns, and he conforms; then what becomes of the individuality that he has been told to cherish and develop? The doctrines of conformity and of individuality, like the doctrines of interest and effort, only appear to be in conflict. In extreme each is bad. But, as Bagley has said, there lies not between but above them a truth to which both may make their valued and essential contribution. Youth needs guidance as to which of the *mores* are desirable, which are in his day and time conducive to societal welfare: these he must accept, subordinating any conflicting individual inclinations. He needs guidance, too, as to the degree to which he must accept others not so rational, because failure to do so might prejudice his chances to accomplish more important things. When principle is at stake and he may not conform without sacrifice of character, he should be taught to discriminate and to rebel. Shall his elders not impart to him some of their philosophy of conformity and of adaptation that he may preserve and develop his individual self and at the same time not offend, as youth is prone to do, one or more of the groups in which he must find his happiness while contributing to that of others?

Youth Learns by Precept and by Example. The young learn the *mores* of their own group directly by example and by precept. They observe their elders in action—their diction, their manners, their courtesies, their expressed antipathies and ideals; and so long as these seem to succeed, to bring satisfaction and approval from others, they are accepted and imitated. More than this, the elders enforce conformity: the heavy hand, the stern rebuke, the gentle command are constant and recurrent factors, more potent probably than the tacit approval of following the group custom. Precept is also constant: "Take off your hat in the house," "Shut the door after you," and the thousand other phrases repeated so frequently by the parent that they form the *mores* of the child. Especially are precepts potent when they are couched in epigram or decorated with rhyme. "A proverb is the half-way house," says Meredith, "to an ideal . . . ; and the majority rest there content." Who has not accepted "a bad beginning makes a good ending," questioning it only in later years? or assented to "haste makes waste," without considering that it is only a half-truth? Probably no precepts are more effective in orthodox religious families than quotations from the Bible. Quoted with veneration and awe, they carry all the accumulated respect that had formerly been built up for God. In such families Biblical texts are usually accepted unquestioningly, and so build up, support, and maintain a large part of the important *mores*.

Unless childhood and youth have been firmly fortified by the best *mores* of their civilization, they are likely to be harmfully influenced by experiences which they misinterpret or understand too narrowly.

The excessive plasticity of the child is not an unmixed blessing. For instance, a thoroughly honest man will be little affected by an example of dishonesty. He reacts in terms of his former habits of honor, and hence is little influenced from one more exposure to dishonesty. But the little child is different. He has no fixed habits, notions, or ideals of honesty. He is unprotected. He sees certain desirable ends gained in a thrilling way by a certain twist of reality. He is at once inoculated, so to speak, with dishonesty. He responds to this new and tense experience with his whole nervous system, much as the baby does who wiggles its whole body in attempting to grab a watch. Since his response to the stimulating experience is complete and tense, feelings and emotions arise which tie up the situation or suggestion with many nerve centers. A few distinctive experiences are often sufficient to initiate some characteristic mode of reaction which, under favorable circumstances, may soon develop such a strength as to be resistant to all sporadic attempts at social control.

Thus, early in his youth, we impress upon the child, with no little emotional zest, our notions of morality, politics, economics, or religion. Many of these notions are biased and without foundation. But being in this plastic period, the child accepts them all without question. So deeply ingrained do they become, that later he thinks of them as his own original discoveries. These outgrown customs are accepted before he is old enough to question, doubt, or criticize them. Consequently, as an adult, he is blind to their irrationalities, idiosyncrasies, and inconsistencies.[4]

Ideals Grow Out of Mores.   Gradually in the young there are developed ideals of life. Inasmuch as youth is incompetent and largely undirected to consider life in its larger aspects or as a whole, these ideals naturally grow out of the *mores* of the group: such and such things are not done by a Smith, by a gentleman, by an American, by a Christian; such and such other things are proper, right, or admirable for him to do. Though they may be violated by many of the group, they remain as ideals and doubtless are of tremendous potency in influencing conduct, not only in the formative period but also, to a greater or lesser extent, throughout life. When the ideals which grow out of the *mores* are accompanied by strong affective attitudes, as they are wont to be if the *mores* are firmly accepted and more or less consistently followed, and if violation incurs disapproval or punishment, they are likely to be power-

---

[4] Germane and Germane, *Character Education,* Part II, p. 37. New York, copyright 1929 by Silver Burdett Co., used by permission of Silver Burdett Co.

ful and persistent character influences in life. All religious and character training has recognized this, and has sought to inculcate emotionalized attitudes during the period when feelings are strong. If, as many believe, the home and the church are for various reasons becoming less effective in their training of youth, then other agencies of education must be increasingly concerned. A *laissez faire* policy will lead to social disaster. Any person concerned with the need for fostering social unity, such as a parent or a teacher, should bend every effort to extend common knowledge, common ideals, common attitudes and beliefs, all leading to satisfying action. The *mores*, "the ways of doing things" satisfactory to the group, are one of the most effective means of fostering unity. An ideal is a conscious *mos*. Conduct governed by a widely accepted ideal, even more than that governed by an individual one, brings satisfaction that tends to ensure continuous repetition.

Vicarious Experiences.   Youth learns the *mores* of other people partly by direct experience, but perhaps to an even greater extent he acquires both *mores* and emotionalized attitudes indirectly through reading, seeing motion pictures, listening to the radio, and, more recently, turning to television. This is one reason, and a most important one, why education should be concerned in an unprecedented way with training in the selection and reading of newspapers, magazines, and popular literature, and with training in the selection, training, and appreciation of motion pictures and radio and television programs. As stated elsewhere, conduct is most likely to be influenced when the emotions or the affective attitudes are involved, and involved they assuredly are by sensational news stories, thrilling movie, radio, and video plays, as well as by good literature that is truly appreciated. Because youth is not always discriminating and because writers frequently follow the easier path and appeal to the coarse emotions, he may possibly, if undirected by wise instruction, emulate the weaknesses of his hero as well as the virtues. There seems to be an important challenge here for education to select for study by youth the verbal and pictorial presentations of life that convey with concomitant feeling desired *mores*, and so to teach the selections that appreciation of them may affect attitudes and conduct.

Motion Pictures. Motion pictures, so largely neglected by formal education, are especially important because of their great popularity and because they exercise a powerful influence on conduct. It is often overlooked that film producers have in mind ends quite different from those of the school.[5] An alarming number of pictures succeed in making an atmosphere of sophistication and luxurious living seem to the undiscriminating in every respect ideal, associated though this may be with laxity of character and morals. Magnificent houses, expensive clothes, and glamorous personalities are in the movies too frequently associated with sexual looseness, excessive drinking, deceit, and unpleasant behavior. Admiring and desiring the luxury and glamour, youth is also likely to admire and seek to copy the other. Conventional *mores*, assuming that they are desirable, tend to be replaced by maleficent ones. If youth is led to sympathize in his feeling, as well as in his thinking, with the well-groomed and attractive screen heroes and heroines who are lax in their moral behavior, why shall we not expect him to accept the moral standards along with the rest? It is far easier to yield to natural appetites than to set up moral obstacles and, by refusing to brush them aside, slowly go on to achieve greatness or goodness. Realizing these facts and knowing that conduct is influenced to a much greater extent by the *mores* than by law or by appeals to reason, we should consider if we are not likely to reap a whirlwind because of the influence of the pictured drama over spectators from infancy up through the impressionable ages, with its daily association in every section of the country of unconventional and maleficent *mores* with other things generally considered desirable. Here is a matter with which education must concern itself or mischievous results, already recognized but not yet generally attributed to their probable cause, will materially modify the moral standards of our society.

A Proposed Program. In summary, then, may be proposed a program for using the *mores* as a factor in the large educational process. The pro-

---

[5] See Henry J. Forman, *Our Movie-Made Children,* and Charles C. Peters, *Motion Pictures and Standards of Morality,* (both) New York, The Macmillan Co., 1933. A similar literature is rapidly developing with respect to the influence of radio and video.

gram is in outline, further development in detail awaiting collective effort by the profession and especially experimentation.

1. An inventory should be made of the *mores* of the several groups of which the children to be educated are members.

2. The *mores* should be evaluated as to their desirability for societal and for individual welfare and happiness, consideration being given to their incidence among groups and to the potency of both those disapproved and those approved. This evaluation is a delicate matter, for there are involved many factors, such as the interrelation of one set of *mores*, perhaps undesirable, with others which are generally satisfactory. An effective set of established, good *mores* may be well worth perpetuating, though ideal ones are conceivable.

3. Means must be found or invented to modify the *mores* of a group, teaching the young to accept desirable *mores* and to replace the bad with the good.

The following means are proposed as worthy of consideration and of trial or experimentation:

1. Compulsion. In the family, in the gang, and in groups organized for the attainment of a set of specific purposes, members are sometimes compelled to act in conformity with the *mores* characterizing and judged essential by the group. Possibly there are *mores* of such extreme importance to the welfare and unity of society as to justify the use of compulsion.

2. Approval and disapproval by the group of which the individual is or desires to be a member. Certainly a consciousness, which may easily be secured, of approval or of disapproval is likely to add to the effectiveness of this means. There are possibilities here of making better groups desired and of securing by the individual entrance on probation. To the extent to which the group is desired and to which the individual is conscious of the *mores* held by them, he is likely to follow them. Therefore a basis for *mores* may be the heroizing for youth of those with ideal *mores*.

3. Ritual. This term includes the formal, ceremonial ways of doing things. Although ritual is used with us relatively little, as compared with many other civilizations, it is highly effective in integrating an individual with a group and thus making him receptive of the *mores* which that group holds. The effects are easily seen in certain "high" churches and fraternal organizations. Inasmuch as youth is at the stage of development when ritual makes a strong appeal, it should probably be used much more than is common in our secondary schools.

4. *Intellectual justification of the desired mores.* It is postulated that this means is likely to be effective in proportion to the superiority of intellect. But everyone, the genius as well as the normal person and the dullard, needs also the support of feeling.

5. *Strengthening of the better of two competing mores.* This may be both intellectual and emotional.

6. *Analysis of complex ideal.* This is necessary in order that youth may discriminate the essential good *mores* from the nonessential, incidental, or detrimental bad ones.

7. *Modification rather than replacement.* It is postulated that it is easier to modify an existing set of *mores* toward betterment than it is to replace them with others that are quite different.

8. *Beginning with the negative.* Again it is postulated that human nature is more easily led to resent and not to do than it is to approve and to do. Fortunately, nearly all ideals may be stated negatively as well, or nearly as well, as positively.

Pending research and experimentation, every individual teacher should have some concern with the *mores*, both good and bad, that are potent among his pupils. Recognizing that they exist, he needs to ask himself which, like those of good sportsmanship, are economical for short-circuiting thought, for strengthening character, and for achieving desirable integration; which of those followed by himself or by small groups of pupils are likely to cause conflict in the school or in the community; and which local *mores* are likely to prove embarrassing later, with inevitable migrations either of others into the community or of pupils outside to a larger world. Using his own judgment and such means as have been suggested, the teacher can attempt to strengthen the first, to weaken the others, and to introduce at least a knowledge of some *mores* that are important among people with whom the pupils are likely to come into contact. Secondary school students are mature enough to profit from knowing what *mores* are and by being stimulated to curiosity concerning those that are likely to affect them now or later.

Selected Bibliography

BENEDICT, RUTH F., *Patterns of Culture*. Boston: Houghton Mifflin Company, 1934. 290 pp.

BROGAN, DENNIS W., *The American Character*. New York: Alfred A. Knopf, 1944. 168 pp.

DE TOCQUEVILLE, ALEXIS, *Democracy in America*, abridged ed., Henry S. Commager, editor. New York: Oxford University Press, 1947. 513 pp.

EISENBERG, AZRIEL L., *Children and Radio Programs: A Study of More Than Three Thousand Children in the New York Metropolitan Area*. New York: Columbia University Press, 1936. 240 pp.

FORMAN, HENRY J., *Our Movie-Made Children*. New York: The Macmillan Company, 1933. 288 pp.

KELLER, ALBERT G., *Man's Rough Road: Backgrounds and Bearings from Mankind's Experience*. New York: Frederick A. Stokes Company, 1932. 450 pp.

LYND, ROBERT S. and LYND, HELEN M., *Middletown: A Study in Contemporary American Culture*. New York: Harcourt, Brace and Company, 1929. 550 pp.

————, *Middletown in Transition, A Study in Cultural Conflicts*. New York: Harcourt, Brace and Company, 1937. 604 pp.

MEAD, MARGARET, *From the South Seas: Studies of Adolescence and Sex in Primitive Societies*. New York: William Morrow and Company, 1939. Three books in one volume, 304, 384, and 335 pp.

NEVINS, ALLAN (editor), *America through British Eyes*. New York: Oxford University Press, 1948. 530 pp.

PETERS, CHARLES C., *Motion Pictures and Standards of Morality*. New York: The Macmillan Company, 1933. 285 pp.

SUMNER, WILLIAM G., *Folkways*. Boston: Ginn and Company, 1906. 692 pp.

CHAPTER XV

INTERESTS AND EDUCATION

Clearly Stated Objectives Needed. That work of any kind may be intelligent and effective, objectives must be clear. "It is not possible to run a course aright when the goal has not been rightly placed" is no less true now than when Francis Bacon wrote his *Advancement of Learning* some 350 years ago. And this necessary clarification of objectives has nowhere been so lacking as in education above the elementary grades. During the past generation, as has been repeatedly shown, we have seen a marvelous development in higher schools: buildings have multiplied and vastly improved in adequacy; students have increased in number beyond all hopes or dreams and with laudable ambition persist long in attendance; and teachers exercised remarkable ingenuity to "transmit the learning of the ages." But so much attention has been demanded by the machinery of higher education that its objectives have been neglected. Now that satisfactory types of organization have been provided, buildings and equipment secured, and social support established, it is high time for attention to be directed to the clarification of objectives, on the soundness of which all success depends.

How Formulated. Objectives may be formulated in any of several ways. They may be stated by individual philosophers or by representative committees, using as bases the experience of the race, tradition, *a priori* principles, or arbitrary opinions. These carry weight in proportion to the "authority" of the authors, the reasonableness of the proposed ends, the need felt by educational administrators and the public, and the facilities for putting them into practice. Or objectives may be found by observing the desirable and achieved traits in good citizens. These, approved or modified in various ways, may be set up as the goals toward which higher education should move.

The philosophy of pragmatism, or, indeed, any reasonable philosophy, teaches that anything that exists causes differences. We may find some meaning of liberal education, then, by asking what differences there are in men and women because they attended school above the elementary-school grades. In this question there are no negative implications. Surely there are in every person who has had advanced educational advantages many and important differences because of them. In so far as they exist he may be said to be educated; in so far as they are lacking, he is not educated, whatever diplomas and degrees he may hold. This postulate, if accepted, leads any reflective student to far-reaching conclusions. In the differences may be seen what higher education [1] is, and that perception will give a point of departure for consideration of what it should be.

The question, "What differences are there in you because you went to school above the elementary grades?" has been asked of many adults— men and women, reflective or administrative, of various vocations, and of many degrees of "success" in life. Usually it has been heard with apparent surprise, as if the values are so well known that no one needs ever to give them thought again. When pressed, it has produced answers that are at least interesting, throwing some light on what education has done to the powers of analysis, often being palliative rather than revealing. The general answers, with some comment on each, follow:

1. "Higher education has trained my mind."

This is usually based on the now discredited belief that the "mind" is composed of a number of "faculties," such as memory, judgment, imagination, and the like; and that any training of these, especially if long continued and severe, makes each faculty more potent to deal ef-

[1] In these chapters on "interests," the terms "higher education" and "liberal education" are not used in the limited sense as applying only to collegiate and higher education, but in a broader and more generic sense as applying to all of education above the level of mastery of fundamental facts and skills, *i.e.,* as applying to the secondary school as well. As the highest institution of formal education which the majority of the American public attends, the secondary school must aim at the cultivation of men and women who, within the limits possible, are liberally educated in the best sense of the term.

fectively with any situation that may be met. It should be sufficient here merely to state that the answer has in it only a small measure of validity —as popularly conceived, hardly any at all. The mind is not composed of general faculties; hence they can not be trained. Instead of one kind of memory, for example, we have many kinds. And one's powers of retaining facts in the memory are largely limited by nature. Learning in one field can be and often is transferred for use to another, but under conditions that make the occurrence much less frequent than is ordinarily assumed.

These facts, generally accepted by all students of psychology, are repeated here because they are so commonly ignored in popular discussion. Although they have been taught for nearly a full generation in all institutions of teacher education, they have had slight effect on higher education. Tradition has so far been stronger than truth. When the potency of the forces that tend to perpetuate old practices is recognized, however, criticism of the individual teacher must be tempered. It requires unusual strength even to change mildly what has long been done. The administration must accept responsibility for the meager reform that has resulted. The facts that modern psychology has discovered are now so widely known that they are likely to have an increasing effect in removing subject matter and methods that persist only because of inertia, and to bring about a revised curriculum and ways of teaching that are soundly justified by established facts and by reasonable philosophy.

Although trained teachers know what is taught by modern psychology regarding transfer, the great body of supporting laity does not. Even those who have had courses in pure psychology are likely to think fallaciously on this matter, partly because the topic, usually presented academically, has too seldom been applied to education. They do not make "transfer" of abstract facts to practical problems. There can be no question but that the great majority of laymen, including those who are most sincerely interested in education, hold a belief that in some mysterious way schooling, especially on its higher levels, trains the mind so that in all matters which it may have to consider it is more powerful and effective. So strong is this belief that thus far it is little affected by observation, which could easily be made, of the phenomena in themselves or in their acquaintances. A knowledge of laboratory experiments is not necessary to destroy faith in the "training of the mind" or in the automatic and inevitable transfer of learning. Many a person who recalls facts and names unusually well has difficulty in remembering dates and formulae; some great scholars have poor judgment in finance or in social relations. The evidence is on every hand for one who is clear-eyed and impartial.

There is no intention to minimize the values which are possible in the training of the mind. They are real and important. What was said in the preceding paragraphs attempts to discredit a fallacious belief so that attention may be focused on what is possible and highly desirable. Only when the unsound tradition is given up will it be possible for schoolmen, supported by the intelligent public, to devote their efforts more effectively to that which may be achieved. There is much more to the "training of the mind" than the all but singly sought strengthening of the memory. In these other phases higher education has contributed much; it can unquestionably contribute more when its program is freed from vain attempts to achieve the impossible. We enter, then, this first answer to the question of what higher education has contributed, noting its limitations, its accomplishments, and its possibilities.

2. *"Higher education has given me a desirable discipline."*

This answer, like the first one, is also based on a discredited psychology. The trained educator today seldom advances it as a reason for any form of education; but the schoolmaster of the passing generation and many of the public believe in it strongly—for others than themselves. In its barest form it means that the doing of anything difficult and disagreeable enables one to conquer the natural man, sweetens the disposition, and makes it possible for one later in life to undertake with less reluctance other difficult and disagreeable tasks that may be necessary. As a matter of fact it does none of these things. But "in practice," says T. V. Smith, "we have more or less reconciled ourselves to doing what we do not want to do in order to get what we want, as though that path could ever lead us to the good life." Moreover, the powers of the "natural man" should not be conquered; they should be directed to effective use. As stated elsewhere, the best evidence that no one really believes in the doctrines of discipline is that no one ever prescribes it for himself. We do learn, in varying degrees, to do what is difficult and distasteful, not by repeatedly performing such tasks, but rather by seeing clearly their necessity for something desired—it may be to escape punishment or social ostracism, to gain popular plaudits, to enjoy luxuries, or even to earn daily bread.

Almost everyone learns for such reasons to undertake, willingly and sometimes enthusiastically, tasks that are difficult and disagreeable; he learns this whether he pursues higher education or not. Indeed, it may be questioned whether the highly educated man does as many of such tasks in his life as his less fortunate brother. But no one, unless the rare religious fanatic be excepted, ever learns by any training whatever to continue the difficult, disagreeable, and otherwise useless merely to strengthen his character or to purge his soul. This answer contributes nothing of value to our search for the actual contributions of higher education.

3. *"Higher education taught me to pursue knowledge for the sake of knowledge."*

This phrase has an association with respectability; nevertheless, it betrays nothing but hazy and incomplete thinking. It is a distinguishing characteristic of man that he wants to know, that he is in varying degrees unhappy and restless in ignorance. As Sainte-Beuve reiterated, "All longings fail except that to understand." Consequently man is always seeking knowledge—on lower levels, of the commonplace things about him; in the world of scholarship, of highly specialized and rare facts. It is this restless curiosity that has forwarded progress, often in most unexpected ways. Nothing is possible without knowledge.

But all this is very far from saying that higher education has materially contributed to the establishing in any considerable fraction of its students of an ideal of knowledge for the sake of knowledge. As a matter of fact, only a very small proportion of students seem to have it—seem, we say, for it may be questioned if that is the motive that drives even the research worker to his persistent and magnificent effort. Is not he, the extreme exemplar of the ideal, impelled more by his interests, by expectation of utility, by the satisfactions of the exercise of his abilities and skills, and by his urge to conquer and to surpass others?

The absurdity of the phrase is seen when any other word is substituted for "knowledge." Only an eccentric would collect bathtubs for the sake of bathtubs or doorknobs for the sake of doorknobs. Even the connoisseur of Greek coins, of dry-point, or of rare books begins in a search for utility of some kind, whether it be beauty or a humbler form. For the rare man, there may be a sufficient individual satisfaction or social value to justify his ardent pursuit of knowledge for the sake of knowledge; but for the vast majority the devotion of any considerable proportion of time must have other justification. It should be noted that those who are cited as the highest examples of this ideal do not pursue just any knowledge for its own sake; they most carefully select the kind of knowledge, often in an extremely narrow field, for their pursuit. This suggests that their activity has other motivation. And further impeaching the notion is the fact that while credit may be given to the ideal in the abstract, severe censure often falls upon the gossip who skillfully and pertinaciously seeks all the details of a scandal apparently only because of a satisfaction in knowledge for the sake of knowledge. If pursuit of knowledge for its own sake were evidence of laudable education, the village gossip would be the most liberally educated person in the community.

Voltaire once wrote that "facts are to history what baggage is to an army, impedimenta." Of course he did not mean that history can be written without facts or that an army can be successful without baggage. Apparently he was discrediting the purposeless piling up of impedimenta with the idea that in themselves they are highly desirable. Apart from the satisfaction that comes in some degree to all human beings from the removal of ignorance, when it is felt, and the relentless urge of a few toward an effort to conquer the unknown in some chosen field, the meaning in the phrase "knowledge for the sake of knowledge" usually involves an important element of utility of some kind. The search for facts is chiefly for the purpose of achieving some other objective.

Higher education does undoubtedly provide some individuals, those of peculiar natural gifts, the opportunity and the urge to seek knowledge for its own sake; and by guiding them to successful achievement builds up the beginnings of habits that may continue through life. The number of students who acquire these habits, however, is relatively not large. Others gain for the work of research scholars a residue of appreciation which may be a not unimportant support for it in our civilization. The great majority of students who attend secondary and higher schools undoubtedly place utility of some kind far above the seeking of knowledge merely because ignorance is irritating. Very closely related to this ideal is the inciting of interests that lead to intellectual activity. This will be discussed at length later in this chapter.

4. "Higher education taught me much of utilitarian value."

If "utilitarian" is given its usual meaning, we must admit that higher education has made small contribution indeed outside one's vocation. In this consideration of values nothing is more important than that we should be entirely honest with ourselves. Reviewing any period of our life—or our entire life since leaving high school or college—we learn that most of us have found practical application for precious little of the mathematics, the history, the sciences, the foreign languages, and the other subjects that made up the bulk of our curricula. In some vocations there are many and constant uses; but it must be remembered that we are discussing now what is commonly considered liberal, not vocational, education.

It is quite possible that the fault is in the individual, that science, for example, does afford an abundance of material that should enable one to repair an engine, to devise electrical apparatus for his convenience and comfort, or to foretell the weather, and that foreign languages should enable one to read with profit what is written by learned men of alien tongues. But the fact is that, outside one's vocation, such uses are seldom made by the great majority of those who have acquired knowledge enough to pass examinations. This may be due to the abundance of available help from more skilled mechanics, translators, or weather prognosticators. It may be due, also, to the fact that curricula for higher schools are too little concerned with practical utility, either in the selection of subject matter or in its presentation.

If utility is conceived to be an important objective of the curricula of higher education, it is obvious that they should be materially modified. Many omissions from and additions to courses would inevitably be required; but perhaps even a greater change would come in the relation of what is taught to the assured problems of life, whether physical or intellectual. History, for example, would be taught not as an organized system of facts explaining the rise and fall of a dynasty or the development of a theory of government, but directly related to such present-day problems as are raised by foreign policy, labor and capital relations, and economic planning.

All that has so far been said concerns utility in a very material sense. Unquestionably higher education has made small contribution of this kind, outside the preparation for a vocation, and it is doubtful if this is one of its important functions. When utility is given a broader definition, a very different answer will unquestionably be justified. To avoid confusion, this section treats of utility in the narrow, material sense. Later on in this chapter it will be argued that in the more liberal definition higher education makes its greatest contribution in another kind of utility, the finding or awakening and the development of interests that lead on and on to supreme intellectual satisfactions.

5. *"Higher education taught me intellectual arrogance and a contempt for those of lesser knowledge."*

This answer has seldom been given to the inquiry as to what higher education has contributed, but it represents a real and, of course, an unfortunate result. Probably very few acquire this attitude to such degree that it is noticeable and offensive; but there is a real danger that, as organized, higher curricula may develop in many a certain amount of it. Doubtless it is nothing new, for Gaisford, master at Oxford in the sixteenth century, is quoted as saying to his students, "Learn Greek, young men, for then you can read the Gospels in the original and look down with contempt on the vulgar herd."

It is odd, when one stops to reflect, that the fashion of education in every age sets up some subjects, regardless of values of any kind, as highly respectable and deprecates all others. Today certain curricula are popularly considered far superior, and bitter arguments have been made that the degree of bachelor of arts should be reserved for only those who have passed the protected subjects. In the last analysis no little of the attitude of arrogance and contempt is seen in the maintenance of this position. When colleges were established for Negroes after the Civil War the curricula were made up largely of subjects that for them had small justification of any kind; they were established and eagerly sought chiefly because they enabled students "to look down with contempt on the vulgar herd." And even today thousands upon thousands of youth are urged or permitted to enter upon courses which promise and effect nothing of apparent value to them or to society, but which too frequently have set up in their minds and in the minds of the public an assumption that in some way these students had been elevated above those who pursue less "respectable" subjects.

This result is, of course, in no way defended. It is reported here because stated by a few observant educated persons. Probably all would agree that it is to be deprecated and that higher education should attempt instead to set up understandings, appreciations, and sympathy. It has been said that the more learning, the greater humility; but it is not true that all degrees of learning bring this state. The recognition of resultant arrogance, even though only in occasional cases, emphasizes the wisdom of clarifying the minds of both teachers and students regarding the true objectives that higher education should attempt.

A Better Answer.   These five answers summarize the replies of scores of adults who have looked at their lives and tried to state what education above the elementary grades has done for them, the ways in which it has made them different. They reveal so limited a contribution to any large fraction of men and women who have had favorable educational opportunities as seriously to impeach our present popular program. But they do not include all of the contributions of liberal education. Perhaps implicit in the minds of many, but seldom clearly recognized and stated, is another contribution, more important, it may be asserted, than all of these and more possible of general achievement. This will now be considered. But instead of stating it baldly, let us lead up to it by looking at evidence on which it is based.

If we choose several men and women as representative of those who by general consent are considered to be liberally educated and a similar number of those who obviously are not and then make an inventory of how differently they meet the situations that life presents, we find data from which we may formulate a workable definition of what liberal education is. Before beginning this inventory, it is worth noting what will immediately be patent, that education is not gained wholly or even chiefly in the schools. There it is merely begun, and only as it proceeds further is it likely to become significant and effective.

> Much have I seen and known: cities of men,
> And manners, climates, councils, governments, . . .
> And drunk delight of battle with my peers,
> Far on the ringing plains of windy Troy.
> I am a part of all that I have met.

We at once recognize the importance of the preliminary education's not only teaching facts and providing tools of learning, but also of giving such satisfactions as set up ardent desires to go on with more learning of the same kinds. Education worthy of the name is never completed; it goes on "from more to more." No one who thinks himself educated has caught the gleam. A "finishing school," by whatever name it may be known, is an ineffective institution.

Our inventory will take us through a typical day of men's lives, without regard, however, to strictly vocational activities. But even in them, it may be noted, there are many phases to which liberal education makes highly important contributions. In some details of life—awakening at the sound of an alarm clock, for example—there is no obvious evidence that a liberal education makes men different. The many responses in which there are important differences may for the most part be conveniently subsumed under three general heads: reading, social contacts, and responses to the phenomena of life.

Reading. In reading the newspaper the well-educated man is notably interested in a larger number and in a greater variety of topics. He reads of politics—local, state, national, and foreign—of happenings in all parts of the world, of music, art, and the drama, of economics, of education, of science, of sports, and, being human, of the current scandals. He is interested in all of these things; but having wide knowledge, he sees each in its relative importance. He is not misled into elevating a "world series" baseball game or the birth of a two-headed calf into the news of chief importance. "Only the date of the newspaper could inform us whether they happened last year or this, so completely are they isolated from their connections." The *meaning* of news, Dewey continues, "depends upon relation to what it imports, to what its social consequences are. . . . Without coordination and consecutiveness events are not events, but mere occurrences, intrusions; an event implies that out of which a happening proceeds."

Not only is the liberally educated man interested in a great variety of news items, but he tends to see in them significances that escape those less fortunately trained. A newspaper reference to the operation of the Marshall plan in Holland evokes many associations. The educated person at once places the country geographically and politically; recalls its heroic resistance in the recent war and its resulting devastation; seeks to reconstruct mentally the specific ways in which the Marshall plan can contribute to the restoration of the Dutch economy; reflects on American foreign policy and on current international conflicts, on Holland's colonial empire and its problems. The chain of thought may carry him, in his mind's eye, to distant corners of the earth. One knowing none of these things cannot even judge whether the item is real news or not. Certainly he has small ability to relate it to significant facts and to evaluate it. The educated man, on the other hand, calls from his storehouse of knowledge for information that will make it possible for him to interpret, evaluate, and draw significant conclusions.

Or, to take another illustration, the newspaper reports that the architect has solved the problem of erecting a dome of suitable size and character to cover the 128-foot crossing in the Cathedral of St. John the Divine. The liberally educated man is likely to ask and at least in part to answer for himself such questions as: What is the architectural type of the cathedral? What are the difficulties avoided or overcome by the mediaeval architect? What advantages has the modern one? What are possible solutions of the problem? By thinking along such lines he not only gains lively intellectual satisfaction, but he builds up his readiness to respond appropriately later to similar challenges and to appreciate, as others are not likely to do, the dome when it is constructed.

The liberally educated man, then, reads widely precisely for the reason that a large number of life phenomena have meaning, and consequently interest, for him. Not only does he read widely, but he reads deeply. From newspapers, magazines, and serious books he builds up interests, from which he contributes to whatever news comes to him, interpreting it, evaluating it, and placing it relatively in his total organization of knowledge. All that he knows facilitates the addition of new knowledge. Each addition increases the possibility of his interest in life.

Reading Literature.   Consideration of how pure literature is read also reveals significant differences between the man who is liberally educated and one who is not. In the first place, the former, from previous satisfactions, desires more of the same kind. He has had pleasing acquaintances with a variety of types, and he knows where the most promising material is or how to find it. Time does not hang heavy on his hands, for there is never enough of it for him to read the multifarious literature that he knows is ready to give him entertainment, stimulus, enlightenment, and the stuff out of which wisdom develops.

One of the chief characteristics of literature, as contrasted with the more commonplace written communication of ideas, is that it is connotative—*i.e.*, it suggests more than it says. Almost anyone can give a superficial sensory response to beautiful language or can have a limited thrill from dramatic narrative; but fullness of enjoyment depends on what the literary stimulus draws out from one, and of course nothing can be drawn out that former interests and experiences have not stored away. Only the man liberally educated in some respect will have the material with which to respond generously to connotative words, to allusions to mythology, history, and wide experience. When he reads Mrs. Browning's

> What was he doing, the great god Pan,
> Down in the reeds by the river?

he responds with all that his former interests have acquired: Pan is not merely the reputed son of Hermes, but he is clothed with some of the charm that Kenneth Grahame presents in his delightful *Piper at the Gates of Dawn*. Amaranth, Asphodel, and Amaryllis not only convey meaning; they radiate romance. Marathon, Valley Forge, and Trafalgar suggest epics as well as places.

As with words, allusions, and characters, so with literary situations. Innumerable readers have learned the story of the first mother and of Lazarus; but it remained for imaginative men of liberal education to extend the stories, as William Vaughan Moody and Robert Browning did in *The Death of Eve* and in *Karshish*. These are extreme illustrations, it is true; but something of this kind every educated man does when he comes upon a literary situation. What is printed in the book is a small part of the whole; it is a mere stimulus goading into active contribution all of the knowledge and experience that one's former interests have provided. The real reading of literature depends on what one brings to it eager to respond to its suggestions.

Not only this. It leads on. Stephen Vincent Benét's *John Brown's Body* calls on much of one's knowledge of our history during the Civil War period, and then it sends him forward to new readings and reflections. Interests create interests. Every one that has ever existed remains more or less alert to contribute to and to be enriched by a new one. Edwin Arlington Robinson's *Tristram* not only revives Malory and Tennyson and Swinburne and Arnold, but it invites to the old versions of von Salzburg and others as translated by Loomis and Benét.

Not infrequently one hears the statement that literature is dull. This is more likely to be a confession of barrenness in the reader than of dullness in the author. Except in a superficial way Aristophanes is impossible to a reader unacquainted with the social and the political gossip of ancient Athens. So in varying degrees with other writers. Each one claims his following in proportion to the demands that he makes. The more he has to suggest, the fewer can read him with contributory awareness and appreciation. It is liberal education, wherever and however acquired, that makes possible the true and profitable reading of real literature.

Drama similarly demands in varying degrees responses drawn from a richness of learning of life. A popular comedian makes little demand, offering only temporary titillation; and in consequence he makes small appeal to the man of rich background. Because they ask so much from their audience, Ibsen and Shaw delight those who have an abundance to give; others they mystify and irritate.

In this inventory of the responses that are made to literature in its various forms, it has been stated that the liberally educated man has a large number and a wide variety of interests. These have been so satisfied by former literary experiences that they are alert for more. Educated persons are interested not superficially, but in deeper meanings, which they find and to which they contribute out of the richness of their experience. Not satisfied even with that, they have interest to pursue the same or similar topics further, the knowledge of where to find satisfying materials, and the enthusiasm to do so. It cannot be argued, of course, that all men of liberal education do all the time all of the things that are set forth in these illustrations. But they tend to do these or similar things. Their interests in literature and in life are more numerous, more varied, and more deep than are those of less fortunate men, and consequently they have a constantly growing store of wealth. It was of them that Browning wrote

> Grow old along with me;
> The best is yet to be.

While others, "wearisome old souls who have gathered nothing worth preservation from their varied experience of life," become bored and dull, the liberally educated are eager and growing as long as life lasts.

Social Contacts.   The second classification of the activities of men that we planned to consider in order to find differences caused by liberal education is of social contacts, specifically in conversation. This is defined to exclude purely utilitarian communication as well as banalities of salutation. Strictly speaking, it should also exclude monologues, extended narration, anecdotes, and repartee, though of course at times it includes all of these. Conversation is for all men on occasion an exchange of views, a pleasant form of social and intellectual entertainment. In it all men are in their own way and to varying degrees lively, witty, and active in the give-and-take of critical comment, a result probably due more to native qualities than to education.

There are differences, however, which it seems fair to attribute to liberal education. He who has profited from it is obviously interested in a larger number and in a greater variety of topics for conversation. He shares in discussions of modern cars and of ancient chariots, of evolution and of embryology, of the man in the street and of his ancestor from Piltdown, of the new opera and the old drama, of the latest scandal and of the first sin. Not only this: it is significant that he stays longer with each topic that is introduced, for he sees with it relations to many others that are interesting and worthy of note, in its convolutions he finds secrets hidden from others, and beneath the surface he searches out meanings, significances, and implications worthy of consideration and comment. From the richness which his former interests have led him to accumulate he draws what is pertinent and relates the whole to the structure of his thought. Active thus, he also listens and learns, for conversation may turn the topic so that a new facet reflects new ideas and reveals new meaning. Conversation of the liberally educated man is rich because it springs from richness; it is hospitable because of his intellectual hunger.

The conversation that one hears and also that in which he shares furnishes material to which the criterion of liberal education may be applied. To what extent has schooling of any kind increased the number and the variety and the depth of interests? If it has not done this, what evidence is there in the intellectual play with ideas that it has been effective? Listening to the talk of men we are led to wonder how education, on the level of youth or later, may make it more entertaining, more worth-while, more satisfying. It is not maintained that liberal education does or can produce all of the merits that may be mentioned, for among other things necessary is a rich natural endowment of intelligence. But that alone does not always produce good conversation, as everyone has observed. There must be in addition the kind of liberal education that awakens interests, multiplies and develops them, and causes the curiosity that burrows beneath the surface for significances. Only then can a lively intellect contribute its share to the maintenance of a conversation initiated by another similarly trained mind.

Experiences.   The third and last of our classifications of human activity that we propose to inventory is of the awareness of man to the phenomena that he meets and of his responses to them.

> The world is so full of a number of things
> That I'm sure we should all be as happy as kings . . .

were once supposed to be: the planets and the stars in the heavens above us; the earth beneath our feet with its many forms produced by various forces; the trees, shrubs, flowers, and lowly weeds; the bees, bugs, butterflies, and birds; the machinery that man has invented to lighten his load; architecture, domestic and public; pictorial and plastic art; the music of voice and of instruments; and, far from least, man himself and his relations. "What a large volume of adventures," wrote Sterne in *A Sentimental Journey*, "may be grasped in this little span of life by him who interests his heart in everything and who, having eyes to see what time and chance are perpetually holding out to him as he journeyeth on his way, misses nothing he can fairly lay his hands on." To what extent does education make us aware of all of such phenomena? How does it prepare us to respond to them?

One man passes through life and apparently is conscious only of those things that contribute to his immediate necessities; to him the rest of the world is, as James said of the newborn babe's, "one big, blooming, buzzing confusion." He is like one of the lower animals in his lack of discrimination and response to "this insufferable inane." Another sees with the physical eye, but detects no significances and has no curiosity.

> A primrose by the river brim
> A yellow primrose is to him—
> And it is nothing more.

He may see the flower in the crannied wall, but it brings to him no meaning, mystery, or reflection. Still another is curious, but he has never developed the habit of pursuing his curiosity to satisfaction and to new curiosities, nor has he the ability to do so. Surely education has failed all of these men; surely in some degree it could have helped each one of them to more awareness and appreciation of the wonderful world about them.

Man May Be Measured by His Responses. Man may be measured by his responses to the phenomena of the world. Those who merely "eat, and sleep, and dream" live less in fourscore years than others do in a decade; they are alive chiefly in a physical sense. "The more good things we are interested in," wrote Francis Bacon long ago, "the more ardently do we live," or, as Plato said, "The more things thou learnest to know and enjoy, the more complete and full will be for thee the joy of living." And it is precisely in this that liberal education makes its greatest contribution: it leads us to interests that produce ardent life. "Whenever a process of life communicates an eagerness to him who lives it," wrote William James, "then the life becomes genuinely significant." The significant people in this world are those who are sincerely interested in something.

> To them the converging objects of the universe perpetually flow,
> All are written to them, and they get what the writing means.

Those who are not sincerely interested are bored with everything. "Minds that have nothing to confer find little to perceive." How eagerly we seek the former as friends, and how skillfully we shun the latter!

One tends to be interested in proportion as he has been interested. As education has discovered, revealed, created, and developed interests, they are continued; as it has stifled or thwarted them in a zeal for fact-accumulation or the development of unrelated and to the individual student meaningless skills, they are delayed or never born. An interest is active and charitable, always eager to grow and to contribute of its strength to others; however dormant it may seem, it is really alert to spring up at the slightest encouragement and give both help and stimulus. An interest in Greek history stirs up new ones in the drama, politics, architecture, coins, or colonizations. The more interests one has, the more he wants—and gets.

"The most fearful thing in life," wrote Leonardo da Vinci in one of his illuminating notebooks, "is not cares, nor poverty, nor grief, nor disease, nor even death itself—but tedium." And boredom cannot exist in the same tenement with interests; the more numerous they are, the farther it is driven afield. Leonardo was one of the most liberally educated men of his time. Although his paints faded, his statues were overthrown or not cast, and his plans for draining the marshes were never carried to completion, he can be truly said to have had a successful intellectual life, for it was crowded, incessantly crowded, with interests. To read even a partial list of the phenomena to which he responded with all the energy of his restless mind is to be filled with admiration and with envy for one who could live so many lives in one. Besides being a painter, sculptor, and architect, he was drawn to observe, experiment with, and comment on anatomy, spiders, flies, cats, hairworms, camels, fishes, molluscs, scuttlefish, conchology, geology, petrology, crystals, gourds, annulation, mathematics, surveying, astronomy, canalization and drainage, engineering, aviation, inclined planes, steamboats, war engines, listening pipes, diving bells, sound and light waves, the hydrometer, the turnspit, and almost numberless others of the wonders of the world. No tedium in such a life!

Everything Is Interesting. "There is no such thing on earth as an uninteresting subject," wrote Chesterton, "only an uninterested person." One learns empirically as well as by direction from others what phenomena give most increasing and lasting satisfactions; but the former, while a convincing, is an expensive means. Youth can with economy turn to those subjects and topics which the experience of generations before has found the most worth-while to study. As a matter of fact, he can be assured that anything and everything is interesting, if one knows enough about it. There are no false leads in this best game ever devised by mortals, the pursuit of interests. He will learn, however, that some are richer than others, not only in the abundance and the lastingness of their satisfactions, but also in their contacts and interrelations with kindred ones; that some are like condiments, needing continual repetition and variety, while others are like good solid food, nourishing for a long time and creating a keen appetite for more. Understanding of this fact and faith in the discriminating wisdom of past generations will prove highly economical when one is choosing a field in which to dig.

Interests make adventures out of even ordinary experiences. The man thus liberally educated sees in his common passing along the paths of life more phenomena, becomes keenly aware of them, raises questions about them, draws from his storehouse of knowledge, which previous interests have led him to fill, or finds facts for their interpretation, and reflects on their significances. He has "that old unplumbed capacity for wonderment." A drive along country roads reveals phenomena of water or wind erosion, sedimentation, elevation or depression, faulting, glaciation, and other chapters in the clearly written story of the earth. Here, he sees, was an old lake bed, and there in the sea was laid down a deposit that is now limestone or marble. He is not only curious why the Permian beds are red, but he finds out—either by formulating a reasonable hypothesis or by going to a known source of authority, for he has the desire and the ability to do one or the other, either immediately or ultimately.[2]

Visiting old Salem in Massachusetts he knows or learns of its beautiful colonial doorways, of the Hawthorne relics, of the site of the first

[2] ". . . It must be recognized that even in the pure habit of observation for itself, whether in the natural world or otherwise, there is a charm for those who are born for it. Curiosity is a natural instinct with most if us, and there is inexhaustible entertainment in letting the spirit lie fallow within, while an external world plays upon it with an endless succession of picturesque incidents and highly colored circumstance. At the same time, and especially in the realm of nature, it is astonishing what a difference even a little knowledge makes. Most of us walk through the fields and woods like blind men, utterly oblivious of all the fascinating secrets which await our eyes and ears if we were only alive to them. As one who has always delighted in solitary wood walks merely for their associative beauty, I at least can bewail the deplorable ignorance as to plants and birds and insects which makes it impossible for me even to interrogate them intelligently. Lack of time or natural indolence have prevented my accumulating the knowledge which would put all these things in their proper relations and make them tell a story which the trained and expert observer instantly reads in them. It is comforting to find even Darwin complaining of the same ignorance and the same blindness, when he gets into surroundings that are strange to him. Thus in his earlier voyaging, he notes: 'One great source of perplexity to me is an utter ignorance whether I note the right facts, and whether they are of sufficient importance to interest others.' And again even more vividly: 'It is positively distressing to walk in the glorious forest amidst such treasures and feel they are all thrown away upon one.'

"Then with the coming of a little knowledge the observation is enriched, transfigured, glorified. Hear what Thoreau says of even the apparently dry and profitless acquisition of nomenclature: 'With the knowledge of the name comes a distincter recognition and knowledge of the thing. That shore is now more describable and poetic even. My knowledge was cramped and confined before, and grew rusty because not used—for it could not be used. My knowledge now becomes communicable and grows by communication.' Knowledge in one branch amplifies and steadies observation in that branch. Knowledge of many branches connects them and makes each one throw light on all the others. Record of others' observations or of your own through several years gives each new year double significance and fruitfulness. As Thoreau again puts it: 'I soon found myself observing when plants first blossomed and leafed, and I followed it up early and late, far and near, several years in succession, running to different sides of the town and into the neighboring towns, often between twenty and thirty miles in a day.' If your attention gets fixed upon some special point to be elucidated, every walk you take, and almost every step brings out some development which you did not consider or imagine before. In short the enrichment of knowledge doubles, triples, quintuples your vision, since it teaches you what to look for, and even while it sometimes betrays, teaches you what to see."—Gamaliel Bradford, *Darwin*, Boston, Houghton Mifflin Co., 1926. pp. 38–40.

skirmish in the Revolutionary War, of its souvenirs of the whaling fleets that brought prosperity to New England, of the ducking stool, and of the holocaust of witches. Any town, whether Phoenix or Medicine Hat, similarly offers adventures to the intellect made curious by the proper kind of liberal education. No place is too new or too old, too large or too small. Where twenty men find tedium, the twenty-first discovers interests. "The wise man's eyes are in his head, but the fool walketh in darkness; and I myself perceived also that one event happeneth to them all." [3] And so with all else in life, whether Brahms's Academic Overture, with its surprising humor, the star clusters, politics, the statue on the common, the picture on the wall of a friend's room, and the very dirt under one's feet.

These illustrations will to some seem to present differences manifest only in the extremes of men; to others they will cause wonder as to why so few associations are mentioned. But such differences in responses to the phenomena of the world do exist; and they are the cause of a large part of the superiority that some men have in intellectual satisfactions. Something has made those men more aware of the phenomena of the world, more curious about them, more eager and able to pursue their curiosities, to gain satisfactions which inevitably lead on and on to new awareness, curiosity, and activity. The peculiar characteristic of this form of human pleasure is that it is unending; always satisfying, it is never satiated. As nothing is uncaused, those who are responsible for the guidance of youth and, no less, all of us who are concerned with our own intellectual growth must be eager to learn whence have come the superior responses and how they may be increased in the future.

We have come, then, to the last statement, so long deferred that it might be obviously justified, of what higher education has done for many and should do for all.

6. *"Higher education has increased the number, the variety, and the depth of my interests."*

As civilization has extended for nearly all people the amount of leisure time at their disposal, the question of what they will do with it

[3] Ecclesiastes, 2:14.

is of paramount importance. There is little advantage in having more leisure if it cannot be enjoyed. The paucity of resources, despite a greatly increased amount of schooling, is emphasized by the anxious seeking of entertainment that originates outside ourselves, entertainment that is largely transient, that precipitates little of permanent value, and that seldom leads to or stimulates activity. "The whole end and object of education," said Aristotle, "is the right use of leisure." Even if this statement is extreme, the truth in it emphasizes the importance of developing in all youth interests that enable them, in large part independently of others, to enjoy and not be bored by the leisure that they have. As Goethe said, "He who is plenteously supplied from within needs but little from without." The greater the amount of leisure, the greater the importance of intellectual interests.

To some degree, of course, the kinds and extent of one's interests are determined by nature. But obviously it is possible for education to multiply the number and considerably to increase the variety, giving to many or to all of them depth that they would not otherwise have. That interests should be numerous will be generally agreed; but there is no such agreement as to whether one should expend his effort to extend the variety or greatly to deepen a few. There are obvious arguments for and against each alternative. Probably in the life of each person who carefully plans the continuance of his education there comes a time when he makes a deliberate choice between variety and depth, never entirely forsaking either and often, perhaps, thinking that he will pursue a golden mean. But one decision tends toward broadened culture; the other toward intensive delving in a restricted field, and mastery. It cannot be said that either is greatly superior to the other. Both variety and depth of interests are characteristic of the liberally educated man.

FOR BIBLIOGRAPHY SEE THE END OF CHAPTER XVII

CHAPTER XVI

HELPING STUDENTS TO DEVELOP INTERESTS

What Interests Are. Just what interests are psychologically it is not possible to say with entire assurance. But we may venture a definition that interest is the state of sustained curiosity, concern, or feeling for something which leads to purposeful activity that is of apparent and immediate worth to the individual. Evidence of the presence of an interest are attention, feeling, and concern for the stimulus, mental excitement, activity, persistent effort to overcome obstacles, and accompanying pleasure and satisfactions. "Interest," wrote Hocking in *Human Nature and Its Remaking*,[1] "accompanies any task in which a mental momentum is established. But momentum can be gained only when difficulty can be indefinitely increased. . . . Without difficulty, no lasting interest."

The law of effect teaches that every response to a stimulus is followed by either a satisfaction or an annoyance; and after satisfaction there is a readiness of the neural mechanism to operate similarly again. This readiness to act is undoubtedly the basis of interest. It causes a mind-set which is not only hospitable to, but also active to induce, other similar responses that are likely to produce the desired satisfactions. There seem to be an actual transfer and enlargement of this sense of readiness: one element or situation has produced a response that is satisfying; that element or situation is then more or less automatically extended to include the whole or some related part. For example, a

[1] New Haven: Yale University Press, 1918, p. 244.

boy has derived pleasure from a guinea pig as a pet; his readiness to respond may be extended to embrace all guinea pigs or animal pets of other kinds. Similarly, satisfaction from a knowledge of the etymology of some word derived from Latin may produce a readiness favorable to philology or to Latin literature.

Initial Satisfactions Important. The importance of initial satisfactions cannot be too strongly emphasized. "Education," to quote Hocking again,[2] "consists in supplying the halted mind with a method of work and some examples of success. There are few more beautiful miracles than that which can be wrought by leading a despairing child into a trifling success. . . . And by increasing the difficulty by serial stages, the small will, under the cumulative excitement of repeated and mounting success, may find itself far beyond the obstacle that originally checked it." An introduction to any study or topic of study should be made with some assured satisfaction. If satisfactions are repeated and new ones carefully added, there is set up a readiness strong enough to persist even when severe obstacles must be overcome in order to achieve the desired reaction. After study is induced by the initial readiness there are likely to be involved other strengthening satisfactions, such as those from activity, success, social approval, and the like.

Causes of Interests. What the causes are of interest we know only in part. Thorndike gives the following: "First, whenever an interest is made to profit a pupil,[3] it will be preserved. The hardest sort of bodily labor becomes interesting when it gives a boy a place on the football team or connects with the excitement and achievement of hunting big game. The second is the force of imitation. What the community cares about will interest each new member; the teacher who is interested in a subject will infect her class. The third is the fact that knowledge breeds interest, that the power to handle a subject produces in the long run an interest in it, uninteresting as it may have been at the start." Instead of attempting to list here all of the possible causes of interests, we shall

[2] *Ibid.*, pp. 243–4.
[3] That is, when the profit is obvious to him.

later give a number of practical suggestions for initiation and development.

Interests as Means.   Interests are important both as ends and as means. Education has usually been concerned with them as means, and Dewey in his *Interest and Effort in Education* has presented a philosophic study of great influence on all subsequent theorists and on practice, especially in the elementary schools. He shows that interest and effort are not antagonistic—quite the reverse, in fact, if the former is intrinsic in the work; and that when it is not, there is inevitably divided effort, a large part being spent, often ingeniously, to escape the set task. "Effort never degenerates into drudgery," he says, if intrinsic "interest abides." Intrinsic interest causes activity that is abundant in proportion to the strength of the desire for the objective, that is intelligent because directed toward the satisfaction of a felt need, and that is economical because, not divided, it is always contributory to a carefully made plan. Moreover, it develops the best kind of habit of work. "True interest alone," Rousseau held, "is the great mainspring that works long and surely."

Extrinsic interests are frequently used by teachers and are often assumed by them to be the only kind necessary to attain results. Some of the causes of extrinsic interests are fear of failure and punishment, such as detention, low marks, disapproval, sarcasm, and humiliation; hope of reward, such as high marks, prizes, approval, praise, honor lists, exemptions, privileges, eligibility for clubs and teams, and admission to higher institutions; eagerness to master a problem, to surpass a competitor, to outwit a teacher, to please parents or others whose approbation is desired; satisfaction in activity of any kind that can be performed successfully; and the like. Of course extrinsic interest is better than none—or rather, it is better than an interest directed to escaping the work that is required. "Get the right things done at any cost," writes Thorndike, "but get them done with as little inhibition and strain as possible—work with and not against instinctive interests. One factor that should decide what children ought to learn and do is adaptation to the intellectual and practical needs which the pupils can then and there appreciate; and this factor is also a chief determinant of their interests. So good teaching uses instinctive rather than artificial interests and common rather than rare interests."

Interests as Ends. The emphasis in this chapter, however, is on interests as an objective of education. *As means* interests are of great importance, as emphasized by Dewey and his followers. *As an end*, to be sought that one may have intellectual life more abundantly, they have as yet failed to be accepted as the most important objective that liberal education has to seek. This failure is probably due not to hostility to the idea, but rather to a complacency in palliative phrases and in practices that are strongly supported by outworn tradition, continued because of vested interests by teachers, and not protested by an uncritical public. It is easier to teach what has been taught than to initiate novelties, however obviously worthy they may be.

No "Soft Pedagogy." It has occasionally been objected that the whole doctrine of interests in education savors of "soft pedagogy," a phrase that is cogent in its contempt rather than in its argument. This criticism seems to mean that the greatest value of education lies in hard work, regardless of a recognition of the value of the objectives toward which it is directed or even of an intelligent understanding by the student of what they are. As previously pointed out, this stand is on a discredited and a discreditable psychology. All must agree that hard work is necessary for the achievement of anything worth-while, and hard work is precisely what interests evoke. It can hardly be denied by anyone who takes the trouble to observe the facts that the work that one does when stimulated by interests is the hardest, the greatest in amount, and the most continuous that he ever performs. Not only that, it is undivided in its direction, there being no necessity, excuse, or desire for devoting a part of one's energies to escaping the uninteresting task set by another. It is intelligent in that it is devoted to a plan that recognizes the objective as interesting and desired, and for this reason it is economical.

The objection that interest does not result in the acquisition of a large body of facts and principles cannot be maintained. It is true that students who are permitted or encouraged to develop their interests often fail to accumulate information that they have not found of value— like the date of the Boston Tea Party or the exceptional dative and ablative plural of *dea* and *filia*—but no reason has yet been adduced to show that they need to apologize for the sum total of their knowledge, and by all *a priori* argument it should assay high in value. It is impossible to exercise an interest and not to grow. *Knowledge may be had without interests, but it is impossible to have interests without knowledge.* They lead on as nothing else does to greater, more intelligent, and more continuous effort to acquire and to retain knowledge than any other motive has ever been able to do. Soft pedagogy? It is the most rigorous that has ever been devised.

Interests are impossible without knowledge, but, paradoxically, knowledge is acquired because of some initial interest.

> He [Boyne] slipped his hand through Judith's arm, and drew her across the cloister and into the great echoing basilica [of Monreale]. At first, after their long session on the sun-drenched terrace, the place seemed veiled in an impenetrable twilight. But gradually the tremendous walls and span-drils began to glow with their own supernatural radiance, the solid sun-light of gold and umber and flame-colored mosaics, against which figures of saints, prophets, kings, and sages stood out in pale solemn hues. Boyne led the girl toward one of the shafts of the nave, and they sat down on its projecting base.
>
> "Now from here you can see—"
>
> But he presently perceived that she could see nothing. . . .
>
> Finally she turned to him, and said in a shy voice . . . : "I suppose I'm much more ignorant than you could possibly have imagined." . . .
>
> "It's not a question of knowing—" he began; and then broke off. For wasn't it, after all, exactly that? How many thousand threads of association, strung with stored images of the eye and brain, memories of books, of pictures, of great names and deeds, ran between him and those super-human images, tracing a way from his world to theirs? Yes; it had been stupid of him to expect that a child of fifteen or sixteen, brought up in complete ignorance of the past, and with no more comprehension than a savage of the subtle and allusive symbolism of art, should feel anything in Monreale but the oppression of its awful unreality.[4]

[4] Edith Wharton, *The Children,* New York, D. Appleton & Co., 1928.

Confusion has crept into the minds of those stern critics, who usually prescribe more for others than for themselves, by observing the wise attempts of teachers to recognize and to use objectives that are simple enough and near enough for young children to understand and accept as desirable for themselves. These may seem to an adult inexperienced or unsuccessful in education absurdly simple and even despicable, using the latter word in its original sense; but they are the only ones that call for the kind of intelligent work that everyone desires. A child in the kindergarten can appreciate the value only of an objective that is a few hours, or, at most, a few days remote; but with increasing maturity he can accept as interesting objectives that lie far in the future. The most assured means of development in appreciation of more and more remote ends is a beginning and a continuance with objectives that are within the range of understanding and approval.

Opportunity for Transfer. Those who believe in a transfer of powers in any sense should find in this doctrine of interest an inviting opportunity for work. What we want from education is not a transfer of habits of drudgery at unmeaningful tasks, but rather a transfer of the best habits of study. These involve an alertness for things that may be of interest, recognition of those of worth, the perception of problems, the devising of effective plans and an evaluation of them, eagerness of pursuit, effective industry, and satisfactions in recognized successful accomplishment. These are elements of a habit that all will agree should be made general, and these are the elements that a following of the doctrine of interest ensures.

Interests Universal. Every person has interests. This truism may sound strained to some who have found others who turned a deaf ear or an unseeing eye toward what they themselves had found fascinating. Everybody, a teacher pre-eminently, is likely to think that what interests him should be of interest at the same time to all the rest of the world. He is selfishly unaware that others at that time have interests that to them are superior. A wit once defined a bore as one who talks of himself when we wish to talk of ourselves. And so with interests: unless a person talks of our interest or in some way makes us accept his, we turn from him to what has proved attractive to us. Whatever others may think, *my* interest is interesting—"a poor thing, but mine own." Never a mother but thinks her own infant more interesting than all others— and so, fortunately, it is for her. It is a wise beneficence of nature that we all feel so about our own. However hard it may be to recognize the interests of other people, no one finds it difficult to understand enthusiasm for his own. And this is as it should be. The sum of his interests is almost the total of the intellectual person. "God pity the man," said Sanderson of Oundle, "without enthusiasms." But proud as we should be of our own, we can seldom be of help in kindling enthusiasm in another until we recognize his interests, respect them, and use them as a basis on which to build the new.

All Interests Important.   Any interest is better than none. Of course we realize that no pupil ever comes before his teacher with a *tabula rasa* of interests, but such an assumption apparently is often made when instruction is begun. A skilled dramatist, knowing that the audience enter the theater in various moods, uses the opening scenes to tune them, as it were, for the symphony that he wishes to play upon their feelings. The teacher, in a formal school or outside, could well recognize that this method is superior to the abrupt demand that all else be promptly laid aside at command and interest given to the subject of the hour.

Interest is less often given than gained. It can be gained most readily by appreciation of the fact that every student brings to class interests of his own, and that however diverse they may be from the subject of the course they are better than mere vacuity. For, as stated before, interests beget interests; the more one has and the stronger they are, the easier it may be to relate them to one that it is desired to create, or to use the same powers that have caused them for the development of those that are as yet unexperienced. It is often inconvenient, but usually it is wise, to recognize this fact. Any interest is better than none, for its very presence gives evidence of power to possess others. And it is easier to develop and direct any living thing, even when it seems at the moment bad, than to create new life and develop that. How dull one would be without any interests!

An Inalienable Right.   Every person has a right to his interests. This is even harder for the formal instructor to accept. Convinced that what he has to present is of extreme importance, he is tempted, for the time being at least, to deprecate the interests that absorb the student. Everyone is jealous of his own interests and extremely sensitive when their worth is impeached. Seldom is there created a mood receptive to that which is new when that which is of accepted worth is minimized or ridiculed. If a man is to a large extent intellectually the sum of his interests, to belittle them is to insult him. Every person has a right to his interests because they are to him not only a priceless possession but also the living assets to which all other accumulations must be added. In fact, the sum of one's interests is one's intellectual self.

The Means of Learning.   It is only through interests that one learns. If they are extrinsic, they may in a roundabout way prove effective; if they are intrinsic, they become so directly. Thorndike says that "to a normal boy or girl physical or mental work without interest is an impossibility. When one does the most uninteresting work he still does it from interest—interest in the avoidance of punishment, in maintaining his standing in class, or in preserving his self-respect. The problem of interest in teaching is not whether the children shall learn with interest or without it; they never learn without it; but what kind of interest it shall be." "Eager, enthusiastic activity is dependent on interests, and does not take place without them." [5] As one interest develops it branches like a coral, creating new stems for growth. Any careful retrospect will reveal how our real learning, that which has pleased and persisted, has sprung out of interests; the stronger they were, the greater the learning, provided they had equally helpful direction as was given to that which made no immediate appeal. "It is only by amusing oneself," says Anatole France with a somewhat extravagant Gallicism, "that one learns." And if the subject matter of our curricula is of great worth, as we believe most of it to be, the task of finding, creating, and developing interests in it should not be a difficult one for those who themselves have caught the flame. Certainly interests are essential at the beginning

[5] Frederick Tracy, *The Psychology of Adolescence*, New York, The Macmillan Co., 1920, p. 109.

"Now if I only had something to think about!"

of education in any subject or topic, and with equal certainty they are the objective toward which all real liberal education must work. As we have conceived liberal education to be only begun in the formal school, it is essential that in the school shall be set up interests that are strong and abiding or there can be no assurance that the students will "carry on" after compulsion ceases. Consequently we may say that no real growth in liberal education is possible without interests.

The Interests of Educated People. What interests do "educated" people have? As a preliminary to the study of Dewey's monograph, a class of graduate students were asked to report in writing some strong interest, outside their vocation, to tell so far as they were able when and how it began, how it was developed, and its status at the time. The papers proved to be fascinating reading, for they revealed as nothing else had previously done the individuality of each writer and suggested his possibilities. As he wrote of his interests, each person became a personality. Since then the assignment, at first of unsuspected value, has been given to more than two thousand students, and from their reports conclusions of no small significance have been drawn. The interests reported are not the only ones, of course, that the students had; but it is fair to assume that they are representative of those that at the time of the reports meant most in their lives.

All had interests. They ranged over a great variety of subjects— hunting, hiking, swimming, games, flowers, gardens, birds, pets, farming, wood-working, radio, contract bridge, music, painting, photography, coin-collecting, short-story writing, growing peppermint, philology, and cemeteries, to select only a handful from the hundreds. And of course they differed in their intensity, importance, possibilities, and permanence. As numerous and as varied as those reported are, what a small fraction of the world of interests they represent!

Considering the entire list, of which the illustrations given are typical, one is struck by the small proportion that concern what we are accustomed to call intellectual and cultural; these two thousand students had spent sixteen or more years in formal schools and were devoting themselves to educational administration and teaching, yet the most part of their reported interests are identical with those of men and women of small education. Lowell in one of his essays relates that a beggar on entering paradise was told that he might have anything that he saw and wanted; looking about he spied behind a door an old bagpipe, and this he chose. Doubtless it meant much to him, but of all the possibilities—a bagpipe

Probably to the implied criticism would be entered in defense a lack of time; each one has been so busy "getting an education" and earning a living that he has had little opportunity to pursue interests which he has been taught and professes to be desirable. But it is notable that man always finds time for that in which he is truly interested. The hours given to reading of baseball and its passing heroes would develop a respectable knowledge of most of the subjects in the thesaurus of wisdom. All of Milton's poetry can be read aloud in three months if only fifteen minutes a day be devoted to it. "Manye smale maken a great" of treasure as of dross. *Dolce far niente* is occasionally excusable and doubtless desirable, but so much of the attitude appears as an ideal in educated men and women that there is little evidence of the transfer of those desirable and rigorous habits sought by the formal disciplinarian. When "time is killed," more is killed than time—opportunity, appetite, and possibility.

The conclusion seems obvious that higher schools, as they have been conducted, are not developing in their students those cravings for "better things" that are supposed to be an inevitable result of education. It may be, of course, that a better showing would be made by other groups of graduates—housewives, bond salesmen, physicians, engineers, lawyers, morticians, and realtors. But one suspects not. The results reported are from those to whom is entrusted the education of our youth in the better secondary schools. Somewhere, in high schools and colleges, interests have been neglected, with the inevitable result that to a deplorable degree interests are not now active in "the best that has been said and thought in the world." Among graduates of higher institutions, as among less fortunate men, there is for leisure time too much dependence on outside stimuli. The "movies" satisfy appetites satiated by learning without interests. It cannot be said too many times that interests lead to interests. The man interested in jokes on the Scotch hears jokes on the Scotch, the girl interested in four-leaf clovers finds four-leaf clovers; and those interested in wisdom and beauty are over-

vith opportunities for enjoyment. "When one takes up an
te Victor Hugo, "one finds something of it everywhere." If
ulum creates and develops interests, they will continue and
e potent than the competition of lesser things which require
no education to appreciate.

When Interests Begin. The median age at which the interests reported by more than two thousand graduate students began was thirteen. Half of the interests began between the ages of ten and twenty.
It would naturally be expected that if interests were being initiated
continuously the median age would be higher, for there would be a
natural tendency to report those which because of recency were prominently in mind. As a matter of fact no interest were reported as beginning
after the age of twenty-five that had not been repeatedly mentioned as
initiated at earlier ages, and, as stated, the great majority go back to
adolescence or earlier. Evidently youth is a period when interests are
most easily born, as most of us will agree after reflecting on our own
experiences; therefore educators—and this term should include parents
—should have great concern that interests considered of most value be
introduced and nourished as carefully as may be until they develop
strength enough to grow of themselves. As Jean Paul Richter said,
"If youth be not golden, age must be but dross." And taking a large
perspective we see the importance and the necessity of setting up in
youth interests in mathematics, music, science and sociology, the classical antiquities, and the problems of modern politics that will bring to
everyone a golden intellectual age.

Every parent knows how full of curiosity children are. Their pestifer-
ous reiteration of all the questions that the elephant's child asked—
and of more—too often brings rebuffs rather than answers that are
satisfactory and encouraging of more questions. Children's incipient
interests are too often suppressed for adult convenience.

> Let not young souls be smothered out before
> They do quaint deeds and fully flaunt their pride.
> It is the world's one crime its babes grow dull,
> Its poor are ox-like, limp and leaden-eyed.

> Not that they starve, but starve so dreamlessly;
> Not that they sow, but that they seldom reap;
> Not that they serve, but have no gods to serve;
> Not that they die, but that they die like sheep.[6]

A chief defect of education, informal as well as formal, is that it often fails to recognize budding interests as precious and then to develop them into flowers and fruit, also grafting to them that which is noble and of good report.

Interests Are Persistent. Youthful interests on the whole are remarkably persistent, provided that they have early success; occasionally they lie dormant after early failures and burst into successful activity long afterward. The early interests reported by the graduate students were for the most part still active. Of course, there must have been a great many interests that had passed out of consciousness; but wherever there has been an interest it is relatively easy for it to be resurrected and to become vigorous again. Agassiz laid the foundations of his great career in his interest in the fossils found during his boyhood on the mountainsides of Switzerland; Pasteur continued all of his life the pursuit of the bacteria that he began when budding into manhood; Pupin carried in his mind for years the fascinating problem of sound waves, from the vibration of the shepherd's knife in Serbian soil to multiple transmission of telegraph messages; Michaelson began as a student at Annapolis the experiments in the speed of light that he continued for nearly three score years; and other instances of early interests vocational and avoca tional, that began early and lasted late occur to everyone. Again the finger of emphasis is pointed at the importance of not merely introducing the wisdom and the wonders of the world to youth, but of so revealing them that interests are aroused, developed, and directed to growing strength.

The Sources of Interests. The sources of interests are various. They "spring up" from unsuspected and unknown causes; they are invited by environment; they are induced, fortuitously or with intent, by parents,

---

[6] Vachel Lindsay, "The Leaden-Eyed." *The Congo and Other Poems,* The Macmillan Co., copyright, 1914.

teachers, and friends; they are evoked by reading; and most of all they are "caught" from others who have them. Seldom, it seems, does one acquire an interest by deliberately deciding that he will get it, though there is no apparent reason why he should not do so. Perhaps if interests were understood to be as important in liberal education and the enjoyment of life as has been argued, there would be more excursions for the collection of living specimens.

Many Interests Unplanned.   In several hundred papers carefully studied, about three interests in ten are reported as having risen spontaneously—*i.e.*, without conscious planning. The percentage is probably larger, for no data were specifically requested on this point and the voluntary responses are in all likelihood indicative of many others that might have been made. As an illustration: "When I started teaching in a rural community it struck me that one of the greatest needs of the farmer was that of making farm life more interesting as well as profitable. That I might contribute to this end I have taken several courses for farmers given summers by our State College, and one of my keenest interests still is in making such contributions as I can to enlivening and making happier the lives of people in rural districts."

Environmental Sources.   Closely related is environment. It is obvious that interests are more likely to concern things seen and experienced than those of which one has merely heard or read. One person becomes interested in water sports because of the proximity of a lake or swimming pool; another in railroads because of watching trains that daily pass his home. As many common phenomena never become a great interest, however, evidently other factors are important—such as novelty of experience that results in unusually keen pleasure, close relation to other existing interests, and the like. But the importance of environment and experience must be great. From this comes a suggestion of practical value—that youth be placed in an environment containing the objects in which it is desired that he be interested and that he be assured of experiences that give satisfactions. Good music and pictures and literature in the home with occasional concerts, art exhibits, and lectures suitable to his maturity should have a material influence on youth, at least in creating a "readiness" when the inner urge begins to manifest itself. Care must be taken, however, not to create a hostile mind-set, which may last long or permanently, by attempts to force an interest on a level higher than youth is ready to climb.

Reading as a Source. Vicarious experiences through the reading of books or magazines are reported as a source of interests in so small a number of cases as to raise the suspicion that the students were not sufficiently skillful in introspection and memory to detect these influences. We are all aware of notable instances—a boy's being incited to follow the sea by reading stories of sailors, being inflamed for politics by *The Honorable Peter Sterling* and *District Number Thirteen*, or devoting himself to Christian service from reading of saints and the sacrifices of missionaries in foreign lands. The lives and adventures of scientists, of archaeologists, of historians, and of philologists may be similarly effective if they are supplied, interpreted, and supported by personal enthusiasm at just the right time. Perhaps the books that stimulate the natural utilitarian and the adventurous interests are more frequently written in a style that appeals to youth; but in others that concern the romance of intellectual and aesthetic life, there are at least many purple patches of romance and drama. These need to be culled out and offered at the time of a budding interest and a consequent readiness of appreciation. It is not fair to youth that *Twenty Years of Hustling* should have more chance at him than Vallery-Radot's *Life of Pasteur*.

Contagion. Of all sources of interest easily the most important is personal contagion. Time after time it was reported that "my father was an enthusiast over his flowers, and I caught the interest from him"; that "my mother raised blooded chickens that took premiums at the state fair, and I have the finest Rhode Island Reds in the country"; that "I had a teacher once who was crazy about astronomy—he used to talk to me so about the stars that I took up the study as my hobby." Perhaps one of the strongest reasons why youth does not have absorbing intellectual interests is the lack of them in the adults with whom they come into closest contact. To paraphrase Sanderson of Oundle, we may exclaim, "God pity the youth who does not come under the influence of adults of enthusiasm for the highest things of life!" Enthusiasm means etymologically "filled with the spirit of a god," and it is this conflagration that is needed to light the ready torches of the young. Everyone recalls the man or woman who thus opened new worlds for him and not only made them inviting but also convoyed him over the threshold and part way into the glories of the new kingdom. It is parents and teachers of this kind who are, more than anything else, needed for youth. Better that literature or music or science or a relatively superficial kind be taught with contagious enthusiasm than that Shakespeare and Beethoven and the physics of a Millikan or a Bohr be presented with mechanical dullness that creates permanently hostile attitudes toward them and their kind. If interests exist, education will continue and growth is possible toward the highest things; and there are always teachers, in school and out, who can later give guidance toward them. But if interests do not exist, continuance and future success are only fortuitous. Education is too important to be fortuitous.

"Praise of my ability to draw," reported one student, "given me by a sixth-grade teacher who loved beautiful things, is probably the starting point of my interest." Another wrote: "My hobby is short-story writing. It started before I was of high-school age, but never amounted to anything until I reached college. There I fell under the influence of a professor, an artist in words himself, who took an active interest in my small talents, and that interest—the faith in myself that it imparted —kept me working long hours overtime."

The contagion is also from parents and from chance acquaintances. "My father was a builder and a great hand to keep everything about the house in repair. He loved his trade so that he was always making things at home for our convenience or comfort. He had all sorts of tools, every one always in good condition, and it was a pleasure to see his saw rip through boards or his plane make the shavings curl. I always enjoyed watching him work with tools, and he used to encourage me to be with him and act as his handy man. He took pleasure in showing me how to use tools and in helping me out of difficulties. The interest there begun has continued and grown ever since." Another reported, "When I was a lad I was shown by a kindly farmer a pear branch grafted on a hawthorne tree, and later I watched his skillful fingers set scions of various kinds. I became much interested and used to speculate on the possibility of converting all sorts of trees into fruit bearers. Recently, at the age of thirty-two, I succeeded in budding plum upon peach. At college, botany was my favorite subject."

Curricula as Sources.   As a source of reported interests the curricula of high schools and colleges were a disappointment. To them could be traced, either directly or indirectly, fewer than 3 per cent of the reported adult interests.[7] If, as has been argued, there is only a small amount of utility value in the curricula of our higher schools and doubtful results of other kinds, this shocking figure challenges a justification of the subject offerings that continue with such confident serenity.

How Interests Develop.   The interests reported seem to have been fed and developed by a number of things. First and foremost is success. A boy built a neutrodyne radio set that brought in clearly distant stations. This gave him such satisfaction that he immediately began a more ambitious project. Initial success of some kind must be ensured. Then there is approval by those whose good opinion is desired. A parent or teacher must be respected or loved before his approval or disapproval is highly potent in influencing the continuance of an interest. Approval by the social group in which one moves or would like to move is also powerful. When scholarship is as richly rewarded by public attention and plaudits as athletic prowess, it will be the center of as many interests and ambitions. The social approval and special privileges awarded in several Old World countries to academic success have unquestionably stimulated work which has resulted in more numerous intellectual interests than have been developed in our schools. Perhaps a favoring attitude of the school group can be affected or important men of the community can be got to throw the weight of their influence toward securing respect for promising interests in youth. The encouragement and help of others who had advanced farther along the road has often aided an infant interest to gain strength and learn its direction, as also has association with those filled with enthusiasm. Interests also are fed

[7] This conclusion is confirmed by others. Herbert S. Zim reported in *Science Education*, 25:101–104, after contacts with more than 3000 adolescents, that "school science does not seem to be an important source of adolescent science interests."

and directed by hospitable environment, by directed reading, and doubtless by other things. All of those mentioned may prove suggestive to one who, discovering an interest in a boy or girl, wishes to give it support, strength, and direction. Eighty-six per cent of the interests reported by the more than two thousand students, however early they began, had remained active.

These reported interests are evidences of intellectual life. Although we may deprecate their relative value out of all of the possibilities, they are far better than none, and they suggest what might have resulted if the schools had seriously attempted to create interests in the subjects of the curricula. What have they amounted to? Most of the reports show great limitation of development. A living, vigorous interest that has persisted perhaps from childhood and has gone no farther than this! It still is active, it is true, but it has gone but a short way along the paths of possibility. As Browning shows in his poem "Development," as interest begun in the narrated story of Troy can be carried along to playing the game with "chairs for horses and tables for a town" until it eventually comes to the reading of Homer in the original Greek, with all the splendid possibilities that spread out beyond that.

Interests Deprecated.   As a matter of fact our higher schools have deprecated interests. Of course they have welcomed, approved, and even boasted of the academic interests that have been manifested by students; but they have not accepted interests as an important, probably the most important, objective of liberal education and consequently have prepared no effective program for developing them. Neither our higher schools nor the public have apparently realized the tremendous failure in fact-accumulation and, in so many instances, of immediate abandonment by students when external coercions cease. Exception must be made, to keep the record truthful, of those teachers who, having vital interests themselves, earnestly and effectively pass on the flame to their students. To them recognition and high praise! The indictment is against the program of higher education which fails not only to set up interests as the *sine qua non* of its goal but also to recognize the importance and the possibilities of interests, however they may be caused, as life that must be preserved and nourished.

The result of this failure has been the immoral division of attention and effort by students, their acceptance of the ideal of "getting by," their apparent belief that "man never is but always is to be blessed" by education—*after* courses are passed and graduation attained. There are no miracles in education. Unless a student gets some interest today and some other tomorrow there is scant possibility that after he becomes an alumnus he will awaken some fine morning possessed of the great treasure of liberal education. The axiom of mathematics that the whole is equal to the sum of its parts is still true. Another result, evidences of which we have just been considering, is that lesser interests prevail over the potentially greater ones. It is a tragic state when interests in athletics, games, and the "movies" preclude the richer ones of aesthetics, Greek drama, and mathematics. If in the competition for the capture of youthful interests our present curriculum fails in so large a proportion of instances, it is high time that we re-examine its worth or the wisdom of the program by which it is presented.

The Categorical Imperative. Apart from those pitiable cases of men presenting a subject merely because they have found no easier or more attractive way of making a living, every teacher in higher institutions has his profession and his specialty because they are more interesting to him than anything else in the world. The categorical imperative commands those who have thus elected interests for themselves to manifest an appreciation of the rights of students to their interests. After the requirements of utilitarian necessities are reasonably satisfied in the elementary grades, the program of liberal education is largely an unending effort to find and create interests in the better and more abiding activities of the intellect and to develop them until they have strength enough to continue and to grow. As teachers vary in their interests, many a specialist being ignorant and even contemptuous of other fields, so of course do students. The teachers would resent any effort made to force them to continued work in subjects that have not successfully appealed to their interests, but they find it hard to grant the same right to those students who are advanced in their "education."

Though perhaps to a large extent necessary in our attempts at mass education, it is a curious and difficult program under which our schools attempt to work. Disregarding the enthusiasms of youth, we demand that at the end of every period they change interests. However much they may be absorbed in computing the formula for a new curve or in following the fortunes of Aeneas landed on a strange shore, when the bell rings the activity must be suspended—in the midst of an equation or at a semicolon, perhaps—and a wholly new set of interests produced for the appreciation of chemistry or the evidences of Christianity. A recognition of the difficulties involved in this program may go far toward creating sympathy and challenging the skill of the real teacher when his class enters his room. Like a skilled dramatist, he must attune his students before he can expect coordinated effects. The honor courses, increasingly common in our colleges and even used in a few secondary schools, are an attempt to provide opportunity for continuous work along the line of a vigorous interest.

It is much easier, of course, to demand that others fall into line with our interests than to begin with theirs and develop them to ends which we know are desirable and profitable. It is easier to follow a predetermined outline, whether original or made by the author of a textbook, than to turn aside for the use of some keen related interest. But though there may be apparent economy in the logical organization of a subject, there is no sanctity in it. Frequently greater ultimate achievement may be attained by seizing an interest in some topic which logically would come later and developing it while there is a "readiness" on the part of the class for activity. There was failure in a high school on the part of a zoology teacher who commanded a class to put outside the room a golden-shafted woodpecker which all were examining with interest because the topic "birds" would not be reached for several weeks. There was success in an industrial school by a teacher of geometry who passed from the thirteenth proposition of Book I to help his boys solve by the use of the protractor a problem that had arisen in the carpenter shop. When asked how he could undertake the advanced work before basic propositions were proved, he replied, "We temporarily extended the number of our axioms." Later will be given illustrations of how teachers who discovered lively interests attempted to develop them to use, strength, and permanence.

Interests and the Curriculum.   The greatest present problem in liberal education is not so much, as many have asserted, the making of a

new curriculum as it is of a new attitude toward the curriculum. W
need at first to set up objectives so that the worth-while in the old may
be made effective. During the past two decades there has been much
destructive criticism of the curriculum, iconoclasm that smashed at
venerable idols of inestimable worth, and substituted no gods who command general confidence and worship. The worst results have been not
so much the destruction of the old idols, though a few have been badly
disfigured, as the weakening of the faith of the worshipers. Nothing now
is so great an obstacle to the success of the traditional program of higher
education as the critical attitude on the part of the public, which is, of
course, imparted to the students, and the doubt in the minds of many
teachers regarding the real value of what they are employed to teach.
Progress cannot be made merely by destruction. The critics who attacked the old program had many good reasons for doing so. They would
have been more effective, however, had they been able simultaneously
with their attacks to propose something better that would have won the
approval and the confident faith of public and teachers alike. Unfortunately, destructive criticism always attracts more attention than the
constructive. It is easier to accept, just as invention and introduction of
better teaching are more difficult.

Though there are many new topics and perhaps some new subjects
that should be introduced into the curricula of liberal education, and
though conditions changed with progress necessitate from time to time
a reassignment of values, experience has pretty well sifted out from the
intellectual wealth of the world that which is of the richest value. What
is most needed now is that only those who recognize and worship these
values be permitted to teach and that they accept as their prime obligation the task of finding and creating interests in them, convoying these
interests over barren and often discouraging beginnings, and developing
in them such strength that they will persist to continuous activity with
growing satisfactions. Always it must be recognized that liberal education is never-ending, that it is possible not through the performance of
formal tasks, but rather through the nourishing of a spark of life until
it reaches independent vigor.

There is not an atom of this universe that is not interesting.[8] *Homo*

[8] See Walt Whitman's *Song of Myself,* § 31.

sum, humani nihil a me alienum puto. If the subject matter of the curriculum cannot be revealed as interesting to a student, there is something wrong either with the time when it is presented or in the presentation. The school may provide much of vocational utility, but unless it succeeds in finding, creating, and developing interest in the most permanently satisfying phenomena of the world, interests that set up favoring attitudes and persistent activity after all compulsions are removed, it fails in the important field of liberal education. "The man who has not some surplus of thought and energy to expend outside the narrow circle of his own task and interest is a dwarfed, uneducated man." [9]

Responsibility of the School. The school is responsible for the interests of its students. As already seen, interests exist in everybody and they have limitless possibilities. They are important as equivalent in sum to one's intellectual and nonvocational life and as more than anything else the factor that determines whether or not there shall be later independent liberal education. But Baker [10] reports that in one group of teachers 79 per cent had information about their pupils' ability to learn and only 11 per cent knew anything of their interests and hobbies. "It is time," as Thoreau said, "that we have uncommon schools, that we do not leave off our education when we begin to be men and women." The schools have no monopoly on the opportunity to create and develop interests. There is abundant competition from thousands of other agencies, many of which, by appealing to the carnal appetites and to lower instincts, have been successful with far larger numbers than have the formal schools. There is a limitless number of possibilities for interests, and they vary widely in the value and in the worth and permanence of the satisfactions that they give. If higher education, then, is to accept the responsibility for creating and directing interests, as it should do, it has no mean challenge.

The guidance of a teacher is desirable and necessary. The world is an infinite museum where it is possible to pass one's life in association with a few exhibits, trivial in comparison with others which are equally possible and which would be preferred if known. A guide of rich experience

[9] Woodrow Wilson.
[10] Harry L. Baker, *School Review*, 46:175–90, March, 1938.

and enthusiasms economizes the time of the novice by drawing him past phenomena of limited worth on to others, either related or novel, that have proved their value to wise men of all ages, and by imparting something of his knowledge and enthusiasm. Unguided, an individual can be only fortuitously and to a limited extent successful. If his guide is competent and seriously undertakes the responsibility for the creation of interests, youth has only himself to blame for failure to enjoy the best that life has to offer.

Discovering Interests. As interests already exist, some embryonic and others strongly developed, the teacher's first task is to discover what they are. This he may do to a certain extent, of course, by observation, keeping his eyes and ears open in as intimate association with students as opportunities permit. Expressed appreciation of discovered interests, sincere respect for those that are good, and efforts to direct them toward satisfying development, all invite confidences. Hughes Mearns declares that by this method he discovered numerous interests in poetry, which eventually produced the remarkable volume entitled *Creative Youth.*[11]

Some students have natural reticences, however, and others are lacking in enthusiasms. Both these types demand unusual tact, skill, and effort to discover what their interests are. If informal conversations do not reveal them, one must analyze the student and attack the problem as skillfully as an intelligent detective on a difficult case, being assured that there is a goal, and an important one, to attain. A clue may be found by investigating race, nationality, creed, party, friends, habits, environment, and experience. Often it is important, and usually easier, to find what the student heartily dislikes, and by analyzing the causes hit upon something which has aroused his interests, however mildly. In considering a youth's activities one may very easily err concerning his interests. The hard work in football practice may result not from love of the game but rather from a desire to stand high in the opinion of his fellows or from a desire to pay off a grudge. Frequent fishing trips may be the result of an appreciation of natural beauty or of desire for time in which reflections on other things are uninterrupted. Collecting old books

[11] Garden City, New York, Doubleday, Page and Company, 1925. See also his *Creative Power,* 1929.

may be due quite as much to an interest in antiquity as to a love of books. Whatever prevailing interests are, it is important that a teacher learn of them so that he may know what exists that is worthy of development and so that he may use them for direction toward other interests which he believes are important in education. Interests in the apparently trivial or even in what may be considered harmful are important, for they are life, and life means possibility of directed growth. Many a weed has been developed by a wise and skillful cultivation into a beautiful flowering plant or into a succulent vegetable.

Creating Interests.   Another task that the teacher has is, of course, to create new interests. For this the first requirement and essential is that he possess them himself. If he manifests his own enthusiasms he makes the most auspicious beginning in his challenge to create similar ones in his students—provided, and this is important, that he has or wins the respect, admiration, or affection necessary. Enthusiasm by one who is actively disliked may merely cause ridicule or set up hostilities that are difficult to overcome.

The possession of knowledge and enthusiasm being assumed, the teacher in his effort to create an interest should ensure that the introduction of the student to it is successful. Whatever means are used and however small a phase of the subject is considered, the student should be led to react favorably, should feel that this is something worth exploring further to ascertain if there are equal or greater satisfactions ahead. "Getting off on the right foot" may save endless efforts later; a favorable predisposition colors all that follows and eventually causes even drudgery to be undertaken willingly.

The initiation may be made in any number of ways: by interesting narration; by a selected reading; by the exhibition of a specimen or model, especially if the students are allowed to handle or manipulate it; by a trip to the fields, a museum, or a library; by a clipping posted on the bulletin board; by a lecture or recital; by the introduction of someone eminent in the field of the subject, and so on. The teacher may show that it is popular among enviable people: everyone in that class knows, has, or uses it; or he may make clear the several kinds of profit that one has if he acquires the desired interest, being sure that he does not confuse by making too many claims at one time and that he reveals an assured relation of the profit to each individual student. Many teachers have failed in this attempt by merely enumerating the many values to be acquired from the study of Latin or chemistry or civics, not taking the pains to show how each one at a time may be an advantage to every member of the class to be instructed. The introduction may be of any kind that ingenuity can devise, but it must be successful in giving an immediate satisfaction, in arousing curiosity, in whetting the appetite, and in stimulating a desire for more of the same kind. Dull teaching may be palliated at other times; it is inexcusable when one desires to create an interest that will persist and grow.

One desirous of learning other ways of setting up interests may get suggestions from studying the causes of interests in numerous youths. Although it is difficult to ascertain what are the real causes, the problem is challenging and fascinating. As man is naturally egocentric, a teacher is likely to think it easier to create and develop in the young an interest of his own than to discover and direct one that a child already has. Probably this is not true. If a discovered interest is vigorous, it should not prove difficult to lead it to some significantly worth-while ends, whether they be ones previously in the program of the teacher or not. Even if creation be easier, the challenge of development still remains.

Directing and Strengthening Interests.   No infant may be created or discovered and abandoned; nor may an interest. It is too precious and helpless for any teacher to leave it exposed to the vicissitudes of fortune. It needs to be nourished, strengthened, and directed. Of helping an interest to develop there are many ways, some of which may be appropriate at one time and some at another. The first requisite, of course, for any helpful effort is to have some of the interest oneself—to have it or to get it. Only thus can one give the sympathy, the "feeling with" another, that makes advancement probable. There is nothing that youth so craves as understanding, sympathy (in the etymological sense), and respect. And so, in addition, respect for the infant interest must be manifested by the teacher. Not only this, but it should be secured in others— the family, the faculty, and fellow students. Not infrequently a sound and promising interest has been stifled because those whose good opinion youth desired substituted discouragement and ridicule for respect and aid.

A teacher planning to be helpful would do well to consider carefully the most worth-while directions, not termini, for the interest. Of course one cannot be wholly confident beforehand which directions are easiest or even possible; but if he prepares a number of options, any or all of which he is willing to abandon the moment another that is more feasible appears, he is rich in readiness for attempt. Willingness is often weak in that it does not take the trouble to determine what are profitable paths of procedure. Although any continuance and growth may be worth-while, certainly some are superior to others, and in locating them the richness of experiences and the wisdom of the adult should be effective. An interest in collecting bird eggs may be initially directed to a study of protective coloring, to the chemistry of shells, to the structure of nests, or to conservation of wild life; and any one of these branches out into innumerable others of value and of endless possibilities. A good teacher guides, but should not restrict.

It may not be too ambitious to attempt to reveal to youth, certainly at some stage of his development, the importance of interests, as an avocation or hobby, keeping alive and stimulating intellectual activity, enlarging the world, and giving it significant meaning. "It is always a better policy," wrote Robert Louis Stevenson, "to learn an interest than to make a thousand pounds." And A. Edward Newton, the eminent book collector, enjoined, "Young man, get a hobby; preferably, get two, one for indoors and one for out; get a pair of hobby-horses that can safely be ridden in opposite directions." One may be led to observe the significant differences in adults of his acquaintance—those who are rich in interests, alive, alert, and growing, and those, on the other hand, who are narrow, bored, and continually becoming more so. Avoiding the cynicism, to which many youths are inclined, he should see the alternatives before him and be helped toward making for himself a program that will lead toward larger intellectual life. Once sincerely accepted it may make endurable or even joyous much hard work that is necessary for even an approximation of his ideal.

Questioning. By suggestions and by questions, chiefly the latter, a teacher may open up new phases of a subject in which youth has an interest, show the relation of what is known to what may be acquired, and give a conception of the unity of some larger field of knowledge. Suppose a boy is interested in snakes, possibly because he gains a certain prestige among his fellows from his acquaintance with reptile haunts and his fearlessness in handling them. It should not be difficult to strengthen this interest and to give it direction by asking: How does a snake move forward? Can it crawl backward? How does it strike? What is the nature of hibernation? of aestivation? How can one tell if a snake is poisonous? What are remedies for snake bite? How are the young produced? How are they nourished? What do snakes eat? Is it true that they swallow eggs whole? How can a snake engorge an animal larger than its own head? Why does a snake stick out its tongue? What are the chief classifications of snakes? To what reptiles are they closely related? What are the similarities with birds? In what respects is one a more complex and higher organism than the other? Are snakes intelligent? Can they see and hear keenly? Such questions, which can be asked by any intelligent adult about almost any subject under the sun, especially if he will take the trouble to prepare them, should go far toward opening up such attractive possibilities that even a casual interest may grow into a serious and persistent one.

Suggested Readings.   Readings are perhaps the most commonly suggested means of directing and developing an interest. They are important and, if wisely selected, are exceedingly rich, stimulating, and otherwise helpful. Although the habit of reading is often a substitute for a mild anesthesia, it is at worst relatively harmless and at best may be made to result in many kinds of positive good. It is not sufficient to say, "You ought to read something about bees, if you are interested in them," or even, "Comstock has written entertainingly and instructively about bees." One must select a book or an article that he is practically sure will be attractive and then not only give a definite reference to it, as a whole or in part, but also see that it is easily available and then make inquiries until he is sure that the suggestion is followed. If one asks a boy who is casually interested in bees about the difference in the joints of the several legs and then hands over a copy of the *Atlantic Monthly* for June, 1926, in which there is an article on the "Bee's Knees" by Stewart, he has opened a path that is almost irresistible. This may be followed by "The Pastor of the Bees" by the same author in the *Atlantic* for September, 1928, by Edgell's "The Bee Hunter," in the *Atlantic* for July, 1949, and perhaps by Maeterlinck's *The Life of the Bee*, Dunsany's *The Flight of the Queen*, and by other similar material. Stewart's *City of the Bees* (McGraw-Hill, 1948), is full of fascinating information. If the appetite is sufficiently whetted by the first selections, it may be so avid that it will soon find material for itself.

Other Means. Books are not the only means, of course, of strengthening and directing interests. For many there are possibilities of excursions to the fields or to museums, with instruction (which most people need) as to how to find and how to see what is there. Aimless wandering about and casual observation is satisfying neither in the open nor among collected specimens. But with a definite objective on such excursions, which should be carefully outlined, youth can gain such satisfaction and stimulus that he is led on to much profitable activity of various kinds. When taught how to observe, raise questions, and study what he finds in the fields or in collections, youth has the beginnings of one of the most pleasurable of avocations.

Specimens and models may also be effectively used to direct and develop some interests. These have the advantage that they may be handled, and in the case of the latter, manipulated and made to operate. "Being a cause" of the activity of mechanism results in an instinctive satisfaction, and care must be taken that the activity goes beyond this. Questions, suggestions, and challenges are useful in this connection. "Can you find out what the horns are used for?" "It would be interesting to collect a number of such specimens to show the variety in coloration." "See if you can't improve on the cam that causes the eccentric action." From the handling of models and also from suggestions pertinent to an interest, suggestions for experiments may be hospitably received. The novelties in radio hook-ups tried by amateurs illustrate the eagerness with which youth "projects." There are numberless simple experiments in both the physical and the biologic sciences that may be suggested with assurance of success. Many of these are included in books and others can be easily devised by an ingenious teacher. Closely related is construction, the making of models—of a gas or electric meter, of a fish net, of a windmill generating power, of an Elizabethan theater, or of a Roman temple. Construction, even better than drawing, forces the attention upon details, many of which will be first observed and appreciated when it is necessary to reproduce them accurately.

Interests in Music. Illustrations have by chance been drawn largely from the field of science. It is not meant to suggest that interests there are more common or important than in history, literature, or the fine arts. For the direction and development of interests in such subjects the library is indispensable, of course; but there are also other possibilities. For music there are the radio, the phonograph, reproducing pianos, as well as performances, professional and amateur. Numerous books give outlines for learning how to understand and appreciate music, but few of them will or can be used by a student alone until he has developed considerable knowledge and power. Great rewards often come from sympathetic and painstaking assistance during the early stages of learning the instruments, their history, their peculiar tone colors, the stories and conventions of the opera, the development of a simple theme or melody, the elements of harmony or counterpoint, the structure of a symphony, concerto, or fugue, the placing of the voice for good tone production, and the like. Youth should be encouraged, too, to "fool around" with instruments of the orchestra or band, as well as with the piano and organ, for this at least gives some appreciation of skilled performance if it does not initiate or forward an activity interest. The frequent playing of good compositions on reproducing instruments and hearing them over the radio are likely to set up or to evidence a receptivity for intelligent understanding. The instruction for this must go slowly, for the infant interest cannot digest rapidly or at all the mass of information that the learned are often inclined to offer. The biographies of musicians and histories of music, especially carefully selected passages, are often helpful also.

Interests in Pictorial Art. Even if originals of pictorial or plastic art are not abundantly available, good reproductions are so common that one should have no difficulty in finding material to awaken and to feed interests. In everyone there is a natural enjoyment of line, color, and form, and this can be amazingly increased by understanding of a few principles of composition, of the conventions, of technique, and of history. A youth should be encouraged to memorize works of art as he might selections from literature, to attempt copies of them, to explain why he likes or dislikes them, to compare his opinions with those of others who have written clearly and definitely justifications of their judgment. A directed study of even one good picture will go far toward launching a receptive student well on the current of interest. The great difficulty in this field is that of using language sufficiently simple and definite to convey convincing meaning to the uninitiated. If possible, contrast should be made between good and poor examples, between originals and reproductions. The opportunities, the possibilities, and the challenges to develop and to direct interests in the field of the fine arts and of belles-lettres are as abundant and as inviting as anywhere else in this world of wonders.

Persistence Necessary. Whenever or however the attempt is made, one single effort is seldom sufficient. We have never believed one effort adequate to assure the acquirement of information; we should not assume it in our effort to develop interests. There must be patient follow-up, kindly repetition, sympathetic simplicity, help in the overcoming of obstacles, and persistence. Failure of the most hopeful plans challenges to better ones. There are possibilities, we know; and is a feeling that we are incompletely competent to be permitted to shut this youth out from a rich part of his heritage? We must find the cause of any failure and devise other and wiser plans. In the beginning, at least, we must guide rather than direct, use "Come" rather than "Go." Often we can find help from someone in the community who is especially expert in the field of the interest. Sometimes a contact between such a person and an interested youth will begin an association pleasant to both and of assured profit to the latter.

Personal Influences. As previously stated, interests come from contagion more frequently than from any other cause. If a youth is invited or permitted to see the collection of some enthusiast, always eager to show and to explain it, to share in some experiment, to have a part, however humble, in a piece of research, he is in a fair way to catch some of the enthusiasm himself. The results of working with a Thorndike, a Manley, a Millikan, or a Hart are seen in the hundreds of men who carry on the torches lighted at the flames of their enthusiasm. There is all the difference in the world between merely listening to, looking at, or reading about such men and actually sharing in work with them. Nothing so contributes to the development of an interest as doing, as activity followed by enough satisfaction of success to set up eagerness for continuance. One may not excuse himself from taking students into a share of his work because he is not eminent in the field of interest; if competent to teach in the richer sense of the word, he has enthusiasms that are worthy to be shared by his students.

One may strengthen and provide an encouraging environment also by bringing together groups of young people who have interests in common. It is not difficult to find in any school a number, which does not need to be large, who are interested in mechanics, mathematics, music, antiquities, or what not. Their association may or may not be in a formal club, depending on several factors. Association is helpful in many ways. One is strengthened merely by knowing that others are interested in the same thing as he; he gains by the exchange of ideas; he is challenged to competition; he is kept at work by a self-respecting desire to contribute his share; and he is stimulated by cooperative activity. Many informal associations have been formed by youth of similar interests, and without aid or encouragement have persisted and been effective. With help as it may be needed from a teacher genuinely interested in the same thing and enthusiastic to infect and direct others, much greater results are likely. The formal association has the advantage of giving a sort of respectability and even dignity to the interest, and that is especially effective with youth. Though he may deny it, he wants "kudos," and it should be given him for any worthy advance in so important a thing as an interest. Have him write about it for the school magazine or newspaper, tell of it before a class or the assembly, make an exhibit for a downtown store window or the county fair. To make public reference to his achievement, when it is worthy, will strengthen his confidence, satisfy his pride, and stimulate him to still further effort.

Nourishment in Early Stages. Besides assuring success from the initial serious efforts of a student, the teacher must carefully convoy the interest over the first barren stretches of effort. Once these are past and small heights of success achieved, larger and more attractive vistas can be seen, encouraging effort for somewhat remote goals. Of course the student should be allowed to develop his interest with a minimum of assistance so long as it is going in what seems to be the right direction. The point is that every young interest is likely to need especially careful aid during its early stages. So far as possible, drudgery should be deferred. When the need is appreciated and the urge felt, it will be undertaken willingly, even eagerly. Without interests, drudgery is highly uneconomical. Like adults, a youth is intelligent enough to skimp tasks the value of which he does not appreciate, but he will work endlessly and intelligently for goals which he has accepted as worth-while. Of course a certain amount of drudgery is necessary in every serious undertaking, but it is only fair that we show the relation of it to objectives which the student understands, approves, and accepts as his own.

Satisfactions.   As mention has repeatedly been made of "satisfactions," it may be well at this time to list what some of them are. It is not assumed that all are recorded, but certainly the following are among the most important:

1. Knowing, in contradistinction to the irritation of felt ignorance.
2. Mastery, the sense of having overcome difficulties.
3. Self-respect, through successful activity and possession.
4. A sense of growth.
5. Knowing what people of envied classes know.
6. Possessing communities of interests and hence possibilities of contacts with people whose acquaintance is desired.
7. Knowing what others do not know; hence a feeling of intellectual superiority.
8. Successful activity, as contrasted with idleness, having nothing to do in leisure time.
9. Knowledge of where to turn for attractive activity.
10. Variety in kinds of intellectual activity.
11. Acquaintance with a larger number and a greater variety of the phenomena.
12. Perceiving meanings and values below the surface.
13. Understanding relationships.

14. Increased alertness, eagerness to be intellectually active.

15. Ability to listen well, to share in the interests of others.

16. Ability to interest and to contribute to the intellectual enjoyment of others.

The Type of Teacher Demanded. It is obvious that this conception of education, an identification of it with a large number, a variety, and a depth of intellectual interests, demands much more than a teacher who merely "hears lessons" or imparts facts. He must first of all be aflame with interests himself, at least in his own specialty, so aflame, indeed, that it is easy for him to light the torches of youth. "An hour's contact with a human dynamo," declared George A. Dorsey, "can charge a young man with more inspiration than four years' contact with two dozen spent dry batteries." If a teacher possesses enthusiasm which grows out of abundant and sound knowledge, he is likely to be successful, especially if he possesses a personality that is attractive to youth. Enthusiasms in those who are not respected and admired easily provoke ridicule and aversion rather than desire. If he is not filled with interest and aflame with enthusiasm, what right has he to a profession of the leadership of youth? To what would he lead? If he does possess these essential qualities, he is more likely to be hospitable to the thesis presented and defended in this discussion, and less likely to worship the fetish of tradition.

In addition, he must be keen to discover and to create interests in others. Not selfishly satisfied to enjoy what he himself has acquired, he is eager to pass on the torch. Discovering embryonic interests, he appreciates and respects them because he sees in them life and possibilities of growth. He sees desirable objectives to which interests may be directed, and he perceives means of keeping them alive and of developing them toward those ends. He is willing to acquire new interests himself so that he may be sympathetic and helpful. He has wide knowledge because of the variety of his interests, and he knows where additional knowledge can be obtained that he may give the help and direction that are necessary. He is industrious, giving generously of his time and enthusiasm to the sympathy, encouragement, and help of his disciples. He is patient with their blindness to opportunity, with their mistakes and their sloth, knowing that when once the flame catches it will burn all these away. He is patient, but not tolerant, of their attraction by tinsel, and wise in his efforts to turn the worship of idols to the adoration of the living God. He is optimistic of success, never allowing discouragements to divert him from the vital task, never giving up, and happy when he sees success crowning the efforts of a colleague. He is ingenious in laying out bait for the hungry intellect and in devising means for leading on to the path of progress in the right direction. He is able to let go, stand aside, and even to be ignored when strength comes so that youth may walk alone.

It may be said that all this describes an ideal, as it intends to do, that such teachers are rare, as indeed they are. We have been all too content with mediocrity or worse on the teacher's platform; we have too seldom set our ideals high enough. Once perceiving what they should be, we are in a position to evaluate what we have, to demand qualities more suited to the need, and both to select and to train for what the opportunity demands. It is quite possible that the task of awakening and developing interests in higher education will require more teachers than the schools now have, for diversified work with individuals is enormously time-consuming. It may be that much higher rewards must be provided to attract and retain competent men and women; but the increased cost from both causes would be amply justified if greater success could be obtained. Nothing is cheap that is wasted. Poor teachers, like poor eggs, are dear at any price.

FOR BIBLIOGRAPHY SEE THE END OF CHAPTER XVII

CHAPTER *XVII*

HELPING STUDENTS TO DEVELOP
INTERESTS (Continued)

Illustrations of How Interests Have Been Developed. From experienced teachers a number of accounts have been obtained of how they have attempted to develop interests that they have discovered or created in their students. Two of these will now be presented. They are not models to be imitated, for every challenge must be met differently, according both to the conditions and to the resources and ingenuity of the teacher. Because of this fact it is possible that each reader will be critical of the plan used, seeing weaknesses and neglected possibilities. But each report should prove suggestive. No criticism, however, is of much value unless it is accompanied by a determination to do a better job with one's own opportunities. A youth for whom one is responsible has an interest: What can be done with this vital thing that it may lead on to accomplishments that are worth-while in themselves and the beginning of continued activity of a similar kind?

Extracts from a Professional Man's Diary

DISCOVERED BY HOWARD G. SPALDING

July 10

Vermont never looked more beautiful to me than it did this morning as we drove up the valley. Sugar Loaf and Double Hill were never greener and the old home farm never seemed more welcoming.

This will be a splendid place for Junior this summer. If there is a better place for a thirteen-year-old youngster in the summer than a Vermont farm I don't know where it is. How excited he was today! "All boy, as usual!" his mother whispered to me once on the way up from Middlesex.

One way in which I'm sure a summer here will be good for him is that it will give him some new things to think about. I hope he'll be able to get his mind off airplanes for a while. He has learned a great deal in that field but there are other things in the world besides "props" and "lateral stability."

July 20

This evening Junior was sitting on the front steps playing with a dough-nut-shaped clay stone he had picked up while on a fishing trip up Clay Brook. It was a curious thing, a rather unusual example of what water can do. We speculated for a few minutes about the way it could have been formed and together worked out an hypothesis. I happen to know it was a correct one, for I once saw such shapes being formed while little streams were running down a clay bank.

Junior seemed to be quite interested and we talked about the different kinds of stones around here. Tomorrow morning we are going up in the pasture to see if we can find any of the "fool's gold" that used to be there. He has never seen any.

July 21

We found the fool's gold, or rather Junior did. He has two good speci-mens. On the way back we picked up a dozen or more different kinds of rock, mostly quartz and schist. Junior has never been much of a collector, except when he collected bottle caps at the age of six, but he appears to be really interested now.

July 24

There is no more appropriate way to spend a Sunday afternoon than to pay one's respects to one's ancestors. This afternoon we drove down to the old cemetery and Mother, Junior, and I spent an hour or more rambling about. The old thorn tree, from which we used to secure diabolical in-struments for prodding the boy in front of us in school, still stands. The pine trees bordering the school yard from which we used to swing have grown beyond the reach of the present generation of school children.

As we wandered about Junior remarked, "I never knew there were so many kinds of stone used for tombstones. Look, . . ." and we were off upon a comparison of marble with granite and with the sandstone and slate of the old markers in the lower yard. Then we compared the different kinds of gray granite with each other and with the pink. When we came to the pink granite, I had a happy thought. I believe Junior is due for some excitement tomorrow.

July 25

It worked better than I thought it would

While we were looking at the pink granite yesterday I thought of the outcropping of much the same kind of material in our upper pasture. I remembered the time when Ralph and I thought the family fortune had been assured by its discovery, until we received a report from the State Geologist saying that it was a glacial drift from the Laurentian Range. Of course I didn't tell Junior that. Instead I elaborated upon the value of such a product, told him about the fortune Jim Boutwell made when he discovered the "Rock-of-Ages" quarry at Barre and observed that one could never know where new quarries might be found.

This morning I suggested we climb Sugar Loaf. When we got up to the big spring near the outcropping I lay down under a tree and Junior went scouting around. He found it! I have never seen him more excited. "It's the pink granite all right," I said as we broke off some chips, "but the question is how much of it there is." So Junior raced down to the house, brought back a shovel and crowbar, and we dug and pried. "How can we find out whether it's good granite and how much there is?" "Well, the State Geologist can tell us about the quality, but we probably would have to take test borings to find out how much there is." That was a new one to Junior, so on the way down we talked about the use of the diamond drill in testing mines, quarries, and foundations and in drilling for oil. He brought along a good sample and has written the State Geologist about it. He doesn't know that I wrote him, too, a letter with the following paragraph:

"The boy is thoroughly interested. If you could request him to get you some samples of the graphite 'reported to exist' somewhere in the township, I'm sure he would respond. Any attention that such an unusual request may receive will be greatly appreciated."

Isn't it fortunate that diaries are kept as private papers?

July 30

Our State Geologist is a good scout, even better than I thought. Of course his report was as I expected, but he not only asked for the specimen of graphite but suggested that Junior stop in at the State House to see him the next time he visits Montpelier. Our son is becoming a person of importance in the scientific world.

August 2

I had an idea that Junior would get some enthusiasm from Frank Hartshorn, and he certainly has. Ever since Frank found the graphite deposit on his Lincoln Mountain property he has been "nutty" over it and about rocks in general. When we went up to see him today Junior got his graphite specimen, along with a piece of quartz containing gold—real gold, this time—a good specimen of mica, and some short-fibre asbestos. Frank was delighted to see us and talked at his usual rapid rate for an hour. He took us up to see the outcropping, told us he was sure it was a continuation of the New York State vein and elaborated upon the possibilities of great wealth just around the corner. Junior took it all in. Poor Frank doesn't know that graphite can be brought in as ballast from Ceylon cheaper than it could be mined here even under the most favorable conditions.

August 9

Tomorrow will be a great day for Junior. He is to take his specimen of graphite to the State Geologist. We are going to visit the State Museum especially to see graphite and quartz.

August 10

Thank God for a scientist who is interested in children!

August 20

The catalogs of the supply houses that Dr. Burns told Junior about have begun to arrive and Son has had his nose in them all evening.

Extract from the conversation of the evening:

"Gee! Dad, I'd like to get one of these number 3 sets of ore samples. There are fifty pieces for only a dollar and a half."

"Isn't it fortunate that you have an allowance!"

I may have to increase the allowance.

August 27

This has been a great vacation for Junior. He has learned to work, he has gained all manner of country lore, and best of all has got well started on a new interest. He spent almost the whole day packing his collection. Each piece has a number stuck on it and he has a separate description of each piece giving all essential data about it. I never could have remembered where each one came from, but he knew them all.

September 3

Junior came home from his first day at school and asked me to get him changed from French to General Science. I believe it would be well to do it.

September 8

I met Lee, Junior's science teacher, in Prosser and Allen's this afternoon. I tipped him off to the boy's interest in minerals. Lee seems to be a nice chap. I think he'll use the information.

September 10

After a family conference the attic has been converted into a museum. Junior contracts to do all of the carpentry necessary.

September 16

Junior joined the Science Club Today.

September 21

Eight tons of coal in today. Just another bill for a hundred and twenty dollars for Dad, but a chance for a fossil hunt for Junior. I noticed several pieces showing clearly the outline of leaves when I looked in the bin to-night.

September 22

"You're missing one of your best chances to get some interesting specimens," I remarked to Junior this morning at breakfast. He wanted to know why, but I left him guessing. He is just like his mother, a secret tantalizes him. Tonight he was still thinking about the chances he was missing. I knew he would be, so on the way home from the office I stopped at the library and got two books with chapters telling about the formation of coal. At supper I gave him a dig: "Found your specimens yet?"

"Aw, Dad, don't be mean!" "Now stop bothering that boy and tell him what you're thinking about!" (Women are like that.) It all ended by Junior's hunting through the coal bin and emerging triumphantly with some precious specimens of fossils that he added to his collection. Then we read the books.

September 30

I believe Junior is going to pick up on his geography. He never was much good at place geography, but since he has been working on his fifty specimens of ore he sees the need for knowing where Bisbee, Sumatra, and the Province of Sonora are. I suggested that he place a number on the family atlas corresponding to the number on each specimen to mark the spot from which each came. It won't help the appearance of the atlas any, but Junior should learn considerable about the world.

October 4

Junior's mother and I have become very ignorant of geography lately. At the same time Junior has become the geographical authority of the family. Tonight Mother was reading something about the use of radium. "Where does radium come from?" she asked, apparently in deep ignorance. "From somewhere in Tennessee, I think." That was too much for Junior. When imparting knowledge to their parents, children should be respectful. But we were very humble.

October 10

First fire in the fireplace tonight. As we sat watching the flames, Junior remarked, "I wonder what makes the different colors." "You, an expert mineralogist, asking that!" "Well, what does?" And so into flame tests for the presence of elements. We had considerable fun chipping off small pieces from some of Junior's specimens and testing them for copper and other elements. He must have a blowpipe, he says.

November 23

We haven't heard much about minerals lately. Perhaps it is just as well. One should have an occasional rest from one's enthusiasms.

. . . .

February 1

"Gosh, I don't know what to write about. I have to write at least a thousand words for Miss Bryant in English. She said she wouldn't give us any topics, just to write about anything we were interested in. I'm stuck!" "I have an idea you could put out something interesting about crystals." "What, in an English theme?" "Why not?" "Say, that's an idea!"

February 8

"I stopped the show in English class today. The teacher handed back our papers. Mine was an A and Miss Bryant said it was the best one handed in. She asked me to read it and afterwards they kept asking me questions for the rest of the period." "Did they ask you any you couldn't answer?" I asked. "A few, but even the teacher doesn't know much."

February 9

"A reporter from the 'Tatler' was around asking me about my collection this afternoon. He's going to give me a write-up in the school paper. Said Miss Bryant told him about me."

February 16

Our son has achieved another distinction. This evening he came in as proud as a youngster well could be over his election to the office of Grand Alchemist in the Science Club. "By the way, son, just what is an alchemist, anyway?" I asked. "Why the Grand Alchemist is the president and the Alchemist is the vice-president." "I know about that, but what is an *alchemist?*" He puzzled over it a while and finally we talked it out. I don't know any too much about the science of the Middle Ages myself, but I suspect we can find out together.

March 10

Junior stopped at the office on the way from basket ball practice to walk home with me. As we came out of the office the newsboys were shouting, "Extra! Extra! All about the big revolution in Chile!" As the boy gave me my paper I had an idea. "Well, your minerals are stirring up trouble again, son." "What do you mean?" I have wanted a chance to wake Junior up to the economics of the world for some time. We talked about the wars that have been fought over natural resources until we reached home. I enjoyed it and I have an idea the boy did.

March 17

I don't know where he got hold of it, probably at the public library, but Junior is reading "We Fight for Oil" this evening. It will give him a rather untrue picture of foreign relations, I'm afraid, but at least it will feed his interest in a new way.

April 12

H. P. Whitlock, Curator of Mineralogy of the American Museum of Natural History, is speaking at the University Club this week. Junior is attending with me. He is keen about it, for it was Whitlock's "The Story of the Minerals" that helped him first to understand crystal formation. I want him to meet Mr. Whitlock.

June 28

We are back at the old farm earlier than usual this year. This evening as we sat under the big maple in the yard the thrushes on Sugar Loaf sang their woodsy song through the darkness. The bullfrogs down by the river "thrrumped" as, I suppose, bullfrogs always will. The fireflies danced over the meadow. A shooting star slid silently across the heavens and sank toward the horizon beyond the row of willows. Junior spoke. "Do you know, Dad, I've been wondering a lot about things during the past year. A year ago I thought I knew a lot. Now I don't think I know anything. What makes the crystals form in the way they do? Or what sends that shooting star? What's back of it all?"

I was surprised, for the boy has never seemed to give much time to speculation on the Infinite. "That's what the wisest men of all time have been asking. It seems that we never can know much." Then a poem that has long been a favorite of mine came to mind, Kemp's "Blind." I don't often recite poetry, though I enjoy learning it. This time it seemed to be appropriate to do so.

> "The Spring blew trumpets of color;
> Her green sang in my brain—
> I heard a blind man groping
> 'Tap—tap' with his cane;
>
> "I pitied him in his blindness;
> But can I boast 'I See'?
> Perhaps there walks a spirit
> Close by, who pities me—

"A spirit that hears me tapping
The five-sensed cane of mind
Amid such unguessed glories—
That I am worse than blind."

"No, son, we never can know much, but it's a lot of fun trying to learn."

Doris

BY BETHA C. FORTNER

At the midyear promotions Doris West and thirty-nine other 10B's moved into my Home Room. The thirty-nine represented the usual happy carefree boys and girls belonging to families whose fathers were professional men of the city who preferred to live in the suburbs. In intelligence they ranked somewhat above normal. They dressed in good taste and were of the class known as "really nice."

But in no way did Doris "belong." The two things that immediately brought her to notice were that her clothes were inappropriate to school and that she never sought the company of the other pupils. I can still see that ugly brown satin skirt and black and white wool sweater that made up her usual costume. I could tell at a glance that her clothing originally belonged to others. Her manner was almost sullen. She would reply when questioned, but with only the barest answer. Often I saw on her face a look of bitterness which no girl of fifteen should ever have. Her hands showed evidence of hard work, and she was often absent from school for several days at a time, her excuse being that she was needed at home.

In the Home Room she made no trouble, but she simply could not be drawn into any of the happy groups. From the other teachers I was able to learn a little about the girl. Her parents had died when she was about five, and her father's half-sister, a nagging, slovenly person who wasted little loving on her own three small children, had never a kind word for Doris, who was always made to feel that she was an expense and a burden. She did the washing, ironing, and what little housework there was in the family.

Doris came to school because she wanted to learn to be a stenographer and get away from her home. Since she was not old enough, she could not quit and go to work. I looked up her record in the school that she had previously attended and found that there were some failures and only a good mark in one course in applied art. In that she had apparently done very well. I talked to her art teacher in our school and she said that Doris had a knack of doing things with her hands, but that her aunt would not let her continue with "such foolishness." Also her English teacher said that one day she had accidentally come across two rather charming little poems that Doris had written, but when she sought to commend them Doris had merely turned and walked away. In fact, she kept away from any and every social contact in the school. She simply stayed apart.

The first time I ever saw the girl smile was before school one morning in May. I was arranging some flowers that the pupils had brought in when I felt someone looking on intently. Glancing up I met Doris's eyes with such a look of longing as I have never seen before or since. I went on with the work for a few minutes, and when I had finished all but a few, I said as casually as I could, "Doris, I must go to the office before the bell rings. I wonder if you will not finish this job?" She flashed me a really happy smile, but said only, "Yes." When I returned the flowers were tastefully arranged. After that Doris was the official flower girl in our room, and she took great pride in her work. She even seemed a little less reserved, but she still refrained from any social contacts with the other pupils.

Then about the end of May Doris ceased to come to school at all. Since she was so frequently absent, I did not give the matter any thought. School was closing and the final rush was on, and I was eager to get up to the Hut, a comfortable log cabin that a friend and I owned on a beautiful slope up in the mountains. This summer my friend was going to school, and I was planning to spend the vacation alone at the Hut with my collie Prince.

So with the rush of school work and my preparations for the summer I did not think much about Doris. But one evening my eye was struck by her name in a newspaper story. After running away from home, she had found work in a gambling house in a neighboring city, and when the place was raided she was arrested along with the other employees. As Doris had been at work there only a few days, she was released, returned home, and put under the jurisdiction of our juvenile court.

I made up my mind to go to court on the coming Saturday to see if I could be of any help, but Friday evening I again saw Doris West's name in the headlines: she had thrown herself into the river, but had been rescued and taken to the city hospital. Then I was roused to action. On my way to the hospital I stopped and bought some pink rosebuds. As Doris was too ill to see any visitor, I left the flowers and returned home, but the next day I sent her a nightgown and a pretty kimono.

Finally word came that Doris wanted to see me, so I went in the evening the last week of school to find her sitting up in bed wearing the things that I had sent her. Clothes do make a difference For the first time the child really looked lovely, and she actually greeted me first, and with a smile she shyly thanked me for "the prettiest things" she had ever had. We talked for a while, but never a word of the river. I casually mentioned the Hut and said that the next week I should be where I loved most to spend the summers. I described the plan—two separate bedrooms, a large living room with a big fireplace, a small kitchen, and hammocks on the porch. I also told of the beauty of the sunrises from the top of the hill behind the Hut, the glory of the sunsets beyond the Divide, the fragrance of the spruce trees, the quivering grace of the aspens, and of the flowers everywhere.

Hastily glancing at my watch, I concluded, "I *must* be going. I have been telling you all this to see if you might be interested in going up with me this summer, Doris. My friend will be away, and I do not wish to be alone. You could help with the little work that has to be done, and I could pay you something. Would you consider it?"

While I had been describing the cabin Doris had closed her eyes. I feared that she would turn me down, but at my question her eyes popped open and she exclaimed, "Do you mean you'd want *me* to go up there with you where all those flowers and trees and sunsets are! Why, I'd love it better than anything." So a momentous decision was made for both of us. I had plenty of misgivings, from an idea that Doris might be bored and jump off a cliff to my summer's being ruined by a moody girl. But I could not bear to think of her going back to the "home" in which she had been made so miserable.

Reaching the Hut just at sunset, we stopped at the crest of the hill to watch the riot of gorgeousness flung across the sky. Doris drew a sharp breath and said, "O-O-O!" No more. I looked at the girl with new interest and respect, for I never could bear people who bubbled over at any sudden vision of loveliness. When the gold turned to deep purple we started the walk up to the cabin, for night was upon us. There is no long twilight in the mountains.

The first few days we were at the cabin Doris acted much like a formal guest. She helped with the settling, but merely followed my directions. Although she accompanied me and Prince on several exploring expeditions over the adjacent hills and seemingly enjoyed everything, she never ventured any particular interest in doing something beyond what I suggested. I began to fear that my experiment was doomed to failure.

Finally one day when I had some letters to write I suggested to Doris that she take Prince and explore over to the south where we had not been that year. I told her that she would find a spring of delicious water and that in case she lost her way just to tell Prince to go home and he would lead her safely. So off they started.

I became so engrossed in my letter writing that I did not notice the time until it suddenly began to get dark. Fearing that Doris and Prince were lost, I started off toward the spring, but at the edge of the pines I met them. Doris looked as dirty as if she had been digging ditches, but I had never seen her so happy or so eager to talk. She had found the spring, which trickled through a crevice in the rock and formed a small pool that overflowed into a small stream that trickled down the mountain. During the winter much dirt and rubbish had collected in the pool, so Doris had begun to clean it out. The glittering rocks on the bottom of the pool and the moss along the edges made her think of a miniature garden she had once seen in a park, and gave her an idea.

"Whose spring is it?" she asked with eagerness. "I'd like to make a garden there with lots of flowers and tiny trees and pretty rocks and . . ." I assured her that she would be perfectly free to do what she wished at the spring.

I decided to let her have full freedom just to see what she would do; so I stayed away. Doris worked early and late at her spring. In a few days she said that the place was all cleaned out and began to make plans for how she wanted her garden to look. When she asked for suggestions I said "Just keep it in harmony with the mountains." I hunted up some magazines that might help her, and over these she pored in the evenings. During the days she scoured the hills for materials.

Some of her first transplantings did not survive. So we found in a garden book the suggestion that she take enough of the original soil to make the plants feel at home. As soon as she had a number of flowers that neither of us could name, we hunted up a book, *Flowers in the Rocky Mountains*, and I showed her how to identify them, which she proceeded to do painstakingly and with enthusiasm. Soon Doris had an extensive collection of plants and flowers, each specimen classified and neatly labeled. She pressed both the flowers and the leaves of every plant that she found, and made a record of where each one came from, when it blossomed, what its peculiarities and characteristics were, and notes of anything else that she thought interesting. Also she made a collection of pine cones and needles.

I told her what I knew and helped her hunt up other information that she needed. At my suggestion she wrote to Washington for materials on the national forests and parks, and that led to an interest in the geology of the region. Pretty soon she was on the lookout for rocks containing minerals, and she started a collection for herself as well as adding them to decorate her garden.

Rain usually kept us indoors for several hours each day, and as Doris had exhausted all of the books and pamphlets that we had on flowers and minerals, we used the radio a good deal, especially in the evenings. Doris had as keen enjoyment from music as she did from flowers and rocks. Some of the broadcasts gave a lot of information about the composers and the selections played, all of which stimulated her desire to know more. We soon looked forward with eagerness to the concert hour.

[*At this point the report gave an account of Doris's introduction to the great stories of world literature and to the development of an interest in the romance of word meanings.*]

By the time the rains let up Doris had lost her shyness in conversation. There were so many things that she wanted to know that she was continually questioning, and she had opinions of her own too.

About the close of the summer a letter came from a friend who had become interested in my written accounts of the girl. My friend had a large, pleasant home, which a married son had been sharing with her. But the son had moved to an Eastern city and she did not wish to live alone. Would Doris like to come and live with her? Having less than little desire to return to her old surroundings, Doris eagerly accepted the opportunity. By the middle of September she was in her new home and I was back teaching. She wrote to me regularly, happy letters from the start.

September 20.

Got here yesterday at noon. Mrs. Grant is a dear. I have the loveliest room that looks out over a little park. I can watch the sunset and imagine the Divide out there with snow on its peaks. In my room is a large cupboard where I can keep my collections. Mrs. Grant likes flowers, too, and I hope to interest her in rocks. I think it will be fine here this winter. Tomorrow I go to school to register.

. . . .

September 24.

Classes began today. The school is so huge that I should have been lost except for Inez, the girl across the aisle in my Home Room, who took me around to all of my first classes. I am taking biology, history, English, and applied art. That's all I'm going to be able to get in this year, and I'm not going to flunk out. You and the mountains got me interested in all of them.

. . . .

October 10.

Tonight our class had a picnic down by the river and roasted potatoes and weiners and marshmallows. I never had such a good time before. After we were through eating, the boys made a big fire and we all sat around and sang. Then someone suggested that we tell what we had done during the summer. I told how we had spent the vacation at your cabin way up near the Divide, and when they asked me what we did I told them about my garden and my rocks. Some of the boys especially got real interested and asked me all sorts of questions. So the teacher who was with us suggested that I bring some of my collection to school and tell the Home Room about it. So I'm going to do that on Monday.

November 1.

I must have started something, for after I took my collection to school others got to telling about theirs and wanted to bring them in. So we have had the most interesting times on Home Room days. One of the girls spent last summer in the Southwest and collected all kinds of Indian baskets and pieces of pottery. Another girl has a collection of dolls that her uncle who travels has sent her from all over the world. She knows a lot about the countries from which they came and about the customs of the people. She wants to travel too. Some of the boys have models of airplanes that they have made, some stamps, and some coins. There just isn't time in our Home Room periods to find out all we want to know about each other's hobbies, so we have started a Hobby Club. I'm secretary.

April 15.

Our Principal got interested in our Hobby Club and wanted us to put on an exhibition to be shown during Visitor's Week. We did, and what do you suppose happened? The Camp Fire Director of the city saw mine and liked it so much that he wanted to talk to me. Someone hunted me up and, well, he asked me if I'd like to be assistant to the Nature Lore teacher next summer in a camp near here I had hoped to go back to the Hut with you, but this is too good an opportunity to pass up, don't you agree? It will pay me something, and I'm saving up to go to college and learn to be an artistic scientist, if there is such a thing. What do you think?

One Is Responsible for His Own Interests. It has been argued that formal schools have responsibility, much more than they have ever assumed in the past, for discovering, creating, directing, and developing interests, that this is the chief function of liberal education. But however true this be, in the end each one is responsible for himself. Each individual is more concerned with his own welfare, his intellectual happiness, and his progress than any other person or than any institution can be. Whatever effort the formal schools put forth can to a large extent be hindered and made ineffective by the wilfulness or ingenuity of the student. Any success that they attain is only a beginning. Ultimately, whether during school years or later, each person must take up the task for himself. The sooner he can understand this the better; the earlier he assumes the serious responsibility for his intellectual interests, the greater are the possibilities for success. One great trouble in our present system of higher education is that so many students assume that the curriculum is something that others want them to get, even though temporarily, and that it is nothing that they want for their own present and future happiness. The result is not only half hearted or unwilling effort during school days, but too frequently an entire abandonment as soon as external compulsions cease.

A part of this deplorable condition is the result, of course, of the failure of higher schools themselves clearly to understand their chief mission and to make this clear to the youth enrolled in them. A part is the result of youth's never becoming cognizant of their own responsibility. It is not too much to expect that long before the secondary school period is over, each boy and girl shall seriously look forward and reflect on the kind of future he or she is preparing, what he or she will be intellectually in ten or twenty or forty years. We know that many attempt this and we know also that, profoundly disturbed at the prospect, they frequently formulate plans that lead to the lesser possibilities. At this time they need the guidance of those that are more experienced and wiser than they are, of those who see life, especially the intellectual as well as the moral life, in its true perspective. They need to look at examples of men who have continued to grow and of others who have not done so, to understand that maturity and age may be increasingly rich and enjoyable or increasingly poor and full of nothing but tedium, and to appreciate that it is theirs to choose in which direction they will go. Another thing each youth should realize, that a serious beginning cannot be deferred. The world is full of men who "intended" to acquire the pleasures of cultural life; but they chose first to seek those of physical comfort, and when they turned to their former desire they found it cold and too devitalized to stimulate the necessary effort. "Behold, I stand at the door and knock" may be conceived as said by intellectual interests as truly as by the Master of Morals. A youth can and readily will understand these things if they are pointed out to him at the receptive moment, and he can understand, too, that the responsibility is his to begin and to continue adding little by little until he possesses great wealth.

Perceiving these things one does not dare neglect any budding interest. However insignificant it seems, it must be cultivated until it reaches some fruition. Deferred or rejected, it comes again less readily, and there is less keenness to perceive others that may be of greater promise. Welcomed, it bursts into blossom, and, what is of even greater importance, is followed by others—in countless numbers. One never knows when the great moment comes when the gates of his peculiar treasure house will open. Maintaining an attitude of alertness and of hospitality and developing each incipient interest until he finds the extent of its value, one assuredly sooner or later will find the intellectual passion that will possess him all the remaining days of his life.

To find interests no one needs go far. They are possible in anything. One needs only to choose a field for which he has a predilection—paintings, Greek vases, mathematics, a type or a period in literature, a character in history, a civic problem, or a national policy—and to be persistent in learning about it. He can tunnel nowhere without finding a lode rich in ore. He can be quickened not merely by reading, but by association with those who have already acquired intellectual wealth by travel with preparation and open eyes, and, most of all, by activity. Launched into work of any kind, he will find interests, if he looks for them, which may be developed and extended by any or all of the means previously suggested. "Seek and ye shall find!"

The essential thing is for youth to realize that more than anybody else he is concerned with his intellectual life and he is responsible for its future. Upon him—and after school days upon him alone—depends whether it shall be rich with activity and with satisfactions or a gradually dying fire, owing its occasional bursts of flame to the faggots thrown upon it by others. If this were realized, we should have fewer problems of instruction and less successful competition during high school and college days from those interests which lead to only trivial or temporary satisfactions. Those who cannot realize this and who do not accept their responsibility and act in accordance with it have no business as "teachers" in high schools or colleges, especially by those supported at public expense.

Conclusion. There is much that we do not know about interests, and many problems in finding, creating, directing, and developing them and using the results are still unsolved. Why do some interests apparently spring with spontaneity into full flame? Why do others fail to appear despite sincere desire and earnest effort? Why do some die never to be resurrected, while others continue to grow or else lie smoldering and ready on occasion for renewed fire? What determines whether one's passion be for variety or depth or a combination of both? These and other similar questions we can now answer only in part. But it is not essential that complete answers be known for the importance of interests in liberal education to be realized and for sincere effort to be put forth for their development.

This discussion has attempted to consider anew the question of what liberal education is, to evaluate in the light of recognized facts and of common sense the results that are claimed for it, and to propose an identification of it with intellectual interests, which, like Keats's beauty, are their own excuse for being. A realization of what life is when filled with interests that are numerous, varied, and deep, of the thrill that comes from finding a new interest, of the satisfactions from pursuing an old one, of the increased meaning of the world—a realization of these things should stimulate us to prepare youth for similar enjoyments. We should be ashamed to do less.

Selected Bibliography

DEWEY, JOHN, *Interest and Effort in Education.* Boston: Houghton Mifflin Company, 1913. 102 pp.

DURANT, HENRY, *The Problem of Leisure.* London: George Routledge and Sons, Ltd., 1938. 276 pp.

JACKS, LAWRENCE P., *Education through Recreation.* New York: Harper and Bros. 1932. 155 pp.

MEARNS, HUGHES, *Creative Youth.* Garden City, New York: Doubleday, Page and Company, 1925. 234 pp.

———, *Creative Powers.* Garden City, New York: Doubleday, Doran, 1929. 396 pp.

POWYS, JOHN C., *The Meaning of Culture.* New York: W. W. Norton and Company, 1929. 275 pp.

SUPER, DONALD, *Avocational Interest Patterns.* Stanford University, California: Stanford University Press, 1940. 148 pp.

THORNDIKE, EDWARD L., *The Psychology of Wants, Interests and Attitudes.* New York: D. Appleton-Century Company, 1935. 301 pp.

WIGGAM, ALBERT E., *The Marks of an Educated Man.* Indianapolis: Bobbs-Merrill Company, 1930. 339 pp.

WRENN, C. GILBERT, and HARLEY, D. L., *Time on Their Hands.* Washington: American Council on Education, 1941. 266 pp.

CHAPTER *XVIII*

SOME BASIC PROBLEMS IN
SECONDARY EDUCATION [1]

Problems Remain. Although the secondary school is capable of making great contribution to the improvement and enrichment of American social living, it cannot be properly maintained that its contribution is, as yet, being fully made. In the course of little more than a generation since the secondary school changed from a highly selective to a much more popular institution, considerable advance has been made in the right direction. But much still remains to be done. The tremendous growth in secondary-school enrollment and in the variety of the school's population, the increase in the number of schools, the multiplication of courses, the changing economic and cultural demands of society upon the school, the growing awareness of the special educational needs of youth and the effort to provide for these needs, all have created or induced or left unsolved some important educational problems. This may be said without at all detracting from the secondary school's great positive accomplishments.

In various places throughout this book attention has been called to the existence of some of these problems. It is the purpose of this chapter to review them, in each case pointing out the nature of the difficulty, some of the causes or factors responsible, and courses of action that might possibly lead to a solution of the problem or at least to an improvement of the situation. In listing the problems, no effort has been

[1] This chapter is presented in place of the chapters on "The Issues in Secondary Education" in the first edition of this book.

419

made to be complete or comprehensive; the problems included represent
a selection from those which, in the authors' judgment, merit the concern
of the teaching profession and wholehearted effort leading toward
solution. Possibly the reader may not agree with the importance attached to one or another of the problems, and may wish to include
others of his own choosing. In the final analysis, a definitive list of the
basic educational problems—a statement of the agenda to which the
school should address itself—must represent the collective thinking
and judgment of the teaching profession. From any such thinking,
however, the problems presented in this chapter cannot be excluded.

The problems treated in the following pages are limited to those
judged to concern more specifically and directly the secondary school.
Other broad problems, which concern the whole of education, as, for
example, problems involving basic philosophy, general problems of
school support, organization, and control, have not been treated except
insofar as they touch the secondary school. No particular significance is
to be attached to the order in which the problems are stated. Although
some of the problems listed may impress the reader as being related to
one another logically or in terms of ultimate solution, each one has
been judged sufficiently important to merit separate consideration.

*1. How can the secondary school be made truly a school for all American
youth?*

Ideal of Universal Secondary Education Not Yet Realized.   It may
be assumed that this nation is thoroughly committed to the principle
of extending secondary education to all youth. Though occasionally
voices may be heard in protest against this principle as unsound or
impracticable, the nation has gone so far in the direction of popularizing
secondary education that it would be difficult if not impossible to reverse or even halt the trend. As indicated in Chapter III,[2] the enrollment
in public and private schools throughout the country in recent years
has ranged from two-thirds to three-quarters of the total youth population of the secondary-school age. It is anticipated that the enrollment
will continue to increase. Few responsible educators, however, believe

[2] Pp. 65 ff.

that the growth in enrollment will continue *of its own momentum* until all youth of eligible age have been absorbed into the secondary school. Whether for economic reasons, or because of their own or their parents' indifference, or because of the reluctance or inability of some states to raise the level of compulsory schooling, a large number of youth still fail to enter the secondary school. In time this number will be reduced; but it is unlikely that this number will be entirely eliminated unless strong positive measures are taken, on a national as well as state-wide scale, to remove the conditions which at present constitute an obstacle to universal admission into the secondary school.

Failure of many youth to persist in the secondary school must also be regarded as a setback for the ideal of universal secondary education. Over the country as a whole, one youth out of every two still does not complete the high-school course; of ten who enter the ninth grade, fewer than six remain to be graduated, and little more than seven remain for the eleventh year.[3] In their survey of New York State, Eckert and Marshall found in 1939 that "more than three out of every five high school pupils . . . leave before graduation. The average withdrawing student has completed the tenth grade and many leave much earlier."[4] Selective factors such as pupils' academic intelligence, socio-economic status, interest in the available program of study, and size of family groups operate in determining the extent of persistence of youth in school. Implicit in the ideal of universal secondary education is the assumption not only that all youth will enter the secondary school but that they will complete their studies or at least continue their studies to the point where, in the judgment of the school, they are ready to take their places as competent members of American society.

The Task Confronting School and Society. The task which faces the secondary school is twofold: first, to enroll all normal youth; second, to provide for all a good common education with sufficient diversification of studies and activities to satisfy, as far as possible, the peculiar educational needs of each individual. To enroll all youth,

[3] Chapter III, pp. 68 ff.
[4] Ruth E. Eckert and Thomas C. Marshall, *When Youth Leave School,* p. 48, New York, The McGraw-Hill Book Company, 1938.

formidable as that accomplishment may be, is not sufficient; the school must educate those it admits. The greater the school's success in admitting youth of eligible age, the greater and more difficult does its obligation become to educate properly the heterogeneous student population it has assembled. Society, too, must render assistance, first by providing the schools with the necessary financial means to make possible the right types of education for all youth, secondly by assuring that economically underprivileged young people are not forced to abandon their opportunities for full secondary education by early entrance into employment.

Though we are still short of the ideal in this respect, we have made great progress in effecting the admission of the great majority of youth into the secondary school. To accommodate these, numerous adjustments and innovations have been made in the curriculum. Without, however, disparaging its considerable accomplishments, it may be said that the school has not achieved adequate success in educating the youth which has been admitted. In addition to those who persist in school despite academic failure or lack of any real benefit from their studies, there are too many who drop out of school, either because the curricular offerings are beyond their intellectual capabilities or because they fail to see any real value in their courses. Nor has society done its full share either by providing all states and communities with adequate financial means to conduct sound educational programs or by assisting those youth whom pressing economic need may compel to forego further schooling for entrance into employment.

Secondary Education for All Youth. The way to a solution of the problem of making the secondary school truly an institution for all youth is along two distinct lines—the one involving changes in the financing and probably in the organization of education, the other curricular reform and improvement. No one acquainted with educational conditions in the nation as a whole can doubt that some entire states and many communities within most or all states require financial assistance if they are successfully to attempt to provide adequate educational programs for the youth in their schools.[5] Some kind of continuing program of Federal

[5] Every serious student of education would do well to read the report of the hearings before the Senate Committee on Labor and Public Welfare, 80th Congress, 1947, *Federal Aid to Education*, and such publications as the National Education Association's *The Facts on Federal Aid to Schools*, Washington, 1948.

aid to public education designed to raise the level of educational opportunity in poor states seems unavoidable. In addition, in all states
more equitable methods of apportioning state funds to localities will
have to be adopted.[6] The disparities in financial resources among local
school districts within most states, though less well known than the
disparities among states, are almost as great. Basic changes will also need
to be made in the organization of school districts within states. The organization and administration of schools by numerous small local districts
is awkward and uneconomical, and ill-adapted to the task of maintaining modern secondary schools. In whatever ways these specific changes
may be effected, the main objective must be to make sure that each
public authority charged with the maintenance of secondary schools
shall have available adequate funds to make possible adequate educational programs. Along with this, provision must be made by national,
state, or local agencies, either through outright grants or through opportunities for part-time employment, to assist needy youths to remain
in school until the completion of their courses.

An increase in the funds to support public education can make possible
needed reform and improvement in the educational process itself, including the training and selection of able and qualified teachers. A successful program of universal secondary education presumes that each
student is receiving the kind of secondary education which is good for
him. This does not mean necessarily that each student must pursue a
separate and distinct curriculum of studies. That is manifestly impossible.
But it does mean that in addition to the common grounding in fundamental studies, each student must be given the opportunity to develop
along some special lines of social and individual competence conforming
to his special aptitudes and interests.

The secondary school must embark upon a comprehensive program of
curriculum reconstruction, so comprehensive indeed that it is beyond
the scope of competence of the staff of any one school or school system
to undertake. Rather, the task should be undertaken on a national scale.
To do the basic spade work in devising, preparing, and testing the raw
materials of the revised curriculum and making them available for adap-

[6] See Timon Covert's *Financing Public Education: General Features of a Satisfactory State Plan,* Leaflet No. 78, Federal Security Agency, Office of Education, Washington, United States Government Printing Office, 1947.

tation and use by individual schools, a special central curriculum agency needs to be constituted, recruited from among the best curriculum specialists in the various fields and financed out of public funds.[7] Working effectively, this agency could make available to schools and school systems a wealth of resource materials upon which to draw in changing, enlarging, and diversifying their curricula, not haphazardly but in accordance with the ascertained needs of their pupils.

The challenge will be greatest to the small schools which, by reason of their more limited resources, may be unable sufficiently to enlarge and diversify their offerings. To meet this challenge, small schools may be required not only to utilize to the utmost such supplemental educational means as radio and motion-picture instruction and extension courses offered by outside agencies or specialists, but also, pending the reorganization of local school districts into broader administrative units, to arrange, in cooperation with schools in other districts, for the systematic exchange of students, so that a youth may be admitted to an appropriate curriculum in a school even outside his own district.

2. How can the secondary school raise the standards of educational achievement for all students?

Failure to Assure Mastery of Fundamentals. It may seem paradoxical to place this problem in juxtaposition to the one immediately above. Nevertheless, few would deny that this problem exists, and that it is important. In the course of the last generation, during which the secondary schools have been opened to a vast number of youth, standards of educational attainment have been seriously reduced. Some may argue that the best students in the high school today learn fully as well as did the best students formerly.[8] But there is much evidence to support the conclusion that the large majority of students are leaving school without having mastered either the traditional subjects of the curriculum, "watered down" as some have been, or the more genuine "fundamentals of learning" not necessarily embodied in the traditional subjects, which are requisite for efficient living.

---

[7] See Chapter IX, pp. 231 ff.

[8] See Philip A. Boyer and Hans C. Gordon, "Have High Schools Neglected Academic Achievement?" *School and Society*, 49:810–12, June 24, 1939.

In the survey of New York State High Schools, Spaulding found that "large numbers even of high-school graduates are seriously deficient in the basic fields of learning." [9] Earlier Briggs presented evidence from studies of pupil achievement in mathematics, foreign languages, and English to support his contention that "there has been no respectable student achievement." [10] There is no evidence that the situation has improved in the last few years. The factual findings are supported by the empirical judgments of college teachers who maintain that entering students cannot be depended upon to know the fundamentals of subjects they studied in the high school, as well as by the testimony of high-school teachers who affirm that many students learn enough merely to "get by" and that the standard for "getting by" is not high.

On psychological grounds as well as in an effort to reduce retardation and to increase their holding power, schools have in recent years tended increasingly to adopt policies designed to "abolish" failure and to eliminate dismissals of students for poor scholarship. A superintendent of schools in a Midwestern city has ruled that no pupil be failed in any course or grade. One state department of education has ruled that no student below the age of twenty-one be excluded from school because he fails of promotion. In increasing number, school systems have instituted blanket "no-failure" or "100-per-cent-promotion" policies. In many schools a student's retention is, for the most part, contingent only upon good behavior, fairly regular attendance, reasonable industry and— his own willingness to remain. A "passing" grade of 70 per cent in every subject is certain to assure continuous progress through the school up to and including graduation. These policies are not the primary causes, but they are indicative of a general attitude which is neglectful of standards.

Two Complementary Ideals.   The problem is how to reconcile the striving for the ideal of a universal secondary school with the need for maintaining respectable standards of achievement. It is a delusion to assume that we approach more closely this ideal merely by keeping a

[9] Francis T. Spaulding, *High School and Life,* p. 40, New York, The McGraw-Hill Book Company, 1938.

[10] Thomas H. Briggs, *The Great Investment,* p. 124, Cambridge, Mass., Harvard University Press, 1930.

larger number of youth in school, regardless of whether they learn. It is essential, of course, that each student in the high school should be encouraged and assisted to complete his course of study; but it is equally important that a student's retention in school shall result in mastery of his courses to the point where the knowledge, skills, and attitudes derived may be used in more effective living. There is no special virtue in keeping students in the school if they are not being educated.

Raising Standards.   Some unfriendly critics have insisted that the fault lies in the "misguided sentimentalism" of the prevailing American educational philosophies.[11] It is doubtful at this time whether a "hard-boiled" policy of enforcing high standards of achievement as a condition of retention in the school would be the wisest solution. In all probability such a policy would serve merely to alienate and drive from the school a sizable portion of the student population recently admitted. The first problem is to draw students into the school and to keep them there; the second problem, of equal importance, is to establish and maintain defensible standards which students can meet in programs of study suited to their educational needs.

Of course, to the extent that standards can be raised for the students now in the school, this should be done immediately. There are many students now in the school capable of much more energetic and successful efforts in learning their school subjects. And all or almost all youth are capable of greater exertion and success in *some* of the studies they are now pursuing. This is an immediate challenge to which every teacher, as an individual and cooperatively with his colleagues, must address himself. In some of the studies, especially the common integrating studies, the "sights can be raised" aiming at better results of learning. Higher standards in health ideals, attitudes, and habits, in good manners, good speech, democratic conduct, reading for information and for pleasure, appreciation of music and art, good community living, and even in basic understandings of nature and science, can be enforced without alienating any portion of the student population, provided harsh methods are not employed or disciplinary attitudes reintroduced. The challenge is pri-

---

[11] See, for example, Albert J. Nock, *The Theory of Education in the United States*, New York, Harcourt, Brace and Company, 1932.

marily to methods of instruction. These can be directed toward higher goals of attainment without restoring the harshness of the old "disciplinary" school.

But basically the solution to the problem involves curricular reform. The school has in recent years lowered its standards principally because many newly-admitted students found themselves unable to "pass" subjects of study unsuited to their abilities and unrelated to their real needs. The answer which presents itself is to undertake, as promptly and energetically as possible, to prepare and introduce programs and courses of study more suited to the varied abilities and needs of the students, in which higher standards of performance can reasonably be established and enforced. The endeavor to raise standards must accompany or closely follow any successful effort to provide richer, more varied, and more appropriate courses of study.

3. To what extent should a sound program of secondary education include elements of both general and specialized education?

General and Specialized Studies Both Needed.   There is considerable agreement in principle that, if secondary education is to be adequate to the varied needs of the large number of students, some provision for a measure of specialization within the school's program is essential.[12] The problem is to decide the nature and extent of this specialization. What constitutes a balanced program of secondary education combining in sound proportion the elements of both general and specialized training? On that there is no easy agreement.

A further problem relates to the practical difficulty of introducing any considerable measure of specialization into the curriculum of many secondary schools. Most of the schools of the nation are small, with limited pupil enrollment, teaching staffs, facilities, and equipment. Though accepting in principle the need for specialized as well as general studies, they find it difficult in practice to offer anything other than a limited, more or less common program. The immediate task here is not so much to achieve a precise balance among general and specialized offer-

---

[12] A notable dissenter from this point of view is H. C. Morrison. See *School and Commonwealth*, Chicago, University of Chicago Press, 1937, pp. 69–70.

ings as it is to effect the introduction, gradual or otherwise, of *some* specialized studies.

The Core of General Education.   Some determination of what shall constitute the elements of basic general education has been made empirically, and not without a measure of success. When empirical efforts have been supplemented by the more precise techniques of educational scientists, results should prove far more fruitful. We need to determine with greater precision the ideals, attitudes, knowledge, skills, and modes of thinking and behavior which characterize all educated people everywhere. That such a common store of learning is requisite for effective social living can hardly be disputed.

Ideals, knowledge, and modes of behavior conducive to good manners, good physical and mental health, a democratic code of behavior, correct and effective speech, ability to read understandingly and with enjoyment, ability to write correctly and effectively enough to meet the modest demands of everyday living, understanding of the basic rights and responsibilities of citizenship, some knowledge of the organization of society and of its recent past, understanding of our economy, understanding of number concepts and some skill in computation, appreciation of common phenomena of nature and of science, competence in the use of common tools and machines, effectiveness as consumers, enjoyment of some of the works of the literature, art, and music which are the common heritage of mankind, some insight into methods of scientific thinking—these and some others are basic requirements for all who would live effectively in our society, regardless of what sort of individuals they are and what additional accomplishments they may possess. In general outline, this constitutes the common core of studies which we can identify empirically, and for which we have succeeded also, to some extent, in developing details. A more precise formulation awaits the use of more exact techniques by curriculum specialists. When the results are in, we should know much more specifically what the content of the program of general education in the high school should be.

A common core of general education does not presume the use, for all students, of the same methods or materials of learning. Individual differences in learning ability as well as in initial interest are a factor which cannot be disregarded. Methods of instruction may be varied widely in accordance with the varied learning capacities of students. Special aptitudes and interests may be utilized to great advantage in teaching the common elements of education. Language, ideals of democratic behavior, concepts of man and society, nature and science, even appreciation of literature and the arts may best be taught within the special context of the student's own experience and in terms meaningful to him.

The Elements of Specialized Education. A determination of the elements to constitute the specialized portion of the secondary-school program is harder to make. In this respect empirical procedures have not served as well. In spite of the diversity of course offerings in some schools, there is no assurance that the offerings correspond to the actual needs of students. Although many of the specialized courses—vocational and avocational—seem to be worth-while, some others are unrealistic, trivial, or simply misleading to students. A subject the student can "pass" is not necessarily the subject he needs; and in many instances students have been encouraged to select subjects simply because they are less exacting than others.

A more successful formulation of the specialized elements in the secondary-school program presumes the use of more precise techniques of experimental curriculum-making. Only when the various possibilities in specialized course offerings have been compared and checked against the various abilities and needs of youth will it be possible to indicate with any degree of accuracy which are the right courses for the right students. As stated previously, the task here indicated is too great for the schools themselves, in terms of the time, energy and resources available to them for such curricular research and experimentation. The task could be better performed by a central curriculum agency such as that previously mentioned, or by regional curriculum research agencies addressing themselves to the problem of testing the educational efficacy of specialized courses, currently in use or newly devised, against the ascertained abilities and estimated needs of students.

It must be clearly understood that differentiated and specialized studies should not concern themselves only with training for vocational competence. It is true that a large portion of the specialized work in any student's program will be concerned with vocational training or with preparation for continued study in higher educational institutions. Nevertheless, opportunities should be provided for wholesome cultivation and expression of individual differences in reading tastes and interests; in appreciation of music and the fine arts, and in creative activity in these fields; in sports and physical recreation activities; in recreational activities of an intellectual nature; in special knowledge of nature, science, mathematics, society, or the language arts. It is a mistake to classify certain fields of knowledge as being wholly in the realm of common integrating education, others in the realm of special education. In each field of study, beyond the common essential requirements for educated people, there is room for the further development of the student as an individual, in accordance with his special propensities and interests.

An Immediate Program.   Pending a more precise determination of the specialized elements in the program of secondary education, the schools can accomplish much by proceeding at once to expand and diversify their offerings. On the basis of current crude and imperfect estimates of students' abilities and needs, schools can prepare and introduce new courses, if only in a tentative, experimental way. Courses in applied art and design, creative writing, drama and poetry, business occupations, homemaking, industrial arts, mechanics, and the like may not precisely meet the specialized educational needs of all students, but they will serve some, and provide a helpful beginning. An effective program of guidance can render great assistance in directing students to appropriate courses already available. The perfectly well-balanced program of common and differentiated studies is an ideal to be sought in the future; in the meantime, the schools can extend their offerings by formulating new courses or by introducing courses which have already demonstrated their worth elsewhere.

The smaller the school, of course, the greater is the handicap under which it operates in this respect. To provide any degree of specialization among their offerings, some schools need more than ingenuity in curriculum-making: broad administrative reorganization may be required to consolidate school units, make available more funds, and enlarge teaching staffs, plants, and facilities. But by exploring carefully all the possibilities, even the small schools can enlarge and diversify their programs somewhat, thereby affording students some opportunities for specialized education.[13]

4. *To what extent should the secondary school be responsible for preparing its students for vocations?*

The Current Situation. Though related to Problem 3, this problem by virtue of its importance merits separate consideration. It may be assumed that the American secondary school by this time has accepted *in principle* its responsibility for preparing students, among other objectives, for vocational competence. A preponderance of educational theory supports this view,[14] and even *in practice* a measure of real progress has been achieved in preparing students for useful careers. Since 1917, vocational education on the secondary level has been encouraged as a matter of national policy and supported out of Federal funds. Over a decade, the enrollment of pupils in vocational courses has annually exceeded one million.

Nevertheless, the problem has not yet been faced squarely. Some pupils are granted an opportunity to obtain vocational preparation as part of their secondary education, but the bulk of the pupils are not. Those enrolled in college-preparatory courses who actually intend to enter college obtain the preparation they need for their continued preprofessional or professional training. Pupils enrolled in specialized vocational high schools or in specialized curricula in comprehensive high schools receive systematic vocational training which sometimes, though not always, is realistic and effective. But the majority of secondary-school students, those enrolled in "academic" or "general" curricula who terminate their formal education in the secondary school, do not as a rule receive training preparatory for any definite vocation, nor, for that

[13] See Francis T. Spaulding, "The Small Six-Year Secondary School," *Junior-Senior High School Clearing House,* VIII:469–74, April, 1934.

[14] Notable exceptions are Norman Foerster and other "educational humanists." See, for example, Foerster's *The American State University,* Chapel Hill, N. C., University of North Carolina Press, 1937, p. 203 and elsewhere. Robert M. Hutchins has also criticized American education for what he terms its "vocationalism."

matter, even vocational guidance. In the New York State survey (and there is no reason to assume that the situation is significantly different elsewhere), Spaulding reported that "pupils' replies to questions about their vocational futures reveal that large numbers of boys and girls on the point of leaving school have no vocational plans or have plans which are quite out of line with their own demonstrated abilities and with opportunities for employment." [15]

Present Practices Are Inadequate.   There is a decided lack of consistency in present practice with regard to providing vocational education. Large school systems maintain special vocational high schools which offer vocational training along with the elements of general education.[16] But even in large cities, as has been said, most students do not obtain any such preparation. In small cities, towns, and rural areas, the situation is worse. Because of their more limited resources and also because of reluctance, for various reasons, to break with educational tradition, schools in such places commonly offer only an academic or "general" preparation. "When a school lacks funds to provide both vocational education and the courses commonly prescribed for admission to college, it will almost invariably prefer to offer the courses prescribed for college entrance, even though only a small per cent of its pupils go to college and a far higher per cent go to work." [17]

Even specialized vocational high schools, as now constituted, do not provide an ideal solution to the problem. In the first place, they often overemphasize their vocational training responsibilities and do not give sufficient emphasis to the requirements of common integrating education nor to specialized avocational interests. Often much of the subject matter in the so-called "applied" mathematics or science courses is of a trivial or too elementary nature. This situation, however, is one for which the schools cannot primarily be held responsible: the provisions of the law under which they operate, governing the grant of Federal

[15] *High School and Life*, p. 55, New York, The McGraw-Hill Book Company, 1938.
[16] For example, the Board of Education of the City of New York (at the time of writing) maintains twenty-seven vocational high schools with an enrollment exceeding 50,000.
[17] *Issues of Secondary Education, Bulletin No. 59,* Department of Secondary-School Principals, January, 1936, p. 189.

funds for vocational education, are rigid in defining the allotment of time for shop courses, "applied" courses, and academic work. In the second place, some of the vocational training provided is overly concerned with the routine techniques and skills incident to a specific job, and the degree of training provided often exceeds the requirements for entry into an occupation. While many of the vocational curricula have the merit of attempting to deal squarely with the problem of preparing students to earn a livelihood, the educational program they offer is seriously lacking in balance.

Considerations in Seeking a Solution. It seems an inescapable conclusion that secondary schools everywhere must accept more seriously and determinedly than they have thus far done the dictum that "for every pupil who is to complete his formal education in that school, each secondary school ought to provide a necessary minimum of definite preparation for a vocation." [18] How this is to be managed cannot be answered in an offhand way. The task is certain to challenge the collective intelligence and energies of the teaching profession, and of the public no less. Several things can be stated with a degree of certainty: the process leading toward effective preparation for vocational competence must begin prior to the student's admission to the high school—at least in the junior high school, where the pupil's special capacities, aptitudes, and interests must be assessed and to some extent developed; vocational guidance must become an intrinsic part of every high-school program; in their curricular offerings, high schools must become willing to specialize—not narrowly, in terms of specific occupations, but broadly, in terms of educational-vocational areas such as agriculture, art, business, mechanics, science, and technology, presenting in each specialized curriculum not a small sampling of vocational courses but a comprehensive program of training leading to employment in one of a number of related occupations; pending the consolidation of small schools, provision must be made for limited specialization, with systematic arrangements for admitting students to schools outside their districts where suitable programs may be available.

It must be remembered that preparation for vocational competence

[18] *High School and Life,* p. 269.

does not in all instances presume a special course of vocational training. There are still today many occupations on subprofessional levels for which a good general education (including both common and individually differentiated courses) offers adequate preparation. Students preparing to enter such occupations may well obtain their formal schooling through a good program of general education, provided that they also receive vocational guidance in terms of their specific needs, and such additional vocational orientation as they may require.

In any successful resolution of this problem, it will be necessary to ensure that students are not trained beyond the requirements for entry into a particular occupation, that a balance is maintained in the pursuit of the several objectives of secondary education, of which preparation for vocational competence is only one. It is not possible to define precisely what constitutes a balanced program of education, but certainly vocational training should not be provided at the expense of the large core of general education nor at the expense of developing individual avocational interests which characterize each educated person. Perhaps the report of the New York State Regents' Inquiry may once more be cited for its wise summation of the extent of the school's responsibility in this matter. "The school's responsibility to vocationally untried young people is to give them a start, not to make them immediately ready to compete with experienced workers. Moreover, the school needs to recognize that, for beginners, particularly, vocational adaptability is likely to be more important than highly specialized skills." [19]

5. *What is a desirable and effective working relationship between the high schools and colleges?*

College Entrance Requirements.   For a long time the high school has been critical of the restrictive influence of college entrance requirements upon its curriculum. Although this influence is not actually operative to the extent commonly supposed, there is just basis for the high school's criticism. It is true that in recent years colleges have tended to liberalize their admission procedures, in some instances departing significantly from the traditional practice of designating specified units of

[19] *High School and Life*, p. 270.

high-school work to be offered by applicants for admission.[20] But this tendency has not yet become widespread; and, so long as traditional college admission practices persist, they do work hardship on the high school in any comprehensive effort the latter may wish to make to reconstruct its curriculum.

The argument of the high school may be summed up thus: College admission requirements as conventionally formulated in terms of prescribed patterns of subjects have the effect of reducing the high school's freedom to experiment with programs of study for the purpose of ascertaining which programs offer the best type of secondary education for its students. While college admission requirements are of concern only to students in the college-preparatory curriculum, such students, too, are entitled to the best secondary education that the school can offer. Even for such students, it is argued, the high school is not primarily a college-preparatory institution; it is primarily an institution of secondary education with all the functions—in the matter of health, personality development, citizenship, education for family living, and so forth—which such an institution is obligated to fulfill. The small high school is, of course, even more greatly handicapped since, being limited in the number of its offerings, it is likely to provide, in the main, an academic curriculum for all its students. Therefore not only the college-entering students but all students, regardless of their special plans and needs, are affected by restrictions imposed by the college.

Position of the College.   The case for the college is, to be sure, not without merit. The college is interested in ensuring that the entering student can profit by what it has to offer. An economical means of obtaining this assurance is to require applicants for admission to have completed specified subjects which the college regards as prerequisite to its own studies. Another means is through entrance examinations which as-

[20] For example, the University of Iowa, the University of Rochester, and the University of Southern California do not require that a prescribed pattern of subjects be presented for admission. The University of Denver does not designate specific required subjects and admits applicants who are in the upper fourth of their graduating class without examination. The University of California and the University of Minnesota admit applicants in the upper 10 per cent of their graduating class, regardless of their pattern of high school subjects.

certain the applicant's achievement in those subjects. Yet another means is to admit all high-school graduates and, in the course of the first year, to eliminate those who are unqualified to pursue its courses; but this is wasteful. In short, the college will argue that it, too, is committed to certain educational objectives, and that it is obligated to reject those students who do not promise to be successful in meeting these objectives; that if the high school undertakes to satisfy the individual needs of its students, it should include effective preparation for college among those needs.

Appraising the Two Positions. Though the argument of the college is generally valid, there are flaws in the logic of the admission procedures by which this argument is enforced. The college is entitled to make certain that its entering students have acquired the prerequisite knowledge and intellectual skills. It is questionable, however, whether the desired knowledge and skills reside only in certain specified high-school subjects. It is also questionable whether the usual college entrance examinations are concerned only with the knowledge and skills which are actually prerequisite to further successful study. The charge is sometimes made that colleges are interested not only in ensuring that their entering students have mastered the essential prerequisites, but in protecting and perpetuating a certain type of secondary education.

On the other hand, the high school must accept responsibility for preparing certain of its students for successful entry into college work. Colleges—even liberal arts colleges—differ in their objectives, and it is the responsibility of the high school to guide the student toward the college the objectives of which are most in accord with the student's aptitudes and needs. This responsibility the high school does not always discharge, although it is sometimes the parental insistence on selecting a particular college which is primarily at fault. The high school is entitled to freedom to experiment with its offerings in order to produce the best type of secondary education possible. To the extent that such freedom is restricted by prevailing college admission practices, the latter should be modified. But in all justice it must be stated that most high schools have not fully availed themselves of the measure of latitude for experimentation which even prevailing college admission practices allow.

An Effective Working Relationship. The way to such a relationship has already been marked out by the Eight-Year Study of the Progressive Education, referred to earlier.[21] The findings of the Study showed conclusively that students of widely varying backgrounds of secondary-school preparation, provided they possess the necessary intellectual equipment, can successfully pursue college studies. Graduates of the thirty secondary schools participating in the experiment, for whom the usual course prescriptions in admission requirements were waived, did as well in college as matched students who had satisfied the course prescriptions. Graduates of "experimental" schools among the thirty, "in which the most marked departures from conventional college-preparatory courses had been made," did even better.[22] The conclusion was that "success in the college of liberal arts does not depend upon the study of certain subjects for a certain period of time in the high school." [23]

The college desirous of ensuring that its opportunities for higher education are made available only to those applicants who are competent to do college work has at its disposal reliable tests for measuring intellectual power and aptitude for college study. These may be supplemented by the use of tests of achievement in such specialized areas as foreign languages. Test results can be used in conjunction with a detailed over-all record, furnished by the high school, of the applicant's scholastic achievement, his social adjustment, his special aptitudes and interests, along with any other supplementary evidence of qualification that the high school may submit. To complete the admission procedure, a personal interview may be included during which assessment can be made of the applicant's social maturity and his purpose in seeking admission to college. "If such a plan were adopted generally by the colleges, the secondary schools of the United States could go about their business of serving all youth more effectively. Uniformity would be neither necessary nor desirable in the work of the school. . . . The secondary school could then be encouraged to know each student well and to provide experiences most suitable to his development." [24]

[21] See pp. 217 ff.
[22] Wilford M. Aikin, *The Story of the Eight-Year Study,* Vol. I, New York, Harper and Bros., 1942, pp. 112–3.
[23] *Ibid.,* p. 117.
[24] *Ibid.,* pp. 123–4.

Under such an arrangement, the high school would be free to experiment with its curriculum so as to make available the best types of secondary education, but would be faced with the need of submitting the results of experimentation to objective appraisal. This need would serve to encourage only responsible experimentation, based upon sound reasoning and careful preparation.

> 6. *How can the secondary school more effectively ensure that its students thoroughly acquire the ideals, attitudes, and modes of behavior characteristic of democratic living?*

Need for Inculcating Democratic Ideals. We cannot successfully compete with foreign ideologies (and, whether we like it or not, compete with them we must) unless the schools are successful in inculcating in youth a positive understanding of and love for the democratic way of life. With the passing of time, the problem becomes more critical. The pressures and social tensions of our time are such as to put continuously to the test our determination to abide by democratic values and procedures. It cannot properly be said that the schools have failed in their efforts to teach democracy, but the measure of success which they have achieved is not sufficient. Democratic convictions in youth must be built up so strongly that they will withstand the strain not only of the fairly difficult circumstances of ordinary social living but also of such national and world crises as may occur in the future.

In periods of personal and social stress, the challenge to the democratic way of life is greatest. Although antidemocratic attitudes persist among the "rich and well-born," it is a truism that among socially and economically underprivileged individuals and groups they fester in most dangerous fashion. Similarly, in periods of general social distress antidemocratic feeling breeds quickly: witness the experience of this country during the depression of the 1930's. It is significant that during that period, schools found it necessary to resort to such emergency improvisations as "tolerance campaigns" and to promote with unprecedented energy educational efforts to "sell" democracy to the students.

But it is not only as a form of national protection during times of social upheaval that effective education for democracy is essential. The task of ordinary individual and social living in normal times has become exceedingly complicated, and the challenge to the solution of normal problems by democratic means has become increasingly serious. The need for understanding democracy has been extended from the political to the economic and to the whole of the social sphere; and along with the need for greater understanding has developed a need for an emotional, almost a religious, faith in and devotion to democratic ideals.

Education for Democracy as an Obligation of the School.   The school is truly the guardian of democracy to a much greater extent than it is, for example, the guardian of health or of morals. Even without the influence of the school, individuals will not normally and knowingly behave in ways inimical to good health; any such activities in which people may engage through ignorance or imperfect understanding of consequences can be significantly reduced through public information campaigns, as, for example, the campaign against venereal disease. In the sphere of morals, society simply does not tolerate serious lapses from approved standards; offenders against moral standards quickly find themselves in conflict with the law or in social disfavor with the community. But in the matter of democratic conduct, there are no comparable safeguards or compulsions to ensure conformity with approved standards. It is true that in a number of instances in recent years laws have been enacted to enforce compliance with democratic principles in certain fields of human relations (as, for example, anti-discrimination laws in employment and education). But these instances are exceptions when compared with the numberless social situations in which there are no legal safeguards to ensure democratic conduct, in which the only compulsions to behave democratically are self-imposed by the individual, as a result of early training or more mature understanding. Indeed, many of the *mores* of our society, especially those pertaining to leisure-time, cultural, and "social" activities, are antidemocratic in tendency; sometimes it is only by resisting these *mores* that individuals can behave in a truly democratic manner. The point is that democratic conduct, in all but a relatively few situations, cannot be enforced by legislation but must be fostered by education.

The responsibility of the school is twofold. First, it is to convey to students the meaning of democratic values, ideals, and principles, and their implications for conduct in the various life situations. Second, the school is obligated to fortify understanding and intellectual acceptance of democracy with appropriate supporting emotionalized attitudes so that an individual will not only be a devoted adherent of democracy in all normal situations but will find it difficult to divest himself of his democratic faith even in the face of pressure growing out of personal and social crises.

The School's Accomplishment.   In the time that the school has turned its attention to the specific task of educating youth in the meaning of democracy, it has made progress. But understanding democracy, not as an abstraction but in its practical everyday social, economic, and political implications is not easy. The school has done relatively well in teaching political implications, but it has neglected the economic implications and, above all, the pervasive significance of democracy in all aspects of social living. Frequently a person who fully believes in universal suffrage fails to understand why all American citizens who qualify on grounds of intelligence and character should be equally privileged to be admitted to fraternities and social clubs, to the higher professions, or to high elective office.

The second task, to build up strong emotionalized attitudes in support of the rational acceptance of democracy, the school has not performed as well. Perhaps the motion pictures, in their sometimes overdramatic and sensational fashion have in some instances done this better. The school has been generally reluctant to teach democracy on any but an intellectual plane. Careful to avoid any suggestion of engaging in indoctrination, the school has often failed to follow through in its teaching to the extent where it could be assured that students have accepted democracy not only in their minds but also in their hearts.

What Remains to Be Done.   It is true that the problem of inculcating love of democracy deep within the emotional makeup of each individual is more difficult than it would be in a totalitarian country seeking similarly to inculcate in its youth its totalitarian doctrines. Dictatorships have been ruthless in exploiting their schools as instruments of the state and in subverting education to the ends of propaganda. Such misuse of education is unthinkable in a democratic nation seeking to inculcate in its children, through legitimate educational processes, devotion to democratic ideals and principles. But, in the final analysis, this nation has fully as great and lasting (if not greater and more lasting) a commitment to the democratic way of life as any totalitarian country has to its special ideology; the nation is vitally concerned that its youth shall learn to favor and accept the democratic way of life, to the exclusion of all others. The purpose of education, if it is at all viewed pragmatically, is to change behavior; in this case, to ensure that behavior conforms to the values and ideals of democracy. A coldly reasoned presentation of the meaning of democracy, lacking emotional content and appeal, is ineffectual in establishing lasting modes of democratic behavior. It seems unavoidable that, as a concomitant to the understanding, there must be formed strong emotionalized attitudes favorable to the cause of democracy, above all other causes.

In this phase of the school's program, effective methods of instruction must be devised which will succeed in making democratic principles not only understood but satisfying and desirable above all others. It will be necessary, of course, to avoid the crude and harmful devices of propaganda and indoctrination. It should be possible to cultivate a love of democracy without resorting to distortions of the truth, exaggerated nationalistic appeals, or infringement of the right of expression or freedom of thought and inquiry. With respect to the latter, there are numerous controversial issues regarding which differences of opinion, based on sound information, should not only be tolerated but stimulated and encouraged. Nothing in this discussion is intended to suggest that the school is justified in promoting any special point of view of its own with regard to issues that are, within adult society itself, distinctly controversial. It is only the socially approved and accepted ideals of society, of which there are many, that the school should endeavor to persuade students to accept.

Finally, the process of educating students in democratic values and principles will not be complete until the school has succeeded in incorporating them in the students' daily conduct, in school and out. This is the final goal in teaching democracy, and the mark of its success. On the basis of the principles which have been taught and the attitudes which have been established, the student must be helped to analyze his own habitual as well as rational and reflective conduct, and so to modify and reconstruct his behavior as to make it more consistently in accord with democratic values and ideals.

7. *How can the secondary school effectively employ guidance as a means of furthering its educational program?*

Status of Guidance in the Schools.   Every school offers guidance in some areas of education, whether in matters of health, social adjustment, selection of studies, or preparation for a vocation. Some schools afford a larger number of guidance services than do others. Relatively few schools, however, offer a comprehensive program of guidance services which minister effectively to the students' needs for guidance in all essential areas. The organization of guidance services has, in general, not kept pace with the growth in complexity of the secondary school. In experimental and in clinical work, great progress has been made in the development of guidance processes and materials; in the application of these processes and materials to the practical school situation, progress has been much less rapid. At the moment, the need is to reduce this lag, and to proceed with somewhat greater alacrity to expand the current guidance activities in every school into comprehensive and well-balanced programs.

Considerations in Planning a Guidance Program.   It should seem clear that a school's guidance program should correspond in scope to the school's program of educational activities, curricular and extra-curricular. The secondary school needs to provide guidance services designed as far as possible to assist students in problems of health and personal development, problems of social adjustment and school and community citizenship, problems involved in formulating programs of study and selecting courses, problems related to selecting and preparing for vocational careers, problems involved in making the most effective use of extracurricular activities and other informal educational opportunities afforded by the school and by the community, and special problems incident to the transition from adolescence to adulthood or to any unexpected personal or educational crisis that may arise.

The willingness of teachers to assist students with some of their problems as they arise does not constitute a guidance program. Guidance services should be provided not haphazardly but systematically, and should be so organized that they are coordinated with respect to each other and can be administered economically and efficiently. The program must be not only extensive, but well balanced; for example, vocational guidance, while it is important, should not be permitted to dominate the program at the expense of guidance in health, citizenship, or the intelligent use of leisure time. An individual student may require more of one type of guidance than of another; but the guidance program of the school must be so constructed that it will be adequate for the varied guidance needs of all students.

An effective program of guidance services does not necessarily presuppose elaborate guidance machinery; the most important requirement is an able, trained, conscientious group of counselors. The premium is not so much upon the availability of a costly array of specialized counseling talent as upon the judicious use of personnel on the teaching staff and upon a wise delimitation and assignment of functions. A few specialists are, of course, needed—the physician, the psychologist, the trained nurse, the social case worker, the specialist in the use of tests and guidance techniques. Except in schools of sufficient size, however, these need not be on full-time assignment in any one school. Guidance functions which call for specialized professional competence—problems involving medical or psychological guidance—should be referred to the specialists. Other guidance functions can be effectively discharged by selected members of the staff detailed for part-time duty in guidance, provided that the responsibilities are carefully defined and apportioned so as to avoid either overlapping and duplication or excessive splintering, and provided that the program is under the direction of an experienced person charged with coordinating its various features and with maintaining its integrity and balance. In a small school the problem is relatively more simple. One or two persons, relieved of part of their teaching duties, can handle all but the specialized problems. Next in importance to able and conscientious counseling personnel is the maintenance of a thorough and efficient system of records. Effective guidance is almost as much dependent upon the painstaking preparation of records and their orderly arrangement within a functional system of record-keeping as it is upon the sound judgment and advice of individual counselors.

Dangers to Be Avoided. Perhaps a few words of caution may not be out of place. There is a discernible tendency among some guidance workers, especially those not directly engaged in guidance on the practical or operational level, to regard guidance as an even broader and more inclusive activity than it really is. Guidance is not synonymous with education, nor is it a substitute for education. Guidance is not an end in itself, but a means of assisting in the realization of stated educational ends. There is no "philosophy" or "objectives" of guidance as such; the "philosophy" and "objectives" are derived from the philosophy and objectives of education. Guidance serves a very important rôle in the school, but this rôle is entirely instrumental: it is to serve both the student and the teacher in making possible better attainment of the school's objectives. It is important also that the special interests of guidance workers in one type of guidance or another not be permitted to unbalance the program of essential guidance services in the school.

Another source of possible danger is in the popular tendency to over-estimate the predictive function of the guidance process and especially the predictive efficacy of aptitude tests. Professional guidance specialists are constantly striving to change this popular attitude, but it persists. Parents are especially eager to capitalize upon any short cuts toward determining fields of study or occupation which promise future success for their children, and frequently press for more pointed and specific recommendations of promising educational or vocational objectives than are justified by the facts. Laymen are also inclined to place greater faith in the results of aptitude testing than are professional guidance specialists. Counselors are not fortune-tellers; nor are aptitude tests crystal balls. Guidance is most sound when it seeks, on the basis of all ascertainable evidence, to direct an individual into a broad educational or vocational area where, by continued exploration of his capacities, aptitudes, and interests, he may further delimit and eventually "pinpoint" his objectives. Similarly, the guidance process is most valid when, as part of the total effort to obtain all available evidence pertaining to a person's capacities, aptitudes, and interests, it knowingly employs aptitude tests as *one* means of securing information. Properly used, aptitude tests may supplement the information concerning an individual obtained from all available sources regarding his personal and family history, his health history, the record of his educational, vocational, and avocational achievement, his special problems, plans for the future, and so forth.[25] In the final analysis, however, a student's record of achievement in school or on a job is, if pertinent, a more reliable index than a score on an aptitude test; and the evidence of actual experience is far more reliable than a score on a personality, interest, or attitude inventory.

Selected Bibliography

Problem 1

COVERT, TIMON, *Financing Public Education: General Features of a Satisfactory State Plan*, Leaflet No. 78, Federal Security Agency, Office of Education. Washington: United States Government Printing Office, 1947. 18 pp.

ECKERT, RUTH E. and MARSHALL, THOMAS O., *When Youth Leave School.* New York: McGraw-Hill Book Company, 1938. 360 pp.

EDWARDS, NEWTON, *Equal Educational Opportunity for Youth.* Washington: American Council on Education, 1939. 189 pp.

National Education Association, *The Facts on Federal Aid to Schools.* Washington: National Education Association, 1948. 23 pp.

United States Senate, Committee on Labor and Public Welfare, Eightieth Congress, *Federal Aid to Education*, Hearings before the Sub-Committee of the Committee on Labor and Public Welfare. Washington: United States Government Printing Office, 1947. 600 pp.

Problem 2

LEARNED, WILLIAM S., *The Student and His Knowledge.* New York: The Carnegie Foundation for the Advancement of Teaching, 1938. 406 pp.

SPAULDING, FRANCIS T., *High School and Life.* New York: McGraw-Hill Book Company, 1938. 377 pp.

[25] See *Using Tests in the Modern Secondary School*, Bulletin No. 158, National Association of Secondary-School Principals, December, 1948.

Problems 3 and 4

American Association of School Administrators, *Paths to Better Schools, Twenty-Third Yearbook,* Chapter III, "Preparing Youth for Occupational Efficiency." Washington: American Association of School Administrators, 1945. 415 pp.

———, *The Expanding Role of Education, Twenty-Sixth Yearbook,* Chapter VII, "Utilization of the Experience of Work in the Learning Process." Washington: The American Association of School Administrators, 1948. 484 pp.

DILLON, HAROLD J., *Work-Experience in Secondary Education,* Publication No. 394. New York: National Child Labor Committee, 1946. 96 pp.

DOUGLASS, HARL R., *Secondary Education for Youth in Modern America.* Washington: American Council on Education, 1937. 137 pp.

General Education in a Free Society, Report of the Harvard Committee, Chapter IV, "Areas of General Education; the Secondary Schools." Cambridge: Harvard University Press, 1946. 267 pp.

NORTON, THOMAS L., *Education for Work.* New York: McGraw-Hill Book Company, 1938. 263 pp.

Problem 5

AIKIN, WILFORD M., *The Story of the Eight-Year Study,* Adventure in American Education Series, Volume I. New York: Harper and Brothers, 1942. 157 pp.

CHAMBERLIN, DEAN, *et al., Did They Succeed in College?* Adventure in American Education Series, Volume IV, New York: Harper and Brothers, 1942. 291 pp.

KOOS, LEONARD V., *Integrating High School and College.* New York: Harper and Brothers, 1946. 208 pp.

LEONARD, J. PAUL, "Can We Face the Evidence on College Entrance Requirements?" *School Review,* 53:327–35, June, 1945.

National Society for the Study of Education, *General Education in the American College, Thirty-Eighth Yearbook,* Part II, Bloomington, Illinois: Public School Publishing Company, 1939. 382 pp.

Problem 6

BRIGGS, THOMAS H., "Indoctrination in Education," *Educational Forum,* 1:133–42, January, 1937.

———, "American Way of Life," *Teachers College Record,* 42:284–96, January, 1941.

Democracy and Education in the Current Crisis, report of the Faculty of Teachers College, Columbia University, August, 1940. 13 pp.

Educational Policies Commission, *The Purposes of Education in American*

Democracy, Washington: National Education Association and the American Association of School Administrators, 1938. 154 pp.

MERRIAM, CHARLES E., *What Is Democracy?* Chicago: University of Chicago Press, 1941. 116 pp.

RUSSELL, WILLIAM F. and BRIGGS, THOMAS H., *The Meaning of Democracy.* New York: The Macmillan Company, 1941. 413 pp.

Problem 7

CHISHOLM, LESLIE L., *Guiding Youth in the Secondary School.* New York: American Book Company, 1945. 433 pp.

DARLEY, JOHN G., *Testing and Counseling in the High-School Guidance Program*, Chicago: Science Research Associates, 1945. 222 pp.

STRANG, RUTH M., *Educational Guidance.* New York: The Macmillan Company, 1947. 268 pp.

Using Tests in the Modern Secondary School, Bulletin No. 158, National Association of Secondary-School Principals, December, 1948. 92 pp.

WOOD, BEN D., and HAEFNER, RALPH, *Measuring and Guiding Individual Growth.* New York: Silver Burdett Company, 1948. 535 pp.

CHAPTER *XIX*

A VISION OF SECONDARY EDUCATION

"Where there is no vision," said a prophet many centuries ago, "the people perish." Where there are not many visions, all implying ideals and hopes, there can be only a progress that is slow, random, and uncertain. Where an individual has no vision to which, like a pillar of cloud by day and a pillar of fire by night, he can lift up his eyes in hope and aspiration, his work must be dull in its meaningless direction by others, or irritatingly fragementary as he glimpses small things to be done and never knows to what remote ends they may lead. More than anything else in this pause of an unprecedented popularization of education, we need a vision of what we hope for the future. It cannot be expected that the vision of any one person will satisfy all. We need the expression of many visions in order that from them all we can combine their best features into one, and unitedly work with directed intelligence toward its achievement.

A vision is not a prophecy. But, like a prophecy, it should begin with a definite knowledge of as many as possible of the factors involved, with an evaluation of their worth, as well as of their potency. A prophecy is an expression of judgment of the inevitable results of their combination. A vision is an expression of what might be; of what by idealism, hope, and hard work may be brought to realization. Which of all the facts that we know are basically important?

Our science of education in this generation has been characterized by its search for facts, a search sometimes purposeless in intent and insignificant in result. Facts have meaning as they are related to a pro-

448

gram, a program leading to an envisaged goal and based on a sound social philosophy. And it is precisely in that respect that the secondary school is weak, has been weak, in fact, since the day when the first Latin grammar school opened its doors. The science of education that we have been attempting to promote, though often prostituted by those who have learned only fragmentary elements, is important, of course, and must be advanced far beyond its present achievements. But there can be no truly effective science of education without a foundation in philosophy, a systematic ordering of faiths and hopes and aspirations. Lacking this, the multitude of collected facts has created complacency and confusion, perhaps, as much as it has helped. Some of the most important facts have been announced with muffled voices, or when shouted aloud have failed of significance because not related in the public mind to a general scheme of things. It can hardly be denied that "educators" have produced more "facts" and done less with them than any other body of men that compose a profession.

Some facts out of which prophecy might grow and out of which vision might blossom are the following:

1. *Lack of a fundamental guiding philosophy.* At no time, from the beginning to the present, has secondary education been guided by a consistent fundamental philosophy. The history of American secondary education has been chiefly a history of tradition modified slowly and usually by factors other than a clear vision of what it should contribute to the social order. There have been significant changes, but these changes have been induced by social events rather than effected in accordance with a clearly conceived plan. In recent years, there have been efforts at fundamental thinking, but even much of this has been incomplete and expressed in undefined general terms, such as "service for church and state," "the real business of living," "culture," and "citizenship"—terms that always need analysis and definition to prevent their being lost in the practices of tradition, and subsequently neglected. Much incomplete and shallow thinking today is finding expression in undefined catchwords that stimulate the venturesome to follow an *ignis fatuus* with mischievous results. Such fundamental thinking as is needed in our complex and rapidly changing world is simply too big a

task for any one man or for any small group of men who attempt to do it at odd times, men who are primarily engaged in other tasks, an attempt such as has characterized all our professional committees. As important as the formulation of fundamental philosophy itself is the need for agreement on its acceptance and application in practice.

2. *Acceptance of tradition.* Although the secondary school today is characterized by many specific departures from tradition, it may be said that by and large the influence of tradition is still very great. This is evident in teaching, in school administration, and in the thinking of the public. Many innovations have been tacked on to the traditional program, without disturbing it very much. The extracurricular activities, superficial though many of them are, have had to "bootleg" their innovations, as Bagley has said, into the program. Any proposal for radical reform meets the hostility of the great majority of those who are vaguely satisfied with the *status quo*. This phenomenon will last until the inadequacy and waste of the common program is measured against a vision of convincing superiority.

3. *Faith in education.* The American people have a transcendent faith in education. Although based on no demonstrated facts as regards the traditional program of the secondary and higher schools, this faith has hardly been shaken by arguments or revelations of failure. Lacking a foundation in facts or in a fully thought-out and approved philosophy, it can be termed a fetish. But whether faith or fetish, it has supported with a relative generosity, and even enthusiasm, opportunities for schooling unknown in any other nation or time. Developed by evangelical propaganda it is a part of the democratic dream that every child must have his chance. It is a tragedy that the administration has not been such as to make this dream come true for the majority of youths. Faith or fetish, it can be counted on for long years to come to support any program, even a poor one. What a challenge to educators to create a vision and, sharing it with the people, make their fetish a sound and stirring faith!

4. *Unparalleled machinery of education.* This fetish has in a relatively short time helped to produce a machinery of education unparalleled

elsewhere in the world. The facts are too well known to need recounting: ingenious organizations that permit youth even in remote regions to have a chance at traditional advanced studies and to a lesser degree at others of a utilitarian nature; buildings and equipment that are eminent in every community when compared with the average home; an enrollment of six or more million young persons, two-thirds of all in the appropriate age group. New and vast capital outlays are being planned to build new school structures and to rehabilitate those neglected during the depression and war years. But the fact remains that the physical plants and facilities and the elaborate school organizations have not been put to the best possible use. In the years to come the wealth of money and professional resourcefulness available to the school should be utilized for intrinsic educational improvement rather than for showy display and educational "window-dressing."

5. *Standardization.* When one contemplates the diversity of our magnificent country, including Alaska and the far-flung dependencies, it is remarkable that the secondary schools are so thoroughly standardized. It can hardly be assumed that the needs of all youth in all our high schools—in Sulu, Guam, Santa Barbara, Natchitoches, Abilene, Chicago, Mount Mariah, Mobile, and Montclair—are so nearly the same as our standards seem to indicate. To a large extent the official standardization has been in physical matters, but recognition of incompetence to make radical adjustments of studies and instruction to varying needs has almost everywhere led to a standardization of educative materials and methods as well. Depressing as this phenomenon may be when viewed in the light of needs, it promises a facilitation of adjustments when the best minds have formulated a better program.

6. *Advances in secondary education.* It must not be thought that there have been no advances in secondary education itself, as contrasted with its machinery. The facts are far otherwise. Although there is a significant failure to provide for the vast ranges of heterogeneity in intellectual ability, in interests, and in needs, the selection and organization of materials in subjects old and new have vastly improved. For the most part, secondary schools are happy places, and youth endures what he cannot understand or does not need that he may share the happiness

and enjoy other activities that he considers privileges. Except in some village schools, in marked contrast with those rural or urban, discipline has ceased to be a problem. The deportment of youth in school is on the whole better, far better, than that of youth or of adults without its precincts. Other notable advances have been in the development of new subjects such as general science and general mathematics; in attempts to make the social studies prepare youth for life; in transforming music and art from unrespected requirements to a highly respectable privilege; in adding commercial studies, home economics courses, consumer education, and vocational subjects; in raising health and physical education to a new level of dignity; in vastly extending, often through extra-curricular activities, the field with which education is concerned; and in improved methods of teaching. All this will make for a greater receptivity of any program that is developed to realize a promising vision. Satisfaction from minor successes creates an appetite for larger ones.

7. *Enrollment.* Mention has been made of the vast numbers enrolled in our secondary schools. Not only is the number impressive in its incomprehensible size; in comparison with the enrollment by the secondary schools of any other nation, it is stupendous. We can take great pride in having accomplished what no other people have even dared hope to accomplish. In fact, Europeans generally deprecate our expansion as undesirable. But, professing an ideal to provide an appropriate secondary education for all of our youth, we have provided opportunity of some sort, whether appropriate or not, for two-thirds of them. What of the remaining one-third? We are so prone to dwell with pride on one side of the picture that we all but forget the gloomy reverse. It is not a realization of democracy when one youth out of two fails to complete the high-school course of study.

If the elimination were the result of an intelligent program of selection, the situation would not be so bad. But every informed student of carefully ascertained facts knows that those youth eliminated from secondary schools include many of superior natural abilities—many, indeed, who have been too intelligent and too independent to continue drudgery at tasks the value of which they could not be made to realize. The continuance of too many in meaningless drudgery is caused by a docility that does not promise well for future success, by desire for social privileges and happiness, by sharing in the general fetish that somehow this vague thing called education will make for personal good, and by an unwillingness or a lack of opportunity to launch upon remunerative work. All youths, whether in school or not, will soon be citizens, better or worse for what they have been taught or for what they have not been taught. Democracy cannot afford to neglect any one of them, whatever his native endowments. The fact that so many are already in secondary schools makes easier the challenge to get them all in—and to provide appropriately for that advancement which enables them to better themselves and to better society in general.

8. *Individual differences.* The facts of individual differences, whether caused by inheritance or by environment, are better known than provided for by diversified programs. Scientific studies have proved time after time what common sense should previously have made evident, but because of the fetish did not, that children are born different and that experiences intensify many of the differences. No education in the past ever succeeded in making students wholly alike, and fortunately no education in the future ever will do so. The world has need of differences, and, so that the best in each youth shall be developed, education above the common elementary foundation must be as varied in its possibilities as natural man is. This principle is generally recognized and by the profession generally accepted. But for three reasons it is not sufficiently put into practice. Tradition claims so much for its familiar subjects that there is little time left for the new. Not knowing exactly what is suitable for individual needs, the profession is timorous about adventuring. And differentiation is costly. In a small organization, such as we have in three-fifths of our secondary schools, it is simply impossible. The significance of this fact is tremendous. Its implications are far-reaching.

9. *A new psychology.* Beginning with this century, psychology has been remade. In face of facts that should have been obvious to any unprejudiced observer, our fathers believed that the mind was made up of "faculties" of memory, judgment, imagination, and the like, and that

these "faculties" could be trained so that they would have general application to any need whatever. It was a comforting faith and greatly simplified the problem of education. The only trouble is that it simply is not true. Psychologists have abundantly disproved it; every educator professes to disbelieve it; but implicitly it still underlies much of our current practice. Our fathers also believed that we should "discipline" the mind by giving it meaningless and disagreeable tasks, the performance of which would somehow miraculously strengthen the character. Psychologists have abundantly disproved this, too. Evidence that no one really believes it is found in the fact that no sane person himself undertakes such tasks for strengthening his own character or sweetening his own disposition. But how interminably we prescribe such "discipline" for youth, who profit from it no more than we have done in the past or will in the future! Along with these two changes in psychology there has developed a new philosophy, a philosophy emphasizing social obligations no less than individual rights, a philosophy at the same time pragmatic, holding that nothing that fails to make a difference is of any importance whatever. The new psychology and the new philosophy are not yet consistently part of our educational practices. They must be.

10. Faith lost in subject matter.   Partly as a result of the impossibility of making the curricular adjustments that are obviously needed, partly because of recurrent and resounding criticisms from those who find it easier to be destructive than to build up a new program, many teachers have lost faith in the efficacy of the very subjects that they profess to teach. This is one of the most tragic and discouraging facts that affect secondary education. How can a person teach with enthusiasm and effectiveness any unit of a subject in the efficacy of which he does not have complete faith? A lack of confidence results in small and decreasing knowledge, in perfunctory teaching, and in meaningless drudgery that controverts values.

11. Achievements.   For this and for several other reasons the students in our secondary schools understand, learn, retain, and use little of what the curriculum plans. By any reasonable criterion the investment by the public in our secondary education has failed to pay academic and social dividends that justify the huge expenditures of time, effort, and money. Inappropriate offerings make inevitable small accomplishment by those naturally incompetent for the traditional academic achievement, and the admission, encouragement, or compulsion of such pupils to pursue these subjects interferes with the progress of those who by natural and environmental gifts might be expected to attain significant accomplishments. Students most academically gifted are now most severely handicapped. Others in a hopeless struggle with what is inappropriate to their talents are achieving little that contributes to their own advancement or to that of society. It is difficult to emphasize this fact for the great majority of our youth and at the same time to recognize the eminent success for the small minority who in the best schools find the opportunity for achieving the peculiar success that should be common to all. In the success of this minority is the beacon that should lead the profession to make secondary education the most potent factor in preserving and advancing our democracy. The small, the pitiably small, accomplishment of the majority of our pupils is a well-established fact. Though perhaps an inevitable concomitant of an attempt rapidly to provide a secondary education for all, it is discouraging; but even more discouraging is the complacency with which the repeatedly published fact has been received. Perhaps this complacency is only because we do not know what to do. Perhaps we merely await leadership to advance out of the wilderness.

12. Teachers. With the rapid development of the number of enrollment of secondary schools we have not been able to recruit and adequately train a body of competent teachers. It would have been difficult under any circumstances until recent years to prepare each decade almost as many new teachers as there were experienced ones in service, but when the complexity of the student body steadily increased and the purposes of secondary education steadily became more confused, it was impossible. Attributing high praise to the top fraction, perhaps one-tenth, and generous credit to perhaps five-tenths more, the brutal fact is that approximately half our high school teachers are below, many of them far below, the standards that should reasonably be required. While training in methods of teaching and in the other appurtenant subjects

of education is important, it can never take the place of thorough knowledge of the subjects to be taught. It should supplement rather than supplant. Our teachers are relatively strong in method, but limited and
weak in knowledge. Too few of them in the academic fields exemplify the
culture that liberal education should develop; too many are satisfied with
the dangerously little learning that they have acquired in college courses,
without at the same time acquiring an insatiable appetite that leads
them ever onward in learning and in the enjoyment of learning. The public is largely to blame, for it has judged personality more than scholarship
and effective inculcation of culture. Whatever the large program for
the future of secondary education, it should begin in our colleges for
teachers with a better training, adequately founded on knowledge and
a love of knowledge.

13. Expectation of miracles. Finally, there is everywhere, among the
profession no less than among the public, an expectation of miracles.
Although the fetish of education, however it be defined and however
small its accomplishments in making its products more socially and intellectually effective, is dominant, there is a widespread suspicion that
all is not as it should be in our secondary schools. Evidence of defects is
hospitably heard, but little is subsequently done to remedy them. There
is generally a feeling that some one panacea will be found, some single
act that will remedy all defects and set us on the highroad to educational
prosperity. This sentiment, it may be noted, is not peculiar to the field
of education; needless to say, there is no such panacea, nor will there
ever be, in education or in economics. So long as we look for a miracle
that will overnight give us a full-fledged and permanent program for
effectiveness, just so long we shall endure inefficiency, squander vast
sums of money and infinite possibilities of youth, and fall back in vain
satisfaction with the fetish. We need a vision that will disturb our complacency, stimulate us to action, and direct the unending efforts toward educational betterment.

These are not all the facts that are known about secondary education
today; they are not the ones that have been most emphasized in our

professional literature. But they are important facts that must be taken into consideration in understanding the present or in prophesying the future. From them any vision of what may be must grow.

Secondary education may continue much in the way it is going, much in the way it has gone in the past, relying on the popular fetish for support, largely following tradition, making changes here and there, mostly on an empirical basis. This is a precarious expectation, however, for the fetish is too much based on sentimentality and on economic affluence to continue to endure in its present strength. But there is a vision of much more that secondary education can do.

Secondary Education Must Be Important. The new secondary education will, first of all, be based on a general recognition by the public that it is really important, that it is vitally important—not something to be financed with hoped-for but never carefully or accurately audited results, but a wise investment made by society so that each individual shall become better able and better disposed to contribute to social welfare and advancement. Secondary education will be of assured importance to the individual so that he may be of assured importance to his fellow men. No longer will application to any studies that may be elected or assigned, regardless of their promise of ultimate social worth, be encouraged or permitted; no longer will mere attendance at school be desired by youth or considered laudable by the public. Results will be as carefully evaluated as those from any other investment, and a careful audit, difficult as it may be, will be demanded. A realization of the importance of education is not general at the present time. When it actually comes to the leaders of society it will be no more difficult for them by intelligent and industrious evangelicism to spread it convincingly to the public at large than it was one or two generations ago to spread the popular sentiment for schools. Fetish will then become intelligent faith, and education will hold a supreme place in the public estimation. It is the most important instrument, almost the sole instrument, that democracy has for remolding civilization nearer to the heart's desire, and for providing that essential in a democracy, an integration of the people by the general acceptance of social ideals.

The vision reveals a general realization, too, that effective education cannot be divorced from large social aims. Mere learning, even in traditional and venerated fields, will never be confused with education. Knowledge, accurate and extended, is essential, not for itself but for the effective accomplishment that society needs. We have too long deluded ourselves with a belief that a little learning, an inexact smattering hazily acquired and rapidly forgotten, is education. Effective education will grow from large social aims, and constantly contribute to their advancement in idealism. Much of the uncertainty and confusion of educational leaders, present and past, is due to the fact that society has not clearly formulated its ideals, that a sufficient majority of men and women have not even thought about them seriously enough to begin agreement on what they want society to be. "Unless we can agree in what the values of life are," writes a historian and critic, "we clearly have no goal in education, and if we have no goal, the discussion of methods is merely futile." [1]

When an educator with advanced ideals attempts to share them with his students in such a way that they actually affect conduct, there is nearly always some conventionalist who vocalizes his resentment effectively enough to discourage and to thwart. It will always be so until society has set its formal approval on ideals that it wishes the new generation to achieve. No wonder that the educator, dependent for his job on "giving satisfaction," hesitates to endanger it by disturbing protestants, who though a minority can be active and effective, while a complacent majority fail to think or are too little disturbed to act in his defense. No wonder that so many members of the profession tend to divorce themselves from real participation in life and become academic ladies of Shalott. No wonder that they bury themselves in books, attempting to popularize and perpetuate outworn traditions. The teacher cannot under present conditions justly be criticized for failure in the classroom to run ahead of society. As a matter of fact he has no right to teach conduct ideals that the employing society has not previously approved. In the new day society, through its leaders, will have formulated its ideals and then will demand that the schools teach them for effective realization.

---

[1] James Truslow Adams, *The Epic of America*, Boston, Little, Brown and Company, 1931, p. 407.

Secondary Education Must Be Comprehensive. The new secondary education will be much more comprehensive than the traditional. There is no real contest, as some have argued with more bitter prejudice than sweet reasonableness, between the old and the new materials of instruction. Flexner has tersely and soundly said that "nothing should be unproved." The test of fitness will be not tradition, not the practice of different people in different environments, but the probable contribution to the ideals that our society seeks for itself in the future of national hope. The changed and still changing *mores* of our people; appreciation of the importance of the emotions, the attitudes, and the prejudices in social living; myriads of inventions that have brought conveniences and luxuries and abundance of production while at the same time to some extent producing a unification of the nation and an intimate interdependence of all its people in all its sections; the extended infancy of youth and the enlarged leisure time of adults—all these and other phenomena emphasize that many new elements are demanded in the new curriculum. Nothing is good or bad because it is new or old; everything must be proved by its probable contribution to a higher, happier life. Now that the machinery of adequate and more than adequate material production is assured, the schools must more than ever concern themselves with education for leisure. To ensure that it be well used, youth must learn the joys in the exercise of the intellect as well as the less permanently satisfying pleasures in the exercise of the body. Education for leisure in the new day will take its place, not as an ineffective tradition or as a dilettant novelty, along with education for practical or material utility. All the evidence goes to convince that in the new program the materials of instruction will be vastly expanded to achieve the ideals of the new life, and that all agencies for education, formal or informal, will be coordinated and controlled.

There will be no contest, as there now is, between the materially utilitarian and the cultural education. Society will assuredly provide for vocational training, probably on higher age levels than at present, and certainly more variously and more adequately. But along with the training for varied vocations there will be far greater emphasis on a liberal education for all, each according to his capacity, but something of assured effectiveness for everyone. By liberal education is meant the initiating of intellectual interests and developing those that are manifest so that they are strong enough to continue growth by activity long after the school's compulsions cease. The increasing leisure of man cannot be satisfactorily filled with physical and social games, music, and the movies. The new education will assuredly find it desirable and necessary to convince youth that the greatest and most enduring pleasures of man come from the exercise of the intellect. The materials ordinarily associated with culture have proved their supreme value for some types of intellect; for other types new materials from the new world will be discovered and used.

Secondary Education Must Be Planned.   In marked contrast with the present, the near future will enter upon an extensive program of comprehensive planning. Instead of small units, often as small as a local school, being left free to do as they please, which usually means following outworn tradition or imitating hopefully some equally hopeful but incompletely considered novelty, society will utilize its best minds to plan the outlines of the whole educational program. This it will find to be no part-time job. Educators, philosophers, sociologists, economists, and others of learning, wisdom, and wide experience will be set upon a continuous and unending labor. Costly though it might seem, such a group working in the service of the whole nation would be more economical than hundreds or thousands of less competent groups working less effectively, and repetitiously, at the present time. The general plan produced and continually modified by this central planning group, being a mere outline indicating the hierarchies of aims, will indicate the desirable and necessary researches, and will leave freedom to all units for adaptation to local needs and for the exercise of ingenuity in arrangement and presentation. The problems of articulation, so pressing and so inadequately attacked at the present time, will of necessity be solved in a plan for the whole structure of education. Although there will be stages, roughly corresponding to elementary or foundational, exploratory and directive, and higher or specializing, education, organization will be logical and functional for the whole program, not, as is so often the case with those of no vision, a dead end in itself.

This central planning commission, competent in character and continuous in its professional labors, will find and frankly face all the issues that now exist or will develop in theory and in practice. To decide issues the commission will formulate working definitions for the common important terms that are now bandied back and forth with little agreement as to what they mean. "Democracy," "culture," and "education" itself are convincing illustrations of terms that need working definitions. A term will be made to mean something that can intelligently be sought rather than something of indefinite and varying significance that makes cooperative and effective effort impossible. Such pragmatic decisions and definitions cannot be arbitrarily or finally made. Tentatively proposed, they will be submitted for general consideration; and then, modified to working form, they will be popularized for universal use and direction.

Secondary Education Must Be for All Youth. The vision reveals that education beyond the fundamental will be provided for all normal youth, an education varying so that it will be appropriate to the abilities, interests, and probable needs of each individual, and continued until the law of diminishing returns makes wise its termination. This is essential in a democracy. It has been conclusively decided that our nation cannot exist half slave and half free. The future will decide that democracy cannot succeed half neglected in ignorance and half exposed to book learning. The equality of the suffrage must be safeguarded by an equality of preparatory education. The disgraceful breakdown in many phases of government, especially municipal, is to the largest extent due to the mischievous assumption that judgment without adequate knowledge will be wise. The future will provide an education that prepares every citizen to cast intelligently the vote that is his right in a democracy.

Essential in a democracy, too, is the guarantee that every individual shall have an equal opportunity to advance his own talents for the good of society. As Dean Russell once epigrammatically wrote, "Identity of opportunity can never be equality of opportunity." As diverse as are the major differences in abilities, aptitudes, interests, and probable needs of individuals, so diverse will be the offerings of secondary education. The practical difficulties will be many, but if democracy is accepted as a practical way of life rather than a mere slogan to palliate other and worse forms of government, these difficulties will be overcome. The new plans will be costly of money but economical in social good.

Whether or not one believes in the obligation of democracy to furnish equality of educational opportunity, which means different and appropriate opportunity, he must face the fact, as the future will face it, that there is nothing else to do with youth but educate them. Industry does not need them; every youth employed will displace one of the adults who have a prior social right and need. Youth cannot be turned loose to spend the years between elementary schooling and maturity in amusing themselves, often disastrously to society. Youth cannot be put in cold storage to await the proper time for their advent into the social and economic order. There is nothing left but to educate them. And if an education is to be provided, there can be no argument but that it should be an education most nearly appropriate to the abilities and needs of each varied individual. After all, civilization needs many kinds of men and women. The future will realize that it is true economy and a wise investment to prepare each one to contribute that which by nature he is best fitted to do and do better than he could without an extended, appropriate form of secondary education. Viewing the challenge thus, one can but wonder at the critics who, selfishly focusing their approval on the single kind of education that they consider was good for them, demand that all youth must have that type or none. Democracy is dependent on the appropriate education of *all* its future citizens.

Recognizing the facts of immutable individual differences, the future will provide above the elementary grades a sorting school. By means of education maximally good in itself it will seriously and continuously seek to find for what each individual youth shows most promise. The dentist explores one's teeth twice a year to find cavities; the new school will explore all the time to discover peculiar, promising strengths. Having located these, it will provide a tentative trial program, still of maximum assured values, to confirm or to rectify its judgment. And then, sorted according to what he is judged most competent to do immediately for himself and ultimately for society, the individual will be forwarded into appropriate specialization, sharing with his fellows the common program that is essential for all. Schools will be more extensively consolidated than now to make possible greater differentiation of offerings. Some youth, financed by society if necessary, will be sent to central schools of specialization, to conserve and promote their peculiar talents. Rapid advancement will be as common then as retardation is now. Regardless of sentiment and unwarranted ambition on the part of parents, the school on the basis of accurate facts and best judgments will determine the kind of secondary education that each youth shall have. The schoolmaster of the new age will have great responsibility, and must develop a courage based upon assurance that he is carrying out a popular program for the general good.

Secondary Education Must Have Trained Teachers. Teachers will be soundly trained for the responsibilities that they are expected to assume. Abandoning the meaningless slogan of knowledge for the sake of knowledge, a consistent acceptance of which would sanctify the neighborhood gossip, these teachers will be trained to appreciate, genuinely to appreciate as scholars have always done, the value of accurate and extensive knowledge that contributes to the goal toward which they are working. And that goal is the betterment of society in any of multifarious ways, through the education of all youth. Trained thus, the teacher in the new age will be the foremost citizen of each community, respected as the importance of his work is recognized and the effectiveness of his skills is manifest. A teacher will be chosen and paid with the expectancy that he will be as permanent a resident as the lawyer or the doctor. Occasionally he may move to another locality, but as a rule the mad annual migration to satisfy personal ambition, with its disturbing effects on the schools, will have been made unnecessary.

When the public is convinced of the necessity of a real education for the preservation and promotion of accepted social ideals and when a program has been formulated to that end, we may reasonably expect a more consistent demand by society for the product of the schools. Just as with other investments, society will see to it that the planned product is delivered, and it will have ready and waiting work for that product to do. In the new age there will be no longer sentimental support, on the one hand, with vague hopes substituted for careful auditing of results; and, on the other hand, there will be an end of unjustifiable promises with no responsibility for fulfillment. With common understanding and mutual obligations, the public and the profession, having learned that nothing worth-while will miraculously come without careful planning and arduous work, will enter into a serious contract for the highest possible undertaking. In those days, the teacher will be a personage.

There is a vision also of many changes in organization, in administration, and in auxiliary agencies. But they need not concern us until the general plan is plotted. Then and only then can we know what kinds of schools we shall need, what types of buildings and equipment, what rearrangement and extension of an outworn academic calendar, and what methods of instruction are suitable. To set up standards for such things before agreement on the ultimate objectives of education is necessary for expediency, but it is like erecting a building before deciding the uses to which it shall be put.

This is the outline, the barest outline, of a vision of secondary education. It is not a statement of what is, but a dream of what may be. The history of the past and exposition of the present are interesting and important. But as James Truslow Adams wrote of the nation, we may say of education: "The epic loses all its glory without the dream. The statistics of size, population, and wealth mean nothing to me unless I could still believe in the dream."

INDEX

Academy, Benjamin Franklin and the, 15–7; first academies, 17–9; spread of the, 19–20; curricula, 20–3; methods, 23–4; students in the, 24; education of girls in the, 24–6; decline of the, 26–7; contributions of the, 27–8.

Acceleration of pupils in school, 75.

Adams, James Truslow, 16, 28, 91, 458.

Admission of pupils to schools, statistics of, 66–7; as a problem in articulation, 200–1.

Adolescence, work of G. Stanley Hall, 51–2, 117; sources of data concerning, 116–18; definition of, 118–20; changes in, 120–22; conflicts during, 122–23; characteristics of, 123 ff.; physical growth during, 124–26; health during, 126–27; sex development during, 127–28; mental growth during, 128; emotions and, 128–31; daydreams in, 132–33; religion and, 133–35; and crime, 135–37; social interests during, 138; relations with parents during, 141–44; relations with teachers during, 145–46; implications for curriculum, 152–55; and sex education, 159–61; and coeducation, 163–64; and discipline, 164–65.

American colonies, characteristics of early, 3–6; education in the, 6–19.

American Journal of Education, 5, 9, 11, 13, 23, 32.

American Youth Commission, 44, 73, 75, 84, 102, 160, 234, 418.

Aptitudes, 57, 76, 180–83, 187, 188–89, 437, 444.

Aptitude testing, 444–45.

Articulation between educational units, 197–223, 437.

Attitudes, *See* Emotionalized Attitudes.

Benedict, Ruth F., 119, 313, 345.

Bigelow, Maurice A., 120, 126, 159, 160, 166.

Birth rate, 62–3.

Blos, Peter, 125, 166, 272.

Briggs, Thomas H., 37, 50, 57, 86, 88, 103, 115, 173, 195, 223, 229, 231, 259, 425, 446.

Broome, Edwin C., 5, 7, 18.

"Cardinal Principles of Secondary Education," 39, 59, 176, 234.

Cole, Luella, 125, 165, 166, 263, 308.

College entrance requirements, influence of, 45–6, 217–18, 434–35.

Commission on the Reorganization of Secondary Education, 39–40, 59, 234.

Committee of Ten, 37–8.

Core curriculum, 247.

Counts, George S., 73, 86, 92, 115.

Cubberley, Elwood P., 23, 28, 30.

Cumulative record, 201, 223.

Curriculum of Latin grammar school, 10–4; in the academies, 20–3; in the first high schools, 30–1; developments since middle of the 19th century, 54–5; implications of adolescence for, 152–55; articulation of, 215; nature of, 224–40; major movements in, 224; reasons for reorganization of, 224–28; basic considerations in planning, 231–33; selection of learning activities in, 236–37; sequence in, 237–40; proposals for remaking, 241–57, 423–24, 427.

Democracy, and universal secondary education, 63–4; responsibilities of citizenship in a, 64, 88–9, 113; changes in American, 103–4; integration as a means of fostering, 169–72; problems in educating for, 438–42.

De Tocqueville, Alexis, 315, 345.

Dewey, John, 50, 86, 262, 280, 282, 310, 356, 369, 370, 376, 418.

Differentiated education, as a function of the secondary school, 189–91; extent of

465